Angriffsschach für Vereinsspieler

GM Matthew Sadler, früherer Britischer Meister:
„Vom Titel her betrachtet ein Buch, das mich und meine Spielweise nicht unbedingt anspricht, doch es hat mir großes Vergnügen bereitet (..) Dieses Buch entfaltet sein Material auf eine entspannte, leicht zu lesende Art, und bietet dabei außergewöhnliche Beispiele und kleine Geschichten, die einen durch die ganze Lektüre wach und neugierig halten."

IM Gary Lane, ECF Newsletter:
„Enthält zum Nachdenken anregende Beispiele (..) Es benötigt eine Menge an analytischer Arbeit, will ein eifriger Spieler alle Nuancen eines speziellen Themas entdecken, und sobald man denkt, man hätte es verstanden, gibt es noch weitere, die die Idee bekräftigen (..) Eine höchst lesenswerte Darstellung einer verwirrenden Kunst, aber unerlässlich, will man seine Rating-Zahl erhöhen."

IM Dirk Schuh, Rochade Europa Magazine:
„Die Struktur des Buches gefällt mir sehr gut. (..) Nach einfachen Beispielen wird es Schritt für Schritt schwieriger (..) Insgesamt ist dies ein starkes Buch. Die Grundlagen sind für Spieler jeder Spielstärke interessant und die kniffligeren Partiefragmente können auch Spieler um die 2100 DWZ sicher noch begeistern. Das Material ist häufig wenig bekannt, und Grooten schreibt sehr unterhaltsam, sodass das Buch ein echter Genuss ist.."

Chris Wainscott, ChessIQ:
„Beinhaltet viele Beispiele, die ziemlich sicher niemals zuvor veröffentlicht wurden (..) Am Ende eines jeden Kapitels erhält der Leser eine Auflistung der zusammengefassten Schlussfolgerungen sowie Übungsaufgaben, um das Material zu verinnerlichen."

CHESS Magazine (UK):
„Dem Leser wird vermittelt, wie man Gelegenheiten ergreift, schrittweise die Kräfte verstärkt und die gegnerischen Verteidigungslinien durchbricht. Das Buch ist zweifellos gut strukturiert und enthält eine Vielzahl nützlicher Übungen."

IM John Donaldson:
„Durch das ganze Buch ziehen sich gut ausgesuchte Beispiele und klare Erläuterungen (..) Grooten streut Anekdoten in die ausgewählten Beispiele ein (..) Das Wichtigste, was Grooten als Autor zu bieten hat: er weiß, für wen er schreibt! Viele starke Spieler haben bereits Bücher für Vereinsspieler geschrieben, aber für gewöhnlich verstanden sie nicht das Leistungsvermögen ihres Publikums."

GM Robin Swinkels, Schaaksite.nl:
„Im Buch geht es um jegliche Art von Angriffsthema und – Motive. Es hat eine klare Struktur. Eine Menge von gut ausgewählten Beispielen, interessanten Anekdoten sowie eine Vielzahl von Aufgaben gibt es darin zu entdecken (..) Ein Buch, das sehr instruktiv ist und das man haben muss, will man seine Kenntnisse und Fertigkeiten im Angriff verbessern."

Herman Grooten

Angriffsschach für Vereinsspieler

Entwickeln Sie Ihren Killerinstinkt!

New In Chess 2017

Dieses Buch ist meiner Mutter, Ellen Grooten-Asselbergs, gewidmet, die leider im Jahr 2012 verstarb. Wenngleich sie vom Schach gerade mal die Regeln kannte, unterstützte sie mich stets in Wort und Tat bei der Duldung meiner größten Leidenschaften, unter denen Schach an erster Stelle stand.

Veröffentlicht von New In Chess, Alkmaar, Die Niederlande
www.newinchess.com

Alle Fotos: New In Chess Archiv, wenn nicht anders gekennzeichnet.

Übersetzt aus der englischen Ausgabe *Attacking Chess for Club Players* (New In Chess, 2016) von Frank Zeller.

Umschlagsgestaltung: Ron van Roon
Koordination: Peter Boel
Redaktion: René Olthof
Produktion: Anton Schermer

Haben Sie Fehler im Buch gefunden?
Bitte senden Sie Ihre Hinweise an editors@newinchess.com. Wir werden alle relevanten Korrekturen auf der „Errata"-Seite auf unserer Webpräsenz www.newinchess.com sammlen und sie in einer möglichen Neuauflage berücksichtigen.

ISBN: 978-90-5691-767-8

Inhalt

Zeichenerklärung 6

Danksagungen 7

Einführung 10

Kapitel 1 Angriffsmotive 13

Kapitel 2 Zusammenspiel der Figuren 53

Kapitel 3 Wie man offene Linien nutzt 145

Kapitel 4 Wie man Schwächen ausbeutet 161

Kapitel 5 Stereotype Motive in Eröffnungsvarianten 231

Kapitel 6 Fähigkeiten trainieren 279

Kapitel 7 Angriffspartien von Spitzenspielern 307

Kapitel 8 Lösungen zu den Aufgaben 331

Spielerverzeichnis 405

Quellenverzeichnis 409

Über den Autor 411

Zeichenerklärung

Das Schachbrett mit seinen Koordinaten:

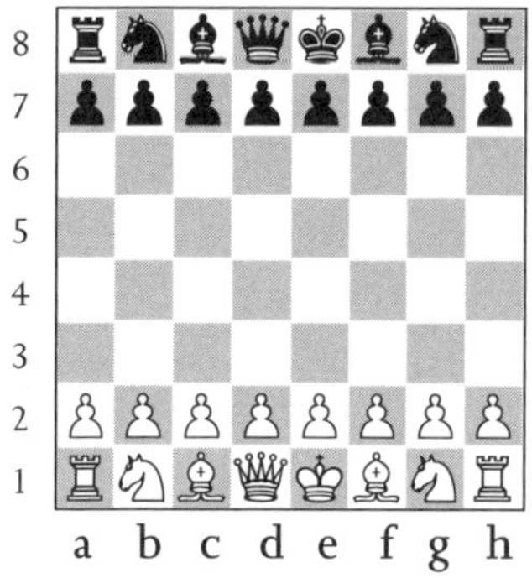

- □ Weiß am Zug
- ■ Schwarz am Zug
- ♔ König
- ♕ Dame
- ♖ Turm
- ♗ Läufer
- ♘ Springer

- ⩲ Weiß steht etwas besser
- ⩱ Schwarz steht etwas besser
- ± Weiß steht besser
- ∓ Schwarz steht besser
- +– Weiß hat entscheidenden Vorteil
- –+ Schwarz hat entscheidenden Vorteil
- = ausgeglichene Position
- ! guter Zug
- !! ausgezeichneter Zug
- ? schlechter Zug
- ?? grober Fehler
- !? interessanter Zug
- ?! zweifelhafter Zug

Danksagungen

Nachdem *Chess Strategy for Club Players* – ein Buch, das später prämiert wurde – im Jahr 2009 bei New In Chess erschien, ermunterte mich der Chef des Unternehmens, Allard Hoogland, über ein weiteres Buch nachzudenken. Mir gefiel diese Idee sehr, aber wegen diverser Umstände dauerte es eine Weile, bis ich tatsächlich damit begann, an einem neuen Projekt zu arbeiten.

Die ursprüngliche Absicht war, eine überarbeitete Version meines früheren Buches zu schreiben, das auf Holländisch unter dem Titel *De verdediging van de koning* (in Deutsch: *Verteidige den König*) erschien. Darin zeigte ich dem Leser verschiedene Spielweisen auf, sich gegen Angriffe des Gegners zu verteidigen. Aber bald änderte sich mein Ausgangspunkt. Wäre es nicht besser, die Seite des Angreifers einzunehmen, und, ausgehend von diesem Blickwinkel, Methoden zu untersuchen, in denen Angriffe auf den König erfolgreich sein können? Und wäre es zudem nicht wünschenswert, ein Buch zu schreiben, das sich von anderen Büchern über das gleiche Thema heraushebt durch den Vorteil einer alternativen Perspektive?

Zusammen mit meiner Lebenspartnerin FM Petra Schuurman arbeite ich seit Jahren als Schach-Trainer mit talentierten jungen Spielern in unserer eigenen Schachschule *Schaakcentrum Sterk Spel* (auf Deutsch: *Schachzentrum für Starkes Spiel*, www.sterkspel.nl). Da Petra eine ganze Menge mit sehr jungen Schülern gearbeitet hat, hat sie Methoden des „Königsangriffs" ziemlich arbeitsaufwendig und in Übereinklang mit gewissen Schemata formuliert.

Über die Jahre sammelte sie viele schöne Beispiele, analysierte diese und versah sie mit instruktiven Kommentaren. Die Beispiele wurden den Schüler als kompletter Lehrgang vermittelt, selbstverständlich ergänzt mit dem notwendigen Übungsmaterial. Von daher ist es kein Zufall, dass viele ihrer Schüler anschließend als wahre Angriffskünstler erblühten.

Auch wenn in meinem eigenen Unterricht strategische Elemente vorherrschen, bin ich selbstverständlich häufig begeistert von der Angriffsmotiven innewohnenden Schönheit. Und sicherlich kommen wir nicht darum herum, unseren Schülern ein oder zwei Dinge über Variantenberechnung zu vermitteln. Der Angriff auf den König erweist sich als ein besonders attraktives Thema für viele Jugendliche und Vereinsspieler – auch, weil man schnellen Erfolg erreichen kann, wenn man daran arbeitet. Und nicht zuletzt, weil es ein höchst attraktives und kreatives Thema ist!

Als im Februar 2010 unser Sohn Tommy geboren wurde, kam unsere Arbeit am Buch praktisch zum Erliegen. Es gelang uns immerhin, ein gutes Konzept für das Buch zu ersinnen. Dieses Konzept entwickelte sich in etwas höchst Ausgefeiltes, vor allem weil wir dem Leser einen Blick „hinter die Kulissen" geben wollten. Wir wollten im Buch auch spezielle Methoden berücksichtigen, die wir in unseren Trainingssitzungen benutzen.

Wir halten es für wesentlich, nicht nur das Wissen unserer Schüler zu fördern, sondern auch und in größerem Maße ihre Fähigkeiten. Von unserer Arbeit als Schachtrainer wissen wir nur allzu gut, dass es, wenn man Erfolg haben will, nicht ausreicht, nur Wissen anzuhäufen. Ohne gewisse Fähigkeiten, wie etwa das Vermögen, Stellung visualisieren zu können, wird ein Spieler bald seine Grenzen erreichen. Deshalb haben wir uns entschieden, unseren Ansatz beim Trainieren dieser Dinge öffentlich zu machen. Als Leitmotiv im Buch werden wir immer mal wieder verschiedene Fähigkeiten thematisieren. Gleichzeitig haben wir uns bemüht, Aufgaben anzubieten, die so konkret wie möglich sind, damit diese Fähigkeiten trainiert werden können.

Das Geheimnis guten Trainings liegt darin, musterhafte Stellungen zur Verfügung zu haben. Für dieses Buch haben Petra und ich viele Stellungen zusammengesucht, die auf unseren Computern abgespeichert waren. Wir klassifizierten alle Stellungen und Partien bezüglich unserer ausgearbeiteten Struktur. Dann stellten wir fest, dass wir für gewisse unterstützende Themen bessere, eindeutigere Beispiele finden mussten. Man denkt, dass man als Trainer ständig über solche Beispiele stolpern würde. Während meiner Arbeit für die niederländische Webseite schaaksite.nl (wie auch für seinen kleinen Bruder newsaboutchess.com, dessen englische Ausgabe), gingen sehr viele aktuelle Partien durch meine Hände, die ich für die Besucher dieser Seiten kommentierte. Dadurch gelang es uns langsam aber sicher, die Löcher in unserem Schema zu füllen. Zwischenzeitlich jedoch wurde Petras Arbeit als Schachtrainer weniger intensiv, da sie wieder in ihren alten Beruf als Mathematiklehrer zurückkehrte. Deshalb saß ich ein weiteres Mal allein an allen Beispielen des Buches, was erklärt, dass manchmal das Pronomen „wir" benutzt wird, ein anderes Mal heißt es „ich".

Heutzutage sind Schach-Engines sehr viel stärker als in den Tagen, in denen wir begannen, Beispiele zu sammeln. Dadurch haben sie uns neue Erkenntnisse vermittelt, die sich in Varianten ausdrücken, welche wir mit verbalen Erläuterungen ausgeschmückt haben. Nach unserer

Meinung wird dem Schüler, der die Beispiele durchspielt, mit Varianten allein nicht ausreichend geholfen, wenn er nicht weiß, worauf er in einer Stellung achten muss. Unsere Absicht ist es, zu jeder der präsentierten Stellungen nützliche verbale Orientierung zu bieten. Dadurch kann sich der Schüler mit der korrekten Gedankenlinie vertraut machen. Wir nennen diese Werkzeuge „Suchstrategien", die eine Hilfe sein können, wenn ein Schüler in einer schwierigen Stellung, die eine Menge an Rechenarbeit erfordert, versucht, sich den richtigen Weg zu bahnen. Dem Leser, der die Partiefragmente durchspielt, raten wir zu akzeptieren, dass bei diesem Thema häufig eine stattliche Menge an Varianten auftauchen wird. Als eine Art Kompensation für die Mühen wird er einer Fülle an unerwarteten und hübschen taktischen Motiven begegnen. Generell haben wir uns bemüht, nicht wahllos mit Computervarianten um uns zu werfen. Wir haben diese „übersetzt" in „Dateneinheiten", die dem menschlichen Verstand zugänglich sind. Wenn der Rechner ein fremdartiges Matt in 3 angibt, während in einer anderen Variante eine ganze Dame gewonnen werden kann, haben wir uns für letzteres, den menschlichen Ansatz, entschieden.

Schließlich sind wir die Niederländischen Meisterin von 2014, 2015, 2016 und 2017 sehr dankbar – unserer früheren Schülerin Anne Haast, dass sie das ganze Buch editiert und uns einige Meisterstücke aus ihrer eigenen Praxis zur Verfügung gestellt hat.

Wir wünschen allen Schachschülern viel Spaß beim Lesen, Durchspielen sowie Üben mit dem Material im Buch!

Herman Grooten
Eindhoven, Oktober 2017

Einführung

Von Zeit zu Zeit finden wir uns in einer guten Stellung wieder. Indes ist es alles andere als leicht in einer praktischen Partie, eine gute Stellung auch zu gewinnen. Vor allem stellt sich die Frage: wie finden wir unseren Weg angesichts eines Labyrinths von Varianten? Und wie können wir aus diesem einen Weg zum Angriff auf den feindlichen König finden?
Zu diesen Fragen kann man keine einfachen Antworten geben. Die möglichen Positionen im Schach sprengen unsere Vorstellungskraft. In diesem Buch unternehmen wir den Versuch, eine Anzahl von Aspekten des Angriffs systematisch auszuwerten.

Wir wählen dafür einen Ansatz, der von jenen in anderen Lehrbüchern zu dieser Thematik abweicht. Außer dass wir Sie mit „Werkzeugen" und „Waffen", die beim Angriff auf den König nützlich sind, versorgen wollen, hoffen wir, die Fähigkeiten der Schachschüler verbessern zu können.

In unserer Praxis als Schachtrainer haben wir herausgefunden, dass Wettkampfschach mehr verlangt, als sich nur auf Wissen zu verlassen. Während ein niederländisches (*und auch ein deutsches! FZ*) Sprichwort lautet „Wissen ist Macht", mag dies beim Schach nur bis zu einem gewissen Grad zutreffen. Viele Schachspieler meinen, sie würden automatisch besser werden, indem sie eine Menge an Wissen anhäufen. Wenn das nur wahr wäre! Oder vielleicht ist es ganz gut so, dass es nicht wahr ist?

Wissen muss in Praxis umgesetzt werden. Und Praxis ist viel schwerer zu erfassen, als viele Leute annehmen. Ist es nicht häufig der Fall, das wir während einer Partie denken, wir wüssten etwas, doch in Wirklichkeit liegen die Dinge anders? Damit taucht die Frage auf, welche Fähigkeiten ein Schachspieler haben sollte, damit man ihn als starken Spieler klassifizieren kann.

Unsere Trainingskurse basieren auf der berühmten Methode „Schach lernen" (www.stappenmethode.de), die von IM Cor van Wijgerden und dem Psychologen/Pädagogen Rob Brunia entwickelt wurde. Besonders Brunia, der leider sehr früh starb, propagierte das Trainieren bestimmter Fähigkeiten. Sein früherer Verbündeter verbreitet immer noch seine Ideen auf diesem Gebiet und hat die Methode in den letzten Jahren drastisch erweitert. Von diesen beiden niederländischen Toptrainern haben wir eine Menge gelernt.

Während des Angriffs auf den feindlichen König müssen taktische Tricks gefunden werden, die oftmals unter der Oberfläche versteckt sind. Und die Berechnung von Varianten ist untrennbar damit verbunden. Ein Spieler kommt nicht aus ohne die Fähigkeit, sich die Stellung, die ein paar Züge später entsteht, bildlich im Kopf vorzustellen. Daran hapert es bei vielen. Nicht jedem fällt es leicht, ein klares Bild zu visualisieren, das einige Züge später erst entsteht. Nach unserer Erfahrung ist das, was den Weg in den Kopf vieler Spieler findet, nur ein „verschwommenes Bild" der Stellung. Und je unscharfer es ist, desto schlechter die Chance auf ein gutes Ergebnis. Und anders herum: je schärfer das Bild, desto leichter findet sich eine gute Fortsetzung. Und das ist nur eine von vielen Fähigkeiten, die ein Spieler entwickeln sollte. Wir hoffen dem Leser mit diesem Buch eine Hilfe diesbezüglich an die Hand zu geben. Als ich 1983 die Polgar-Geschwister in Ungarn besuchte, war ich verblüfft von ihren Fähigkeiten, insbesondere im Bereich des Blindschachs. Wir werden noch öfters im Buch auf die Polgars zurückkommen.

Bevor wir uns dem Hauptthema des Buches hingeben – dem Angriff auf den König – lohnt es sich, einen Vergleich zwischen Schach und Kriegsführung zu bemühen. Wie wir bald sehen werden können Parallelen zwischen diesen beiden gezogen werden.

Schach wird oft als Metapher herangezogen – es wird gern als „friedfertiges Kriegsspiel" gesehen. Es ist wunderbar, dass die Popularität dieses uralten Spiels bis heute ungebrochen ist. Quellen legen nahe, dass unser Spiel von buddhistischen Mönchen erfunden wurde. Diese Mönche entwickelten ein Spiel, das die Schlacht zwischen zwei indischen Armeen imitierte. Das Ziel war es, einen vielfältigen Kampf abzubilden, der frei von physischer Gewalt war. Das Spiel spiegelt die buddhistische Denkart wider, und die Figuren wurden analog zur indischen Armee gestaltet, die aufgeteilt war in Fußsoldaten, Reiterei, Elefanten und Streitwägen. Damit waren die Grundlagen gelegt für ein Spiel, das seinen Wert über die Zeiten beibehielt. Mit dem Aufstieg des Norwegers Magnus Carlsen und seinem Gewinn der Weltmeisterschaft 2015 erlangte Schach ein frisches Image, das auch junge Leute anspricht. Mit Internetübertragungen, die im Livestream eine gute Sicht auf die Spieler bieten, sowie Kommentatoren, die Analysen und Erklärungen beisteuern, stehen dem modernen Schach wunderbare Präsentationsformen zur Verfügung, die es von anderen Wettkampfspielen abhebt. Leider ignorieren große Sponsoren immer noch unser edles Spiel, meistens in der irrigen Annahme, die größte

Medienwirksamkeit wäre mit einem überholten Medium wie Fernsehen zu erreichen. Hoffen wir, dass sich das bald ändern wird. Heutzutage wissen wir, dass Schach – neben vielen weiteren Dingen – die Lernfähigkeit und die Arbeitsleistung der Schüler in der Schule fördert.

Warum Schach der schulischen Leistung zugutekommt

- Visualisierung
- Vorausdenken
- Strukturalisierung, Möglichkeiten abwägen
- Analysieren
- Abstraktes Denken
- Veränderte Umstände antizipieren
- Gedächtnisfunktionen werden verbessert
- Fokussierung und Konzentration wird verbessert
- Multitasking
- Mentale Aspekte werden angesprochen

Einige Schachspieler sagen, dass Schach ihnen im Alltag helfe. Abgesehen davon, dass es hilft, Fähigkeiten zu entwickeln, die in anderen Feldern ebenfalls nützlich sind, mag Schach Ihre Aufmerksamkeit auf persönliche Schwächen lenken, die Ihnen noch nicht bewusst waren. Und indem man zielgerichtet an diesen im Kontext der Schachstudien arbeitet, kann eine Person zuweilen wesentliche mentale Fortschritte erzielen. Was kann man sich noch mehr wünschen?

Im Übrigen

Wenn wir allgemeine Gedanken über Angriffsstellungen anstellen, gehen wir im Buch implizit von einer Rochadestellung aus, in der Schwarz kurz rochiert hat. Die Angriffsmotive, über die wir sprechen, werden automatisch „das ♗xh7-Opfer“, oder „das Qualitätsopfer auf f6“ genannt. Miteingeschlossen in die Überlegungen meinen wir genaugenommen damit auch das ♗xh2-Opfer oder das Qualitätsopfer auf f3, also dieselben Motive aus schwarzer Perspektive. Abgesehen davon gilt dasselbe auch für gespiegelte Versionen entlang der vertikalen Achse, sprich wenn der feindliche König sich auf dem Damenflügel verschanzt. Und wenn wir von einer Invasion auf der siebten Reihe sprechen, dann entspricht diese vom schwarzen Standpunkt aus gesehen der zweiten Reihe.

Herman Grooten
Eindhoven, April 2016

KAPITEL 1

Angriffsmotive

1.1 Spezielle Mattmuster

Worauf wir schon in der Einführung hinwiesen: es ist wichtig, eine klare Vision unserer endgültigen Ziele zu haben. Wir können eine Kombination am Brett nur dann „hervorzaubern", wenn wir ihr bereits zuvor in einer einfacheren Form begegnet sind. Deshalb sind nach unserer Ansicht Positionen mit wenigen Figuren, wie man sie aus Problemschach oder Endspielstudien kennt, ganz besonders geeignet für diesen Zweck. Üblicherweise beginnt der Komponist mit der attraktiven Schlussstellung und „arbeitet dann seinen Weg zurück", um eine forcierte Zugsequenz beizufügen. Dabei versucht der Komponist die taktischen Motive derartig zu verstecken, dass der Löser sie nicht leicht finden kann.
Oft verstecken sich pointierte Verteidigungen unter der Oberfläche. Häufig benötigt der Löser ein gutes Maß an Erfahrung, um die Motive in einer Studie erkennen zu können. Hat man ein Motiv schon mal mit wenigen Steinen gesehen (d.h. in seiner „reinen Form"), wird es leichter sein, es in einer „vollgestopften" Stellung wiederzuentdecken. Ist das Motiv eingetrichtert in das Gedächtnis des Lesers, so kann er guter Hoffnung sein, es in einer Position einer aktuellen Partie zu entdecken.
Wir als Trainer haben etwas gemacht, das die meisten Komponisten verabscheuen würden: wir haben ganze Sequenzen von wunderhübschen Vorbereitungszügen entfernt, um ein Problem oder eine Endspielstudie zu vereinfachen. Auf diese Art wollten wir die Kunststücke dem praktischen Spieler zugänglich machen. Letzterer hat vor allem ein Ziel: das Spiel zu gewinnen! Wir sind der Ansicht, dass man es dadurch nicht zu universellem Glück bringt. Zu unserer Freude sind viele unserer Schüler fähig, die Schönheit unseres Spiels zu erkennen und zu schätzen. Die wundervolle Welt der Ideen in Endspielstudien wirkt stets stimulierend auf des Spielers Kreativität.

Worte müssen durch Bilder veranschaulicht werden. Deshalb starten wir nun, indem wir dem Leser ein paar hübsche Endspielstudien präsentieren, bei denen wir hier und dort ein paar Schnitte im „Vorspiel" gemacht haben.

Endspielstudie (Ende)
Sergei Kaminer 1929

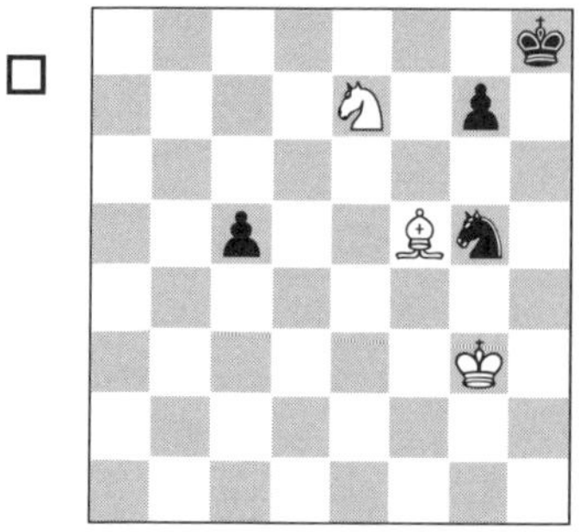

Weiß hat all seine Bauern verloren. Normalerweise sollte dies mit Remis enden, doch es gibt etwas ganz Spezielles in der Stellung:

1.♔g4 ♘h7

Das einzige Feld, auf dem der Springer nicht verloren geht. Aber das erlaubt ein „reines" Matt, welches wir sogleich sehen.
Falls der Springer das andere Fluchtfeld nimmt mittels 1...♘f7, fährt Weiß kräftig fort mit 2.♘g6+ ♔h7 (2...♔g8 verliert die Figur auf eine ähnliche Art nach 3.♗e6!, was den Springer fesselt und ihn im nächsten Zug nach ♘g6-e5 gewinnt. Der Komponist muss sich keine Sorgen darüber machen, ob er mit Läufer und Springer mattsetzen kann – wir wissen, dass es möglich ist!) 3.♘e5+ ♔g8 (3...♔h6 4.♘xf7#) 4.♗e6 und Weiß gewinnt.

2.♘g6+ ♔g8 3.♗e6#

Wir werden noch weitere Mattmuster mit Läufer und Springer kennenlernen, in denen zwei eigene Figuren dem schwarzen König die Fluchtfelder verstellen!

Im folgenden Diagramm sehen wir in ähnliches Mattbild, aber um die Züge zu finden, die dahin führen, muss der Löser ein wenig erfindungsreicher sein.

Endspielstudie
Eduard van Woelderen 1901

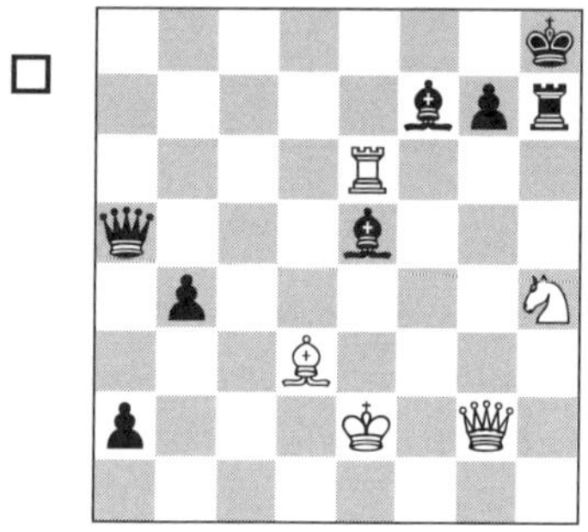

Auf den ersten Blick sieht Schwarz schwer in Ordnung aus. Er hat einen Bauern, der kurz vor der Umwandlung steht, zudem steht auch der weiße König keineswegs sicher. Ein genauerer Blick auf die Stellung unterrichtet uns, dass der schwarze König von praktisch allen bewaffneten weißen Kräften belagert wird. Und da die schwarzen Figuren momentan etwas ungeschickt positioniert sind, bietet sich keine Möglichkeit, Drohungen gegen den weißen König zu kreieren. Selbstverständlich muss Weiß schnell handeln, und deshalb muss was ganz Besonderes gefunden werden:

1.♖e8+!!

Ein wunderschönes Opfer, dessen Sinn sich im nächsten Augenblick

erschließen wird. Die Diagonale a2-g8 muss geöffnet werden; wir nennen dies „Räumung".
In der Diagrammstellung mögen einige Leser die Idee haben, sogleich 1.♕g6 zu spielen. Aber es stellt sich heraus, dass dies nicht funktioniert: 1...♗xg6 2.♘xg6+ ♔g8 („Wenn jetzt der Turm NICHT auf e6 stünde, wüsste ich, was ich tun würde" sagte mal einer meiner Schüler. Tatsächlich, Schwarz würde mit 3.♗c4+ mattgesetzt) 3.♖e8+ ♔f7 4.♖f8+ ♔e6 und der König entkommt ins offene Feld. Doch ist diese Variante von großer Bedeutung, um die Lösung zu finden.

1...♗xe8 2.♕g6

Die wahre Absicht des vorigen Zuges. Weiß droht gleichzeitig Matt auf zwei Feldern (h7 und e8), das ist eine besonders zwingende Waffe.

2...♗xg6

Die Drohungen 3.♕xh7 und 3.♕xe8# können auf keine andere Weise abgewehrt werden. Freilich hilft es auch nicht, wenn der König versucht, zu flüchten mittels 2...♔g8 3.♕xe8#.

3.♘xg6+ ♔g8

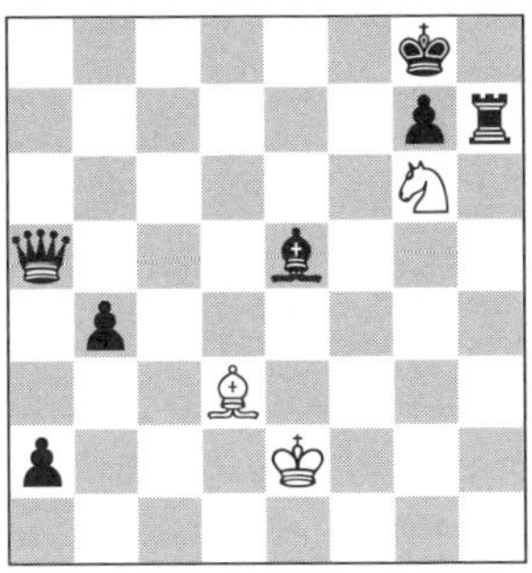

Wir erkennen das gleiche unglückliche Zusammentreffen der äußeren Umstände für Schwarz wie im vorigen Beispiel. Auf g7 und h7 stehen dem schwarzen Monarchen zwei eigene Figuren im Weg, die ihm Fluchtfelder verbauen.

4.♗c4+ ♕d5 5.♗xd5#

Das gleiche bildschöne Mattbild, das wir schon in der vorigen Studie sahen.

Somit haben wir in zwei Stellungen ein hübsches Mattmuster in seiner „Reinform" kennengelernt. Nachdem der Leser nun dieses Mattmuster durch Wiederholung in sein Gedächtnis eingebläut hat, kann er nun guter Hoffnung sein, die Lösungen der folgenden praktischen Stellungen zu finden.

Goncalo Vasquez
Joao Matos

Olival Basto ch-POR 2000 (5)

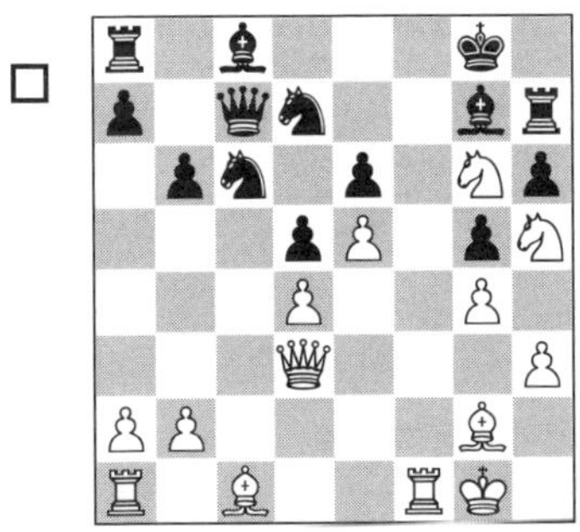

Der Schwarze hat seine Königsstellung mit ...g6-g5 exponiert, während die weißen Figuren konsequent bedrohliche Positionen bezogen haben.

Immerhin scheint eine sofortige Entscheidung noch nicht anzustehen – oder vielleicht doch?

23.♕f5!!

Sehr spektakulär und bei weitem der beste weiße Zug, auch wenn noch andere Züge zu weißem Gewinn führen. In der Partie erlaubte Schwarz – sehr sportlich – das hübsche Matt.

23...exf5

Es sieht so aus, als könne Schwarz mit 23...♘d8 alle Einbruchsfelder der weißen Dame kontrollieren, trotzdem bricht Weiß durch mit 24.♘e7+ ♔h8 25.♕g6, wonach die Drohung 26.♕e8+ nicht länger abgewehrt werden kann.

24.♗xd5#

Hier ist ein weiteres, etwas schwierigeres Beispiel, bei dem das Motiv ein wenig unter der Oberfläche versteckt liegt.

Jewgeni Kusminich
Mark Taimanow (Analyse)
Leningrad 1950 (4)

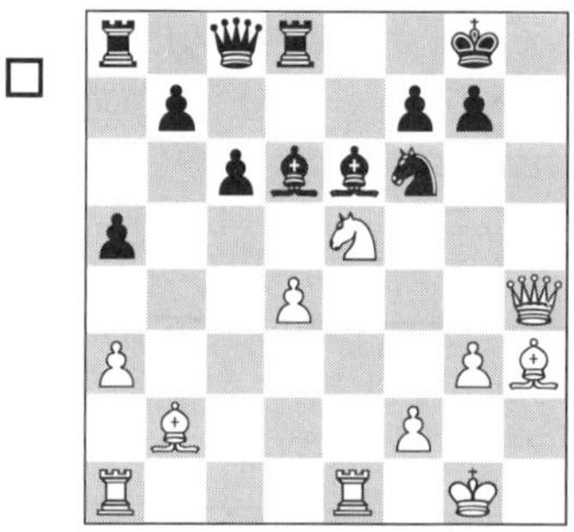

In dieser Trainingsstellung, die wir vielen unserer Schülern zum Lösen vorgelegt haben, muss einer forcierte Zugsequenz gefunden werden. Häufig haben wir unsere Schüler aufgefordert, von dieser Position aus gleichzeitig gegen uns zu spielen, genauso wie in einem Simultanspiel. Die Schüler bekamen die weißen Steine und sie sollten versuchen, uns zu schlagen!

1.♘g6!

Ein schlauer und zugleich sehr gewalttätiger Zug: Weiß droht Matt in einem Zug! Viele Schüler versuchten 1.♘xf7?!, das ist ebenfalls verlockend, aber nach 1...♗xh3 (das weiße Opfer wäre gerechtfertigt nach 1...♔xf7? 2.♗xe6+ ♕xe6 3.♖xe6 ♔xe6

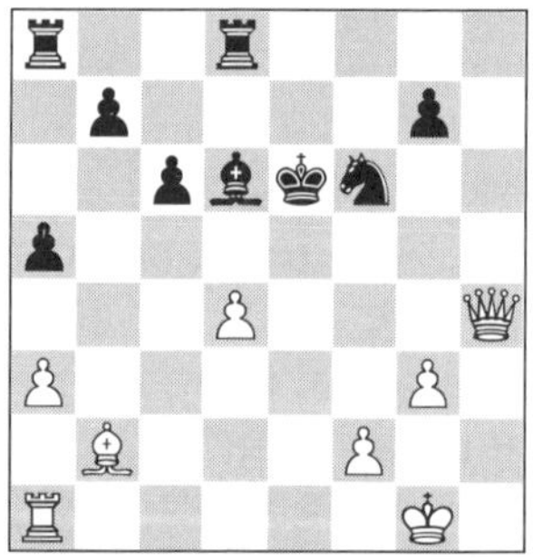

Analysediagramm

4.d5+! cxd5 5.♖e1+ ♔d7 und jetzt ist 6.♕g5! sehr stark. Die weißen Angriffskräfte laufen unter Volldampf, dabei ist Schwarz sogar schon materiell im Hintertreffen) 2.♘xd8 ♗d7! und der weiße Springer ist gestrandet.

Nicht wenige begeisterte Angriffsspieler waren zu überhastet, dachten, es wäre bereits genug, die lange Diagonale zu öffnen. Aber ihr Urteil war inkorrekt: auf 1.d5 reagiert Schwarz cool mit 1...♗xh3 und der weiße Angriff verpufft.

1...♘h7

Der einzige Weg, um sich gegen Matt zu verteidigen. Nach 1...fxg6 2.♗xe6+ verliert Schwarz die Dame ohne Kampf.

2.♖xe6!

Viele Schüler, die diese Stellung ausspielten, fühlten sich von diesem starken Opfer angezogen. Aber einige von ihnen wussten noch nicht, wie sie danach weitermachen wollten.

Sicherlich bietet auch 2.♗xe6 dem Weißen gute Chancen. Doch der Simultanspieler kämpft nach 2... fxe6 weiter.

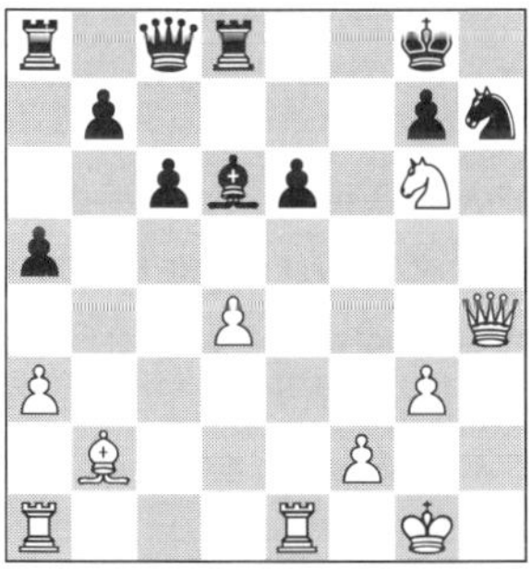

Analysediagramm

Hier ist ein gefährlicher Moment für Weiß. Nur ganz wenige der Schüler fanden den gewinnenden dritten Zug: 3.♔g2!. Weiß macht das Feld h1 für den Turm verfügbar. Sobald diese Schwerfigur sich auch noch in den Angriff stürzt, bleibt dem Schwarzen nicht mehr viel, was er tun kann, da seine Figuren am Damenflügel schlafen.

Interessant und ebenfalls gut ist 3.d5!?. Weiß gibt gerne einen Bauern, damit sein Läufer auf b2 die Aktion am Königsflügel unterstützen kann: 3...cxd5. Aber hier muss Weiß 4.♖ac1! ♕d7 und danach wiederum den ruhigen Königszug 5.♔g2 finden. Unglücklicherweise für Weiß kann Schwarz weiterkämpfen mit 5...♕f7, wonach die Partie noch nicht entschieden ist.

Voreilig ist 4.♘e7+ ♗xe7 5.♕xe7 wegen 5...♕d7 (oder 5...d4 6.♖xe6 ♖d7 und Schwarz hält sich über Wasser) 6.♖xe6 und hier gibt es die ziemlich verborgene Verteidigungsressource 6...♖a6! (6...♘f8 7.♖ee1 ♖e8 8.♕xd7 ♘xd7 9.♖xe8+ ♖xe8 10.♖d1 ist ein Bruchteil besser für Weiß, aber sicher nicht leicht gewonnen) 7.♖e5 (7.♕xd7 ♖xd7 8.♖xa6 bxa6 ist kein Problem für Schwarz) 7... d4 und Schwarz hat alle Stürme überstanden.

Viele Schüler versuchten 3.♘e7+?! ♗xe7 4.♕xe7, aber nach 4...♖e8 5.♕h4 ♕d8! lebt Schwarz weiterhin.

2...fxe6

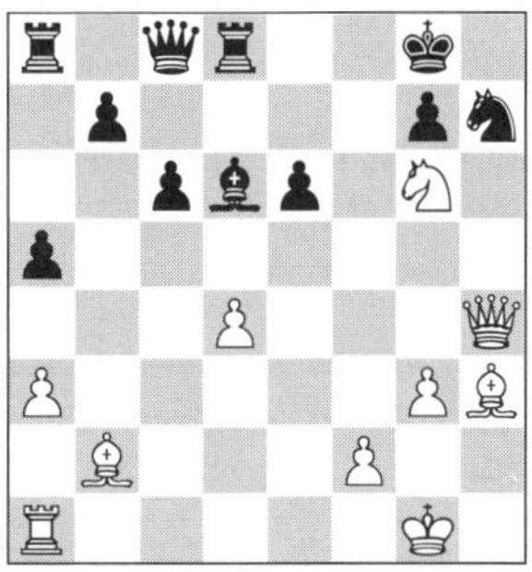

3.♕xd8+!!

Selbstverständlich traut man einem Spieler von Taimanows Kaliber zu, ein Motiv wie dies zutage zu fördern. Für einen Spieler, der solch ein Kombinationsmotiv in den Tiefen seiner Erinnerung besitzt, ist diese Stellung eine leichte Übung! Einige Schüler setzten mit 3.♖e1 fort, nur um nach 3...♖e8 zu merken, dass keine sofortige Entscheidung vorliegt. Im Gegenteil: Schwarz hat sich hier mehr oder weniger gerettet.

3...♕xd8 4.♗xe6#

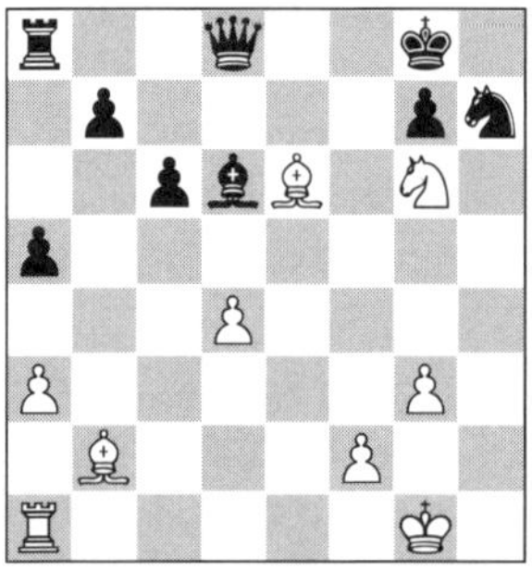

Nun haben wir den ganzen Kreis durchmessen: Taimanow, der alsbald ein Großmeister von Weltformat werden sollte, trug das Mattmuster in seinem Rucksack und hatte keine Schwierigkeiten, es herauszuholen, als es gebraucht wurde.

1.2 Wie man die Stellung aufbricht

Bei uns im Club gibt es einen Spieler, auf dessen Gesicht man bereits erkennen kann, dass Schach ihm großen Spaß macht. Er hat ein großes Ziel: vom ersten Zug an geht es schnurstracks auf den gegnerischen König los! Vom Startschuss an schießt er seine Pfeile Richtung gegnerischen König. Er scherzt gern, dass Schach einfacher ist als das Brettspiel „Stratego“. (*siehe Bild*)

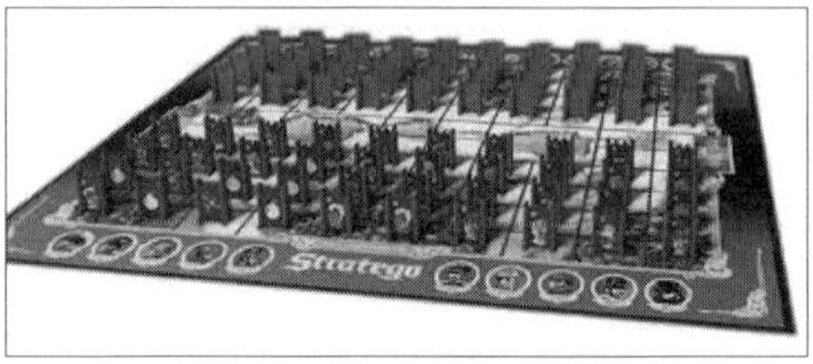

Bei Stratego weiß man nicht, wo sich die Flagge des Gegners, die es zu erobern gilt, befindet. Beim Schach steckt diese „Flagge“ meistens verborgen, zugegeben, hinter deren eigenen Bauern und anderen Kräften, aber zumindest wissen wir immer genau, wo!

Wir haben Schach bereits mit einem Kriegsspiel verglichen. Wenn wir dieses Bild mit dem Mittelalter in Europa in Verbindung bringen sehen wir, dass in diesen Zeiten Burgen von feindlichen Armeen belagert wurden. Um sich einen Weg ins feindliche Bollwerk zu bahnen, benutzte die belagernde Armee häufig einen Rammbock. Danach schlugen sie sich am Tor solange, bis der Durchbruch gemacht war. Eine Abteilung hartgesottener Soldaten stand dabei bereit, in die Bresche zu springen, durchzubrechen und jeglichen Widerstand der feindlichen Verteidiger zu überwinden.

Unter diesem Gesichtspunkt unterscheidet sich Schach nicht sehr viel von diesen Szenen aus dem Mittelalter. Wenn wir den König bedrohen wollen, müssen

wir uns zuerst diejenigen Männer ausgucken, die ihn schützen. Danach müssen wir ein Loch in die Verteidigungsmauer reißen, während wir ein Mattmuster fest in unserer Vorstellung haben.
Ein attraktiver Matt-Typus, der ziemlich häufig vorkommt, wird in der folgenden Diagrammstellung vorgestellt:

Exemplarischer Matt-Angriff (durchbrechen und eindringen)

□

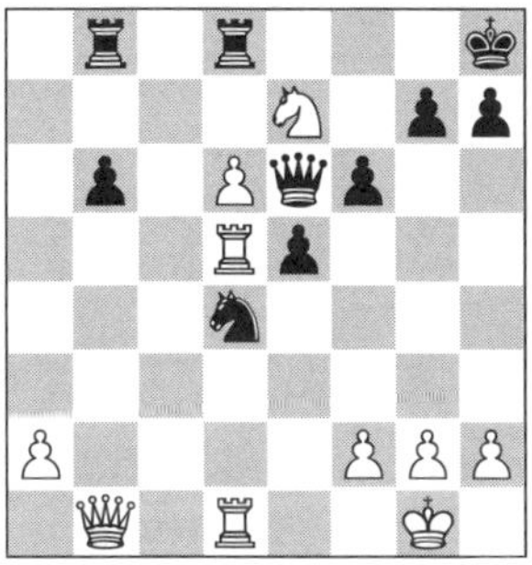

Weiß hat einen gut bekannten Mattmechanismus im Sinn. Zu diesem Zweck muss er zunächst einen Weg finden, seinem Turm auf d5 die fünfte Reihe zu öffnen.

1.♖1xd4! exd4

Schlägt Schwarz nicht zurück, wird er kompensationslos mit einer Minusfigur verbleiben.

2.♕xh7+

Mit diesem charakteristischen Damenopfer bahnt sich Weiß den Weg zum schwarzen König.

2...♔xh7 3.♖h5#

Dieses bezaubernde Mattmuster mit Turm plus Springer erscheint regelmäßig im praktischen Spiel, man nennt es „Anastasias Matt“.

Manchmal ist es noch deutlich komplizierter. Unsere Orientierung beginnt mit einer Bestandsaufnahme der am Angriff beteiligten Figuren. Aber dies allein reicht nicht aus. Wir müssen uns den richtigen Weg ausdenken, um die Figuren in ihre richtige Position zu bringen. Dazu benutzen wir die Angriffsmethoden, die uns zur Verfügung stehen (welche noch extensive im Verlauf dieses Buches zur Sprache kommen werden).

Exemplarisches Matt (durchbrechen und eindringen)

□

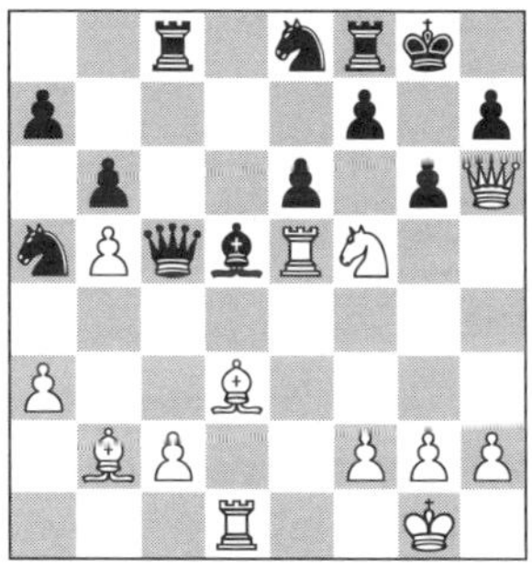

Die weißen Figuren besetzen gefährliche Angriffspositionen. Aber Schwarz hat das wichtigste Feld, e7, unter Kontrolle. Wie kann Schwarz nichtsdestotrotz das Matt erzwingen?

1.♘e7+!

Räumung der fünften Reihe. Es wird bald klar, warum das nötig war.

1...♕xe7

Erzwungen, da 1...♔h8 in 2.♕xf8# rennt.

2.♕xh7+!

Das stereotype Damenopfer, das wir häufig auch in anderen

Situationen antreffen. Des Königs Schutz wird weggesprengt, wonach die restlichen weißen Kräfte eindringen können.

2...♔xh7 3.♖h5+

Jetzt wird es klar, warum die fünfte Reihe geräumt werden musste. Mit dem Turmschach nutzt Weiß die Fesselung des g6-Bauern aus.

3...♔g8 4.♖h8#

Der Triumph einer glänzenden Kooperation zwischen den weißen Figuren.

Ein Blick auf das nächste Diagramm belehrt uns, dass Weiß ein großes Übergewicht an Figuren besitzt, um den gegnerischen König zu bedrängen. Aber wie kann er den schwarzen König in seinem robusten Versteck ausräuchern? Dazu ist eine große Portion an Kreativität vonnöten, und Weiß darf nicht davor zurückschrecken, Material zu investieren.

Orelvis Perez Mitjans
Jorge Gonzalez Rodriguez

Sant Boi 2014 (3)

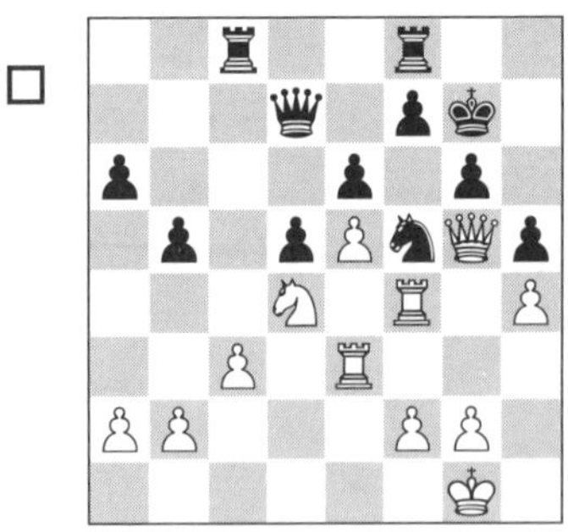

Weiß dominiert die schwarzen Felder, und dank der Schwächen in der schwarzen Königsstellung ergreift Weiß die Gelegenheit, sich den schwarzen König kombinatorisch zu schnappen:

28.♖xf5!

Der weiße Springer verrichtet einen ausgezeichneten Dienst, und deswegen opfert Weiß seinen Turm für den schwarzen Springer.

Die Alternative 28.♕f6+?! bringt so gut wie gar nichts. Nach 28...♔h7 29.♘xf5 exf5 30.♕xa6 ♖a8 31.♕d6 ♕xd6 32.exd6 ♖fd8 hat Schwarz zwar Schwierigkeiten, aber immer noch gute Aussichten, das entstehende Turmendspiel zu halten.

28...exf5 29.e6!

Erschüttert die Fundamente der schwarzen Rochadestellung.

29...fxe6

Nach einem Zug der Dame, zum Beispiel 29...♕c7, gewinnt Weiß im Angriff: 30.♘xf5+ ♔g8 31.♘e7+ ♔g7 32.♖f3! und Weiß bricht durch.

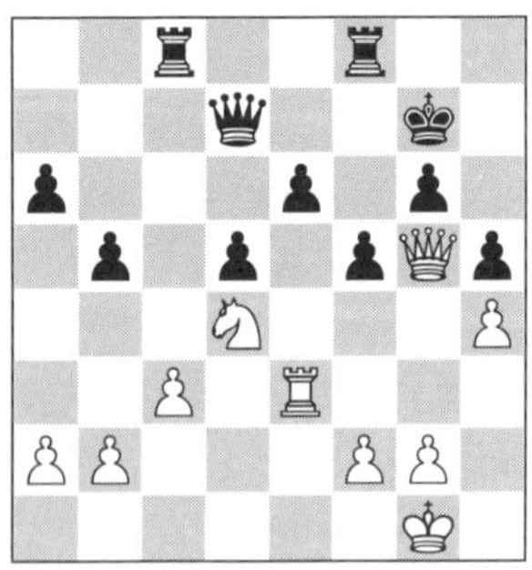

30.♖xe6

Nun kann der Punkt g6 nicht mehr angemessen verteidigt werden.

30...♖f7

30...♕f7 verliert natürlich nach 31.♖e7.

31.♖xg6+ ♔h8

31...♔f8 32.♖g8#.

32.♘e6

Und Schwarz gab auf.

Nach 32.♘e6 gibt es gegen die vielen Drohungen keine vernünftige Verteidigung. Ein Beispiel: 32...♖e8 33.♖h6+ ♖h7 34.♕f6+ ♔g8 35.♖g6+ nebst matt.

1.3 Wie man seine Figuren in den Angriff wirft

Erlauben Sie uns, einmal mehr den Vergleich unseres edlen Spieles mit der Kunst und der Wissenschaft des Krieges zu bemühen. Beim Schach wird der Krieg auf eine friedvolle Art und Weise ausgetragen, soll bedeuten: ohne Blutvergießen. Das Thema, wie man ein Loch in eine Mauer reißt, wurde im letzten Paragraphen diskutiert. Aber eine weitere Frage kann nicht unbeantwortet bleiben: wie kann ich genügend „Manpower“ durchs Loch hindurch ins feindliche Schloss schicken, um die feindlichen Kräfte besiegen zu können? Manchmal ist der Angriff einfach nicht kräftig genug. Deswegen müssen manchmal einige unserer Krieger von weit entlegenen Orten in die Angriffszone gebracht werden. Die Frage wird immer sein, ob genügend Zeit bleibt, dies zu realisieren. In vielen Fällen zeigt es sich, dass ein Angriff gute Aussichten auf Erfolg hat, wenn ein paar Figuren des Gegners auf der anderen Seite des Brettes mehr oder weniger „verstaut sind“. Wir erkennen dieses Thema in seiner ganzen Pracht in unserem nächsten Fragment:

Oney
Kalinaga
Türkei 1984

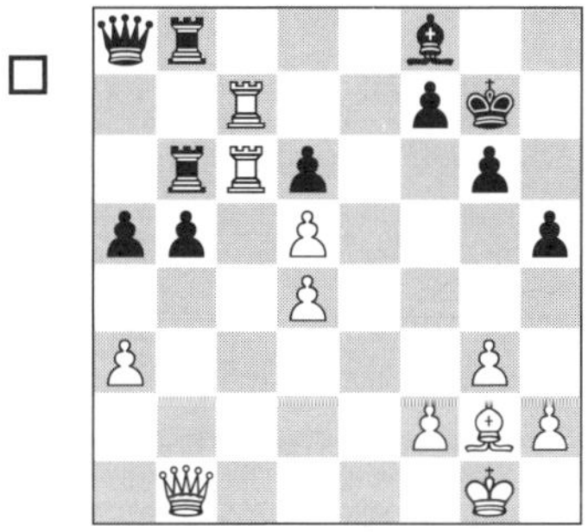

Der schwarze König verbirgt sich hinter einer ziemlich fragilen Barriere. Darüber hinaus stehen nicht viele Helfer zur Verfügung, die den bedrohten König beschützen. Konsequenterweise fand Weiß einen Weg, eine Bresche in die schwarze Königsstellung zu schlagen:

1.♖xf7+! ♔xf7 2.♖c7+ ♗e7

Neue Verteidiger zum Schutz des Königs werden auserkoren. Sicherlich nicht 2...♔f6 in Anbetracht von 3.♕e4!.

3.♕e4! ♖e8 4.♕e6+ ♔f8

Man mag denken, der König könne um sein Leben rennen mit 4...♔g7. Indessen spielt Weiß daraufhin nicht das offensichtliche 5.♖xe7+, sondern 5.♗e4! und das Matt kann nicht pariert werden. Dame und Läufer kooperieren exzellent beim Schließen des Mattnetzes: 5...♖b7 6.♕xg6+ ♔f8 7.♕h6+ ♔g8 8.♗h7+ ♔f7 9.♕g6+ ♔f8 10.♕g8#.

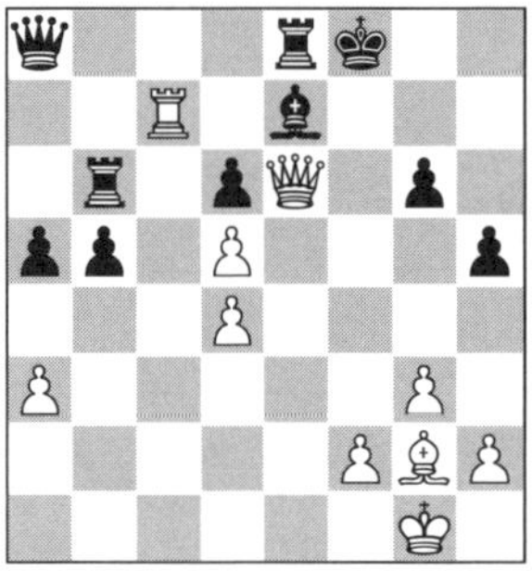

Es sieht aus, als konnte das Loch in der Mauer gerade noch rechtzeitig geflickt werden. Aber plötzlich erscheint von der anderen Seite des Brettes eine weiße Figur, um seinen Kameraden zu Hilfe zu eilen.

5.♗e4!

Mit diesem ruhigen Zug zieht Weiß seine letzte Figur mit in den Angriff hinein. Obwohl Schwarz nicht weniger als einen ganzen Turm mehr hat, kann er nicht verhindern, dass die weiße Dame und der Läufer zusammen an einem Mattnetz stricken.

5...♖b7

Der einzige Zug, aber auch so ist es ein forciertes Matt.

6.♗xg6 ♔g7 7.♕f7+ ♔h6 8.♕h7+ ♔g5 9.f4+ ♔g4 10.♕xh5#

Eine spielerische Art, die Figuren zum Angriff zu bringen, wird uns im nächsten Diagramm vorgestellt.

Nafisa Muminowa
Nana Dsagnidse

Chanty-Mansiysk Schnellschach 2014 (11)

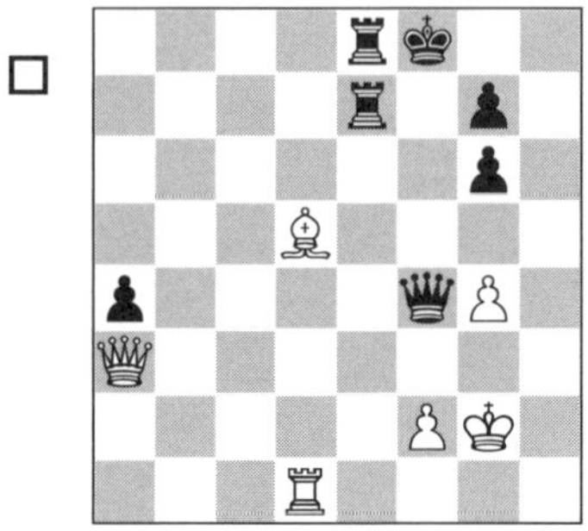

In dieser Stellung hat Weiß Qualität und Bauern weniger, aber der schwarze König verkehrt in Problemen. Er ist sozusagen „erstickt" vom starken weißen Läufer und der Fesselung des ♖e7 durch die Dame. Eine Figur indessen mischt noch nicht richtig mit: der ♖d1.

39.♗f3?

Danach war Schwarz besser, wenngleich es Dsagnidse nicht gelang, den Vorteil zum Sieg zu verwandeln.

Mit 39.♖d3! konnte Weiß den Turm ins Spiel einbeziehen. Nach diesem Zug hätte die Schwarzspielerin durchaus sogleich aufgeben können. Die Drohung 40.♖f3 ist tödlich: 39...♕xg4+ 40.♖g3 ♕f5 41.♖f3 (nebenbei gesagt: Weiß muss die Drohung nicht sofort ausführen. Relativ besser ist 41.♕d6!, den Schwarz kann ohnehin keinen Muskel bewegen: 41...♖c8 42.♖f3 ♕xf3+ 43.♗xf3 mit Gewinn)

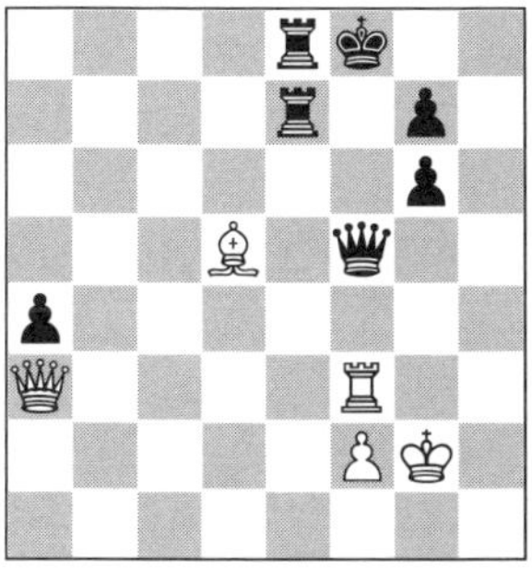

Analysediagramm

Und Weiß gewinnt entscheidend Material. In der Tat müsste sie noch eine gute Technik zeigen: 41...♖d8 42.♖xf5+ gxf5 43.♕xa4! und mit Dame und Läufer, die gemeinsam auf den exponierten König zielen, wird Weiß problemlos den Sieg davonzutragen.
39.♕h3? ist verführerisch, aber dann hält sich Schwarz mit 39...♖f7! 40.♕h8+ ♔e7 41.♖e1+

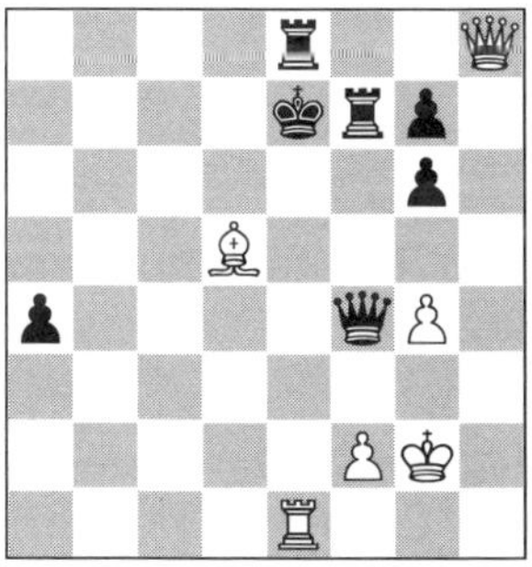

Analysediagramm

41...♔d6! 42.♕xe8 ♕xf2+ und Schwarz forciert das Dauerschach: 43.♔h3 ♖f3+ 44.♗xf3 ♕xf3+ 45.♔h4 ♕f2+ 46.♔h3 (sicherlich nicht 46.♔g5?? wegen 46...♕f6#).

39...♕g5?!

Danach ist Weiß wieder voll im Spiel. Mit 39...♕c4! hätte Dsagnidse auf Gewinn spielen können, auch wenn die Dinge nicht ganz so einfach liegen.

40.♖d5 ♕f6 41.♖d6 ♕g5 42.♖d5 ♕f4

Und am Ende wurde der Punkt geteilt.

Hier ein weiteres Beispiel, das tatsächlich nur aus einem einzigen Zug besteht. Bei diesem Fall sind die Figuren bereits aktiv aufgestellt, aber es scheint, als wären sie nicht wirkungsvoll genug im Angriff. Deshalb müssen wir etwas ganz Besonderes finden.

Exemplarisches Matt (durchbrechen und eindringen)

□

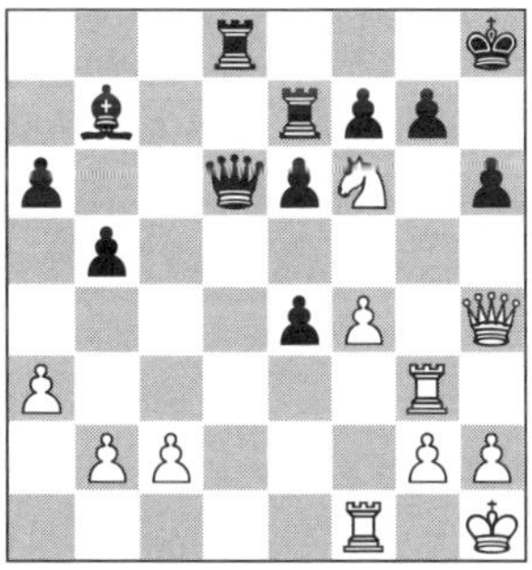

Die weißen Figuren haben bedrohliche Positionen bezogen, doch es scheint keinen offenkundigen entscheidenden Schlag zu geben. Im letzten Absatz haben wir gelernt, dass Weiß zuerst einen Weg finden muss, ein Tor im feindlichen Schloss einzureißen, bevor er in der Lage ist, dem feindlichen König einen Besuch abzustatten. Wie soll das gehen?

1.♕g5!

In der Tat ein grandioses Motiv! Weiß opfert die Dame mit einem ruhigen Zug; Matt in einem droht. Ein logischer Versuch ist 1.♖xg7?, aber das schlägt elend fehl: 1...♔xg7 2.♘h5+ ♔h7 3.♘f6+ ♔g6! und es ist kein Matt in Sicht.

1...♖g8

Was sonst? 1...hxg5 wird freilich mit 2.♖h3# beantwortet, und 1...gxf6 2.♕g7# ist ebenfalls matt.

2.♕xh6+!

Jetzt aber funktionieren die Tricks!

2...gxh6 3.♖xg8#

Dies wird das „Arabische Matt" genannt.

Wir haben bereits in einigen Beispielen gesehen, dass ein Angriff nicht funktionieren kann, wenn man nicht genug Figuren einbeziehen kann. Je mehr Kräfte am Angriff teilnehmen, desto größer die Aussicht auf seinen Erfolg. Im Spiel ist es wichtig, den Nachschub an die Front gut zu organisieren.

Nun wollen wir eine komplette Partie betrachten, in der der Weißspieler einen originellen Weg findet, seinen Turm in den Angriff mit einzubeziehen.

Matija Ostovic
Branko Rogulj
Zagreb 2012 (8)

1.d4 ♘f6 2.♘c3 e6 3.♗g5 d5 4.e4 ♗e7 5.♗xf6 ♗xf6 6.♘f3 0-0 7.♕d2 a6

Verbreiteter ist es, sogleich das Zentrum mit 7...c5 anzugreifen, zumal der weiße König noch nicht rochiert.

8.♗d3 b5 9.♘e2 ♗b7 10.e5 ♗e7

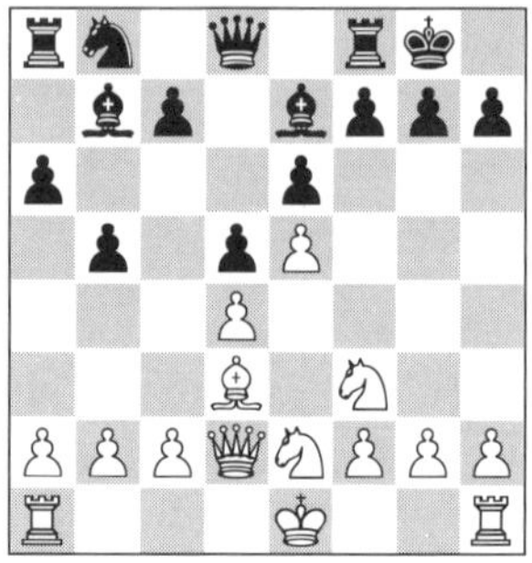

11.h4!?

Der Beginn eines interessanten Planes. Weiß nutzt seinen Raumvorteil am Königsflügel aus, um seine Kräfte über diese Seite des Brettes nach vorne zu bringen. Der h1-Turm wird den Kampf über h3 betreten.

11...♘d7 12.♖h3 c5 13.♖g3

Im Zusammenspiel mit der Dame auf d2 steht der Turm hier gut. Weiß ist bereit zu ♕h6, was g7 und h7 angreift.

Es wird klar, dass der Turm für den Angriff einen ausgezeichneten Dienst verrichtet.

13...♔h8

Figurengewinn mit 13...c4 scheitert an 14.♕h6!. Nach 14...g6 gewinnt die Folge 15.♘f4 cxd3 16.♘h5, da ein schnelles Matt nur durch schwere Materialverluste vermieden werden kann.

Nun, da die Dame nicht sogleich nach vorne breschen kann,

entscheidet sich Weiß dazu, zuerst den Springer näher an den feindlichen Monarchen zu bringen.

14.♘f4 c4?!

Der prinzipielle Zug. Besser war der Defensivzug 14...♖g8, aber nach 15.♘g5 ♗xg5 16.hxg5 sieht die Stellung für Weiß vielversprechend aus (nun, da auch noch die h-Linie halboffen ist).

Jetzt hat Weiß ein spektakuläres und entscheidendes Opfer.

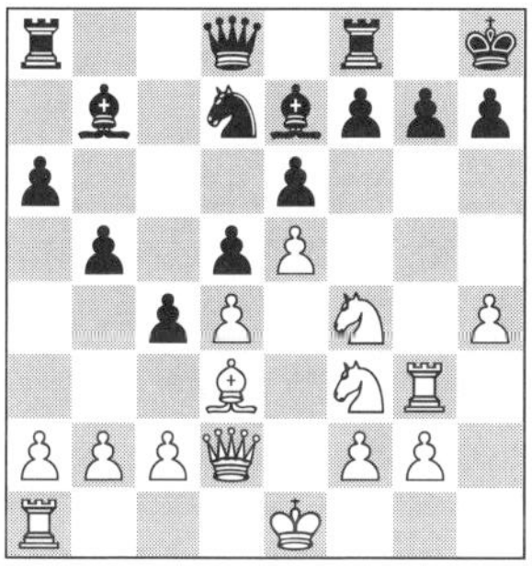

15.♖xg7! cxd3

Der Turm war nicht zu nehmen: 15...♔xg7 16.♘h5+ ♔g8 17.♕h6. Da Matt auf zwei Feldern gleichzeitig droht, ist die Stellung nicht mehr zu retten.

16.♘xe6!

Durch diesen Springerzug schlägt Weiß zwei Fliegen mit einer Klappe: die Diagonale c1-h6 wird für die Dame frei (Räumung!), zudem ist der Turm nun vom Springer überdeckt.

16.♘h5! war gleichermaßen stark.

16...♗g5

Oder auch 16...fxe6 17.♕h6, wonach h7 nicht mehr verteidigt werden kann.

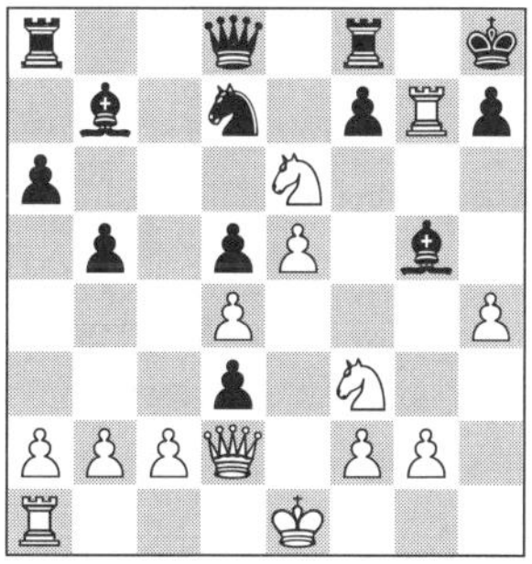

17.♕xd3

Ignoriert das schwarze Figurenopfer. Von d3 aus greift die Dame ebenfalls h7 an. Schwarz hat nun keinerlei befriedigende Verteidigung mehr. Er zog den Kampf noch in die Länge, schmiss aber das Handtuch nach

17...♕a5+ 18.b4 ♕xb4+ 19.c3 1 0

Die Turmaktivierung mittels h2-h4 und ♖h1-h3 ließ mich unweigerlich an eine Partie zurückdenken zwischen dem damals noch ganz jungen Garri Kasparow und meinem Landsmann John van der Wiel. Bitte verzeihen Sie mir, aber ich kann nicht anders, als die folgende Anekdote zu erzählen. Die Partie wurde gespielt anlässlich der Weltmeisterschaft der Nationalmannschaften Unter-27, die 1981 in der österreichischen Stadt Graz ausgetragen wurde. Ihr Berichterstatter war ebenfalls Teil des niederländischen Teams, das sich sehr tapfer schlug und vorne in der Tabelle mitmischte. Trotz unserer bescheidenen Elozahlen wurde uns in einem gewissen

Moment die Ehre zuteil, gegen das hoch überlegene Team der Sowjetunion gepaart zu werden, bei dem der damals 18-jährige Kasparow am ersten Brett saß. Das war ein tolles Erlebnis! Um die Bretter standen Horden von (Foto-) Journalisten, eine Menge von Sicherheitsleuten stand Spalier, so dass wir selbst uns schon beinahe wie Sporthelden vorkamen, als wir uns an diese Bretter setzten. Mir gelang es, eine gute Stellung gegen den starken Jewgeni Wladimirow zu bekommen, aber unglücklicherweise fing er mich mit einem kindischen Trick, der unsere Partie sofort beendete. (deren Schlussphase wird später im Buch noch gezeigt). Der „Vorteil" dieser schnellen Niederlage war dergestalt, dass ich nun den anderen Partien folgen konnte. Und meine Aufmerksamkeit wurde ganz besonders von der Partie am ersten Brett zwischen Kasparow und Van der Wiel angezogen.

Unser Mann hatte in einer modischen Variante des Damenindischen einen ziemlich seltsamen kleinen Zug in der Eröffnung ausgegraben (6...♕e7). Es war der letzte Hit, Kasparows Behandlung in diesem System zu folgen, und mit seinem sechsten Zug wollte Van der Wiel seinem Spiel den Stachel ziehen. Aber der Jungstar von Baku hatte eine furchtbar starke Neuerung in der Hinterhand, die den gesamten schwarzen Aufbau über den Haufen warf. Die zwei Züge, die den Schlüssel zur „Widerlegung" bildeten (8.♘c3!! und 9.e4!), wurden mit großem Tamtam aufs Brett geschleudert.

Garri Kasparow
John van der Wiel
Graz tt 1981

1.d4 ♘f6 2.c4 e6 3.♘f3 b6 4.a3 c5 5.d5 ♗a6 6.♕c2

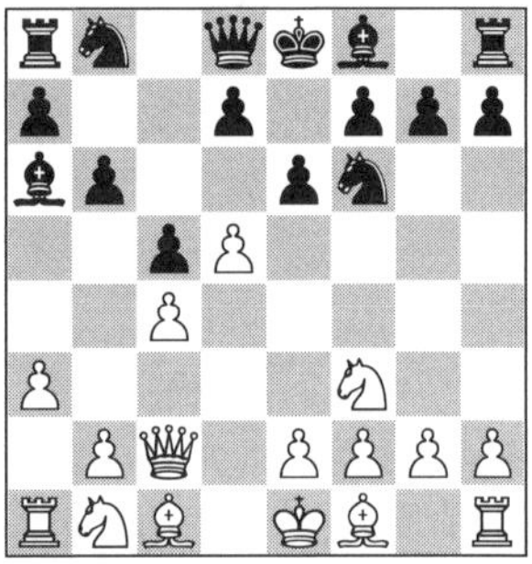

6...♕e7?!
Die Idee hinter diesem Zug wird klar werden in der Variante, die im 8. Zug angegeben wird.
7.♗g5 exd5 8.♘c3!!
Eine starke Neuerung, die in Verbindung mit dem nächsten Zug die schwarze Stellung komplett erschüttert.
Die Idee des sonderbaren sechsten Zuges von Schwarz wird klar nach 8.cxd5?!. Dann antwortet Schwarz mit 8...♕e4 und erhält eine komfortable Stellung.
8...♗xc4

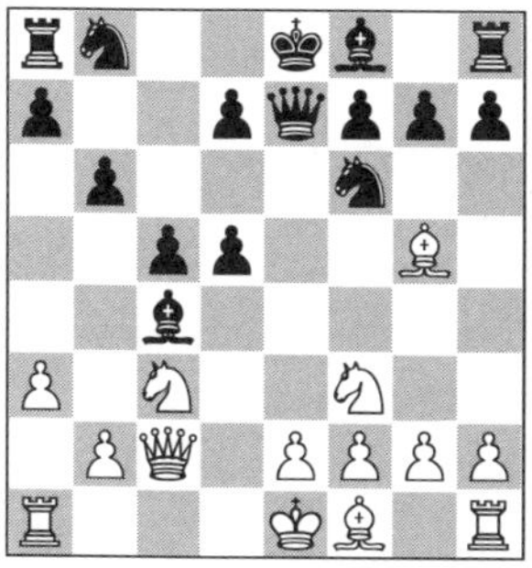

9.e4!

All das wurde von Kasparow ausgearbeitet. Die Partie ging weiter:

9...h6 10.♗xf6 ♕xf6 11.exd5

Später ließ Kasparow durchblicken, dass er von seiner Herangehensweise sehr enttäuscht war. Er meinte, er hätte hier besser 11.♗xc4!? dxc4 12.♘d5 ♕d8 13.♕c3!? gespielt, wonach die schwarzen Figuren kaum entwickelt werden können. (eine nähere Untersuchung legt den Verdacht nahe, dass 13.♕xc4 sogar noch besser sein könnte.)

11...♗xf1 12.♔xf1 d6 13.♖e1+ ♗e7

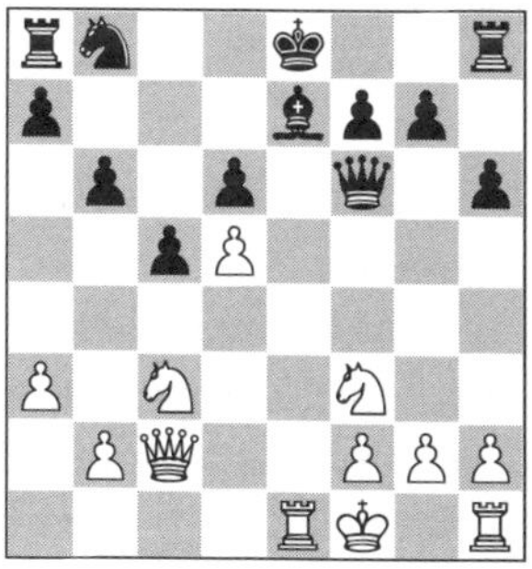

14.♘e4

Wahrscheinlich war 14.♕e2! der Weg, die Koordination unter den schwarzen Figuren zu beeinträchtigen.

14...♕g6 15.♕a4+ ♔f8

Die Schlussfolgerung zu diesem Fragment wird etwas weiter unten diskutiert.

Ungefähr zu diesem Zeitpunkt begann Kasparow, das zu tun, für das er später berüchtigt werden sollte: er zog Gesichter, um dadurch den Eindruck seiner Züge noch zu verstärken. Er vergaß auch nicht, seinen Gegner mit durchdringenden Blicken anzustarren, während er zog. Zunächst blieb Van der Wiel noch relative unbeeindruckt durch den psychologischen Druck, den Kasparow gegen ihn erzeugte. Er behielt seinen Kopf, und es gelang ihm durchaus lange, nicht überwältigt zu werden. Freilich kostete ihm dies Unmengen an Zeit, aber tatsächlich war es Kasparow selbst, der als erster die stärkste Fortsetzung ausließ, und zudem noch einige andere Möglichkeiten. Zu einem bestimmten Zeitpunkt lag der zukünftige Weltmeister gar zwei Bauern zurück bei kaum ausreichender Kompensation in Sichtweite.

Just zu diesem Zeitpunkt stand ich neben dem Brett, neugierig zu sehen, wie das Spektakel wohl enden würde. Am grimmigen Blick in Kasparows Augen konnte ich ablesen, dass er keinesfalls gewillt war, sich wie ein Lamm zur Schlachtbank führen zu lassen. Er setzte alle Hebel in Bewegung, um Van der Weil aus der Balance zu werfen. Letzterer hatte mittlerweile

größere Probleme auf der Uhr, und Kasparow beutete diesen Umstand dankbar aus, indem er ein paar Figuren zurechtrückte, während Van der Weil nachdachte. Sein „Eingreifen“ begleitete er dabei mit einem selbstbewussten ‚J‘adoube!‘. Der holländische Großmeister, der bis zu diesem Moment exzellent gespielt und die gegnerischen Grimassen ziemlich stoisch ignoriert hatte, verlor letztlich dann doch seine Konzentration. Infolgedessen verpasste er mehrmals hintereinander den besten Zug. Jetzt raste Van der Weil vor Zorn, beschimpfte vor allem die Schiedsrichter, die es nicht gewagt haben, einzugreifen.
Nach dem vierzigsten Zug wurde die Partie vertagt, und zu diesem Zeitpunkt war es uns klar, dass sie verloren war. Van der Wiel erschien zur Fortsetzung, konnte indes die Niederlage nicht lange abwenden. Aber wollen wir zum Geschehen auf dem Brett zurückkehren.

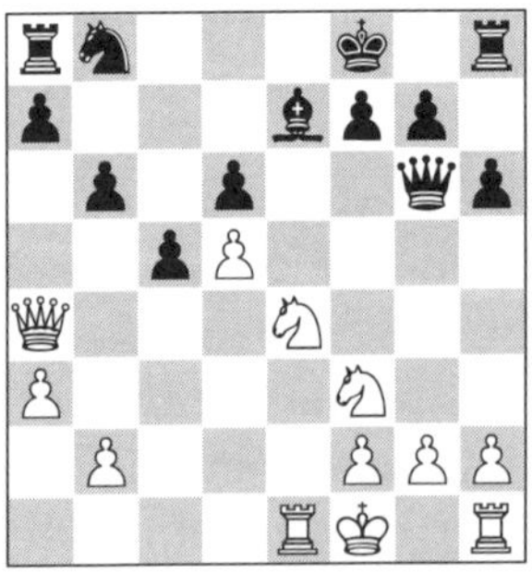

Beide Spieler haben ihr Rochaderecht eingebüßt. Weiß muss nun etwas Schlagkräftiges, Energisches finden:

16.h4!
Hier begann schon Van der Wiels Zeitnot, Kasparow dagegen zieht alle Register. Dadurch eröffnet er seinem Turm h1 einen Weg ins Spiel. Aber so leicht lässt sich Van der Wiel nicht beängstigen.
16...♕f5!
Zum wiederholten Male verteidigt sich der Holländer sehr schlau. Seine Absicht ist es, den Springer b8 entwickeln zu können, oder wahlweise mit ...♕d7 die weiße Dame von ihrem aktiven Posten zu vertreiben.
17.♕d1
Kasparow hat natürlich keine Lust auf das vereinfachende 17.♘xd6 ♕d7.
17...♘a6
Der Springer steht hier etwas abseits, aber Schwarz möchte das Feld d7 für seine Dame offen lassen.
18.♘g3?!
Weiß lässt sich ein wenig von seiner Linie abbringen. Dieses Feld hatte er eigentlich seinem ♖h1 reserviert gehabt. Jetzt bleibt dieser noch eine Weile inaktiv.
18...♕d7 19.♖e4 ♘c7 20.♖f4
Kasparow glaubt, dass er auch mit diesem Turmmanöver immer noch den schwarzen König schikanieren kann. Indessen zieht das nicht – im Gegenteil ist es Weiß, der beinahe runtergezogen wird...
20...♕b5+
Van der Wiel ergreift seine Chance. Die Alternative 20...♗f6 war gleichfalls ausgezeichnet für Schwarz.

21.♔g1 ♕xb2

Jetzt hat Schwarz gar zwei Bauern mehr.

22.♘f5

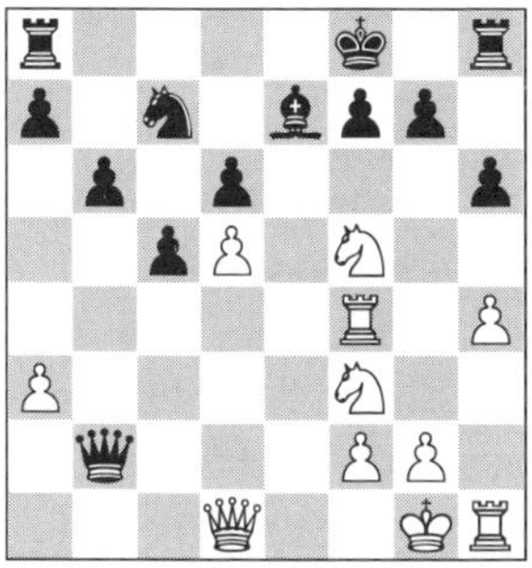

22...♗f6?!

Unglücklicherweise für den Schwarzen ist dies nicht das Beste. Jedenfalls war Van der Wiel mittlerweile ab hier sehr knapp an Zeit.

Viel logischer war 22...♖e8!, wonach die weiße Kompensation geschmolzen wäre wie Schnee im Sommer. Schwarz bringt eine neue Figur für die Verteidigung heran und behält seine zwei Mehrbauern, ohne dass Weiß dafür was vorzeigen könnte.

23.♘xd6 ♖d8 24.♘c4 ♕a1?!

Es ist verständlich, dass Schwarz die Damen tauschen möchte, vor allem gegen einen furchteinflößenden Angriffsspieler, wie es Kasparow damals war. Aber objektiv war 24...♕c3 25.d6 b5 besser, wonach Schwarz immer noch auf einen Vorteil rechnen konnte.

25.♕xa1 ♗xa1 26.♘ce5 ♗xe5 27.♘xe5 ♘xd5 28.♖xf7+ ♔g8

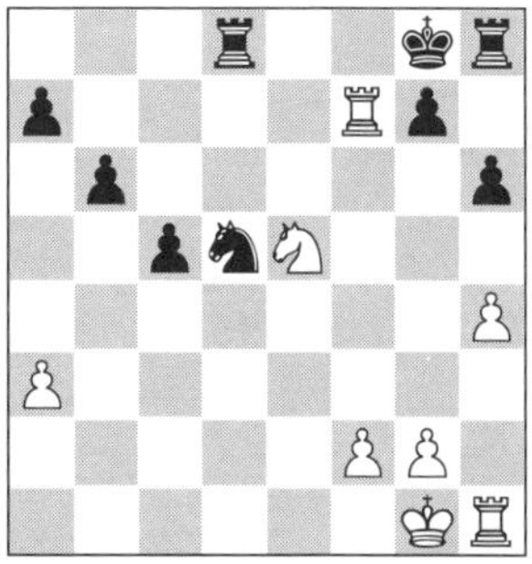

29.♖h3!

Und endlich – hier kommt der Turm, der so lange darauf warten musste, mitzumischen. Weiß hat nun seine gesamte Armee aktiviert, der Trend scheint sich zu drehen.

29...♖e8

29...♔h7 30.♖g3 ♖hg8 war kein Problem für Schwarz.

30.♖g3 g5

Eine schwerwiegende Schwächung, die sich aber immer noch innerhalb erträglicher Grenzen bewegen sollte.

30...♖h7 ist ein Zug, den man mit Schwarz lieber nicht spielen möchte, weil der Turm auf h7 für lange Zeit nichts tun wird.

31.♖f5 ♘f4

Van der Wiel spielt es durchaus geschickt.

32.♖e3 ♖h7 33.hxg5 hxg5 34.g3

Es gab keinen Grund, warum Weiß nicht den g-Bauern mit Schach schlagen sollte. Wahrscheinlich wollte Kasparow die Stellung möglichst kompliziert halten, in der Hoffnung, dass Van der Wiel in Zeitnot endlich Fehler begehen würde. 34.♖xg5+ ♖g7 35.♖xg7+

♔xg7 und das entstehende Springerendspiel sollte remis sein.

34...♘d5 35.♖d3 ♘f6

Schwarz verteidigt sich immer noch ausgezeichnet.

36.♖xg5+ ♖g7 37.♖f5

Kasparow möchte so viele Figuren wie möglich auf dem Brett bewahren.

37...♘e4 38.a4 ♖ge7 39.f4

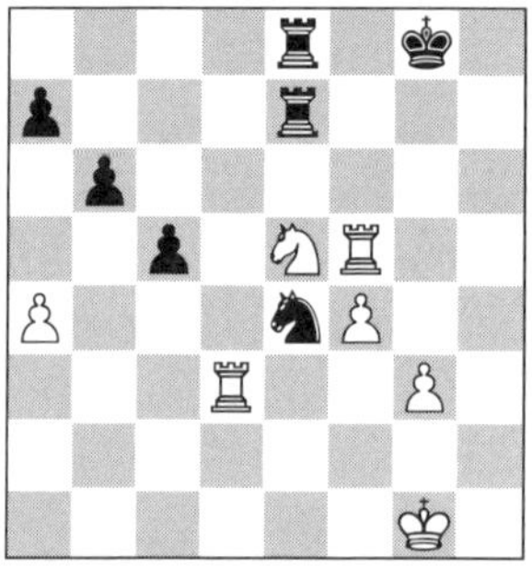

Langsam aber sicher wird es klar, dass der Vorteil auf die andere Seite des Brettes übergegangen ist. Weiß hat zwei verbundene Freibauern, die später drohen, mit Unterstützung des Königs wie ein Panzer vorwärtszurollen.

39...♖e6 40.♔g2 ♖8e7

Hier wurde die Partie vertagt, und während der Analyse wurde uns klar, dass die Stellung für Schwarz sehr schwer zu halten war. Die beiden verbundenen Freibauern des Weißen auf dem Königsflügel, die von König, Turm und Springer unterstützt werden, werden unwiderstehlich vorwärtsrollen. Die schwarzen Bauern dagegen sind schwer zu mobilisieren, da ihnen die Unterstützung der Figuren fehlt.

41.♔f3 ♘d6 42.♖g5+ ♖g7 43.♖xg7+ ♔xg7 44.g4 a6

Diese Aktion kommt einerseits zu spät, andrerseits wird dadurch die schwarze Bauernformation verletzlicher gegenüber Angriffe. Es macht keinen Sinn für Schwarz, mit einem Bauern loszurennen, wenn diese Bauern keine „Unterstützung" erhalten: 44...c4 45.♖d4 c3 46.♔e2, und der c3-Bauer ist ein geschlagener Mann. Der Abwartezug 44...♔g8 mag unter diesen Umständen das kleinste Übel gewesen sein, aber es ist augenscheinlich, dass Schwarz sich auch in diesem Fall nicht hätte retten können.

45.♖d5!

Eine sehr starke Entgegnung; unter gewissen Gegebenheiten droht Weiß, a4-a5 zu spielen, wonach die schwarze Bauernformation aufgerissen wird.

45...♘c8 46.g5

Mir scheint, dass 46.♖d7+! noch überzeugender war: 46...♔f8 (46...♔f6?? 47.♖f7#; 46...♖e7 47.♖d8 ♘a7 48.♖d6 ♘c8 49.♖c6 ♖e8 50.a5!) 47.g5, und die weißen Figuren dominieren das Brett.

46...♘e7 47.♖d7 ♔f8 48.♖d8+ ♔g7

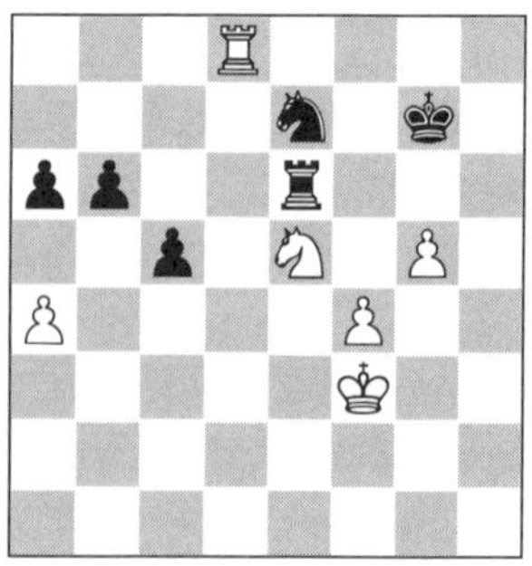

49.♔e4!
Kasparow spielt es optimal.
49.♖e8!? kam ebenfalls in Betracht, wonach alle schwarzen Figuren komplett gebunden sind. Schwarz kann mit 49...c4 50.♔e4 c3 weiterkämpfen, aber nach 51.f5! würde Weiß ebenfalls gewinnen.
49...♘c6 50.♖d7+!
Und noch ein Exakter!
50...♔f8
Nach 50...♔g8 entscheidet Weiß die Schlacht mit 51.♔f5 ♘xe5 52.fxe5 ♖e8 53.e6.
Die Verteidigung 50...♖e7 scheitert an 51.♖xe7+ ♘xe7 52.f5.
51.♔f5
Der König dringt ins schwarze Lager ein, und bringt Tod und Vernichtung mit.
51...♘xe5 52.fxe5 ♖e7 53.e6
Weiß gab auf.

Zurück in den Niederlanden verurteilte Van der Wiel Kasparows Benehmen in einem Artikel als beschämend. Als im gleichen Jahr Kasparow ebenfalls in unser Land kam, um im berühmten Interpolis-Turnier in Tilburg teilzunehmen – es sollte seine erste Bewährungsprobe gegen die Weltelite werden – , wurde er gefragt, Van der Wiels Kritik zu kommentieren. Seine Reaktion lautete: „In Russland haben wir ein Sprichwort, das besagt: schlechte Tänzer haben immer Probleme mit ihren Eiern.“ Das war ein Schlag in Johns Gesicht.

1.4 Waffen

Einer unserer Bekannten ist ein überzeugter Pazifist. Er wünscht sich, dass zumindest alle schweren Waffen von der Erde verschwinden würden, und nimmt an, dass dann die Chancen für Frieden auf der Welt besser wären. Das Kampfgetümmel überall auf unserem Planeten wird vor allem durch machtbesessene Leute verursacht, die Waffen benutzen, um ihre Autorität zu unterstreichen. Wir denken, in einer zivilisierten Welt zu leben, aber ist das wirklich so? Machen Kinder nicht bereits schon in einem jungen Alter mit Waffen und Schussspielen auf dem PC Bekanntschaft?
Zum Glück wird der Krieg auf dem Schachbrett in friedlicher Manier ausgetragen. Aber selbst hier haben wir Waffen zur Verfügung, mit denen wir den gegnerischen König beunruhigen können. Diese sind von abstrakterer Natur als die Waffen, die man heutzutage überall, wo man hinschaut, bekommen kann.
Wenn Sie ein Angriffsspieler sind, ist es sinnvoll, sich bei der Suche auf die Charakteristika einer Stellung zu fokussieren, die eine Kombination ankündigen. Wir wollen ein paar solche Merkmale auflisten:

Den Verteidiger beseitigen

Figuren, die den König verteidigen, können manchmal beseitigt werden. Zunächst wollen wir eine vergleichsweise einfache Angriffsidee zeigen.

Armin Bechtiger
Gyula Koronghy
Zürich 1981

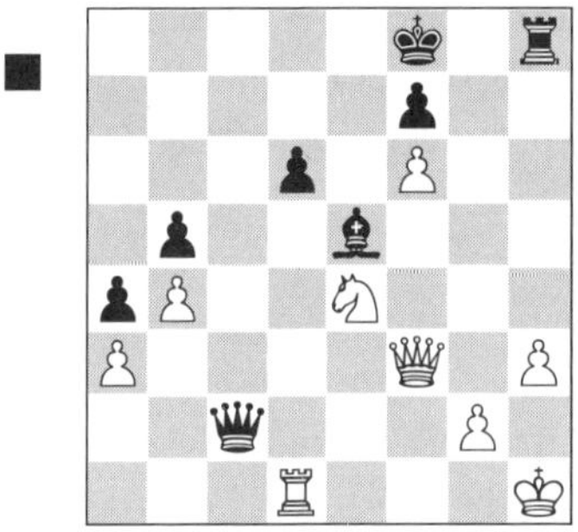

Drei schwarze Figuren zielen auf die weiße Königsstellung. Aber können sie die Verteidigung in Unordnung bringen?

1...♖xh3+!

Ja, sie können! Denn die Dame auf f3 und der Bauer auf g2 haben zwei Aufgaben, die sich nicht gleichzeitig erfüllen können. Dies wird in vielen Schachbüchern „Überlastung" genannt. Die Dame muss den Bauern h3 und gleichzeitig den ♖d1 überdecken. Der g2-Bauer hat die Aufgabe, h3 zu decken und, gleichzeitig, die zweite Reihe geschlossen zu halten. Das erweist sich als des Guten zu viel. Weiß kann hier sogleich aufgeben in Anbetracht von 2.♔g1 (Weiß wird mattgesetzt nach 2.♕xh3 ♕xd1# oder 2.gxh3 ♕h2#) 2...♖xf3 und Schwarz gewinnt eine ganze Dame.

Im zweiten Beispiel sehen wir eine nette Veranschaulichung der Eliminierung der feindlichen Figuren, die der holländische Meister von 2013, GM Dimitri Reinderman, aufs Brett brachte.

Dimitri Reinderman
Fred Slingerland
Gouda Schnellschach 2013

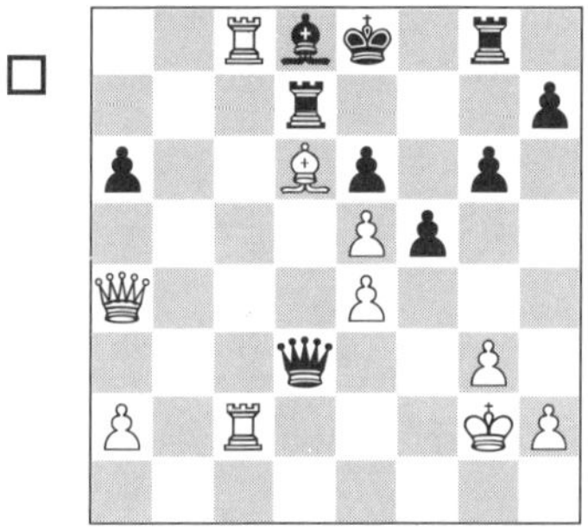

Bei dieser Anordnung der schwarzen Figuren – sein König mitten auf dem Brett und die Figuren unkoordiniert – überrascht es nicht, dass in der Stellung eine Kombination möglich ist.

38.♖xd8+!

Da der Turm d7 gefesselt ist, muss Schwarz mit dem König zurücknehmen, was Letzteren in noch größere Gefahr bringt.

38...♔xd8 39.♖c8+

Ein wunderbarer Lockvogel. Der König wird auf ein Feld gezogen, auf dem er zur Beute der weißen Dame wird.

39...♔xc8 40.♕c6+

Nun stattet sie einen Besuch unter Tempogewinn ab.

40...♔d8 41.♕a8#

Die Schlussstellung zeigt auf adrette Art, wie geschickt der weiße Läufer die wichtigen Fluchtfelder des Königs kontrolliert.

Magnetkombinationen

Die Überschrift über diesem Paragraphen spricht für sich selbst: durch ein Opfer wird der König von seiner „Burg" fortgelockt, worauf ihn die feindlichen Figuren fangen werden. Eine der berühmtesten Kombinationstypen (welche in vielen Partien so oder ähnlich vorkommen) ist der sogenannte „Magnet-Angriff". Das Standardbeispiel hierfür ist Ed.Lasker-Thomas (London 1912), aber weil diese Partie so extrem bekannt ist, wollen wir sie hier nicht wieder zum Besten geben. Stattdessen zeigen wir einen viel komplizierteren Fall, in dem der Weiße eine ganze Menge reizvoller Mattmuster heraufbeschwört.

Entdecke den Magnetangriff!

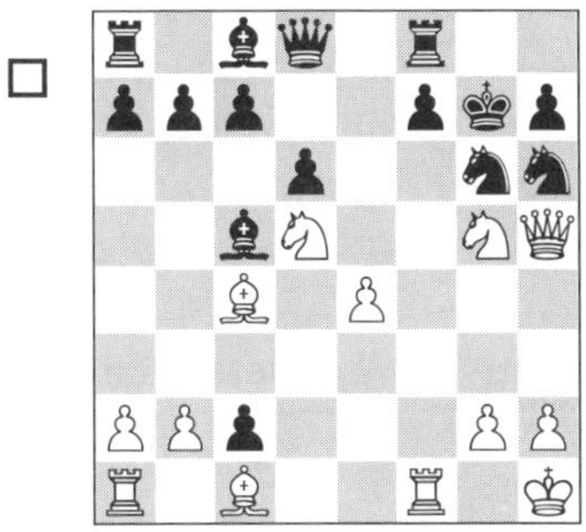

Eine typische Königsjagd, in der der König aus seinem „sicheren" Versteck herausgezogen wird.

Ich habe diese Stellung häufig als eine Aufgabe zum Üben des Vorausdenkens, insbesondere des Visualisierens, benutzt. Die Aufgabe lautete: berechne 1.♕xh6+.

1.♕xh6+!!

Ein wunderbares Damenopfer, das zum Matt führt, falls Weiß auch alles richtig macht.

1...♔xh6 2.♘e6+!

Dieses Abzugsschach ist wesentlich; der Springer nimmt nicht nur g7 unter Kontrolle, sondern schneidet den ♗c8 von möglichen Verteidigungsaufgaben ab.

2...♔h5

Notwendig war 2...♘f4, aber danach gewinnt Weiß am einfachsten mit 3.♖xf4 ♔g6 (3...fxe6 verschiebt die böse Stunde nur: 4.♖xf8+ ♕g5 5.♗xg5+ ♔xg5 6.♘xc7) 4.♖g4+ ♔h5 5.♘g7+ ♔xg4 6.♗e2+ ♔h4 7.g3+ ♔h3 8.♘f4#.

3.♗e2+

Hier führt 3.♖f5+ zu einem gleichermaßen raschen Matt nach 3...♔g4 (3...♔h4 4.♗e2) 4.♗e2+ ♔h4 5.♖h5#.

3...♔h4

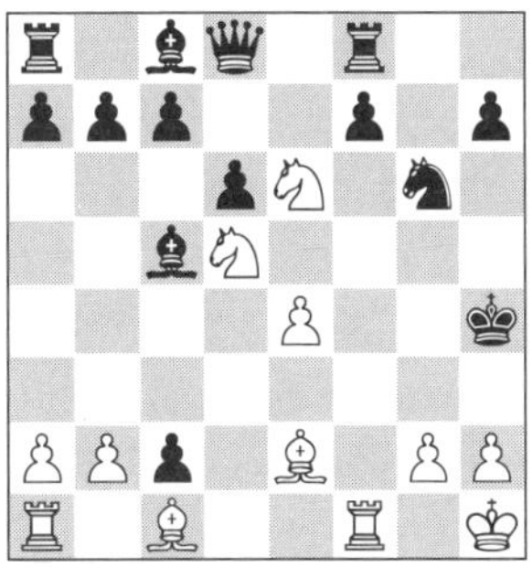

4.g3+?!

Alles sehr geradlinig gespielt.

Für die Perfektionisten unter uns: der stille Zug 4.♖f5!! führt zu einem schnelleren Matt: 4...♗xe6 5.♖h5#. War es nicht Fischer, der sich einst selbst ein Fragezeichen für ein Schachmatt in 3 Zügen gab, weil er gar in zwei Zügen hätte mattsetzen können? Offenbar zeugt dies von der wahren Mentalität, die man haben muss, um Weltmeister zu werden!

4...♔h3

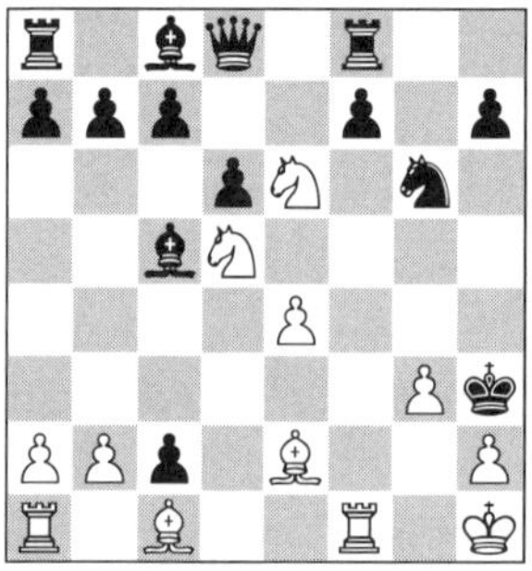

5.♘df4+

Kurioserweise gab es wieder einen ruhigen Zug, 5.♖f4, der zu einem anderen Mattbild führte. Gegen 6.♗f1 ist kein Kraut gewachsen.

5...♘xf4 6.♘xf4#

Mission beendet!

Doppelschach

Eine Waffe, die sicherlich in diese Auflistung gehört, ist das sogenannte Doppelschach. Dieses ist eine Form des Abzugsschachs, bei dem die vordere sowie die hintere Figur beide gleichzeitig Schach bieten. Eines ist hier gewiss: der Gegner muss mit seinem König spielen. Von den geläufigen Arten, auf ein Schachgebot zu reagieren – die Figur schlagen, die Schach bietet, eine Figur dazwischenziehen oder den König ziehen –, bleibt ihm hier nur noch letztere Möglichkeit. Dieses Motiv könnte dem Angreifer Anlass genug sein, genauer hinzusehen, ob er dadurch nicht einen Vorteil erzielen kann.

Beispiel Doppelschach

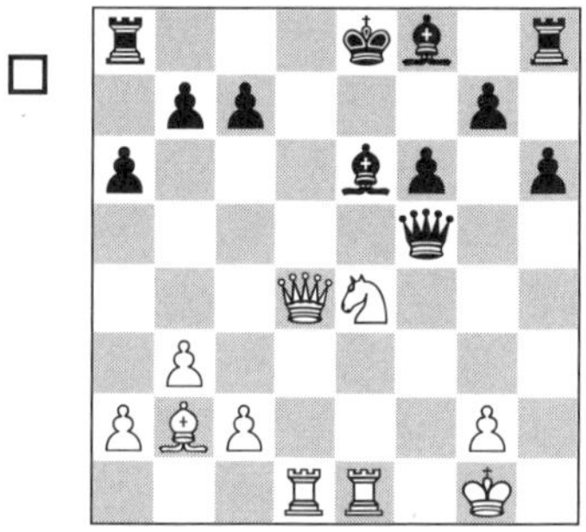

Ein attraktives Beispiel einer Belagerung des Königs im Zentrum. Um diese Stellung zu erreichen hat Weiß zwei Bauern investiert.

1.♕d7+!

Ein charmantes Damenopfer mit der Absicht, die e-Linie zu öffnen. Der ♖e1 sowie der ♘e4 sind dann in der Lage, die Macht ihres Zusammenspieles zu zeigen. Ebenfalls gewinnt 1.♘xf6+ ♔f7 (1...♕xf6 2.♕d7#) und nun 2.♘d7! ♔g8 3.♘xf8, und wegen der Mattdrohung auf g7 im Verbund mit dem verletzlichen ♗e6 kann Schwarz nicht auf f8 zurückschlagen.

1...♗xd7 2.♘d6+!

Das richtige Feld für das Doppelschach. Der Springer muss das Fluchtfeld f7 kontrollieren,

damit der König auf die exponierte d-Linie ziehen muss.
Bloß nicht 2.♘xf6+? ♔f7 3.♖xd7+ ♔g6 und Weiß verbleibt mit leeren Händen.
2...♔d8 3.♘f7+ ♔c8
Und nun folgt das elegante Schluss:
4.♖e8+
Wieder wird ein Verteidiger abgelenkt: 4...♗xe8 5.♖d8 matt.

Beispiel Doppelschach

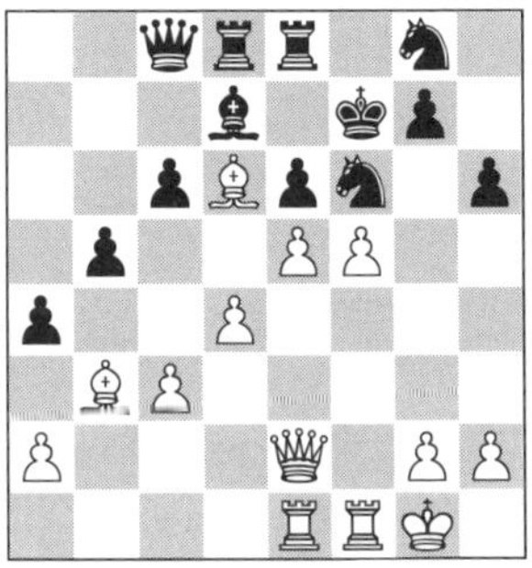

Die weißen Figuren sehen einer mörderischen Initiative entgegen, während die schwarzen Figuren in Unordnung stehen. Rechnet man noch die unsichere Position des schwarzen Königs hinzu, kommt man zum Schluss, dass die Stellung reif für eine Kombination ist. Aber ein praktischer Spieler muss immer bereit sein, die Ärmel hochzukrempeln und Varianten zu berechnen.
Ich habe diese Stellung öfters in Trainingssitzungen mit meinen Schülern benutzt, mit der Absicht, dass sie die Varianten berechnen nach
1.♕h5+!
Ein wunderhübsches Damenopfer, das dem Zweck dient, den ♘f6 von der f-Linie wegzulocken, und dadurch ein Doppelschach mit einem Bauern ermöglicht. Der Vorzug dieser Variante ist, dass sie mit Schachgebot passiert und dadurch forciert ist. Ein Spieler kann sehr tief rechnen, wenn alles forciert ist. Wie dem auch sei, es gibt bei jedem Zug mögliche kleine Seitenlinien, die man in die Berechnung mit einbeziehen muss. Ich möchte nicht abstreiten, dass auch andere Züge zu einem Gewinn für Weiß führen. So ist zum Beispiel 1.exf6 ebenfalls ausgezeichnet: 1...♘xf6 2.fxe6+ ♗xe6 3.♕h5+ ♔g8 4.♖xf6 endet gleichfalls in einem Desaster für Schwarz: 4...axb3 (bei 4...♗xb3 ist 5.♗e5! die stärkste Fortsetzung, nach der es nicht länger eine befriedigende Verteidigung gegen alle weißen Drohungen gibt) 5.♖xh6! gxh6 6.♕g6+ ♔h8 7.♗e5#.
1...♘xh5 2.fxe6+
Hier ist das Doppelschach!
2...♔g6
Die schwarze Majestät ist nun genötigt, in verminte Gebiete zu reisen.
3.♗c2+ ♔g5 4.♖f5+!
Der einzige gute Zug.
4...♔g6
Falls der König nach vorne marschiert, wird er bald mattgesetzt: 4...♔g4 und das schnellste Matt ergibt sich jetzt nach 5.h3+ ♔h4 (5...♔g3 6.♖xh5 ♗xe6 7.♖e3+ ♔f4 8.♖f3#) 6.♖e4+

♘f4 (6...♔g3 7.♖g4#) 7.♖exf4+ ♔g3 8.♖g4#; 4...♔h4 5.♖e4+ ♘f4 6.♖exf4#.

5.♖f6+

Und noch ein Doppelschach!

5...♔g5 6.♖g6+

Seltsamerweise findet sich der Turm im Rücken des schwarzen Königs wieder. Daraus resultiert, dass der Monarch immer weiter ins feindliche Land eindringen muss.

6...♔h4

In der Regel wird es ein König, der so weit von seinem eigenen Lager abgedrängt wurde, nicht lange überleben.

Falls der König in Richtung Zentrum wandert, führt das nur zu einem schnelleren Matt: 6...♔f4 7.♖e4+ ♔f5 8.♖eg4#.

7.♖e4+ ♘f4 8.♖xf4+ ♔h5 9.g3

9.♖g3 ♘e7 10.♗d1# ist ebenso nett!

9...♗xe6 10.♖h4#

Räumung

Manchmal muss man „klar Schiff machen". Manche Leute werden nervös, weil sich ihr Müll zuhause stapelt. Dann eröffnet „Ausmisten" oft neue Perspektiven und erlaubt ihnen, wieder freier zu atmen. Genauso ist es auf der psychischen Ebene oft hilfreich, etwas „Ballast" über Bord zu werfen, um den Geist zu leeren und die Alltagssorgen mit einem frischen Kopf anzugehen. Wir können diese Analogie auf ein spezielles Thema übertragen, das in vielen Schachpositionen eine Rolle spielt. Beim Schach ist es manchmal ebenso: etwas steht im Weg und muss zur Seite geschubst werden. Wir nennen dies Räumung. Das bekannteste Konzept innerhalb dieses Themas wir „Feldräumung" genannt. Hier sind ein paar nicht zu schwierige Beispiele.

Matt (Feldräumung)

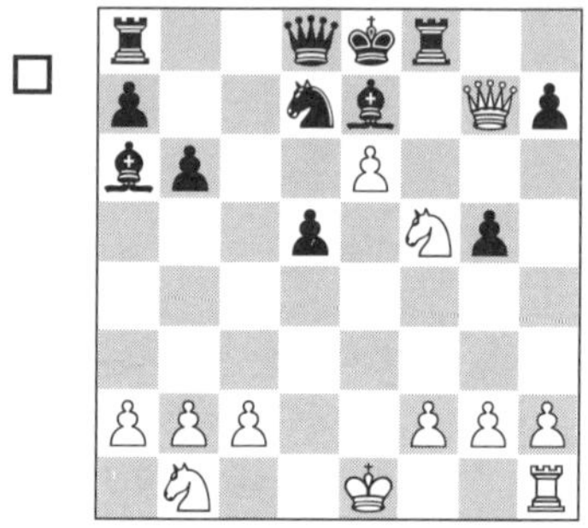

Weiß räumt das Feld g7 für seinen Springer:

1.♕g6+! hxg6 2.♘g7#

Matt (Feldräumung)

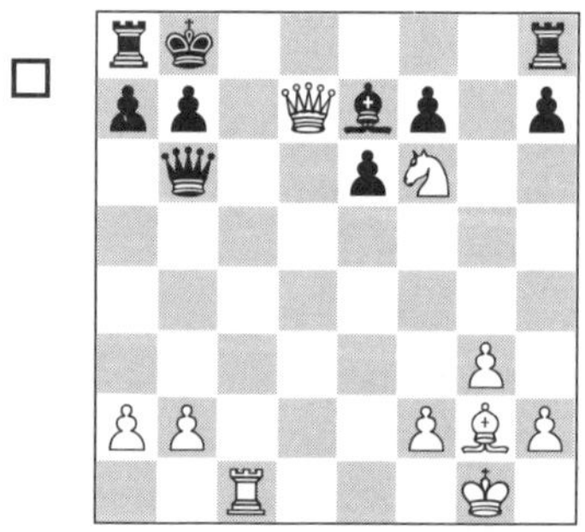

Weiß erkennt ein Mattbild mit dem Springer auf d7. Leider steht dort momentan die Dame im Wege. Aber freilich, das kann schnell gelöst werden! Mit

1.♕c8+!

wird die Dame unter Tempogewinn entfernt, und nun:

1...♖xc8 2.♘d7#

Wir können ein Feld räumen, aber gleiches gilt auch für eine „Linie". Mit „Linie" meinen wir hier sowohl eine Linie, eine Reihe oder eine Diagonale. Das verbreitete Wort dafür ist „Linienräumung", aber streng genommen müsste man differenzieren zwischen „Linienräumung", „Reihenräumung" und „Diagonalenräumung" – auch wenn dies nicht so gut klingt.

Beispiel Räumung

□

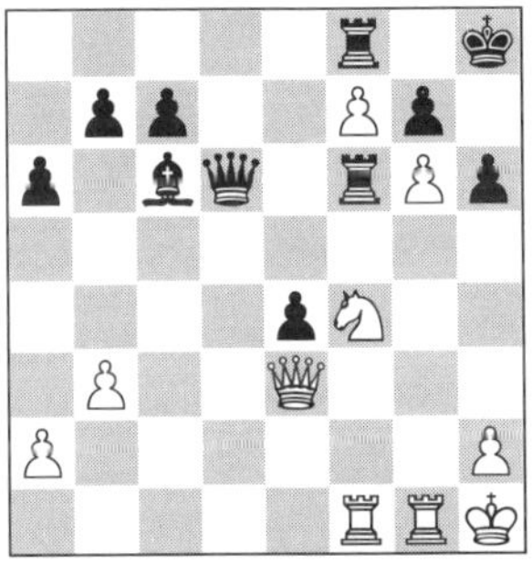

In dieser Stellung ist es Weiß gelungen, seine f- und g-Bauern sehr weit nach vorne zu werfen. Dieses Beispiel zeigt, dass Bauern auf diesen Feldern extrem gefährlich sein können. Dennoch ist das Motiv der Kombination ziemlich versteckt.

1.♘e6!?

Eine wunderbare Art, die Diagonale c1-h6 zu räumen. Weiß plant ein Damenopfer, und es sieht so aus, als wäre Schwarz gezwungen, dieses zuzulassen. Zugleich wird die sechste Reihe unterbrochen.

Alternative Springerzüge führen nicht zum gewünschten Resultat. Nach dem verblüffenden Springerzug denkt man, Schwarz wäre verloren, doch er hat eine eindrucksvolle Ressource zur Verfügung!

1.♕h3? funktioniert dagegen nicht, weil Schwarz mit 1...e3+ die Diagonale hin zum weißen König öffnen kann.

1.♘d5? räumt ebenfalls die Diagonale c1-h6, aber das erlaubt dem schwarzen Läufer, sich in die Verteidigung einzuschalten: 1...♗xd5 2.♕xh6+ gxh6 3.g7+ ♔h7 und das Umwandlungsfeld g8 ist mit zusätzlichem Schutz ausgestattet!

1...♕d2!!

Eine unglaubliche Verteidigung! Der schwache Punkt h6 ist indirekt überdeckt und zur gleichen Zeit wird die weiße Dame auf e3 abgelenkt, so dass Schwarz die Diagonale a8-h1 öffnen kann. Mit diesem Zug reduziert Schwarz das Weiße Vorteil auf ein Minimum.

Nach 1...♕d2 hat Schwarz immerhin noch 2.♘xf8 (die Annahme des Damenopfers 2.♕xd2? wird durch 2...e3+ 3.♕g2 ♗xg2+ 4.♔xg2 ♖xg6+ 5.♔h3 ♖xe6 mit schwarzem Gewinn bestraft) 2...♕xe3 3.♖xf6 ♕c5 4.♘d7 e3+ 5.♖xc6 ♕xc6+ 6.♖g2 ♕c1+ 7.♖g1 ♕c6+ mit Zugwiederholung.

Diese Themen kommen in der Praxis öfters vor, als man denken würde. Manchmal liegen sie so tief unter der Oberfläche, dass es nicht leicht ist, sie sichtbar bloßzulegen.

Loek van Wely
Robin van Kampen
Amsterdam ch-NED 2014 (1)

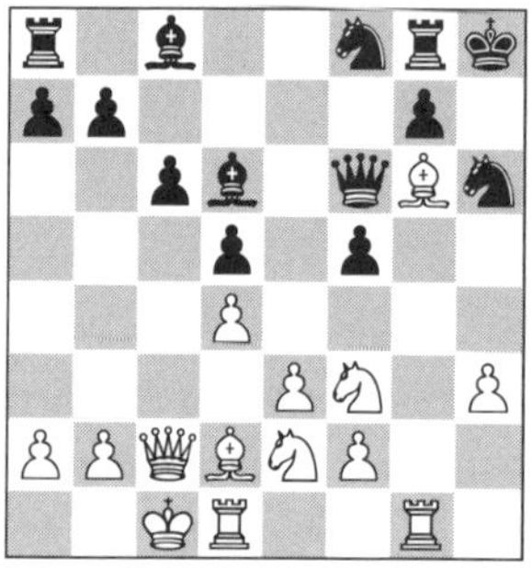

Dem damals sechsmaligen holländischen Meister Loek van Wely gelang es in 2014, den jungen Großmeister und zukünftigen Mann, Robin van Kampen, mit einer doppelten Räumung hinters Licht zu führen.
In einer Stellung, die aus dem Damengambit entstand, kontrolliert Weiß die offene g-Linie. Der Bauer h7 fehlt, was den schwarzen König weniger sicher als „normal" erscheinen lässt. Man könnte meinen, dass der Läufer g6 sich ein wenig verlaufen hat, aber nichtsdestotrotz erfüllt er eine sinnvolle Aufgabe, weil er zu einem gewissen Maß die Koordination unter den schwarzen Figuren stört. Und schließlich ist Schwarz unterentwickelt; seine Figuren am Damenflügel müssen erst noch ins Spiel gebracht werden.
18.♘e5!?
Weiß ist durchaus gewillt, einen Bauern zu geben, wenn er dadurch die lange Diagonale a1-h8 in seine Gewalt bekommt. In dem Fall würden seine Figuren einträgliche Arbeit finden.
18...♗xe5 19.dxe5 ♕xe5
Auch wenn Schwarz den Bauern ignoriert durch 19...♕h4 würde ihm das auch nicht über den Berg helfen. Zum Beispiel: 20.♖g3 und Weiß kann seine Stellung verstärken wie es ihm gerade gefällt.
20.♗c3 ♕e4 21.♕d2

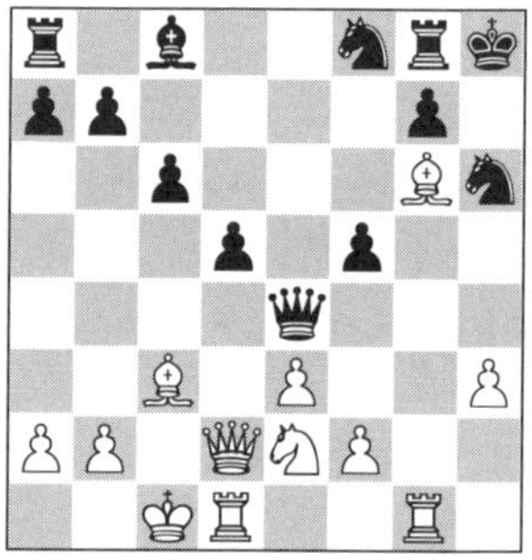

Natürlich behält Van Wely die Damen auf dem Brett. Mit diesem boshaften kleinen Damenzug beabsichtigt er eine messerscharfe Kombination, die er bald auf Brett zaubern wird.
21...♗d7 22.♘f4 ♗e8

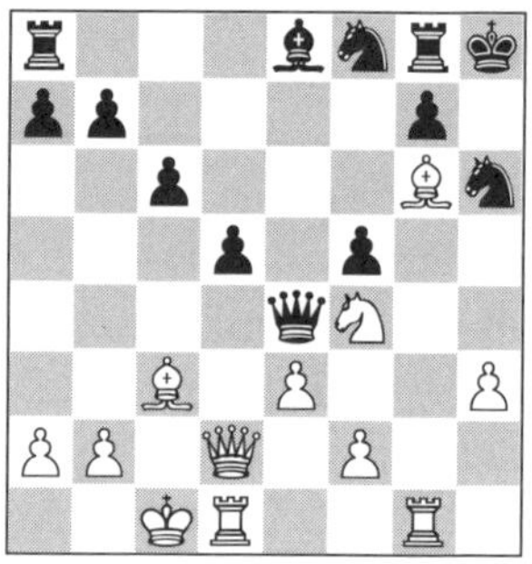

23.f3!

Sehr gut wahrgenommen: Mit einem doppelten Bauernopfer durchbricht Weiß nun die Abwehrreihen des Feindes.

23...♕xf3

23...♕e7 wird mit einem weiteren Räumungszug beantwortet: 24.e4! droht, den ♘f4 irgendwohin hinzustellen.

24.e4!

Hiermit räumt Weiß die Diagonale c1-h6 und beschwört plötzlich eine tödliche Drohung in der Stellung herauf: ♕xh6. Gleichzeitig bekommt die schwarze Dame gehörigen Ärger.

24...d4

Nach einem Zug wie 24...fxe4 würde Schwarz die Dame verlieren: 25.♖df1 (nicht die ursprüngliche Idee 25.♘e6 im Hinblick auf 25...e3) 25...e3 26.♕d3 mit Gewinn.

25.♗xd4 ♖d8

25...♕xe4 wird durch 26.♖de1 ♕f3 27.♘h5! mit vernichtenden Drohungen beantwortet: 27... f4 28.♘xg7 ♖xg7 29.♗xg7+ ♔xg7 30.♕d4+ ♔g8 31.♗f7+ ♔xf7 32.♖g7#.

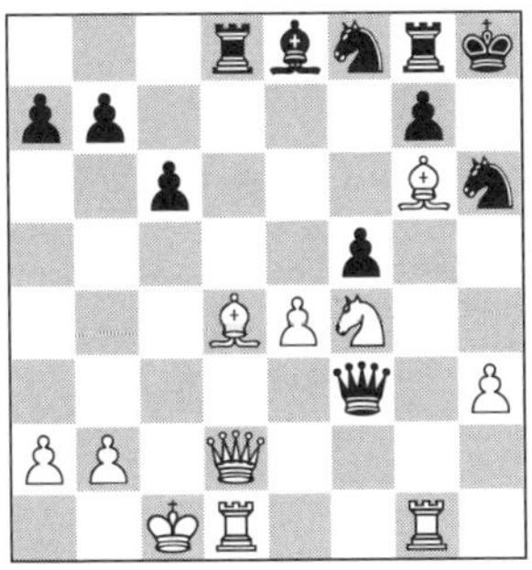

26.♘e6!

Mit diesem Räumungszug beendet Weiß abrupt jeglichen Widerstand. Nach 26...♖xd4 (26...♘xe6?? scheitert offensichtlich an 27.♕xh6#) 27.♘xd4 ♕xe4 28.♖de1 ♕d5 29.♗xe8 verbleibt Schwarz mit einem Minusturm.

Nutzen aus einer Fesselung ziehen

Damals, als ich als Jungspund den örtlichen Schachklub betrat, war das Schachleben noch ziemlich andersartig, als es sich in unseren modernen Zeiten zeigt. Die Leute spielten im Hinterzimmer eines Cafés, in der Tat nicht der passende Platz für einen 14-jährigen Heranwachsenden, der dort bis spät in den Abend hinein in Räumen mit gedimmtem Licht ausharren musste, in denen Zigarren und Zigaretten geraucht wurden – in diesen fernen Tagen konnte man überall rauchen. Mein Vater, selbst ein leidenschaftlicher Schachspieler, nahm mich dorthin mit und sammelte mich am Ende des Abends wieder auf. Zunächst war meine Mutter überhaupt nicht mit dieser Prozedur einverstanden, wenn es auch nur daran lag, dass sie sogleich meine Kleider in die Waschmaschine verfrachten musste wegen des durchdringenden Geruchs nach Rauch und Schweiß... Im gleichen kleinen Hinterzimmer wurde ich – ein ambitionierter kleiner Spieler – abgehärtet durch etliche Erfahrungen, die mir in späteren Jahren in der

internationalen Schacharena zugutekommen sollten. Ich erinnere noch genau, als wäre es gestern, dass ich in dem kleinen Raum eine Partie mit Weiß gegen einen stämmigen Typen spielte, fast 7 Fuß groß, der furchteinflößende runde Augen besaß. Er war einer der Topspieler des Klubs, und er besaß die Gewohnheit, eine ganze Sammlung von Zigarren und Pfeifen neben das Brett zu legen. Jedes Mal, kurz bevor er seinen Zug machte, blies er eine dicke Wolke aus Rauch übers Brett, so als wolle er seinen Ideen zusätzliche Kraft beimischen. Ich werde nie vergessen, wie plötzlich ein Läufer, den ich zuvor nicht wahrgenommen hatte, aus dem Dunklen erschien, um mir meine Dame auf f2 wegzuschnappen. Ich war mir ganz sicher, dass dieser Läufer auf b8 gestanden war...
Im gleichen Klub gab es einen anderen Spitzenspieler, der sehr oft die Klubmeisterschaft gewann. Dieser freundliche und höchst liebenswerte Gentleman – er hatte einen großen schwarzen Bart – rauchte zum Glück nicht, aber er hatte die Angewohnheit, während der Partie ein Gespräch zu beginnen. Das war zu dieser Zeit nichts Ungewöhnliches, aber zuweilen hatte er ein heimliches Motiv. So hatte dieser Gentleman mit Namen Van Gelder einen ganz speziellen taktischen Trick in seinem Arsenal, der ihm regelmäßig Erfolg einbrachte. Leider war es mir nicht möglich, irgendeine einzige Partie von ihm auszugraben, doch in der folgenden Rekonstruktion kann ich Ihnen das Wesentliche zeigen, was in unserem Klub mutmaßlich als der „Van-Gelder-Trick" galt, und mit dem er regelmäßig die Lacher auf seiner Seite hatte.

Der Van Gelder-Trick – Beispiel

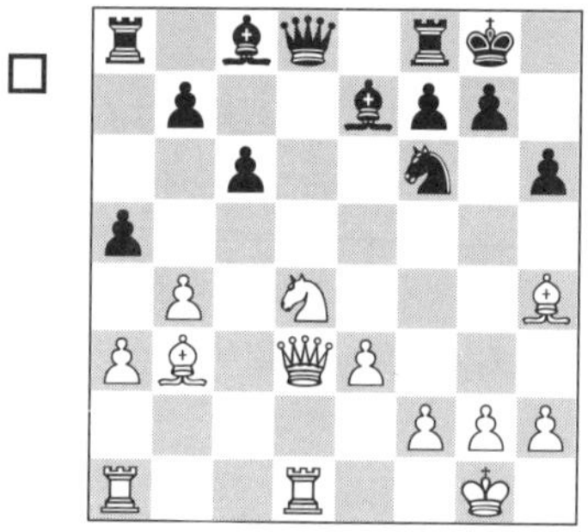

In diesem Stellungstyp würde Herr Van Gelder als Weißer

1.♗c2

spielen mit der offensichtlichen Drohung 2.♗xf6 nebst Matt auf h7. Es gibt nicht viele Vereinsspieler, die auf solche kindischen Tricks hereinfallen.

1...g6

Schwarz pariert die Drohung, wonach Herr Van Gelder ganz beiläufig den Läufer zurück auf das Feld stellte, von dem er kam. Gleichzeitig schüttelte er seinen Kopf, schaute dabei nach links, seinem Gegner den Eindruck vermittelnd, in seinen Kopf blicken zu können: „Ich spiele nicht gut, meine Drohungen werden leicht abgewehrt. Und nun, oh nein, nun habe ich auch noch meinen b4-Bauern eingestellt..." Manchmal verband er diese Gesten mit einer wohlwollenden Konversation mit seinem Gegner, bot ihm gar noch ein Getränk an.

2.♗b3

Heimtückisch hat Weiß den Bauern f7 gefesselt, und dadurch verlor g6 seine Deckung. Aber es ist nicht leicht, klaren Kopf zu bewahren wenn so viele psychologische Fallstricke eine Rolle spielen.

2...axb4??

Und jawohl – wie viele Spieler wurden nicht schon auf diese Art reingelegt?

Freilich passiert nach 2...♔g7 nicht viel, wenngleich Weiß immer noch besser steht nach einem Manöver wie 3.♕c2 (droht 4.♘e6+) 3...♕e8 4.♕b2.

Jetzt indes folgt das triumphale

3.♕xg6+!

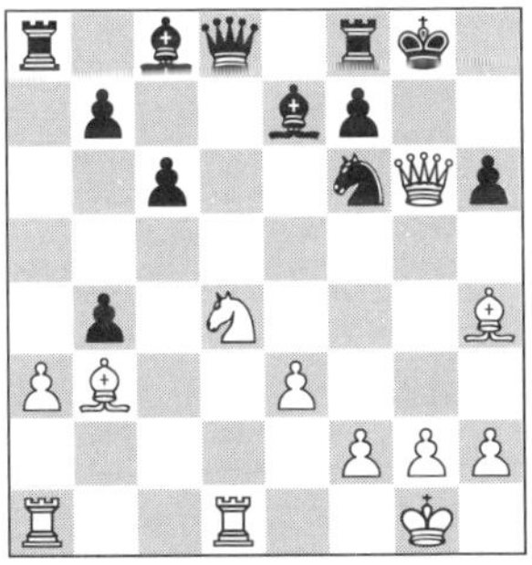

mit einem dumpfen Schlag. Der Schwarzspieler wusste gar nicht, wie ihm geschah! Die Partie ist sogleich vorbei. Eine mögliche Fortsetzung lautet:

3...♔h8 4.♕xh6+ ♔g8 5.♗xf6 ♗xf6 6.♗c2 ♖e8

Und hier bekommen wir einen netten Mechanismus zu sehen (der unter die Kategorie des ABCs fällt, dazu weiter hinten im Buch!), mit dem Weiß den Angriff auf den König beschließt.

7.♗h7+ ♔h8 8.♗g6+ ♔g8 9.♕h7+ ♔f8 10.♕xf7#

Auch wenn ich selbst vermutlich ein, zwei Mal auf diesen Trick hereingefallen bin, denke ich mit großer Freude an diese Zeiten zurück, als man eine Partie Schach in einer entspannten Atmosphäre spielen konnte. Smartphones, Detektor-Schranken usw., waren damals noch nicht auf der Tagesordnung.

Wir haben nun ein Thema angeschnitten, das einer Menge von Vereinsspielern Verdruss bereitet: die Fesselung.

Und nicht nur Vereinsspielern.

Was sollen wir bloß vom nächsten Fragment halten, bei dem zwei Weltklassespieler jeweils einen eklatanten Fehler begehen?

Laszlo Szabo
Samuel Reshevsky

Zürich ct 1953 (19)

□

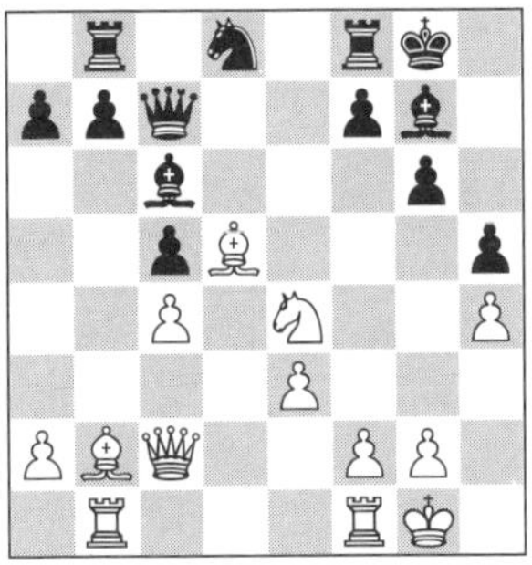

In dieser Stellung litten beide starken Großmeister an einer schrecklichen Schachblindheit. Weiß steht sehr gut, und er spielt eine seiner Trumpfkarten aus:

20.♘f6+ ♗xf6??

Ein furchtbarer Einsteller. Der einzige Zug ist 20...♔h8, wonach die weiße Stellung ebenfalls exzellent ist nach 21.♕e4 (21.♖bd1 ♕e7). Aber hier hätte Weiß noch einiges zeigen müssen.

21.♗xf6??

Der Weiße nimmt keine Notiz... Mit 21.♕xg6+ konnte er optimalen Nutzen aus der Fesselung des Bauern f7 ziehen. Es ist matt in zwei! 21...♔h8 22.♗xf6#.

21...♔h7

Und später endete das Ganze gar mit Remis. Eine armselige Show von diesen beiden Gentlemen.

Schnittpunkte

Hin und wieder haben wir uns mit anderen Trainern ausgetauscht über die Möglichkeiten, wie ein Schachspieler Wissen in sein „System" integrieren kann. Nach und nach sind wir zu dem Schluss gekommen, dass Wissen allein hierfür nicht ausreicht. Dies muss erst noch in den praktischen Gebrauch umgesetzt werden, und dafür sind Anwendungs-Fähigkeiten gebraucht. Ein völlig eigenständiges Buch könnte über dieses Thema geschrieben werden. Einmal gab ich einer Gruppe von starken Spielern Unterricht. Während einer der Sitzungen gab ich ihnen ein kombinatorisches Motiv zu lösen, das eher rar zu sein scheint. Im Wettkampfschach, aber genauso auch in der Welt der Endspielstudien, wird das Motiv mit dem Terminus „Schnittpunkt" bezeichnet. Komponisten von Endspielstudien unterscheiden dabei sogar zwischen verschiedenen Formen des Schnittpunktes. In ihren Kreisen sind „Novotny", „Grimshaw" und „Plachutta" gebräuchliche Bezeichnungen. Bei den ersten beiden wird eine Figur auf den Schnittpunkt einer Diagonalen mit einer Linie (oder Reihe) gestellt. Bei einem Novotny wird dies mit einem Opfer begleitet, bei einem Grimshaw muss das nicht der Fall sein. Bei einem Plachutta dagegen wird eine Figur auf den Schnittpunkt zweier Diagonalen gestellt.

Die Schachschüler nahmen Notiz von den Charakteristika dieses Typus von Kombination, und ich gab ihnen noch Aufgabenmaterial zu diesem Thema mit. Und siehe da – die Kobolde waren wieder fleißig – auf einmal bekamen etliche Spieler, die diese Trainingssitzung besucht hatten, in den nächsten sechs Monaten das Motiv aufs Brett! So etwas kann sicherlich nicht nur als Zufall abgetan werden. Wenn ein gewisses Motiv mit guten Instruktionen und dem notwendigen Trainingsmaterial bekanntgemacht wird, und dann auch noch die Schüler es weiter praktizieren, dann kann man davon ausgehen, dass das Motiv bald auf dem Brett in ihren Partien auftaucht. Wir können davon ausgehen, dass diese Beobachtung auch für offenkundig seltene Themen zutrifft. Zufällig habe ich herausgefunden, dass ich das Motiv zuvor schon in eigenen Partien auf dem Brett hatte, aber manchmal verpasste ich die Chance, es anzuwenden! Dies ist ein wichtiges Argument dafür, so viele Kombinationstypen wie möglich zu üben, aber deswegen gilt erst recht: ein Trainer muss diese Themen systematisch und in der richtigen Form vermitteln.

Bei einem Wochenendturnier in der holländischen Stadt Helmond ergab sich die folgende Stellung auf dem Brett in einer Partie zwischen zwei durchschnittlichen Vereinsspielern.

Paul van Asseldonk
Twan Kastelijn
Helmond 2007

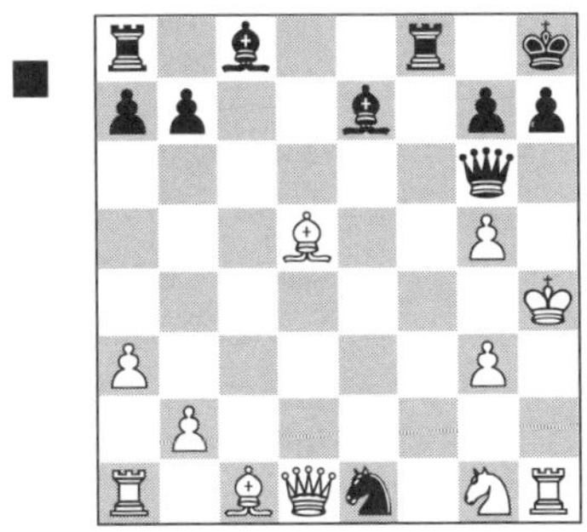

Bei diesem Kaffeehausschach nahm der weiße König einen Flug übers Brett. Seltsamerweise ist das Material noch gleich, aber Schwarz kann auf verschiedene Arten gewinnen. Und doch, auf den ersten Blick sieht es nicht nach einem eindeutigen Weg zum Sieg für ihn aus.

Wenn wir die beiden Drohungen von Schwarz kombinieren (...♘g2+ und ...♕h6+), können wir feststellen, dass es da zwei Verteidiger gibt: den ♗d5 und die ♕d1. Beide müssen die gegnerischen Drohungen entlang der Diagonalen d5-g2 sowie d1-h5 verhindern. Die Drohung 1...♕h6+ wird mit 2.♕h5 pariert, während das beabsichtigte Matt durch 1...♘g2+ im Moment noch an 2.♗xg2 scheitert.

Und hier taucht bei uns ein Gedankenblitz auf! Es ist fast wie in der Mathematik. Der Schnittpunkt dieser Diagonalen ist das Feld f3. Nun, da wir das erkannt haben: Können wir die Wirkung von einer der beiden weißen Figuren unterbrechen, indem wir eine Figur auf dieses Feld stellen? Ungefähr so, wie sie es in der Welt der Endspielstudien machen? Und tatsächlich: der Schwarze hatte einen hell leuchtenden Moment und zog das spektakuläre

1...♖f3!!

Da der ♘e1 – nicht völlig zufällig – das Feld f3 überdeckt, geht Weiß nun aller Verteidigungsressourcen verlustig. Ein reiner Plachutta am Schnittpunkt zweier Diagonalen. Es folgte:

2.♗xf3

Nun, da die Dame im Moment nicht nach h5 kann, lenkt Schwarz den Läufer vom Feld g2 ab.
Bei 2.♕xf3 kann Schwarz die Dame gewinnen, doch viel besser ist natürlich 2...♘g2+! 3.♕xg2 ♕h6#.

2...♕h6+ 3.♗h5 ♘g2#

Eine herrliche Episode!

Wie ich weiter oben erwähnte habe ich im Lauf meiner Karriere so manche Möglichkeiten versäumt, Partien mit diesem charmanten Thema zu gewinnen. Glücklicherweise gelang mir dies zumindest einmal in einer wichtigen Partie.

Herman Grooten
Jan Voormans
Eindhoven 1982 (7)

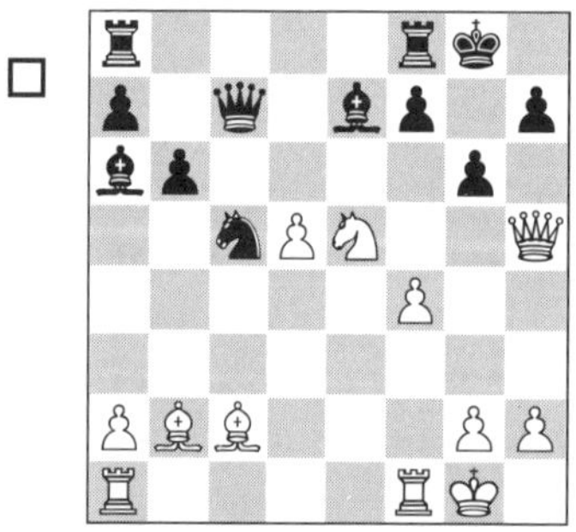

Weiß hat beide Läufer auf die schwarze Königsstellung gerichtet, zudem nehmen auch seine Dame und der Springer am Angriff teil. Man kann sich des Eindrucks nicht erwehren, dass Schwarz das nicht lange wird überleben können. Aber zwischenzeitlich hängen beide, die weiße Dame und der ♖f1.

Deswegen muss Weiß die Zähne zusammenbeißen.

21.♘g4!

Die korrekte Fortsetzung, die hier ein weiteres hübsches – wenngleich sehr bekanntes – Mattmotiv vorstellt.
Viele, denen ich diese Stellung präsentierte, glaubten, Weiß könne durch ein doppeltes Opfer auf g6 gewinnen. Aber sie wurden enttäuscht! 21.♘xg6? fxg6 22.♗xg6 und nun ist Schwarz natürlich nicht verpflichtet, das zweite Opfer anzunehmen. Er antwortet ziemlich besonnen mit 22...♗f6!, organisiert seine Kräfte, wonach Weiß sogar noch mehr Material verliert.
Das Springeropfer auf f7, 21.♘xf7 ♖xf7 (nicht 21...♔xf7 22.♕xh7+ ♔e8 23.♕xg6+ ♔d7 24.♗e5 und gewinnt) 22.♗xg6, bietet bessere Aussichten, aber Schwarz hält sich über Wasser mit 22...♗f6!, worauf die beste Chance in 23.d6! besteht (aber nicht 23.♗xf7+? ♕xf7 24.♕g4+ ♔f8 25.♗xf6 ♕xf6 und Schwarz ist gut dran) 23...♕b7 24.♗xf6 ♖xf6 25.♗xh7+ ♕xh7 26.♕d5+ gefolgt von 27.♕xa8.
Indes zeigt es sich, dass Schwarz sogar hier mit 26...♔g7 27.♕xa8 ♗xf1 28.♕xa7+ ♔g6 29.♕xh7+ ♔xh7 30.♖xf1 ♖xd6 überlebt, da das resultierende Endspiel haltbar erscheint.

21...f6

Der einzige Zug: 21...gxh5 22.♘h6#.

22.♗xg6

Offensichtlich.

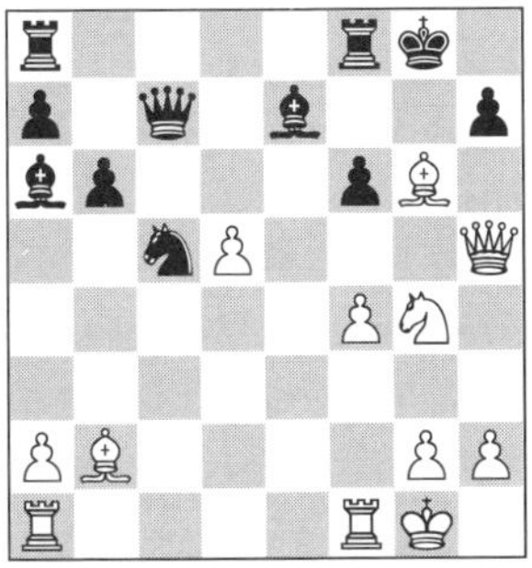

22...♗d8

Schwarz tut sein Äußerstes, um die Lage für seinen Gegner möglichst kompliziert zu gestalten. Der Läufer räumt das Feld dergestalt, dass er seiner Dame ermöglicht, die siebte Reihe zu kontrollieren, während er das verletzliche Feld f6 zweifach überdeckt hält.

Schwarz konnte die siebte Reihe auf eine andere Art und Weise decken, mit 22...♗d6, aber danach hätte ihn 23.♗xf6! zerschmettert: 23...♖xf6 (23...hxg6 24.♕xg6 ist ein sofortiges Matt) 24.♘xf6+ und nun zum Beispiel 24...♔h8, wonach Weiß den feindlichen König mit 25.♗xh7 ♗xf1 26.♗d3+ ♔g7 27.♕g6+ ♔f8 28.♕g8+ ♔e7 29.♖e1+ ♔xf6 30.♕g6# ausräuchert.

Die Annahme des Opfers führt zum Matt: 22...hxg6 23.♕xg6+ ♔h8 24.♖f3.

23.♘h6+!

Ich erinnere mich daran, dass ich hier lange Zeit daran grübelte, wie ich meine Angriffsstellung aufrechterhalten konnte, da Schwarz mittlerweile bereitstand zu ...hxg6 und ...♕g7.

Freilich sprang mir 23.d6!? ins Auge, 32...♕g7 (nicht 23...hxg6? in Anbetracht von 24.♕d5+ ♕f7 25.♘h6+; 23...♕b7 scheitert ebenso an 24.♘h6+ ♔h8 25.♘f5 – das gleiche Konzept wie in der Partie, wie wir sogleich sehen werden) 24.♗c2 ♗xf1 25.♖xf1 und weil Weiß ein „Loch" auf g6 geschlagen hat, ist Schwarz dem einfachen Manöver ♖f1-f3-g3 hilflos ausgeliefert.

23...♔h8 24.♘f5

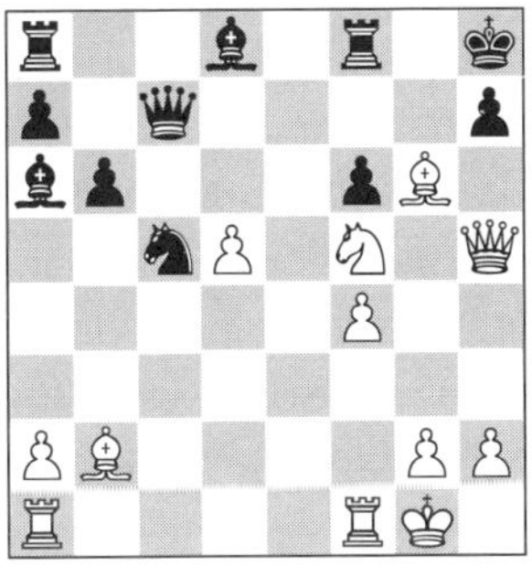

Diese Stellung hat sich Weiß vorgestellt. Der Springer überdeckt zwei wichtige Felder auf der siebten Reihe (deswegen kann Schwarz nicht den konsolidierenden Zug ...♕g7 spielen). Zudem hat Weiß eine thematische Kombination in die Stellung eingewoben.

24...♗xf1 25.d6!

Das ist es: Weiß verschafft sich einen starken Punkt auf e7.

25...♕b7 26.♖xf1

Man muss wachsam bleiben! Schwarz drohte ebenfalls ein Matt: ...♕xg2. Nach dem Textzug gibt es kein Rezept mehr gegen das Schnittpunktmotiv 27.♘e7!, nachdem das Matt auf h7 nicht mehr länger pariert werden kann.

26...♖g8

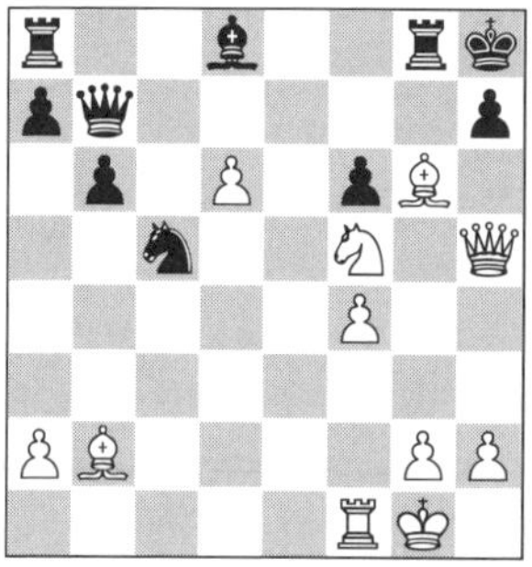

27.♘e7!

Schließlich konnte ich doch den Schnittpunkt e7 ausbeuten. Ein zusätzlicher Vorzug der Kombination ist der, dass die Diagonale d8-f6 gleichermaßen blockiert ist, was zu Folge hat, dass der Läufer b2 sich plötzlich in den Angriff einreiht. Und das ist ziemlich wichtig, wie sogleich klar wird.

27...♖xg6

Damit möchte sich Schwarz retten.

28.♗xf6+!

Nach diesem hübschen Finale schickte sich Schwarz in die Niederlage. Nebenbei, 28.♘xg6+ gewinnt ebenfalls für Weiß nach 28...♔g7 29.♘h4.

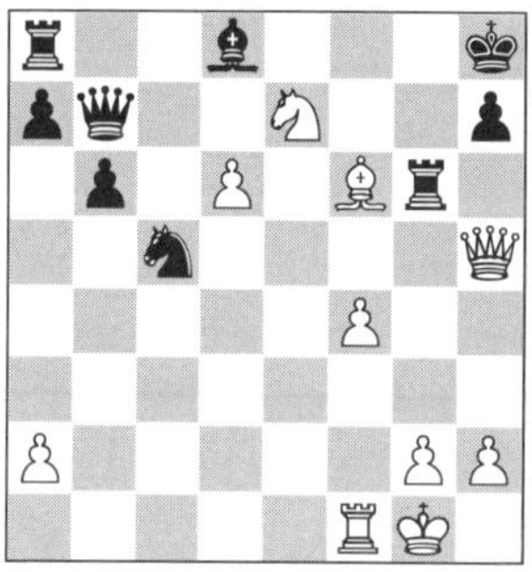

Schwarz wird in der Tat mattgesetzt nach 28...♖xf6 29.♕e8+ ♔g7 30.♕g8+ ♔h6 31.♕g5#.

Komplexere Kombinationen

„Schach ist ein einfaches Spiel" lautete eine Feststellung des Ex-Weltmeisters Wassili Smyslow. Damit meinte er vor allem, dass man sich selbst die Dinge nicht zu kompliziert machen sollte, denn ansonsten besteht die reelle Gefahr, dass man den Überblick über die Gesamtsituation verliert.
Wir wissen alle, dass unser Spiel nicht so einfach ist, wie es Smyslow uns einreden möchte; und sei es auch nur deshalb, weil wir alle dies durch bittere Erfahrungen gelernt haben. Nichtsdestotrotz wollen wir uns nun komplizierteren Kombinationen zuwenden.
Wir freuen uns, Ihnen einen Leitfaden anbieten zu können, der Ihnen hilft, solch einen vielschichtigen gedanklichen Prozess zu starten und Struktur in einen komplexen Variantenbaum zu bekommen.

Für erfolgreiche Königsangriffe, wie wir sie weiter unten zeigen werden, ist es sinnvoll, die folgenden Hilfsstellungen zu überprüfen:
• Suche nach einem schwachen Punkt in der gegnerischen Stellung!
• Lenke Deine eigenen Figuren auf diesen schwachen Punkt!
• Lenke die Verteidiger ab oder eliminiere sie!
• Bringe (noch mehr) Figuren in den Angriff!
• Vernachlässige nicht Deine eigene Verteidigung!

Frode Elsness
Jewgeny Postny
Fagernes 2014 (9)

□

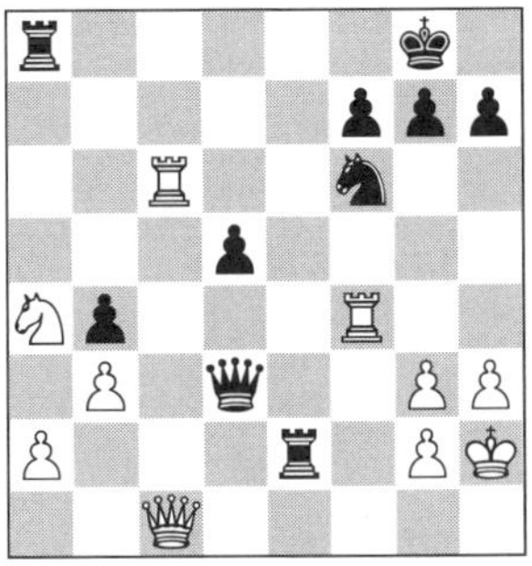

Dies ist eine scharfe Stellung, in der beide Seiten Angriffschancen gegen den gegnerischen König haben. Von der Bauernstruktur her betrachtet steht Schwarz besser: Er besitzt einen Freibauern, während die weiße Damenflügelmajorität vom Bauern b4 gehemmt wird. Außerdem steht der weiße Springer abseits. Auf der anderen Seite der Medaille kann Weiß mit seiner mächtigen Artillerie prahlen: seine Türme sind extrem aktiv. Mittels
26.♖cxf6!
hätte Weiß die schwarze Königsstellung schwächen können. Ich vermute, dass der Weiße sicherlich dieses logische Opfer in Betracht gezogen haben muss. Aber offenbar konnte er nicht herausfinden, welchen Nutzen er davon haben würde.
In der Partie folgte das schwächere 26.♖xb4? ♕f3 27.♕g1 ♘e4 und letztlich gelang es Schwarz, die Partie zu gewinnen: 28.♖xe4 dxe4 29.♖c3 e3 30.♘b6 ♖e8 31.♘c4 ♕f2 32.♘d6 ♕xg1+ 33.♔xg1 ♖e1+ 34.♔h2 e2. Jetzt zeigt es sich, dass 26.♖c8+ ♖xc8 27.♕xc8+ dem Weißen nichts bietet in Anbetracht von 27...♖e8 28.♕c6 ♖e2 29.♕c8+ ♖e8=.
Einen Gedanken wert war 26.♘b2, aber nach 26...♕d2 27.♖c8+ ♖xc8 28.♕xc8+ ♖e8 gibt es ebenfalls keine Probleme für Schwarz.
26...gxf6 27.♕c6!
Die erste Pointe. Weiß greift eine der ungedeckten Figuren des Gegners, zugleich schielt die Dame nach f6, dem anderen Defekt im schwarzen Lager. Tatsächlich kann Weiß nun mit Tempo seine Dame vor seinen Turm bringen, was ihm zusätzlichen Angriffsschwung verleiht. Von Bedeutung ist es, dass Weiß dabei Angriff und Verteidigung miteinander verknüpfen kann. Zu diesem Zweck muss er unbedingt die Kontrolle der f-Linie durch seine Schwerfiguren behalten. Man könnte annehmen, dass 27.♖g4+ die Absicht der weißen Kombination wäre. Doch nach 27...♔h8 28.♕h6 flüchtet sich Schwarz in ein Remis durch Dauerschach: 28...♖xg2+ 29.♔xg2 ♕e2+ 30.♔g1 ♕e1+ 31.♔g2 ♕e2+, usw. In dieser Variante erkennen wir, was passiert, wenn Weiß alles auf Angriff setzt und dabei die Verteidigung vernachlässigt.
27...♖ae8
Der einzige plausible Zug, doch auch dieser sollte verlieren, wenn Weiß akkurat weiterspielt. 27...♕a6, um den ♖a8 sowie zugleich den Bauern f6 zu decken, verliert nach

28.♘b6! ♖ae8, denn nach 29.♖g4+ ♔f8 30.♕d6+ ♖8e7 31.♘d7+ ♔e8 32.♖g8# wird Schwarz kunstfertig mattgesetzt. Das Problem von 27...♖f8 ist, dass dem König das Fluchtfeld genommen wird, und er nach 28.♖g4+ seine Dame geben muss mittels 28...♕g6.

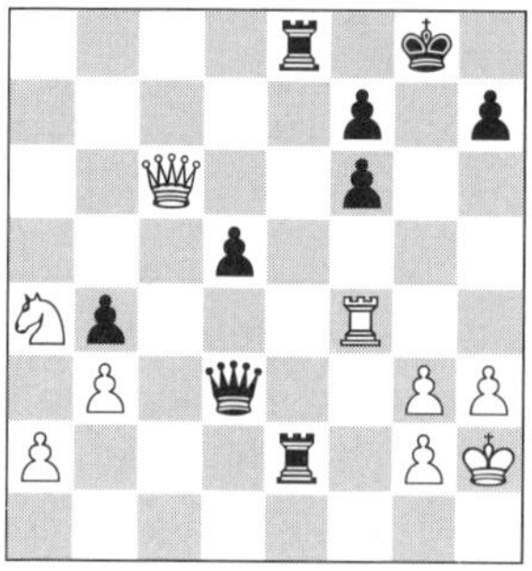

28.♕xf6

Der zweite Punkt. Es geht dem Weißen nicht so sehr darum, den Punkt f7 anzugreifen, sondern hauptsächlich will er die Drohung 29.♖g4+ aufstellen.

Der Vorzug dieses Zuges ist es wiederum, dass Schwarz kein Gegenspiel generieren kann durch Opfer auf g2, da Weiß immer etwas auf der f-Linie dazwischenstellen kann.

28...♕g6

Mehr oder weniger der einzige Zug, um nicht sogleich mattgesetzt zu werden, aber das bedeutet, dass er die Dame für den Turm geben muss. Falls Schwarz versucht, mit 28...h5 zu verteidigen, so folgt 29.♕xf7+ ♔h8 30.♖f5, und hier muss er ebenfalls eine ganze Menge Material hergeben, um das Matt abzuwenden.

Der Versuch, einen Turm in die Verteidigung mit einzubeziehen mittels 28...♖2e6 scheitert an 29.♕xf7+ ♔h8 30.♖g4. Hier erkennen wir, dass Schwarz den schwachen Punkt g7 nur noch durch schwere materielle Verluste halten kann.

29.♖g4

Weiß muss immer noch damit rechnen, dass Schwarz seine Türme auf der zweiten Reihe verdoppelt. Da sein Springer weit vom Schuss ist könnte dies den Gewinn erschweren. Wie auch immer, ist nach

29...♖c8

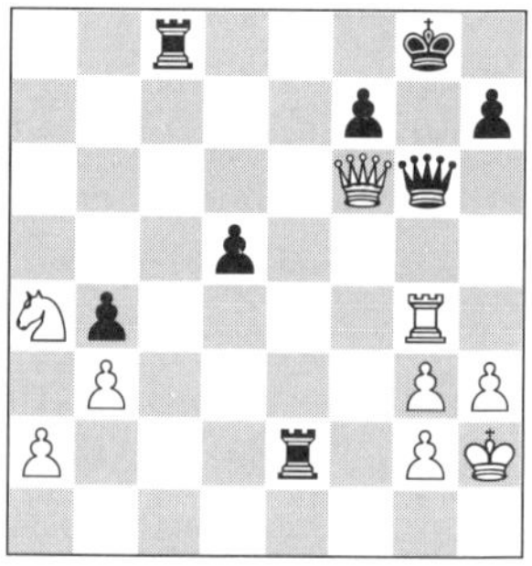

30.♕f5!

sehr stark. Nach dieser weiteren Feinheit ist die technische Phase nicht mehr länger schwierig.

30...♖cc2 31.♖xg6+ hxg6 32.♕xd5

Hiermit wird die Gefahr abgewehrt, und mit seinem Extramaterial wird es Weiß nicht mehr schwer haben, den Punkt einzukassieren.

Mit der folgenden Partie gewann Jan Werle, einer meiner Ex-Schüler, einen Schönheitspreis mit einer originellen Umsetzung eines Königsangriffs.

Jan Werle
Peter Wells
London 2008 (7)

□

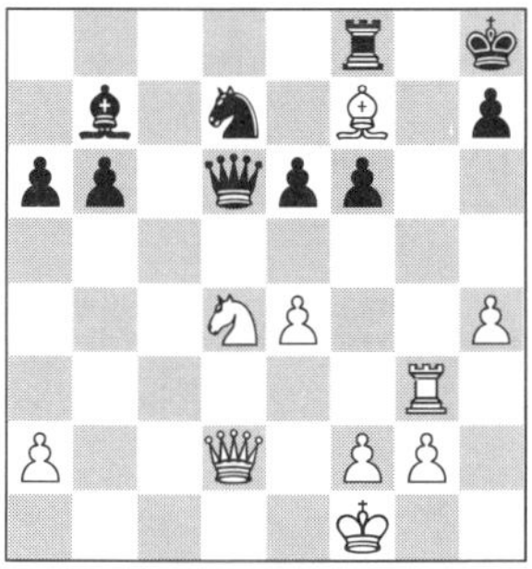

Wenn wir uns einen Überblick über diese Stellung verschaffen, fällt uns sogleich die leicht unsichere Lage des schwarzen Königs ins Auge. Die schwarze Bauernstruktur weist auch eine hässliche Schwäche auf. Aber für den Moment gelang es dem Schwarzen, einige Verteidiger herbeizurufen und die wichtigsten Drohungen zu parieren.
Ganz klar, die Stellung schreit danach, den schwarzen König zu ärgern. Eine nähere Betrachtung lehrt uns, dass der Zug, den man auf den ersten Blick machen möchte, dem Weißen nicht das bietet, was er sich erhofft. Werle wartet mit einer verblüffenden Überraschung auf:

23.e5!?

Der Zweck dieses Bauernopfers ist es, Unruhe im schwarzen Lager zu verbreiten. Er möchte die Koordination unter den schwarzen Figuren erschüttern. Der zweite Zug, der logischerweise in die Berechnungen aufgenommen werden muss, ist natürlich 23.♗xe6, es zeigt sich jedoch, dass Schwarz nach 23...♘c5 24.♗f5 ♘xe4 den Bauern auf e4 zurückgewinnt, wonach er sich keine großen Sorgen mehr machen muss: 25.♗xe4 ♗xe4.
Der erste plumpe Mattversuch mit 23.♕h6?? scheitert offenkundig an 23...♖xf7.
Rückzug des Läufers mit 23.♗h5 ist freilich wenig reizvoll, insbesondere da 23...♗xe4 dem Schwarzen einen großen Vorteil bietet.

23...♘xe5?!

Die absolut logische Antwort, doch es war vielleicht gerade das, worauf der Weißspieler hoffte. Nach diesem Schlagen gerät Schwarz definitiv in Schwierigkeiten. Der Springer sollte für die Verteidigung über die Route c5 und e4 benutzt werden, aber dies war teuflisch schwer zu sehen.
Im Nachhinein war 23...♕xe5 der einzige Zug, mit dem Schwarz seinen Kopf über Wasser halten konnte. Sicherlich kann Weiß noch den einen oder den andren Trick ausprobieren. Zum Beispiel: 24.♗g6!? (auch hier ist nach 24.♗xe6 ♘c5 25.♗f5 ♘e4 ausreichend für Ausgleich) 24...♗e4! (nicht 24...♖g8? wegen 25.♕h6 ♘f8 (25...♖g7 26.♗f5) und alles sieht in Ordnung für Schwarz aus, doch nach 26.♗f7! geht Weiß als Sieger hervor, hauptsächlich da 26...♖xg3 an 27.♕xf8+ ♖g8 28.♕xg8# scheitert) und Schwarz hält sich.

Er benötigt auch noch dringend eine Rettung nach 25.♗xe4 ♕xe4 26.♖e3 ♕xh4 27.♘xe6, da sowohl sein Turm als auch sein Springer hängen. Doch es zeigt sich, dass er ein Mittel parat hat: 27...♕h1+ 28.♔e2 ♕h5+ 29.f3 (29.♔f1 ♖c8 30.♔g1 ♘e5) 29...♕b5+ (29...♖g8 30.♕xd7 ♖xg2+ 31.♔d1 ♖g1+ 32.♔c2 (32.♖e1) 32...♕f5+ 33.♕d3) – somit gelang es Schwarz, seinen Springer mit Tempo zu überdecken. Nun ist er in der Lage, nach 30.♔f2 seinen Turm in Sicherheit zu bringen, und die Stellung bleibt weiterhin unklar.
Falls 23...fxe5, führt 24.♕g5 unweigerlich zum Matt.

24.♗xe6

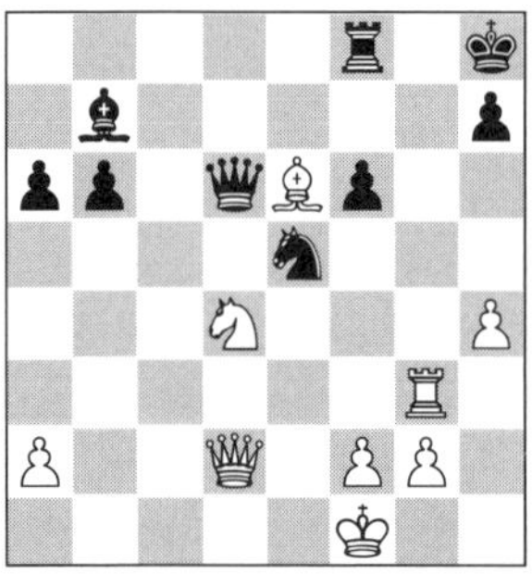

Wie erwähnt: jetzt, da der schwarze Springer auf e5 steht, steht ihm nicht mehr das Vereinfachungsmanöver ...♘d7-c5-e4 zur Verfügung. Somit kann Weiß weiterhin nach Herzenslust anzugreifen.

24...f5?

Das verliert sogleich – wenn auch auf sehr hübsche Art und Weise. 24...♕c7 hätte den Schwarzen ebenfalls nicht gerettet nach 25.♕h6 ♗e4 26.♘f5 ♗xf5 27.♗xf5 und der schwarze König steht zu unsicher.
Er konnte 24...♘f7 versuchen, um die weiße Dame von h6 abzuhalten, aber daraufhin hat Weiß einen wunderhübschen Trick, mit dem er den Vorteil beibehalten kann: 25.♖g7!.
Logisch war auch 24...♗e4, aber Weiß bekommt auch hier eine vielversprechende Stellung nach 25.♕h6 ♕e7 26.♘f5 ♗xf5 27.♗xf5, und wir erreichen dieselbe Position wie in einer weiter oben erwähnten Variante.

25.♖g7!

Ein brillanter Zug, der wie ein Blitz aus heiterem Himmel einschlug! Kurioserweise ist das zugleich der einzige Zug, der dem Weißen den vollen Punkt bringt.
Mit 25.♕h6 war nichts zu gewinnen: 25...♘g4!.
Die Alternative 25.♕g5?! ist sogar besser für Schwarz nach 25...♘g4!.
25.♕f4 bietet dem Weißen gewisse Chancen, aber Schwarz kann sich in ein Endspiel retten mit 25...♘f7: 26.♕xd6 ♘xd6. Zwar steht nach 27.♖c3 Schwarz schlechter, aber Weiß muss hier noch einiges zeigen.

25...♗e4

Danach ist es forciert matt.
Natürlich verliert auch 25...♔xg7 wegen 26.♘xf5+ ♖xf5 27.♕xd6.

26.♕h6 f4 27.♕f6!

Schwarz gab auf.
(Die Kommentare basieren auf Anmerkungen von Jan Werle)

Schlussfolgerungen

Im Angriff ist es wichtig, auf Folgendes zu achten:

- spezielle Mattmuster
- die Stellung des Königs aufbrechen
- Figuren zum Angriff herbeiführen

Uns stehen dafür verschiedene Waffen zur Verfügung:

- die Verteidiger eliminieren
- Magnetangriff
- Doppelschach
- Räumung
- Fesselung
- Schnittpunkt

1.5 Aufgaben

Um unsere Fähigkeiten des Rechnens und Vorausdenkens zu verbessern, ist Praxis sehr wichtig. Bei den folgenden Aufgaben lautet unser Ratschlag: Bauen Sie die Stellungen auf einem Brett auf, und versuchen Sie nun, die Lösungen zu finden, ohne dabei die Figuren zu berühren! Auf diese Art trainieren Sie ebenfalls Ihre Fähigkeit, die Stellungen, die nach einer Anzahl von Zügen entstehen, zu visualisieren. Das Thema dieses Abschnitts, der Magnetangriff, ist besonders dafür geeignet, diese Fähigkeiten zu trainieren.

■

1

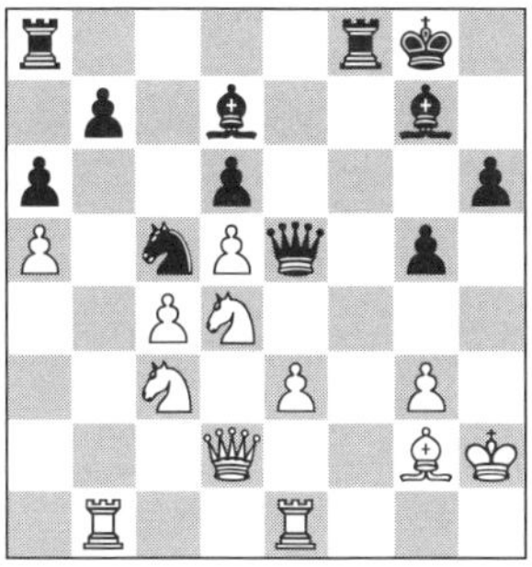

Wie kann Schwarz diese aktive Stellung in eine gewonnene verwandeln?

(Lösung auf Seite 331)

□

2

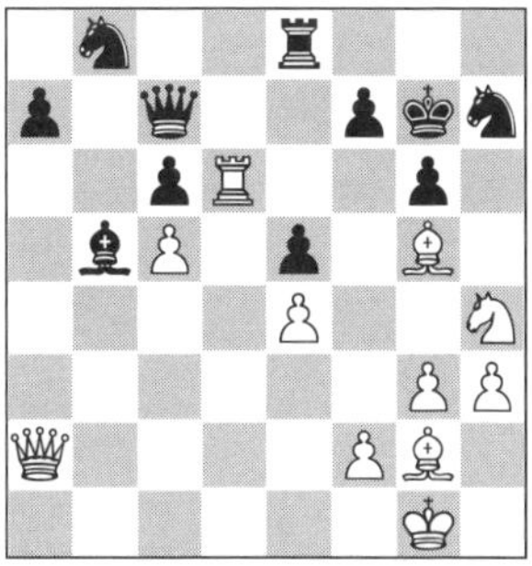

Mit welchem Magnetangriff kann Weiß den schwarzen König vernichten? Versuchen Sie, eine plausible Zugsequenz zu finden!

(Lösung auf Seite 331)

□

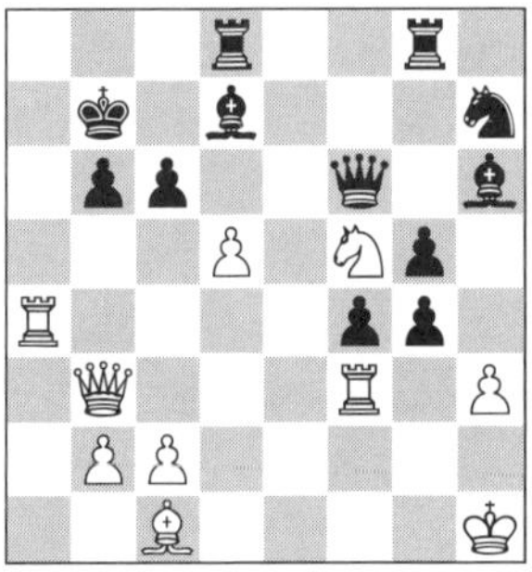

3

□

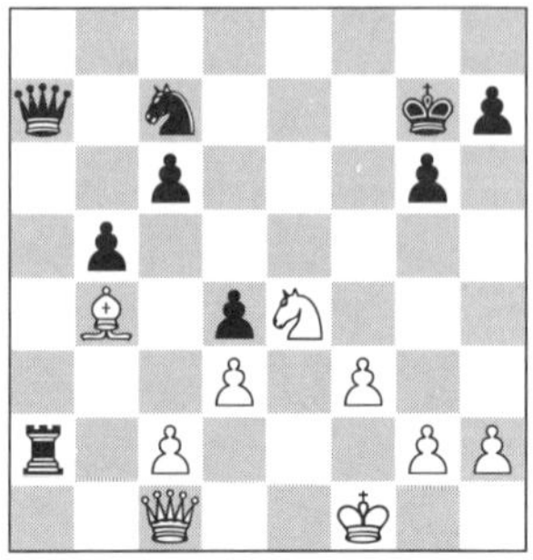

4

Die schwarzen Figuren sind weit weg am Königsflügel, während Weiß etliche Figuren auf der anderen Seite des Brettes aufgefahren hat. Da muss es doch einen entscheidenden Schlag geben! Es mag problematisch sein, diesen in einer praktischen Partie zu finden, und gleichermaßen, ihn von Anfang bis zum Ende durchzurechnen. Nach dieser Vorrede, berechnen Sie die Konsequenzen von 1.♕xb6+.

(Lösung auf Seite 332)

Wie kann der schwarze König auf unsicheres Gelände gelockt werden?

(Lösung auf Seite 333)

KAPITEL 2

Zusammenspiel der Figuren

2.1 Einführung

Die Zusammenarbeit zwischen den Figuren ist äußerst wichtig. Es ist gar nicht so einfach, aufzuzeigen, was genau damit gemeint ist, wenn in der Schachliteratur vom „Zusammenspiel der Figuren“ die Rede ist. Wir können uns jedenfalls einiges darunter vorstellen.
Es gibt gewisse Formen des Zusammenspiels, die im weiteren Verlauf dieses Kapitels zur Sprache kommen werden.

Wir greifen zwei elementare Phänomene heraus:

Zusammenarbeit gegen einen Punkt

Wir müssen nur an so was Banales wie das „Schäfermatt“ denken, um zu erkennen, dass es wichtig sein kann, einen schwachen Punkt mit zwei verschiedenen Figuren angreifen zu können. Wenn der Gegner den Schutz vernachlässigt, können unsere Figuren dadurch, dass sie zusammenarbeiten, das gewünschte Resultat erzielen.
Hier sind noch zwei weitere, nicht allzu schwere Beispiele

□

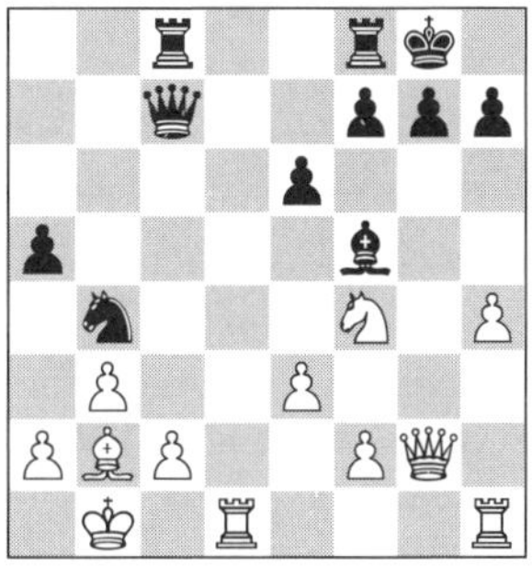

1.♕xg7#

■

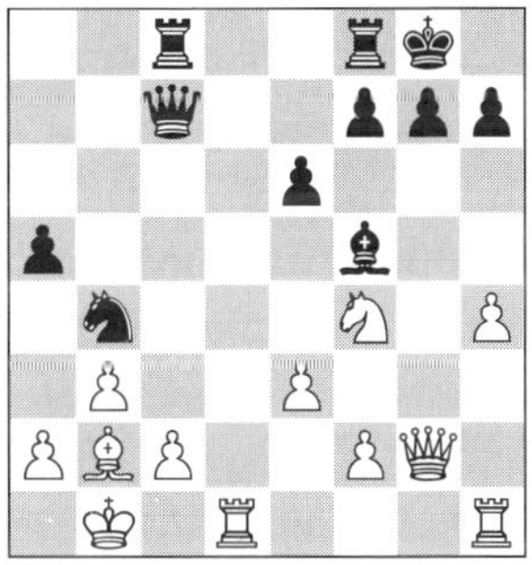

Hier arbeiten die schwarze Dame, der Läufer sowie der Springer zusammen gegen den schwachen Punkt c2.

1...♕xc2+ 2.♔a1

Und ohne den Springer müsste sich der Weiße keine großen Sorgen machen, doch er ist da!

2...♕b1+! 3.♖xb1 ♘c2#

Ersticktes Matt!

Felderkontrolle

Weiß setzt matt in zwei (Grooten)

□

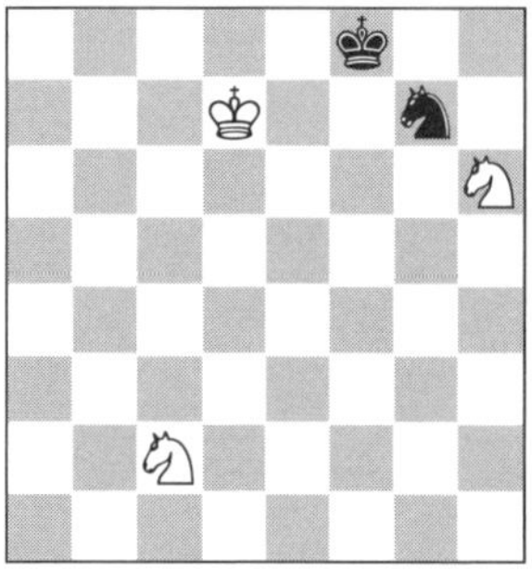

Überraschenderweise hat Weiß ein Matt in zwei Zügen:

1.♘d4!

Schwarz ist nun in Zugzwang:

1...♘f5 2.♘e6#

Als ich diese Stellung zum ersten Mal sah, musste ich blinzeln, denn ich konnte kaum glauben, dass der schwarze König matt war! Zusammen mit dem weißen König kontrollieren die weißen Springer nicht weniger denn sechs Felder, und das ist ausreichend für dieses Mattmuster.

Weiß setzt in zwei Zügen matt (Grooten)

□

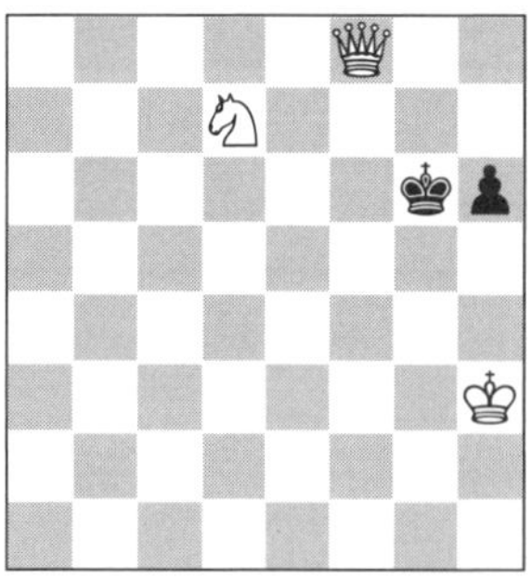

Diese Stellung könnte aus dem „Polgar-Buch" entstammen, aber ich habe sie selbst erfunden, inspiriert durch ein Mattmuster, das ich in einer von Judit Polgars eigenen Partien entdeckte. Mehr darüber später!

1.♕g8+!

Der einzige Zug, der zum gewünschten Ziel führt. Kurios ist, dass dabei der feindliche König in Richtung Zentrum getrieben wird, wo ihm mehr Fluchtfelder zur Verfügung stehen. Ganz gleich, er wird dort niedergestreckt werden. Viele (starke) Spieler beginnen mit einem ruhigen Zug wie 1.♕e7, aber danach gibt es absolut kein Matt im nächsten Zug, beispielhaft 1...♔f5.

1...♔f5

1...♔h5 2.♕g4#.

2.♕g4#

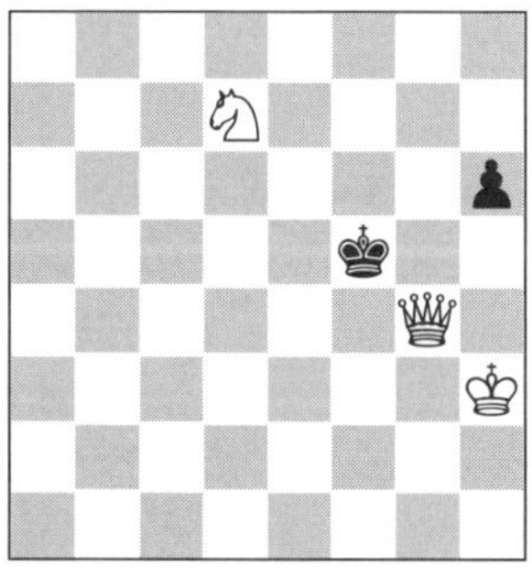

Ein höchst malerisches Mattbild, bei dem die Kontrolle der Felder in der Zusammenarbeit zwischen Dame und Springer bemerkenswert ist. Die Dame ist verantwortlich für die Linien (Reihen und Diagonalen), während der Springer dem schwarzen König die „komplementären Felder"

wegnimmt (in diesem Fall e5 und f6). Wir werden noch öfters auf dieses Mattmuster stoßen!

Es ist an der Zeit, ein paar Beispiele aus der Wettkampfpraxis zu betrachten.
Wenn drei weiße Figuren, zum Beispiel ein Turm, ein Läufer und ein Springer, ungehindert den ungeschützten schwarzen König angreifen können, dann wird dies meist zum Gewinn führen. Insbesondere falls noch ein paar schwarze Bauern im Weg stehen sollten lässt die Metzelei nicht lange auf sich warten:

Igor Blechzin
Sauli Tiitta
Jyväskylä 2000 (5)

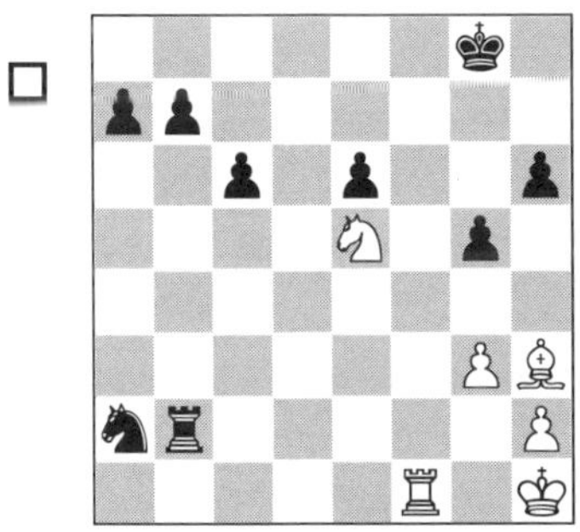

Die drei weißen Figuren kooperieren fabelhaft miteinander nach dem Auftakt...
33.♗xe6+ ♔h8
33...♔g7 wird beantwortet mit 34.♖f7+ ♔h8 (den König in ein Abzugsschach hineinzustellen ist selten eine gute Idee: 34...♔g8. Weiß kann nun einen Turm gewinnen, aber offensichtlich will er lieber mattsetzen. Wieder ist es attraktiv zu beobachten, wie die Figuren zusammen ein Mattnetz knüpfen: 35.♖e7+ ♔f8 oder 35...♔h8 36.♘g6#) 35.♘g6+ ♔g8 36.♖xb7# und wieder kriegen wir dieses typische Mattbild aufs Brett.
34.♖f8+ ♔g7
34...♔h7 35.♖f7+ ♔g8 (ebenso 35...♔h8 36.♘g6+ ♔g8 37.♖xb7#) 36.♖e7+ führt ebenso zum Matt.
35.♖f7+ ♔g8
Die Zusammenarbeit der Figuren funktioniert genauso gut nach 35...♔h8 36.♘g6+ ♔g8 37.♖xb7#.
36.♖e7+!
Der Turm gehört auf dieses Feld, wenn Weiß sogleich matt geben will.
36...♔f8
36...♔h8 37.♘g6#.
37.♘g6#
Auch hier sahen wir das brüderliche Zusammenspiel der drei weißen Figuren.

Einst hatte ich mal eine Partie, in der ich bereits aus der Eröffnung heraus eine Gewinnstellung besaß. In seiner Begeisterung hatte mein Gegner einiges an Material geopfert, das ich dankbar akzeptierte. Das wichtigste Zugeständnis war, dass mein König in der Brettmitte bleiben musste, doch diese Kompensation löste sich bald wie Schnee im Sommer in Wohlgefallen auf. Die Partie war eigentlich im höheren Sinne bereits entschieden, als mein Gegner mir auch noch seine Dame entgegenschleuderte.

Ich nahm dieses Opfer ebenfalls an, und wollte die Partie schnell beenden, bis ich plötzlich, im letzten Moment das Motiv entdeckte, das er in die Stellung gewoben hatte.
Ich war nicht in der Lage, die Partie aufzuzeichnen, und mir gelang es auch nicht, sie vollständig zu rekonstruieren. Deshalb habe ich die folgende Stellung konstruiert, die das Wesentliche des Tricks sichtbar macht.

Mattkombination (Grooten)

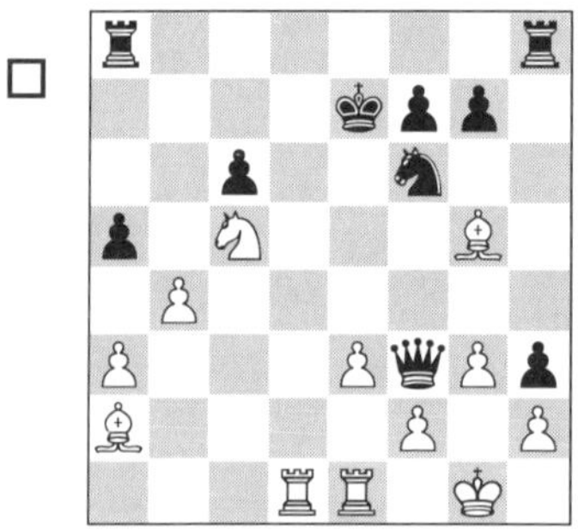

Weiß am Zug hat ein glänzendes „Teamwork“ zwischen drei seiner Figuren, die er in Angriffsstellung manövriert hat, vorausgeplant. Dieses Zusammenspiel entwickelt sich wie folgt:

1.♖d7+

Wird durch die Fesselung des ♘f6 durch den ♗g5 ermöglicht.

1...♔f8!

Zum Glück konnte ich mich im letzten Moment zusammenreißen, und es gelang mir, die Schwierigkeiten, die ich mir selbst eingebrockt hatte, abzuwenden. Der König muss ins Turmschach laufen. Beinahe hätte ich hier 1...♔e8?? gespielt, wonach Weiß in der Lage gewesen wäre, das perfekte Mattnetz zu schließen mit 2.♗xf7+! ♔f8 3.♘e6# !

2.♖xf7+ ♔e8

Und plötzlich ist alle Kompensation perdu. Schwarz gewinnt, zum Beispiel nach

3.♔f1 ♖f8 4.♖b7 ♘d5

Und alles ist vorbei.

Manchmal ist der Wert der Zusammenarbeit unter den Figuren so schwer zu beurteilen, dass sogar die besten Spieler den Faden verlieren. Im folgenden Fragment aus einer Partie zwischen zwei früheren Weltmeistern zeigte sich, dass so viele wunderhübsche Dinge unter der Oberfläche verborgen waren, so dass wir uns glücklich schätzen können, dass der Sieger der Partie seine Entdeckungen im wunderbaren Magazin *New In Chess* preis gab. Während der Partie gelang es zwar dem Weißspieler, einen Gewinn zu finden, aber als er später den Computer anmachte, entdeckte er, dass er eine exquisite Kombination übersehen hatte.
Was die Kombination so ganz besonders macht, ist dass Weiß den Damentausch erlaubt, obwohl er einen ganzen Turm weniger hat. Danach fängt er den schwarzen König mithilfe eines ruhigen Zuges in einem Mattnetz. Das glanzvolle Zusammenspiel der weißen Figuren ist etwas, was wir künftigen Generationen nicht vorenthalten wollen!

Rustam Kasimdschanow
Wladimir Kramnik
Tromsø ol 2014 (6)

□

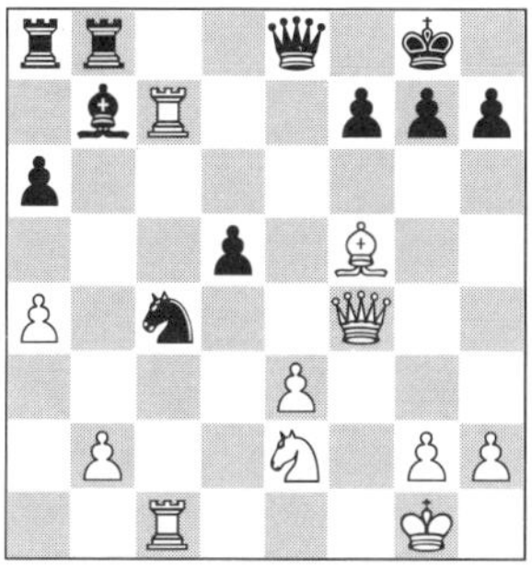

Der Kampf ist auf dem Siedepunkt. Kramnik beging kurz vorher einen leichten Rechenfehler. Als Ergebnis gelang es dem weißen Turm, ins schwarze Lager einzudringen und dort für Unruhe zu sorgen.

26.♗d7

Kasimdschanow gibt diesem Zug ein Ausrufezeichen im *New In Chess*, dabei fügt er den folgenden Kommentar hinzu: „Das ist sehr stark und sauber, und ich war davon nach der Partie sehr angetan. Nichtsdestotrotz gab es für Weiß einen Gewinn von übernatürlicher Schönheit:"

Hier entkorkt der Computer einen beachtlichen Zug: **26.♖xf7!!** Kasimdschanow: „Ich hatte (noch) nicht in dieser Richtung geschaut!" **26...♕xf7** (ziemlich wertlos ist 26...♔xf7 in Anbetracht von 27.♗d7+ ♔g8 28.♗xe8 ♖xe8 und, abgesehen davon, dass Weiß schon Materialvorteil besitzt, werden seine Figuren alsbald am Angriff teilnehmen können. Nur ein Beispiel: 29.b3 ♘e5 30.♖c7 ♖ab8 31.♕g3 ♘g6 32.♘f4 mit Gewinn)

27.♗xh7+ ♔f8

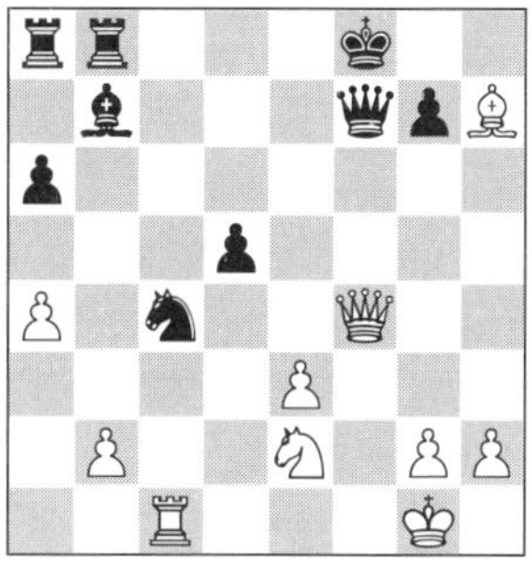

Analysediagramm

Auf den ersten Blick ist Weiß jetzt einfach einen Turm hinten. Aber er hat einen starken Zug: **28.♕d4!**. Schwer, diesen Zug aus der Ferne wahrzunehmen. Die Hauptdrohung ist selbstverständlich 29.♖f1, wonach die weißen Figuren sehr effektiv gegen den leicht exponierten schwarzen König aufgestellt sind. **28...♔e8 29.♖f1**

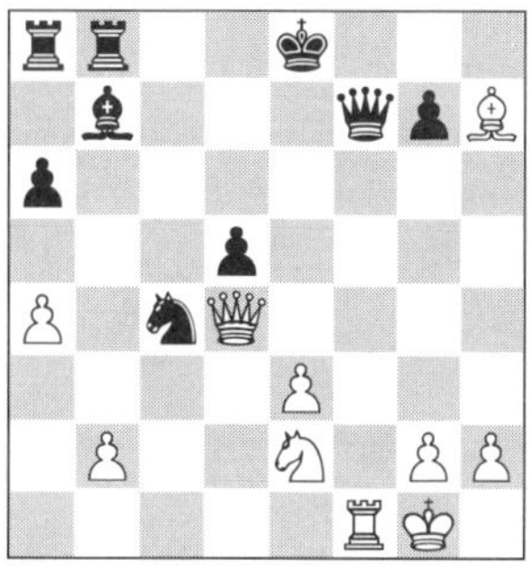

Analysediagramm

29...♕e7 Andere Damenzüge, etwa 29...♕e6, scheitern an 30.♕xg7 ♕xe3+ 31.♔h1 ♕e7 und nun folgt der wunderbare Zug 32.♖f8+!: 32...♕xf8 (nach 32...♔d7 heißt die

stärkste Fortsetzung 33.♗f5+!, wonach Schwarz nicht nur seine Dame geben muss, sondern auch noch auf geniale Weise in ein Mattnetz gezogen wird durch die blendend miteinander arbeitenden weißen Figuren: 33...♔d6 34.♖f6+ ♕xf6 35.♕xf6+ ♔c5 36.♕e7+ ♔b6 37.a5+ ♘xa5 38.♕b4+ ♔c7 39.♕xa5+ ♔d6 40.♕b4+ ♔e5 41.♕f4+ ♔f6 42.♕d6+ ♔xf5 43.♘g3+ ♔g4 44.h3+ ♔g5 45.h4+ ♔g4 (45...♔xh4 46.♕f4#) 46.♕g6+ ♔f4 (46...♔xh4 47.♘f5#) 47.♕g5#) 33.♗g6+ ♔d8 34.♕xf8+ ♔c7 35.♕e7+ ♔b6 36.a5+! und Weiß gewinnt analog zu oben angegebener Variante.
Auf den ersten Blick scheint Schwarz keine allzu großen Probleme zu haben. Schließlich hat er sich auf ...♕xe3+ verlassen, was den Damentausch erzwingen und eine Position herbeiführen würde, von der man annehmen würde, dass der Angriff das „Momentum" verliert. Aber Wunder gibt es immer wieder: **30.♗g6+ ♔d8**

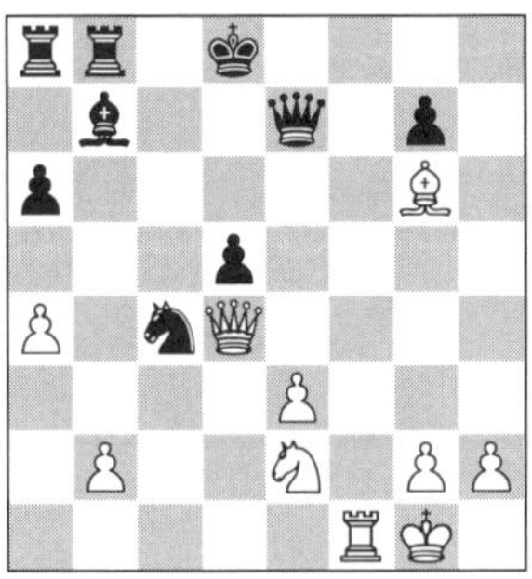

Analysediagramm

31.♖f7! Brillant! Weiß erlaubt den Damentausch sogar mit einem Minusturm, und sogar, obwohl nicht alle seiner Figuren sich im Angriff beteiligen. Der Weiße schrieb seinen ehrlichen Kommentar dazu: „Als mein Rechner mir dies zeigte, konnte ich nicht glauben, was meine Augen da sahen!" **31...♕xe3+ 32.♕xe3 ♘xe3**

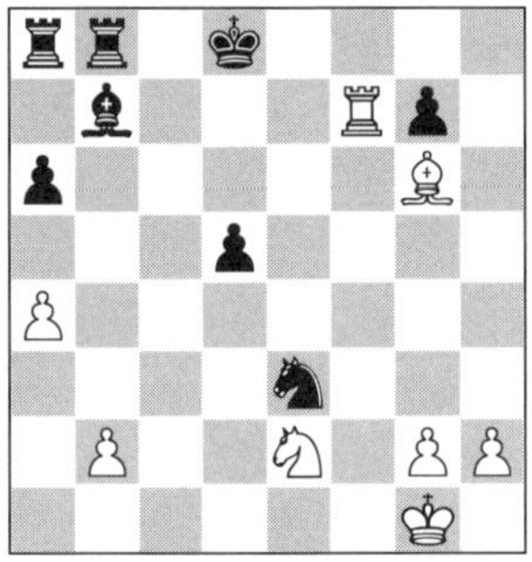

Analysediagramm

33.♘d4!! Das Wunder geschieht: die drei weißen Figuren kreieren zusammen Mattmuster, die nicht allesamt pariert werden können. Die schwarzen Figuren stehen allesamt so unbeholfen, dass es nichts gibt, um all die verschiedenen Mattbilder abzuwehren. Sicherlich keine alltägliche Partie! **33...♗c8** 33...♔e8 34.♖xg7+ ♔d8 (34...♔f8 35.♘e6#) 35.♘e6+ ♔c8 36.♖c7#; 33...♘c4 34.♘e6+ ♔c8 (34...♔e8 35.♖xb7#) 35.♖c7#. **34.♘c6+ ♔e8 35.♖e7+ ♔f8 36.♖e8#**
Die Partiefortsetzung war ebenfalls interessant, aber wir geben den Rest ohne weiteren Kommentar:
26...♕f8 27.b3 ♘b6 28.♗f5! d4 29.♖xf7! ♔xf7 30.♗xh7+
Und Schwarz gab auf.

2.2 Zusammenarbeit zwischen ♕ + ♗

Im ersten Paragraphen sahen wir, wie die Figuren zusammenarbeiten können. Wichtig ist es, an einem bestimmten Punkt gemeinsam anzugreifen, aber wesentlich ist die Kontrolle von Feldern. Das ist etwas, das Laszlo Polgar gut verstand, als er seine Aufgaben zusammenstellte und damit seinen Töchtern Schach beibrachte. Die geometrischen Fähigkeiten der Figuren zu „sehen" ist eine enorm nützliche Fähigkeit, wenn man in einer komplizierten Stellung nach Mustern sucht. Mattmuster zu üben bringt uns weiter und vergrößert unser Arsenal an Möglichkeiten beim Angriff auf den gegnerischen König. Diese Fähigkeit kann trainiert werden, und sie hilft uns später, wenn wir Varianten berechnen.

Wir beginnen mit ein paar typischen Mattmotiven, danach werfen wir einen Blick auf eine gewisse Anzahl von Standardmotiven mit ♕ und ♗. Anschließend konzentrieren wir uns auf praktische Beispiele. Wir werden diesen Paragraphen mit einigen Angriffsstellungen mit ungleichfarbigen Läufern beschließen.

Mattmuster

Da es beim Schach entscheidend ist, neues Wissen sogleich in die Praxis umzuwandeln, möchten wir den Leser einladen, mit einer kleinen Serie von Aufgaben zu arbeiten, bei der Mattmuster in Begriffe gefasst werden. Am Beginn stehen zwei typische Mattbilder, die wir immer wieder sehen werden.

Konstruierte Stellung (2012)

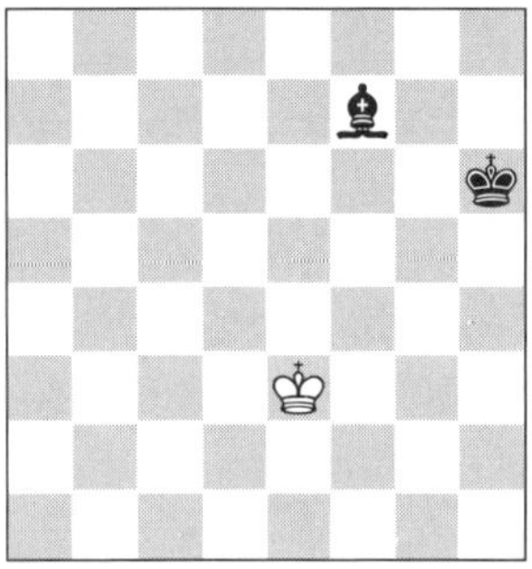

AUFGABE: Stellen Sie eine weiße Dame und einen weißen Läufer so aufs Brett, dass der schwarze König mattgesetzt ist!

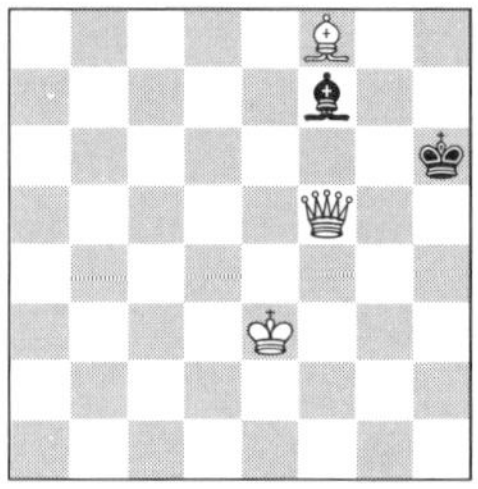

LÖSUNG: ein überraschendes Mattbild...
Um ein gutes Bild von den verschiedenen Mattbildern mit ♕+♗ zu bekommen, ist es eine sinnvolle Sache, sich alle selbst im Kopf vorzustellen. Deshalb ist es nützlich, Mattmotive durch eigenes Ausprobieren auf einem leeren Brett (mit zwei nackten Königen selbstverständlich) zu finden.

Konstruierte Stellung (2012)

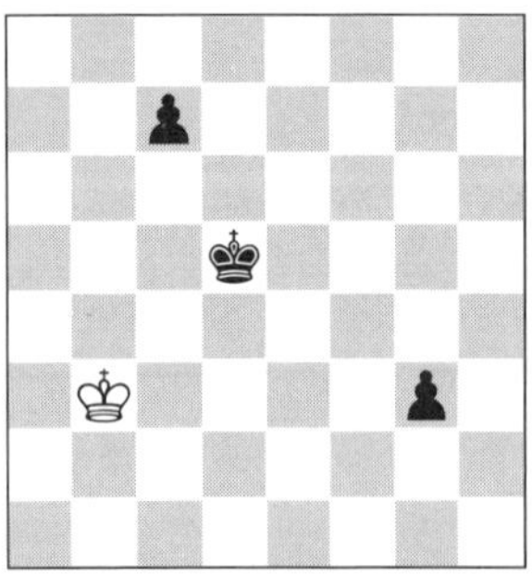

AUFGABE: Füge eine weiße Dame und einen weißen Läufer so hinzu, dass der schwarze König matt ist!

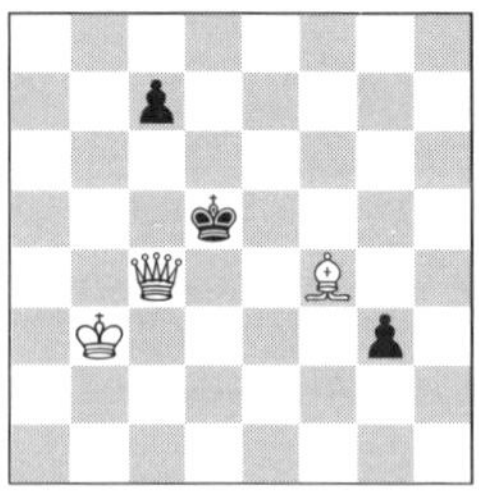

LÖSUNG: Dies ist die einzig mögliche Lösung.

Finden Sie das Matt mit ♕+♗

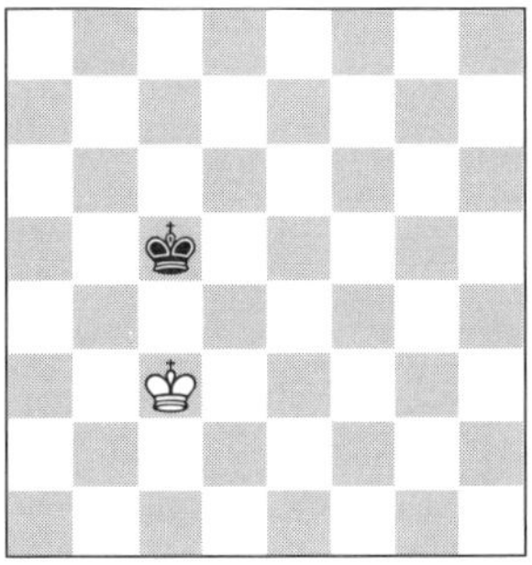

AUFGABE: Denken Sie sich drei verschiedene Matttypen mit ♕+♗ aus – gespiegelte und analoge Lösungen werden als ein und derselbe Typ betrachtet.

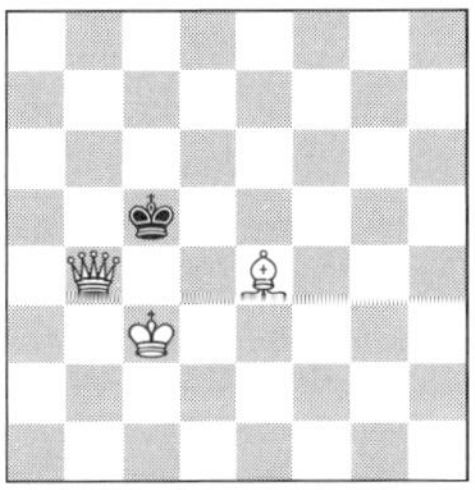

LÖSUNG: Möglichkeit 1.1

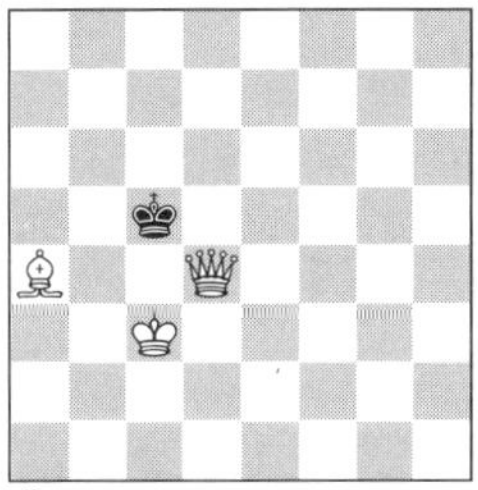

LÖSUNG: Möglichkeit 1.2

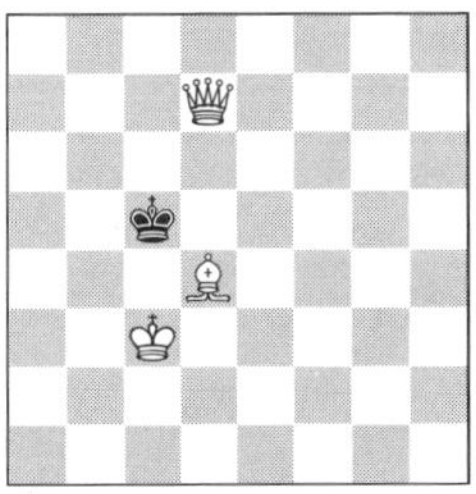

LÖSUNG: Möglichkeit 1.3

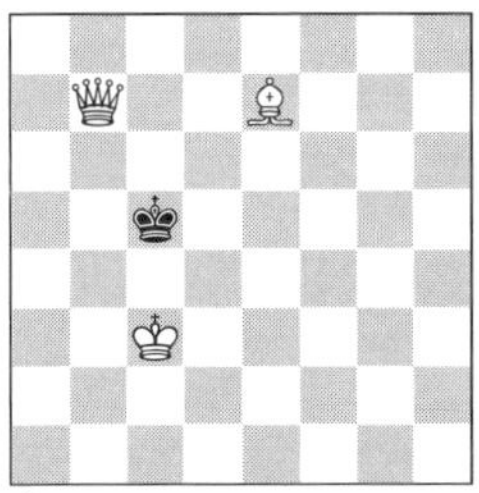

LÖSUNG: Möglichkeit 1.4

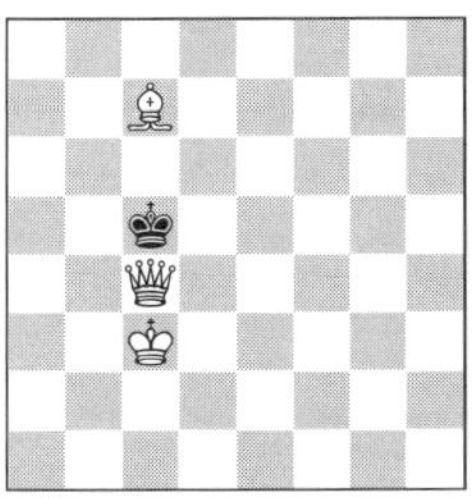

LÖSUNG: Möglichkeit 2

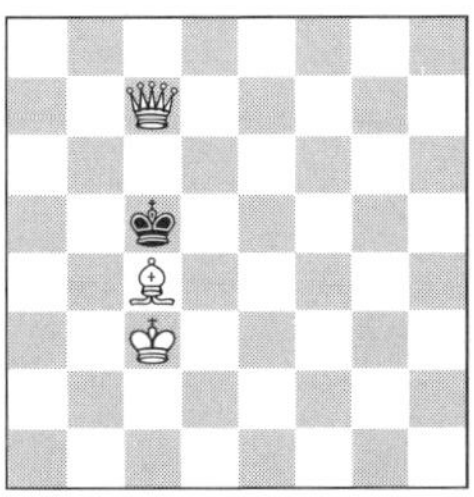

LÖSUNG: Möglichkeit 3

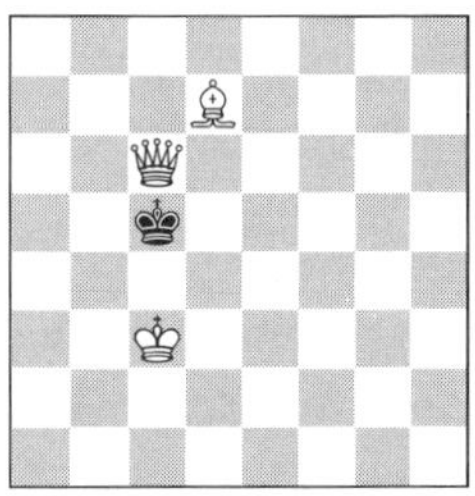

LÖSUNG: Möglichkeit 4

2.3 ABCs

In so ziemlich jedem Bereich des Sports können wir entdecken, wie wichtig es ist, eine gewisse Technik durch endlose Wiederholungen einzuüben. Beim Schach verhält es sich ein wenig anders. Nichtsdestotrotz kann eine gewisse Logik darin entdeckt werden, wenn ein bestimmtes Muster zutage tritt, welches ebenso in völlig anderen Situationen angewandt werden kann. Weil Schach größtenteils auf Mustererkennung basiert ist es wichtig, häufig vorkommende taktische Tricks einzuüben. Im Weiteren diskutieren wir mehrere Standardmotive, die beim Angriff mit Dame und Läufer eine Rolle spielen.

■

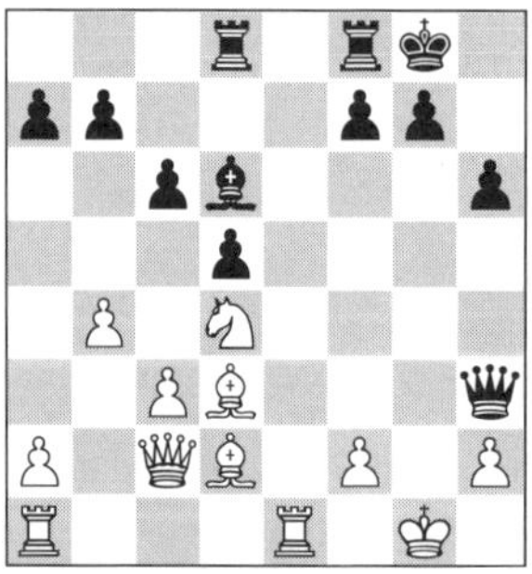

Von seinen Verteidigern im Stich gelassen hat der weiße König keine Chance gegen die starke Zusammenarbeit von Dame und Läufer.

1...♗xh2+!

Der richtige Zug. Es ist wichtig, den weißen König nicht weglaufen zu lassen und ihn stattdessen in der Ecke zu halten. Nach 1...♕xh2+ 2.♔f1 ist 2...♖de8 ein weiterer Versuch, den König an der Flucht zu hindern (2...♕h3+ erreicht nichts nach 3.♔e2 ♖fe8+ 4.♔d1 ♖xe1+ 5.♗xe1 und der König erreicht einen sicheren Hafen): 3.♗e3 ♗f4 4.♘f5 und Weiß hat alles unter Kontrolle. Immerhin gibt es für ihn noch zu bedenken, wie er 4...g6 entgegnen soll. Doch es zeigt sich, dass 5.f3! den Angriff abwehrt. Zum Beispiel: 5...♕h1+ 6.♔e2 ♕h3 7.♔d1 ♕xf3+ 8.♗e2 und Weiß halt sich mit Leichtigkeit.

2.♔h1 ♗g3+

Mit diesem Abzugsschach greift Schwarz den schwachen Punkt f2 an und führt ein Mattmuster ein:

3.♔g1 ♕h2+ 4.♔f1 ♕xf2#

Jeder Schachspieler sollte den hier gezeigten Typ von Mattbild gut kennen.

Wir gehen nun zu einer etwas komplizierteren Angriffsmethode über.

Garri Kasparow
Ilja Smirin

Moskau 1988 (12)

□

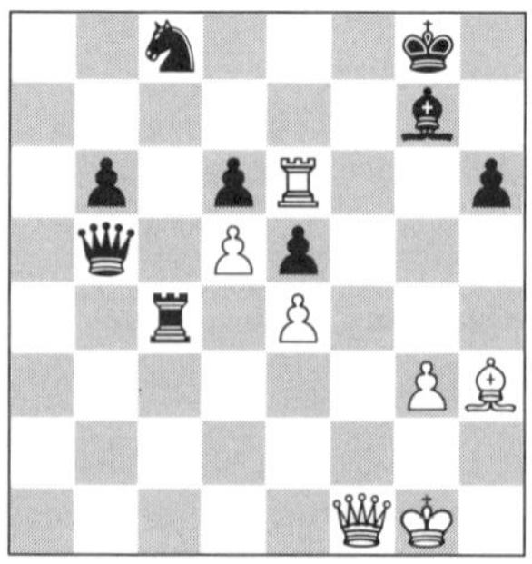

Im Unterschied zur vorherigen Situation hat Schwarz hier einen Verteidiger bei der Hand. Wie dem auch sei, der (gegenfarbige) Läufer stellt für die weißen Figuren keine große Herausforderung dar, schnell werden sie in die schwarze Stellung eindringen. Weiß wird um den schwarzfeldrigen Läufer herum spielen, wie man gleich sieht. Nach

39.♖xh6! ♗xh6

spielt sich der Angriff von selbst. Für einen starken (Groß-) Meister ist das ein Leichtes. Deshalb gab sich Schwarz nach

40.♗e6+ ♔h8 41.♕f6+

geschlagen. Für den Leser mag dies weniger offensichtlich sein, deshalb wollen wir sehen, wie der Angriff weitergeht: 41...♔h7 (nach der anderen Verteidigung 41...♗g7 geht es noch schneller zu Ende: 42.♕h4+ ♗h6 43.♕xh6#) 42.♕f7+ ♗g7 (42...♔h8 rennt in 43.♕g8#) 43.♗f5+ ♔h8 (oder 43...♔h6 44.♕g6#) 44.♕h5+ ♔g8 45.♗e6+ ♔f8 46.♕f7# und wir haben eines unserer Mattmuster erreicht.

2.4 Wie man die Stellung knackt

Um den feindlichen König herum sieht es nicht immer aus wie in einem „offenen Haus"; oft muss noch eine Bresche geschlagen werden. Zu diesem Zweck benutzen wir eine der Waffen, die wir bereits früher definiert haben: wir brechen die Stellung des feindlichen Königs auf.

Paul Keres
Laszlo Szabo

UdSSR – Ungarn, Budapest 1955

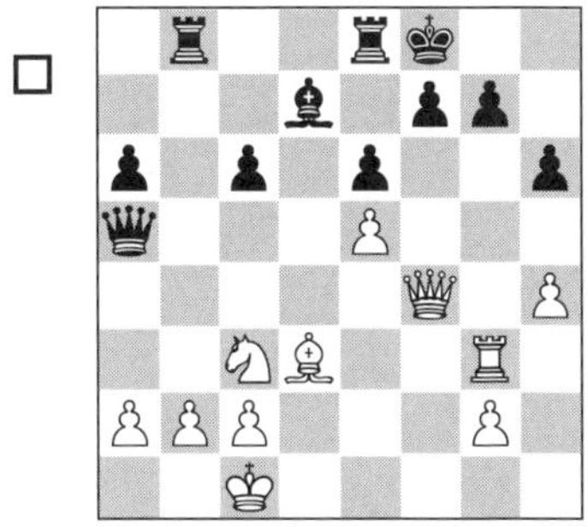

Der schwarze König ist gut versteckt hinter seinen Bauern. Aber nicht mehr lange...

21.♖xg7! ♔xg7

Der Versuch, f7 mit 21...♖e7 zu decken, hilft nicht: 22.♕xh6 ♖ee8 23.♕g5 und Matt ist unausweichlich. Diese Aufstellung (Dame hinterm Turm) sollten wir uns in Erinnerung behalten. Wir werden sie später wieder antreffen!

22.♕f6+ ♔g8

Nach 22...♔f8 23.♗g6 war die Schlacht sogleich entschieden: 23...♔g8 24.♕xf7+ ♔h8 25.♕h7# oder 23...♖e7 24.♕h8#.

23.♕xh6 ♕xe5

Falls 23...f5, so 24.exf6. Mit dem vorigen ABC im Hinterkopf ist es nicht länger schwierig...

24.♗h7+ ♔h8 25.♗g6+ ♔g8 26.♕h7+ ♔f8 27.♕xf7#

Iwan Radulow
Berndt Söderborg
Helsinki tt 1961 (11)

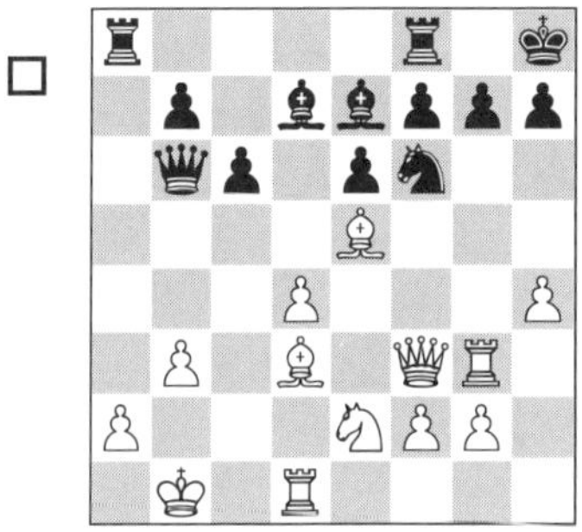

Mit seiner Dame, dem Turm auf g3 sowie den beiden Läufern verfügt Weiß über eine Menge an Angriffswucht. Aber zunächst muss eine Bresche in die schwarze Königsstellung geschlagen werden. Dies geschieht auf dieselbe brutale Art wie im vorigen Fragment:

19.♖xg7! ♔xg7

Schwarz bleibt keine Zeit, selbst anzugreifen.
Zum Beispiel: 19...♕a5 20.♖xh7+! ♔g8 21.♕g4+ (ein kleiner Witz am Ende) 21...♘xg4 22.♖h8#.

20.♕g4+!

Weiß nutzt die Fesselung des Springers clever aus. Hier resignierte Schwarz.
Es könnte folgen: 20...♔h8 (nicht 20...♔h6 wegen 21.♕g5#) 21.♕h5! (wieder schlachtet Weiß die Fesselung aus. 21.♕e4 führt zum selben Resultat) 21...♔g8 und jetzt muss nur noch der Verteidiger von h7 eliminiert werden: 22.♗xf6 ♗xf6 23.♕xh7#.

2.5 Typische Mattbilder in der Praxis

Manchmal haben auch Spitzenspieler Probleme dabei, typische Mattbilder zu sehen. Dies wird in den folgenden beiden Beispielen verdeutlicht.

Levon Aronjan
Sergei Karjakin
Nizza Schnellschach 2010 (1)

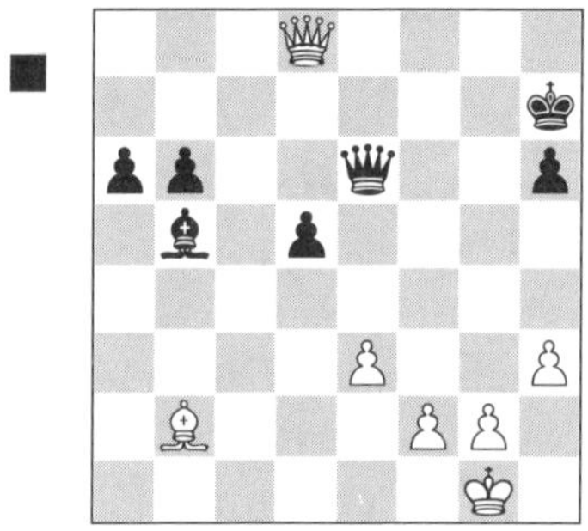

Karjakin, der 2016 Herausforderer von Weltmeister Magnus Carlsen wurde, spielte hier

39...a5?

Mit 39...♗e8, was Weiß daran gehindert hätte, nach h8 zu kommen, hätte der Kampf fortgesetzt werden können.
Es folgte:

40.♕h8+ ♔g6 41.♕g7+

Und nun erlaubte Schwarz dem Weißen, ihn mattzusetzen:

41...♔f5

41...♔h5 wird vernichtend mit 42.g4+ ♔h4 43.♔h2 beantwortet, wonach es kein Mittel gegen die Drohungen 44.♗f6+ oder 44.♗e5 und ♗g3 gibt. 43.♗f6+ ist gleichfalls ein forciertes Matt: 43...♔xh3

44.♕xh6+ ♔xg4 45.♕f4+ ♔h5 46.♕g5# oder 45...♔h3 46.♕g3#.

42.♕g4#

Hier haben wir wieder das hübsche Mattmuster, das wir schon zu Beginn dieses Abschnitts gesehen haben.

Kurioserweise kam im gleichen Turnier ein weiteres typisches Matt mit ♕+♗ aufs Brett. Dieses Beispiel lieferte der Spieler, der damals bereits die Nummer Eins der Weltrangliste war und der mittlerweile amtierender Weltmeister ist: Magnus Carlsen.

Magnus Carlsen
Boris Gelfand

Nizza blind 2010 (6)

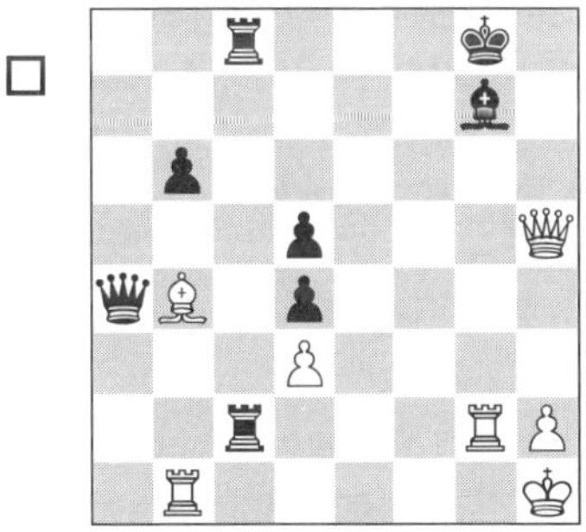

48.♖xg7+!

Der einzige Verteidiger wird ausgeschaltet. Der schwarze König ist ein hilfloser Spielball im Chaos, das die Weißen nun veranstalten.

48...♔xg7 49.♖g1+ ♔f6

Jetzt ist es Matt in zwei:

50.♕g6+ ♔e5 51.♗d6#

Ein „neues" Mattmuster. Bedenken Sie, dass die schwarzen Bauern auf d5 und d4 als weiße „Helfer" fungieren.

2.6 Aufbau einer Batterie

In den vorigen Beispielen haben wir einige typische Mattmuster gesehen, bei denen sich Dame und Läufer glänzend gegenseitig ergänzten. Nun lernen wir einen anderen machtvollen Typ der Zusammenarbeit zwischen Läufer und Dame kennen.

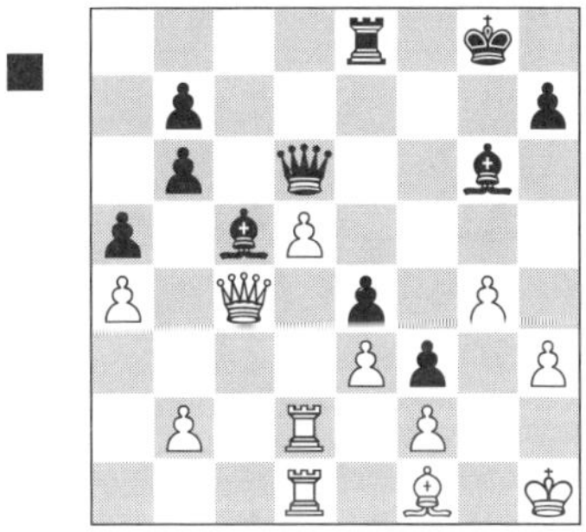

In diesem Beispiel möchte Schwarz gern beide Angriffsfiguren auf die gleiche Diagonale stellen (b8-h2), um in der Lage zu sein, auf h2 mattzusetzen. Aber so weit sind wir noch nicht – zunächst müssen noch ein paar Vorbereitungen getroffen werden. Es gewinnt

1...b5!

Das Konzept 1...♕e5 mit der Idee ...♗d6, wird durch 2.d6+! vernichtet.

2.♕xb5 ♗a7

Und der Läufer wird nach b8 gehen. Der weiße König kann sich nicht gegen die Mattdrohung auf h2 verteidigen. Dieses instruktive Beispiel wurde vom niederländischen Schachtrainer Dolf Meijer erfunden.

Jetzt ist die Zeit gekommen, zu einem etwas mehr strategischen Beispiel überzugehen. Um Dame und Läufer auf die gleiche Diagonale zu bekommen muss man sich zuweilen etwas Cleveres ausdenken.

Michail Botwinnik
Paul Keres

Den Haag/Moskau 1948 (10)

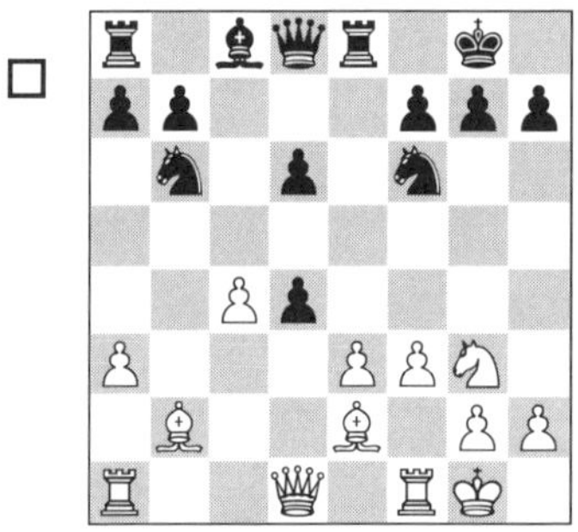

Weiß sieht sich mit einer schwierigen Entscheidung konfrontiert: Wie soll er den Bauern auf d4 nehmen?

14.e4!

Weiß nimmt ihn noch nicht sogleich zurück! Mit diesem Zug bereitet Weiß vor, den Bauern d4 mit der Dame zu nehmen. Der Läufer auf b2 ist ein Monster, welches die Partie entscheiden wird.
Weniger gut ist 14.♕xd4 wegen 14...♘a4 und der Läufer muss die schöne Diagonale verlassen: 15.♗c1 ♘c5 und dem Weißen fällt es schwer, seine Figuren harmonisch aufzubauen.

14...♗e6 15.♖c1 ♖e7

Ein etwas sonderbarer Zug. Die Absicht ist es, zuweilen ...♘f6-e8 folgen zu lassen, gefolgt von ...f7-f6, um die lange Diagonale zu plombieren. Normal wäre 15...♖c8 gewesen mit der beispielhaften Folge: 16.♕xd4 ♘a4 17.♗a1 ♘c5. Doch in diesem Fall wird nach 18.♖cd1 die schwarze Stellung wegen der Schwäche des Bauern d6 kollabieren.

16.♕xd4!

Jetzt, da der Läufer nach a1 ausweichen kann, ist es Zeit, die Batterie gegen g7 zu installieren.

16...♕c7

Nun verzichtet Schwarz auf 16...♘e8, was ihm ebenfalls schwere Probleme nach 17.♘h5 einbrocken würde. Zum Beispiel: 17...f6 18.♘f4 ♗f7 19.♘d5 und Schwarz steht unter heftigem Druck.

17.c5!

Dadurch beseitigt Weiß seine (aber auch des Schwarzen...) Schwäche, vermeidet vor allem den Damentausch und öffnet die Stellung weiter, was dem Läuferpaar zugutekommt.

17...dxc5 18.♖xc5 ♕f4

Im Nachhinein war 18...♕d8 ein wenig besser, wenngleich Weiß mit 19.♕b4 ausgezeichnete Gewinnchancen behalten würde.

19.♗c1

Botwinnik zieht seinen Läufer von der langen Diagonale, um die Überführung seines Turmes nach g5 vorzubereiten. Ein anderer leicht kurioser, aber durchaus starker Zug ist 19.♗b5!. Die Absicht ist, ...♖d7 zu verhindern und gleichzeitig dem Springer das Feld e2 zu räumen. Sobald die schwarze Dame von f4 vertrieben wird, kann Weiß seinen Turm nach g5 schwenken, ähnlich der Partie: 19...♘bd7 20.♘e2 ♕b8 (nach 20...♕h4 würde sich die schwarze Dame verlaufen) 21.♖g5.

19...♕b8

Die Dame flüchtet sich in weit entfernte Gefilde, wonach Schwarz dem Untergang geweiht ist. Aber auch 19...♖d7 hätte ihm nicht mehr auf die Füße geholfen: 20.♕a1 ♕d6 21.♗e3, was den Damentausch durch 21...♕d4+ vermeidet, und Weiß wird seine Offensive mit erneuerter Schlagkraft fortführen.

20.♖g5!

Wie wir es vorausgesehen haben, ist g7 das Angriffsziel.

20...♘bd7

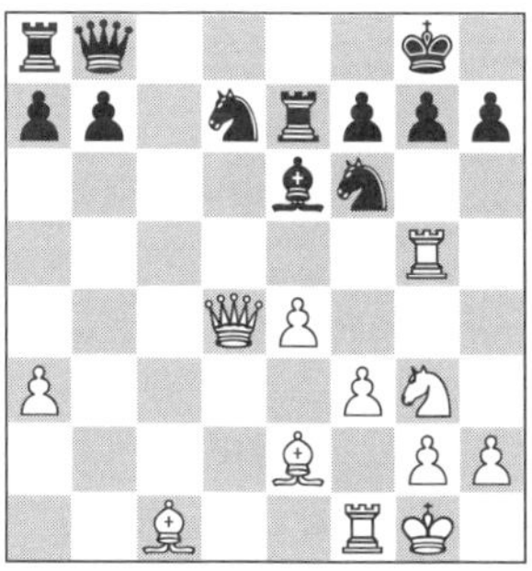

Nun folgt eine überraschende Exekution. Wie wir es schon zuvor in diesem Abschnitt gesehen haben, ist der g7-Bauer das „Opfer".
20...♘e8 hilft auch nichts mehr wegen 21.♘h5 f6 22.♘xf6+.

21.♖xg7+! ♔xg7 22.♘h5+ ♔g6

Danach wird Schwarz forciert mattgesetzt. Relativ besser war 22...♔h8, aber auch danach hätte Schwarz einen schweren Stand: 23.♘xf6 ♕e5 24.♗b2! und die Wucht der weißen Figuren entlang der langen Diagonalen ist wieder entscheidend.
Oder 22...♔g8 23.♘xf6+ ♘xf6 24.♕xf6 mit der Drohung 25.♗b2 und Schwarz wird es nicht unbeschadet überstehen.

23.♕e3!

Das Bezaubernde hier ist, dass der Totschlag nun auf der Diagonalen c1-h6 ausgeführt wird, wo die weiße Dame und der weiße Läufer eine neue Batterie aufgebaut haben! Matt ist unabwendbar, Schwarz resignierte.

2.7 Eine Diagonale öffnen

Es versteht sich von selbst, dass Läufer offene Diagonalen benötigen. Das ist der Grund, warum die Gegner zuweilen einen „Bauernkeil" errichten, um solch einen Läufer zum Schweigen zu bringen. So existieren etwa unzählige Beispiele, in denen ein fianchettierter Läufer auf b2 auf eine „Steinmauer" von Bauern auf e5-f6-g7 schaut. Wir sagen, der Läufer „beißt auf Granit".
Um den Läufer wieder zum Leben zu erwecken ist es notwendig, diese Bauernformation anzugreifen. Dazu dienen Aktion mit f2-f4 oder g2-g4-g5xf6 oder gar eine Kombination dieser beiden Hebel.

Im folgenden Beispiel wird die Mauer mit großer Gewalttätigkeit eingerissen. Das Beispiel hatte ich bereits in meinem früheren Buch, *Schachstrategie für Vereinsspieler*, verwendet, indes eignet es sich hervorragend, um unser Thema hier zu verdeutlichen.

Mark Hebden
Julian Hodgson
Guernsey 1985 (6)

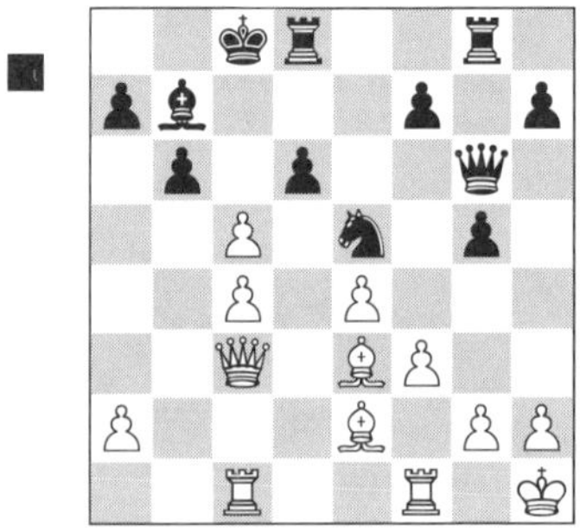

Nach dem Zug von Weiß, b4xc5, hatte der Schwarze etwas ganz anderes geplant als die einfache Rücknahme des Bauern:

18...g4!!

Ein fantastischer Zug, mit dem Hodgson versucht, die lange Diagonale für seinen Läufer b7 „auszuweiten". Zugleich möchte er die g-Linie öffnen.

19.♖g1?

Dies sieht wie bittere Notwendigkeit aus; offensichtlich gab es keine adäquate Verteidigung gegen das hereinbrechende Unheil. 19.♖f2 wäre mit 19...gxf3 20.gxf3 ♗xe4! beantwortet worden, was einen stolzen Bauern gewinnt und zugleich die Drohungen vergrößert. Tatsächlich war 19.♕c2!?, was indirekt g2 überdeckt und zugleich dem Bauern e4 Unterstützung verlieht, der einzige Zug, um noch im Spiel zu bleiben.

Nach 19...gxf3 muss Weiß mit 20.♗xf3 zurückschlagen (20.gxf3 ♕g2#), und nun steht Schwarz ausgezeichnet nach 20...dxc5. Es sieht so aus, als wäre Weiß hier dauerhaft verloren.

Der Partiezug verliert forciert, jedoch war die folgende Aktion schwer vorauszuahnen:

19...gxf3 20.gxf3

20.♗xf3 ♘xf3 21.gxf3 wird mit demselben phänomenalen Damenopfer wie in der Partie beantwortet: 21...♕xe4!! gewinnt.

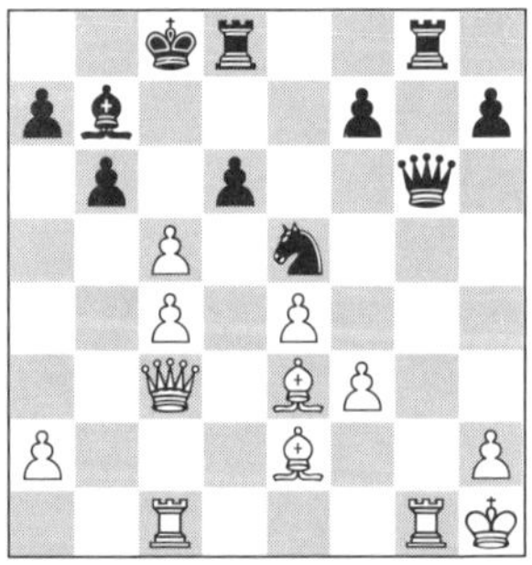

20...♕xe4!!

Die fabelhafte Vergöttlichung einer wundervoll umgesetzten Strategie. Die lange Diagonale (a8-h1) ist nun definitiv geöffnet, was der schwarzen Dame im Verbund mit dem schwarzen Läufer erlaubt, ihren perfekten Abrissjob durchzuführen. Der Vorhang fällt

für Weiß, weshalb er resignierte nach
21.♖xg8 ♖xg8
22.♖f1 läuft ins tödliche 22...♕g4!.

Bei den nächsten beiden Beispielen ist die Frage, ob Weiß es sich leisten kann, 1.♘f6+ zu spielen, um die lange Diagonale aufzukriegen. Freilich steht Schwarz dazu bereit, die Diagonale wieder mit ...d5-d4 zu schließen. Wie mächtig ist die Batterie von Dame und Läufer? Sind die Opfer, die Weiß erbringen müsste, es wert?

Das ♘f6-Opfer (Analyse)

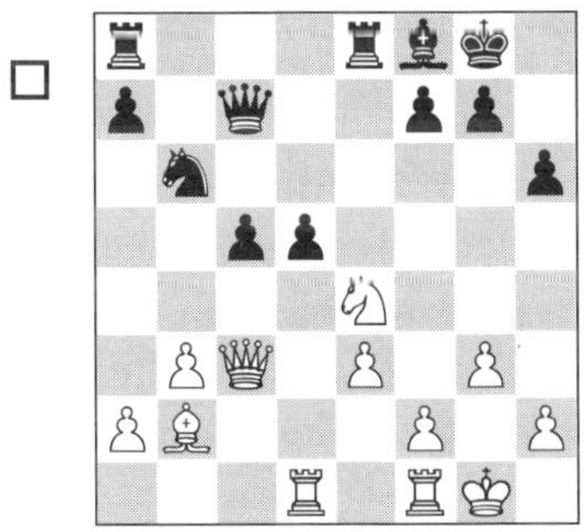

Weiß versucht eine forcierte Zugsequenz zu berechnen, die mit
1.♘f6+ gxf6 2.♕xf6
beginnt. Mit Dame und Läufer verfügt Weiß über eine hübsche Batterie gegen den schwarzen König.
2...d4
Das direkte **2...♔h7** verliert nach **3.♕h8+ ♔g6 4.♕g8+ ♔f5** oder 4...♔h5 5.f3 und Schwarz wird bald mattgesetzt. Zum Beispiel: 5...♕d7 6.♗f6 mit der Drohung g3-g4.

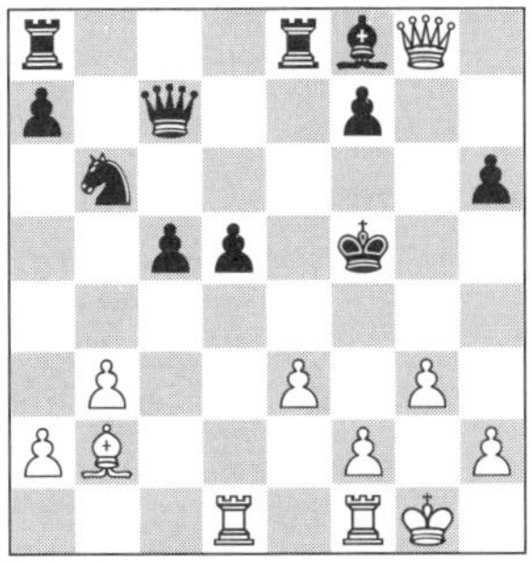

Analysediagramm

Jetzt muss Weiß einen Problemzug finden: **5.e4+!!** Der überaus wichtige Durchbruch, um Linien gegen den schwarzen König zu öffnen. **5...♔e6**
Nach 5...dxe4 6.♕h7+ gibt es ein forciertes Matt:

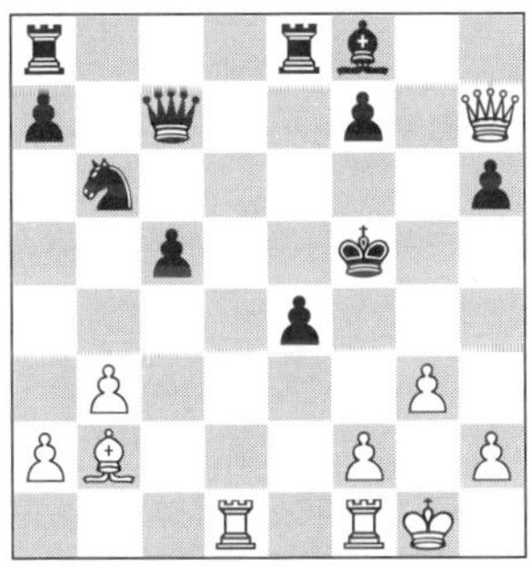

Analysediagramm

6...♔g4 (die Alternative 6...♔g5 ist objektiv besser, bringt dem Schwarzen aber auch keine Heilung: 7.f4+ ♔g4 (nach 7... exf3 8.♕g8+ ♔f5 (8...♔h5 9.g4+ ♔h4 10.♗f6+ ♔h3 11.♖xf3+ ♕g3+ 12.♖xg3#) 9.♖xf3+ ♔e4 10.♕g4+ wird Schwarz matt) 8.h3+ (der ruhige Zug 8.♔g2! gewinnt ebenso) 8...♔xg3 9.♕g8+ ♔xh3 10.♖d3+ exd3 11.♖f3+ ♔h4 12.♗f6+ ♔h5 13.♖h3#) 7.h3+! ♔g5 (7...♔xh3 8.♕f5#) 8.♕g8+ ♔f5 und hier

haben wir wieder ein typisches Mattmuster: 9.♕g4#.
Ebenso verliert 5...♖xe4 6.f3 ♖b4. Der Turm muss das Feld g4 überdecken, aber das bedeutet, dass Schwarz die e-Linie aufgeben muss: 7.♖de1! d4 8.g4+ ♔f6 9.f4 ♘d5 10.g5+ ♔f5 11.♖e5+ und es ist vorbei. **6.exd5+ ♔d6 7.♕g4** Und Weiß hat einen vernichtenden Angriff gegen den exponierten schwarzen König.
Nach dem Textzug sieht es so aus, als könne Schwarz die lange Diagonale stopfen, aber...

3.♖xd4!

Weiß opfert auch noch einen Turm, so wichtig ist die Bedeutung der Dame+Läufer-Batterie.

3...cxd4 4.♗xd4 ♔h7

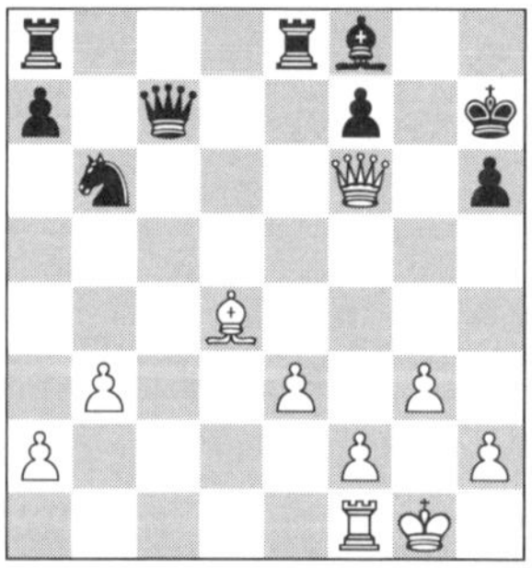

Schwarz hat Turm und Figur mehr. Ist Weiß zu weit gegangen?

5.g4!!

Nein! Weiß hat noch dieses Ass im Ärmel, mit dem er ein bezauberndes Mattnetz konstruieren kann.
Es war wesentlich zu erkennen, dass der schwarze König über die weißen Felder zu entkommen drohte. Der Partiezug verhindert dies.
Weiß konnte es schnell überziehen mit 5.♕h8+?. Es ist ziemlich irreführend, doch die Umstellung der Züge funktioniert nicht, denn nach 5...♔g6 6.g4? hat Schwarz eine brillante Ressource: 6...♕xh2+!! ist der versteckte Trick! 7.♔xh2 ♗d6+ 8.♔g2 ♖xh8 und Schwarz gewinnt!

5...h5

Nach anderen Zügen, wie 5...♖e6, wird Schwarz mattgesetzt: 6.♕h8+ ♔g6 7.♕g8+ ♗g7 8.♕xg7#.
Der Textzug ist der einzige Weg, das zuvor gezeigte Matt zu verhindern, aber dafür erlaubt es ein anderes, klassisches Mattmuster:

6.♕h8+ ♔g6 7.♕xh5#

Und hier haben wir wieder unser bekanntes Muster.

Nun zeigen wir das versprochene Beispiel, bei dem die Varianten und Motive bemerkenswerte Ähnlichkeiten mit dem vorigen aufweisen. Insbesondere die brillante Idee des letzten Beispiels kann benutzt werden, um diesen komplizierten Fall zu lösen.

Michail Botwinnik
Bent Larsen
Palma de Mallorca 1967 (14)

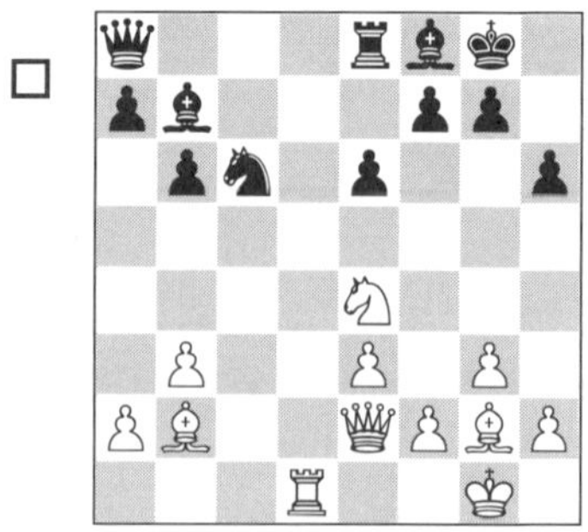

Die entscheidende Frage ist freilich, ob Schwarz hier

21.♘f6+

spielen kann. Das ist ein forcierter Zug – lehnt Schwarz das Opfer ab, wird er ohne Gegenwehr die Qualität verlieren.

In der Partie zog Botwinnik das „bequeme“ 21.♖d7, gewann die Partie dennoch später. Wir geben die restlichen Züge der Partie ohne Kommentar: 21...f5 22.♘d6 ♗xd6 23.♖xd6 ♘d4 24.♖xd4 ♗xg2 25.♖d7 ♗h3 26.f3 ♖d8 27.♖xg7+ ♔f8 28.♖h7 ♕d5 29.♔f2 ♕d1 30.♖h8+ ♔f7 31.♖xd8 ♕xd8 32.♕c2 ♕d5 33.♕c7+ ♔e8 34.♕b8+ ♔d7 35.♕xa7+ ♔c8 36.♕a6+ ♔c7 37.♕c4+ ♕xc4 38.bxc4 ♔c6 39.♗d4 h5 40.a4 ♔c7 41.c5 bxc5 42.♗xc5 ♔c6 43.♗b4 ♔b6 44.g4 hxg4 45.♔g3 e5 46.e4 fxe4 47.fxg4 1-0.

Mit 21.♘d6 konnte Weiß das Läuferpaar erobern. Nach 21...♗xd6 (21...♖d8 22.♘xb7) 22.♖xd6 hätte er ebenfalls einen Vorteil.

21...gxf6 22.♕g4+ ♔h7

Der kritische Moment: hier muss Weiß einen ganzen Analysebaum durchrechnen, um zu entscheiden, ob sein Opfer gerechtfertigt ist.

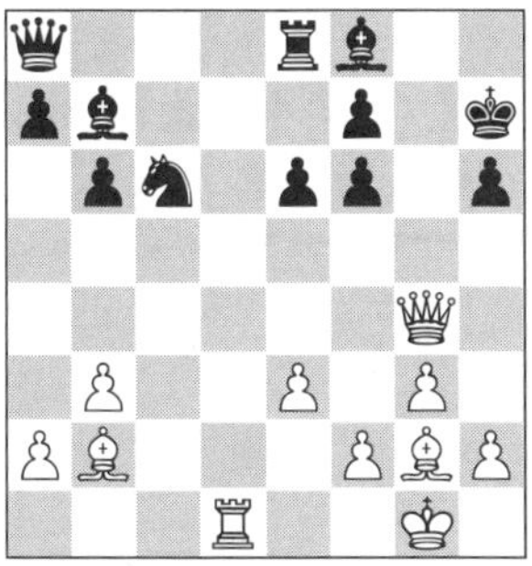

23.♗e4+!

Gewinnt forciert. Aber das erfordert eine ganze Menge an exakter Berechnung.

Den Turm ins Spiel zu bringen gewinnt relativ leicht: **23.♖d7!? ♘d8** Das überdeckt den Punkt f7, der Springer hat jedoch zu viele Aufgaben hier. 23...♘e7 war hoffnungslos, da Weiß einfach die Figur zurückgewinnt mit 24.♗xb7 ♕b8 und die Attacke weiterführt mittels 25.♗xf6; 23...♖e7 wirkt sehr vernünftig, aber das bedeutet nur einen Übergang in die Hauptvariante nach dem 24. Zug von Schwarz, beginnend mit 24.♗e4+ f5 25.♗xf5+ exf5 26.♕xf5+ ♔g8 27.♕f6 (27.♕g4+ ♔h7) 27...♔h7 28.♖xe7! (Eliminierung des Verteidigers) 28...♘xe7 29.♕xf7+ nebst matt.

24.♗xb7 Weiß hat die Figur zurückgewonnen, wonach Schwarz sogleich die Uhr anhalten könnte.

24...♕b8 25.♗e4+ f5 26.♗xf5+ exf5

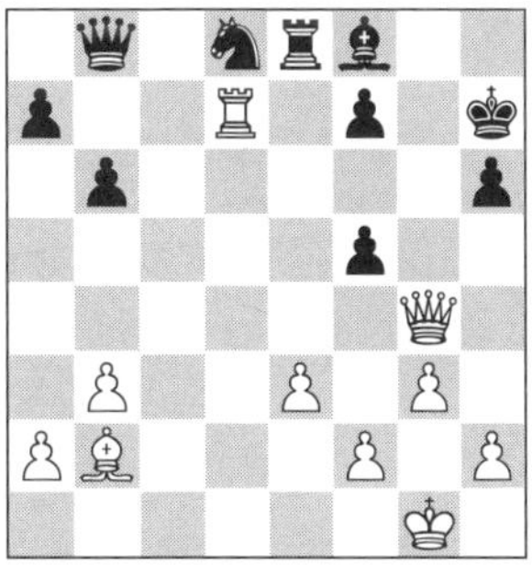

Analysediagramm

27.♖xf7+! Auf diese attraktive Weise werden die letzten Überbleibsel der schwarzen Königsfestung hinweggespült. **27...♘xf7 28.♕xf5+ ♔g8 29.♕g6+ ♗g7 30.♕xg7#**

23...f5 24.♖d7!
Gutes Timing. Somit nimmt auch die letzte weiße Figur im Angriff teil. Mit diesem Zwischenzug gewinnt der Angriff an entscheidender Stärke.
24.♗xf5+ führt zum selben Ende.
24...♘e7
Schneller matt geht Schwarz nach 24...♖e7 25.♗xf5+ exf5 26.♕xf5+ ♔g8 27.♕f6 ♔h7 28.♖xe7 ♘xe7 29.♕xf7+.

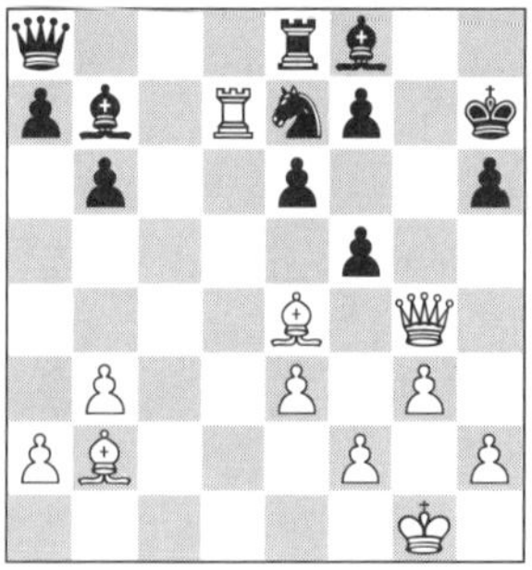

25.♖xe7!
Ein bezauberndes Opfer, das verhindert, dass sich der Springer auf der langen Diagonale in den Weg stellt. Das ist die bei weitem stärkste Fortsetzung, die zu einem schnellen Matt führt.
25...♖xe7 26.♗xf5+ exf5 27.♕xf5+ ♔g8 28.♕f6 ♔h7

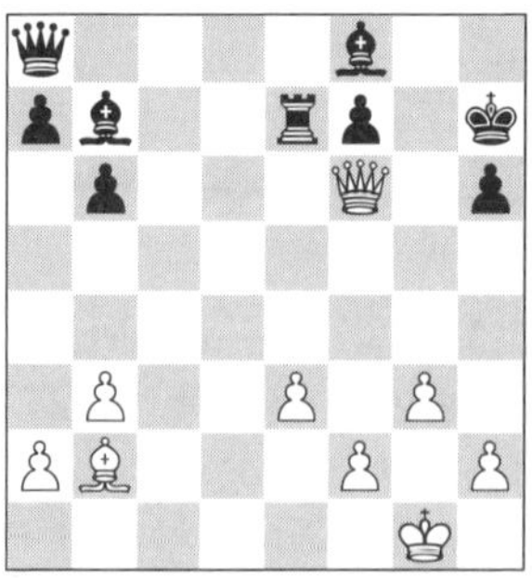

Wir haben die wichtigste Stellung erreicht, die Weiß weit im Voraus visualisieren musste. Für den Moment ist er einen Turm und eine Figur im Hintertreffen (für zwei Bauern), und er hat alles auf Dominanz in der langen Diagonalen gesetzt. Aber ist das genug? Kann sich der König nicht verteidigen, indem er die Flucht ergreift?
29.♕h8+ bringt dem Weißen nichts Besonderes nach 29...♔g6, wonach 30.♕g8+ ♔f5 sogar verliert, da der König entlang der weißen Felder entkommt.
Weiße Felder? Sobald wir es so formulieren können wir den 29. Zug von Weiß ganz schnell finden. Jedenfalls gelang es dem elfjährigen Loek van Wely, dem ich diese Stellung damals gezeigt hatte, diesen zu entdecken.
29.g4!!
Dieser glänzende „ruhige“ Bauernzug schneidet dem schwarzen König den Weg durch das Zentrum ab. Weiß steht nun zum Schema ♕h8+ gefolgt von ♕g8+ bereit, wonach der Bauer auf g4 die Felder f5 und h5 bewacht und die Königsflucht unterbindet.

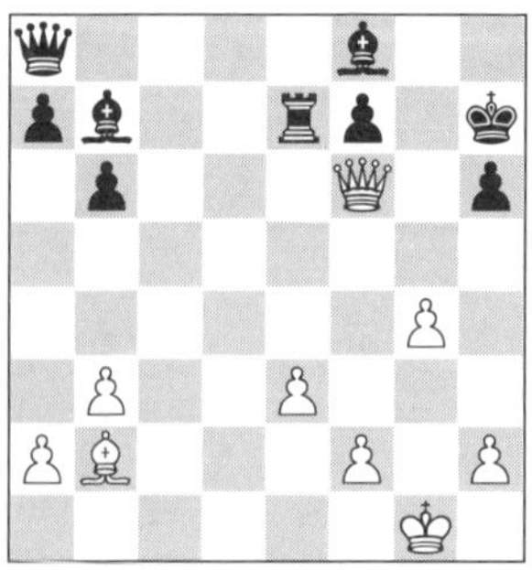

29...h5

Die einzige Möglichkeit, dem König ein „Luftloch“ zu verschaffen; nichtsdestotrotz wird er kunstfertig ins Schwert gestoßen.

Nach anderen Zügen wie 29...♗h1 wird Weiß seinen Plan ausführen: 30.♕h8+ ♔g6 31.♕g8+ ♗g7 32.♕xg7#.

30.♕h8+ ♔g6 31.♕xh5#

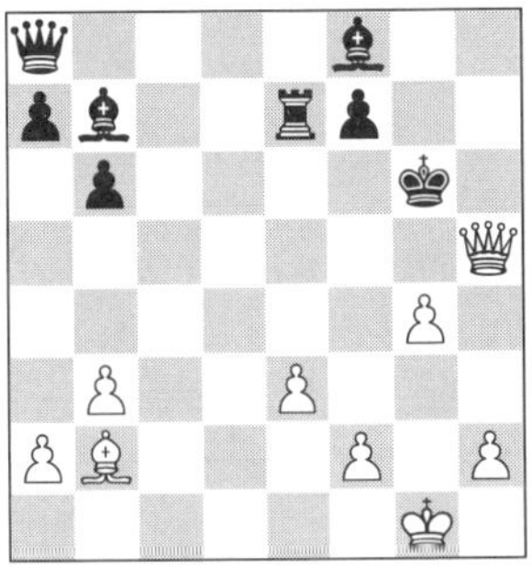

Ein bekanntes Mattbild, das dem scharf durchgeführten Angriff auf den König die Krone aufgesetzt hätte.

2.8 Angriff mit ungleichfarbigen Läufern

Wir können hier nicht aufhören, ohne ein paar Beispiele für Mittelspielsituationen mit ungleichfarbigen Läufern zu präsentieren.

Wie wir weiter vorne in der Partie Kasparow-Smirin gesehen haben ist ein Läufer manchmal keine große Hilfe für die Verteidigung. Das „Problem“ bei ungleichfarbigen Läufern besteht darin, dass der verteidigende Läufer nicht die Felder decken kann, die der Angriffsläufer kontrolliert. Deswegen ist ein Materialvorteil oftmals in solchen Stellungen nur zweitrangig; was zählt sind Figurenspiel und Initiative. Wir illustrieren dies in den folgenden Beispielen.

Karl Kopetzky
Esteban Canal
Wien 1951/52 (11)

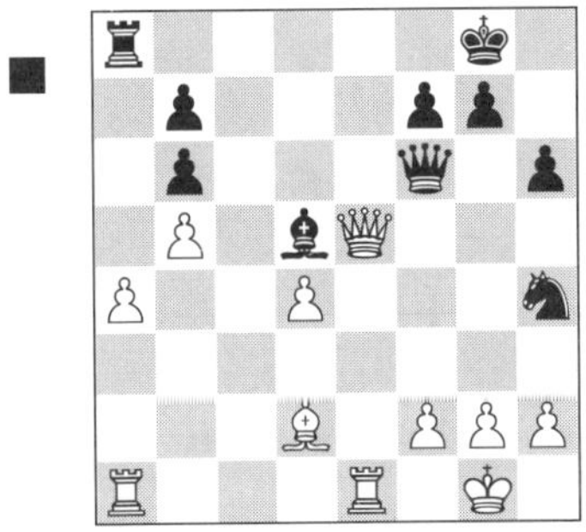

Auf den ersten Blick sieht die schwarze Stellung schlecht aus: Weiß droht, die Damen zu tauschen, wonach sein Materialvorteil entscheidend wäre. Doch Schwarz schüttelt einen mörderischen Zug aus dem Ärmel:

23...♘f3+! 24.gxf3 ♕xf3 25.♔f1

Relativ besser ist 25.♕xd5, doch verständlicherweise ist dies nicht, was Weiß möchte.

25...♕h3+!

Der König wird ins „offene Feld“ geschickt.

Achten Sie bitte darauf, dass der weiße Läufer bald nur noch im Weg stehen wird: der König möchte sich auf den schwarzen Feldern verstecken, aber das ist nun kaum mehr möglich.

26.♔e2

26.♔g1? sieht ein sofortiges Matt: 26...♕g2#.

26...♗c4+ 27.♔d1 ♕b3+ 28.♔c1 ♗d3 29.♕c7

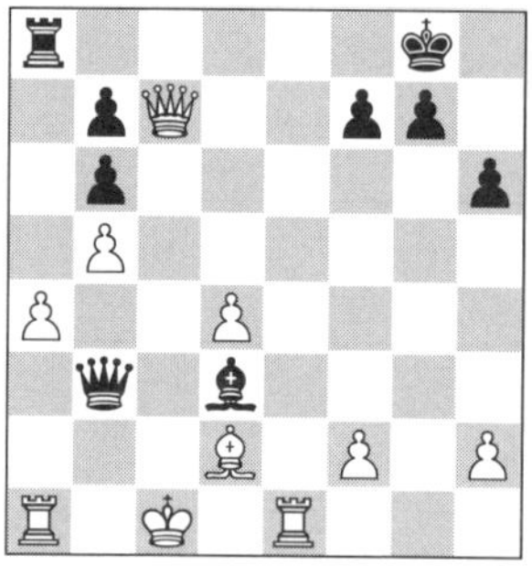

Anscheinend hat Weiß alles verteidigt, doch jetzt schaltet sich die letzte untätige Figur in den Angriff ein:

29...♖xa4!

Der entscheidende Schlag, nach dem Weiß hätte sogleich aufgeben können. Schwarz droht sowohl 30...♖xa1 als auch 30...♖c4+. Weiß leerte den vergifteten Becher mit

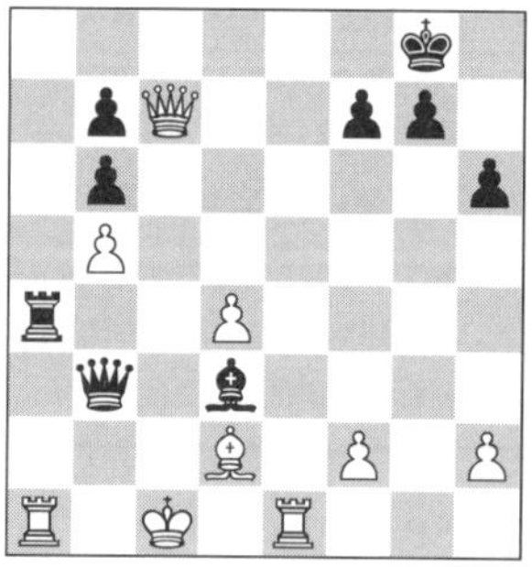

30.♗b4

30.♖xa4 ♕b1#.

30...♖xa1+ 31.♔d2 ♕xb4+

Weiß gibt auf.

Garri Kasparow
Francisco Vallejo Pons

Linares 2002 (8)

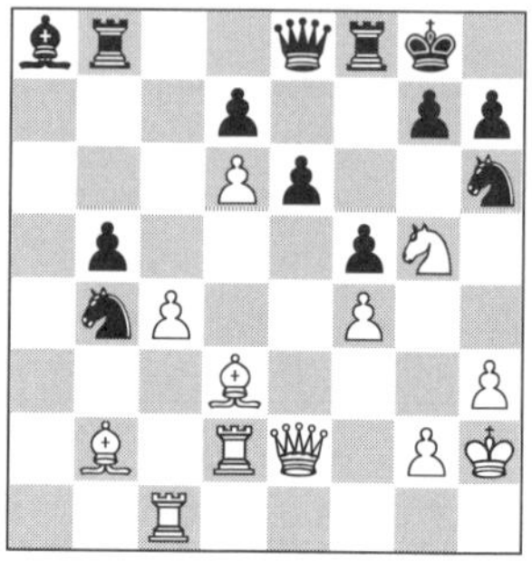

Die Kommentare basieren auf Anmerkungen von Ribli und Ftacnik in der MegaBase.

33...♘xd3?

Schwarz möchte gern den „starken" Läufer d3 loswerden, doch dieser Abtausch ist ein Missgriff. Ftacnik: „Erst dieser unlogische Tausch wird den weißen Turm auf die dritte Reihe katapultieren und die schwarzen Hoffnungen auf eine ertragreiche Verteidigung ins Land der Träume schicken."

Besser war 33...bxc4 34.♗xc4 (34.♖xc4 wird stark mit 34...♘d5 beantwortet) 34...♘d5 und Schwarz hält sich.

34.♖xd3

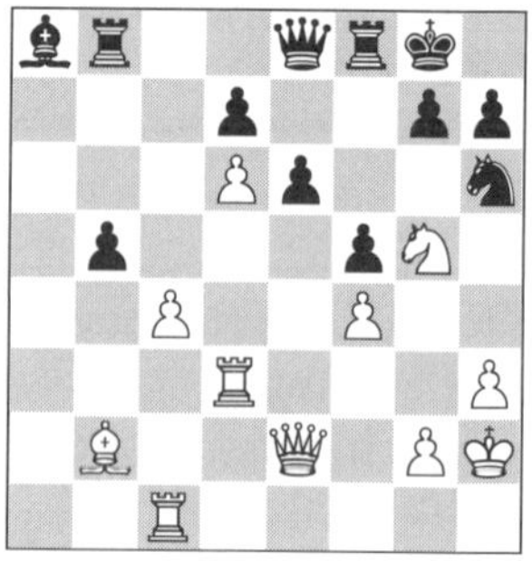

34...♘f7

34...bxc4 35.♖g3 ♖b3 wäre nun ebenfalls günstig für Weiß nach 36.♖cc3! mit einer sehr angenehmen Position. 36...♕g6 verliert bereits schon: 37.♖xb3 cxb3 38.♘xe6!. Zum Beispiel: 38...♘g4+ (38...dxe6 39.♖xg6 hxg6 40.♕e5; 38...♕xe6 39.♕xe6+ dxe6 40.♖xg7+ ♔h8 41.♖g6+ mit Matt – ein überzeugender Triumph für den Läufer b2!) 39.hxg4 ♕h6+ 40.♔g1 ♕xe6 41.♕xe6+ dxe6 42.gxf5 ♖xf5 43.d7 ♖d5 44.♖xb3! und Weiß gewinnt Material.

35.♖g3 ♘xg5 36.♖xg5 ♖f7 37.♕e5!

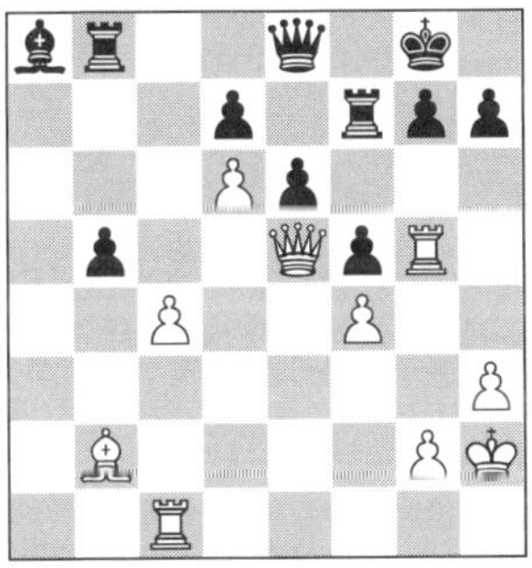

Weiß zieht optimalen Nutzen aus der langen Diagonalen. Es ist klar, dass der ♗b2 eine wichtigere Rolle spielt als der ♗a8. Die weißen Kräfte sind auf den gegnerischen König gerichtet, während die schwarzen Figuren eine rein passive Rolle spielen.

37...♕f8 38.cxb5

Das Material ist gleich, aber es leuchtet ein, dass Weiß deutlich überlegen steht. Seine Figuren kontrollieren das ganze Brett, während die schwarzen abwarten und zuschauen müssen, wie Weiß seinen Vorteil wird vergrößern wollen. Dies geschieht, indem Letzterer den Druck entlang der Diagonalen a1-h8 mit den Vorzügen des Freibauern auf b5 kombiniert.

38...h6 39.♖g3 ♔h7 40.♗d4

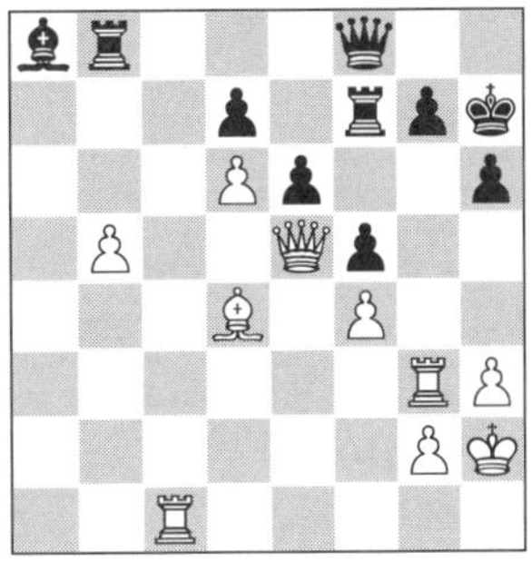

Die hauptsächliche Drohung ist nun 41.b6.

40...♗d5 41.b6

Weiß hat zwei Trümpfe: die lange Diagonale sowie den starken Freibauern.

41...♖f6

Der Läufer kann nicht nach c6, da Weiß dann eine entscheidende Kombination hätte: 41...♗c6 42.♖xc6! dxc6 43.♕xe6 ♖e8 44.♕g6+ ♔g8 45.♕xh6 und gewinnt.
Es ist interessant, zu beobachten, wie Weiß den Punkt holt, wenn Schwarz „nichts" tut: **41...♗e4 42.♖c7 ♗d5 43.h4 ♗e4** Wenn Schwarz nicht erlaubt, dass der weiße Bauer nach h5 kommt und selbst 43...h5 spielt, folgt 44.♖g5 g6 45.♔g1 und jetzt: 45...♔h6 (45...♗b7 46.g4! ♗f3 (46...hxg4 47.h5; 46...fxg4 47.♖xh5+) 47.gxh5 gxh5 48.b7 und der entscheidende Schlag kann nicht abgewehrt werden) 46.g4 hxg4 (46...fxg4 47.♖xg6+ ♔xg6 48.♕g5+ ♔h7

49.♕xh5+ ♕h6 50.♕xf7+) 47.h5 gxh5 48.♕e1 gefolgt von 49.♕h4.
44.h5 ♗d5 45.♖g6 ♗e4 46.♖c3 ♕h8 47.♖cg3 ♖g8 48.♕b5 ♗c6 49.♕b2 ♗b7 50.♗e5 Schwarz wurde in völligen Zugzwang hineinmanövriert!

42.♖cc3

Langsam aber sicher verstärkt Kasparow den Druck.

42...♖f7 43.♖c7 ♗e4 44.♖b3

Jetzt wendet er sich dem Damenflügel zu.

44...♗d5 45.♖b5

Droht 46.♖xd5 gefolgt von 47.b7.

45...♗b7 46.♖a5 ♕d8 47.♖a7 ♗e4?

47...♗d5 war notwendig, aber dann gewinnt Weiß mit 48.♕e2 ♕h4 49.g3 ♕d8 50.♕b5.

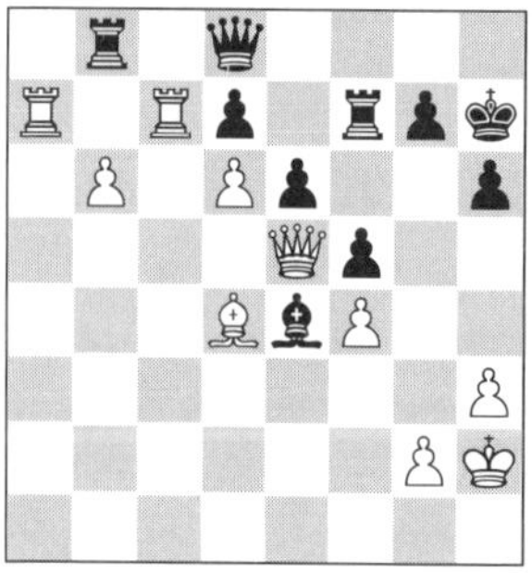

48.♕xe6!

Ein eleganter Abschluss einer sauber herausgespielten strategischen Partie.

48...♕h4

Die Annahme des Damenopfers würde nach 48...dxe6 49.♖xf7 ♔g8 50.♖xg7+ ♔f8 51.♖af7+ ♔e8 52.d7+ natürlich verlieren.

49.♕xf7 ♕xf4+ 50.♔g1

Es gibt keine Schachgebote mehr, deshalb strich Vallejo die Segel.

Nun zu einem Beispiel aus meiner eigenen Praxis, bei dem die geschwächten weißen Felder im weißen Lager eine entscheidende Rolle spielen.

Leon Pliester
Herman Grooten

Eindhoven ch-NED sf 1980 (2)

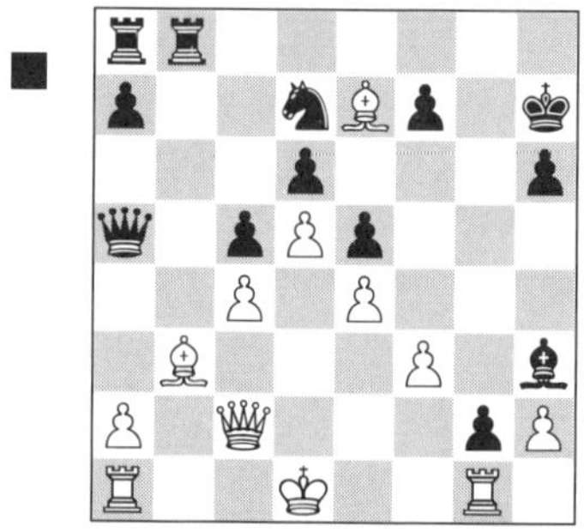

Dies ist eine seltsame Stellung, die aus einem Nimzoinder entstanden war. Weiß hoffte, den schwarzen König angreifen zu können, aber er verpasste ein paar Chancen. Jetzt findet er sich in einer Situation wieder, in der sein König unsicher steht, während seine Türme zudem noch nicht zu Leben erwacht sind. Ein weiter wichtiger Trumpf für Schwarz ist der starke Bauer auf g2.

25...♖xb3!

Auf den ersten Blick ein unlogisches Opfer. Schwarz gibt seinen Turm für die schlechteste weiße Figur! Ich erinnere mich daran, wie ich mich wirklich überwinden musste, um mich zu diesem Qualitätsopfer durchzuringen.
Ich konnte schon die Kommentare in meinen Ohren hören: „Dieser

Kerl gibt seinen Turm für den schlechten weißen Läufer!“ Aber dadurch, dass mein zweiter Turm auf der b-Linie operieren kann, ist das Opfer mehr als gerechtfertigt!

26.♕xb3 ♖b8 27.♕d3

Nun ist eine Stellung mit ungleichen Läufern entstanden. Es liegt auf der Hand, dass Schwarz seine Chancen auf den weißen Feldern suchen wird, während es für Weiß schwer ist, auf den schwarzen Feldern etwas entgegenzustellen.

Sofort verlieren würde 27.♕c2 wegen 27...♕a3 mit der Dreifachdrohung 28...♖b2, 28...♕e3 und 28...♕xf3+.

27...♖b2 28.♗h4

Pliester versucht, die Verteidigung zu organisieren. Schwarz stand bereit zu einem Springermanöver: ...♘d7-b6-a4, usw.

28...♘b6

Hier kommt er schon! Sogar einen Tick genauer war 28...♕a4+ 29.♔c1 ♖xa2 30.♖xa2 ♕xa2 mit einem entscheidenden Vorteil für Schwarz.

29.a4

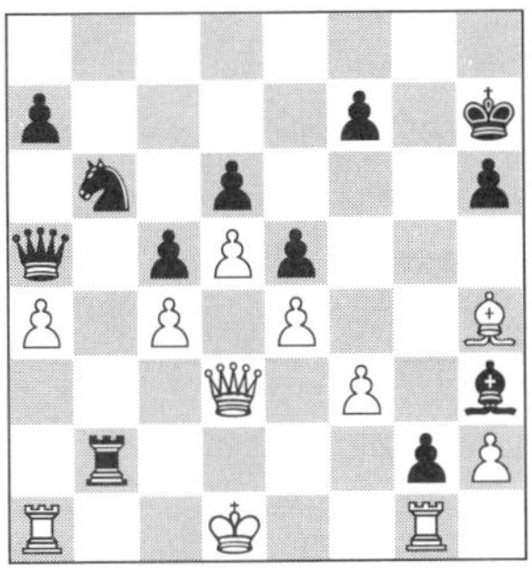

Jetzt findet Schwarz einen lustigen Weg, um seinen Springer zum Angriff zu bringen:

29...♘xc4! 30.♗e1 ♕a6 31.♔c1

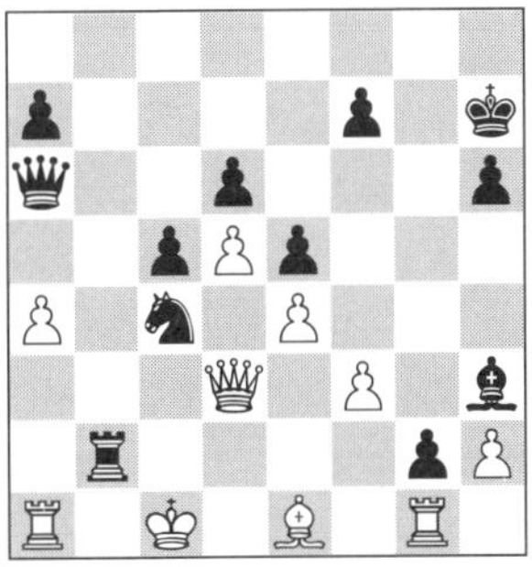

Für den Moment sieht es so aus, als hätte Weiß die schwarze Initiative zu einem Stillstand gebracht. Der Springer ist gefesselt, der Turm hängt mehr oder weniger in der Luft (zumindest nach ♗c3 wird es soweit sein), und es ist nicht evident, wie Schwarz Drohungen gegen den weißen König kreieren will. Aber nun folgt ein Zug, den ich für einen der ästhetischsten halte, die ich jemals gespielt habe:

31...♗c8!!

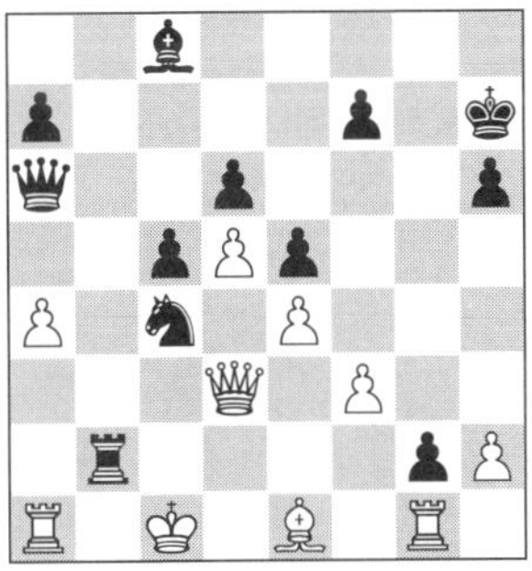

Ich brauchte eine Weile um zu verstehen, dass sich Weiß in einer Art positionellem Zugzwang befand. Jeder Zug mit einer Figur bringt einen gewichtigen Nachteil mit sich. Da ich meinen Springer in manchen Varianten gern ziehen möchte, braucht meine Dame Deckung.

32.f4

Ein Bauernzug also, aber dadurch schwächt Weiß seine Stellung derart, dass unweigerlich neue Probleme auf ihn zukommen. Züge mit einer Figur hätten sogleich verloren, wie aus den folgenden Varianten ersichtlich wird:

A) Schlecht ist 32.♖b1 wegen 32...♖a2, denn dann fällt der Bauer a4 und es gibt keine Verteidigung mehr;

B) Bei 32.♕c3 hatte ich 32...♖e2 geplant, um bei 33.♕d3 Weiß mit dem hübschen 33...♘e3! 34.♕xa6 ♗xa6 zu konfrontieren, wonach 35...♖c2 gefolgt von 36...♗d3 droht. Hier erkennen wir, welche gewaltige Kraft von den drei schwarzen Figuren auf den weißen Feldern ausgeht. Alle weißen Figuren sind machtlos in Anbetracht dieser Energiekonzentration. 35.♗d2 wird ziemlich kunstfertig beantwortet mit 35...♘f1! 36.♗c3 ♗d3 37.♗a5 ♖c2+ 38.♔b1 ♘e3

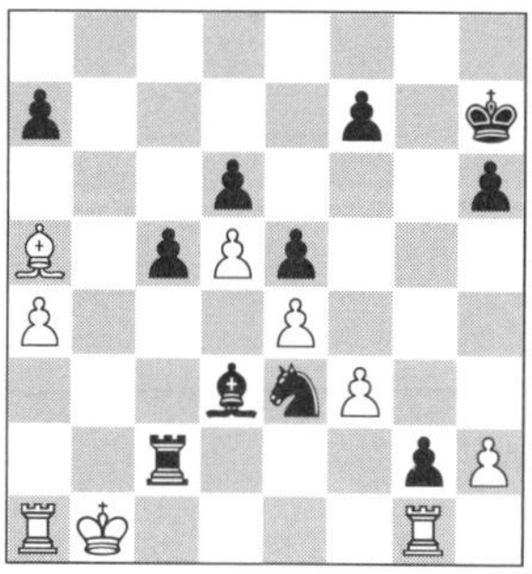

Analysediagramm

Und die drei schwarzen Figuren werden, unterstützt vom gefährlichen Freibauern, den Gewinn sichern.

C) Ich war sehr stolz auf die Kombination, die nach 32.♗c3 entsteht.

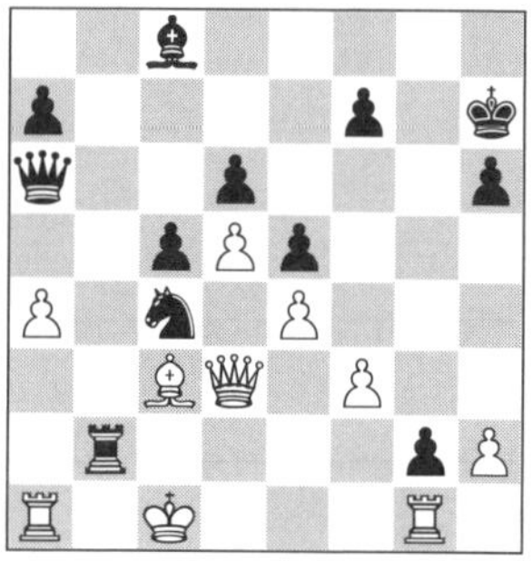

Analysediagramm

Hier hatte ich 32...♘e3!! geplant. Danach scheint alles bei Schwarz zu hängen, aber es funktioniert alles wie durch Zauberhand! Ich brauchte eine Weile, bis ich diesen Zug sah und mich von seiner Korrektheit überzeugt hatte: 33.♕xe3 (33.♕xa6 rennt in den Zwischenzug 33...♖c2+ 34.♔b1 und nach 34...♗xa6

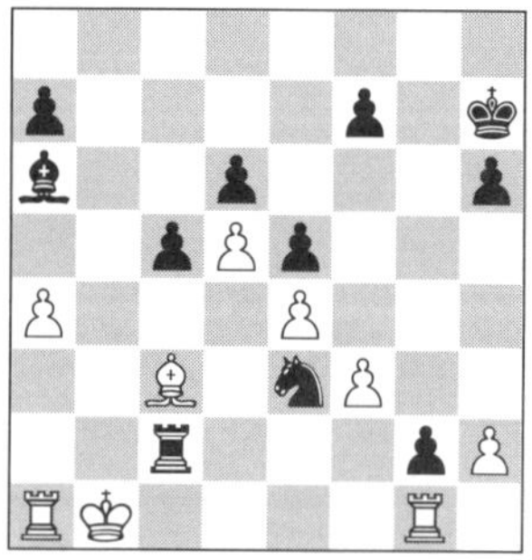

Analysediagramm

arbeiten die schwarzen Figuren wieder mal fantastisch zusammen. Gegen diese überlegene Macht kann Weiß nichts tun. Ein Beispiel:

35.♗a5 ♗d3 36.♖a3 ♖f2+ 37.♖xd3 ♖f1+ 38.♔a2 ♖xg1 39.♖xe3 ♖h1 und der Bauer promoviert) 33...♖e2 mit einem originellen Damenfang. Materiell ist es immer noch ausgeglichen nach 34.♕d2 ♖xd2 35.♔xd2, jedoch wird Schwarz das Spiel nach 35...♗h3 auf den weißen Feldern entscheiden. Eine illustrative Variante dazu: 36.a5 f5 37.♔e3 fxe4 38.fxe4 ♕b7 39.♔f2 ♕f7+ 40.♔g3 (40.♔e3 c4!) und nun kommt das wunderhübsche Finale: 40...♕f4+ 41.♔xh3 ♕f3+ 42.♔h4 h5 43.♔g5 (43.h3 ♔g6 44.♗d2 ♕f2#) 43...♔g7! 44.♖ac1 ♕g4#.

32...♗g4!

Nachdem Weiß nun seine weißen Felder geschwächt hat, dringt der Läufer wieder von der anderen Seite aus ein. Wie gewohnt spielen sich die schwarzen Operationen auf den weißen Feldern ab.

33.f5 ♗e2 34.♕g3

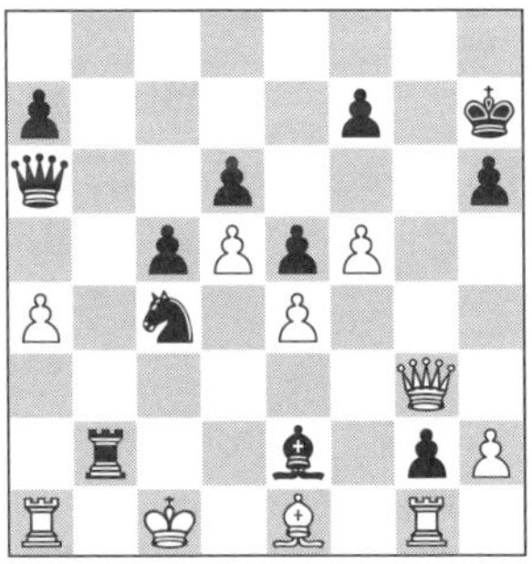

Weiß versucht, durch die Drohung f5-f6 Verwirrung zu stiften, doch der schwarze Angriff läuft bereits unter Hochdruck.

34...♕b7!

Der finale Hammerschlag.

35.♕c3

Der einzige Zug, der das Matt abwendet, aber nun wird er zu einer „weißfeldrigen Massage“ verdonnert. Nach 35.f6 wird Weiß gar mattgesetzt nach 35...♖c2+! 36.♔xc2 ♕b2#.

35...♖b3 36.♕c2 ♗d3

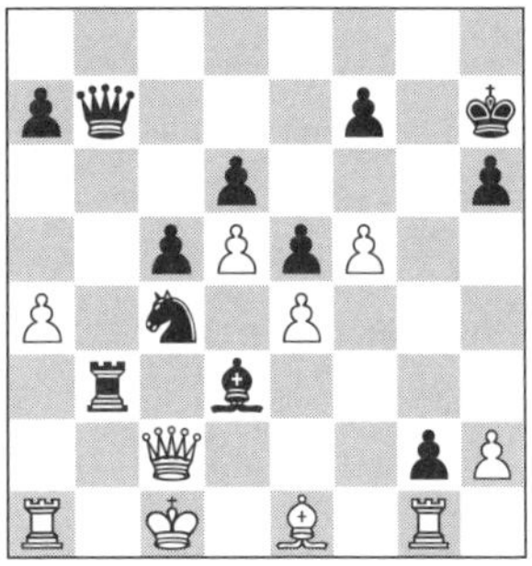

Hier schüttelte Leon Pliester, der später unglücklicherweise in allzu jungen Jahren sterben sollte, meine Hand, völlig benommen vom Orkan, der über ihn hinweggefegt war. Während der Analyse war er sehr freundlich und gab mir zu verstehen, dass er kaum jemals auf eine ähnlich schöne Weise verloren hatte. Eine mögliche Fortsetzung war 37.♕a2 ♖b2, wonach für Weiß der Vorhang fällt.

Diese Partie wurde in der zweiten Runde des Halbfinales der holländischen Meisterschaft gespielt. Später gelang es mir – teilweise wegen dieser Partie – mich als totaler Außenseiter für die holländische Meisterschaft in Leeuwarden zu qualifizieren, wo ich die Erfahrung meiner ersten Konfrontation mit den nationalen Elitespielern machen durfte.

Zusammenfassung

In Hinblick auf die Angriffsformation ♕+♗ achten wir auf das Folgende: Dame und Läufer arbeiten am besten zusammen...

- wenn sie auf verschiedenen Farben stehen
- und wenn sie im Falle eines diagonalen Matts sich ergänzende Felder abdecken

Wir kennen eine Anzahl an Angriffstechniken – darunter:

- Ein paar elementare „ABCs“
- Aufbrechen der Königsstellung
- Erkennen typischer Mattbilder
- Errichten einer Batterie
- Aufbrechen einer Diagonale
- Angriff mit ungleichfarbigen Läufern

2.9 Aufgaben

□

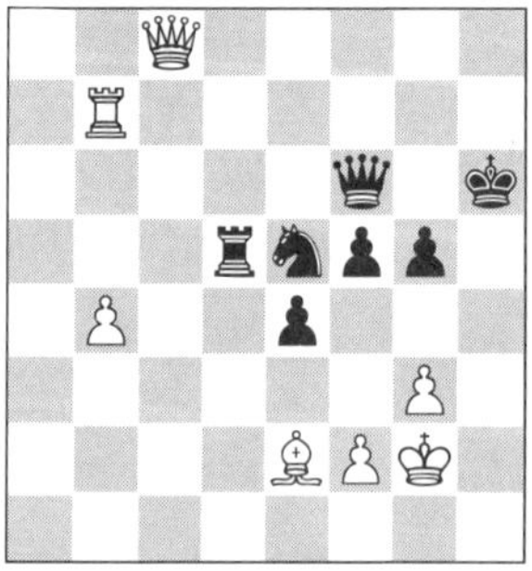

5

Wie kann der wichtigste schwarze Verteidiger abgelenkt werden?

(Lösung auf Seite 334)

□

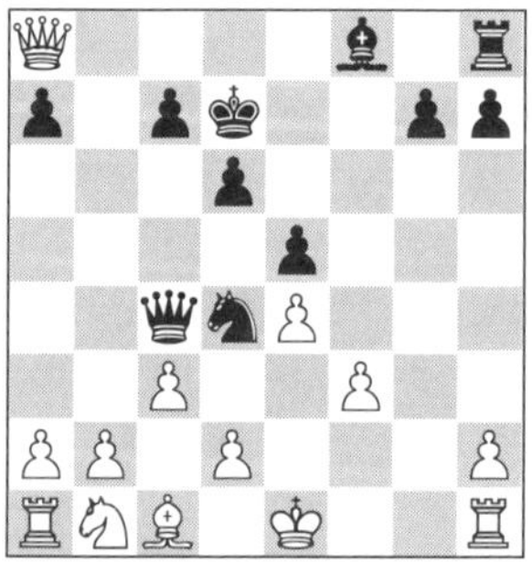

6

In dieser Stellung beging Weiß den krassen Fehler 13.d3?.
Wie nutzte Schwarz dies aus, indem er die Zusammenarbeit von Dame und Läufer ausnutzte?

(Lösung auf Seite 334)

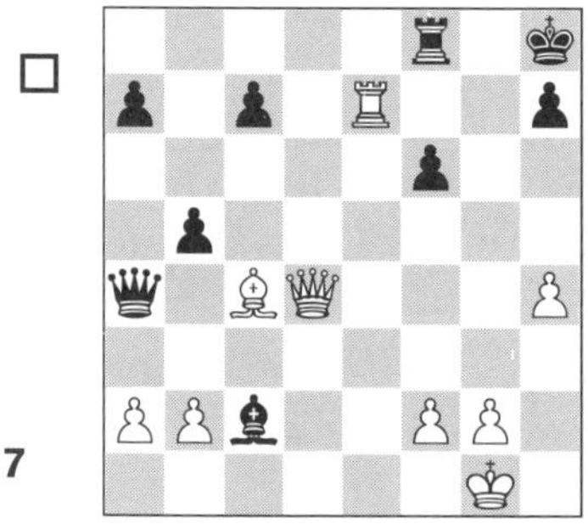

7

Wie kann Weiß den leicht entblößten schwarzen König bedrohen?

(Lösung auf Seite 335)

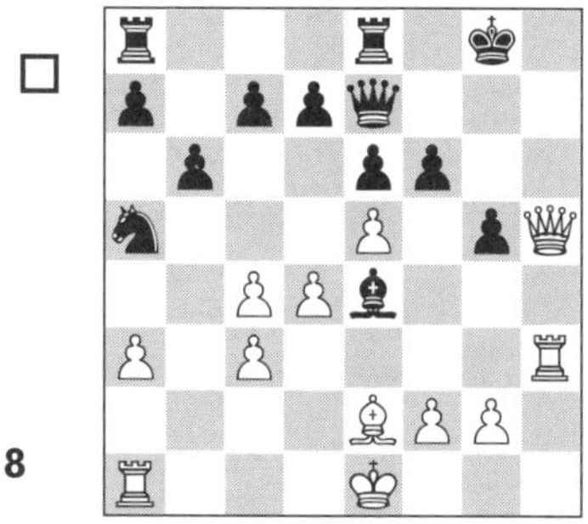

8

Wie kann Weiß seinen Angriff erfolgreich abschließen?

(Lösung auf Seite 335)

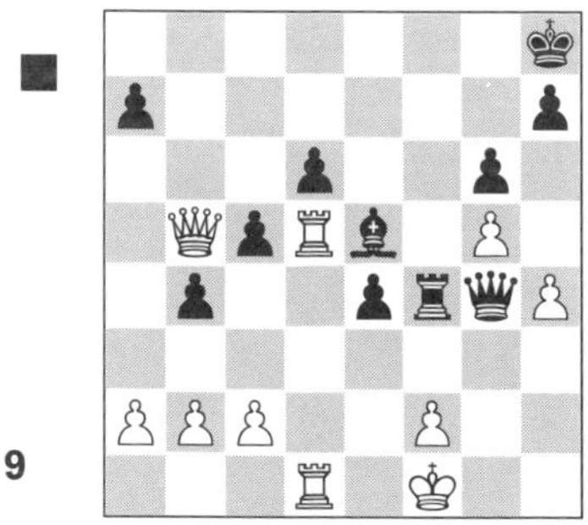

9

Wie kann das letzte Hindernis vor dem weißen König ausgeräumt werden?

(Lösung auf Seite 336)

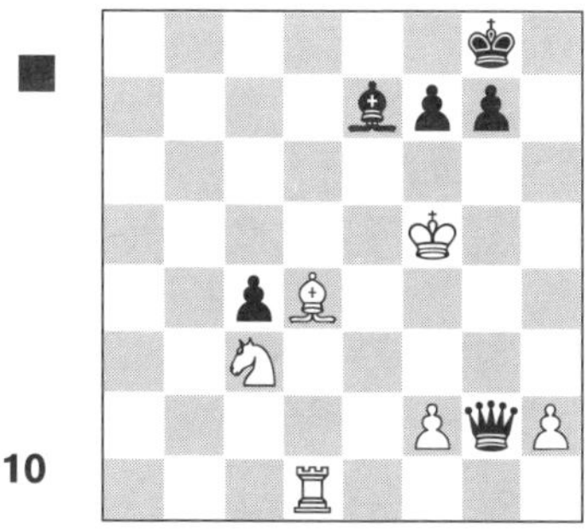

10

Mit dem weißen König so weit im Freien muss es doch was für Schwarz geben. Was könnte es sein?

(Lösung auf Seite 336)

2.10 Zusammenarbeit zwischen ♕+♘

Dame und Springer ergeben zusammen eine besonders gefährliche Kombination im Angriff. Da bei diesem Tandem Dame und Springer geometrische Effekte oft eine Rolle spielen, wollen wir diesen Paragraphen mit einer Bestandsaufnahme von Mattmustern beginnen, bei denen gerade solche „geometrischen Effekte“ vorkommen. Wir können uns Muster vorstellen, bei denen die Figuren aus großer Distanz operieren, oder genau so Muster, in denen die Figuren gemeinsam die wichtigen Felder kontrollieren. Für Computer ist es ein Leichtes, diese Muster ausfindig zu machen, aber für einen Menschen kann das ziemlich schwierig sein. In unserer Eigenschaft als Schachtrainer bemerken wir immer wieder, dass der „horizontale Effekt“ und ebenfalls der „Rückwärtseffekt“ der Figuren in Partien (und ganz besonders in Varianten!) oft nicht beachtet werden.

Nachdem wir diesen Abschnitt beenden, werden wir dem Leser eine Anzahl an Standard-Angriffsmotive anbieten. Anschließend werden wir zeigen, wie die verschiedenen typischen Mattbilder in der Praxis angewandt werden können. Der letzte Teil dieses Abschnitts wird der Kooperation von Dame und Springer gegenüber Dame und Läufer gewidmet sein.

Zusammenarbeit von ♕+♘ gegen den König

Wir wollen mit einem Schachproblem beginnen, bei dem die weiße Dame wunderbar mit ihrem Springer zusammenarbeitet und dadurch verschiedene Typen von Mattbildern herstellt.

Heinrich Leonhard Adolphi

Baltische Jugendschrift 1899 (Matt in zwei Zügen)

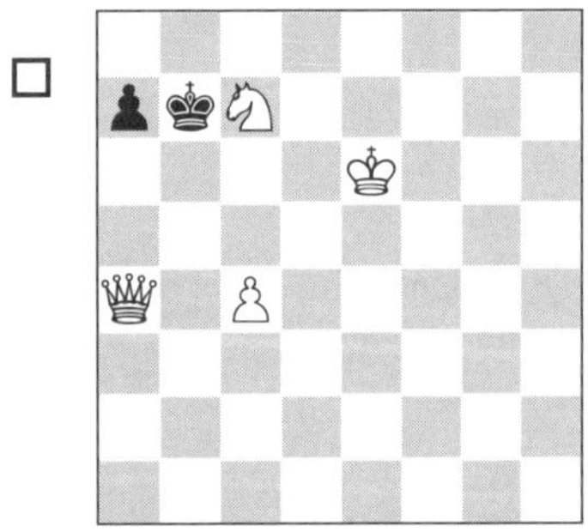

1.♘a6 ♔b6

1...♔a8 2.♕c6#; 1...♔c8 2.♕d7#.

2.♕b5#

Wie oben erwähnt müssen wir zunächst ein „Bild“ davon in unseren Kopf bekommen, wie der gegnerische König mattgesetzt werden kann. Was gibt es für einen besseren Weg, dies zu trainieren, als es auf einem fast leeren Brett mit ausschließlich den wesentlichen Figuren darauf zu zeigen? Wie wir es bereits im letzten Abschnitt geschrieben haben: Im

Schach ist es sehr wichtig, neues Wissen sofort anzuwenden. Deshalb laden wir den Leser wieder ein, eine kurze Reihe von Aufgaben zu bearbeiten, in der Mattmuster gefunden werden müssen.

Finde das Matt mit ♕+♘

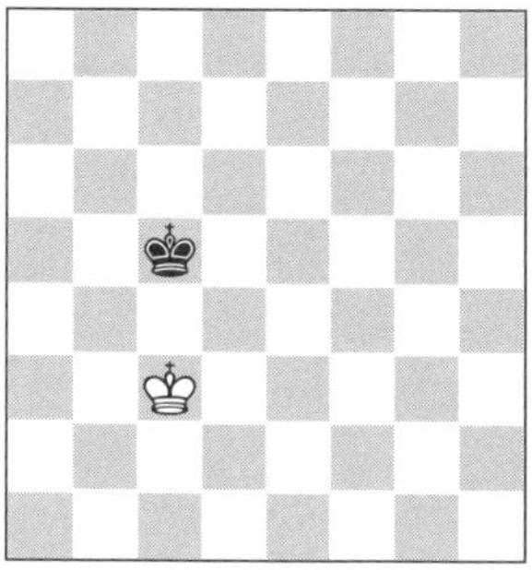

Platzieren Sie eine weiße Dame und einen weißen Springer dergestalt auf dem Brett, dass Schwarz matt ist! Versuchen Sie, so viele Matts wie möglich zu finden! Die Lösungen (natürlich können sie auch spiegelbildlich vorkommen):

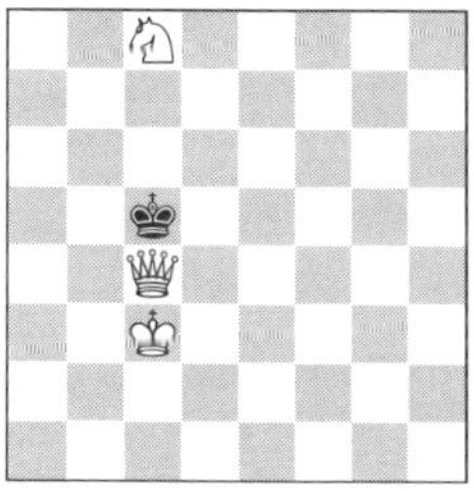

LÖSUNG: Möglichkeit Nr. 1

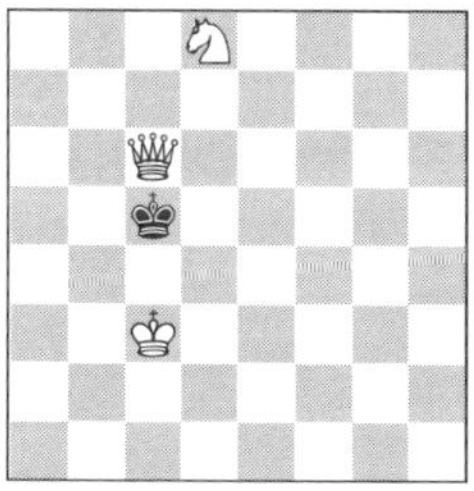

LÖSUNG: Möglichkeit Nr 2
Der Springer kann auch auf allen anderen Feldern stehen, von denen aus er die Dame überdeckt.

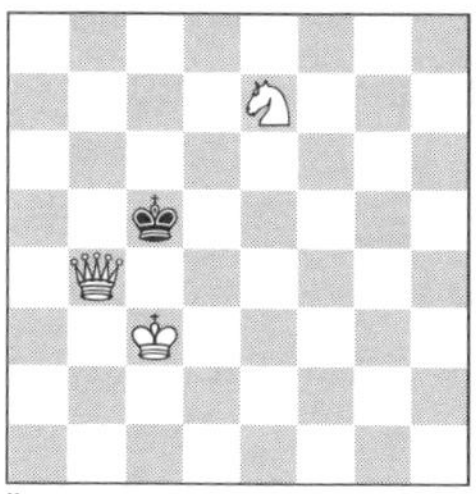

LÖSUNG: Möglichkeit Nr. 3

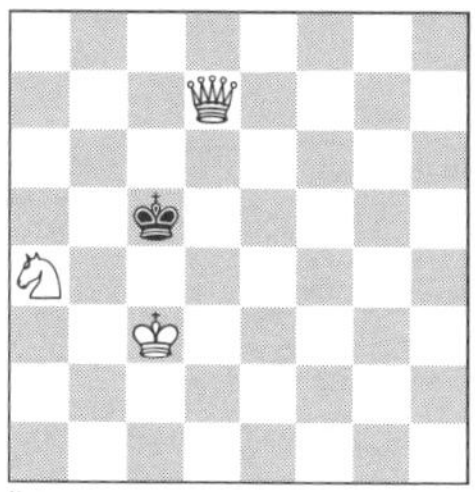

LÖSUNG: Möglichkeit Nr. 4

Nachdem wir nun alle Mattmuster auf dem leeren Brett durchgegangen sind, müssen wir offensichtlich auch noch betrachten, wie gewisse Mattmuster in Mittelspielsituation vorkommen können. Deshalb werden wir noch ein wenig länger diese „Tour“ fortsetzen.

Es ist nützlich, durch Ausprobieren herauszufinden, wie bei bestimmten Schwächungen in der gegnerischen Königsstellung Mattbilder realisiert werden können. Es folgt ein Mattmuster, das wir schon kennengelernt haben.

Finden Sie das Matt mit ♕+♘ (zwei Möglichkeiten)

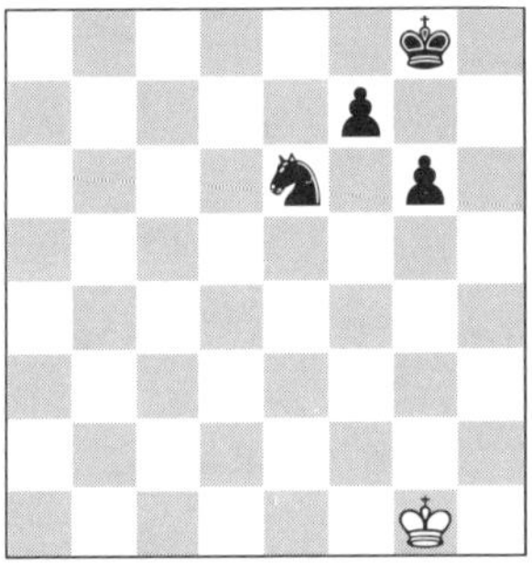

AUFGABE: Platzieren Sie Dame und Springer so aufs Brett, dass der schwarze König matt ist! Die Lösungen:

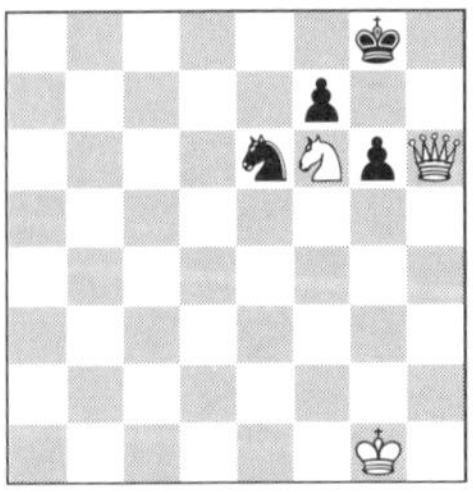

LÖSUNG: Möglichkeit Nr. 1

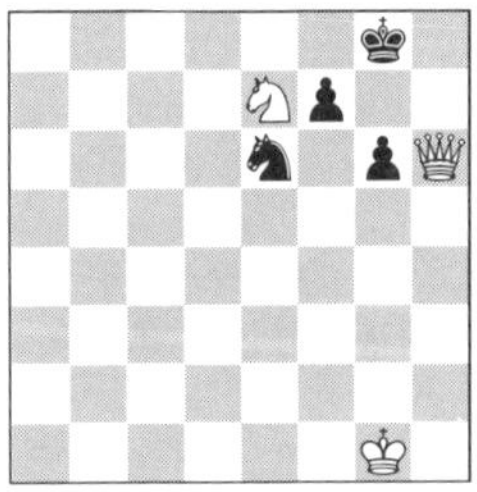

LÖSUNG: Möglichkeit Nr. 2

Es gibt also zwei Mattmuster, in denen der Springer entweder auf f6 oder auf e7 steht. Diese sind (in diesem Stellungstyp) die einzigen beiden Mattbilder mit Dame und Springer. Bitte merken Sie sich: Mit dem König auf h8 (statt auf g8) bekommen wir die gleichen Mattbilder (sowie noch ein weiteres, triviales: mit der Dame auf h7, gedeckt vom Springer).

Und weiter geht‘s mit typischen Mattbildern. Wir haben das folgende Mattmuster bereits gesehen, und wir werden später, das sei bei dieser Gelegenheit versprochen, auf es zurückkommen in der Partie J.Polgar-Mitkow.

Finde das Matt mit ♕+♘

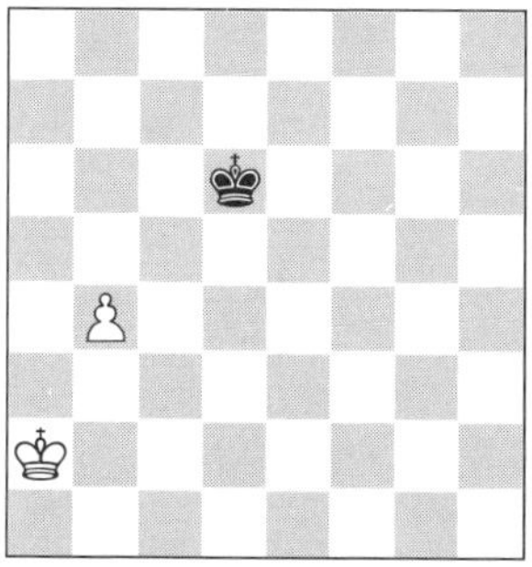

AUFGABE: Stellen Sie Dame und Springer so aufs Brett, dass der schwarze König mattgesetzt ist!

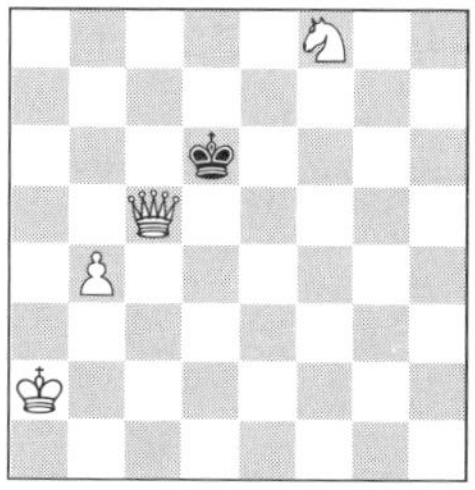

LÖSUNG: Dieses Mattmuster ist seltener als die vorherigen, bei denen der König bereits am Rand des Brettes stand, wo er gefährdeter ist.

Mit diesem Verbindung zur Praxis können wir weitermachen. In unten stehender Position, in der das gesuchte Motiv in der Partie Graf-Georgiew vorkam, gibt es drei mögliche Mattmuster. Abgesehen von den gespiegelten Versionen ist es zudem Matt, wenn der Springer die Dame deckt.

Finden Sie das Matt mit ♕+♘

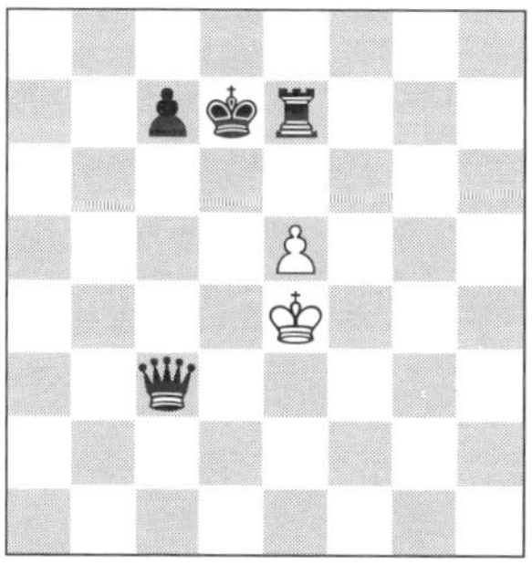

AUFGABE: Ergänze Dame und Springer so, dass der schwarze König matt ist! Es gibt drei Lösungen:

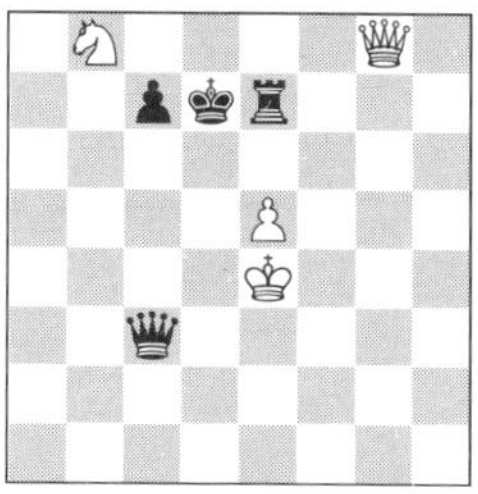

LÖSUNG: Möglichkeit Nr. 1

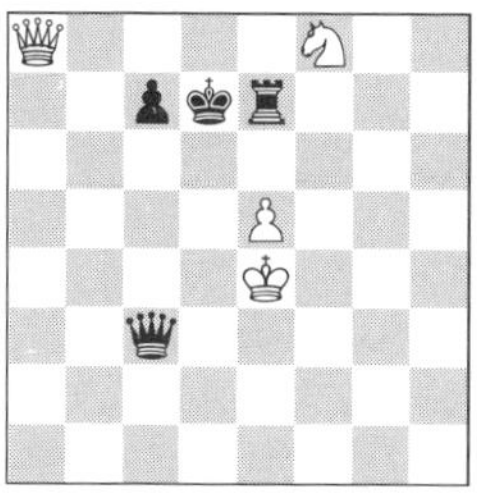

LÖSUNG: Möglichkeit Nr. 2

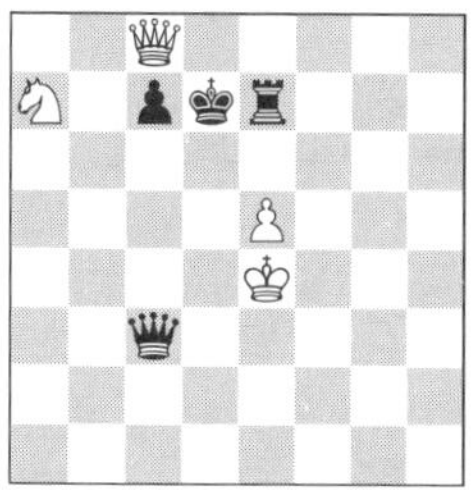

LÖSUNG: Möglichkeit Nr. 3

Als nächstes das Beispiel eines Mattmusters, das für die meisten sehr schwer zu finden ist. Es trat in einer Partie Owetschkin-Eichner auf.

Finden Sie das Matt mit ♕+♘

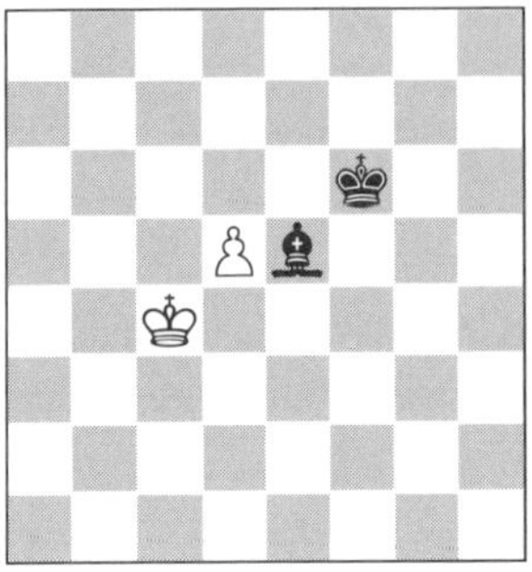

AUFGABE: Platzieren Sie Dame und Springer so auf dem Brett, dass der schwarze König matt ist!

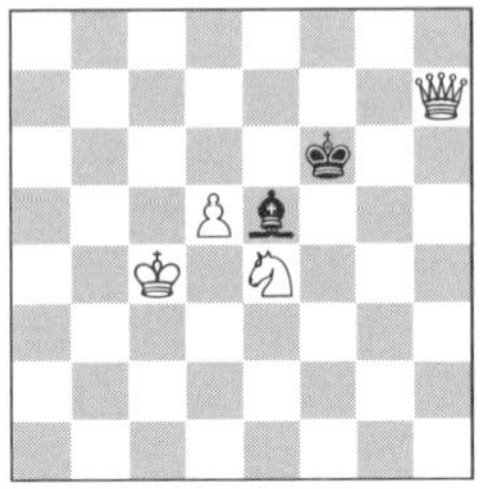

LÖSUNG: ein bezauberndes Matt.

Weiter vorne im Kapitel werden wir noch andere Beispiele mit den gezeigten Mattmustern kennenlernen.

Merken Sie sich bitte, dass Dame und Springer häufig am besten zusammenarbeiten, wenn sie sich auf Feldern derselben Farbe befinden. Das trifft auch auf rund drei Viertel der Mattmuster zu, die wir bislang besprochen haben.

2.11 ABCs für die Zusammenarbeit von ♕+♘

Analog zu unserem Vorgehen beim Angriff mit Dame und Läufer, wollen wir nun einige taktischen Motive mit Dame und Springer vorstellen, die ziemlich häufig in der Praxis vorkommen. Jeder Vereinsspieler sollte diese Motive im Hinterkopf haben, um in der Lage zu sein, den Angriff erfolgreich abzuschließen.

Zusammenarbeit von ♕+♘ gegen eine 0-0-Stellung

Wir beginnen mit dem Abschluss eines Angriffs auf eine Rochade zur Königsseite.

Boris Malisow
Nathan Birnboim
Jerusalem ch-ISR 1996

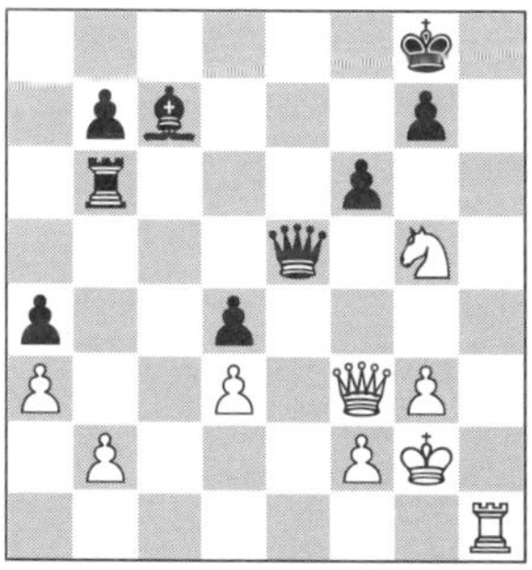

Ein Thema, das im letzten Kapitel besprochen wurde, kommt uns hier sehr gelegen. Es ist notwendig, unsere Waffe der Magnetkombination zu benutzen:

36.♖h8+!

Lenkt den König auf ein Feld, auf dem er dem machtvollen Auftritt der weißen Dame ausgeliefert ist.

Nach 36.♕h5?? fxg5 bleiben dem Weißen nur noch ein paar Racheschachs, dann gewinnt Schwarz.

36...♔xh8 37.♕h5+

Der Rest spricht für sich selbst.

37...♔g8 38.♕f7+ ♔h8 39.♕f8#

Im nächsten Fragment führt Weiß den Angriff auf eine überraschende und instruktive Art. Ich kann mir gut vorstellen, dass die Weißspielerin zunächst glaubte, dass nicht mehr als Dauerschach drin wäre...

Zusammenarbeit von ♕+♘ nach ♗xh7+

Nach dem Standardopfer ♗xh7+ ist es eine Selbstverständlichkeit, dass man einen Angriff mit Dame und Springer erhält.
Das nachfolgende Beispiel ist bezeichnend:

Nina Schuschpanowa
Elena Petrowskaja
Albena 2009 (4)

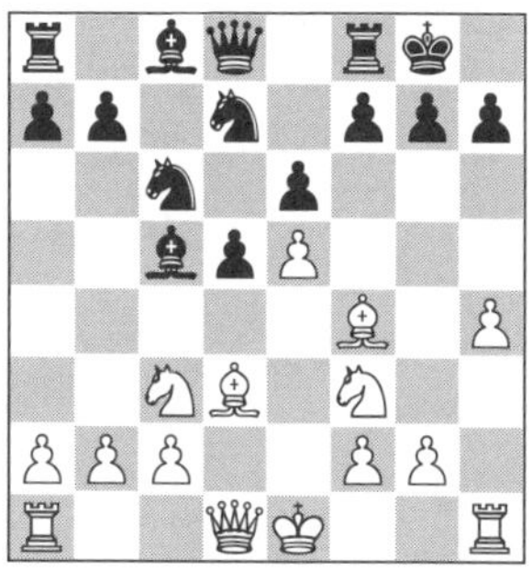

Alle Zutaten für einen erfolgreichen Angriff sind angerichtet. Der weiße

Läufer schielt nach h7, der Bauer e5 hält den Springer d7 weg von der Verteidigung und dank des Bauern auf h4 kann der König in einigen Fällen gejagt werden.

10.♗xh7+ ♔xh7 11.♘g5+ ♔g8

11...♔g6 führt ebenso zum schnellen Untergang: 12.h5+ (hier sehen wir, wie sinnvoll es ist, dass der Bauer bereit steht) 12...♔f5 (12...♔h6 verliert die Dame nach 13.♘xe6+) 13.♕d3+ (der effektivste Weg, das Matt zu forcieren) 13...♔xf4 14.♘h3+ (14.♕g3+ ♔f5 gewinnt auch, ist aber komplizierter) 14...♔xe5 (14...♔g4 15.♕f3+ ♔h4 16.g3#) 15.♕g3+ ♔f5 (15...♔d4 16.♕f4#; 15...♔f6 16.♕g5#) 16.♕f4#. Die Zusammenarbeit zwischen Dame, Springer und – in diesem Fall – dem Bauern auf h5 ist eine Augenweide.

12.♕h5 ♖e8 13.♕xf7+

Zunächst wird der Bauer f7 kunstvoll entfernt, danach ist das Matt nicht fern. Eine Versuchung war 13.♕h7+?! ♔f8 14.♕h8+ ♔e7 15.♕xg7, aber dann kann Schwarz noch mit 15...♖f8 verteidigen, wenngleich Weiß gewinnt durch 16.♘xf7! ♖xf7 17.♗g5+.

13...♔h8 14.♕h5+ ♔g8 15.♕h7+ ♔f8 16.♕h8+ ♔e7 17.♕xg7#

Ersticktes Matt

Obgleich es ein allgemein bekannter Angriff mit♕+♘ ist, können wir nicht darauf verzichten, es in diesem Paragraphen zu erwähnen: das erstickte Matt! Ein leicht veränderte Variante dieses Themas wird hier gezeigt:

Valeri Salow
Anatoli Karpow
Alma Ata Blitz 1995 (1)

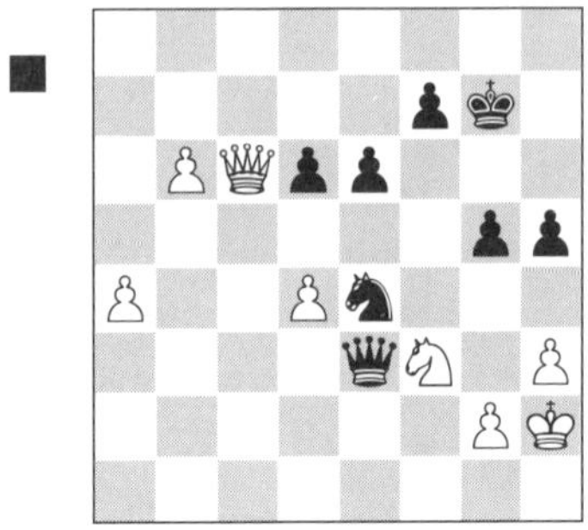

Weiß besitzt zwei starke Freibauern auf dem Damenflügel. Andererseits kann Schwarz mit einem gefährlichen Angriff auf dem Königsflügel prahlen. Wer wir zuerst mahlen? Eine nähere Betrachtung lehrt uns, dass Weiß verliert, weil er zu wenige Verteidiger hat. Um die Dinge noch schlechter zu gestalten wird der Springer von seinem König weggetrieben durch

37...g4! 38.b7

Unter diesen Umständen wohl die beste praktische Entscheidung. Auch nach 38.hxg4 hxg4 39.♘g1 (nach 39.♘h4 g3+ 40.♔h1 ♕e1# oder 40.♔h3 ♘f2#) wird Weiß bald mattgesetzt. Hier noch ein paar nette Varianten: 39...♕g3+ (39...g3+ 40.♔h3 (40.♔h1 ♘f2#) 40...♘f2+ 41.♔h4 ♕f4+ 42.♔h5 ♕h6#) 40.♔h1 ♘f2#.
38.♘g1 g3+ 39.♔h1 ♘f2#.

38...g3+ 39.♔h1

Das folgende Mattbild wird vielen unter Ihnen familiär erscheinen:

39...♘f2+ 40.♔g1 ♘xh3+
Und Weiß gab auf wegen 41.♔h1 (41.♔f1 ♕f2#) 41...♕g1+ 42.♘xg1 ♘f2# – ein lustiges ersticktes Matt.

Abzugs-Angriff

Juri Balaschow
Peter Biyiasas (Analyse)
Manila 1976 (1)

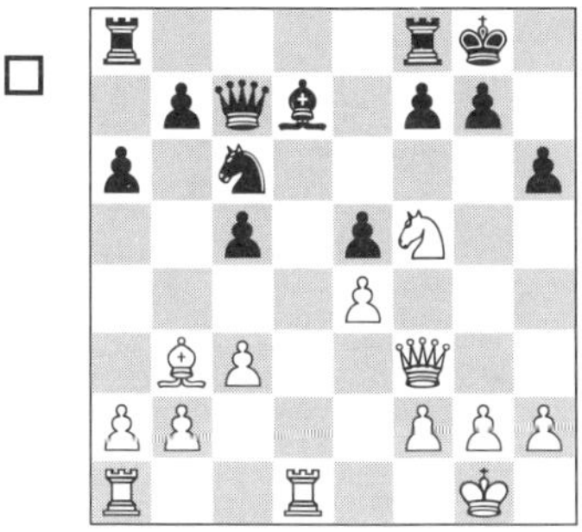

Das Thema dieser Aufgabe ist der Angriff durch einen Abzug, aber zunächst muss hier noch eine Batterie aufgebaut werden. Ein wichtiges Werkzeug beim Lösen von Kombinationen ist es, Ausschau nach forcierten Züge zu halten (wie Schlagfälle, Schachgebote, Drohungen).

1.♖xd7 ♕xd7 2.♕g4
Hier ist die Batterie (♕g4-♘f5-♕d7). Nicht nur das Matt auf g7 droht...

2...g5
Nach 2...g6 ist das Ende noch schneller: 3.♕xg6+ mit Matt auf g7.

3.♘xh6+
Weiß gewinnt die Dame.

3...♔h7 4.♕xd7

Typische Mattbilder in der Praxis

Wie wir schon gesehen haben tauchen typische Mattbilder regelmäßig in den Spielen von starken Großmeistern auf.

Sergei Asarow
Arkadij Naiditsch (Analyse)
Plowdiw 2012 (7)

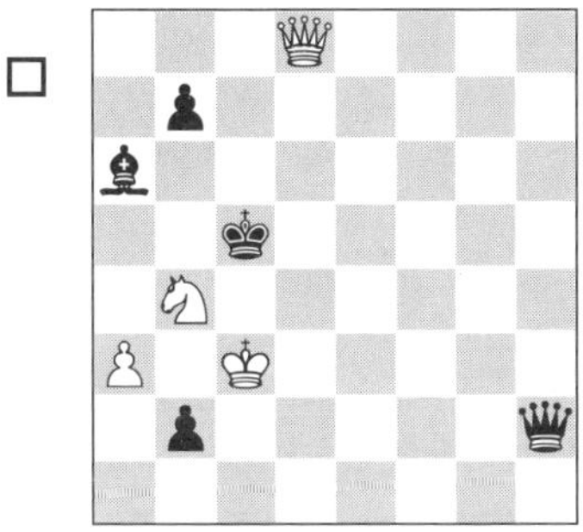

Mit einem feindlichen Bauern kurz vor der Promotion muss man ganz genau aufpassen. Eines ist dem Weißen klar: alles muss mit Schachgebot passieren!

71.♕d4+
Er muss den König in der gefährlichen Zone halten.

71...♔b5 72.a4+!
Das ist freilich, was einem schnell in den Sinn kommt, aber alles Weitere war schwer im Voraus zu sehen.

72...♔xa4
Forciert. Aber was nun? Ein Abzugsschach mit dem Springer offensichtlich, aber wohin soll er gehen?
Sehr hübsch ist der Mattmechanismus in der Partie nach 72...♔a5. Weiß antwortete mit 73.♘c6+! (73...bxc6 74.♕b4#).

73.♘d3+

Erstaunlicherweise gibt es drei Springerzüge, die allesamt zu Matt in sechs Zügen führen. 73.♘d5+ und 73.♘c6+ sind analog zur Hauptlinie.

73...♔a3

73...♔b5 74.♕c5+ ♔a4 75.♕b4#.

74.♕b4+ ♔a2 75.♕a4+ ♔b1

76.♕d1+ ♔a2

Weiß kann diese Stellung stets forciert erreichen, und wie sich jetzt zeigt, kann, egal, wo der Springer steht, immer folgen

77.♘b4+ ♔a3 78.♕b3#

Und die Sache ist erledigt.

Es wird wohl niemand überraschen, dass Judit Polgar sehr bewandert ist beim Erkennen typischer Mattbilder, wenn man einen Blick auf das Taktik-Buch ihres Vaters wirft, das voll davon ist. Hier sind zwei superbe Beispiele aus ihren Partien:

Judit Polgar
Nikola Mitkow

Moskau 1994 (4)

□

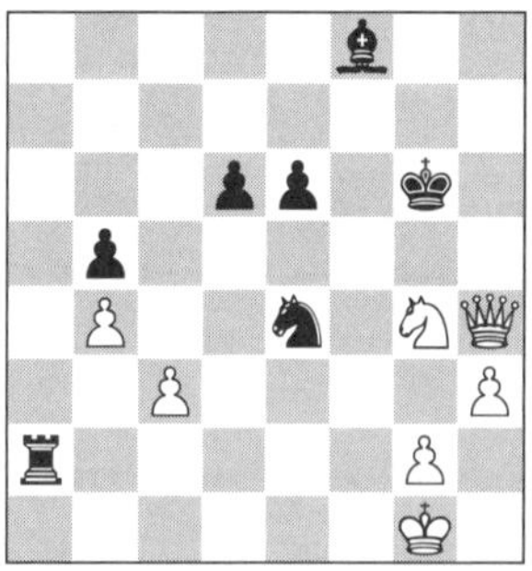

Mit attraktivem Angriffsspiel hat Judit ihren Gegner schwindlig gespielt, mittlerweile steht sie auf Gewinn.

Aber solange der Gegner noch Kompensation bewahrt ist es immer wichtig, weiterhin die stärksten Züge zu treffen. Deshalb spielte die Ungarin

46.♘e5+!

hier, um sich selbst die technischen Probleme zu ersparen.

46...♔f5

Falls der Springer genommen wird, 46...dxe5, folgt 47.♕xe4+ ♔f6 48.♕f3+! ♔e7 49.♕b7+ und Weiß schnappt sich den Bauern b5, wonach die technischen Schwierigkeiten verschwunden wären.

47.♘d7

Der Springer greift den ungedeckten Läufer f8 an, woraufhin dem Schwarzen ein mulmiges Gefühl überkommen sein muss: nach 47...♗g7 48.♕g4#...

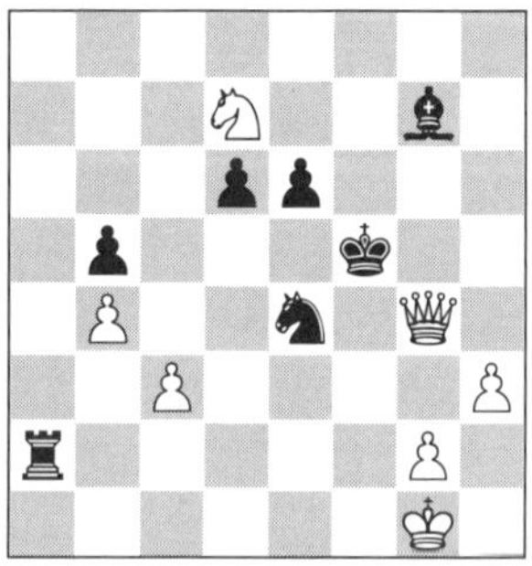

Analysediagramm

Voilà: exakt dieses Mattmuster haben wir vorher besprochen!

Alexei Schirow
Judit Polgar
Buenos Aires 1994 (8)

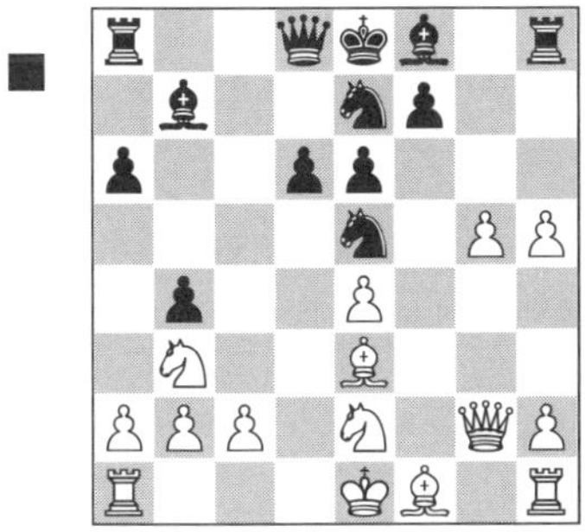

Polgar hat die Eröffnung energisch behandelt. Sie opferte sogar zwei Bauern, um die Kontrolle über das schöne Feld e5 zu erobern. Jetzt müssen neue Reserven in den Kampf gebracht werden, damit dieses waghalsige Konzept Erfolg zeitigt.

14...♘f5!

Ein zweiter Springer erscheint im Zentrum.

15.♗f2

Weniger gut ist 15.♗f4 ♘h4 16.♕g3 ♘hf3+ 17.♔d1 ♗xe4 mit schwarzer Initiative.
Der Springer konnte nicht genommen werden, weil dies die Dame verlieren würde: 15.exf5 ♗xg2.

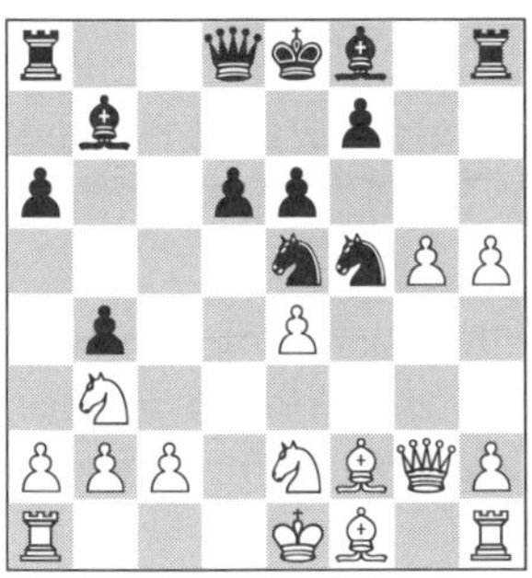

Mit ihrem letzten Springerzug hat die Schwarze die Aktivität ihrer Figuren enorm vergrößert. Deshalb erscheint es logisch, dass die Stellung nun einige taktische Tricks enthält.

15...♕xg5!

Ein wuchtiger Hammerschlag! Schwarz scheint ihre Dame zu geben. Doch mithilfe dieser Taktik gewinnt sie einen Bauern zurück.

16.♘a5?

Möglich war ferner 16.♘ed4, doch dann hat Schwarz das überraschende 16...♘h4! (16...♘xd4 17.♘xd4 ♖xh5∓) 17.♕xg5 ♘hf3+ 18.♔d1 ♘xg5 mit großem Vorteil. Bei 16.♕xg5 kann die Dame mit 16...♘f3+ 17.♔d1 ♘xg5 zurückgewonnen werden, und anschließend geht der Bauer e4 ebenfalls verloren. Achten Sie darauf, dass der Springer f5 immer noch tabu ist, da der Turm h1-rook gleichfalls in der langen Diagonalen steht.

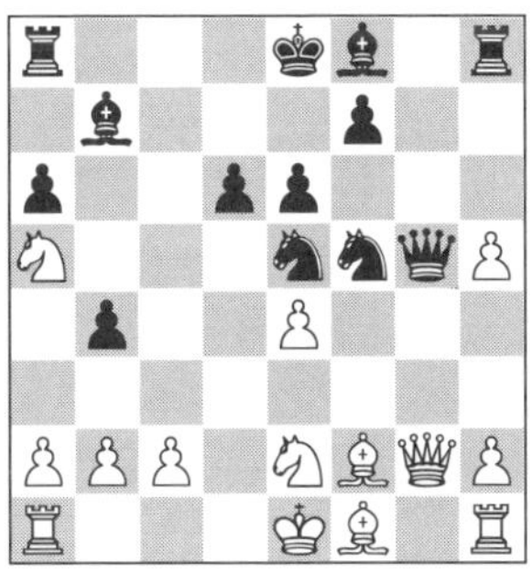

16...♘e3!

Ein schlauer Zwischenzug, den Schirow nicht auf dem Schirm hatte.

17.♕g3

Ebenso hübsch ist 17.♗xe3 ♕xe3 18.♘xb7 ♘f3+ 19.♔d1 ♕d2#.
Und gar noch bezaubernder ist das Matt mit zwei Springern nach 17.♕xg5 ♘f3#.

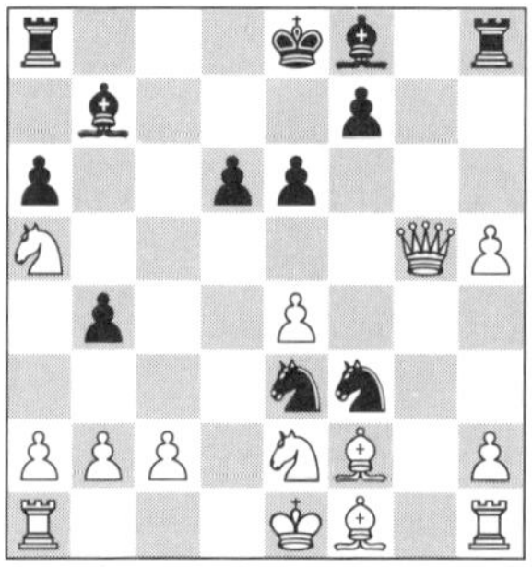

Analysediagramm

17...♕xg3 18.♘xg3 ♘xc2+ 19.♔d1
Bei19.♔d2 hat Schwarz 19...♘xa1 20.♘xb7 ♗h6+.
19...♘xa1 20.♘xb7 b3!
Polgar hat wahrscheinlich diesen Zug lange im Voraus gesehen. Der Springer a1 kann aus der Ecke flüchten. Und dadurch hat Schwarz definitiv einen entscheidenden Materialvorteil erreicht.
21.axb3
Auch nach 21.a3 ♗h6 22.♘xd6+ ♔d7 ist es vorbei.
21...♘xb3 22.♔c2 ♘c5 23.♘xc5 dxc5 24.♗e1 ♘f3 25.♗c3 ♘d4+ 26.♔d3 ♗d6 27.♗g2
In Betracht kam 27.b4, um den Springer auf d4 anzugreifen: 27...♔e7 28.bxc5 ♗xc5 29.♗xd4 ♖hd8 30.♘e2 ♗xd4 31.♘xd4 e5 und Schwarz gewinnt die Figur zurück.
27...♗e5 28.♔c4 ♔e7 29.♖a1 ♘c6
Und hier hatte Schirow genug gesehen und gab auf. Eine mögliche Fortsetzung heißt 29...♘c6 30.♔xc5 ♗xc3 31.bxc3 ♖hc8 32.♔c4 ♘e5+ 33.♔d4 f6 34.♗f1 a5 und Schwarz gewinnt leicht.

In der nächsten Partie treffen wir auf eine gewöhnliche Fianchetto-Struktur. Ohne den Läufer auf g7 sind die schwarzen Felder ernsthaft geschwächt. Das zeigt sich sogleich in der Partie.

Alexander Graf
Kiril Georgiew
Recklinghausen 1998 (2)

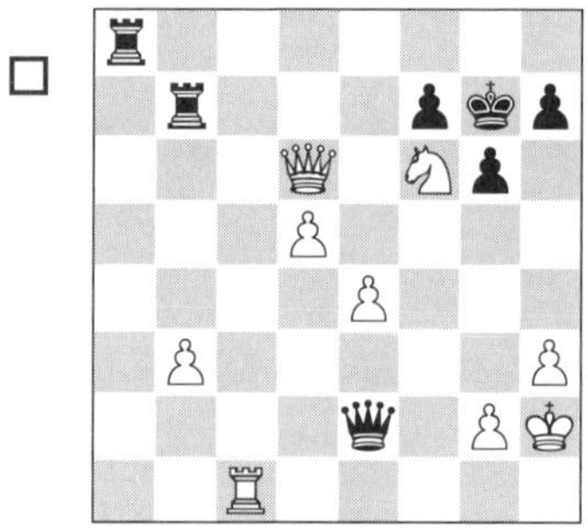

Weiß liegt die Qualität hinten, jedoch hat er schon zwei Bauern dafür. Abgesehen davon: die schwarzen Felder in der gegnerischen Königsstellung sind ernsthaft geschwächt.
36.♕e5
Damit beginnt Weiß einen Angriff auf den schwarzen König, denn er droht ein äußerst lästiges Abzugsschach (mit 37.♘g4+). Sicherlich, Schwarz kann sich dieser Drohung erwehren, aber daraufhin wird Weiß seinen Turm gelassen in den Angriff

bringen, bevor er das „geeignete“ Abzugsschach gibt.

36...♕d2

Nicht 36...♖a2? wegen 37.♘g4+. Sobald der Turm die achte Reihe verlässt, ist das Matt unausweichlich.

Nach 36...♔f8 hat Weiß die Wahl zwischen dem sofortigen 37.♘g4 oder zuerst 37.d6, was dem König das Feld e7 nimmt.

37.♖c3

Auch sehr interessant war 37.♘e8+!, oder noch besser 37.♖c6! ♔f8 38.♘g4 ♔g8 39.d6, womit Weiß die elegante Drohung 39.♖c2! gesponnen hat (um die Dame von der Deckung des Feldes h6 abzulenken).

37...h5

Bei 37...♔f8 gibt es mehrere Gewinnfortsetzungen. Am besten ist wahrscheinlich 38.d6. Die Partie könnte weitergehen mit: 38...♖d8 39.♘xh7+ ♔g8 40.♘f6+ ♔f8 41.♘d5 ♕h6 42.♖c7 ♖xc7 43.dxc7 ♖c8 44.♕d6+ ♔g7 45.♕f6+ ♔h7 46.♕xf7+ ♕g7 47.♕xg7+ ♔xg7 48.b4 und die weißen Freibauern entscheiden.

38.♘e8+

Bei weitem am stärksten.

38...♔f8

Er kann nicht mittels 38...♔h6 entkommen wegen 39.♕g7+ ♔g5 40.♖g3+ ♔f4 41.♕h6+, was die Dame gewinnt.

39.♘d6 ♖d7

Dies führt zu einem schnellen Matt. Falls der Turm die siebte Reihe verlässt gewinnt Weiß wie folgt: 39...♖bb8 40.♖c7 ♕h6 41.♕e7+ ♔g7 42.♕xf7+ ♔h8 43.♕f6+ ♔g8 44.♕e6+ ♔h8 45.♘f7+.

40.♖c8+!

Weiß beendet es mit einem Tusch. Nach 40...♖xc8 (oder 40...♖d8 41.♕h8+ ♔e7 42.♕xd8#) 41.♕h8+ ♔e7 plante Weiß 42.♘xc8#. Dieses Mattbild haben wir auch schon gesehen!

In der letzten Großmeisterbegegnung in diesem Abschnitt begegnet uns der „schwierigste“ Matt-Typ (bei dem der Springer das finale Schach gibt).

Rainer Knaak
Andrzej Maciejewski

Polanica Zdroj 1976 (14)

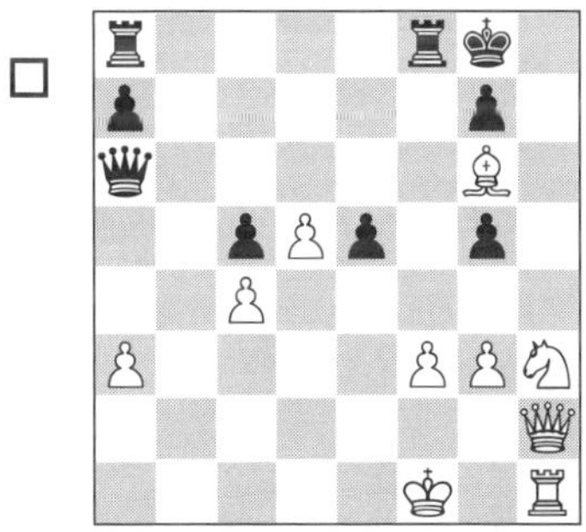

Die weißen Figuren sind auf der h-Linie konzentriert, deshalb droht jeden Moment der Springer wegzuziehen. Jedoch mit seinem letzten Zug, 29...♕c8-a6, möchte Schwarz auch mitmischen. Der Läufer g6 hängt und zudem der Bauer c4 mit Schach. Nichtsdestotrotz reißt Weiß mit einem netten Trick die Initiative an sich:

30.♗h7+! ♔xh7

Immerhin erlaubt der Schwarze so dem Weißen die attraktivste Linie seines Angriffs zu spielen! Die Flucht zum Zentrum würde ihm ebenfalls nicht helfen: 30...♔f7 31.♘xg5+ ♔e7, denn nach 32.♕e2 behält Weiß seinen Materialvorteil. Geht er ins Eck mit 30...♔h8, so antwortet Weiß 31.♘xg5 ♕h6 (31...♕xc4+ scheitert an 32.♗d3+) 32.♗e4 und steht ebenfalls auf Gewinn.

31.♘xg5+ ♔g6 32.♕h7+! ♔f6

Falls Schwarz den Springer nimmt, entscheiden die zwei Schwerfiguren die Schlacht: 32...♔xg5 33.♕xg7+ ♕g6 34.♕xe5+ und hier sind wir an einer Kreuzung angelangt. In beiden Varianten arbeiten ♕+♖ wunderbar zusammen!

A) 34...♖f5 35.f4+ ♔g4 36.♕e2+ ♔xg3 37.♕f2+ ♔g4 38.♖h4#;

B) 34...♕f5 35.♕g7+ ♕g6 36.f4+ ♔f5 37.♕e5+ ♔g4 38.♖h4+ ♔xg3 39.♕e1+ ♔f3 40.♕e2+ ♔g3 41.♕f2#.

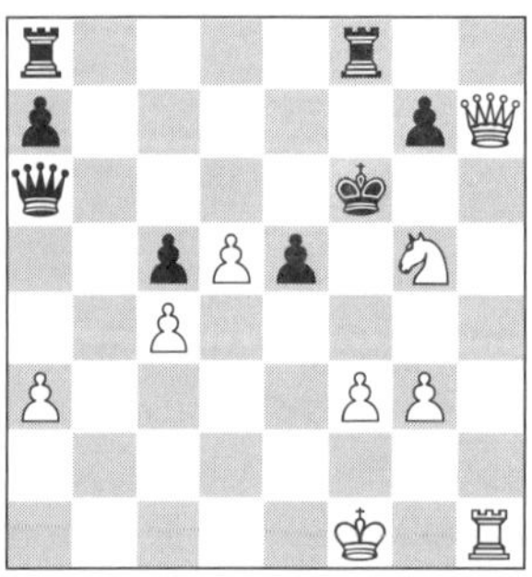

Es ist klar, dass der weiße Angriff auf Hochtouren läuft, aber wie kann er auf passende Art abschließen?

33.♖h6+!

Sehr gut erkannt. Eigentlich öffnet Weiß mit diesem Zug die siebte Reihe.

33...gxh6

Die beiden Alternativen führt ebenso zum Matt:

A) 33...♔xg5 34.♕xg7+ ♔f5 35.♕g4#.

B) 33...♔e7 34.♕xg7+ ♔e8 35.♖xa6 macht auch keinen Sinn mehr.

34.♘e4#

Und wieder haben wir das Mattbild, das wir bereits so gut kennengelernt haben.

Wir schließen diesen Abschnitt ab mit einem wunderhübschen Fragment eines meiner Schülers, Joris Gerlagh, der zur damaligen Zeit holländischer Meister in der U14 war.

Joris Gerlagh
NN
Niederlande (Datum unbekannt)

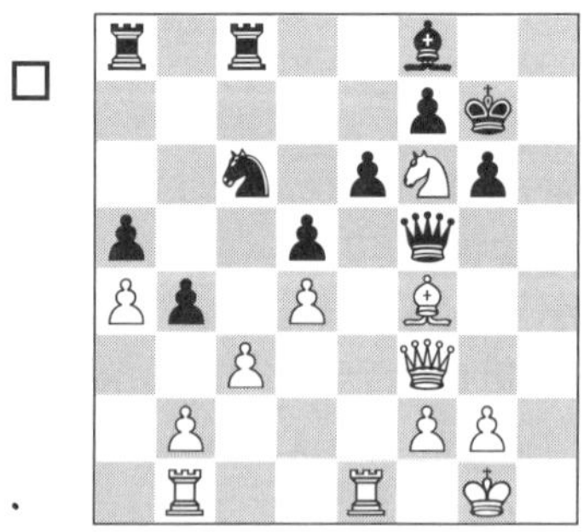

Hier spielte Joris das starke

27.g4! ♕c2

Der Springer kann nicht genommen werden: 27...♕xf6

28.♗h6+ und Weiß gewinnt die Dame.
Relativ am besten war noch 27...♕xb1 28.♖xb1 ♔xf6. Dennoch hat Schwarz hier nicht genügend Material für die Dame, und sein König steht alles andere als sicher...
28.♗h6+!
Und noch ein kraftvoller Zug!
28...♔xh6
Leider fand Joris hier nicht die stärkste Fortsetzung. Mit
29.♕h3+!
hätte er den schwarzen König sogleich mattsetzen können. Die Partie ging mit **29.♔g2?** weiter, woraufhin Schwarz die Partie mit 29...♔g7 hätte retten können. Wie dem auch sei, Schwarz spielte das logische **29...g5?**. Nun tauchten wieder Mattbilder mit Dame und Springer auf. **30.♘e8!** wäre die stärkste Fortsetzung gewesen. Wenn der Springer nicht genommen wird, hat Weiß ein wunderhübsches Matt mit Dame und Springer. **30...♗e7** Nach 30...♖xe8 können wir unser bereits errungenes Wissen anwenden: 31.♕f6+ ♕g6 (oder 31...♔h7 32.♖h1+ ♔g8 33.♕h8#) 32.♖h1#. **31.♕h3+ ♔g6 32.♕h5#** und wieder mal haben wir unser pittoreskes Matt. Auch die Partiefortsetzung gewann für Weiß: 30.♖bc1 ♕g6 31.♖h1+ ♔g7 32.♖h7+ ♕xh7 33.♘xh7 ♗e7 mit schnellem Gewinn. Der Springer war nicht zu nehmen aufgrund der Bestrafung mit Matt: 33...♔xh7 34.♕xf7+ ♗g7 35.♖h1#.
29...♔g5
Joris verpasste das unabwendbare Matt nach 29...♔g7 30.g5! (♕h6). Es war nach dieser Partie also höchste Zeit, mit ihm am Thema „Zusammenarbeit zwischen Dame und Springer“ zu feilen.
30.♘h7+ ♔f4 31.♕g3#

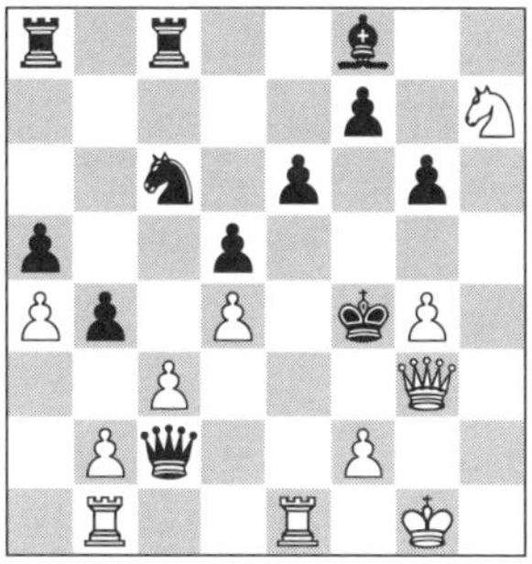

Ein hübsches Mattbild.

Angriff mit ♕+♘ gegen den nackten König

Bei vielen Mattmustern, die wir kennengelernt haben, konnten wir den Nachweis erbringen, dass Dame und Springer zusammen eine enorme Anzahl an Feldern kontrollieren können. Wie wir im Mattbild in der Partie J.Polgar-Mitkow sahen, „ergänzt“ der Springer die Dame, indem er gerade diejenigen Felder kontrolliert, welche die Dame nicht überdeckt. Deshalb überrascht es nicht, dass Großmeister Dame und Springer für ein überaus gefährliches Tandem erachten – insbesondere wenn der Gegner kaum noch Verteidiger in der Nachbarschaft seines Königs hat, also wenn sein König exponiert steht.

Yochanan Afek
Arthur Kogan
Nürnberg 2007 (5)

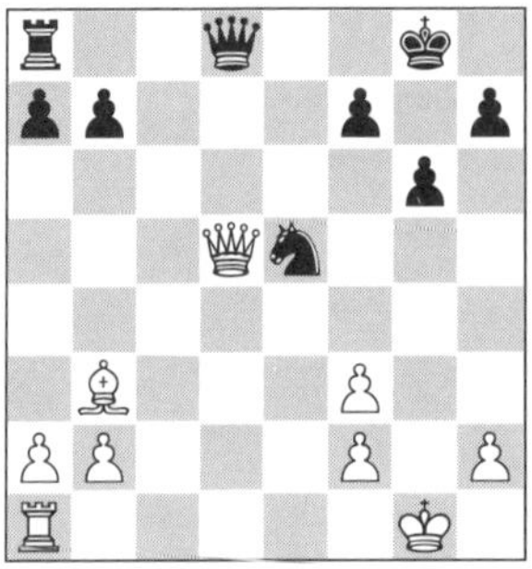

In dieser ziemlich offenen Stellung mag man erwarten, dass der Läufer dem Springer überlegen sein möge. Jedoch bietet die zerklüftete weiße Bauernstruktur am Königsflügel dem Schwarzen ausgezeichnete Chancen.
Das Tandem ♕+♘ wird bald in vollem Gang sein!

21...♕f6!

Schwarz halt die Damen auf dem Brett, zumal die Kombination von Dame und Springer hier, wegen der geschwächten weißen Königsstellung, stärker ist als Dame und Läufer.
Nach dem Damentausch 21...♕xd5 22.♗xd5 steht Schwarz höchstens minimal besser: 22...♖d8 23.♗xb7 ♖d2 24.♖e1 ♘d3 25.♖e8+ ♔g7 26.♗a6 ♖d1+ (nichts erreicht 26...♘xb2 nach 27.♖e7) 27.♔g2 ♘f4+ 28.♔g3 g5 29.h4 (Weiß würde sich selbst die Schlinge um den Hals legen mit 29.♔g4??, denn nun arbeitet der schwarze Turm wunderbar mit seinem Springer zusammen: 29...♔f6! setzt forciert matt) 29...♖g1+ 30.♔h2 ♖g2+ 31.♔h1 ♖xf2 und Schwarz übt immer noch Druck aus. Mit gutem Spiel sollte Weiß jedoch in der Lage sein, remis zu halten.

22.♕xb7

Afek ging wohl davon aus, dass der Tausch des vorderen seiner Doppelbauern gegen den intakten Gegenspieler auf b7 ein gutes Geschäft sein würde. Aber in der Folge wird sein König sehr exponiert sein.
Es war vermutlich besser, den Bauern f3 nicht so einfach herzugeben und stattdessen 22.♔g2 zu spielen.

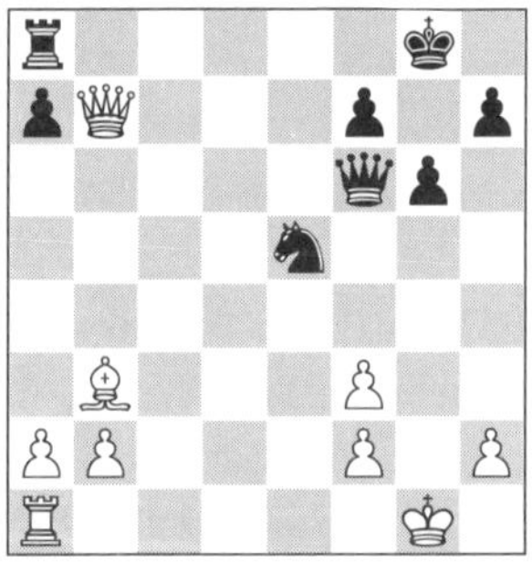

22...♘xf3+

Wahrscheinlich am besten. Kogan selbst gibt **22...♖d8!?** als besser an, doch die Rechner widersprechen ihm.
Für sich selbst betrachtet ist Kogans Idee durchaus gut, da Schwarz damit seine letzte Figur in Angriffsstellung bringt.

A) **23.♖d1?!** ist schlecht in Anbetracht von **23...♘xf3+ 24.♔g2 ♘d2!** und der schwarze Angriff arbeitet unter Volldampf: **25.♕xa7**

Weiß sammelt weiterhin Bauern, vernachlässigt aber dabei seine Verteidigung auf der anderen Bretthälfte. Falls 25.a4? ♖d4 26.h3 ♕g5+ 27.♔h2 ♕f4+ 28.♔g2 und jetzt:

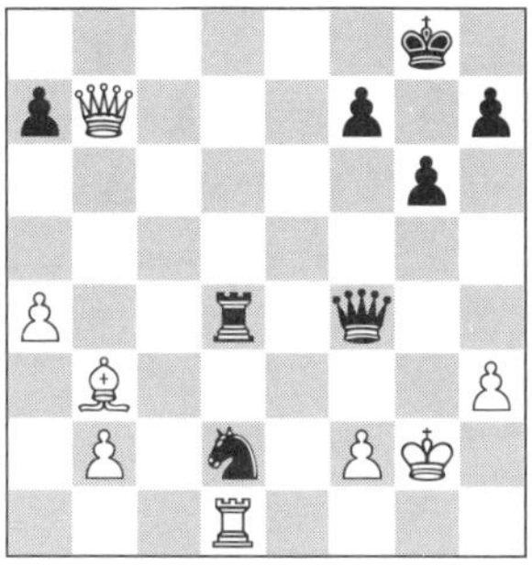

Analysediagramm

28...♔g7! ist hier am besten. Der schwarze König bringt sich in Sicherheit, wonach Schwarz bereit steht, den „Gnadenstoß" auszuführen. Er wird sich auf den Punkt f2 konzentrieren. Ich gebe eine beispielhafte Variante, um zu zeigen, wie der Angriff weitergeführt werden kann: 29.♗a2 (um der Drohung ...♖b4 zu entkommen) 29...♘e4 30.♖f1 ♖d2 31.♕xa7 ♕g3+ 32.♔h1 ♘xf2+ und Schwarz gewinnt. 25...♕f3+ 26.♔g1 ♕g4+ 27.♔h1 ♕e4+ 28.f3 Das ist ein weiterer Versuch, die Koordination zwischen Dame und König zu stören. Sofort verliert 28.♔g1 wegen 28...♘f3+. Jetzt ist die schwarze Mattkombination instruktiv: 29.♔f1 (29.♔g2 ist ebenfalls sehr bezeichnend: 29...♕g4+ 30.♔f1 ♘xh2+ 31.♔e1 und auch hier wird der weiße König sehr bald matt:

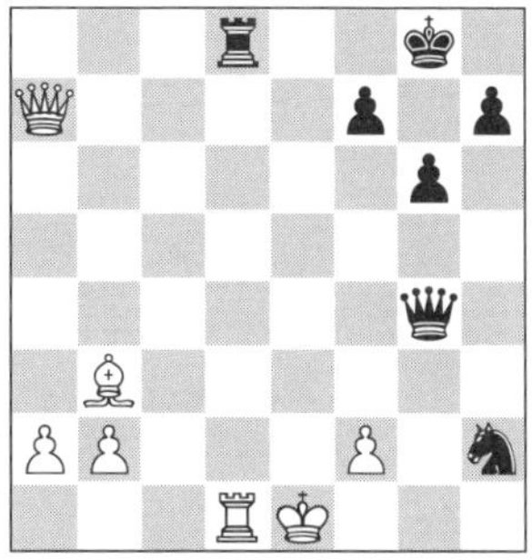

Analysediagramm

31...♕b4+! 32.♔e2 ♕b5+ 33.♔e3 ♕e5# oder 33.♔e1 ♕f1#) 29...♘xh2+ 30.♔g1 ♘f3+ 31.♔f1 und Schwarz gewinnt eine Figur. Er muss sich dafür drehen und winden, aber tatsächlich ist es nicht allzu schwer: 31...♖xd1+ 32.♗xd1 ♕e1+ 33.♔g2 ♘h4+ 34.♔g3 ♘f5+ gefolgt von 35...♕xd1. **28...♕xf3+ 29.♔g1 ♕g4+ 30.♔h1 ♕e4+ 31.♔g1**, doch nun hat Schwarz eine sehr starke Fortsetzung: **31...♖f8!**. Der Springer ist tabu (32.♖xd2? ♕e1+), und nun, da die einzige schwarze Schwäche (f7) ausreichend befestigt ist, hat er freie Hand, seinen Angriff mit Dame und Springer fortzuführen. Er sollte gleichfalls noch sein Auge für einen möglichen Tausch mittels ...♘xb3 offenhalten, da ein Schwerfigurenendspiel mittlerweile auch sehr günstig für ihn wäre. Schwarz sollte gewinnen;

B) **23.♕xa7** erscheint sehr leichtsinnig, aber viel Vertrauen genießt die weiße Stellung ohnehin nicht mehr: **23...♘xf3+ 24.♔g2** 24.♔h1 ♕f4 25.♔g2 ♖d3 ist eine Gewinnstellung für Schwarz; und falls 24.♔f1 ♕f5! – wie wir es im Aufgabenmaterial gesehen haben: Dame und Springer arbeiten optimal, wenn sie auf Felder mit der gleichen Farbe stehen: 25.♕e3 ♕h3+ 26.♔e2 ♘d4+ 27.♔e1 ♕xh2 28.♖c1 ♕h1+ 29.♔d2 ♘xb3+. **24...♘h4+ 25.♔f1** Freilich nicht 25.♔g1 wegen 25...♕g5+, was gar zu einem forcierten Matt führt: 26.♔f1 ♕g2+ 27.♔e2 ♕g4+ 28.♔f1 ♕h3+ 29.♔e2 ♕d3+ 30.♔e1 ♘f3#; 25.♔g3 ♕g5+ 26.♔h3 ♖d3+ wird ebenso matt. **25...♕f3! 26.♖c1**

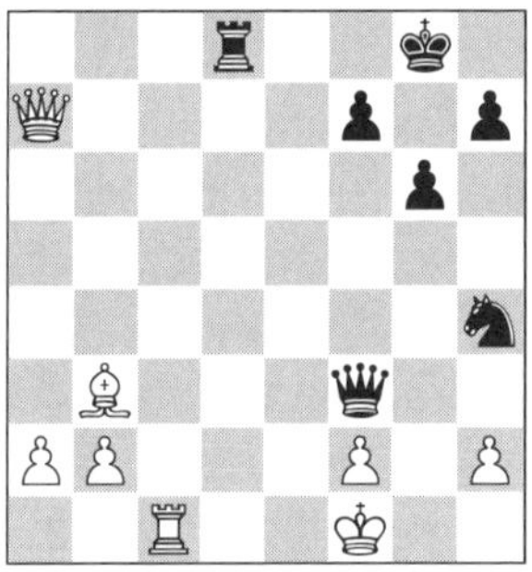

Analysediagramm

Hier arbeiten die schwarzen Figuren wieder herrlich zusammen: **26...♕h3+ 27.♔e1 ♘g2+ 28.♔f1 ♘f4+ 29.♔e1 ♖e8+ 30.♔d2 ♕d3#;**

C) **23.♗d5 ♘d3∓** Einmal mehr strebt der Springer nach dem hübschen Feld f4, von dem aus er Mattbilder unterstützt;

D) Wiederum sollte Weiß seinen Bauern f3 nicht zu leichtfertig hergeben: **23.♔g2!**, wobei Schwarz allerdings beste Aussichten nach **23...♘d3!** erhält, wonach er kontinuierlich an einer Initiative gegen den weißen König arbeiten kann.

23.♔g2 ♘h4+ 24.♔f1!

Weiß findet die beste Verteidigung. Auf h1 steht der König viel verwundbarer: 24.♔h1? ♖d8 und wiederum kann Schwarz tun und lassen, wie es ihm beliebt.

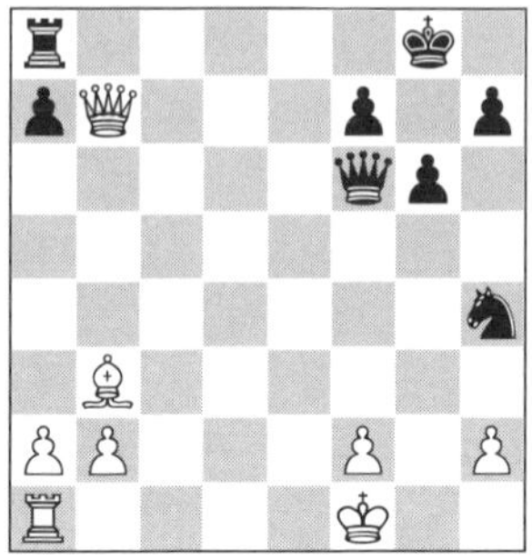

24...♖f8!

Schwarz muss seinen Turm ziehen, aber er möchte dabei Figurentausch vermeiden. Er benötigt seinen Turm noch, um ein Mattnetz zu knüpfen. Jedenfalls besteht der Schwarzen Plan darin, die Stellung von Dame und Springer zu verbessern, und erst danach den Turm in den Angriff einzubeziehen. Hier wird uns bewusst, dass die Vorstellungskraft eines Großmeisters manchmal weiter reicht, als die der stärksten Engines. Diese ziehen ebenfalls den Partiezug in Betracht, bevorzugen aber einen anderen. Auf 24...♖d8 folgt 25.♖d1, während 24...♖e8 mit 25.♖e1 beantwortet wird.

25.♖d1 ♕f5!

Schwarz beabsichtigt, den König mittels ...♕h3+ aufs offene Feld zu zwingen, wonach er seinen Turm aktivieren kann (möglicherweise mit Schach und Tempo), ohne dass er sich Sorgen um einen Turmtausch machen müsste.

26.♖d7

Bei 26.♕d7 ♕f3 27.♖d4 ♕g2+ 28.♔e2 ♕xh2 würde der weiße König ebenfalls in der Zugluft sitzen.

Bauernraub durch 26.♕xa7 empfiehlt sich nicht wegen 26...♕h3+ 27.♔e2 ♕f3+ 28.♔d2 ♖c8 (Kogan), wonach der schwarze Angriff sehr gefährlich wäre.

26...♘f3 27.♕xa7

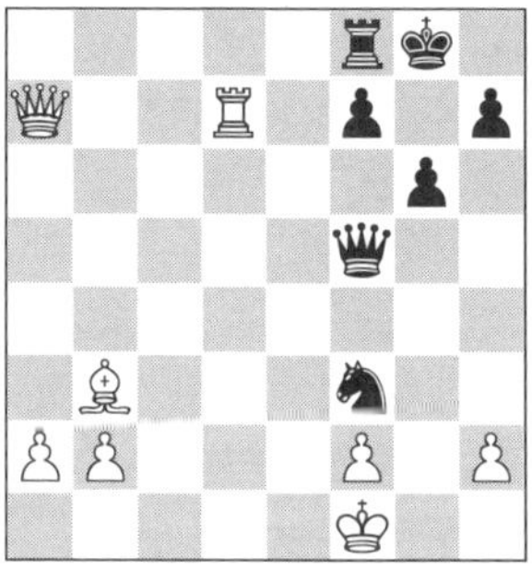

27...♘e5!?

Ebenfalls gut sieht 27...♔h8! aus mit der Idee, den Turm aus seiner Defensivstellung zu befreien: 28.h4! (um das Grundlinienmatt zu vermeiden; 28.♗xf7 ♖xf7! 29.♖xf7 ♕d3+ 30.♔g2 ♘h4+ 31.♔g1 ♕d1#; 28.♖xf7 ♕d3+ 29.♔g2 ♘h4+ 30.♔g1 ♕b1+) 28...♖e8 29.♖e7 ♕b5+ 30.♔g2 ♘xh4+, und Schwarz siegt.

28.♖d5

Gibt zeitweise Druck von f7 auf. Dadurch erlangt Schwarz für den Moment freie Hand.

28...♕h3+ 29.♔e2 ♕g4+ 30.♔f1 ♘f3 31.♕e3 ♘xh2+ 32.♔e1 ♖c8

Es versteht sich, dass Schwarz nun endlich seinen Turm aktivieren möchte, den die vereinten Kräfte von Dame, Turm und Springer sichern ihm einen durchschlagenden Angriff. Nichtsdestotrotz muss er immer noch einige hübsche und schwierige Züge finden, wenn er die Partie gewinnen will.

Objektiv gesehen war 32...♕g1+ 33.♔e2 ♕b1 ein wenig besser. Für Weiß ist es sehr unangenehm, dass die Dame in sein Hinterland eingedrungen ist.

33.a3?

Das deckt den Punkt b4, aber das war nicht wirklich wichtig. Längeren Widerstand bot 33.♖c5, wonach es seltsamerweise nichts Entscheidendes für Schwarz gibt. Am besten erscheint 33...♘f3+ (33...♕b4+ 34.♖c3 ♖d8; 33...♖d8 34.♖d5; 33...♖d8 34.♖d5), was nach 34.♔e2 ♘e5+ 35.♔d2 ♖xc5 36.♕xc5 ♕f5 zu leicht besseren Chancen führt. Immerhin wäre noch nichts entschieden.

33...♕g1+

Nun laufen Dame, Turm und Springer zu großer Form auf.

34.♔e2 ♕f1+ 35.♔d2 ♕b1!

Sehr nett von Kogan ausgedacht! 35...♕c1+ ist seltsamerweise weniger überzeugend, denn nach einem Königszug droht der Damentausch. Nach 36.♔e2 ♕xb2+ 37.♖d2 muss die schwarze Dame wieder ziehen.

36.♕d3?

Weiß kollabiert unter dem Druck. Nur mit 36.♔e2 konnte er weiterspielen, jedoch hätte er nach 36...♘g4! ohnehin verloren.

36...♕c1+

Jetzt passt es!

37.♔e2 ♖e8+

Weiß gab auf.

Eine erinnerungswürdige Partie für den vielfachen holländischen Meister Loek van Wely war die folgende. Van Wely gelang es, den amerikanischen Meister, Hikaru Nakamura, im großen Stile zu besiegen, indem er vielfältige instruktive Motive mit ♕+♘ in seinen Angriff einband.

Hikaru Nakamura
Loek van Wely
Wijk aan Zee 2014 (7)

■

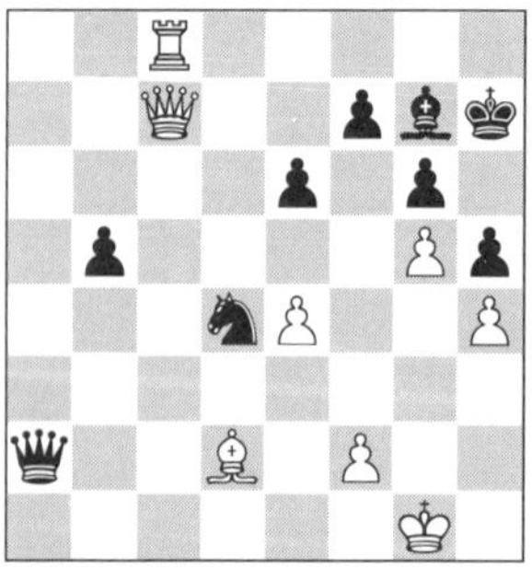

Mit seinem letzten Zug 38.♕g3-c7 startet Nakamura einen boshaften Gegenangriff in unangenehmer Stellung.

38...♕b1+!

Van Wely musste die Konsequenzen dieses Zuges weit im Voraus überblicken. Bei 38...♕xd2? 39.♕xf7 muss Schwarz das Dauerschach forcieren, da die Drohung 40.♕g8 nicht pariert werden kann.

39.♗c1

Der bezaubernde Punkt von 39.♔h2 ♘f3+ 40.♔g2 ♘xd2 ist, dass Schwarz das Schlagen auf f7 erlauben kann, da er mittlerweile einen gewinnenden Angriff erhält: 41.♕xf7 ♕xe4+ mit einigen hübschen Motiven:

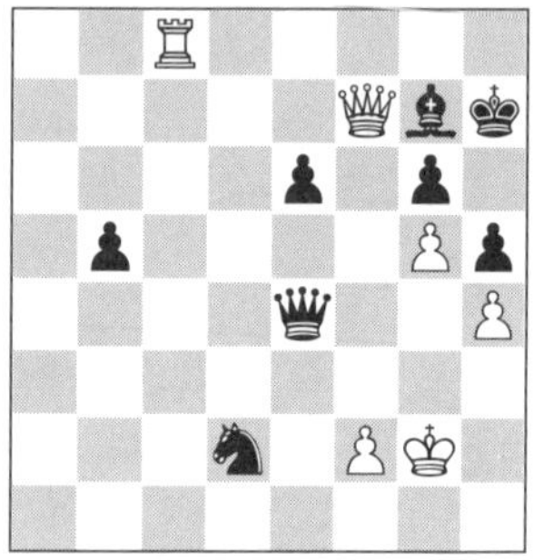

Analysediagramm

A) 42.♔g3 ♘f1+ 43.♔h3 ♕h1#;

B) 42.♔g1 ♘f3+ 43.♔f1 ♕d3+ 44.♔g2 ♘xh4+ 45.♔g1 (45.♔h2 ♘f3+ 46.♔g2 ♘xg5) 45...♘f3+ 46.♔g2 ♘xg5

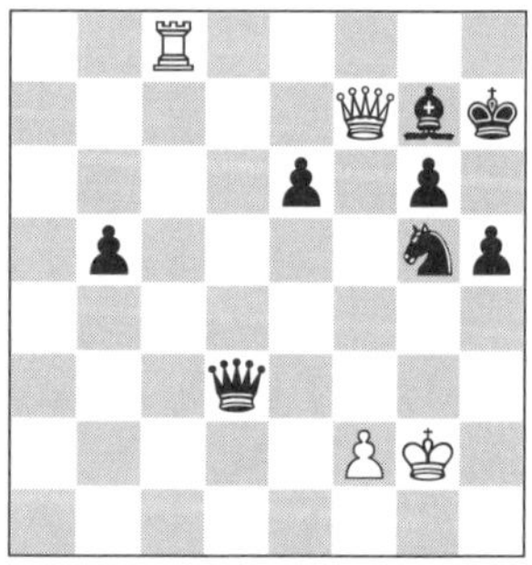

Analysediagramm

Und Schwarz sicherte sich ein Fluchtfeld auf h6!;

C) 42.f3 ist am hartnäckigsten: 42...♕e2+ 43.♔h3 ♕f1+ 44.♔g3 ♘e4+ 45.♔f4 e5+ 46.♔xe4 ♕e2+ 47.♔d5 ♕a2+

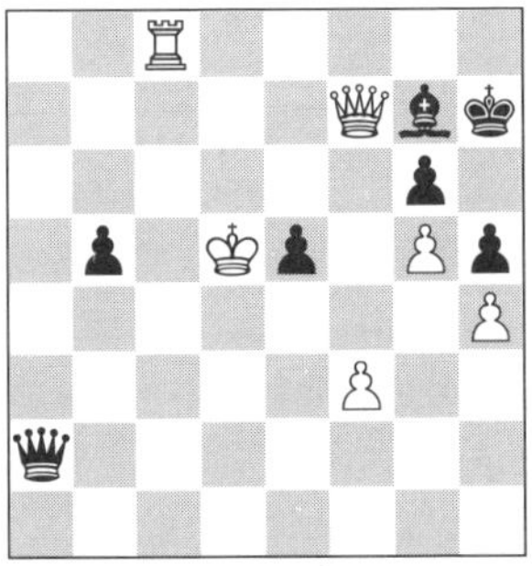

Analysediagramm

Mit einem Röntgenblick nach f7.

39...♘f3+ 40.♔g2

40.♔h1 ♕d3, mit der Drohung 41...♕f1 matt, zwingt den Weißen auf jeden Fall dazu, 41.♔g2, zu spielen, dann aber unter ungünstigeren Umständen.

40...♘xh4+ 41.♔h3

Oder 41.♔g3 ♕xe4 42.♕xf7 ♕g4+ (42...♕g2+ 43.♔f4 ♕f3#) 43.♔h2 ♕g2#.

Falls 41.♔g1, 41...♕xe4 gewinnt natürlich auch ziemlich einfach.

41...♕xe4

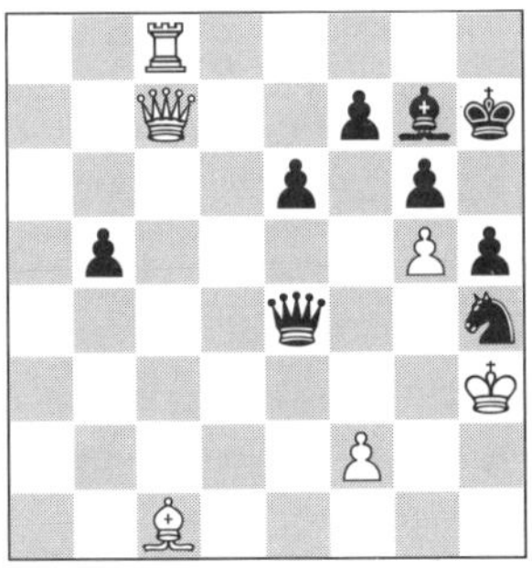

42.♕f4

Wiederum kann Weiß nicht selbst auf Matt spielen wegen 42.♕xf7 ♕g2+ 43.♔xh4 ♕g4#.

42...♕h1+ 43.♕h2

43.♔g3 ♘f5+ gewinnt die Dame.

43...♕b7

Van Wely spielt weiterhin optimal.

44.♖d8

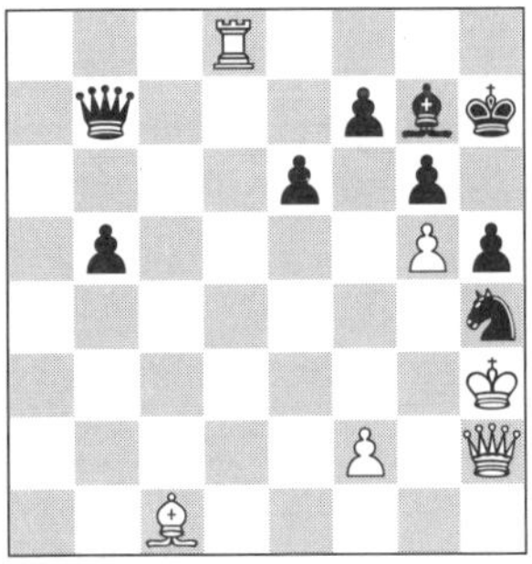

44...♗e5!

Und schöpft wieder die taktischen Tricks vollkommen aus. Nakamura leert den bitteren Becher bis zur Neige...

45.f4 ♕f3+ 46.♕g3 ♕h1+ 47.♕h2 ♕f3+ 48.♕g3 ♕h1+ 49.♕h2 ♕xc1 50.fxe5

50.♔xh4 hätte dem Schwarzen ein spaßige Katz-und-Maus-Spiel erlaubt: 50...♗xf4 51.♕g2 ♗xg5+ 52.♕xg5 ♕h1+ 53.♔g3 ♕g1+ 54.♔f4 (54.♔h4 ♕h2#) 54...♕c1+

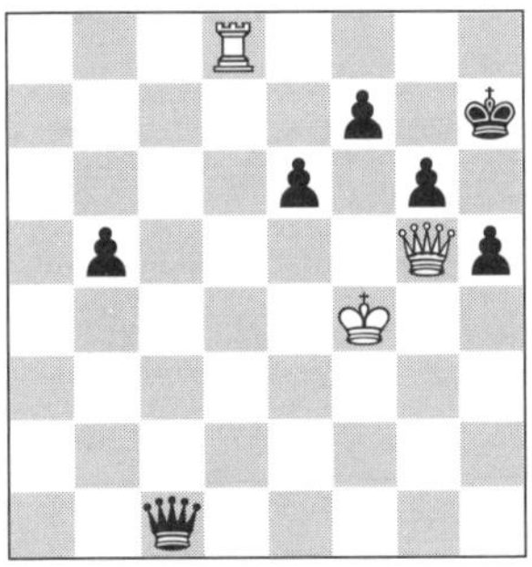

Analysediagramm

und wieder stirbt die Dame an einem Röntgenschachgebot.

50...♕xg5 51.♕f4

Der Amerikaner probiert noch einen Witz.

51...♕xd8

Nach 51...♕xf4 52.♖h8+! ♔g7 53.♖g8+ hätte er gar doch noch das Unentschieden erreicht mit einem Kamikazeturm!

52.♕xf7+ ♔h6 0-1

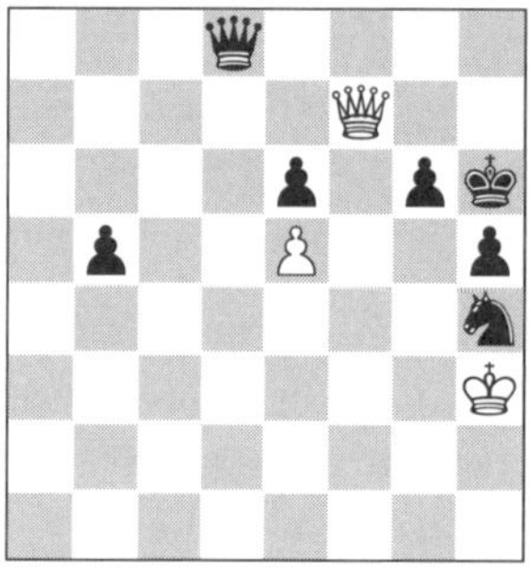

Was für eine wunderbare Partie! Nach 53.♕f4+ g5 ist wirklich alles vorbei.

Ich stieß auf einen ganz ungewöhnlichen Fall, als ich zuhause, bequem in meinem Sessel sitzend, eine Online-Partie vom starken Großmeisterturnier in Gibraltar verfolgte. Ich kenne diese Veranstaltung, beim dem immer ein höchst starkes Feld am Start ist, sehr gut, weil ich dort schon zweimal zusammen mit meiner Lebenspartnerin Petra gespielt habe.

Die Partie, die meine Aufmerksamkeit fesselte, wurde vom jungen niederländischen IM Stefan Kuipers gespielt, der auf dem besten Weg war, eine Großmeisternorm zu erzielen. Am Ende erreichte er tatsächlich mit Leichtigkeit das begehrte Ziel. In den meisten seiner Partien segelte er mit Rückenwind, jedoch in der folgenden Stellung gegen den starken israelischen GM Michael Roiz befand er sich in großen Schwierigkeiten.
Nach einer hoch intensiven Phase musste Kuipers seine Dame geben, aber es gelang ihm, mit seinen drei verbliebenen Figuren den schwarzen König in einer Art Mattnetz zu verstricken. Ein faszinierendes Spektakel folgte:

Stefan Kuipers
Michael Roiz
Gibraltar 2015 (2)

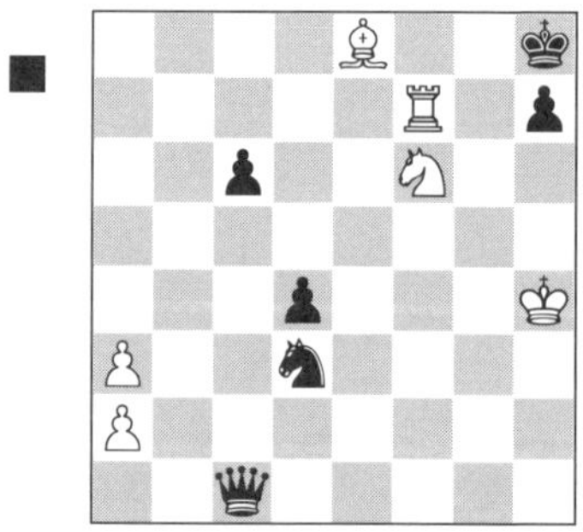

Schwarz muss eine Initiative mit Dame und Springer starten. Die weißen Figuren decken sich alle gegenseitig, zudem droht Weiß matt auf h7.
Die Frage ist daher: kann Schwarz überhaupt noch gewinnen? Roiz zeigt sich der schweren Aufgabe gewachsen!

56...♕h6+

Vor allem muss Schwarz aufpassen, dass er nicht mattgesetzt wird. Wenn seine Dame h7 decken muss, kann er nur gewinnen, indem er seinen d-Bauern vorschiebt (nachdem Weiß auf h7 genommen hat).
Falls er h7 mit seinem Springer decken könnte, fiele ihm alles leichter, da er seine Dame für Angriffszwecke frei hätte.

57.♔g3

57.♔g4? kostet Material: 57...♘e5+ 58.♔f5 ♘xf7.

57...♕g5+

Der weiße König läuft hier auf einem „Minenfeld“. Bei jedem Zug könnte er auf eine „Landmine“, worauf etwas in seiner Stellung hochgehen könnte.

58.♔h2

Wieder der einzige Zug. 58.♔f3? ♘e5+ 58.♔h3? rennt sogar ins Matt: 58...♘f4+ 59.♔h2 ♕g2#.

58...♕h4+! 59.♔g2

Nach 59.♔g1 ♕g3+ wird Weiß wiederum mattgesetzt: 60.♔h1 (60.♔f1 ♕f2#) 60...♘f2#.

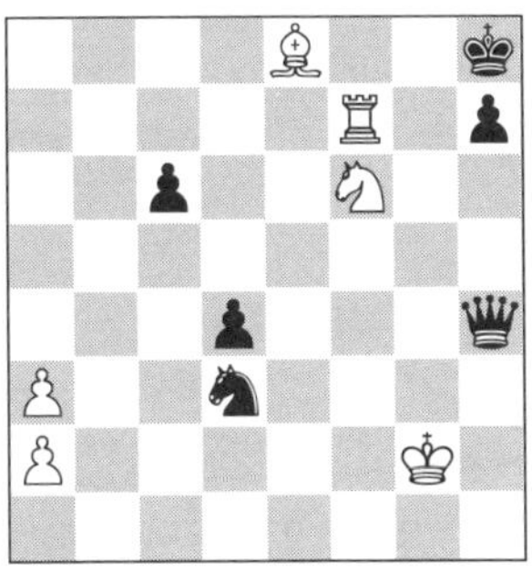

59...♕g5+?

Ein Schritt in die falsche Richtung. Wie wir gleich sehen werden, hätte Schwarz den Sieg mit 59...♘e1+! forcieren können.

60.♔h2

60.♔f3? ♘e5+.

60.♔f1!? wäre einen Versuch wert:

60...♕f4+ und nun:

A) 61.♔e2 endet wieder mal mit Matt: 61...♕e3+ 62.♔d1 (62.♔f1 ♕f2#) 62...♕e1+ 63.♔c2 ♕e2+ 64.♔b3 (64.♔b1 ♕b2#) 64...♘c1+ 65.♔b4 ♕b5#;

B) 61.♔g1 ♕g3+ 62.♔h1 ♘f2#;

C) Bei **61.♔g2!** bliebe es offen, wie Schwarz gewinnen will. Zum Beispiel: **61...♘e1+ 62.♔g1 ♘f3+ 63.♔g2 ♘g5**

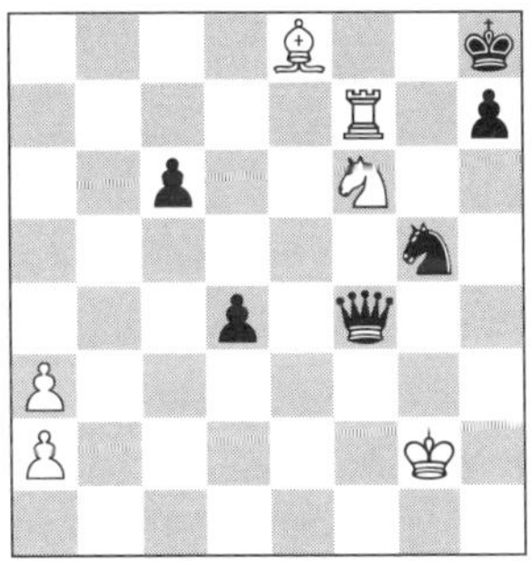

Analysediagramm

Es sieht so aus, als wäre Schwarz nun am Ziel angelangt, doch die Dame steht höchst unglücklich auf f4, was der Weiße wie folgt ausnutzen könnte: **64.♖f8+ ♔g7 65.♖f7+!?** Weiß nutzt eine kleine Nuance. 65.♘h5+ ♔xf8 66.♘xf4 ♔xe8 geht in ein für Schwarz vorteilhaftes, wenn nicht gar gewonnenes Springerendspiel über. Bitte registrieren Sie, wie gut der schwarze Springer auf g5 steht.

65...♘xf7 66.♘h5+ ♔f8 67.♘xf4 ♔xe8

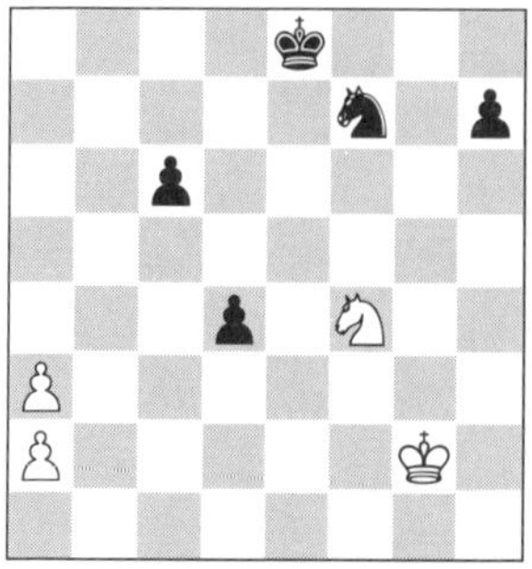

Analysediagramm

Fast dieselbe Stellung wie in der Nebenlinie, mit dem Unterschied, dass der schwarze Springer auf f7 steht. Dieser Unterschied wirkt sich allerdings signifikant aus: **68.♘d3!** Jetzt droht der weiße König, über f3 nach e4 zu gelangen, wonach die schwarzen Bauern verloren gehen würden. Der einzige Zug ist **68...♘g5!**, wonach es immer noch fraglich ist, ob Schwarz gewinnen kann. Ein paar Versuche:

C1) 69.♔g3 ♘e6 und die Bauern werden vom schwarzen Springer unterstützt; Schwarz gewinnt;

C2) **69.a4!** (wie in anderen Springerendspielen auch, ist der Randbauer eine Macht) **69...h5 70.a5 ♔d7 71.♘c5+** (71.♔g3 ♘e6 72.♔h4 ♔d6 73.a6 c5 74.a7 ♘c7 und auch hier entscheiden die verbundenen Freibauern die Schlacht) **71...♔c7 72.♔g3 ♔b8 73.♔f4 h4 74.♘d3 ♘e6+ 75.♔g4 c5 76.♘b2!** – hier gelang es uns nicht, einen Gewinn für Schwarz zu finden.

60...♕f4+?

Er übersieht den sofortigen Gewinn, den er mit sofortigem 60...♕h4+! erzielen konnte.

Ein paar Züge später wird diese Stellung indes wieder auf dem Brett erscheinen.

61.♔h3

Wieder kam 61.♔g2 in Betracht. Auch hier scheint die beste Chance für Schwarz in 61...♘e1+ 62.♔g1! (62.♔h3 ♕f3+ 63.♔h4 ♘g2+ 64.♔g5 ♕f4+ 65.♔h5 ♕h4#) 62...♘f3+ 63.♔g2 ♘g5 zu liegen, um in das oben erwähnte Springerendspiel überzuleiten.

Selbst 61.♔h1 erscheint möglich: 61...♕f1+ 62.♔h2 ♕e2+ 63.♔g1 ♕e1+ 64.♔g2 ♕f2+ 65.♔h3 ♘f4+ 66.♔g4 und Weiß hat berechtigte Aussichten, sich zu halten.

61...♕e3+ 62.♔h2 ♕e5+ 63.♔h1 ♕e1+ 64.♔h2 ♕h4+!

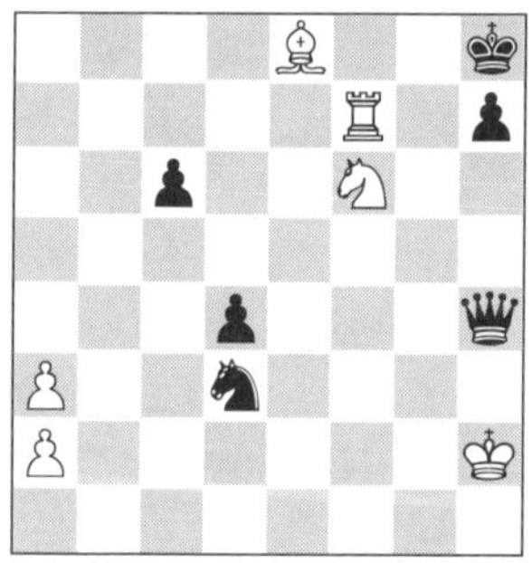

Schließlich haben wir dieselbe Stellung wie im 60. Zug auf dem Brett.

65.♔g2 ♘e1+!

Jetzt findet er den Gewinn.

66.♔f1

66.♔g1 ♘f3+ und der Springer wird mit Tempo nach g5 überführt, von wo aus er h7 überdeckt und den Gewinn für Schwarz sichert.

66...♕h1+ 67.♔e2

67.♔f2 ♘d3+ und nun:

A) Instruktiv ist es, wie Weiß nach **68.♔e2** mattgesetzt wird: **68...♘f4+ 69.♔d2** 69.♔f2 ♕g2+ 70.♔e1 ♕e2#.

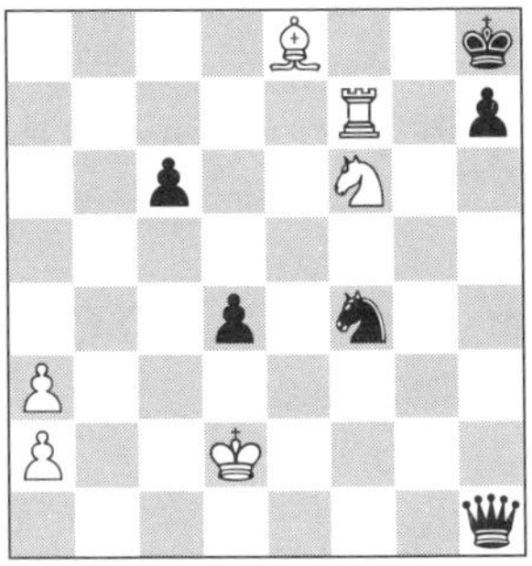

Analysediagramm

Achten Sie bitte darauf, wie viele Felder durch Dame, Springer sowie den Bauern d4 kontrolliert werden! Das Matt ist nicht weit: **69...♕g2+ 70.♔c1** 70.♔d1 ♕e2+ 71.♔c1 ♘d3+ 72.♔b1 ♕b2#. **70...♕f1+ 71.♔b2** 71.♔d2 ♕e2+ 72.♔c1 ♘d3+ 73.♔b1 ♕b2#. **71...♘d3+ 72.♔b3** 72.♔c2 ♕e2+ 73.♔b3 ♘c1+ 74.♔b4 ♕b5# – dieses Matt sahen wir früher schon. **72...♘c5+ 73.♔b2 ♕e2+ 74.♔a1** 74.♔b1 ♕d1+ 75.♔b2 ♘a4# – und auch dieses wunderhübsche Matt kennen wir bereits! **74...♕d1+ 75.♔b2 ♘a4#**

B) **68.♔g3 ♕g1+ 69.♔h4** 69.♔f3 ♘e5+; 69.♔h3 ♘f2+ 70.♔h4 ♕h1+ 71.♔g5 ♘e4+ 72.♘xe4 ♕xe4 und auch hier gewinnt Schwarz, nachdem kein Matt auf h7 mehr droht. **69...♕h2+ 70.♔g5** 70.♔g4 ♘e5+. **70...h6+** Dieses Motiv haben wir noch nicht gesehen. Weiß verliert nach: **71.♔f5** 71.♔g6 ♘e5+. **71...♕e5+ 72.♔g4** 72.♔g6 ♕g5#. **72...♕g5+ 73.♔f3** 73.♔h3 ♘f4+ 74.♔h2 ♕g2#. **73...♘e5+** und es ist entschieden.

67...d3+!

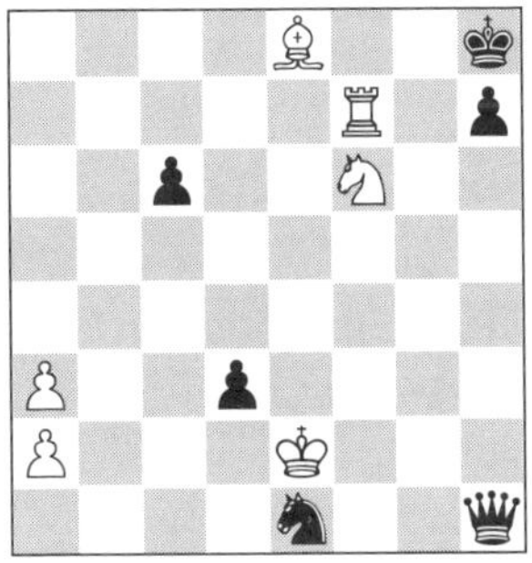

Ohne die Hilfe dieses Bauern kann Schwarz nicht siegen, da im Moment sowohl Dame als auch der Springer ziemlich ungünstig platziert ist.

68.♔e3

68.♔d2 wird mit **68...♕h2+** beantwortet, und nun:

A) Nach **69.♔e3 ♕e5+ 70.♔f2** 70.♔d2 geht in eine Stellung über, die wir später sehen werden. **70...♕e2+ 71.♔g3** 71.♔g1 ♕g2#. **71...♕f3+ 72.♔h4** 72.♔h2 ♕g2#. **72...♘g2+ 73.♔g5 ♕f4+ 74.♔h5 ♕h4#;**

B) **69.♔xe1 ♕e2#** – damit erweist sich der Bauer als ziemlich nützlich;

C) **69.♔c3** – wie es sich zeigt hilft auch nicht die Flucht auf diese Brettseite: **69...♕c2+** Am einfachsten. Schwarz kann den Gewinn auch mit 69...d2 erreichen, da die Dame h7 deckt und er droht, den Bauern zu verwandeln. Die Gewinnvariante ist allerdings am Brett sehr schwer zu berechnen. Zunächst muss Schwarz noch die bescheidene weiße Initiative abwehren. Das kann durch 70.♖f8+

♔g7 71.♖f7+ ♔g6 72.♖f8+ ♔g5 gemacht werden, jedoch geht nun der stolze Bauer auf d2 verloren: 73.♘e4+ ♔h4 74.♘xd2. Da aber der ♖f8 jetzt ungedeckt ist, gewinnt Schwarz am Ende doch noch: 74...♕e5+ 75.♔b3 ♕b5+ 76.♔c3 ♕c5+ gefolgt von 77...♕xf8. **70.♔b4 d2** Die Dame überdeckt h7 aus der Distanz, während die Promotion des d-Bauern nicht länger aufgehalten werden kann.

68...♕h3+ 69.♔f4

69.♔d2 erlaubt 69...♕h2+, was zu den oben angegebenen Varianten führt.

Bei 69.♔e4 gewinnt 69...d2 leicht. Das gleiche gilt für 69.♔d4 d2.

69...♕h6+

69...d2 genügte ebenfalls.

70.♔f5

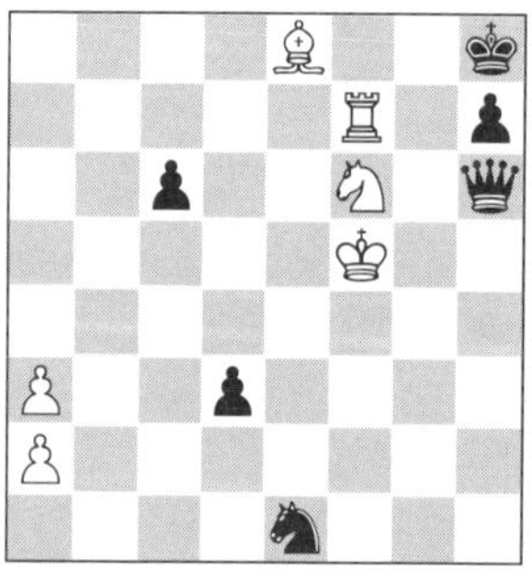

70...♘f3

Roiz möchte seinem Springer eine Rolle angedeihen lassen. 70...d2 war ein weiterer, einfacher Gewinn.

71.♖d7

71.♖xh7+ ist freilich unmöglich wegen 71...♕xh7+ 72.♘xh7 d2. Bitte merken Sie sich, dass in diesem Variantentyp der ♗e8 keine Kontrolle über das wichtige d1-Feld erlangen kann. Der Bauer c6 steht im Weg, gleiches gilt im Moment auch für den ♘f3.

71...♕g5+ 72.♔e6

Um nicht den Springer zu verlieren betritt Weiß freiwillig ein Mattnetz. Dadurch erlaubt er seinem Gegner die Ehre, einen geistreichen Gewinnweg zu finden.

72...♕e5+ 73.♔f7 ♘g5+ 74.♔f8 ♕xf6+ 75.♖f7 ♘e6#

Kombination ♕+♘ gegen ♕+♗

Es ist an der Zeit, das Scheinwerferlicht auf den Kampf zwischen ♕+♘ gegen ♕+♗ zu richten. Das nächste Beispiel von Ex-Weltmeister Anand zeigt deutlich auf, dass die Kombination ♕+♘ (oftmals) dem Team ♕+♗ überlegen ist – insbesondere, wenn der Läufer nicht so stark ist und durch einen Bauern im Zentrum gehindert wird. Ein paar hübsche typische Mattbilder zeigen sich in diesem Fragment ebenfalls.

Viswanathan Anand
Teimour Radjabow
Linares 2009 (1)

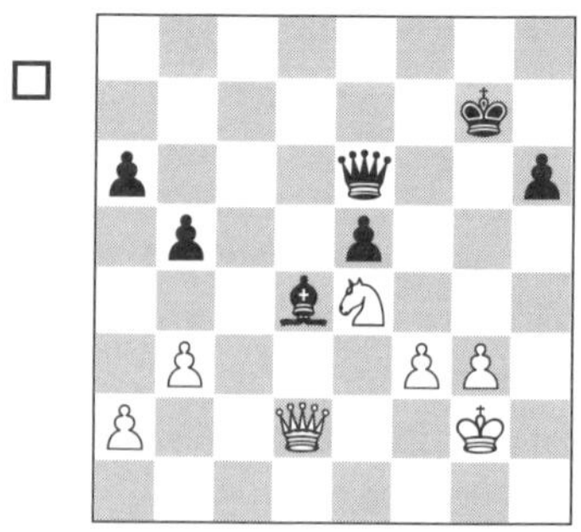

Eine typische Stellung, in der man beurteilen muss, ob das Duo ♕+♘ stärker ist als ♕+♗. Weiß hat Dame und Springer, Schwarz Dame und Läufer. Der Läufer ist nicht gerade der Stolz der schwarzen Stellung, da der Bauer e5 ihm beim Versuch, seinen König zu verteidigen, im Weg steht. Dagegen steht der weiße Springer wie eine kraftvolle Säule auf e4. Wir stellen fest, dass der weiße König etwas sicherer als der schwarze steht. Er hat mehr Bauern zum Schutz, zudem kann ihn auch sein Springer verteidigen. Anand zeigt makellos, wie der Springer auch im Angriff verwendet werden kann.

42.g4!

Dadurch sichert sich Weiß das Feld f5 für den Springer. Dadurch versucht er, Drohungen gegen den schwarzen König zu kreieren.

42...♕c6 43.♘g3 ♔h7

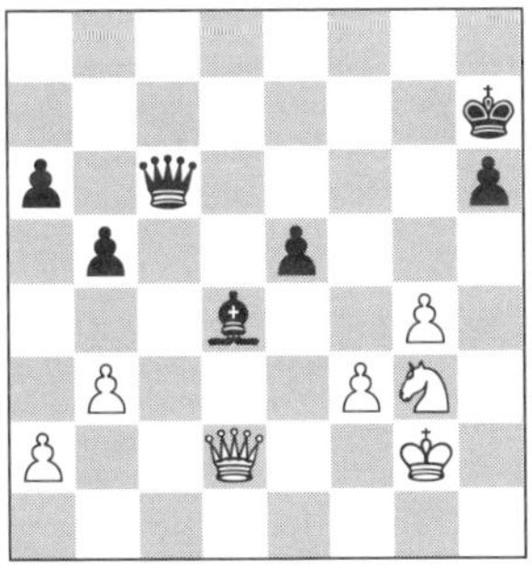

44.♘f5

Dies schien auch ein guter Moment für **44.♕d3+** zu sein, weil dann Schwarz die Frage beantworten muss, wo er seinen König verstecken will: **44...♕g6** und nun:

A) **45.♕xg6+ ♔xg6 46.♘e4** ist gut für Weiß, gewinnt aber wahrscheinlich nicht, da sein König nicht in die schwarze Stellung eindringen kann;

B) **45.♘f5!** (jetzt droht Weiß mit seiner Dame über e4 oder c2 einzudringen. Vielleicht unterschätzte Anand diesen Springerzug, und dachte, dass sich Schwarz mittels **45...h5?!** vom Ärger befreien könne (45...♔h8 46.♕e4 ♕f6 47.♕a8+ ♔h7 48.♕c8 und Schwarz hat große Probleme). Aber hier hat Weiß das wunderbare **46.♕b1!**.

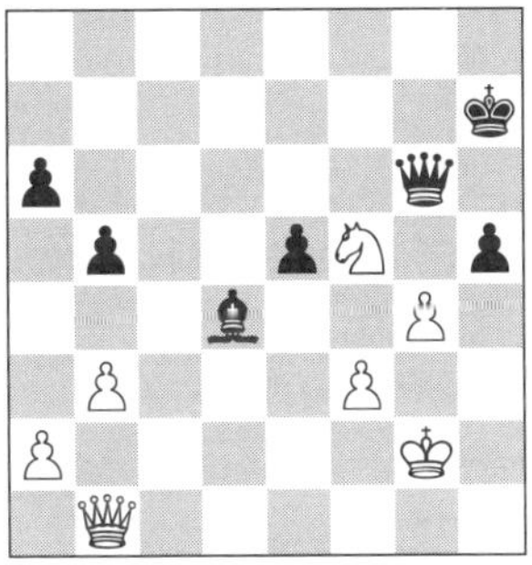

Analysediagramm

Und die Drohung 47.♕h1 gewinnt einen wertvollen Bauern, wonach die Stellung für Weiß gewonnen sein sollte.

46...hxg4?? scheitert dann an 47.♕h1+ ♔g8 48.♘e7+.

44...♗b6 45.♕d3 ♔h8 46.♕e2 ♗c7

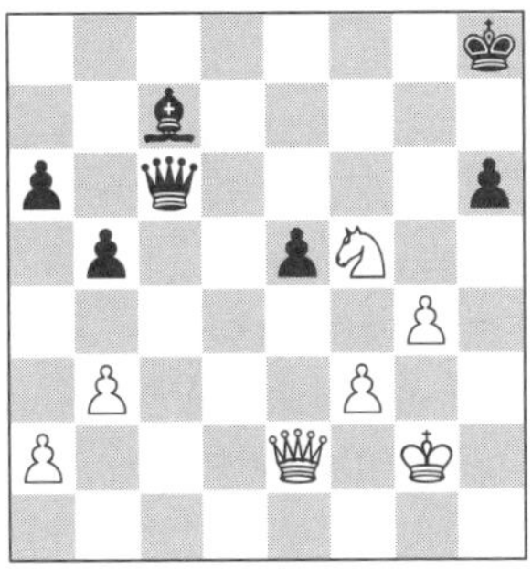

Dem Läufer gelang es, hinter seinen Bauern zu gelangen, doch hier steht er immer noch schlecht.

47.♕d2!

Die weiße Dame nutzt ein paar taktische Drohungen, um in die schwarze Stellung eindringen zu können.

47...♔h7 48.♘e7

Mit Tempogewinn verschafft sich der Springer Raum und öffnet die Diagonale b1-h7.

48...♕c5?!

Eine Ungenauigkeit, die den weißen Gewinnprozess vereinfacht. Andrerseits bekommt Schwarz seine Probleme auch nach dem etwas besseren 48...♕d6 49.♕c2+ ♔h8 50.♘f5 ♕b6 51.♕e4 nicht allesamt gelöst.

49.♕d3+ ♔h8 50.♕d7

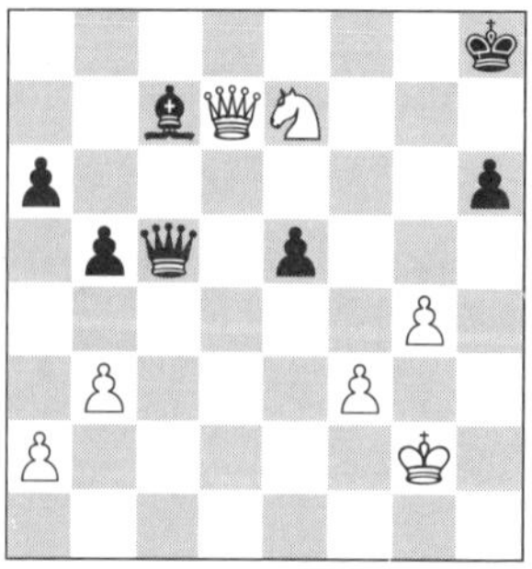

Jetzt ist die hübsche Drohung 51.♕e8+ ♔g7 52.♕g8+ ♔f6 53.♘d5+ mit Damengewinn, da dem schwarzen König die Felder ausgehen.

Hier erkennen wir den bedeutenden Unterschied in der Kooperation zwischen ♕+♘ gegen ♕+♗. Die weißen Angriffskräfte sind überlegen, da der schwarze Läufer nicht in der Verteidigung helfen kann. Und schlimmer noch: er gerät in allen Varianten unter Drohungen.

50...e4

Ein Bauernopfer aus Notwendigkeit, aber es wird Schwarz nicht helfen.

51.♕e8+ ♔g7

Jetzt würde dieselbe Kombination dem Weißen nicht viel bringen, da der schwarze König nun das Feld e5 zum Flüchten hat.

52.♘f5+

52.♕g8+ ♔f6 53.♘d5+ ♔e5.

52...♔f6 53.♕xe4

Verständlicherweise ist Anand zufrieden damit, erst mal einen Bauern zu gewinnen.

53...♗b6 54.♔h3

Der Unterschied in Punkto Sicherheit der beiden König ist immer noch deutlich sichtbar.

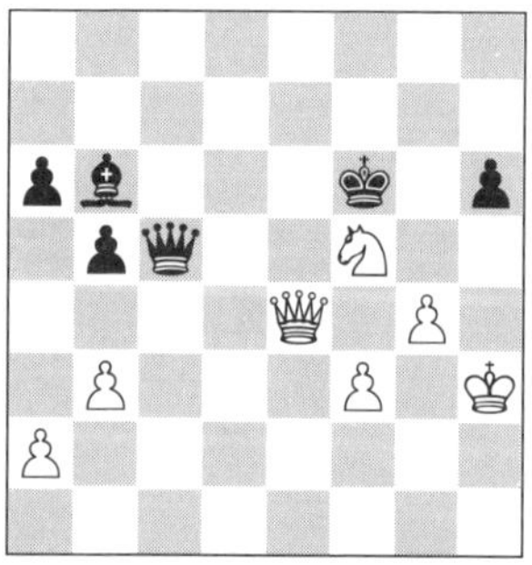

54...h5?!

Es ist hart, diesen Zug zu kritisieren; in einer schlechten Stellung gibt es fast nur schlechte Züge. So auch hier: Schwarz kollabiert schnell.
Die Alternative 54...♕c7 war ein wenig hartnäckiger, Weiß gewinnt voraussichtlich aber auch dann nach 55.♕a8!.

55.g5+!
Mit diesem entzückenden Motiv krönt Anand sein hervorragendes Spiel in dieser Partie. In der kommenden taktischen Phase zeigen sich ein paar herrliche Motive, die definitiv einen Blick wert sind.
55...♔xg5
Oder 55...♔g6 56.♘d4+ ♔f7 57.g6+! und Schwarz kann nicht länger eine Springergabel vermeiden: 57...♔f6 58.♕e6+ ♔g7 59.♘f5+ ♔h8 60.♕e8+.
Oder auch: **55...♔f7 56.g6+ ♔xg6**
Nach 56...♔f6 entscheidet der Freibauer: 57.g7. **57.♕e6+** und die Angriffsmaschine ♕+♘ läuft auf Hochdampf: **57...♔g5** Oder 57...♔h7 58.♕f7+ ♔h8 59.♕g7#.

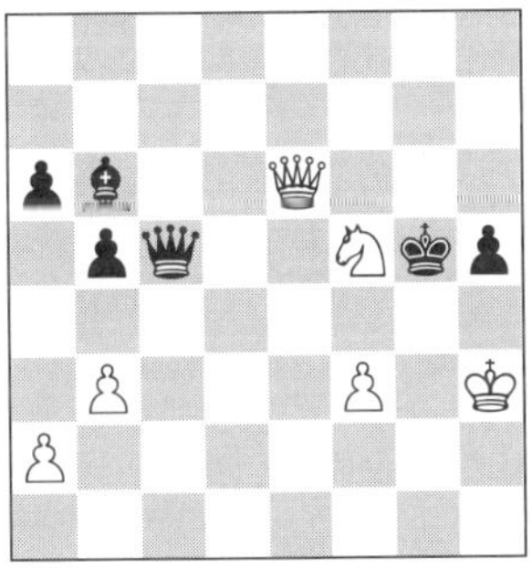

Analysediagramm

58.♘e7!! Mit diesem ruhigen Zug stellt Weiß die tödliche Drohung 59.♕g6+ ♔f4 60.♕e4+ ♔g5 61.♕h4+ ♔h6 62.♕f6+ ♔h7 63.♕g6+ ♔h8 64.♕g8# auf.
Falls 58...♕f2, so 59.♕f5+ ♔h6 50.♕g6#.
56.♘e7!
Wieder dasselbe Konzept. Anand hat richtig erkannt, dass der Springer von diesem Feld aus den „coup de grâce" setzen wird. Freilich ist auch die oben erwähnte Drohung (beginnend mit 57.♗g6+) wieder aktuell.
56...♔f6 57.♘d5+ ♔g7
Weicht der König nach 57...♔f7 zurück, wird Weiß den unglücklichen Läufer erobern. Zum Beispiel: 58.♕f5+ ♔e8 (58...♔g7 59.♕f6+; 58...♔g8 59.♕e6+) 59.♕e6+ ♔d8 60.♘xb6 und Schwarz hat nicht mal ein sinnvolles Schach.
58.♕e5+ ♔h6 59.♕f6+ ♔h7
Anand konnte auch den Läufer nehmen, aber er jagt mittlerweile nach einem größeren Ziel.
60.♕f7+! ♔h6 61.♘e7!
Die pittoresken Mattbilder mit ♕+♘, die seit dem Beginn dieses Fragmentes eine tragende Rolle spielten, werden nun fatal für Schwarz.
Er gab auf wegen 61...♕g1 (61...♔g5 62.f4+ ♔h6 63.♕g6#; 61...♕c2 62.♘g8+ ♔g5 63.♕f6#) 62.♘g8+ ♔g5 63.♕f6

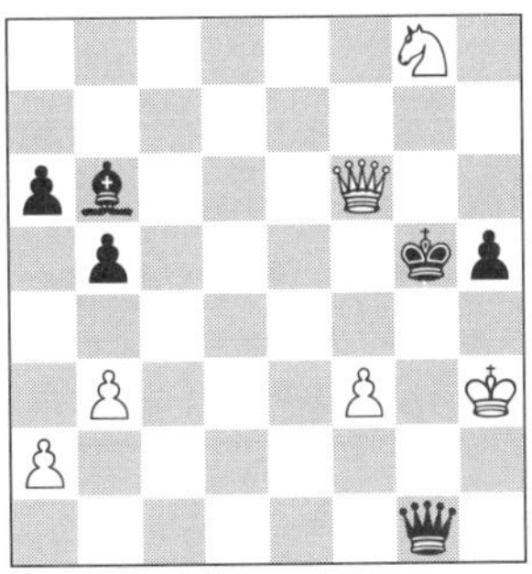

Analysediagramm

Und es ist matt.

Kombination von ♕+♘ gegen ♕+♘

Mein früherer Schüler Jan Werle, mit dem ich immer noch (un-)regelmäßigen Kontakt halte, hat mir eine Partie zugeschickt, in der er einem früheren Weltmeister eine vernichtende Niederlage bereitet hat. Ich vermute mal, dass Rustam Kasimdschanow diese Phrase schon öfters zu hören bekommen hat anlässlich anderer weniger Niederlagen gegen niederrangige Gegnerschaft... ich bediene mich voller Dank der Anmerkungen, die Jan mir zugesandt hat.

Rustam Kasimdschanow
Jan Werle
Vlissingen 2004 (7)

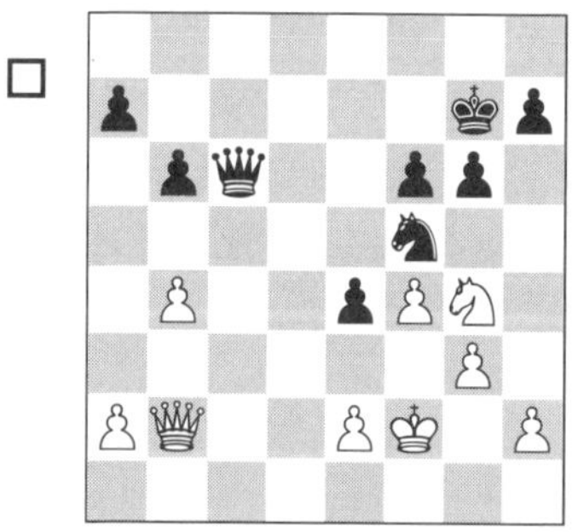

Die Stellung sieht total ausgeglichen aus. Das einzige, das man darüber sagen kann, ist, dass der schwarze Springer etwas effektiver im Zentrum steht als sein weißer Gegenspieler. Der junge niederländische Großmeister hat sich einen erfindungsreichen Plan ausgedacht.

30...b5!!

Ein schlauer kleiner Zug, mit dem Schwarz die Diagonale a7-g1 für seine Dame öffnet. Das wird sich als ziemlich nützlich erweisen, vor allem, nachdem Weiß gerade ♔f2 gespielt hat. Die Konsequenzen erweisen sich schwerwiegender für den Weißen, als man auf den ersten Blick erwarten mag.

31.♘e3

Tritt in eine „ewige Fesselung". Weiß wird dieser nur entkommen, indem er ein höchst nachteiliges Springer- oder Bauernendspiel eingeht.

Falls Weiß eine Abwartestellung mit 31.a3? einnimmt, wird schnell klar, wie Ernst die Situation ist. Schwarz kann zu einem gefährlichen Angriff blasen mit 31...♕b6+ 32.♔g2 (32.e3 h5) 32...h5 33.♘f2 ♘e3+ 34.♔h3 (34.♔g1 ist schlecht wegen 34...♘d1; 34.♔h1 verliert nach 34...♘c4) 34...♕e6+ 35.g4 hxg4+ 36.♔g3 g5! und Schwarz kann aufgeben.

31...♕b6

Damit installiert Schwarz eine „ewige Fesselung", die für Weiß höchst unerfreulich ist.

32.♕c3 ♔f7!

Nur keine Klischees! Der König eilt zum Hauptschauplatz des Kampfes – dem Damenflügel.

32...h5 sieht logisch aus, um dem Springer f5 zu sichern, aber in diesem Fall würde Weiß sich mit 33.♕c5 aus der Fesselung befreien.

33.♕c5

Forciert, aber das kostet ihm einen Bauern. Das Bauernendspiel nach

33.g4 ♘xe3 34.♕xe3 verliert Weiß nach 34...♔e6! 35.♕xb6+ axb6 36.♔e3 ♔d5, und es ist schon Zeit, das Handtuch zu schmeißen. Nach zum Beispiel 37.♔d2 ♔c4 38.a3 f5! (im Wissen gespielt, dass Weiß ohnehin nichts tun kann. Ein Mensch würde hier zu 38...♔b3 greifen, aber dann müsste man das Gegenspiel nach 39.♔e3 f5 40.gxf5 gxf5 41.♔d4 bis zum Ende durchrechnen. Nebenbei gesagt gewinnt Schwarz auch nach 41...♔xa3 42.♔e5 ♔xb4 43.♔xf5 ♔a4! 44.♔e5 b4 45.f5 b3 46.f6 b2 47.f7 b1♕ 48.f8♕ und nun 48...♕b2+ 49.♔xe4 ♕xe2+ mit einem gewonnenen Damenendspiel) 39.gxf5 gxf5 40.♔c2 ♔d4 41.♔d2 e3+ 42.♔c2 ♔e4 43.♔c3 h6! 44.h3 ♔xf4 und der Rest ist leicht.

33...♕xc5 34.bxc5

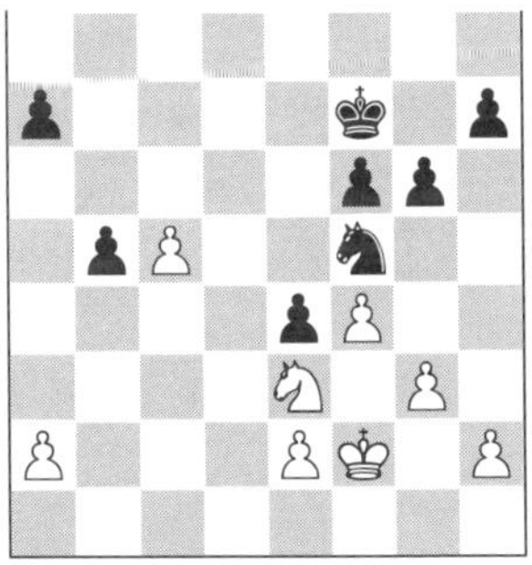

34...♔e7?

Ein böser Fehler, der schlimme Konsequenzen hätte nach sich ziehen können, denn dadurch gefährdet Schwarz sein glänzendes Konzept. Richtig war 34...♔e6. Nach 35.♘d1 b4! hätte Weiß einen Bauern geben müssen.

35.♘d1?

Kasimdschanow zeigt sich auch nicht auf der Höhe. Mit 35.♘d5+! ♔f7 36.♘c3 hätte Weiß einen Bauern gewonnen, wonach er derjenige gewesen wäre, der auf Gewinn gespielt hätte!

35...b4!

Werle halt die Fäden wieder in der Hand.

36.c6?

Nein, es war kein guter Tag des früheren Weltmeisters. Nun kommt das Ende eilig herbei. Nach 36.g4 ♘h6! 37.♘e3 (37.h3 f5 38.g5 ♘f7 ist sehr gut für Schwarz wegen des schwachen weißen c-Bauern) 37...♔d7 38.g5 fxg5 39.fxg5 ♘f7 40.♘d5 wäre ein Remis der wahrscheinlichste Ausgang.

36...♔d6 37.g4 ♘h6

Wieder der optimale Zug.

38.h3 ♔xc6

Schwarz besitzt einen Mehrbauern, und wie so oft in Springerendspielen erweist sich dies als entscheidend.

39.♔e3 ♔d5 40.♔d2 ♘f7 41.♔c2 ♔c4 42.♘e3+ ♔d4

Und Weiß gestand die Niederlage ein. Eine mögliche Fortsetzung ist 43.♘f1 ♘d6 44.♔b3 ♘c4! 45.♔xb4 ♘e3 46.♘g3 ♘d5+ 47.♔b5 ♘xf4 48.♔a6 ♔e3 und alles ist klar wie Kristall!

Schlussfolgerungen

Bei der Angriffsformation ♕+♘ beachten wir das Folgende:
• Stehen Dame und Springer auf Feldern derselben Farbe? (denn so arbeiten sie ideal zusammen)
• die Zusammenarbeit von ♕+♘ gegen eine Rochadestellung
• die Zusammenarbeit von ♕+♘ nach einem ♗xh7+–Opfer
• ersticktes Matt
• Abzugsangriff

Wir kennen eine Vielzahl von Angriffstechniken, darunter:
• ein paar „ABCs"
• viele typische Mattmuster
• Angriff von ♕+♘ gegen den nackten König
• in entstehenden Endspielen ist generell die Kombination ♕+♘ stärker als ♕+♗

2.12 Aufgaben

□

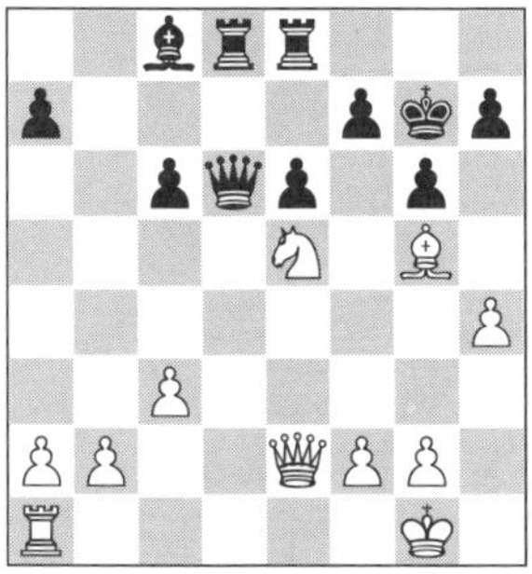

11

Die Weißspielerin opferte die Qualität, um die Kontrolle über die schwarzen Felder zu gewinnen. Wie setzte sie fort?

(Lösung auf Seite 337)

□

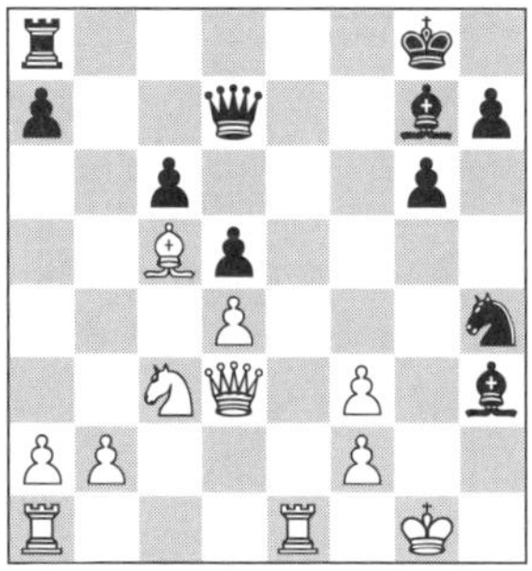

12

Wie kann Schwarz seine Dame in den Angriff einbeziehen?

(Lösung auf Seite 337)

□

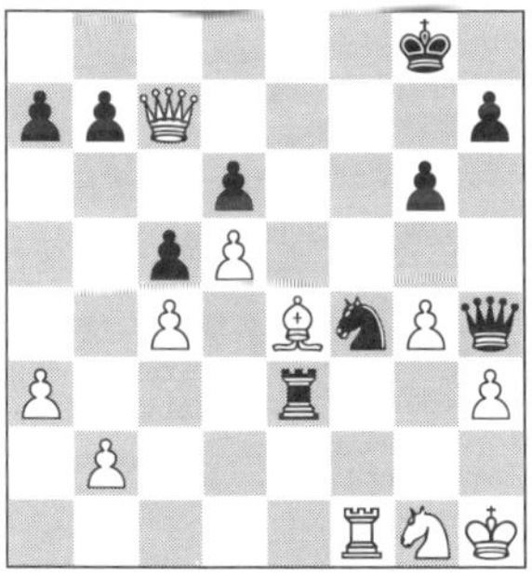

13

Wie kann Schwarz nach **44...♖xh3+ 45.♘xh3 ♕xh3+ 46.♔g1** den weißen König in einem Mattnetz fangen?

(Lösung auf Seite 338)

□

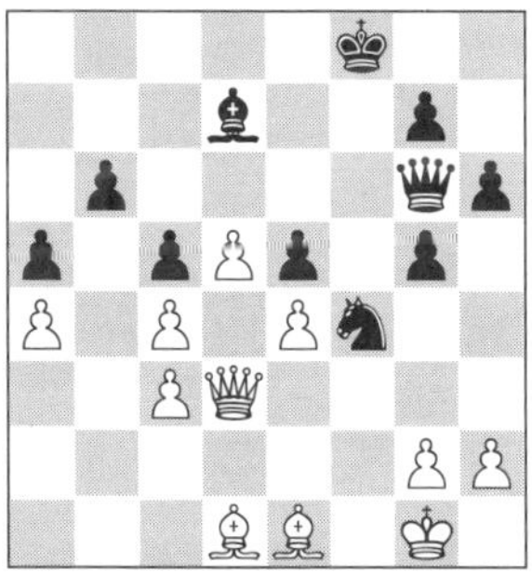

14

Hier beging Weiß den Fehler **27.♕c2??**
Wie kann Schwarz nun einen wichtigen Verteidiger ablenken? Geben Sie ein paar Varianten!

(Lösung auf Seite 338)

2.13 Spiel mit Schwerfiguren

In den vorhergegangenen Paragraphen haben wir hauptsächlich Mittelspielpositionen betrachtet. Nun werden wir den Fokus auf Positionen mit weniger Material richten und uns dabei auf Beispiele mit Schwerfiguren konzentrieren. Ein Endspiel mit Schwerfiguren wird auch gern „die vierte Spielphase" genannt (nach Eröffnung, Mittelspiel und Endspiel). Im Unterschied zu anderen Endspielen ist es hier empfehlenswert, den König in Sicherheit zu verstecken: überall lauern Mattmuster! Natürlich werden wir mit Standard-Angriffsmotiven beginnen, die für Stellungen mit Schwerfiguren typisch sind.

Grundreihe

Wir beginnen mit einer amüsanten kleinen Technik.

Pietro Rossi

L'Italia Scacchistica 1985

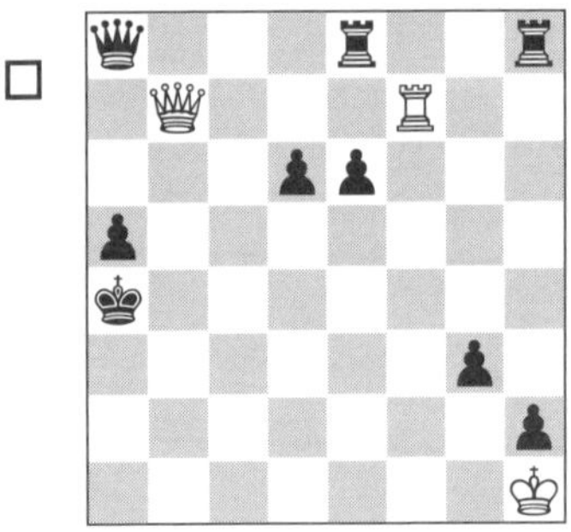

Er fand für Weiß einen sehr originellen Weg, den schwarzen König in einem Mattnetz zu fangen. In den Niederlanden wird dieser Typus der Zusammenarbeit von Dame und Turm „rolmatje" („rollendes Matt") genannt, weil die Schwerfiguren so hübsch „durcheinanderrollen", bis sie in der Ecke des Brettes Matt bieten können.

1.♖f4+ ♔a3 2.♖f3+ ♔a2 3.♕b3+ ♔a1

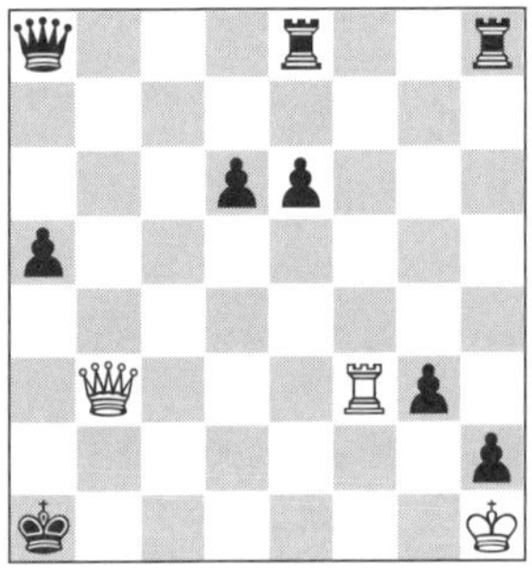

Weiß möchte nun gern 4.♖f1 spielen, doch das scheitert daran, dass der Turm gefesselt ist. Also muss die Fesselung erst irgendwie aufgehoben werden. Dies geschieht auf amüsante Weise:
4.♕d1+ ♔b2 5.♕e2+ ♔b1 6.♕f1+ ♔c2 7.♕g2+ ♔b1
Mission erfüllt. Jetzt ist der Turm an der Reihe:
8.♖f1#

Wir machen mit einem leichten Beispiel weiter, bei dem der verteidigende Turm auf der Grundreihe mit Hilfe eine Ablenkung ineffektiv gemacht wird.

Zenia Corrales Jimenez
Sulennis Pina Vega
Panama 2011 (9)

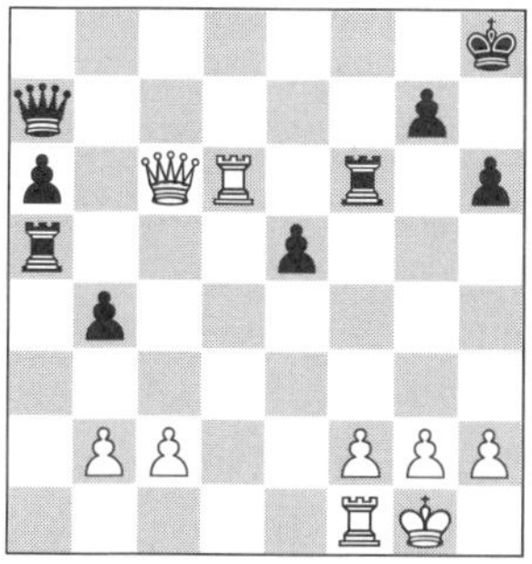

Schwarz nutzt die Schwäche der weißen Grundreihe optimal aus. Der Turm auf f1 ist der einzige Verteidiger.

29...♕xf2+!

Und jetzt wird er abgelenkt.

30.♖xf2 ♖a1+

Gefolgt von Matt.

Siebte Reihe

Jedem, der das Stadium des Anfängers verlassen hatte, wurde beigebracht, wie stark sich eine Figur auf der siebten (oder zweiten) Reihe ausmacht. Sehr häufig kann auf dieser Reihe etwas gewonnen werden, insbesondere wenn der Gegner gezwungen wurde, seinen f-Bauern in einer Stellung, in der er auf den Königsflügel rochierte, zu ziehen. Für die weniger erfahrenen Spieler ist es oft schwer, vorherzusehen, dass solch schwächende Bauernzüge zu schlimmen Unfällen führen können. (Groß-)Meister halten häufig Ausschau nach solchen Bauernzügen, versuchen, diese zu provozieren, um anschließend ihre Chancen auf der geschwächten zweiten (bzw. siebten) Reihe zu suchen. Ganz besonders fokussieren sie sich darauf, Wege zu finden, um mit ihren Schwerfiguren auf dieser Reihe einzudringen.
Um zu zeigen, wie schwach die siebte (bzw. zweite) Reihe sein kann, haben wir ein paar attraktive Beispiele ausgewählt.

Ralf Hein
Atila Figura
Deutschland tt 2009 (5)

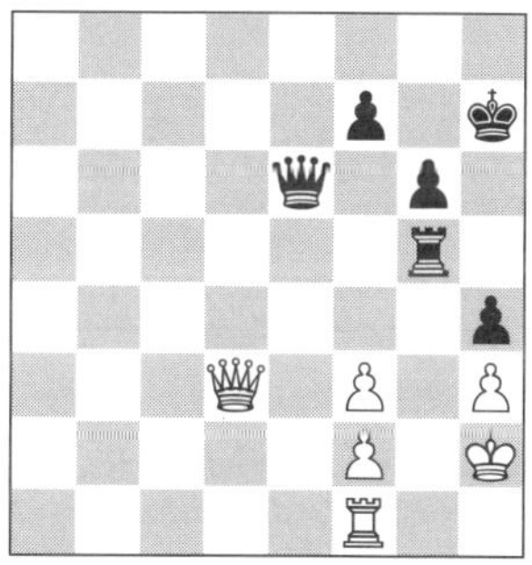

36...♖g3!!

Dieses wunderhübsche Turmopfer zwingt den Weißen, die zweite Reihe zu öffnen. Danach wird er außerstande sein, das Matt auf h2 zu verhindern.

37.fxg3 ♕a2+ 38.♔g1 hxg3!

Es ist wirklich frappierend, wie der weiße König so enden kann, im „Luftzug“ sitzend. Das ist ein instruktives Beispiel, das zeigt, wie wichtig es bei einem Angriff der Schwerfiguren ist, die siebte Reihe zu öffnen – wenn es sein muss mit Gewalt! Wenn der Gegner keine

Figuren hat, die er dazwischen ziehen kann, dann ist die Partie sofort zu Ende.

Pawel Tregubow
Arkady Rotshtein
Forni di Sopra 2012 (6)

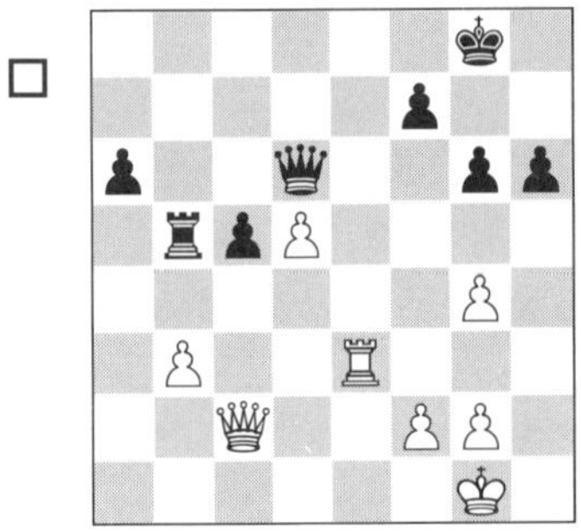

In dieser scharfen Stellung gelingt es dem Weißen, den schwarzen König zu jagen:

35.♖e8+ ♔g7 36.♕c3+!

Erzwingt eine entscheidende Schwächung der siebten Reihe.

36...f6

36...♕f6 scheitert an 37.♖g8+.

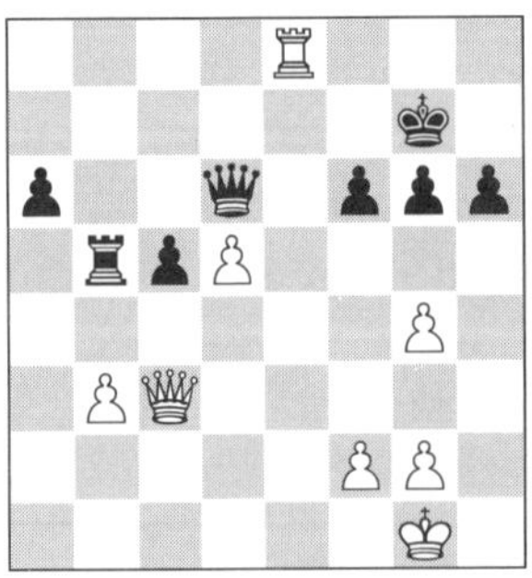

Mit einem Turm auf der Grundlinie sowie der geschwächten siebten Reihe muss etwas drin sein für Weiß. Und es gibt auch was!

37.♖e6

Zum Gewinn ausreichend. Nichtsdestotrotz konnte Weiß forcieren, dass seine Dame in die schwarze Königsbastion eindringt mit dem geistreichen 37.g5!, was sogleich die Öffnung der h-Linie erzwingt: 37...hxg5 und jetzt kann Weiß mit der Dame eindringen: 38.♕h3 ♔f7 39.♕h8. Nach 39... f5 führen viele Wege nach Rom, aber nur mit dem artistischen 40.♖g8! kann Weiß ein schnelles Matt forcieren: 40...♕xd5 41.♖g7+ ♔e6 42.♕e8+ ♔d6 43.♕e7+ ♔c6 44.♕c7#. Ein wunderbares Epaulettenmatt.

37...♕f4 38.♖e7+ ♔f8 39.♕e1

Hier wird es klar, dass der schwarze König über keinen Bauernschutz mehr verfügt.

39...♖b8 40.♖h7 ♔g8 41.♖a7

Sicherlich nicht 41.♕e7? was dem Schwarzen erlaubt, mit einem Dauerschach zu entwischen: 41...♕c1+ 42.♔h2 ♕f4+ 43.♔h3 ♖xb3+ 44.g3 ♖xg3+ 45.fxg3 ♕f1+ und es ist remis.

41...♕e5

Auch nach 41...♔h8 42.g3 ♕e5 43.♕c1 wäre es vorbei.

42.♕c1 g5

Schwarz muss mit jedem Zug neue Schwächen hinnehmen.

43.d6!

Für Weiß ist es kein Problem, einen Bauern zu geben, um noch mehr Diagonalen gegen den schwarzen König zu öffnen.

43...♕d5

Nach 43...♕xd6 44.♕c4+ ♔h8 erreicht die weiße Dame die siebte

Reihe, nachdem die schwarze Dame von der Diagonalen c1-f4 abgelenkt wurde: 45.♕f7.

44.♕c2

Erzwingt eine weitere Schwächung.

44...f5 45.gxf5 ♕xd6

Es gab keine Verteidigung mehr.

46.♕c4+ ♔h8 47.♕f7 1-0

Verteidiger eliminieren

Ohne Verteidiger in der Nähe ist der König völlig hilflos dem Angriffsduo Dame und Turm ausgeliefert. Deshalb ist es nützlich für den Angreifer Ausschau nach dem(n) wichtigsten Verteidiger(n) zu halten und diese zu verfolgen. Verteidiger können auf verschiedene Art ausgeschaltet werden. Eine wichtige Möglichkeit ist sie wegzulocken (Ablenkung). Eine herrliche Demonstration dieser Strategie zeigte der Mann, der eine lange Zeit unbestritten die Nummer Zwei in der Welt war: Levon Aronjan.

Levon Aronjan
Andrei Wolokitin
Kallithea tt 2008 (6)

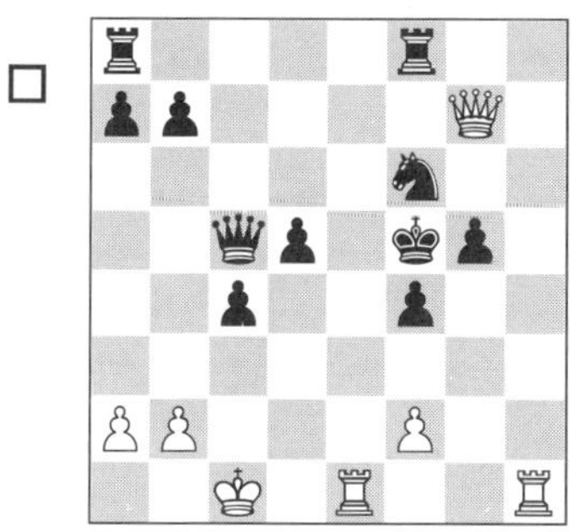

Die ganze Partie ist es wert, nachgespielt zu werden, wir wollen uns auf das bezaubernde Finale beschränken, das eine Königsjagd sieht. Trotz seiner ungewöhnlichen Position auf dem Brett sieht der schwarze König ziemlich sicher, da sein Springer den Laden zusammenhält. Es wäre zu schön, wenn wir dieser Verteidiger ablenken könnten. Und wirklich, wir können das schaffen:

28.♖h5!!

Weiß droht Matt durch Dame oder Turm nimmt g5. Da dieser Bauer g5 nicht befriedigend verteidigt werden kann, muss der Turm geschlagen werden.

28...♘xh5 29.♖e5+ ♔g4 30.♕xg5+ ♔f3 31.♕xh5+ ♔xf2

Oder 31...♔g2 32.♕g4+ ♔f1 (32...♔xf2 33.♖e2+ mit baldigem Matt) 33.♕e2+ ♔g1 34.♖g5+ ♔h2 35.♕h5#.

Mittlerweile hat der schwarze König beinahe seinen ganzen Schutz eingebüßt, zugleich wurde er ins Herz des weißen Territoriums getrieben. Bei dem, was nun kommt, ist das Thema des „rollenden Matts“ ziemlich nützlich!

32.♕e2+

Schwarz gab auf wegen 32.♕e2+ ♔g3 33.♖g5+ ♔h4 34.♕h5#.

Aufbrechen der Stellung

Wir haben eindeutig gesehen in verschiedenen Beispielen, das sein „nackter“ König keine Chance hat gegen die Angriffskombination

♕+♖. Deshalb ist bei weitem die am häufigsten benutzte und wichtigste Taktik das „Aufbrechen der Stellung".

Das nächste Fragment zeigt einen weiteren exponierten König, der von zwei Schwerfiguren niedergestreckt wird. Wie es dem Weißen dabei gelingt, die Zusammenarbeit von Dame und Turm zu optimieren, ist höchst instruktiv.

George Walker (1838)

□

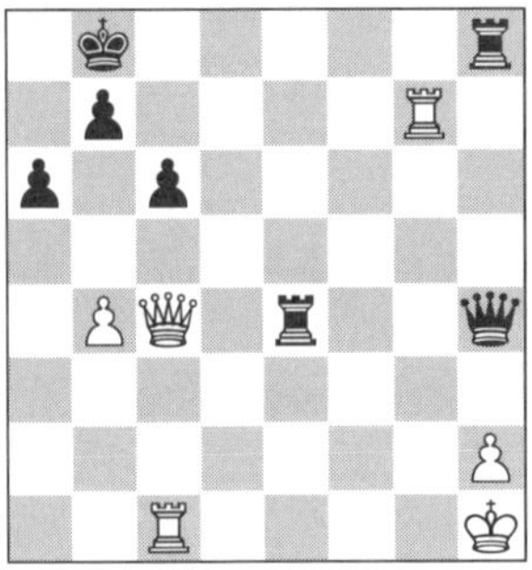

Schwarz hat alle Arten von Drohungen. Vor allem droht Matt auf h2, zudem hängt die weiße Dame. Soll sich Weiß verteidigen oder einen Gegenangriff starten? Mit Schwerfiguren ist letztere Option meist die richtige:

1.♖xb7+!

Weiß bricht die schwarze Königsstellung auf.

1...♔xb7 2.♕xc6+ ♔a7

Ein wichtiger Moment. Weiß kann Dauerschach geben, aber ist da vielleicht mehr für ihn drin? Wichtig ist, dass 2...♔b8 verliert nach 3.♕b6+ (3.♕d6+ führt auch zum gewünschten Ziel: 3...♔a8 4.♕xa6+ ♔b8 5.♕b6+ ♔a8 6.♖a1#) 3...♔a8 4.♕xa6+ ♔b8 5.♕b6+ ♔a8 6.♖a1#.

3.♕d7+!

Ein starker Zug, der den Weg für den Turm freimacht. Ebenfalls gut ist 3.♕c5+ ♔b7 4.♕d5+ ♔b6 5.♕d6+ ♔b5 6.♕c6+ ♔xb4 7.♕b6+ ♔a3 8.♖a1#.

3...♔a8

Nach 3...♔b6 wird es matt in zwei: 4.♕c7+ ♔b5 5.♕a5#, und 3...♔b8 verläuft analog zur Partie.

4.♕d5+ ♔b8

Oder 4...♔a7 5.♖c7+ ♔b8 (5...♔b6 6.♕b7#) 6.♕b7#.

5.♕d6+ ♔a8

Oder 5...♔b7 6.♖c7+ ♔b8 7.♕b6+ ♔a8 8.♕a7#.

6.♕xa6+

Jetzt, da der letzte Verteidiger vernichtet ist, ist der Rest ein Kinderspiel.

6...♔b8 7.♕b6+ ♔a8 8.♖a1#

David Eggleston
Christian Harstad
Dublin 2012 (6)

□

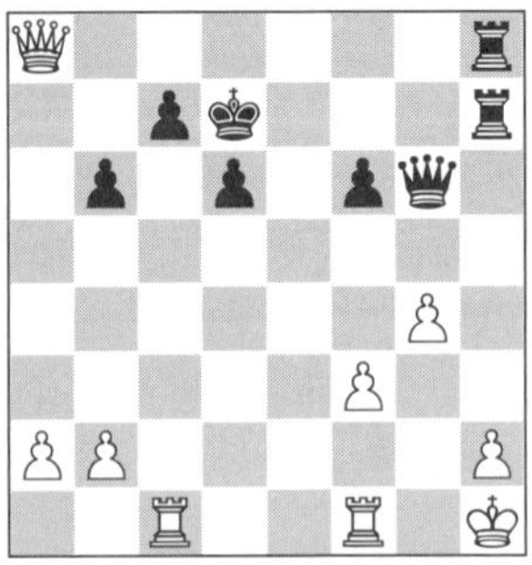

Schwarz scheint die Partie bereits in der Tasche zu haben: er droht auf h2 zu schlagen, und die weiße Dame hängt. Doch Weiß hat eine Überraschung vorbereitet:

29.♖xc7+ ♔xc7 30.♖c1+ ♔d7 31.♕b7+! ♔e6

31...♔e8 32.♖c8#.

32.♖e1+

Nebst Matt im nächsten.

In nächsten Fragment muss wieder mal der Verteidigungswall niedergerissen werden. Diese Arbeit muss, wie so oft, gewaltsam verrichtet werden.

Arno Bezemer
Christov Kleijn (Analyse)
Amsterdam 2010 (4)

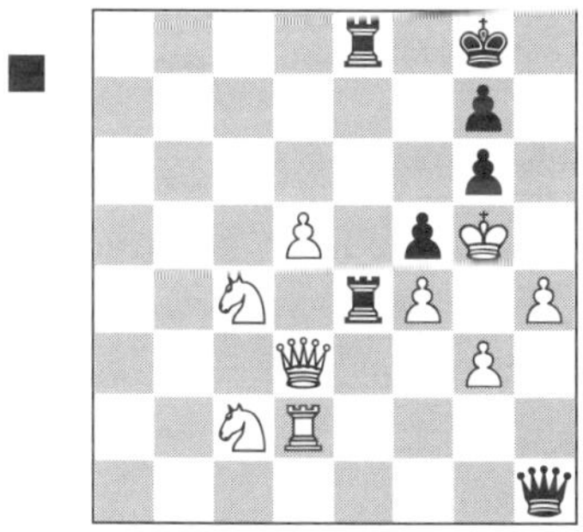

Diese Stellung gab es nie wirklich auf dem Brett, sie wurde komponiert nach einer Partie zwischen zwei holländischen Spielern. Schwarz wendet ein hübsches Motiv an, um an den weißen König heran zu kommen:

1...♖xf4!

Reißt ein Loch in die Mauer, die den weißen König umhüllt. Nicht 1...♕h3 wegen 2.♕f3.

2.♔xg6

Er versucht, einen Weg nach vorn zu finden. Der Turm darf unter der Strafe von Matt nicht genommen werden: 2.gxf4 ♕g1+.

2.♔xf4 trifft auf 2...♖e4+ 3.♔g5 (3.♕xe4 ♕xe4+ 4.♔g5 ♕g4#) 3...♖g4#.

2...♕h3!

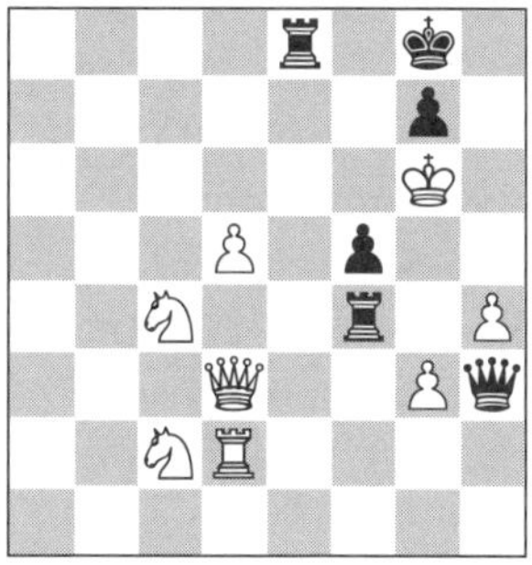

Und die Drohung 3...♕g4+ endet fatal für den Weißen. Schwarz gewinnt auch nach 2...♖g4+ 3.♔xf5 ♕h3.

3.♘2e3 ♕xg3+ 4.♔h5 ♖xh4#

2.14 Zusätzliche Waffen und Techniken

In Kapitel 1 haben wir bereits ein paar Waffen vorgestellt, die ein Angreifer anwenden kann, sobald er die Idee in seinem Kopf entwickelt, dem Gegner an die Gurgel zu springen. Nachdem wir eine stattliche Anzahl von Beispielen untersuchten, versuchten wir, Regeln herauszufiltern, die speziell für Angriffe mit Schwerfiguren gelten. Wir haben nun die folgende Liste von regelmäßig auftauchenden taktischen Motiven und/oder Regeln zusammengestellt:

Den König gefangen halten

Was macht ein Hase, wenn er von einem Wolf oder einem anderen Raubtier gejagt wird? Er flüchtet, rennt los und sucht nach einem Loch im Untergrund, möglichst klein, um seinen Verfolgern zu entkommen. Aber wenn die Wölfe im hungrigen Pack kommen, wird es sehr schwer für das arme kleine Tier, seinem Schicksal zu entrinnen. Wenn sie zusammenarbeiten, werden die Wölfe die meisten Fluchtrouten blockieren können.
Beim Schach können wir versuchen, etwas ganz Ähnliches zu erreichen, falls es dem feindlichen König zu heiß wird und er versuchen will, davonzurennen. Diese wichtige Technik, die dem König seine Fluchtroute abschneidet, wird im folgenden Beispiel gezeigt:

Christophe Philippe
Jean-René Koch
Vandoeuvre 2011 (3)

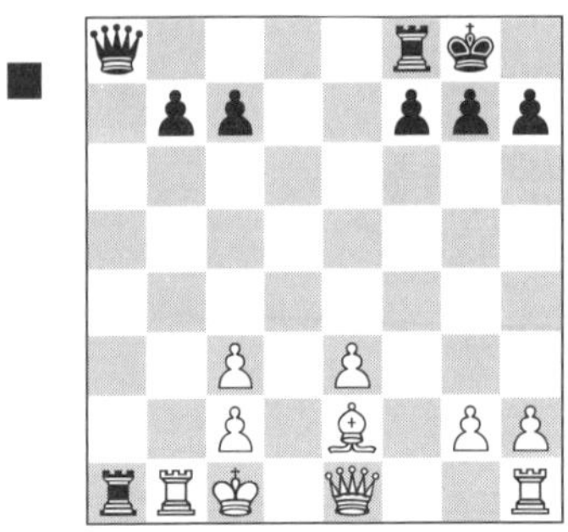

Der weiße König ist über die a-Linie bedroht, aber noch kann er auf d2 Schutz suchen, wonach Weiß die d-Linie mit ♗d3 verschließen kann. Der König wird dann den Schutz des Doppelbauern genießen können. Schwarz hat eine Figur weniger, deshalb muss er schleunigst was tun, um der Flucht des Königs einen Strich durch die Rechnung zu machen.

22...♖d8!

Damit besetzt Schwarz die d-Linie mit der sofortigen Drohungen 23...♕a3. Das direkte 22...♕a3+ ist keine Lösung – es führt zum weißen Gewinn. Hier ist eine mögliche Variante: 23.♔d2 ♖d8+ 24.♗d3 ♖xd3+ (was sonst?) 25.♔xd3 (nicht 25.cxd3?? wegen 25...♖a2+ und Schwarz gewinnt) und der schwarze Angriff kommt zum Stillstand.

23.♗d3

Der einzige Zug, der das Matt verhindert. Natürlich rennt 23.♔b2 in 23...♕a3#. Aber jetzt kommt das bildschöne

23...♖xd3!

Der Unterschied zur ersten Variante liegt darin, dass nun nicht der König auf d3 zurücknehmen kann.

24.cxd3

Somit ist er gezwungen, mit dem Bauern zu schlagen. Doch jetzt ist die zweite Reihe geöffnet, was bedeutet, dass sein Versteck auf d2 exponiert ist. Wir haben bereits gesehen, dass Schwerfiguren eine unerbittliche Macht entlang der zweiten Reihe entwickeln können:

24...♕a3+! 0-1

Er wird mattgesetzt nach 25.♔c2 (25.♔d2 ♕a2+! und die drei Bauern c3, d3 und e3 erweisen sich als schwerfällig Hindernisse!) 25...♖a2+ 26.♔d1 ♕a4+ 27.♔c1 ♕c2#.

Der „Haken und der Leitertrick“

Sogar Topspieler entgeht manchmal eine (einfache) Kombination. Schauen Sie sich den folgenden Fehler von Levon Aronjan in einer Partie gegen Peter Swidler an!

Levon Aronjan
Peter Swidler
Moskau 2006 (3)

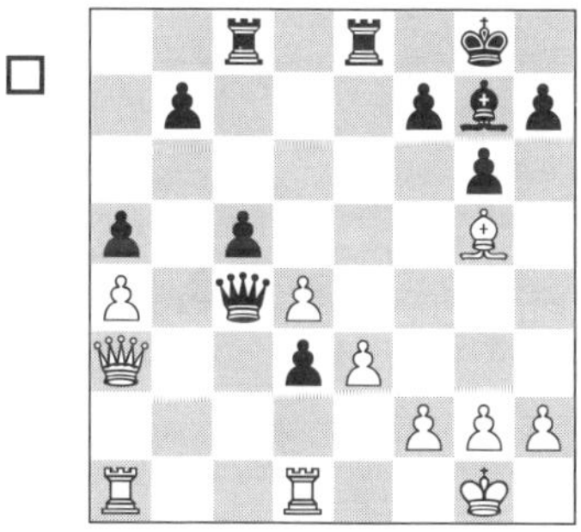

Sogar Weltklassespieler können in furchtbare Fallen fallen:
23.♕xd3 cxd4 24.exd4??
Und Schwarz gewann die Partie mit
24...♖e1+! 0-1
Dieses Beispiel wird vom amerikanischen Schachtrainer Dana MacKenzie benutzt, um das zu illustrieren, was er „Haken und den Leitertrick“ nennt. Er produzierte daraus einen höchst amüsanten Kurzfilm, der ein paar Beispiele zeigt. Dana erläutert, wie er zu dieser Bezeichnung kam. Die d-Linie sieht wie eine Art Leiter aus, mit der Dame an der Spitze. Der ♖d1 ist am Boden der Leiter – der Turm hält in unserem Bild die Dame. Mit seinem Zug 24...♖e1+ zieht der Schwarze sozusagen die Basis-Leitersprosse unterhalb der Dame mit einem Haken weg. MacKenzie behauptet, dass das Bild, das er kreierte, es vielen Schachspielern erleichtert, sich an das Motiv zu erinnern. Ein anderer Schachlehrer mag sagen, dass der Turm d1 überlastet ist, dadurch dass er sowohl die Dame als auch die Grundreihe überdecken muss. Indem man diese Bilder heraufbeschwört, ist man guter Hoffnung, dass die Schachschüler das Motiv zukünftig schneller in ihren Partien erkennen werden!
Bei aller Bescheidenheit, wir beide, meine Co-Autorin Petra Schuurman sowie ich selber, haben einst das „Haken- und Leitermotiv“ in unseren eigenen Partien übersehen.

Elvira Berend
Petra Schuurman
Warschau Ech-W 2001 (3)

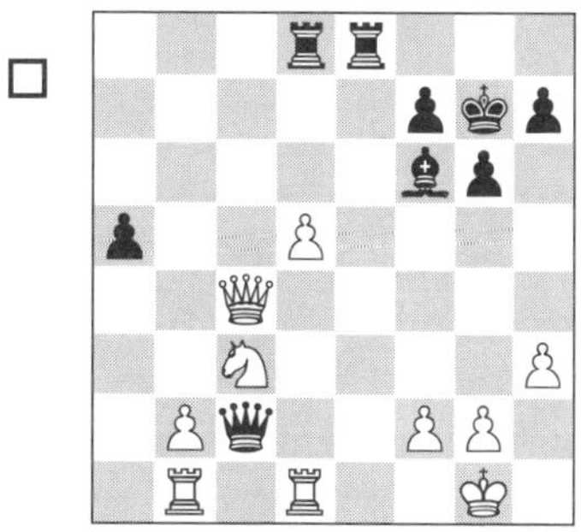

Hier spielte Weiß das fehlerhafte
31.♕d3??
Das ich (PS) freilich hätte ausnutzen können mit
31...♖e1+!
Doch ich spielte 31...♕xd3 und es endete schließlich mit Remis.
32.♔h2
Nach 32.♖xe1 geht die Dame verloren: 32...♕xd3.
32...♗e5+!
Dieser Zwischenzug beendet die Partie ein für alle Mal.
32...♕xd3 33.♖xd3 ♗xc3 gewinnt eine Figur und würde den Kampf ebenso entscheiden.
33.g3 ♕xf2#

Herman Grooten
Jewgeni Wladimirow
Graz tt 1981

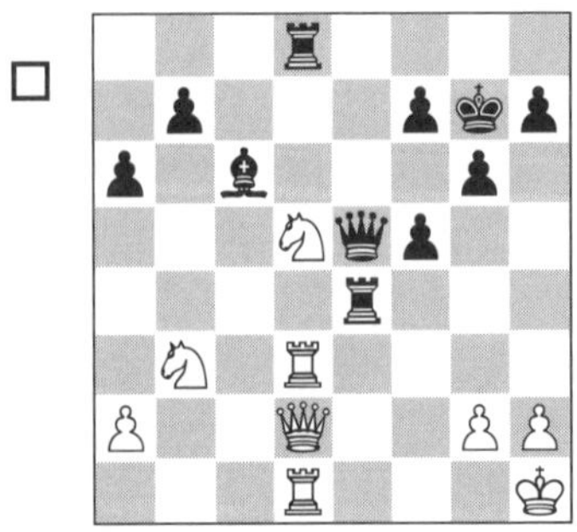

In dieser Stellung, auf die ich in der Partie Kasparow-Van der Wiel verwies, hat Schwarz drei Bauern für die Figur. Er steht sehr zentralisiert, Weiß muss sehr achtsam spielen. Doch ich jedenfalls spielte
27.h3??
Ein schrecklicher Fehler, nachdem Weiß dem „Haken- und Leitertrick" zum Opfer fällt. Der einzige Zug war 27.♘f4!, wonach die Stellung unklar wäre.
27...♖xd5! 28.♖xd5 ♗xd5 29.♕xd5 ♖e1+ 0-1
Mit dem wohlbekannten Haken wir die Leiter unter den Füßen der Dame weggezogen...

Hier wird „Haken und Leiter" als Werkzeug beim Aufbau eines Angriffes benutzt:

Maxim Dlugy
Friso Nijboer
Wijk aan Zee 1990 (5)

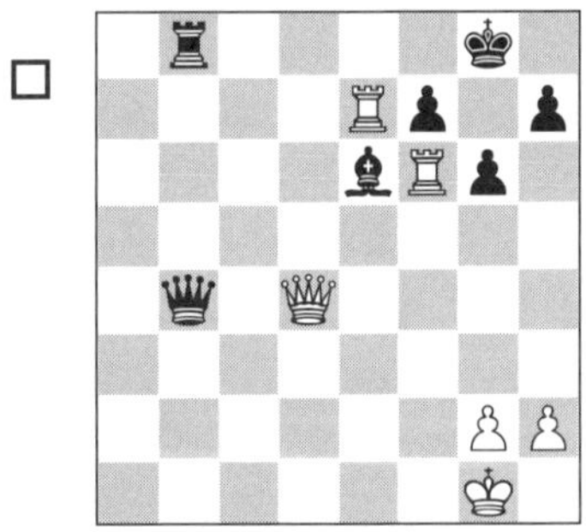

Die ♕b4 befindet sich auf der Spitze der Leiter. Mit
33.♖e8+
versucht Weiß wieder, den Boden unter den Füßen wegzuziehen. Aber Schwarz will nicht kooperieren:
33...♔g7
Natürlich nicht 33...♖xe8 34.♕xb4 und gewinnt.
34.♕e5!
Damit greift Weiß den Turm zum zweiten Mal und nebenbei droht er

auch noch ein fieses Abzugsschach mit 35.♖f6-f4+. Schwarz gab auf. Weniger überzeugend ist 34.♖xg6+ ♔xg6 35.♖g8+ ♖xg8 36.♕xb4, wonach Weiß immer noch einen schwierigen Job zu erledigen hat. Es könnte durchaus eine Festung für Schwarz sein.

34...♖b5

Das wäre ein letzter Versuch gewesen, im Trüben zu fischen. Doch auch hierfür hatte Dlugy einen netten Trick auf Lager. Nach 34...♖xe8 35.♖f4+ ♔g8 36.♖xb4 ist es völlig hinüber. Auch 34...♕b5 35.♖fxe6+ ♕xe5 36.♖xe5 gibt dem Weißen einen riesigen Materialvorteil.

35.♖xg6+! ♔xg6 36.♖g8+ ♔h6 37.♕g7+ ♔h5 38.♕xh7#

Geometrische Effekte

Geometrische Phänomene sind beim Schach recht häufig. Ein Spieler sollte kontinuierlich seine eigenen Möglichkeiten wie auch die seines Gegners im Auge bewahren. In unserer Praxis als Schachtrainer kamen wir zur Erkenntnis, dass viele Schachspieler dazu neigen, nach „vorne“ zu denken. Größtenteils erkennen sie zwar ihre eigenen Möglichkeiten, aber sie haben Schwierigkeiten dabei, verborgene Gelegenheiten ihres Gegners wahrzunehmen. Ein Schachprogramm dagegen ist in keinster Weise von dieser verzerrten Wahrnehmung betroffen, aber wir Kreaturen aus Fleisch und Blut sicherlich schon!

Wir wollen mal näher betrachten, welche Art von Zügen generell als „schwierig“ betrachtet werden.

Lange Züge bzw. Züge entlang einer Diagonalen

Diese kommen häufig unerwarteter als Züge von Figuren, die entlang der Linien und Reihen gemacht werden:

Yvalin Bruned
Amir Bagheri
Metz 2005 (3)

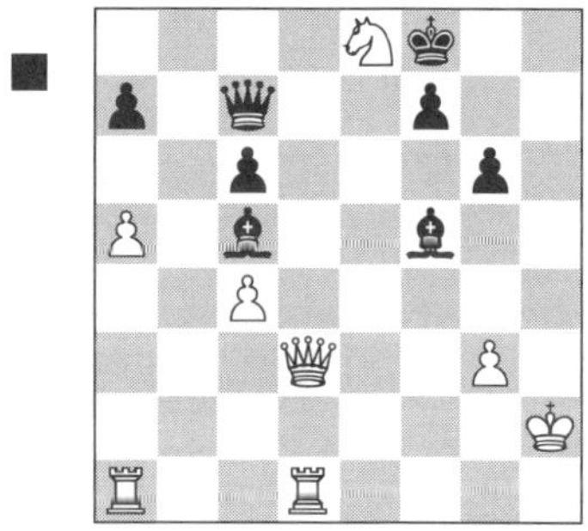

In dieser hoch spannenden Stellung hat Weiß Material gewonnen. Doch er muss achtgeben. Seine Dame und sein Springer hängen, und zudem gibt es noch eine andere Drohung. Jedenfalls versäumte der Weiße ein „kleines Detail“...

34...♕e5 35.♕f3??

Mit dem höchst überraschende und zugleich attraktiven 35.♘f6! hätte Weiß einen großen Vorteil erzielen können: 35...♔g7 (35...♗xd3 36.♘d7+) 35...♕xf6 scheitert an 36.♕d8+ ♔g7 37.♕xf6+ ♔xf6 und mit zwei extra Qualitäten sollte Weiß gewinnen) 36.♘h5+ gxh5

37.♕d2 und es sieht aus, als würde Weiß auch hier am Drücker bleiben. Jetzt wird Weiß ruiniert durch einen Trick, dem schon viele zum Opfer gefallen sind:

35...♕h8+!

Rückwärts gewandte Züge der Dame auf einer Diagonalen sind für viele Spieler schwer zu antizipieren.

36.♔g2 ♕h3#

Ein abruptes Ende.

Züge entlang einer Reihe

Wie häufig stellen wir eine Figur ein, weil wir den „horizontalen Effekt" (auch genannt der „laterale Effekt") aus den Augen verlieren?

Eröffnungsfalle, horizontaler Effekt

1.d4 d5 2.c4 e6 3.♘c3 ♘f6 4.♗g5 ♘bd7 5.e3 c6 6.♕c2 ♕a5 7.♘f3 ♗b4 8.♘d2 0-0 9.♗d3??

Ein grässlicher Fehler, dem schon viele zum Opfer gefallen sind.

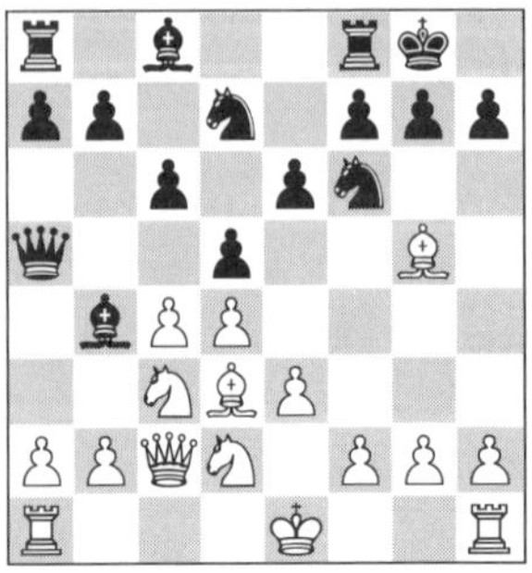

9...dxc4!

Ein Doppelangriff: der Bauer greift den ♗d3 an, zudem bedroht nun auch die Dame den ♗g5, was bedeutet, dass Weiß eine Figur verliert.

Züge nach „hinten"

Diese Art von Zügen wird so oft vergessen, dass wir als Trainer eine ganze Sammlung von ihnen aufgebaut haben, um junge Spieler gründlich über diese geometrischen Effekten aufzuklären.

Bei diesem schwierigen geometrischen Thema haben wir ein besonderes Augenmerk auf lange Damenzüge verwandt, um unsere Schüler gerade mit diesem Zugtyp gründlich zu konfrontieren. Rückwärtsgewandte Damenzüge sind häufig ganz schwer vorherzusehen.

Hier sind zwei Beispiele:

Joseph Gallagher
Alexandre Vuilleumier

Lenk 2003 (4)

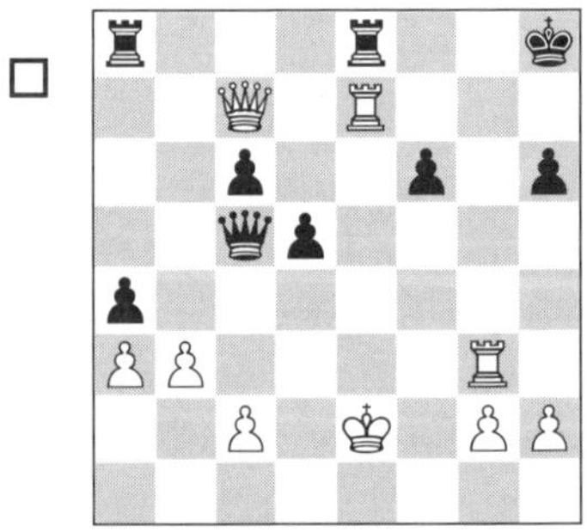

Weiß kontrolliert die siebte Reihe, aber da der Turm auf e7 gefesselt ist, sieht die Situation doch schwierig aus. Weiß muss einen Weg finden, die Dame näher zum Turm zu bringen. Mit

38.♖g8+!

erzwang Weiß die schwarze Aufgabe. Hier handelt es sich

um eine Mischung aus „einen Verteidiger eliminieren“, Magnet und Räumung. Dies sind die Waffen, die wir im ersten Kapitel des Buches präsentierten.
Es kann folgen:

38...♔xg8

38...♖xg8 39.♖h7#.

39.♕g3+

Ein Zug, der im Voraus ganz schwer wahrzunehmen ist...

39...♔f(h)8 40.♕g7#

Im nächsten Beispiel hat Weiß bereits einen Turm auf der siebten Reihe stehen, aber es erscheint nicht leicht, die Dame auch dorthin zu bekommen. Der holländische Großmeister wurde das Opfer eines attraktiven finalen Durcheinanders seines schwedischen Gegners.
Mit seinem Turm auf der siebten Reihe sowie dem verwundbaren schwarzen König muss Weiß gewinnen. Dennoch, der Todesstoß ist nicht so leicht zu versetzen.

Nils Grandelius
Iwan Sokolow
Malmö 2009 (2)

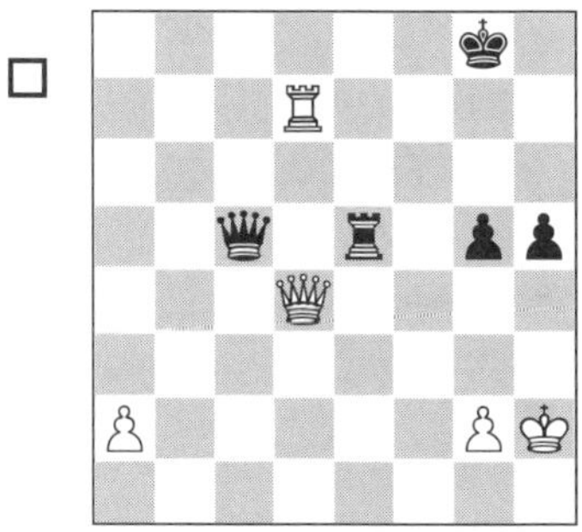

61.♕d3!

Samt droht die Dame, ebenfalls auf der siebten Reihe einzudringen. 61.♕a4 macht auch einen anziehenden Eindruck, aber da kann Schwarz sich verteidigen: 61...♖e7 (61...♖e8 hält auch: 62.♕b3+ ♔h8 63.♕b2+ ♕e5+ 64.♕xe5+ ♖xe5 mit Ausgleich) 62.♕b3+ ♔g7 und hier gibt es nichts mehr zu gewinnen für Weiß.
Nach dem Textzug gab Sokolow auf. Es könnte folgen:

61...♖f5

Der einzige Zug, ansonsten müsste er sogleich das Handtuch schmeißen. Nach 61...♔f8 führt 62.♕f3+ ♖f5 63.♕a8+ zum Matt.

62.♕b3+

Ein Damenschwenk auf der dritten Reihe – alles mit Tempo.

62...♔h8

62...♔f8 ist freilich unmöglich wegen 63.♕b8+.

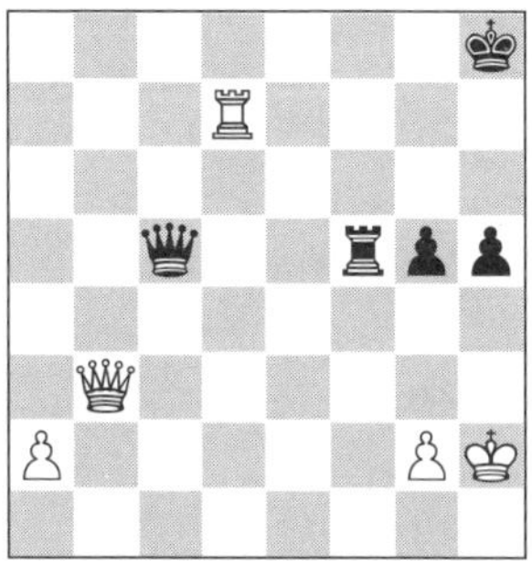

63.♕b8+

Dadurch lenkt Weiß den Turm von der fünften Reihe weg, worauf Schwarz nachher keine Figur auf e5 mehr dazwischen ziehen wird können.

Sicherlich nicht 63.♕b2+? sogleich, was alles verderben würde. Das Endspiel nach 63...♕e5+ 64.♕xe5+ ♖xe5 ist remis.

63...♖f8

Bei 63...♕f8 verliert Schwarz die Dame nach 64.♖d8.

64.♕b2+

Der Schlüsselzug. Mit diesem Damenrückzug entscheidet Weiß das Spiel.

64...♔g8 65.♕g7#

2.15 Manöver mit Schwerfiguren

Genau wie bei einem Angriff in einer Position mit ungleichfarbigen Läufern, ist die entscheidende Frage, wenn nur noch Schwerfiguren auf dem Brett sind: welcher der Spieler hat die Initiative? Das Angriffspotential von zwei oder mehr Schwerfiguren ist immens. Ganz besonders, falls der gegnerische König wenig Schutz hat und die Schwerfiguren gut zusammenarbeiten, kann dies zu einer schnellen Entscheidung führen. Im kommenden Abschnitt haben wir verschiedene Manövertypen zusammengestellt.

Turm-/Damenschwenk

Der Turmschwenk ist ein wichtiges Manöver beim Königsangriff. Er erscheint in verschiedenen Formen. Als nächstes zeigen wir ein erfrischendes Musterbeispiel, bei dem Weiß einen Turm opfert, um die siebte Reihe zu öffnen, und anschließend mit seinem zweiten Turm entscheidend über die sechste Reihe eindringt. Verblüffend nur, dass es in der Partie nicht zum „Gnadenstoß“ kam. Da die weitere Entwicklung der Partie für dieses Thema nicht interessant ist, haben wir sie weggelassen.

Maxime Vachier-Lagrave
Yannick Pelletier

Biel 2011 (14)

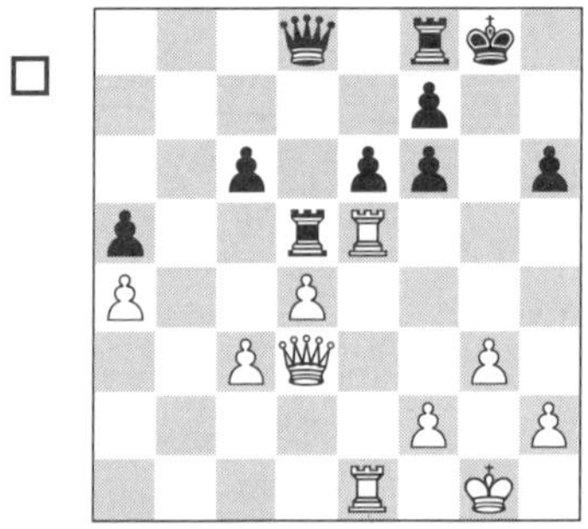

23.♖xe6!

Mit diesem Zug zertrümmert Weiß die schwarze Königsstellung, und Letzterer bekommt schwere Probleme trotz seines großen materiellen Vorteils.

23...fxe6 24.♕g6+ ♔h8 25.♕xh6+ ♔g8 26.♕g6+ ♔h8

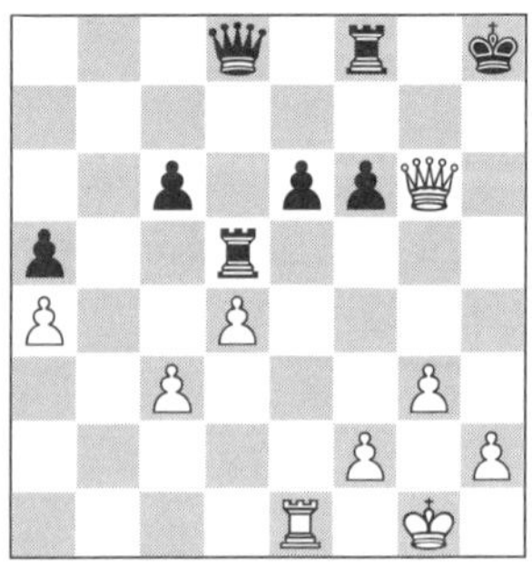

27.♖e4!

Weiß bereitet einen Turmschwenk auf der vierten Reihe vor. Nach 27.♖xe6 würde sich Schwarz mit 27...♖g5! 28.♕h6+ ♔g8 verteidigen, was gewinnträchtig für ihn aussieht.

27...f5 28.♕h6+

Aber nicht 28.♖h4+?? wegen 28...♕xh4 29.gxh4 ♖g8.

28...♔g8

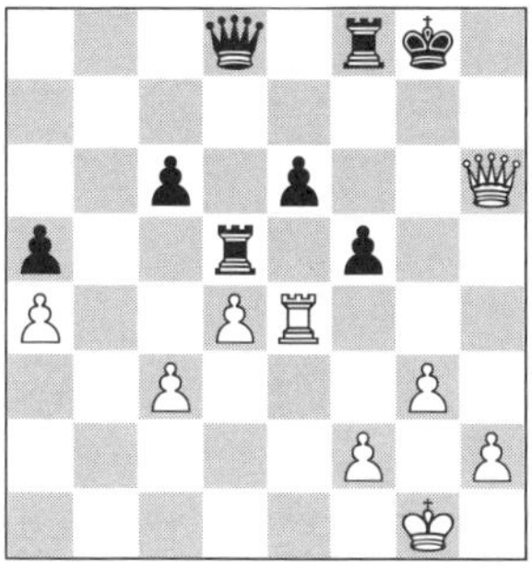

29.♖xe6!

Nun, da kein Bauern mehr auf f6 steht, ist die sechste Reihe geöffnet, und der weiße Turm kann über sie in die Angriffsposition gelangen. Bei 29.♖h4 könnte sich Schwarz mit 29...♖d7! verteidigen, wonach nicht zu sehen ist, wie der weiße Turm näher ans „Objekt" schwarzer König kommen könnte.

Noch schlechter ist 29.♕xe6+ ♔g7 30.♖h4 ♕f6 und der weiße Angriff ist verpufft.

29...♖d7 30.♖g6+ ♔f7

Ein wichtiger Moment. Der schwarze König droht, über e8 zum Damenflügel zu rennen. Am besten ist hier

31.♕h5!

wonach die weiße Dame die wichtigen weißen Felder kontrollieren würde. Der König kann nicht entkommen.

In der Partie fand der Franzose nicht den besten Zug, sondern spielte: 31.♖xc6?. Der schwarze König steht auch hier noch unsicher, aber die Frage ist, ob dies sowie die starken weißen Zentralbauern ausreichend Kompensation für den Turm bieten. Nebenbei gesagt, Weiß gewann in einer langen Manöverpartie.

31.♖e6 gewinnt ebenfalls nicht, da Schwarz mit 31...♖g8 alle Drohungen pariert. Nach dem logischen 31.♕h7+ hat Weiß nicht mehr als ein Dauerschach: 31...♔e8 32.♖e6+ ♖e7 33.♕g6+ ♖ff7 34.♕g8+ ♖f8 35.♕g6+ mit Remis.

Kurioserweise scheint auch 31.d5 für Weiß zu gewinnen. Das liegt am bezaubernden Motiv 31...♔e8 32.♖e6+ ♖e7 und nun 33.d6!.

31...♔e7

Falls Schwarz abwartet, wird er ebenso mattgesetzt: 31...c5 32.♖h6+ (32.♕xf5+ ♔e8) 32...♔g8 33.♖h8+ ♔g7 34.♖h7+ ♔g8 35.♕g6+ mit Matt oder 32...♔e7

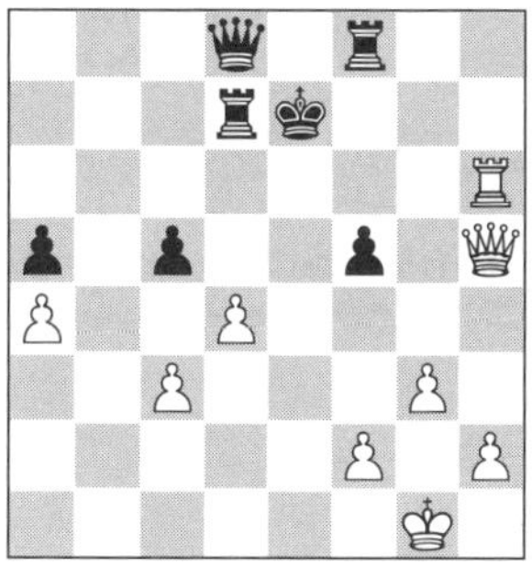

Analysediagramm

33.♕e2+! ♔f7 34.♕e6+ ♔g7 35.♕g6#.
Oder 31...♖h8 (31...♔e8 32.♖e6#) 32.♖h6+ ♔e7 33.♕g5+ ♔f7 34.♕g6+ ♔e7 35.♕f6+ ♔e8 36.♖xh8#.

Zurück zur Hauptlinie:

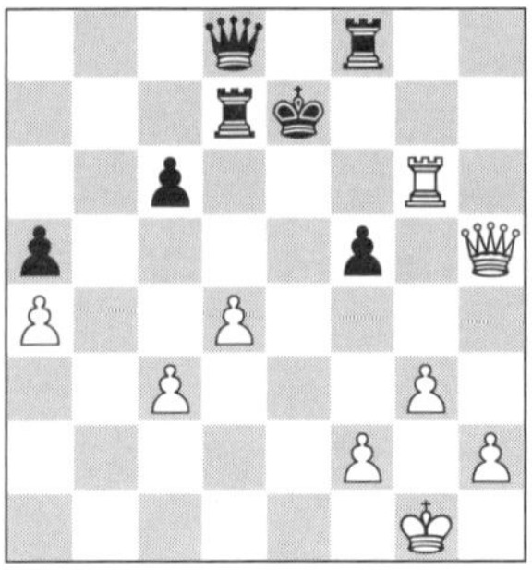

32.♕e2+!
Und wieder ein „Rückwärts-Zug“, der schwer vorauszusehen war. Aber jetzt ist es sofort aus.
32...♔f7 33.♕e6#

Weiter geht‘s mit einem Fragment eines unserer Schüler, dem früheren niederländischen U14 Meister Joris Gerlagh. Ihm gelang es, einen anderen talentierten Jugendlichen mit beschwingtem Spiel zu überspielen.
Leider verpasste er unterwegs eine besonders instruktive Möglichkeit, die wir dem Vergessen zu gern entreißen wollen.

Robin Lecomte
Joris Gerlagh
Niederlande jr 2014 (3)

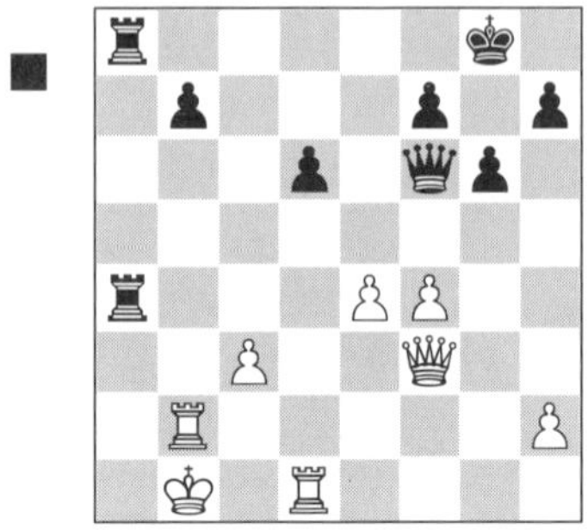

Hier ist
32...d5!?
ein schöner Einfall, dem Angriff neue Impulse zu verleihen, da nun die schwarze Dame einen Schwenk entlang der sechsten Reihe machen und anschließend den weißen König entlang der a-Linie oder über die erste Reihe jagen kann.
Die Partie sah das weniger starke 32...♖a3, wenngleich Schwarz danach immer noch eine exzellente Stellung besaß und er letztlich auch gewann.
Übrigens war auch 32...♕e6!? ein starker Zug.
33.♖xd5
Weiß muss reagieren.
Auf 33.exd5 folgt 33...♖xf4 und jetzt kann wird der Turm ein Stolperstein für Weiß auf der f-Linie. Zum Beispiel: 34.♕d3 ♖f3 35.♕d4 (35.♕c2 ♖xc3) 35...♕f5+ und die Probleme wachsen an.
33...♖a1+ 34.♔c2

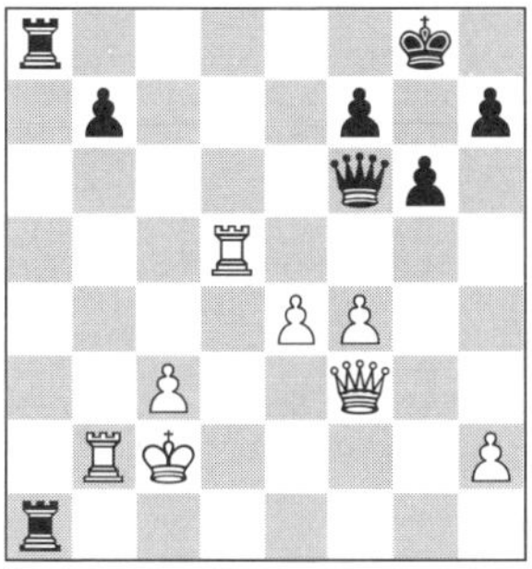

34...♕a6!
Hier ist der Damenschwenk! Die Dame kann sich nun auch von der Seite einmischen.
35.♖d4
Nach 35.♔d2 sichert Schwarz die Initiative auf amüsante Weise: 35...♖f1 36.♕e2 ♕a1 und mit wenigen Riesenschritten erreichte die schwarze Lady die Grundreihe des Gegners.
35...♖e1
Der König wird von zwei Fronten in die Zange genommen.
36.♔d2
Andere Züge sind schlechter, z.B. 36.♖d2 ♕a4+ 37.♖b3 ♖a1!.
36...♕a1
Und auch hier hat die Dame den weißen König mit zwei Riesensätzen erreicht.
37.♖c2 ♖e8 38.h3 ♖h1 39.♕e2 ♕g1

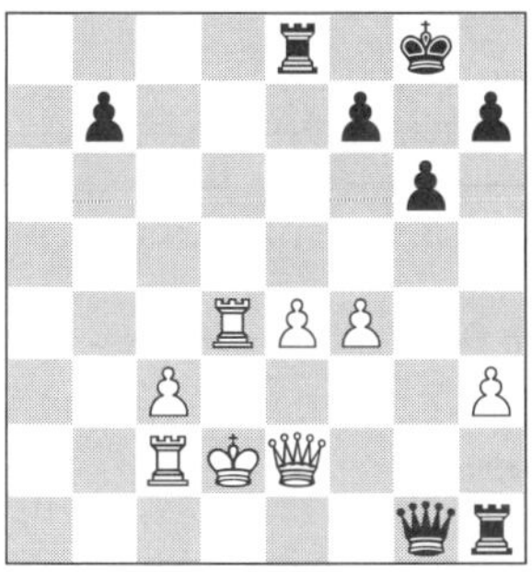

Und hier wäre es für Weiß an der Zeit, zu resignieren.

Und nun präsentieren wir eine Art „Einzüger“. Auch in diesem Beispiel wurde in Zeitnot der richtige Zug nicht gefunden. Auch hier handelt es sich um die Partie einer früheren Schülerin von uns, Lisa Hortensius, die im Moment Medizinstudentin ist, und die mehrfach an der niederländischen Frauenmeisterschaft teilgenommen hat.

Lisa Hortensius
Naomi Snikkers
Haarlem ch-NED jr 2010

□

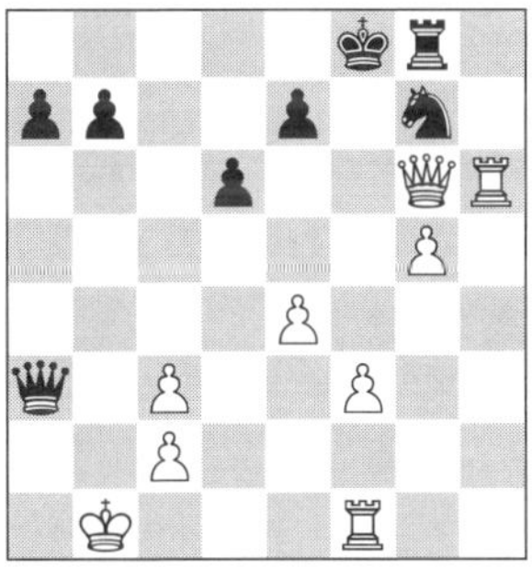

Nach einem überragend gespielten Mittelspiel hat Weiß eine Gewinnstellung erreicht. Allerdings verpasste sie es in Zeitnot, ihrer Leistung die Krone aufzusetzen. Sofort gewann
25.♖h4!
mit der sehr lästigen Drohung 26.♖f4. Weiß spielte stattdessen 25.e5 und erlaubte es, dass sich die Partie später ins Remis abwickelte.
25...e5

Jetzt reißt Weiß die Stellung auf mit

26.f4!

Und falls 26...♕xc3, so 27.fxe5+ ♔e7 28.♖f7+ ♔d8 29.♕xd6+ ♔c8 30.♕d7+ ♔b8 31.♕xb7#.

Wir schließen diesen Abschnitt mit einem Quiz. Sie dürfen den Text mit einem Stück Pappe abdecken und versuchen, die Fragen zu beantworten und den (die) korrekten Zug (Züge) vorherzusagen.

Angelique Osinga
Sophia Thoma
Niederlande 2010 (4)

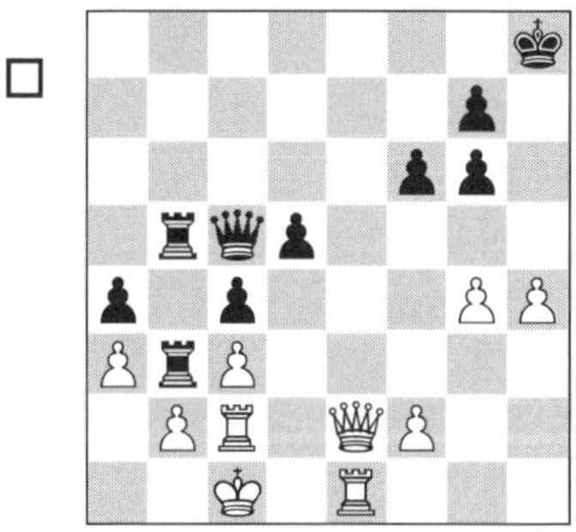

FRAGE 1: Was ist die stärkste Fortsetzung?

In der Partie folgte:

34.♕e6?

Es gewann 34.♕e8+! ♔h7 35.h5 (mit entscheidendem Vorteil; nebenbei, Schwarz drohte 35...♖xb2 36.♖xb2 ♕xa3 37.♖ee2 ♕a1+ 38.♔d2 ♕xb2+ 39.♔e3 ♕xc3+ 40.♔f4 ♕d4+ und gewinnt) 35...g5 (35...♖b8 hilft auch nichts mehr: 36.hxg6+ ♔h6 37.♖h1+ ♔g5 38.♖h5+ ♔xg4 39.♕e2+ ♔f4 und offensichtlich kann der schwarze König dies nicht überleben. Dennoch, die Mattvariante ist nicht so simpel: 40.♕e6! ♕c8 41.♕e3+ ♔g4 42.♕h3+ ♔f4 43.♕g3+ ♔e4 44.♖e2#) 36.♕g6+ ♔g8 37.♖e8+.

34...♖b8!

Gut verteidigt!

FRAGE 2: Und nun, kann Weiß den Angriff dennoch weiterführen?

35.♕f7!

Ein guter Angriffszug. 35.g5 sieht auch stark aus, ist aber zu langsam: 35...♖xb2! 36.♖xb2 ♕xa3 37.♖ee2 ♕a1+.

35...♕b5?

FRAGE 3: Weiß kann den schwarzen Fehler ausnutzen. Aber wie geht das?

Schwarz hätte noch das beste daraus machen können, wenn er den Damentausch angeboten hätte: 35...♕f8 36.♕xg6 d4 37.♕h5+ ♔g8 38.♕d5+ ♔h8 wonach Weiß zumindest Dauerschach hätte. 35...♖xb2? 36.♖e8+! gewinnt für Weiß.

36.♖ee2?

Die weiße Denkweise ist zu defensiv.

Nach dem aktiven 36.♖e7! ♖g8 37.♕xg6 d4 38.g5! hätte Schwarz das Matt nicht verhindern können.

36...d4!

Schwarz hat die Drohung gesichtet.

37.♖e7!

Jetzt aber...

37...♖g8

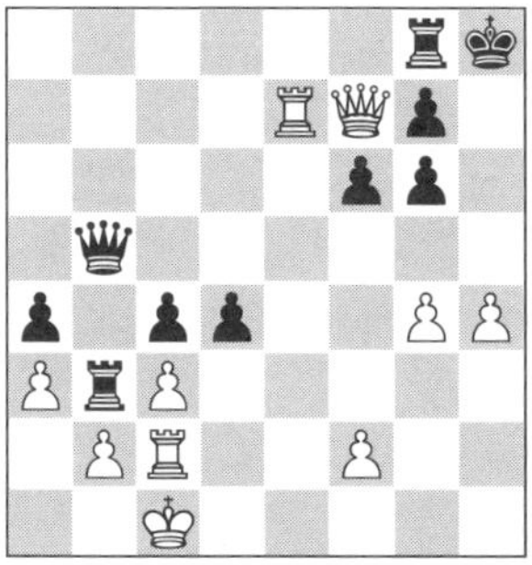

FRAGE 4: Ein schwieriger Moment in der Partie. Sollte Weiß den Bauern auf d4 nehmen, oder gibt es etwas anderes, mit dem sie ihren Gegner in Bedrängnis bringen kann?

38.cxd4?!

Jetzt wendet sich das Schlachtenglück, und mit einem Mal bekommt Schwarz die Initiative.

38.g5? ist nicht die beste Option. Zum Beispiel: 38...♔h7 39.gxf6 dxc3 und nach 40.♖xc3 (bei 40.fxg7? cxb2+! ist Schwarz im Angriff: 41.♔b1 c3 und Schwarz gewinnt) 40...♖xb2 41.♕xc4 wird die Partie remis enden.

38.♕xg6 sieht ebenso bedrohlich aus, aber nach 38...♕d5 39.f3 (39.♖ce2 dxc3 40.♖7e5 cxb2+; 39.♖d2 ♕h1+ 40.♖d1) 39...dxc3 bleibt es reichlich unklar.

Nur indem sie den zweiten Turm mit 38.♖ce2! aktiviert, was 39.♖e8 droht, konnte die Weiße wirklich kaum zu parierende Drohungen aufstellen: 38...dxc3 39.♖e8 ♖xe8 (39...cxb2+ 40.♔b1) 40.♖xe8+ und Schwarz muss die Dame hergeben, da sie sonst mattgesetzt wird: 40...♔h7 41.♕g8+ ♔h6 42.♕h8#.

38...c3!

Nicht 38...♕c6? in Anbetracht von 39.d5.

39.♖ee2?

Hier war 39.bxc3 das geringere Übel, wenngleich auch dann Schwarz das Übergewicht behält.

FRAGE 5: Wie übernimmt Schwarz die Initiative und gewinnt die Partie?

39...cxb2+!

Richtig!

40.♖xb2

40.♔b1 scheitert an 40...♕d3.

40...♖c8+ 41.♖ec2

41.♔b1 ♕d3+ wird auch matt.

41...♕f1+ 42.♔d2 ♖d3#

Kombination von Angriff + Freibauern im Zentrum

Falls man, in einer Stellung mit Schwerfiguren, einen Freibauern besitzt, ist es notwendig, den Raum hinter diesem Bauern optimal mit den Schwerfiguren zu nutzen. Solange die gegnerischen Figuren passiv an den Freibauern gebunden sind, können sich die Angriffsfiguren freier bewegen. Und deshalb ist es eine gute Strategie, die Drohungen, die der Freibauer erzeugt, mit einem Angriff auf den König zu verbinden. In seinen Analysen wies Kasparow auf dieses Phänomen hin, und es gibt einige seiner Partien, in denen dies spezielle Thema eine Rolle spielt. Hier sind zwei klassische Beispiele dieser Strategie.

Leinier Dominguez Perez
Elshan Moradiabadi
Chanty-Mansiysk 2011 (1)

□

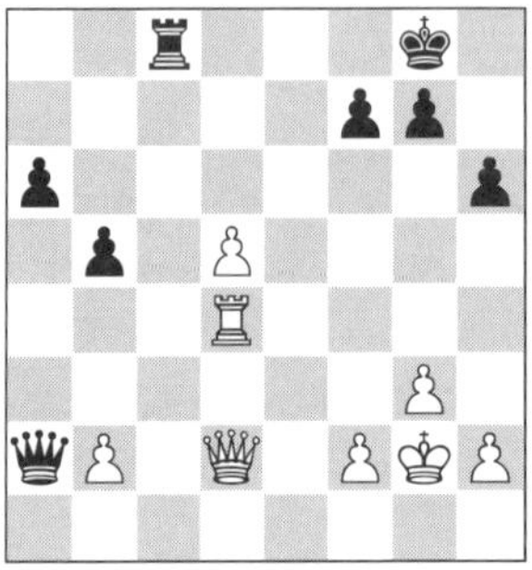

Materiell gesehen ist die Stellung ausgeglichen, aber Weiß hat ausgezeichnete Gewinnchancen dank seines außergewöhnlich starken Freibauern auf d5.
Die Grundregel lautet: Bauern laufen lassen, sobald es geht!

29.d6! ♕e6 30.d7 ♖d8

Je weiter der Bauer vordringt, desto mehr wird Schwarz gebunden sein. Die schwarzen Figuren müssen den Bauern intensiv beobachten, was sie in ihrer Aktivität beschneidet.

31.b4 ♕e5

Schwarz verharrt im Wartezustand.

32.♕c3 ♔h7 33.♕c5

Weiß kann diese kleinen Züge einbauen, da Abtausch ihn begünstigen würde.

33...♕e6

33...♕xc5?? verliert sogleich nach 34.bxc5 und der c-Bauer läuft.

34.♕c7 ♕e7

Man sieht, der Schwarze ist in seinen Handlungen sehr begrenzt. Aber wie kann Weiß nun Fortschritte erzielen? Er muss einen kleinen Angriff auf den schwarzen König inszenieren.

35.h4

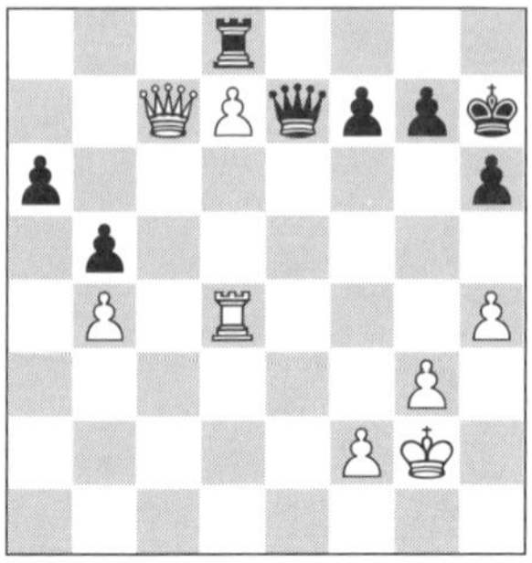

35...g6

Falls er h4-h5 mit 35...h5? stoppt, würde das sogleich Vergeltung nach sich ziehen: 36.♕c5! und Weiß gewinnt.
Es ist interessant, eine Fortsetzung herauszufinden für den Fall, dass Schwarz sich mit Nichtstun beschränken würde.
Eine mögliche Fortsetzung lautet: 35...♔g8 36.♕c6 ♔h7 37.h5 ♕e6 38.♕c7 ♕e7 39.♕c8 ♕f6 40.♕c2+ g6 (40...♔g8?? würde sogleich verlieren nach 41.♖e4!, denn 42.♖e8+ kann nicht verhindert werden) 41.hxg6+ fxg6 42.♕c7 ♕e7 43.♖d3! mit der Absicht ♖e3. Dann verliert 43...♕e4+ 44.♖f3 ♕e7 45.♖e3 ♕f6 46.♖e8 forciert.

36.h5

Greift die schwarze Stellung an.

36...gxh5 37.♕f4

37.♕c5 ♕f6 38.♖d6 ♕g5 39.♕c6 wäre vermutlich zu wenig.

37...♔g7

37...♖xd7?? scheitert freilich an 38.♕f5+.

38.♖d6

Dadurch kommt Weiß, langsam aber sicher, dem schwarzen König näher. Der Schwarze muss seine Stellung weiter schwächen.

38...f6 39.♕d4

Weiß kann sehr zufrieden sein. Schwarz ist immer noch gebunden, zudem ist seine Königsstellung ernstlich geschwächt.

39...♕e5

Schwarz sucht Zuflucht in einem Turmendspiel, in dem er nicht die leichteste Chance hat. Nach 39...♕f7 hätte Weiß einiges an Technik aufbieten müssen.

40.♕xe5 fxe5 41.♔f3 ♔f7 42.♔e4 ♔e7 43.♔xe5 ♖f8 44.d8♕+ ♖xd8 45.♖xd8!

Der klarste Weg zum Gewinn.

45...♔xd8 46.f4 ♔e7 47.f5

Trotz seines Minusbauern gewinnt Weiß, weshalb Schwarz hier aufgab. Ein möglicher Schluss war: 47...♔f7 48.f6 ♔f8 49.♔e6 ♔e8 50.f7+ ♔f8 51.♔f6 (Zugzwang!) 51...h4 52.gxh4 h5 53.♔g6 und der f-Bauer entscheidet.

Ruslan Ponomarjow
Peter Swidler

Sofia 2006 (7)

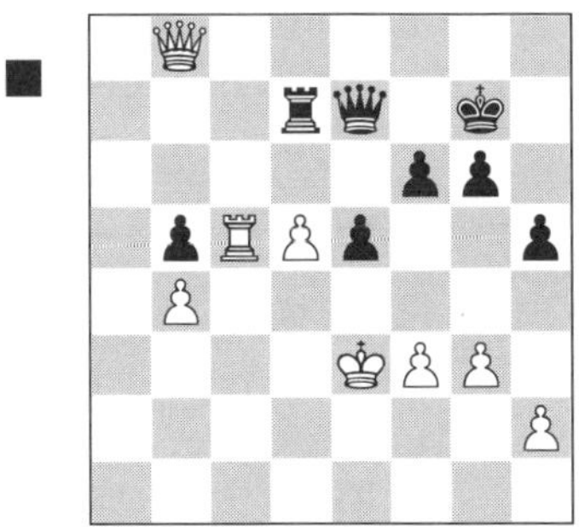

Auch dies ist eine typische Stellung, bei der Weiß zwei wichtige Trümpfe besitzt: einen Freibauern im Zentrum sowie Angriffschancen gegen den schwarzen König.

41...f5?!

Im Bemühen, Gegenspiel zu erhalten, gibt Schwarz einen Bauern. 41...♖a7? wurde von GM Marin angegeben, um gleichfalls Gegenchancen zu erhalten, doch er liegt damit leider ziemlich daneben. Weiß erhält entscheidenden Vorteil durch 42.d6! ♖a3+ (42...♕d7 verliert sofort nach 43.♖c7 ♖xc7 44.♕xc7) und jetzt muss Weiß den mutigen Zug 43.♔e4! finden, um mit den letzten Schachgeboten klar zu kommen: 43...f5+ 44.♔d5 ♕f7+ 45.♔c6 und kurioserweise steht der König hier ausgezeichnet. Die weißen Berechnungen müssen auch noch in Betracht ziehen, dass das letzte Schachgebot 45...♖a6+ mit 46.♔xb5 und Gewinn beantwortet werden kann.
Im Moment erscheint 41...♖b7 der einzige Zug für Schwarz, um im Spiel zu bleiben, allerdings muss er danach passiv bleiben.

42.♕xb5 f4+ 43.♔f2 e4

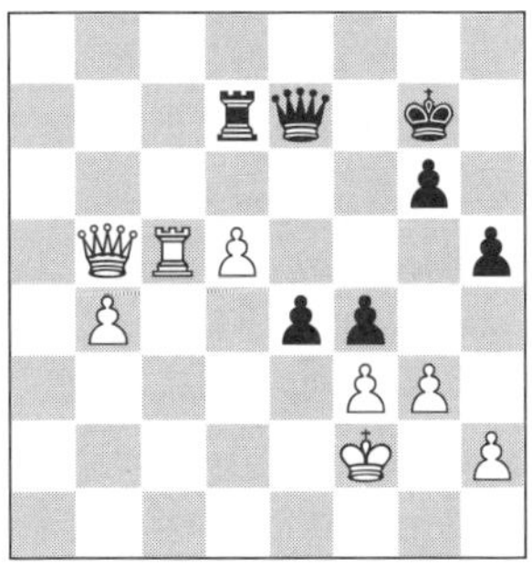

Dies war die schwarze Absicht, aber der Effekt wird der eines Bumerangs sein.

44.fxe4 fxg3+ 45.hxg3 ♕f6+ 46.♔g2 ♕b2+ 47.♔h3

Komischerweise genießt der weiße König hier ausreichend Schutz, während der schwarze König bald umzingelt sein wird.

47...♖f7 48.♕d3

Das schwarze Konterspiel wurde im Keim erstickt, Weiß hat ein starkes Zentrum während er gleichfalls seine Fühler nach dem schwachen Punkt g6 ausstrecken kann.

48...♕xb4

Das erlaubt den Damentausch, nachdem das Turmendspiel einfach für Weiß gewonnen sein wird.

49.♕c3+ ♕xc3 50.♖xc3 ♖e7 51.♖c4 ♔f6 52.♔h4 ♔e5

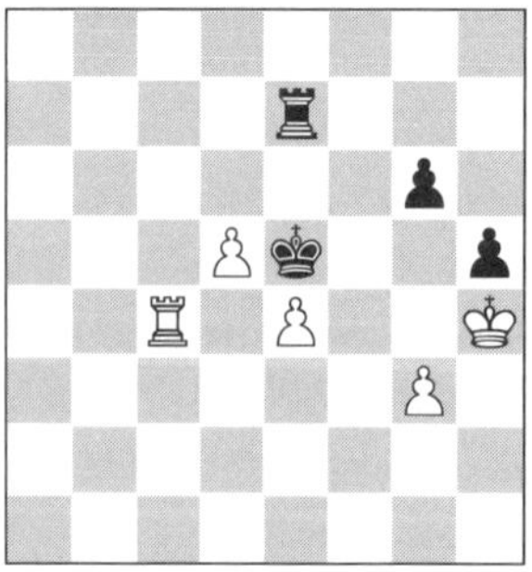

53.♖c6!

Ein cleverer Zug, der schließlich den ganzen Punkt sichert. Der Bauer e4 kann wegen des Turmschachs auf e6 nicht geschlagen werden. Das bedeutet, dass das Spiel definitiv entschieden ist, da Schwarz nicht länger die Drohung 54.♔g5 abwehren kann. (Die Analyse basiert auf der von GM Marin.)

Ein deutlich taktischeres und gar beeindruckenderes Beispiel ist das folgende Fragment, bei dem Weltmeister Magnus Carlsen den König seines amerikanischen Widersacher, des „Rebellen“ Hikaru Nakamura, über das halbe Brett jagt. Der Norweger zeigt dabei tadellos, dass die Unsicherheit des schwarzen Königs einen Turm wert ist.

Magnus Carlsen
Hikaru Nakamura

Monaco Schnellschach 2011 (1)

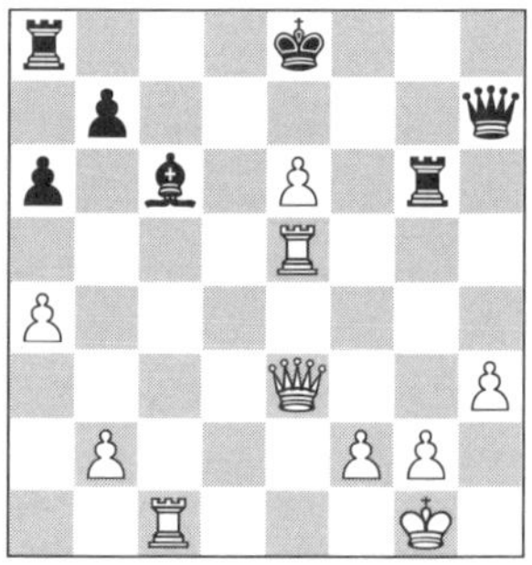

Weiß hat eine Figur für die Initiative geopfert, angeregt durch die Stellung des schwarzen Königs, der im Zentrum steckengeblieben ist. Zudem verfügt Weiß über einen besonders starken Freibauern auf e6, der ihm einen gefährlichen Angriff garantiert. Kurioserweise kann sich der schwarze König im Moment hinter diesem riesigen Bauern verstecken. Währenddessen nehmen alle schwarzen Figuren (außer dem ♖a8) im Gegenangriff teil. Weiß ist mehr oder weniger

gezwungen, noch mehr Material reinzustecken.
Carlsen hat es indes ziemlich korrekt beurteilt, dass er ausreichend Drohungen gegen den schwarzen Monarchen haben würde, um einen ganzen Minusturm zu kompensieren (wenngleich er vier Bauern dafür hat).

27.♖xc6!

Carlsen muss dies aus der Intuition heraus gespielt haben, da es sich um ein Schnellschach handelte.

27...bxc6 28.♕e4!

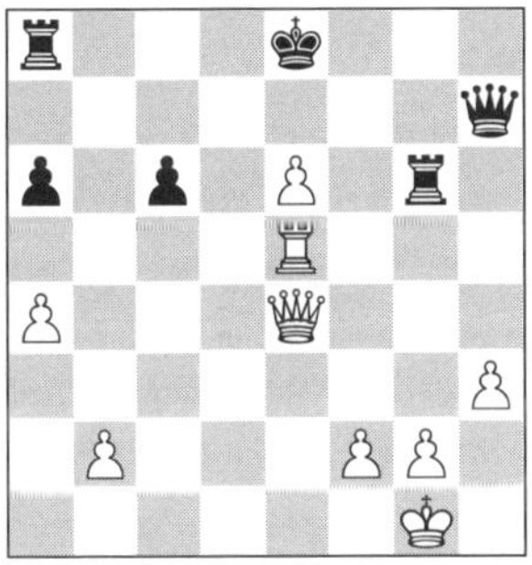

Der erste machtvolle Zug ist ein reiner Zentralisierungszug mit der Dame. Zunächst greift er den Bauern, gleichzeitig fesselt dieser Zug (auf der Diagonalen b1-h7). Darüber hinaus, das ist nicht unwichtig, bietet der Zug einer wichtigen Schwäche im Lager des weißen Königs (g2) zusätzlichen Schutz.

28...♕g7

Es gibt keine ausreichende Antwort für Schwarz. Zum Beispiel nach 28...♖c8 kann Weiß mit 29.♖g5! ♖g7 30.♕xh7 ♖xh7 31.♖g8+ fortfahren, wonach er mehr Material den nötig zurückgewinnen würde.
28...♔e7 trifft ebenso auf eine reizvolle Widerlegung: 29.♕xc6 ♖a7 30.♕c5+ ♔f6 und jetzt muss Weiß etwas ganz Besonderes finden:

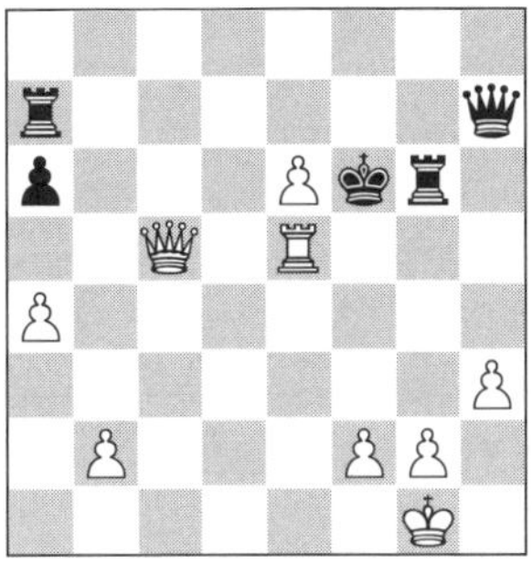

Analysediagramm

31.♕d4!!. Ein gewaltiger Zug, mit dem Weiß eine ganze Reihe von tödlichen Drohungen kreiert, die der Schwarz nicht allesamt parieren kann: 31...♕g7 32.♖e4+ ♔f5 33.g4+ ♔g5 34.♕d8+! (ein hübscher Zwischenzug, der eine denkbare Fluchtroute über e7 verhindert) 34...♖e7 35.♕d2+ ♔h4 (35...♔f6 36.♕f4#) 36.g5+ ♔h5 und auch der Schluss ist sehr anziehend: 37.♖h4+ ♔xh4 38.♕f4+ ♔h5 39.♕g4#.

29.♕xc6+ ♔e7

Weiß kann nicht einfach den schwarzen Turm nehmen, da sein eigener auf e5 auch hängt.

30.♕c5+

Wir können den Weißen kaum kritisieren, dass er dieses naheliegende Schach bietet. Und es vergibt auch nicht den Gewinn. Indes konnte er auch ganz ruhig den Turm auf ein gedecktes Feld ziehen mit **30.♖e3**, wonach

die Stellung wiederum zu viele Drohungen gegen den Schwarzen bereithält.
Wir geben eine plausible (und „menschliche“) Variante, um dies zu unterstreichen: **30...♖g8 31.♕d7+** Jeder menschliche Spieler würde diesen als ersten Zug betrachten, und er gewinnt auch. Doch der Rechner hält 31.g3 für genauer... **31...♔f6 32.♖f3+ ♔g5** 32...♔e5

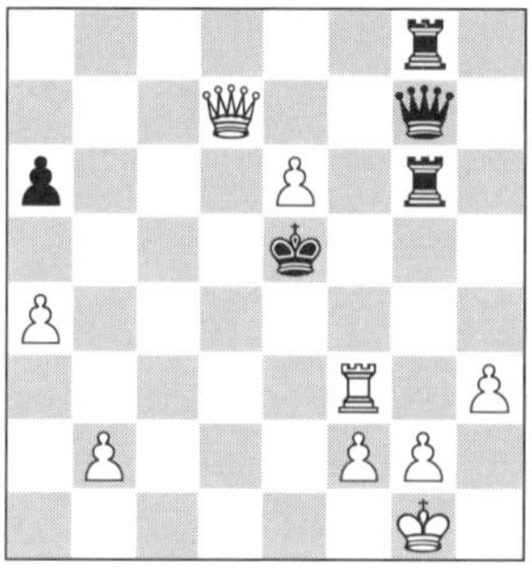

Analysediagramm

33.e7!. Die Drohungen gegen g2 sind nicht ernst. Der weiße König marschiert ins sichere Zentrum: 33...♖xg2+ 34.♔f1 ♖xf2+ (34...♖g1+ 35.♔e2 und das war‘s) 35.♖xf2 ♕g1+ 36.♔e2 – freilich müsste Weiß im Voraus sehen, dass es nun keine schwarzen Schachgebote mehr gibt. Jetzt sieht es so aus, als würde der schwarze König entkommen, aber tatsächlich kann Schwarz seiner Niederlage so auch nicht entkommen: **33.e7 ♔h6 34.g4!** und Weiß gewinnt. Die Doppeldrohung 35.e8♕ und 35.♖f5-h5 kann nicht mit normalen Mitteln abgewendet werden.

30...♔e8 31.♕c6+ ♔e7

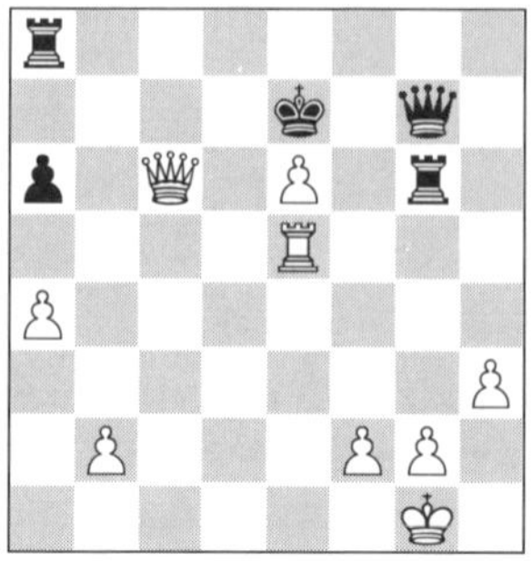

32.♖e3!

Mittlerweile hat Carlsen auch erkannt, wie er dem Angriff neue Impulse verleihen kann. Der Turm zieht sich auf ein gedecktes Feld zurück und kann von dort aus entlang der dritten Reihe agieren.

32...♖a7

Schwarz bleiben kaum Alternativen. Wieder ist es wert, auf den plumpen Gegenangriff 32...♖g8 zu schauen, doch 33.♕d7+ ♔f6 34.♖f3+ führt zum gleichen Ende, wie wir es schon weiter oben betrachtet haben.
Eine andere wichtige Variante lautet 32...♖d8 33.♕b7+ ♔e8 und jetzt hat Weiß 34.e7! mit Gewinn.

33.♕c5+

Jeder Spieler aus Fleisch und Blut würde diesen Zug spielen. Carlsen versucht herauszufinden, wie er gewinnen kann. Die Maschinen zeigen hier den extrem schwer zu findenden, aber sogleich gewinnenden Zug 33.♕b6!! an.

33...♔e8 34.♕c6+ ♔e7 35.♕b6!!

Schwer beeindruckend, dass Carlsen in hochkomplizierten Stellungen immer noch fortfährt, Züge zu finden, die die Rechner favorisieren. Nach einer Zugwiederholung gelingt es ihm, diese fantastische Möglichkeit zu sehen. Der ♖a7 hat keine Fluchtfelder mehr und wird deshalb verloren gehen. „Zufälligerweise" deckt die Dame auch den Bauern b2, was den schwarzen Gegenangriff im Keime erstickt.

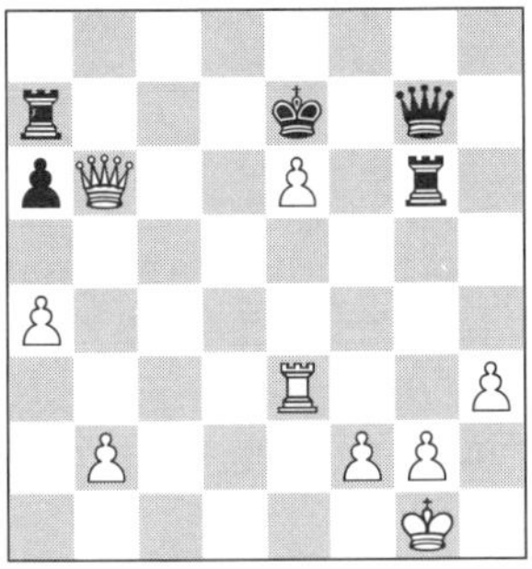

35...♖xg2+ 36.♔f1 ♖g1+ 37.♔e2
Jetzt ist alles vorüber.
37...♖a8 38.♕b7+ ♔d6
Nach 38...♔f8 fällt der Turm unter Schach: 39.♕xa8+.
Aber auch bei 38...♔f6 nimmt Weiß dankbar das Material weg mit 39.♕xa8.
39.♖d3+
Jetzt geht der Angriff mit voller Kraft weiter. Ansonsten hätte Schwarz noch durch ...♕xb2+ etwas Chaos verursachen können.
39...♔xe6
Lustig – jetzt, da der ♗e6 weg ist, bekommen die weißen Figuren die Chance, sich den schwarzen König zu schnappen. 39...♔c5 wird mit 40.b4+ ♔c4 41.♕e4+ ♕d4 42.♕xd4# beantwortet.
Und bei 39...♔e5 ist die Drohung ...♕xb2+ perdu: 40.♕xa8.
40.♕c6+
Wie wir schon sagten ist ein ungeschützter König keine große Herausforderung für zwei Schwerfiguren. Ein möglicher Gewinnweg ist 40...♔f5 41.♖d5+ ♕e5+ (41...♔f4 42.♕c4+) 42.♖xe5+ ♔xe5 43.♕xa8 und es ist alles vorbei.

Zu guter Letzt noch ein Meisterwerk von einem der größten Strategen der letzten Jahrzehnte. Hier finden wir ihn in der Rolle eines Angriffsspieler wieder! Und die renommierte Angreiferin Judit Polgar ist zur Verteidigung gezwungen.

Wladimir Kramnik
Judit Polgar
Cap d'Agde Schnellschach 2003 (1)

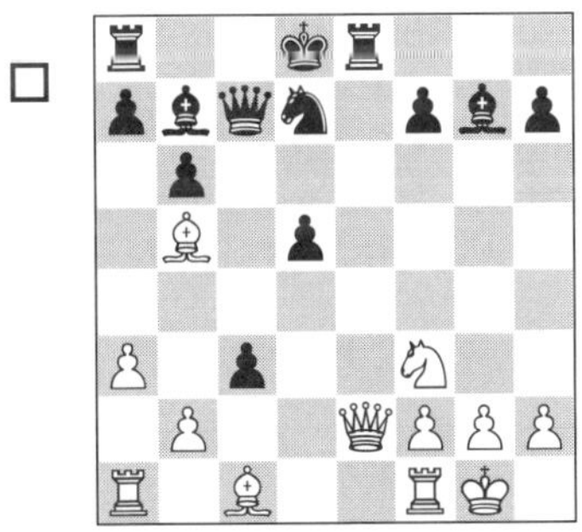

15.♗g5+!
Weiß nimmt nicht auf c3, sondern wartet mit diesem schönen Zwischenzug auf, der den Läufer g7 zur Inaktivität verdammt, während er zugleich den Punkt e6 schwächt.
15...f6
Forciert.

16.♗e3

Weiß hat einen Bauern geopfert, doch erhält er wunderbare Kompensation. Der schwarze König bleibt im Zentrum festgehalten, und dort ist es alles andere als sicher!

16...a6

Judit will offensichtlich diesen lästigen Läufer loswerden. Dies spielt jedoch dem Weißen in die Hände: dessen Strategie basiert nämlich darauf, die aktiven Figuren zu tauschen und Schwarz mit passiven Figuren zurückzulassen. Da der schwarze König so verletzlich steht und es sehr problematisch ist, die schwarzen Türme ins Spiel zu bringen, wird die weiße Initiative langanhaltend sein.

Nach 16...cxb2 17.♕xb2 ♖e7 hat Weiß unter anderem 18.♘d4!, wonach sich die Probleme des Schwarzen auftürmen. Zum Beispiel scheitert 18...f5, um den Läufer zu befreien, sogleich an 19.♘e6+! ♖xe6 20.♕xg7 und es ist sofort aus.

17.♗xd7!

Weniger klar ist 17.♗d3 wegen 17...♘e5! 18.♘xe5 fxe5, wenngleich Weiß nach 19.bxc3 immer noch Oberwasser behält.

17...♔xd7

17...♕xd7? wird natürlich mit 18.♗xb6+ ♔c8 beantwortet, und nun ist 19.♕c2 stark: 19...♕c6 20.♗d4, und Weiß steht kurz vor dem Gewinn.

18.♘d4

Kramnik setzt energisch fort. 18.bxc3 war logisch, dann könnte folgen: 18...♖e4 (18...♕xc3 19.♖fc1 ♕a5 20.♘d4 ♖e4 21.♕h5 gewinnt für Weiß) 19.♘d2! (19.♘d4) 19...♖h4 20.g3 ♖a4 21.♕h5, wieder mit entscheidendem Vorteil für Weiß, wie von Ftacnik gezeigt.

18...♖e4

Das materialistische 18...cxb2 wird bestraft durch 19.♕g4+! ♔d8 20.♖ab1 ♗c8 21.♕h5 und weil es zu viele Drohungen gibt, kann Schwarz getrost die Uhr anhalten.

19.bxc3 ♕e5?!

Auch nach dem besseren 19...♖ae8 20.♕h5 ♔d8 21.♖fb1! steht Weiß extrem gut.

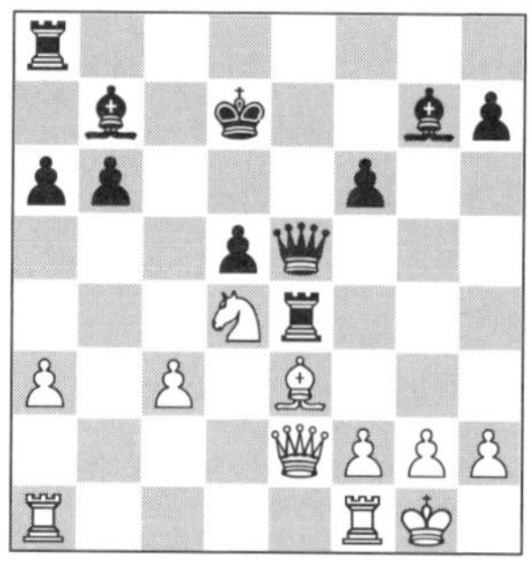

20.♖fb1!? b5

Keine Lösung verspricht 20...♕c7 21.♘f5 ♗f8 wegen 22.♕h5 mit Gewinn.

21.a4

Nun wird auch noch die schwarze Struktur am Damenflügel zerstört.

21...♗h6

21...♗c6? 22.axb5 axb5 23.♘xc6 verliert Material.

22.axb5 a5

Dadurch gelingt es Judit, die Linien kurzfristig geschlossen zu halten,

doch nun ist Weiß auch materiell im Vorteil.
Eine wichtige Variante musste berechnet werden: 22...♗xe3 23.fxe3 ♖xe3 24.♕g4+ f5 25.♘xf5 ♖e4 26.♕h3! und Weiß hält alle Trümpfe in der Hand.

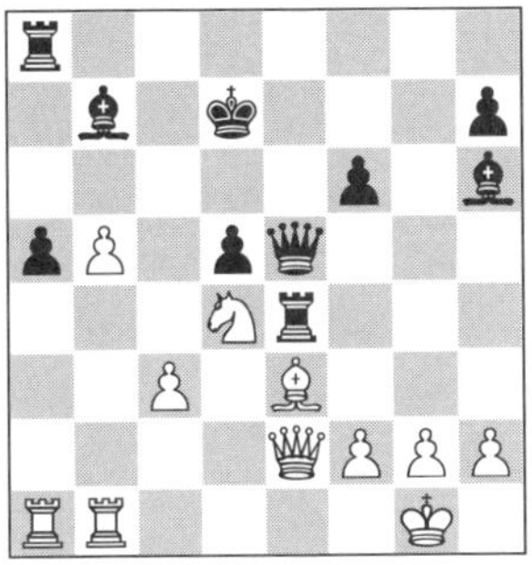

23.♕f3
Weiß konnte auch den Bauern decken mit 23.♖e1, aber natürlich gehen in der Stellung bereits ganz andere Dinge ab!
23...♗xe3 24.fxe3 ♖g8
Oder 24...♖xe3 25.♕g4+ ♔d8 26.♕g8+ ♕e8 27.♕xh7 und Schwarz kann resignieren.
25.♕h3+ ♖eg4
Bei 25...♔e8 mag 26.♖f1 noch besser sein als das gierige 26.♕xh7.
26.♖xa5 ♔d6
26...♔e8 27.♖b2 ist sehr gut für Weiß.
27.♖a2 ♗c8
Und nach 27...♕e4 28.♖f1 ♗c8 29.♕f3 muss Schwarz auch schon das Handtuch schmeißen.
28.♕f3 ♖h4
Die Alternative 28...♖e4 führt auch zu nichts nach zum Beispiel 29.♖f1.
29.g3 ♖e4 30.b6 ♖xe3

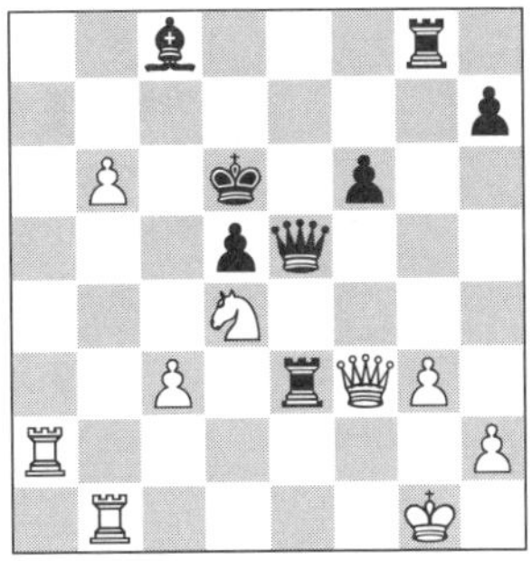

31.b7!
Kramnik ist offensichtlich in seinem Element. Der Schutz des schwarzen Königs wird von allen Seiten auseinandergerissen.
31...♖e1+
Bei 31...♖xf3 hat Weiß ein forciertes Matt: 32.b8♕+ ♔e7 33.♖a7+ ♗d7 34.♖xd7+ ♔xd7 35.♖b7+ nebst matt. 31...♗xb7 32.♖xb7 ♖xf3 hätte zu einem hübschen Mattbild geführt nach 33.♖a6+ ♔c5 34.♖c6#.
32.♖xe1 ♕xe1+ 33.♔g2
Beobachten Sie bitte den Unterschied zwischen den beiden Königen. Der weiße ist ziemlich gut geschützt, auch von seinen Figuren, während der Schwarze von allen Seiten bombardiert wird.
33...♗xb7 34.♕xf6+ ♔c5
Oder 34...♔d7 35.♕f7+.
35.♖e2
Weiß gewinnt – soviel ist klar. Man kann keinen menschlichen Spieler kritisieren, weil er manchmal ein forciertes Matt nicht findet, sicherlich nicht in einer Schnellpartie. Computer sind in dieser Hinsicht schonungslos. Es ist Matt in 7, wie die Maschine kalt angibt: 35.♘b3+

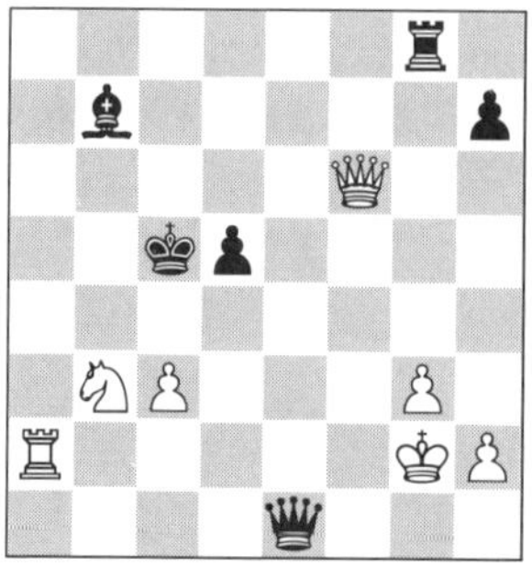

Analysediagramm

35...♔b5 (35...♔c4 36.♘a5+ ♔b5 (36...♔d3 37.♕d4#) 37.♖b2+ ♔a4 38.♕d4+ ♔xa5 39.♕b4+ ♔a6 40.♕b6#) 36.♖a5+ ♔c4 37.♕d4+ ♔xb3 38.♕b4+ ♔c2 39.♖a2+ ♔c1 40.♕b2+ ♔d1 41.♕c2#.

35...♕b1

Es gibt keine vernünftige Idee mehr für die Schwarze. Alle ihre Figuren sind übers Brett verteilt – unfähig, miteinander zusammenzuarbeiten. 35...♕xc3 läuft in 36.♖c2.

36.♘e6+ ♔b5 37.♕f7 ♔a5 38.♕c7+

Schwarz gab auf. Nach 38...♔a6 (38...♔a4 39.♘c5+ ♔a3 40.♕a5#) 39.♘c5+ ♔a7 40.♘xb7 fällt alles in sich zusammen.

Schlussfolgerungen

Bei der Angriffsformation ♕+♖ achten wir auf das Folgende:
- Grundreihenmotive
- Auf die siebte Reihe eindringen
- Verteidiger ausschalten
- Die Stellung aufbrechen

Zusätzliche Waffen und Techniken:
- Den gegnerischen König unter Kontrolle halten
- Der „Haken- und Leitertrick“
- Geometrische Effekte
- Turm-/Damenschwenk
- Verbindung von Angriff mit einem Freibauern

2.16 Aufgaben

□

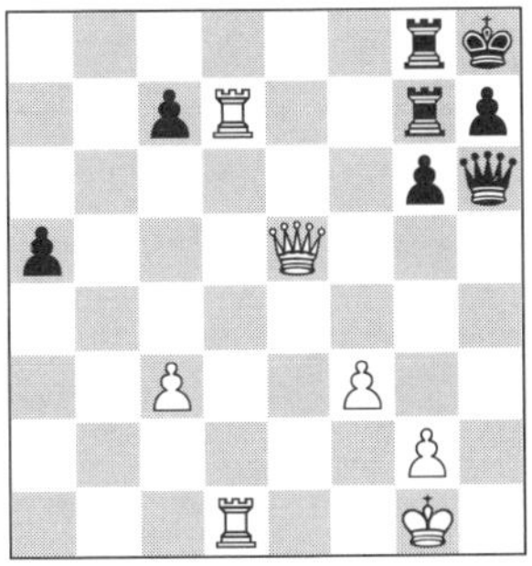

15

Wie kann Weiß die Attacke abschließen?

(Lösung auf Seite 340)

□

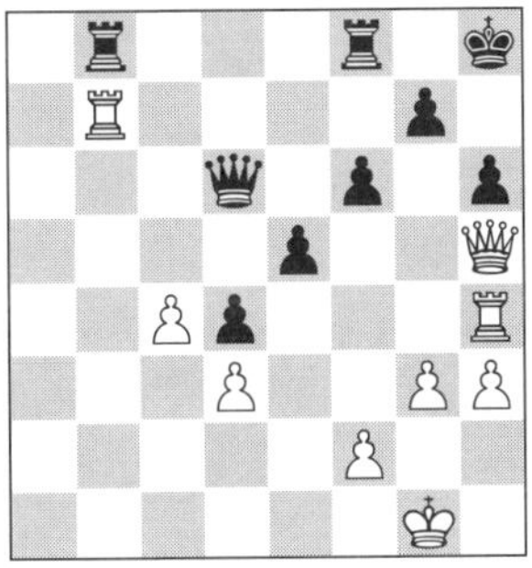

16

Alle weißen Figuren haben sich auf den schwarzen König gestürzt. Es sieht ganz nach einem entscheidenden Schlag für Weiß aus. Sehen Sie ihn?

(Lösung auf Seite 340)

■

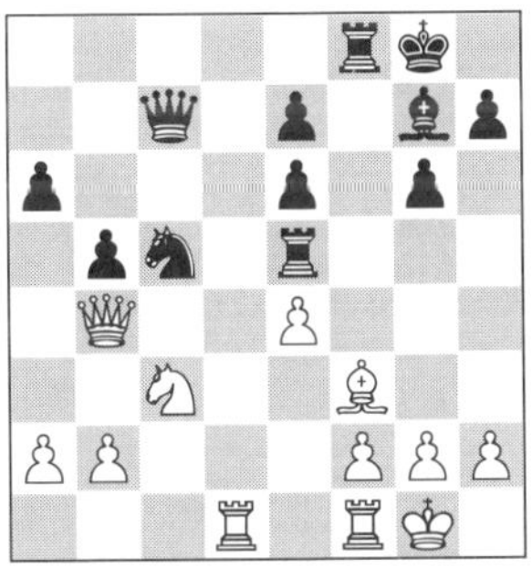

17

Wie kann Schwarz seine Chance packen?

(Lösung auf Seite 340)

■

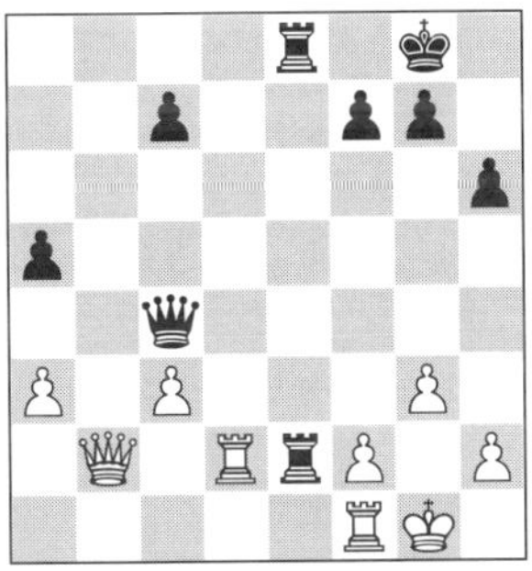

18

Weiß hat gerade 25.a3? gespielt. Wie können die schwarzen Figuren in die weiße Stellung eindringen?

(Lösung auf Seite 341)

□
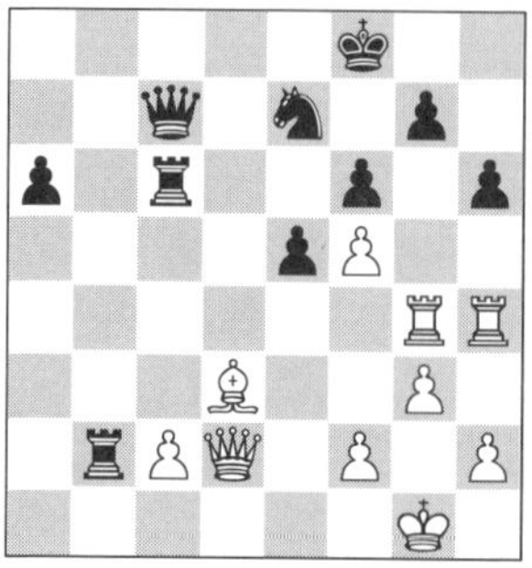
19

Einige Figuren stehen bereit für den Angriff. Aber wie kann Weiß die gegnerische Stellung aufbrechen? Rechnen Sie ein paar Varianten!

(Lösung auf Seite 341)

□
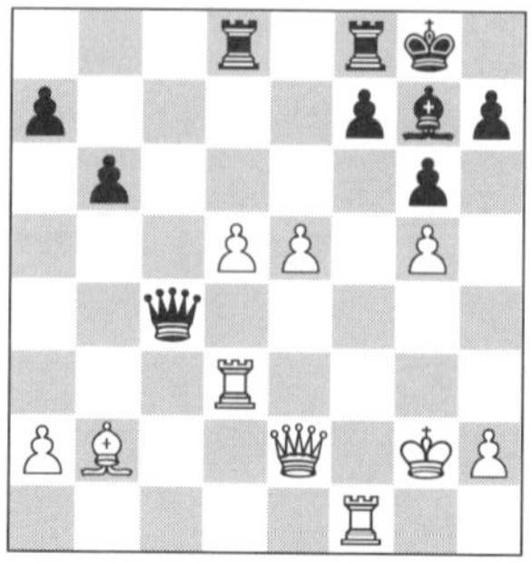
20

Der schwarze König erscheint ziemlich ordentlich verteidigt zu sein, während die weiße Königsstellung keinerlei natürlichen Schutz mehr aufweist. Nichtsdestotrotz, wie gelang es Weiß, die schwarze Festung aufzureißen?

(Lösung auf Seite 342)

□
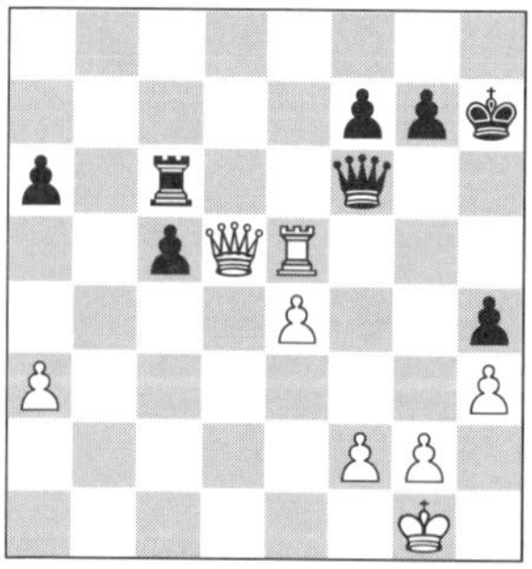
21

Die Jagd auf den schwarzen König ist eröffnet! Wie warfen sich die weißen Figuren auf den schwarzen Monarchen wie hungrige Wölfe?

(Lösung auf Seite 343)

■
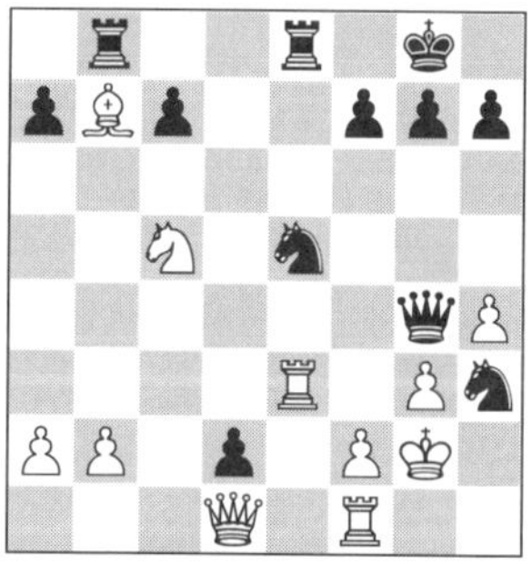
22

Schwarz hat viele Figuren im Angriff, aber es gibt auch so viele weiße Verteidiger. Wie kann Schwarz trotzdem durchbrechen?

(Lösung auf Seite 343)

■

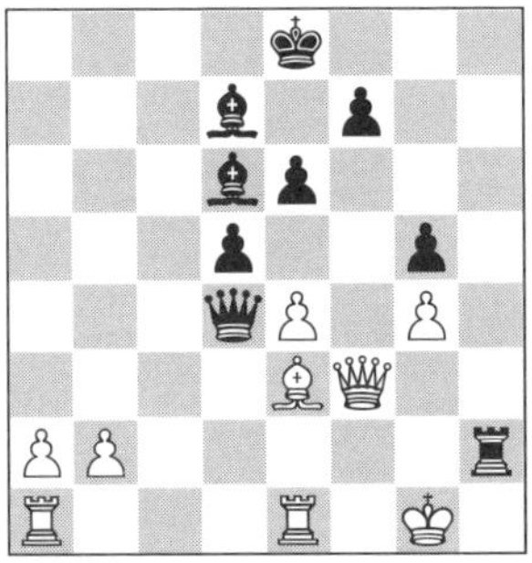

23

Schwarz hat eine Qualität weniger, doch Weiß ist unterentwickelt und seine Königsstellung ist komplett offen.

Im Moment sieht es dennoch so aus, als hätte sich Weiß befreit, die schwarze Dame hängt. Welche ästhetische Möglichkeit hat Schwarz hier, die ihm sogleich eine Gewinnstellung beschert?

(Lösung auf Seite 344)

□

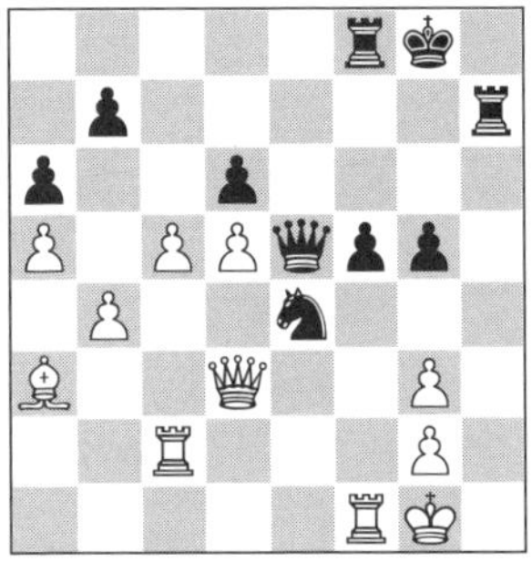

24

Nach dem letzten schwarzen Zug 30...♖c7-h7 hängen dunkle Wolken über das Haupt des weißen Königs. Doch Weiß nahm nur die Sonnenseite der Dinge wahr und spielte ohne Argwohn 31.♖e1?. Was hat er übersehen?

(Lösung auf Seite 345)

KAPITEL 3

Wie man offene Linien nutzt

3.1 Einführung

Es ist allgemein bekannt, dass ein Angriff auf den König gute Erfolgsaussichten besitzt, wenn es eine oder mehrere offene Linien auf der Seite des attackierten Königs gibt. In unserem neuen Kapitel werden wir der Frage nachgehen, auf welche Art und Weise sie geöffnet werden können. Es ist logisch, dass offene Linien von großer Wichtigkeit sind, da sie es den Schwerfiguren ermöglichen, effektvoll einzugreifen. Und sobald die Schwerfiguren beginnen, mit den anderen Figuren zusammenzuarbeiten, kann dies zu attraktiven Angriffsmotiven führen.

3.2 Königsangriff auf der (halb-) offenen h-Linie

In diesem Abschnitt zeigen wir, wie erfolgversprechend eine offene Linie beim Königsangriff sein kann.

Waffenlager

Bevor wir wieder Angriffspartien beleuchten, wollen wir zeigen, welche Waffen notwendig sind, um einen Angriff erfolgreich auszuführen. Wir listen nun ein paar Waffen auf, die oft in Stellungen mit einer offenen h-Linie zum Einsatz kommen.

Verteidiger eliminieren

Es folgt ein stereotypes Beispiel, das zeigt, wie offene Linien für einen Königsangriff genutzt werden.

Alexander Goloschapow
Ralph Harich
Le Touquet 2003 (1)

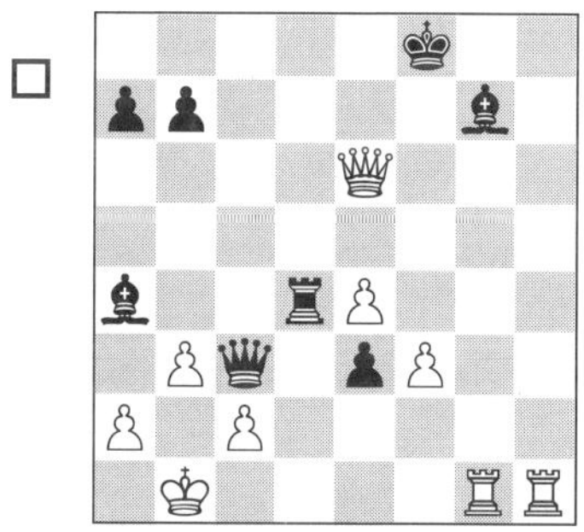

Der Läufer g7 ist der letzte Hinterbliebene, der den Schwarzen noch am Leben hält. Wenn man ihn ablenkt, so ist es um Schwarz geschehen.

30.♖h8+!

30.♖xg7, was den Läufer eliminiert, gewinnt ebenso für Weiß: 30...♔xg7 31.♖g1+ ♔h7 32.♕h3#.

30...♗xh8 31.♖g8

Matt!

Die Magnetkombination

Konstruierte Stellung (Schachtraining Taschenbuch)

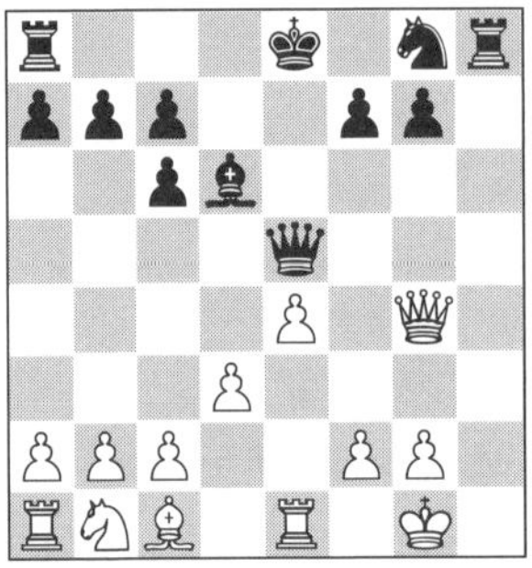

Ist eine offene Linie in der Nachbarschaft des feindlichen Königs, so findet sich häufig ein taktisches Motiv:

1...♖h1+!

Bekannt als das „Magnetmotiv“. Der König wird mit Gewalt vom fatalen Feld h1 angezogen. Nach 1...♕h2+ rennt der König weg, und Schwarz hat nichts Besonderes.

2.♔xh1 ♕h2#

Aufbruch der Königsstellung

Konstruierte Stellung

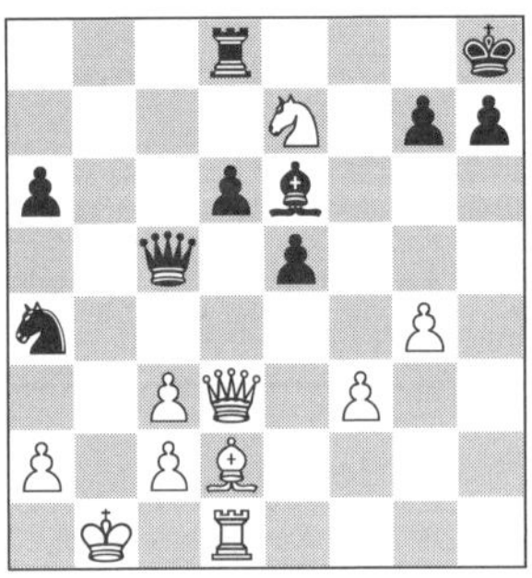

Beide Spieler greifen an. Es ist eine Frage der Zeit: wer zuerst kommt, mahlt zuerst! Schwarz am Zug würde das Spiel für sich entscheiden mit 1...♕b6+ gefolgt von 2...♕b2#. Die weißen Chancen dagegen sind etwas schwerer zu entdecken. Außer Sie kennen zufällig das folgende Motiv!

1.♕xh7+!

Die sichere schwarze Königsstellung wird mit einem Schlag pulverisiert. Wir haben dieses Motiv mit Turm und Springer bereits früher im Buch vorgestellt.

1...♔xh7 2.♖h1#

Wie wir alle wissen: das sogenannte „Anastasias Matt“!

Doppelschach

In der folgenden chaotischen Stellung hängen ganz viele Figuren:

Konstruierte Stellung – Matt in zwei

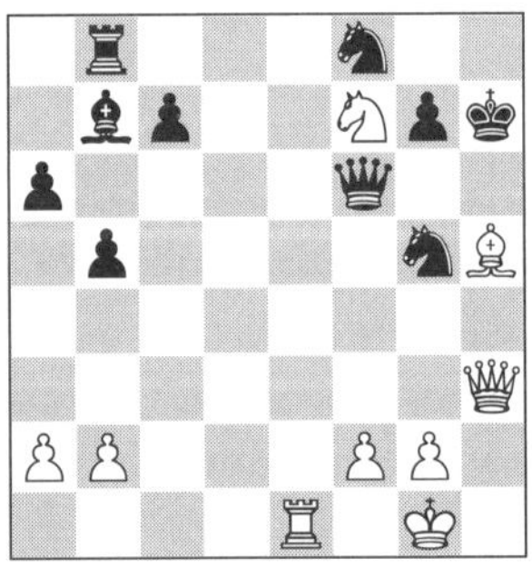

Dem Weißen steht eine ganz besonders mächtige Waffe zur Verfügung: Doppelschach. Jeder Spieler sollte immer mal wieder während der Partie nach der Möglichkeit eines Doppelschachs Ausschau halten und prüfen, wie vielversprechend das ist. Eines ist gewiss: nach einem Doppelschach muss der gegnerische König ziehen. Hier führt es zu einem wundervollen Mattbild:

1.♗g6+!

Wie vorher gesagt, der König MUSS ziehen.

1...♔xg6

1...♔g8 2.♕h8#.

2.♘h8#

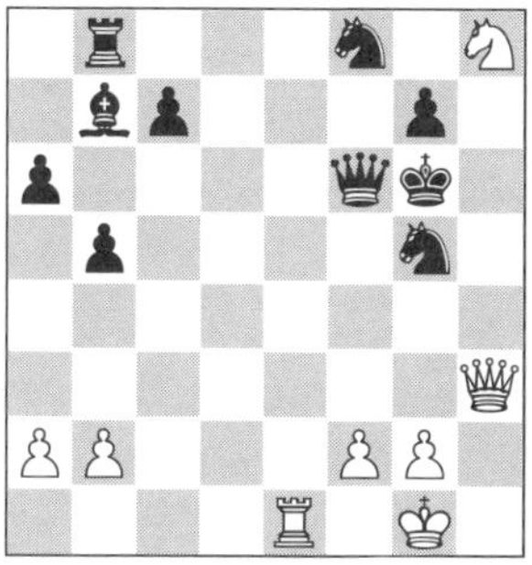

Ein prächtiges Matt!

Partien mit einem Angriff über die h-Linie

Im Schachzirkel sieht man häufig Spieler miteinander reden. Obgleich das eigentlich nach den Regeln illegal ist, sieht man sogar Spitzenspieler, die während laufenden Partien Witze reißen. Wenn in den Niederlanden jemand eine offene Linie gegen den feindlichen König beherrscht, wird in den Fluren gern die Ankündigung „ich werde ihn heute h-linien" ausgesprochen, was so viel bedeutet wie: ich werde meinen Gegner über die h-Linie vernichten. Natürlich zeigen wir Ihnen hierzu ein paar praktische Beispiele.

Anne Haast
Yvette Nagel

Hilversum 2008 (2)

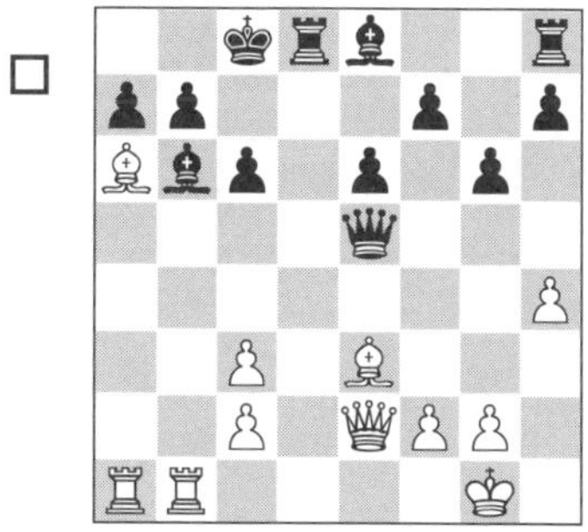

In dieser Schnellschachpartie, die während den Halbfinals zur niederländischen Frauen-Meisterschaft 2008 gespielt wurde, hat die junge Weißspielerin einiges an Material für den Angriff auf den schwarzen König investiert. Aber ist das ausreichend?

22.♗xb7+!

Es gibt keinen Weg zurück, sie muss in den sauren Apfel beißen – und genau das macht sie auch.

22...♔xb7

Führt zum forcierten Matt, doch die Alternativen helfen Schwarz auch nicht.

Das Opfer ablehnen ist keine Lösung:

A) 22...♔d7 23.♖d1+ ♔e7 24.♗g5+ f6 (24...♔f8 25.♕xe5) 25.♕xe5 und es ist aus;

B) Nach 22...♔b8 läuft der weiße Angriff auch wie geschmiert: 23.♖xb6! axb6 24.♖a8+ ♔c7 (24...♔xb7 – es gibt eine australische Indie-Rockband mit Namen „No Escape for the King"

(„Keine Ausflucht für den König"). Genau dies trifft hier zu: 25.♕a6+ ♔c7 26.♕a7+ ♔d6 27.♖xd8+ ♗d7 28.♕xd7#) 25.♗xb6+! (alles mit Schach) 25...♔xb6 26.♕xe5 und Weiß hat riesigen Materialvorteil.

23.♖xa7+!

Richtig! Von Anne konnte man erwarten, dass sie das findet.

23...♔c8

Nach 23...♔xa7 gewinnt Weiß zumindest die Dame: 24.♗xb6+ ♔b7 25.♕xe5.

24.♕a6+ ♔b8

Die Schwarze, mitfühlend wie immer, erweist ihrer jungen Gegnerin die Ehre, sie matt zu setzen.

25.♖xb6#

Eine weitere Figur mischt sich ein – alles im Geist dieses ausgezeichnet durchgeführten Angriffs.

Unbekannt
(Schachtraining Taschenbuch)

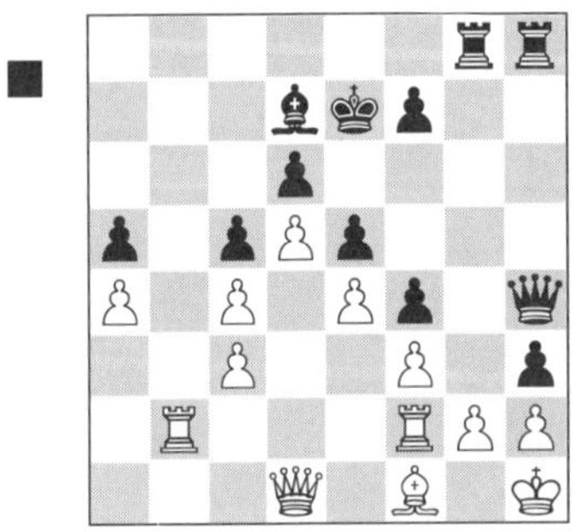

Die schwarzen Figuren stehen zum entscheidenden Sturmangriff bereit. Die schwarze Hauptschwierigkeit besteht darin, Linien gegen den weißen König zu öffnen. Er kann das mit 1...hxg2+ tun, aber das würde auch die beiden weißen Türme auf der zweiten Reihe aktivieren. Somit muss sich Schwarz nach Gewaltmaßnahmen umsehen. Er steht ihm tatsächlich ein furchterregenden Schlag zur Verfügung:

1...♕g3!!

Plötzlich droht Schwarz 2...♕xh2+!. 1...hxg2+ 2.♖xg2 ♖g3! ist zwar auch ganz gut, aber dadurch wäre die Partie noch lange nicht entschieden.

2.hxg3

Nach einem Zug wie 2.♖fe2, ergreift Schwarz seine Chance mit dem oben angekündigten Damenopfer: 2...♕xh2+ 3.♔xh2 hxg2+ 4.♔g1 ♖h1+ 5.♔f2 g1♕+ (eine Dame erscheint wieder auf dem Brett, nun ist Matt nicht mehr weit!) 6.♔e1 ♕xf1+ 7.♔d2 ♕xd1#.

2.♖a2 ♕xh2+ 3.♔xh2 hxg2+ 4.♔g1 ♖h1#.

Auch andere Züge, wie zum Beispiel 2.♖fd2, erlauben einen eleganten Schluss: 2...♕xh2+ 3.♔xh2 hxg2+ 4.♔g1 ♖h1+ 5.♔f2 g1♕+ 6.♔e2 ♕e3#

2...hxg2+

Öffnet die h-Linie mit Doppelschach.

3.♔g1

3.♔xg2 ♖xg3#.

3...♖h1+ 4.♔xg2 ♖gh8 5.gxf4 exf4

Es ist unglaublich: Weiß hat eine ganze Dame mehr, doch er kann die Mattdrohung nicht parieren.

A.Suni
Orri Alivirta
Helsinki 1957

■

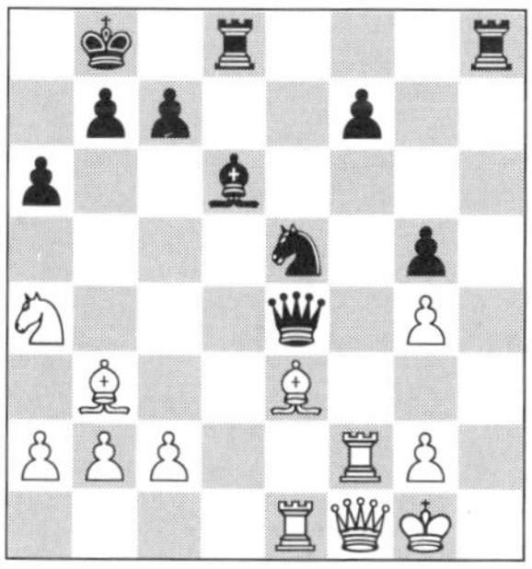

Weiß hat eine Figur mehr und droht, die schwarze Dame durch 2.♗a7+ zu gewinnen. Doch Schwarz ist am Zug. Er kann zwei Schwerfiguren auf der h-Linie verdoppeln (1...♕h7), aber das bietet dem weißen König die Chance, zu entkommen. Auch hier sind also „verschärfte Maßnahmen" erforderlich, will man mit Tempo die Jagd eröffnen.
Wesentlich für den Angriff ist es, einen Weg zu finden, mit dem man die Batterie ♘e5/♗d6 geschickt zum Abschuss bringen kann. Es ist offensichtlich, dass es etwas mit der offenen h-Linie zu tun hat. Nichtsdestotrotz ist die Gewinnmethode nicht nur genial, sondern auch höchst überraschend.

1...♖h1+!

Jeder Angriffsspieler sucht nach solchen Zügen, doch manchmal ist es schwer zu beurteilen, was sie einem im konkreten Fall einbringen.
1...♘f3+ ist sinnlos nach 2.♖xf3, was dem König das Fluchtfeld f2 einbringt.

2.♔xh1 ♕h7+!

Der Damenzug nach hinten! So gelangt die Dame schnell auf die h-Linie.

3.♔g1

Und nun folgt die Krönung des schwarzen Spiels:

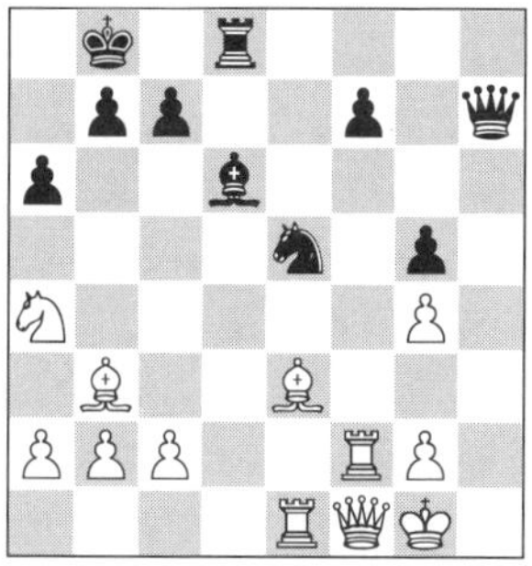

3...♕h2+!!

Ein glanzvolles Damenopfer. Der König wird auf das verhängnisvolle Feld h2 gezogen. Dadurch macht Schwarz sich die zuvor genannte Waffe des „Magneten" zu Nutzen. Das war es also, was der Schwarzspieler die ganze Zeit plante. Sobald der weiße König auf h2 steht, kann er seine Batterie endlich mit Doppelschach losfeuern!
Falsch ist 3...♖h8? 4.♖f3 und wieder wird der weiße König ein sicheres Feld finden.

4.♔xh2 ♘f3+

Schließlich kommt die Batterie zum Einsatz.

5.♔h1

5.♔h3 ♖h8#.

5...♖h8#

Jetzt ist es an der Zeit, eine schöne Angriffspartie eines der größten Meisters unseres Spiels anzuschauen: Bobby Fischer. Wie es ihm gelingt, seinen aufmerksam verteidigenden Gegner zu besiegen, ist beeindruckend.
Die Diagrammstellung entstand aus einem königsindischen Angriff, einem System, das Fischer eine Zeitlang gern spielte. Wir haben dieses Beispiel ausgewählt, weil Fischer ziemlich auffällig – wie auch in vielen anderen seiner Partien –, all seine Operationen über das Feld e4 führt.

Robert Fischer
Lhamsuren Myagmarsuren
Sousse izt 1967 (3)

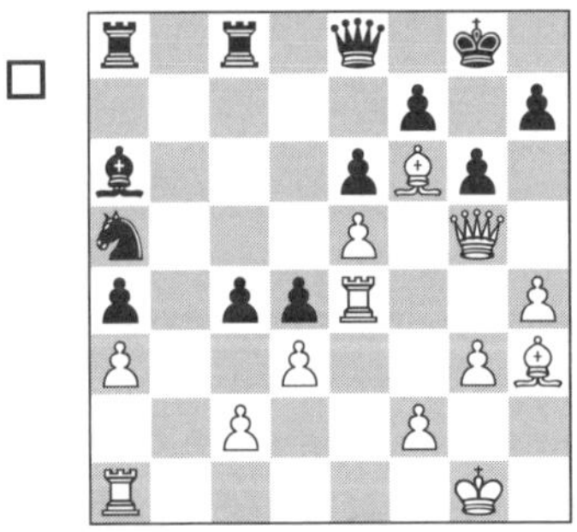

Weiß steht im Angriff auf den schwarzen König, aber Schwarz ist nicht ohne Gegenspiel, und es wirkt, als könne er sich erfolgreich verteidigen.

27.h5

Ein logischer Zug. Weiß will nicht nur die schwarze Königsstellung öffnen, er stellt seinem Turm das Feld h4 zur Verfügung, so dass der auf die h-Linie schwenken kann. Es war noch zu früh für 27.♕h6 wegen 27...♕f8 und Weiß hat nichts.

27...cxd3

Schwarz sucht Gegenspiel im Zentrum, aber das ignoriert Fischer einfach.

28.♖h4 ♖a7

Auf diese verborgene Ressource hat Schwarz seine Verteidigung aufgebaut. Er hofft darauf, mit seinem Turm entlang der siebten Reihe verteidigen zu können. Falls Schwarz die Drohung mit 28...dxc2 ignoriert, wird er schnell niedergestreckt, man sehe: 29.hxg6 fxg6 30.♖xh7! (Weiß bricht durch. Aber nicht 30.♕h6 wegen 30...♖a7! und Schwarz verteidigt alle schwachen Punkte in seinem Lager; bloß nicht 30...♕f7?? wegen 31.♗xe6) 30...♔xh7 31.♕h4+ ♔g8 32.♕h8+ ♔f7 33.♕g7#.
Der aufmerksame Leser mag sich fragen – insbesondere im Hinblick auf das, was kommt – ob Schwarz nicht eine bessere Verteidigung in 28...♖c7 hat. Wir werden später darauf zurückkommen.
Es ist empfehlenswert, erst die Hauptvarianten durchzuspielen, bevor wir wieder zu dieser Stellung zurückkommen werden.

29.♗g2!

Ignoriert die potentielle neue Dame. Der Läufer will sich über das Feld e4 am Angriff beteiligen. Schwarz hoffte auf 29.hxg6, worauf er mit dem f-Bauern wiedernehmen und h7 über die siebte Reihe decken würde: 29...fxg6. Weiß hat keinen entscheidenden Angriff, man sehe: 30.♖xh7 ♖xh7 31.♗xe6+ ♕xe6 32.♕xg6+ ♔f8 33.♕xh7 dxc2. Doch Fischer hat eine phantastische Idee im Kopf!

29...dxc2

Falls Schwarz den weißen Läufer von e4 abhalten wollte, müsste er sich die siebte Reihe verstellen. Und das erlaubt eine Kombination in der Stellung: 29...♗b7 30.hxg6 fxg6 31.♖xh7! (wo haben wir das zuvor schon mal gesehen?) 31...♔xh7 (31...♗xg2 32.♖xa7 und Schwarz wird auch hier mattgesetzt) 32.♕h4+ ♔g8 33.♕h8+ ♔f7 34.♕g7#.

Nach 29...♕f8 bringt Weiß den Läufer sogleich: 30.♗e4 dxc2 (30...♖cc7 31.hxg6 fxg6 32.♗xg6 hxg6 33.♖h8+ ♔f7 34.♖xf8+ ♔xf8 35.♕h6+ auch mit weißem Gewinn; 30...♗b7 31.hxg6 fxg6 32.♗xg6 und es ist vorbei) 31.hxg6 fxg6 32.♗xg6.

30.♕h6

Jetzt geht's los!

30...♕f8

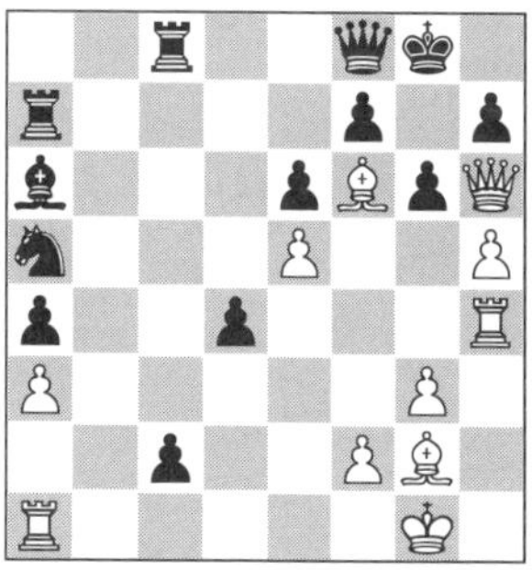

Noch denkt Schwarz, er hätte alles verteidigt. Nach 30...c1♕+ 31.♖xc1 ♖xc1+ 32.♔h2 kann auch hier das Matt nicht verhindert werden. Der Mattprozess ist der gleiche wie in der Partie:

31.♕xh7+!!

Der Kulminationspunkt der Angriffsführung.

31...♔xh7 32.hxg6+ ♔xg6 33.♗e4#

Der Läufer hat das letzte Wort. Ein wunderhübsches Mattbild.

Nun wollen wir wieder zurück zum 28. Zug zurückblicken. Was hätte Weiß wohl nach 28...♖c7 gespielt? Hier ist die Antwort.

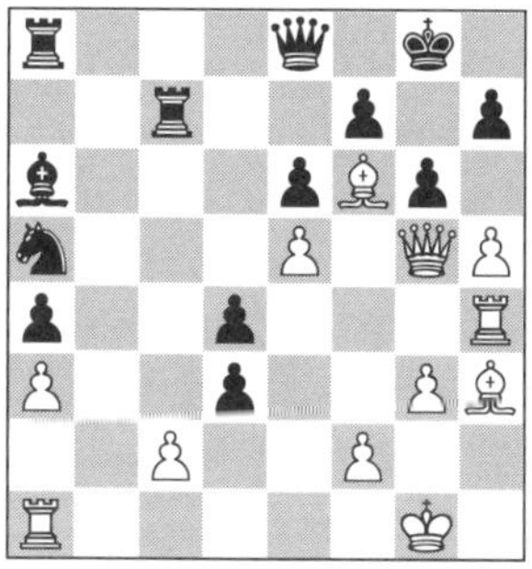

Analysediagramm

Es ist eminent wichtig für Weiß, den weißfeldrigen Läufer mit in den Angriff einzubeziehen. Und da ♗g2 nun stets mit ...♗b7 beantwortet werden kann, da in dieser Situation die Wirkung des Turmes auf der siebten Reihe nicht durch den Läufer auf b7 unterbrochen werden kann, stellt sich die Frage, ob Weiß überhaupt gewinnen kann. Die Antwort ist sehr schwer zu finden, aber sie ist von großer Schönheit. Ob Fischer sie gefunden hätte? Immerhin war er ein Genie!

29.♗g4!! Im Augenblick ist es ein Mysterium, was um Himmels

Willen der Läufer auf diesem Feld wohl will.
Schwarz kann keine Maßnahmen am Königsflügel ergreifen, also muss er mit einem Zug wie **29...dxc2** fortfahren (bei 29...♗b7 gewinnt Weiß mit 30.♕h6 ♕f8 31.♕xh7+ ♔xh7 32.hxg6+ ♔xg6 33.♗h5+ ♔h7 34.♗e2+ ♔g6 35.♗xd3+ mit Matt im nächsten), aber jetzt spielt Weiß seinen Trumpf aus: **30.♕h6 ♕f8** Keine Rettung ergibt 30...c1♕+ 31.♖xc1 ♖xc1+ 32.♔h2 ♕f8 33.♕xh7+ ♔xh7 34.hxg6+ ♔xg6 und weiter analog der Hauptlinie. **31.♕xh7+** Hier ist wieder das thematische Damenopfer. Aber wie kann der weißfeldrige Läufer sich am Angriff beteiligen? **31...♔xh7 32.hxg6+ ♔xg6 33.♗h5+** Die Antwort! **33...♔h7** Läufer und Turm haben zusammen eine Abzugsbatterie geschaffen, und abhängig davon, ob der schwarze Läufer auf a6 oder b7 steht, zieht Weiß den Läufer mit einem Abzugsschach auf ein Feld, das nicht von einer schwarzen Figur überwacht wird. Falls 33...♔f5, so 34.♖f4#. **34.♗f3+ ♔g6** 34...♕h6 35.♗e4+ ♔g8 36.♖xh6 und die Hauptdrohung kann nicht abgewehrt werden. **35.♗e4#**

Die nächste Stellung, ein typischer Sizilianer, ist noch komplizierter. Beide Spieler greifen an; in solchen Fällen entscheidet oft der Spieler die Partie für sich, der den größten Erfindungsreichtum zeigt.

John Emms
Aaron Summerscale
London 1997 (7)

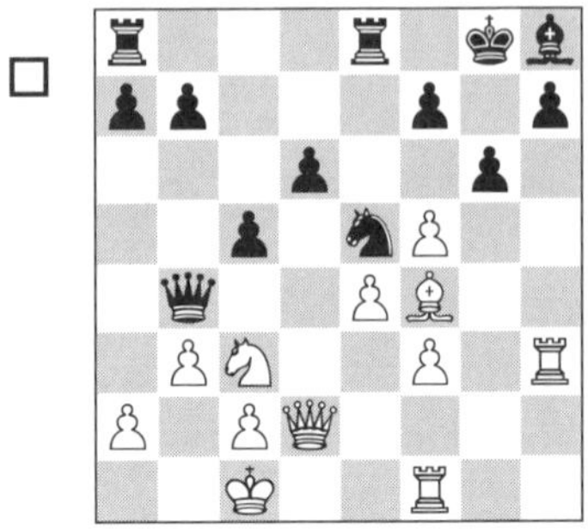

Weiß greift auf der langen Diagonalen an (dank dem Läufer auf h8), Weiß auf der h-Linie. Die Frage ist: wer kommt zuerst?
22.♖xh7!
Ein brillantes Turmopfer, das den Weg zum schwarzen König freiräumt. Nachdem die h-Linie geöffnet ist, können die weißen Figuren leichter an den gegnerischen König ran. Zu langsam ist **22.♖fh1**. Nun:

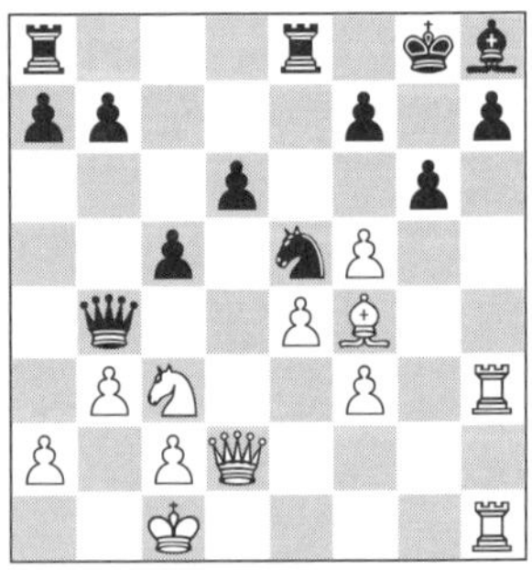

Analysediagramm

A) **22...♘c4** ist falsch wegen **23.♖xh7!** 23.bxc4 ♗xc3 und Schwarz hat (mehr denn) genug Gegenspiel. **23...♗f6** Das einzige

sichere Feld für den Läufer, wo er dem Gegner keine Gelegenheit zum Opfern bietet.
Falls Schwarz die Dame nimmt, wird er instruktiv mattgesetzt:
• 23...♘xd2 24.♖xh8+ ♔g7 25.♖1h7+ ♔f6 26.♘d5#;
• 23...♗g7, aber nun zerstört Weiß ebenfalls den Hauptverteidiger – den Läufer auf g7: 24.♖xg7+ ♔xg7, und nimmt nun einfach Material mit 25.bxc4 weg;
• 23...♗d4

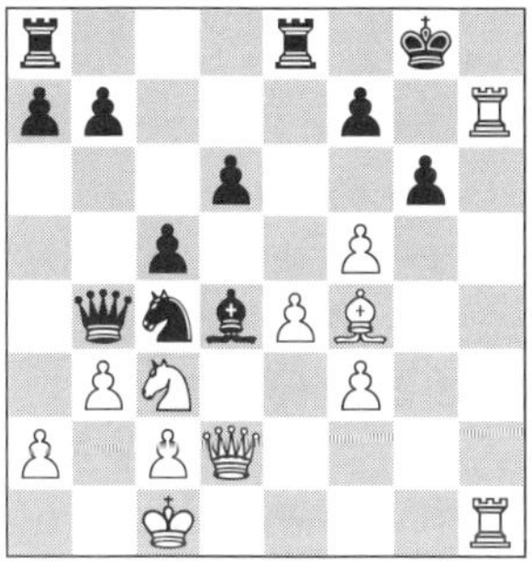

Analysediagramm

24.♕xd4! cxd4 25.♖h8+ ♔g7 26.♖1h7+ ♔f6 27.♘d5#;
• 23...♗xc3 24.♕d5 ♖e7 25.fxg6. Unglücklicherweise für Schwarz hat Weiß einen weiteren mächtigen Zug: **24.♕d5!** Es gibt kein Mittel gegen die Drohung auf f7. Eine reizende Fortsetzung wäre: **24...♖e7 25.fxg6 ♕xc3** Schwarz droht nun auch matt von allen Seiten, aber er kommt zu spät. **26.gxf7+ ♔f8 27.♗h6+ ♗g7 28.♖h8#.**

B) Aber auch nach 22...h5 behält Weiß die besseren Aussichten: 23.fxg6 ♘xg6 (23...fxg6 24.♕d5+ ♘f7 25.♘e2) 24.♘d5 und Weiß verdient den Vorzug.

22...♔xh7
Das Opfer kann kaum abgelehnt werden. Petursson analysiert 22...♕a3+: 23.♔b1 ♔xh7 24.♖h1+ ♔g7 25.f6+! ♔xf6 26.♕xd6+ ♖e6 (26...♔g7 27.♗xe5+) 27.♗xe5+ ♔g5 28.♕d2#.

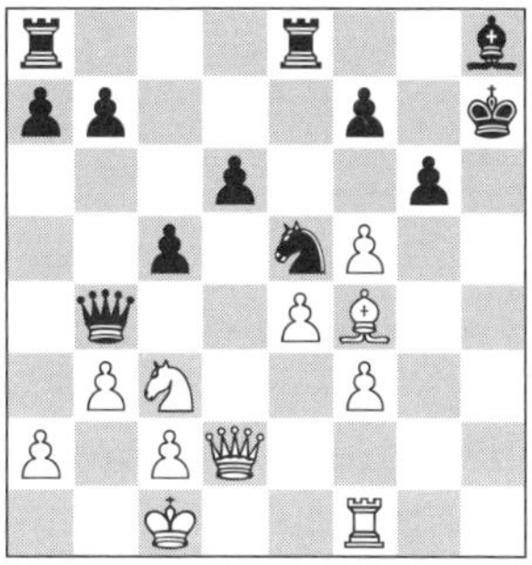

23.♖h1+
23.♕h2+ ist dasselbe: nach 23...♔g8 (23...♔g7 24.f6+ ♔g8 (falls 24...♔xf6, so 25.♘d5+) 25.♖h1 ♗xf6 26.♘d5 ♕d4 27.♕h7+ ♔f8 28.♗h6+ ♗g7 29.♕xg7#) 24.♖h1 ♗g7 ist 25.f6! der tödliche Zug.
23...♔g8
Auch nach **23...♔g7** läuft der Angriff wie geschmiert: **24.f6+** Hier gibt es mehrere Wege nach Rom, aber das ist der kürzeste. **24...♔xf6** 24...♔g8 25.♖xh8+ ♔xh8 26.♕h2+ ♔g8 27.♕h6 und das Matt auf g7 kann nicht pariert werden. Das verzweifelte Opfer 27...♘d3+ wird freilich ignoriert: 28.♔b1 und Schwarz wird matt. **25.♕xd6+ ♔g7 26.♗xe5+ ♖xe5 27.♕xe5+ f6 28.♕e7+ ♔g8 29.♖h6** Macht Spaß, zu sehen, welch tolle Arbeit der Turm auf der h-Linie leistet. **29...♗g7 30.♖xg6 ♕a3+ 31.♔b1** und Schwarz hat keine Züge mehr.

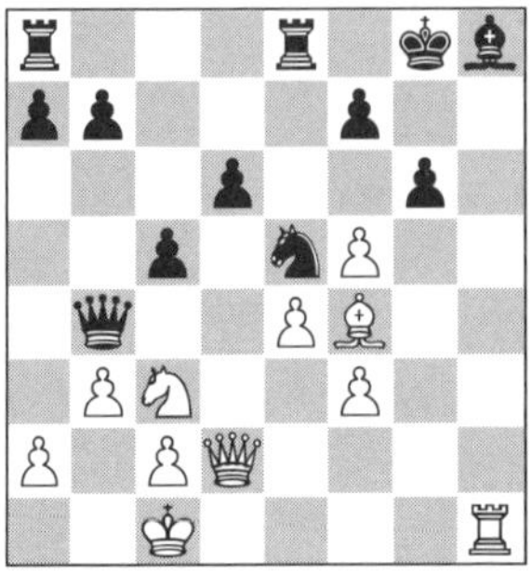

24.♖xh8+!
Mit einem zweiten Turmopfer wird der Chefverteidiger eliminiert. Schwarz gab sich geschlagen wegen: **24...♔xh8** Petursson sichtet sogar hier noch Alternativen: 24...♔g7 25.f6+ ♔xf6 26.♕xd6+ ♔g7 und Weiß schließt seinen Angriff stilvoll ab mit 27.♗h6+! ♔xh8 28.♕f6+ ♔g8 29.♕g7#. **25.♗xe5+** Die Diagonale c1-h6 ist frei für die Dame, was ihr erlaubt, sich spielentscheidend einzumischen. Sicherlich nicht 25.♕xd6?? wegen 25...♕xc3 26.♕f6+ ♔g8 27.♗h6 ♘d3+ und Schwarz gewinnt. **25... dxe5** 25...♔g8 26.♕h6 und 25...♖xe5 26.♕h6+ ♔g8 27.f6 gewinnen beide für Weiß. **26.♕h6+ ♔g8 27.f6**. Wieder ist Matt auf g7 unvermeidbar.
Petursson gibt an, dass 24.♕h2 dem Weißen nichts bringen würde wegen des einfachen 24...♗g7, doch hier irrt er sich. Weiß gewinnt auch hier nach 25.f6! ♗xf6 26.♘d5 ♗g7 27.♕h7+ ♔f8 28.♗h6 ♗xh6+ 29.♕xh6+ ♔g8 30.♕h8#.

Hier nun zu einem herzergreifenden Kampf auf holländischem Boden zwischen zwei niederländischen Großmeistern, die bekannt für ihre originellen Gedankenblitze sind. Unser früherer Schüler Wouter Spoelman blieb letztlich am längeren Hebel durch seinen schlau geführten Königsangriff.

Wouter Spoelman
Sipke Ernst
Amsterdam ch-NED 2014 (6)

1.d4 d5 2.c4 c6 3.♘c3 ♘f6 4.e3 ♗f5 5.♘f3 e6 6.♘h4 ♗e4 7.f3 ♗g6 8.♕b3 ♕c7 9.♗d2 ♗e7 10.♘xg6 hxg6 11.0-0-0 ♘bd7 12.♔b1 dxc4 13.♗xc4 ♘b6 14.g3 a5 15.♗e2 a4 16.♕c2 a3 17.b3 ♘bd5 18.e4 ♘b4 19.♕c1 0-0 20.g4 ♘d7
Die beste Fortsetzung für Schwarz ist 20...♖fd8 21.♗e3.
21.h4 e5 22.h5!
Das Signal zum Angriff.
22...gxh5 23.♖xh5 g6 24.♖h6 exd4

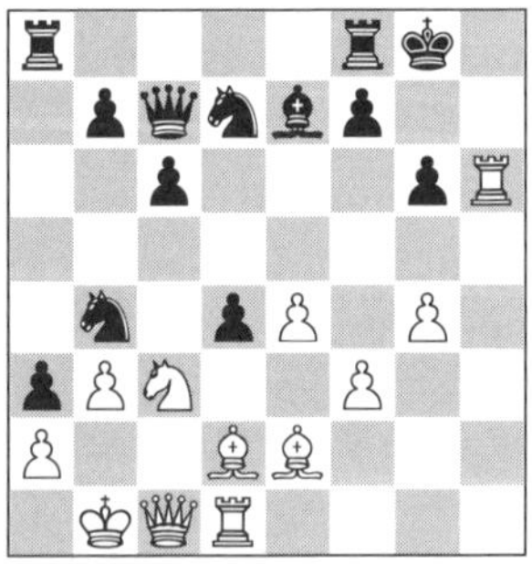

Ein wichtiger Moment. Weiß kontrolliert die offene h-Linie, und die möchte man doch so schnell wie möglich ausnutzen.
Aber zuweilen gibt es die Momente, wo man durchschnaufen und

sich zurücklehnen sollte: gibt es Alternativen, bei denen andere Figuren auch noch in den Angriff gebracht werden können?

25.♖dh1

Das ist so ein Zug, den jeder Schachspieler ohne großes Nachdenken machen würde. Und tatsächlich wird dieser auch entscheidenden Vorteil einbringen. Können wir Wouter dafür tadeln, dass er nicht eine stärkere, jedoch sehr versteckte Gewinnkombination gefunden hat? Sicher, er ist ein starker Großmeister mit ausgezeichneter Rechenfähigkeit, aber alle Varianten und alle taktischen Schüsse sind so schwer im Denkprozess zusammenzubauen, dass wir ihn kaum kritisieren können.

Eine schrecklich starke Fortsetzung war **25.♗c4!** mit der sofortigen Drohung 26.♖xg6+. **25...♔g7**

Nun verliert 25...♘e5 auf originelle Art: 26.♘b5! ♕a5 27.♗xb4 ♕xb4 (bei 27...♗xb4 gewinnt 28.♕g5 leicht) und jetzt ein eindrucksvoller Zug:

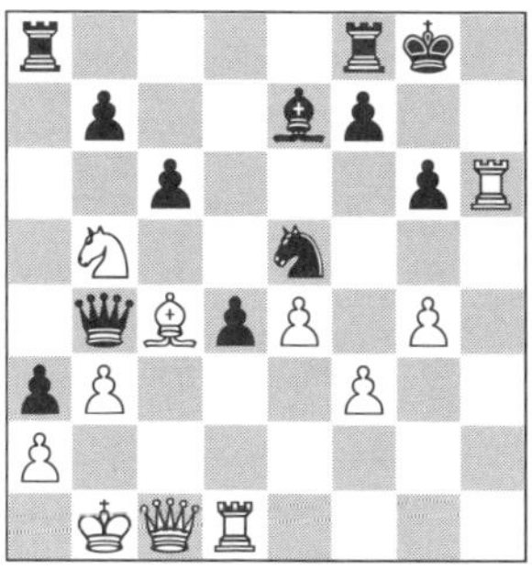

Analysediagramm

28.♖h8+!! ♔xh8 29.♕h6+ ♔g8 30.♖h1 und der Kampf ist aus.

26.♘e2 ♖h8 26...b5 27.♖dh1. **27.♘xd4 ♖xh6** und wieder hat Weiß einen besonders cleveren Zug zur Verfügung:

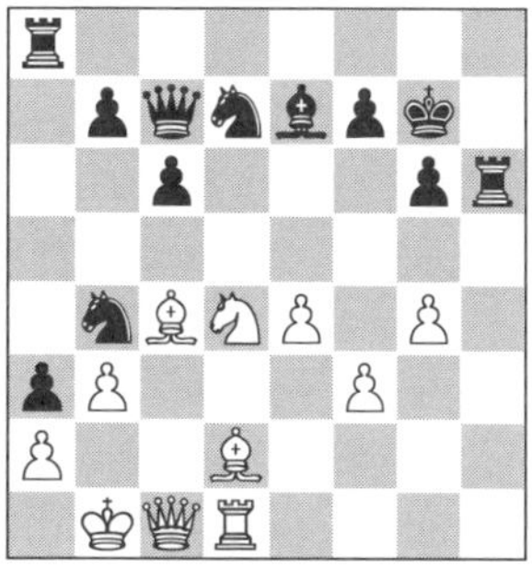

Analysediagramm

28.♘e6+!! Die schwarze Königsstellung wird in Stücke gerissen! **28...fxe6 29.♗xh6+ ♔f7 30.♗xe6+!** Keine Verschnaufpause für den König. **30...♔e8** 30...♔xe6 31.♕c4+ ♔f6 32.g5+ ♔e5 33.f4+ ♔xf4 34.e5+ ♔xe5 35.♖e1+ ♔d6 36.♖e6#. **31.♗xd7+ ♕xd7 32.♖xd7 ♔xd7** Und mit seinem großen Materialvorteil hätte Weiß keine Schwierigkeiten mehr beim Gewinnen.

25...♗f6

Im ersten Moment sieht es so aus, als sollte sich Schwarz halten. Aber wieder halt die Stellung ein paar versteckte Tricks für Weiß parat. Auch nach 25...♕e5 26.♗c4! ♕g7 27.♘e2 ist der weiße Vorteil entscheidend. Zum Beispiel nach 27...b5 schlägt Weiß wieder zu: 28.♗xb4 ♗xb4 29.♖h8+ ♕xh8 30.♖xh8+ ♔xh8 31.♕h6+ ♔g8 32.♕xg6+ ♔h8 33.♕h6+ ♔g8 jetzt hat der Springer das letzte Wort: 34.♘xd4! bxc4 35.♘f5 mit ausweglosem Matt.

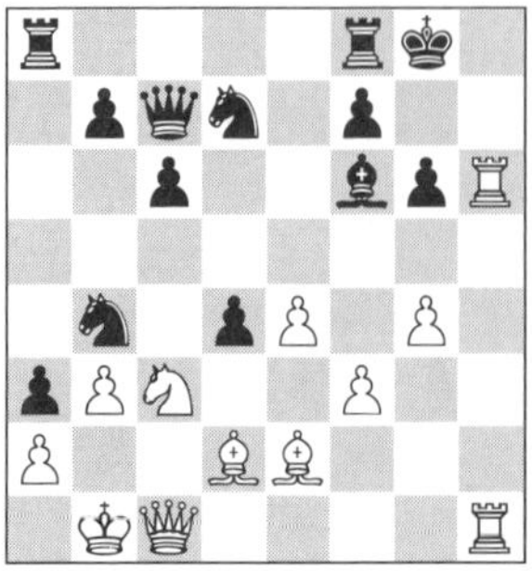

26.g5

Objektiv gesprochen nicht der stärkste Zug, aber der Vorteil bleibt erhalten. Der weiße Angriff ist nach wie vor brandgefährlich.

Die Konsequenzen von 26.♘b5!, einem Zug, den Wouter sicherlich in der engeren Wahl hatte, sind schwer zu beurteilen. Nach 26...♕a5 fegt ein Wirbelsturm über die schwarze Stellung hinweg. Sehen Sie:

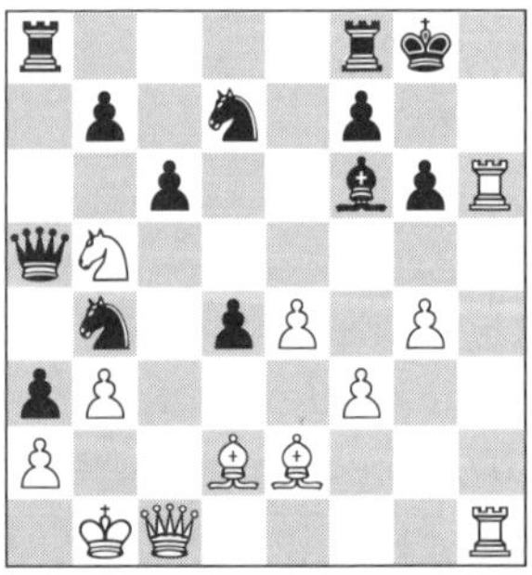

Analysediagramm

27.♖xg6+!! fxg6 28.♗c4+ ♖f7 (28...♔g7 29.♗h6+ ♔h8 30.♗xf8+ mit Matt) 29.♗xf7+ ♔g7 (29...♔xf7 30.♕c4+ ♔f8 (30...♔g7 31.♗h6+ ♔h7 32.♗f8+ und matt) 31.♗xb4+ mit Damengewinn) 30.♘d6! ♔f8 (der König gibt Fersengeld, aber seinem Schicksal entkommt er nicht: 30...♖h8 31.♗h6+ ♔h7 32.♗f8+ endet ebenfalls böse für Schwarz) 31.♖h7 ♘d3

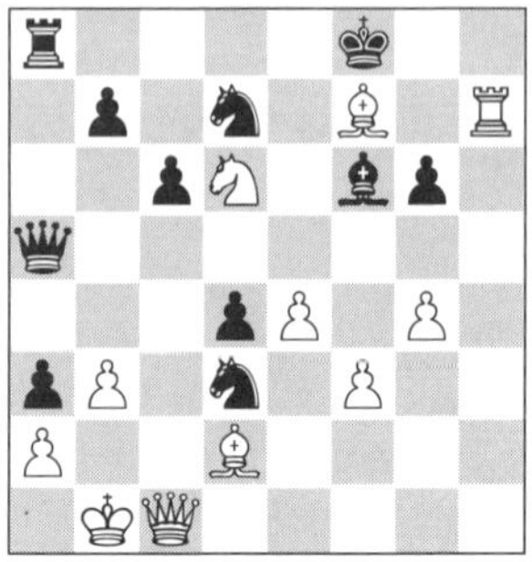

Analysediagramm

Auch in dieser Stellung gibt es einige nette Sachen zu entdecken: 32.♗c4! ♘xc1 33.♗h6+ ♗g7 34.♖xg7 und das Matt kann nicht abgewehrt werden.

26...♗g7 27.♖h7 ♕e5 28.f4

Erneut kräftig gespielt von Spoelman. 28.♘d1 wäre auch gut gewesen.

28...♕c5

Schwarz hätte mit 28...♕e7 die Dame ins eigene Lager zurückziehen können, jedoch wäre der weiße Angriff auch hier durchdringend. 29.♖1h3!, gefolgt von einer tödlichen Triplierung in der h-Linie, ist logisch, aber keineswegs der einzige Gewinnzug.

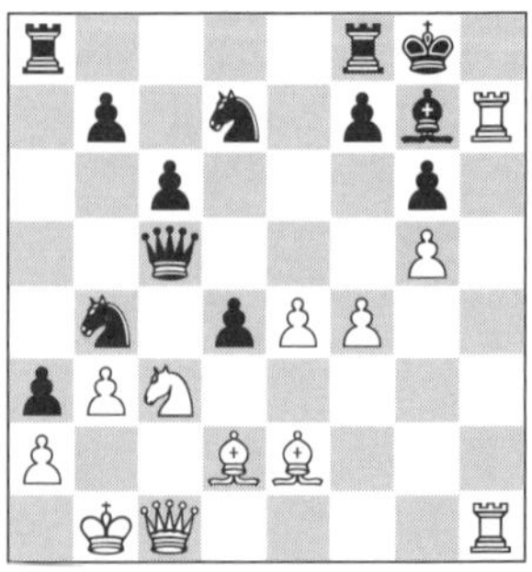

29.♕e1!

Hier zeigt Wouter, was für ein außergewöhnlicher Angriffsspieler er ist.

29...dxc3

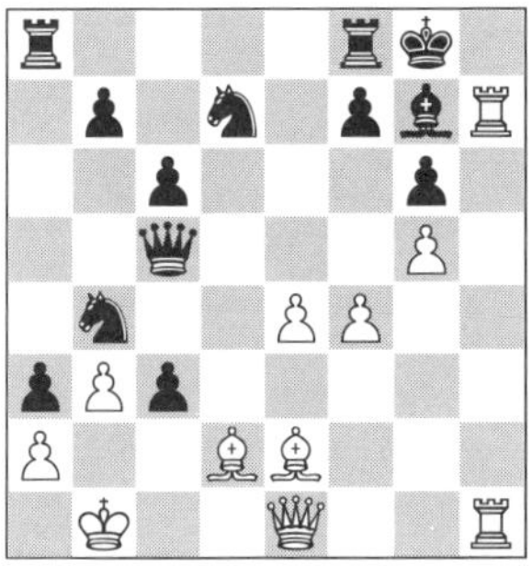

30.♖xg7+!

Bloß nicht 30.♕h4?? c2+ 31.♔c1 ♗b2, und Schwarz ist derjenige, der mattsetzt!

30...♔xg7 31.♗xc3+ f6

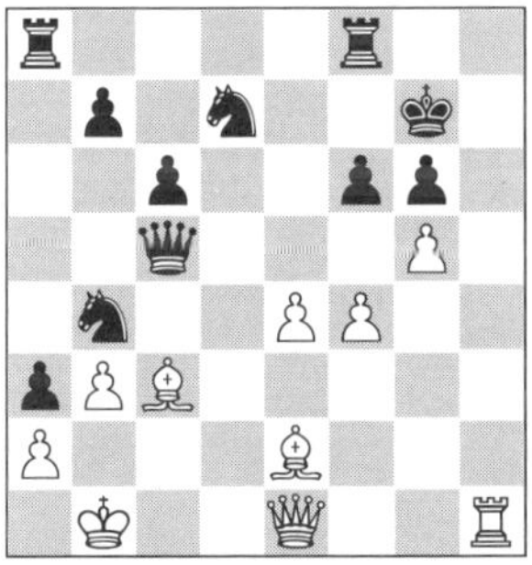

32.♗c4!

Ein fantastischer Zug, der die Flucht des Königs verhindert.

32...♘d5

Versucht verzweifelt, die weißfeldrige Diagonale zu stopfen, doch Wouter weiß, wie er damit umzugehen hat. Bei 32...b5 hatte er ein schönes Matt ins Auge gefasst: 33.♖h7+ ♔xh7 34.♕h4+ ♔g7 35.♕h6#.

Die Verteidigung 32...♖h8 funktioniert auch nicht wegen 33.gxf6+ ♘xf6 34.♗xf6+ ♔xf6 35.♕c3+ ♔e7 36.♕g7+ ♔d6 37.e5+ nebst matt.

33.exd5 cxd5 34.gxf6+ ♖xf6

34...♘xf6 35.♕h4 führt auch zu einem forcierten Matt.

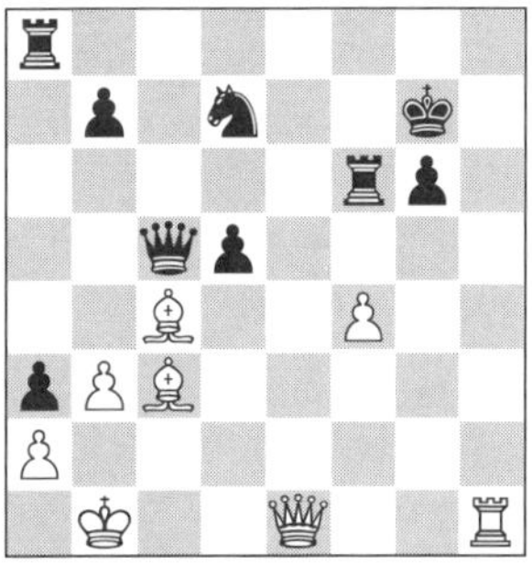

35.♕e6! ♖d8 36.♗xd5

Die Läufer dominieren die Schlachtszenerie.

36...b5

Natürlich hilft auch 36...♕xc3 nicht mehr wegen 37.♕e7+ ♖f7 38.♕xf7#. Bei 36...♕f8 denke ich, dass Weiß mit 37.♕h3 ♕h8 38.♕g4 ♕f8 39.♕g5 fortsetzen wollte, und hier kann Schwarz getrost das Handtuch werfen.

37.♗xf6+ 1-0

Sipke erlaubte seinem Gegner das Matt durch 37.♕f7#, aber Wouter wollte seiner bezaubernden Angriffsstellung offensichtlich noch nicht „Lebe wohl" sagen. Was für eine schöne Angriffspartie!

Schlussfolgerungen

Wir nähern uns dem feindlichen König durch folgende Strategien:
• einen Verteidiger weglocken (Ablenkung; Waffe 1)
• den feindlichen König auf ein tödliches Feld locken (Hinlenkung; Waffen 2 und 3)
• ein Loch in die gegnerischen Bauernstruktur reißen (Waffe 4)

Zusätzliche Waffen und Techniken:
• Weitere Figuren in den Angriff bringen
• Mattmuster kreieren

3.3 Aufgaben

■

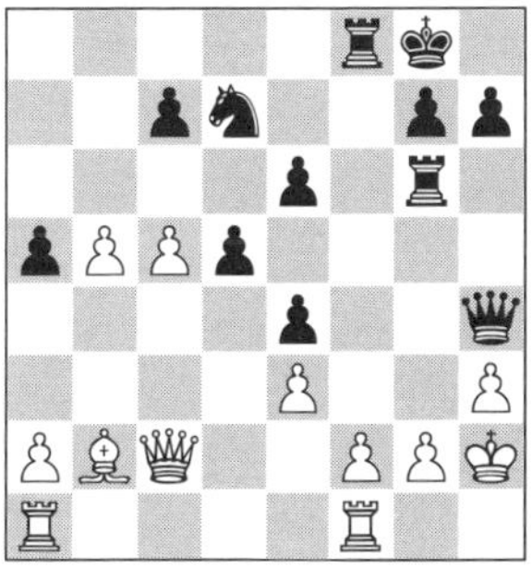

25

In dieser Stellung hat Schwarz seine Schwerfiguren am Königsflügel konzentriert. Noch muss er einen Weg finden, um den weißen König wirklich zu bedrohen. Wie sieht der aus?

(Lösung auf Seite 346)

■

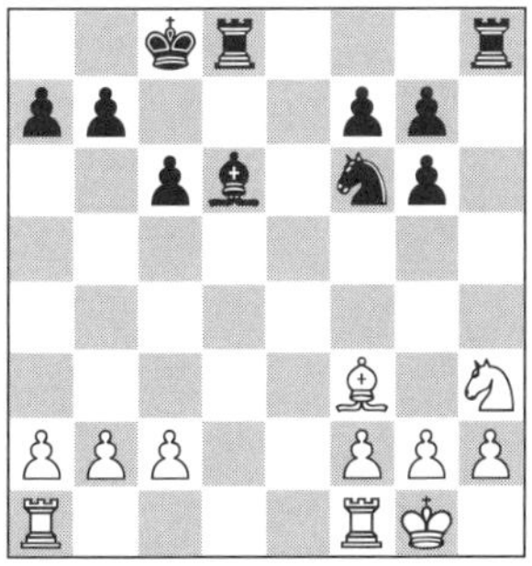

26

In dieser vereinfachten Stellung kontrolliert Schwarz die h-Linie. Aber was kann er momentan damit anfangen?

(Lösung auf Seite 346)

■

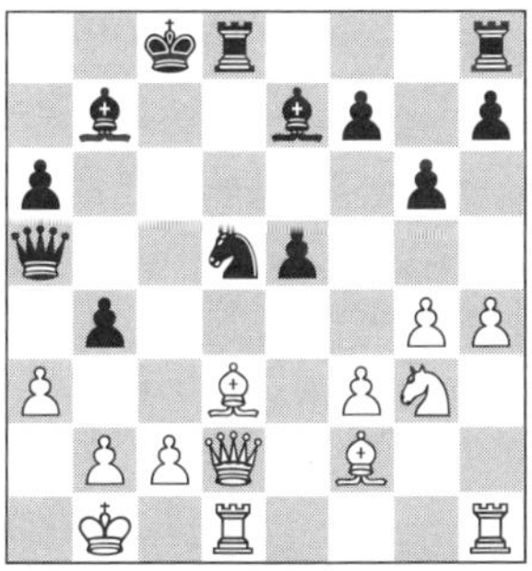

27

Die schwarzen Figuren haben bedrohliche Felder vor dem weißen König bezogen. Aber noch steht dieser geschützt hinter seiner Bauernfront. Wie kann Schwarz die weiße Königsstellung aufreißen?

(Lösung auf Seite 347)

■

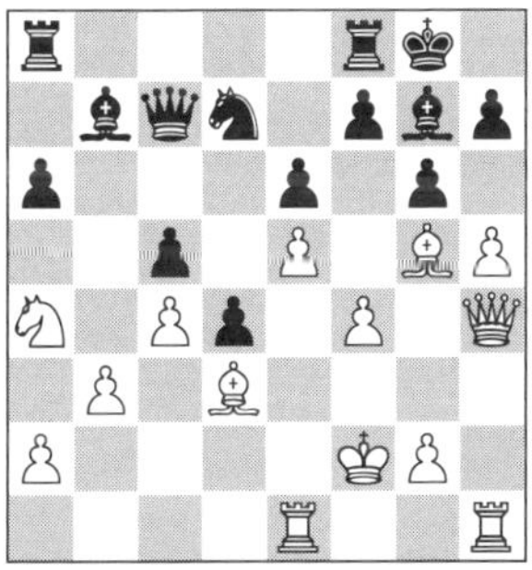

28

Weiß hat seine Aufmerksamkeit dem schwarzen König zugewandt. Schwarz dachte, er könne mit

26...f5

davonkommen, aber es zeigte sich, dass es nicht funktionierte. Was hat er übersehen?

(Lösung auf Seite 347)

KAPITEL 4

Wie man Schwächen ausbeutet

4.1 Einführung

In den letzten Kapiteln haben wir erörtert, wie ein Angriff auf den König an Kraft gewinnt, wenn Ihre Figuren nah genug an den feindlichen König herankommen. Eine offene Linie, über die die Schwerfiguren zur Schlacht gebracht werden können, ist praktisch unverzichtbar. In diesem Kapitel werden wir lernen, wie ein Pfad geschlagen wird, auf dem wir offene Linien auf dem Flügel des feindlichen Königs zu unserem Vorteil ausnutzen können. Vieles hängt dabei von der Bauernstruktur ab. In den nächsten Abschnitten werden wir unterschiedliche Ziele in der Bauernformation der Verteidigung betrachten, und wie man als Angreifer gewisse Schwächen ausnutzen kann.

4.2 Das schwächende ...g7-g6

Beim Angriff gegen eine Schwäche, die durch den Zug ...g7-g6 (oder g2-g3 in der weißen Stellung), spielen viele Faktoren eine Rolle. Wir können die feindliche Bauernstruktur entweder mit unseren Bauern oder mit unseren Figuren angreifen.
Der Angriff durch die eigenen Bauern kann auf zwei verschiedenen Wegen geschehen:

- Der Vorstoß h4-h5 (bzw. ...h5-h4)
- Der Vorstoß f4-f5 (bzw. ...f5-f4)

Manchmal können diese Bauernhebel auch miteinander kombiniert werden.
Analog gesehen hängen auch die Möglichkeiten beim Angriff, der mit Figuren durchgeführt wird, davon ab, wo die feindlichen Figuren stehen. Ein wesentlicher Punkt ist die Frage, ob auf g7 (oder g2) ein Läufer steht. Deshalb haben wir für unsere Darstellung beschlossen, zwei Kategorien zu unterscheiden:

- Manöver ohne ♗ auf g7 (bzw. g2)
- Manöver mit ♗ auf g7 (bzw. g2)

Der Vorstoß h4-h5

Wir haben bereits einige Beispiele kennengelernt, in denen der schwächende Zug ...g7-g6 zu einer Öffnung der h-Linie führte. Sobald diese geöffnet ist, ist es wichtig, die Schwerfiguren dorthin zu bringen. Die nächste Partie bietet ein illustratives Beispiel dafür, wie die Schwerfiguren auf der h-Linie aufgestellt werden sollten: der Turm an der Spitze, um Opfer auf g7 or h8 zu ermöglichen. Die Dame wird über die zweite Reihe geschwenkt, der Transfer wird durch g2-g4 ermöglicht. Offensichtlich spielt die Zeit hier eine Hauptrolle;

andrerseits wird man selbst matt, bevor man recht realisiert, wie einem geschieht...

Eduard Valeanu
Pasi Korhonen
Dublin 2012 (1)

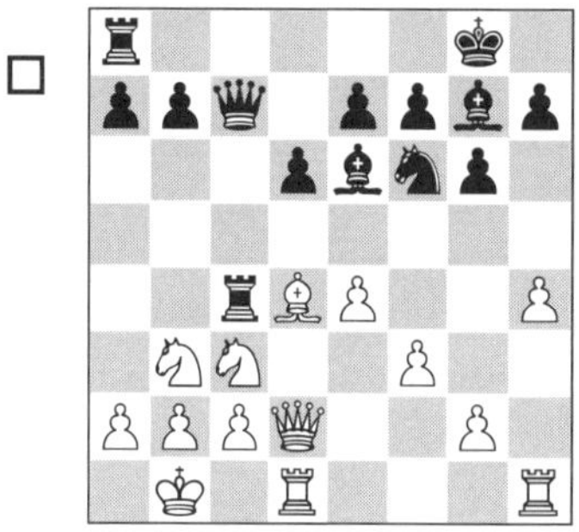

Eine typische Stellung aus der Drachenvariante im Sizilianer. Dadurch, dass die Spieler auf verschiedene Seiten rochiert haben, gewinnt der Faktor Zeit eine wesentliche Rolle.

17.h5!

Weiß öffnet so schnell es geht die h-Linie.

17...♖c8

Die Annahme des Bauern durch 17...♘xh5 führt zum Abtausch des wichtigsten Verteidigers, des Läufers g7. Hier eine mögliche Fortsetzung: 18.♗xg7 ♔xg7 19.g4 (das „Standard-Opfer“ 19.♖xh5?! wäre zu impulsiv: 19...gxh5 20.♕g5+ ♔h8 21.♖h1, da nach 21...♖g8 22.♕xh5 ♖g7 die weiße Attacke zum Stillstand kommt) 19...♘f6 20.♕h6+ ♔h8 (20...♔g8? verliert sofort nach 21.g5 ♘h5 22.♖xh5 gxh5 23.♖h1 und Schwarz kann den Schwachpunkt h7 nicht mehr rechtzeitig decken) 21.♘d4 und Weiß hat ausgezeichnete Kompensation für den Bauern.

18.hxg6 hxg6

Manchmal ist es eine kluge Wahl, „aus dem Zentrum“ zu schlagen, sprich hier mit 18...fxg6!?. Schwarz bekommt das Feld f7 für einen potentiellen Verteidiger. Hier hätte Weiß auch nach 19.g4 ♗f7 20.g5 ♘h5 21.♗xg7 ♔xg7 22.f4 die besseren Aussichten.

19.g4!

Damit bereitet Weiß nicht nur g4-g5 vor, sondern öffnet die zweite Reihe, damit er die Dame zum Königsflügel hinüber schwenken kann.

19...a6

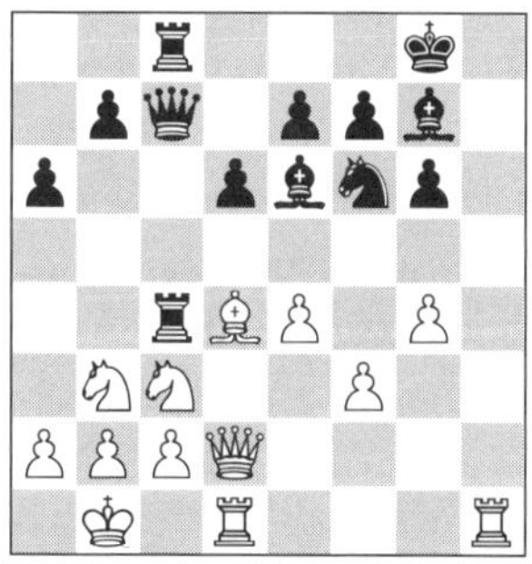

Das schwarze Gegenspiel kommt zu langsam in Fahrt.

20.♖h3!

Der Turm muss häufig an der Front stehen, damit man mit Opfern ♖xh5 oder ♖xg7 arbeiten kann. Die Idee 20.g5 ♘h5 21.♗xg7 ♔xg7 war ebenfalls möglich, aber viel weniger direkt.

20...b5 21.♖dh1 b4

Zu langsam. Der weiße Angriff läuft bereits auf Hochtouren! Die einzige schwarze Hoffnung liegt darin, den starken weißen Läufer auf d4 zu eliminieren und danach mit dem König wegzurennen. Aber das hilft ihm auch nicht nach 21...♖xd4 22.♘xd4 b4 (22...♗d7? 23.♕h2 ♔f8 24.♘d5 und Weiß gewinnt) 23.♘xe6 fxe6 24.♘e2 und Weiß gewinnt hier durch seinen materiellen Vorteil.

22.♕h2 ♘h5

Die Flucht mit dem König führt auch nicht weit: 22...♔f8 23.♖h8+ ♗xh8 24.♕xh8+ ♘g8 25.♕xg8+! (eine wunderschöne Angriffspointe) 25...♔xg8 26.♖h8#.

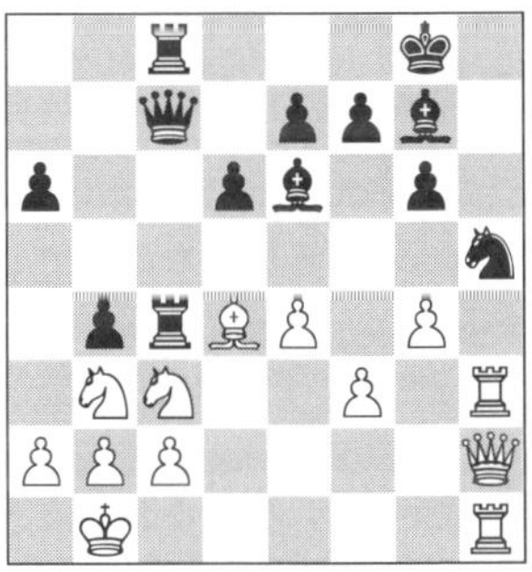

23.♖xh5

Das stereotype Opfer, das schon in unzähligen Drachenvarianten gespielt wurde.

Weiß konnte die Eliminierung der Verteidigungsfiguren auch mit 23.♗xg7 ♔xg7, und jetzt erst 24.♖xh5!, erreichen, was nur Zugumstellung bedeutet.

23...gxh5 24.♗xg7 ♔xg7 25.♕xh5 f6

Es ist sehr instruktiv zu sehen, wie der Angriff sich weiterentwickelt.

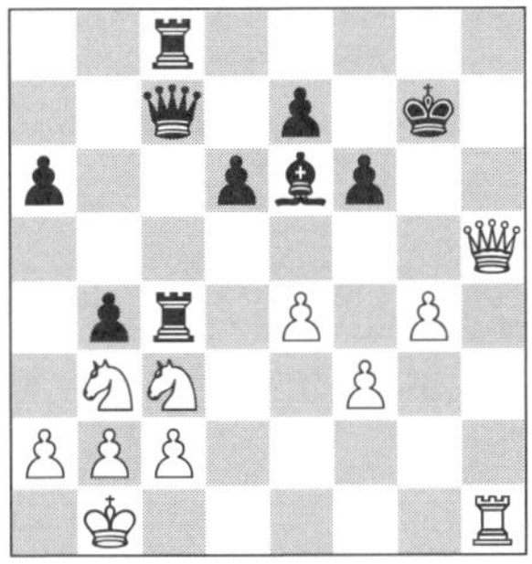

26.♕h7+ ♔f8 27.♕g6!

Ein gut bekanntes Manöver. Einerseits verhindert die Dame, dass der König über e8 zum Damenflügel flüchtet; andrerseits räumt Weiß die h-Linie für seinen Turm. Es gewann auch 27.♕h8+ ♗g8 28.♘d5 ♕d7 29.♖h7.

27...♗g8 28.♖h8 bxc3

Oder 28...e6 29.♖xg8+ ♔e7 30.♕g7#.

29.♖xg8#

Julian Hodgson
Dragan Paunovic

London-Belgrad telex match 1976

1.e4 c5 2.♘f3 d6 3.d4 cxd4 4.♘xd4 ♘f6 5.♘c3 g6 6.♗e3 ♗g7

6...♘g4? 7.♗b5+ ♗d7 8.♕xg4.

7.f3 0-0 8.♕d2 ♘c6 9.♗c4 ♗d7 10.0-0-0 ♕b8

Ein Zug, der damals sehr populär war. Die Idee ist die Option ...♘xd4 gefolgt von einem schnellen ...b7-b5, wonach die Attacke am Damenflügel schwer zu stoppen ist. Die alte Hauptlinie ist: 10...♕a5 11.♗b3 ♖fc8 12.h4 ♘e5 13.h5 ♘xh5 14.g4 ♘f6 15.♗h6.

Ein wichtiger Zweig ergibt sich auch nach 10...♖c8.

11.h4 ♖c8 12.♗b3

Das überstürzte 12.h5? kostet eine Figur nach 12...♘xd4 13.♕xd4 ♘g4 14.♕d3 ♘xe3 15.♕xe3 ♖xc4.

12...a5 13.h5! ♘xd4 14.♗xd4 a4 15.♗d5 e6

Auf den ersten Blick scheint Weiß Ärger zu haben, da sein Läufer mitten auf dem Brett eingemauert steht. Doch wenn wir die Aktivität der Figuren betrachten, stellen wir fest, dass die schwarze Dame auf b8 und der Turm a8 am Königsflügel nicht helfen können. Die weißen Figuren dagegen können sich schnell von der einen zur anderen Seite des Brettes bewegen.

16.hxg6 hxg6

Jetzt wäre 16...exd5 17.♘xd5 ♘xd5 ebenso hoffnungslos für Schwarz. Weiß antwortet stark mit 18.gxh7+ ♔f8 (18...♔h8 19.♗xg7+ ♔xg7 20.h8♕+ ♖xh8 21.♕g5+ ♔f8 22.♖xh8#) 19.h8♕+ ♗xh8 20.♖xh8+ ♔e7 21.♕g5+ f6 22.♕g7+ und Schwarz wird mattgesetzt.

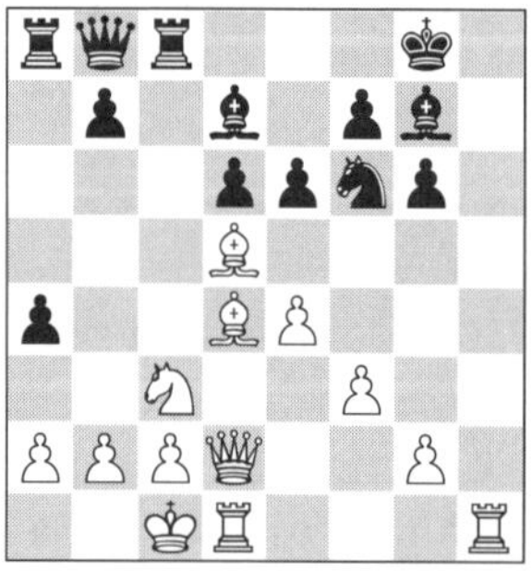

17.♕g5!

Der Schlüsselzug, der die schwarze Verteidigung niederreißt. Es gibt nur einen Weg, den Springer f6 zu retten.

17...e5

Nach diesem Zug erwacht der eingemauerte Läufer plötzlich wieder zum Leben. Auf folgende Variante hoffte Hodgson: 17...exd5 18.♕xf6! ♗xf6 19.♗xf6 mit unentrinnbarem Matt.

17...♘e8 würde stark beantwortet werden mit 18.♗xg7 ♘xg7 und nun dem Zug, den Hodgson während der Partie sah: 19.♖h4!. Weiß bereitet schlicht die Verdopplung seiner Schwerfiguren vor. Nach 19...exd5 folgt 20.♖dh1 und Schwarz kann dem Matt nicht entkommen.

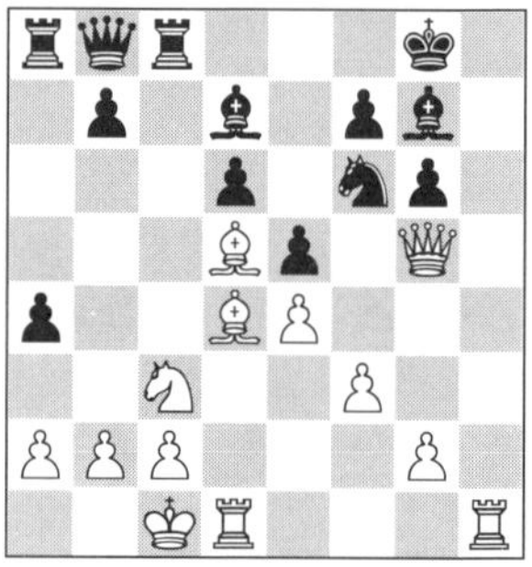

18.♖h8+!!

Hodgson: „Ich war sehr stolz, dass ich diesen Zug fand, aber ich muss zugeben, dass die Idee nicht ganz neu für mich war. Ein paar Jahre zuvor hatte der „Große" Mikhail Tal ein analoges Opfer gemacht – gegen mich! Ich war damals auf der schwarzen Seite des Drachen! Der Zug forcierte sogleich die Aufgabe des Schwarzspielers, wie die folgenden Varianten zeigen:"

A) Bei 18...♔xh8 ist 19.♗xf7 der Todesstoß. Der König wird ins Eck getrieben: 19...exd4 20.♖h1+ ♘h7 21.♕xg6 und matt folgt;

B) 18....♗xh8 19.♕xg6+ (jetzt dringt die Dame mit Schach ins schwarze Lager ein – dank des „Van-Gelder-Tricks") 19...♗g7 20.♕xf7+ ♔h8 21.♖h1+ ♘h7 22.♕g6 und wieder gibt es keine Verteidigung gegen das Matt.

Der Vorstoß f4-f5

Während der Stoß h2-h4-h5 sehr häufig vorkommt, wenn Weiß auf die Damenseite rochiert (in welchem Fall der Turm bereits sehr günstig auf h1 platziert ist), trifft man den Vorstoß f2-f4-f5 bevorzugt an, wenn Weiß auf die Königsseite rochiert hat (hier tritt der Turm auf f1 sogleich in Aktion).

Helmut Fritzsche
Jürgen May
Deutschland tt 1991/92 (2)

□
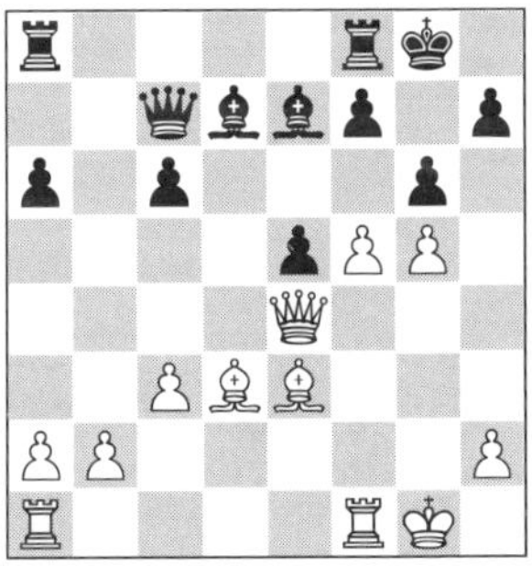

Da Schwarz bereits seine Stellung mit ...g7-g6 geschwächt und Weiß bereits den Vorstoß f4-f5 geschafft hat, tauchen Mattmotive auf.

18.♕h4!

Droht mit 19.f6 nebst 20.♕h6.

18...♖fd8?

Schwarz möchte seinem Läufer das Feld f8 freimachen. Aber das wird drastisch bestraft.

Nach **18...gxf5** opfert Weiß die Qualität: **19.♖xf5!** In diesem Fall ist es wichtiger, den Läufer als den Turm zu behalten! **19...♕d6** Ein wichtiger Zwischenzug. Völlig aus den Rudern verläuft 19...♗xf5 20.♗xf5 und matt kann nicht verhindert werden. **20.♗e4 ♗xf5** 20...♕g6 21.♖xe5; Schwarz kann den Sturm mit 20...♕e6 eindämmen, denn er kann jeden Turmzug mit ...♕h3 oder ...♕g4+ kontern. Nach 21.♖d1! jedoch, mit der Idee ♖xd7, wird er unüberwindbare Probleme haben. **21.♗xf5 h6** Es gibt nichts anderes.

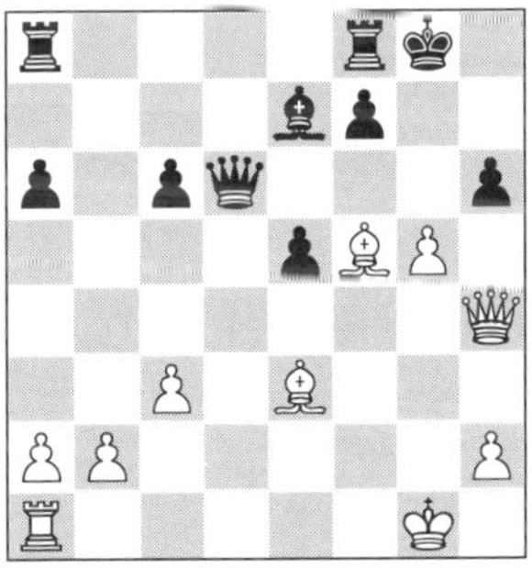

Analysediagramm

22.♕g4! Das war schwer vorauszusehen. Die Dame entfesselt sich, und es droht 23.gxh6+. **22...♗xg5** 22...hxg5 verliert nach 23.♕h5; bei 22...♔h8 vertreibt Weiß erst mal die schwarze Dame von ihrem Verteidigungsposten mit 23.♖d1 ♕c7 und kehrt dann mit seiner Dame zurück: 24.♕h5 mit Gewinn. **23.h4** gewinnt eine Figur.

18...h5 ist keine Lösung wegen 19.fxg6 fxg6 20.♗xg6, anschließend wird e5 auch noch fallen, wonach die gesamte schwarze Königsstellung entblößt ist.

19.fxg6

Damit öffnet Weiß die f-Linie. Schwarz würde davonkommen nach 19.f6 ♗f8.
Etwas langsam ist 19.♖f3 ♕d6.

19...hxg6

Oder 19...fxg6 20.♗c4+! mit entscheidendem Angriff.

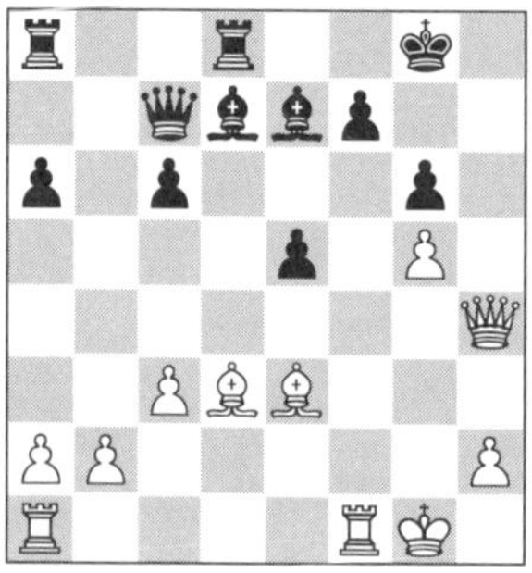

20.♖xf7!

Dieses Opfer ist Pflicht! Die komplette schwarze Königsstellung wird in Schutt und Asche gelegt.

20...♔xf7 21.♕h7+

Zunächst dieses Zwischenschach, damit der König nicht ins Sichere zurückkehren kann.

21...♔e6

Bei 21...♔e8 wird Schwarz mattgesetzt durch 22.♗xg6+ ♔f8 23.♕f7#.

22.♕xg6+ ♔d5 23.c4#

Eine nette Schlussstellung.

Gegen die Benoniverteidigung geht dem Vorstoß f4-f5 oftmals das Bauernopfer e4-e5 voraus. Hier sind zwei instruktive Beispiele.

Wladimir Tukmakow
David Norwood
Reykjavik 1990 (2)

□

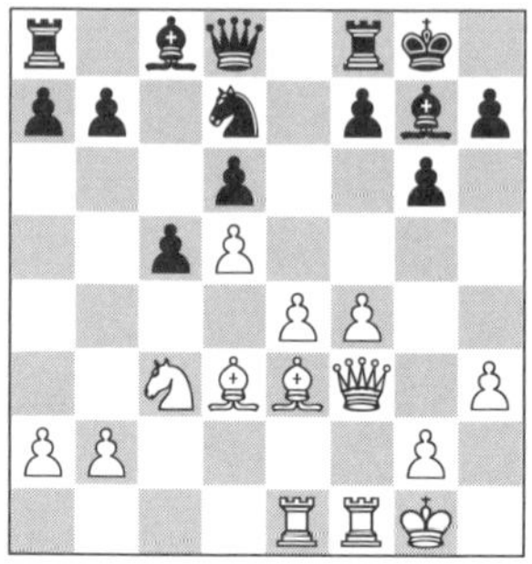

Bei Weiß sind bereits alle Figuren in Lauerstellung, während der schwarze Damenflügel noch unterentwickelt ist. Weiß nutzt dies mittels eines bekannten Durchbruchmotivs im Zentrum aus.

16.e5! dxe5 17.f5

Die Idee hinter dem Opfer e4-e5 ist, dass das Feld e5 (das ideale Feld für den Springer auf d7) sowie die Diagonale a1-h8 unzugänglich für Schwarz sind.

17...b6

17...e4 sieht thematisch aus. Nach 18.♗xe4 ♔h8 19.♕g3 hat Weiß immer noch die erfreulicheren Aussichten.

18.d6 ♖b8 19.♘d5

Häufig ist e4 das beste Feld für den Springer (hauptsächlich, um das Gegenopfer ...e5-e4 physisch zu unterbinden).
Doch der Partiezug ist stärker, da nun der Springer unterwegs nach e7 ist.

19...♗b7 20.fxg6 fxg6

Bei 20...hxg6? folgt 21.♘e7+ ♔h8 22.♕g3 mit einer fiesen Mattdrohung. Hier eine mögliche Variante: 22...♘f6 23.♕h4+ ♘h7 (oder 23...♘h5 24.♖f5! und Weiß gönnt sich einen schönen Ausflug auf der h-Linie) 24.♗xg6 fxg6 25.♘xg6+ ♔g8 26.♕c4+ ♖f7 27.♕xf7#.

21.♘e7+ ♔h8

Oder 21...♕xe7 22.dxe7 ♖xf3 23.♗c4+ ♔h8 24.gxf3, und da Weiß den Bauern auf e7 wird verteidigen können, steht er auf Gewinn.

22.♕g3 ♘f6

Nach 22...♗f6 entsteht ein sehr mächtiges Mattnetz: 23.♘xg6+! hxg6 24.♕xg6 e4 25.♕h5+ ♔g7 (25...♔g8 26.♗c4+ ♔g7 27.♕h6#) 26.♗h6+ ♔g8 27.♗c4+.

23.♕h4!

Die stärkste Fortsetzung! Auch die Kombination mit 23.♘xg6+ gewinnt genauso: 23... hxg6 24.♕xg6 e4 25.♖xf6 ♕xf6 26.♕h5+ ♔g8 27.♗c4+.

23...♕xd6 24.♘xg6+ ♔g8 25.♗c4+

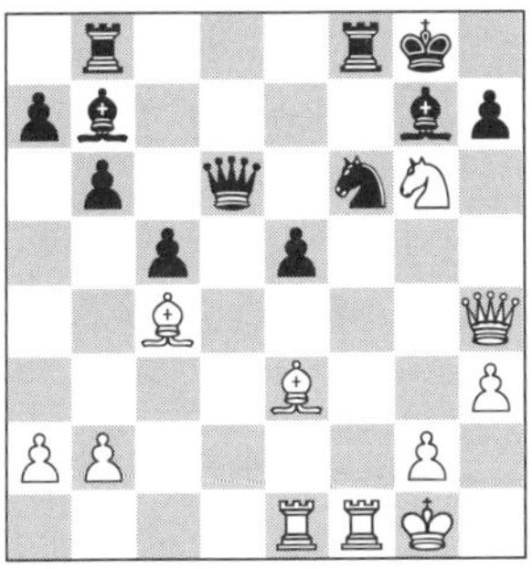

25...♖f7

Eine erbärmliche Stellung für Schwarz. Tukmakow beendet es nun effektvoll.

Alle Alternativen sind ebenfalls trostlos: 25...♘d5 26.♘xf8 ♖xf8 27.♖xf8+ ♗xf8 28.♖d1 oder 25...♗d5 26.♘xf8 ♖xf8 27.♖d1 ♕e6 28.♖xd5 ♘xd5 29.♖d1 und hier verliert Schwarz eine Figur.

26.♗xf7+ ♔xf7 27.♖d1 ♕c7 28.♖d7+

Weiß standen mehrere Wege zur Verfügung, um die Aufgabe zu erzwingen, aber dieser ist wirklich ein besonders netter! Ein mögliches Ende lautet 28...♕xd7 29.♘xe5+ ♔e7 30.♘xd7 ♔xd7 31.♕g3 ♖g8 32.♖xf6.

Utut Adianto
Ruben Gunawan
Jakarta 1996 (5)

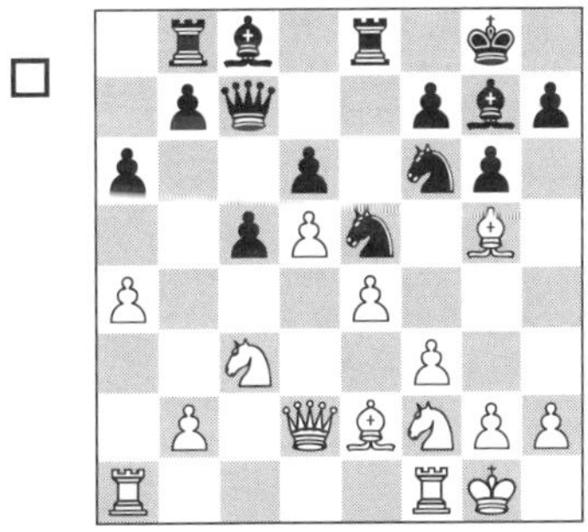

Auf den ersten Blick scheint Schwarz keine Probleme zu haben, doch der Weiße ist da ganz anderer Meinung!

15.♗xf6!?

Damals eine neue Idee. Weiß gibt seinen stolzen Läufer, gewinnt dadurch aber Zeit und erhält einen starken Angriff.

15...♗xf6 16.f4 ♘d7 17.e5! dxe5 18.d6

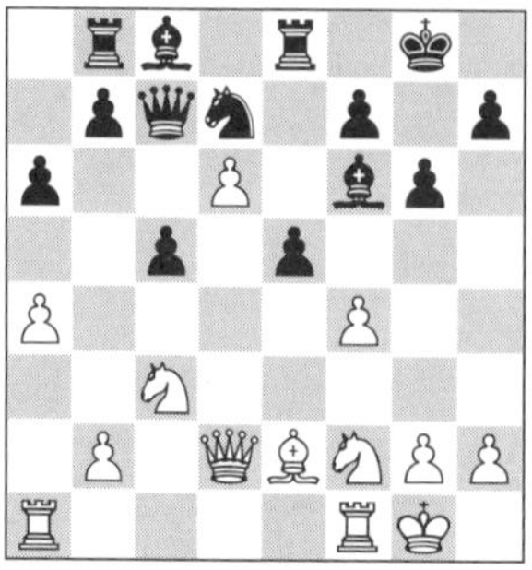

18...♕d8 19.♘fe4 ♗g7

Möglicherweise besser war 19... exf4 20.♘xf6+ ♕xf6 21.♖xf4 ♕g5 22.♖af1, wonach Weiß Kompensation zur Genüge durch sein aktives Figurenspiel und den freien d-Bauern besitzt.

20.f5

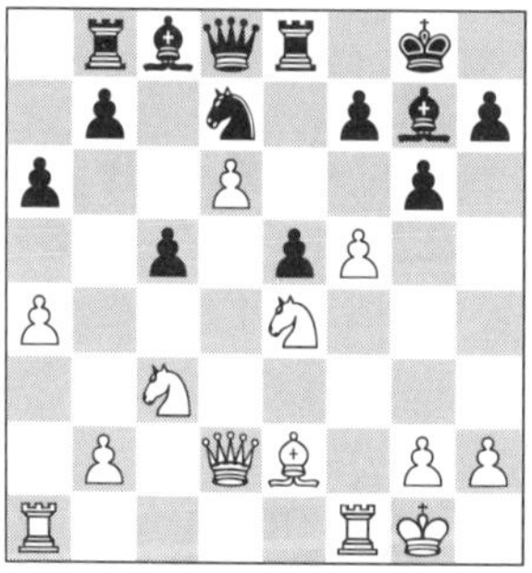

Die Stellung ist charakteristisch für den Stoß f4-f5. Der Springer steht überragend auf e4 (und Schwarz wird ihn davon kaum vertreiben können), während die schwarzen Figuren keine Aktivität entwickeln können.

20...gxf5 21.♖xf5 ♘f8 22.♖af1!?

Ein feines Qualitätsopfer. Die Idee dahinter ist, dass der weißfeldrige Läufer des Schwarzen bei der Verteidigung der Königsstellung fehlen würde.

Objektiv mag 22.♖h5! besser sein, aber ich kann mit sehr gut vorstellen, dass der Weiße nur allzu gern bereit war, die Qualität für Dominanz auf den weißen Feldern herzugeben.

22...♗xf5 23.♖xf5 ♘e6

Auf 23...f6 folgt 24.♘d5 ♘d7 25.♖h5 mit der Idee ♗g4-f5. Schwarz hätte dem nicht viel entgegenzusetzen. Falls 23...♖c8? 24.♗h5.

24.♘d5 ♘d4?!

Eine Ungenauigkeit in bereits zweifelhafter Stellung.

Auch nach 24...♖f8? 25.♘df6+ ♗xf6 26.♘xf6+ ♔g7 27.♗c4! sieht es nach baldigem Vorhangfall aus.

Die Verteidigung 24...♔h8 reicht ebenfalls nicht aus nach 25.♖h5 ♘f8 26.♗g4 mit steigendem Druck.

24...♘f4 sieht noch wie die hartnäckigste Verteidigung aus, aber nach 25.♗c4 ♔h8 26.♘g5 hat Weiß das Sagen.

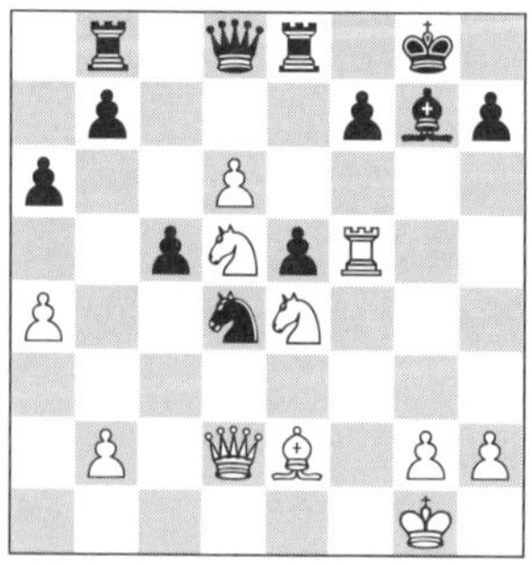

25.♘df6+! ♔h8

Oder 25...♗xf6 26.♘xf6+ ♔g7 27.♕g5+ ♔h8 28.♕h6 und Matt folgt.

25...♔f8 verliert ebenso: 26.♘xh7+ ♔g8 27.♘ef6+ ♔h8 28.♖h5 ♘xe2+

29.♔h1 ♘f4 30.♘g5+! ♘xh5 31.♘xf7#. Ein amüsantes Matt!

26.♖h5 ♘xe2+

Die Alternative 26...♗xf6 wird mit 27.♕h6 ♘xe2+ 28.♔h1 ♔g8 29.♘xf6+ beantwortet.

27.♔f1!

Nicht gut ist 27.♕xe2 ♗xf6, wonach es dem Weißen schwerfällt, seine Dame wirkungsvoll in den Angriff zu bringen.

27...♗xf6

27...♕xf6+ reicht nicht aus wegen 28.♘xf6 ♗xf6 29.♕h6 ♔g8 30.♕xh7+! ♔f8 31.♖g5! und gewinnt.

27...h6 28.♖xh6+.

28.♕h6

Schwarz gab auf wegen 28...♔g8 29.♕xh7+ (29.♘xf6+ genügt gleichfalls) 29...♔f8 30.♖g5! ♕xd6 (30...♗xg5 31.♕h8#) 31.♘xd6 ♔c7 32.♘xf7 ♗xg5 33.♘xg5+ ♔d8 34.♔xe2 und Weiß gewinnt.

Königsstellung ohne den ♗ auf g7

Ohne den Fianchettoläufer auf g7 sind die schwarzen Felder um den schwarzen König herum ernstlich geschwächt. Es versteht sich von selbst, dass die Gefahr insbesondere auf der Diagonalen a1-h8 erwächst. Nachstehend ein kurzes Fragment, bei dem die Schwäche der langen Diagonalen offen liegt. Weiß bedient sich der mächtigen Waffe des Dauerschachs, die wir im vorigen Kapitel vorgestellt haben.

Ladislaw Mista
Jaroslaw Kloza
Tschechien (Datum unbekannt)

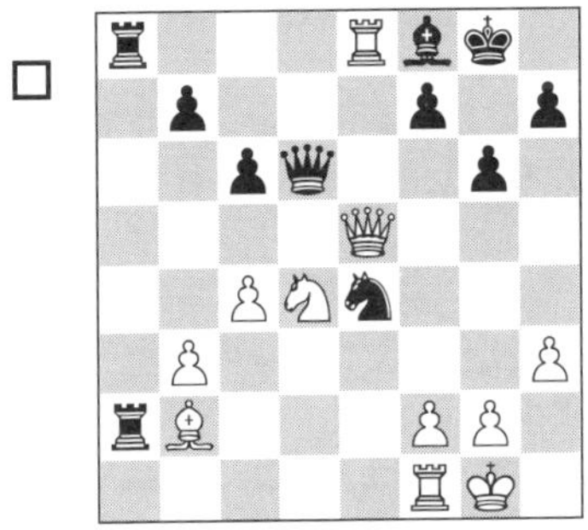

So ziemlich alle Figuren beiderseits hängen. Jedoch kommt es bei der unsicheren Stellung des schwarzen Königs nicht überraschend, dass da etwas für Weiß drin ist.
Er entscheidet die Partie mit einem wundervollen Damenopfer:

1.♕g7+!! ♔xg7 2.♘f5+

Doppelschach!

2...♔g8 3.♘h6#

Ein großartiges Matt mit Läufer und Springer, was durch die Fesselung des ♗f8 zustande kommt. Wenig später in diesem Kapitel werden wir zu diesem Mattmuster mit Läufer und Springer zurückkommen, welches in der Praxis durchaus geläufiger ist, als man erwarten würde.

Der Mattbauer auf f6 (bzw. f3)

Wenn der Läufer auf g7 fehlt, sind die Felder f6 und h6 geschwächt. Man kann dies oft ausbeuten, indem man seine Figuren auf exakt diese Felder manövriert. Wichtige Unterstützung kommt von dem Bauern, den wir hier den „Mattbauern“ nennen wollen. Das folgende Beispiel zeigt eine attraktive Umsetzung dieser schwarzfeldrigen Strategie.

Jonny Hector
Olli Salmensuu
Stockholm 1998/99 (4)

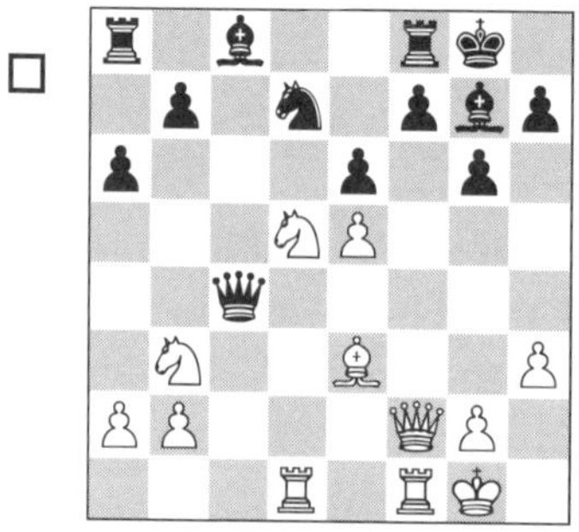

Noch steht hier der Läufer auf g7, aber einen Zug später wird er schon weg sein...

20.♘f6+ ♗xf6?!

20...♘xf6 21.exf6 ♗h8 ist offensichtlich auch kein Zuckerschlecken: der Läufer ist auf Ewigkeiten eingemauert, auch wenn Schwarz nicht so schnell mattgesetzt werden würde.

21.exf6 e5

Nun muss Weiß einen Weg für seine Dame finden.

22.♕g3 a5

22...♖e8 23.♕g5 ♔h8 24.♕h6 ♖g8 verliert nur Zeit.

23.♕g5 ♔h8

Falls Schwarz den „Mattbauern“ f6 mit 23...♖a6 angreift, muss Weiß den wichtigsten Verteidiger eliminieren mit 24.♖xd7! ♗xd7, wonach er die Angelegenheit mit 25.♘c5! (oder 25.♕h6 ♖xf6 26.♖xf6 mit entscheidendem Vorteil) 25...♗b5 26.♖c1 ♕e2 27.♘xa6 ♗xa6 28.♕h6 und Gewinn beenden würde.

24.♘d2

Zum gleichen Resultat führt das sofortige 24.♕h6.

24...♕xa2

Die Alternative 24...♕c6 hilft auch nicht: 25.♕h6. Das „Pech“ für den Schwarzen liegt im Umstand, dass er nicht ...♘xf6 spielen kann, da dann der ♖f8 hängt: 25...♖g8 26.♘f3! ♕xf6 (26...♘xf6 27.♘g5) 27.♘g5 ♕g7 28.♘xf7+ und gewinnt. 24...♕e6 ist dasselbe wie 24...♕c6.

25.♘e4 ♖g8 26.♕h6 ♕b3

Oder 26...♘f8 27.♖d8 ♗f5 28.♖xf8 ♖axf8 29.♘g5 mit unausweichlichem Matt.

27.♔h2!

Bereitet ♘g5 vor.

27...♘f8 28.♖d8

Natürlich muss dieser Springer attackiert werden!

28...♗xh3 29.♖xf8

Schwarz gab auf wegen 29...♖axf8 30.♘g5 ♕xe3 31.♕xh7#.

Mattmuster mit Läufer und Springer

Wenn Weiß einen Läufer auf der Diagonalen a1-h8 besitzt, ist der Zug ...g7-g6 wirklich hässlich, falls Schwarz nicht seinen Läufer ebenfalls auf der langen Diagonalen stehen hat.

Wir zeigen eine Miniatur, bei der, ähnlich wie in der Partie Mista-

Kloza, ein Mattmuster mit Springer und Läufer die Hauptrolle spielt. Diesmal war es aber der Weiße, der in den sauren Apfel beißen musste.

Sebastian Morell Gonzalez
Miguel Fernandez Juan
Valencia 1995

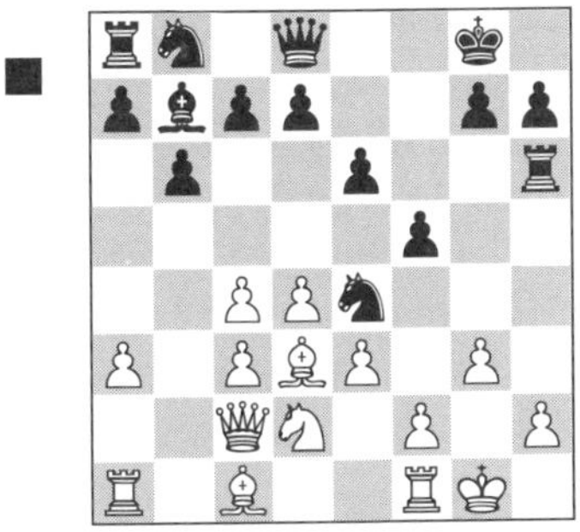

Mehrere schwarze Figuren haben bereits bedrohliche Positionen bezogen. Da Weiß seine Königsstellung mit g2-g3 geschwächt hat, erlaubt die Stellung nun ein paar sehr schöne Mattmotive.

12...♛h4!

Die Dame kann nicht genommen werden.

13.♘f3

Nur so kann das sofortige Matt verhindert werden. 13.gxh4 erlaubt 13...♖g6+ 14.♔h1 ♘xf2#. Wieder das mächtige Doppelschach!

13...♞g5!

Das haben wir kommen sehen.

14.gxh4

14.♘xh4 ♘h3#; 14.♘xg5 ♕xh2#.

14...♞xf3+ 15.♔g2

Nicht das objektiv Beste, aber Schwarz muss danach erst mal noch ein paar Finessen zeigen. Die Partie Yanofsky-Gentes, Edmonton 1985, ging weiter mit 15.♔h1 ♖xh4 16.h3 ♘xd4+ 17.♔h2 ♘xc2 18.♗xc2 ♖xc4 und Schwarz hatte ein paar Bauern mehr auf der Habenseite. Es ging weiter mit 19.♗b2 ♖h4 20.♖g1 ♖h6 21.♖ad1 d6 22.♗b3 ♘d7 23.♖g5 ♘c5 24.♗a2 ♗f3 25.♖dg1 ♗g4 und Weiß hatte genug.

15...♞e1+

Wiederum zeigt das Doppelschach, welche wirksame Waffe es ist! Weniger überzeugend ist 15...♖g6+, obwohl Schwarz auch hier einen wahrscheinlich entscheidenden Vorteil durch 16.♔h3 ♘xd4 17.f3 ♘xc2 erzielen könnte.

16.♔g3

Auch bei 16.♔h3 erscheinen hübsche Mattbilder: 16...♗g2+ 17.♔g3 ♖g6+ 18.♔f4 ♖g4+ 19.♔e5 ♘c6#.

16...♜g6+

Hier gab Weiß auf. Nach 17.♔f4 ist es Matt in zwei: 17...♘g2+ (17...♖g4+ 18.♔e5 ♘c6#) 18.♔e5 d6#.

Angriff auf die Schwäche h7

Als wir nach attraktiven Beispielen suchten, fanden wir erstaunlicherweise gar nicht viele Beispiele, bei denen Matt auf den schwarzen Feldern gegeben wurde. Es mag sich irgendwie paradox anhören, aber tatsächlich wird der Schlussakkord meistens auf den weißen Feldern gespielt. Häufig ist es so, dass die weiße Dame sich zum Feld h6 aufmacht, daraufhin landet ein Springer auf g5 und/

oder ein Turm wird über die dritte oder vierte Reihe auf die h-Linie geschwenkt. Danach ist der Bauer auf h7 kaum zu verteidigen, wie wir oben in Hector-Salmensuu gesehen haben. Im folgenden Beispiel musste der Autor selbst eine bittere Pille schlucken...

Han Janssen
Herman Grooten
Niederlande tt 1980

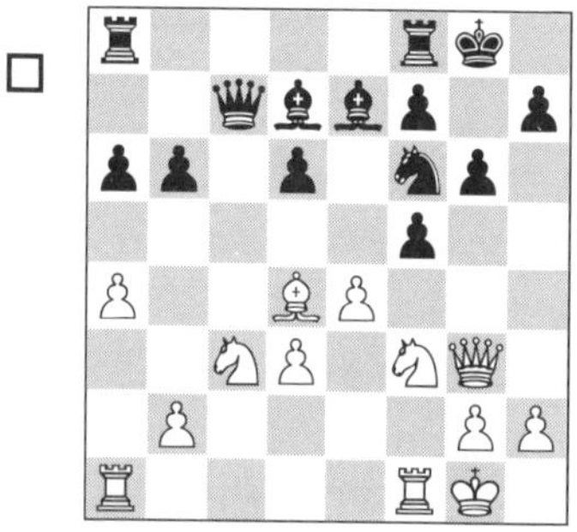

Aus bitterer Notwendigkeit erlaubte Schwarz die Schwächung seiner schwarzen Felder um seinen König herum. Er sollte das zutiefst bereuen:

1.♕h4
Die Dame ist unterwegs nach h6. Ein weiteres Problem besteht darin, dass der Springer nicht nach h5 ziehen kann, weil dann der Läufer e7 hängen würde.

1...♕d8 2.♕h6
Es droht 3.♘g5.

2...♘h5?!
Bei **2...♖e8** setzt Weiß fort mit **3.exf5 ♘h5**, und nun ist **4.g4!** am besten (bei 4.fxg6 fxg6 5.♖ae1 ♗f8 6.♖xe8 ♕xe8 7.♕d2 gelingt es Schwarz, die gefährliche weiße Dame zurückzuschlagen, wobei Weiß immer noch bessere Aussichten behält). Zum Beispiel: **4...♗f8** und nun das verblüffende **5.♕g5!**. Weiß tauscht sogar die Damen! Die Idee dahinter: sobald der Springer h5 seinen Posten räumen muss, gewinnt Weiß sofort durch ♘d5!. **5...♕xg5 6.♘xg5 ♗h6** Mit ein paar Zwischenzügen kann Schwarz den Schaden noch eindämmen. Wie erwähnt folgt auf einen Springerzug, etwa 6...♘g7, das tödliche 7.♘d5!. **7.♘h3 ♗e3+ 8.♗xe3 ♖xe3 9.♘g5** Jetzt muss Schwarz eine Figur geben, worauf er resignieren kann, da nach 9...♘g7 wieder 10.♘d5 sofort gewinnt.

3.♘d5
Weiß möchte den Verteidiger auf h5 kitzeln...
Sehr verlockend war 3.exf5 ♗xf5 4.♖ae1.

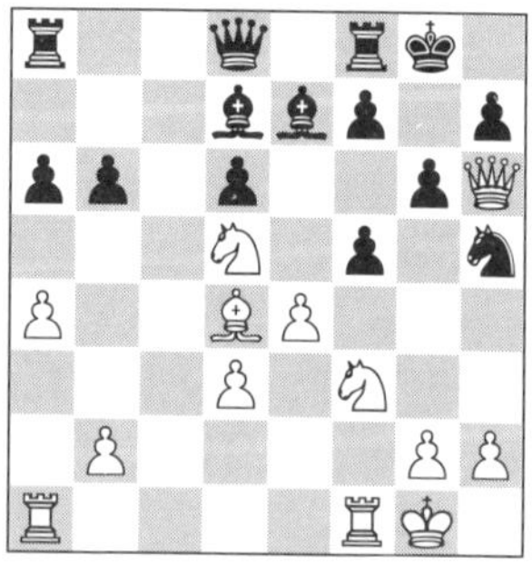

3...♗e6?
Nach diesem hässlichen Fehler ist es sogleich aus. Es war höchste Zeit für 3...♖e8!, wonach Schwarz den Kampf noch eine Weile fortführen könnte.

4.♘f4! ♘f6 5.♘g5!

Eine Dame auf h6 im Verbund mit dem Springer auf g5 sind die ideale Aufstellung.

5...♖e8

Zu spät versucht Schwarz, sich eine Fluchtroute für den König zu bahnen: nun, da der Turm die f-Linie verlassen hat, trifft der finale Schlag den Punkt f7:

6.♗xf6 ♗xf6 7.♕xh7+ ♔f8 8.♘fxe6+ fxe6 9.♕f7#

Aufbrechen der Stellung

Ohne den Läufer auf g7 ist die siebte Reihe besonders anfällig. Als Konsequenz haben Opfer erhöhte Aussichten auf Erfolg. In der Partie Fritzsche-May haben wir bereits einen Einschlag auf f7 gesehen; in den folgenden Fragmenten werden wir erfolgreiche Opfer auf g6 und h7 kennenlernen.

Peter Dely
Eduard Glass
Reggio Emilia 1960/61

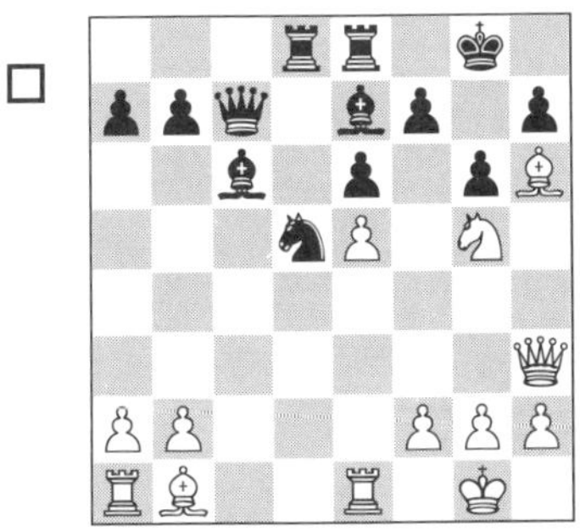

Wie wir bereits gesehen haben muss sehr häufig die feindliche Königsstellung demoliert werden. Manchmal darf man brutale Mittel einsetzen, um dies zu erreichen.

21.♗xg6!

Das sofortige 21.♗g7? bietet dem Weißen nichts nach 21...♗xg5. Und 21.♘xe6? scheitert an 21...fxe6 22.♕xe6+ ♔h8 23.♕f7 ♗f8.

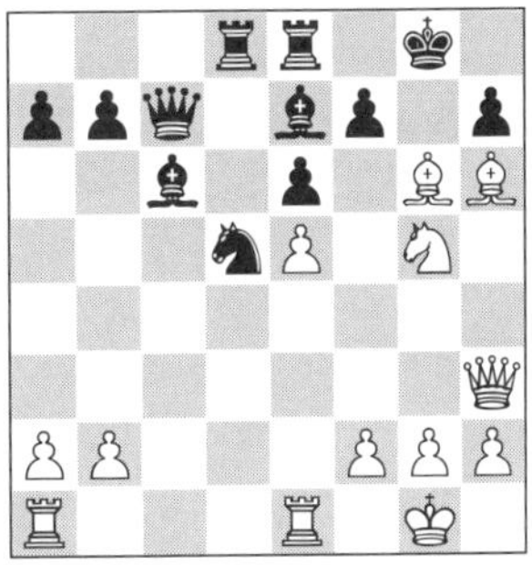

21...hxg6

Dadurch hält Schwarz seine Bauernformation intakt, aber er hat keine Verteidigung gegen die kommende Invasion der weißen Figuren. Nach 21...fxg6 22.♕xe6+ ♔h8 wird Schwarz völlig entblößt durch die „Zwickmühle": 23.♘f7+ (23.♕f7? ♗f8!) 23...♔g8 24.♘xd8+ ♔h8 25.♘f7+ ♔g8 26.♘d6+ ♔h8 27.♘xe8.

21...♗xg5 wird beantwortet mit 22.♗xh7+ ♔xh7 23.♗xg5+ ♔g8 (23...♔g7 24.♕h6+ ♔g8 25.♗f6 ♘xf6 26.exf6) und nun bringt Weiß neue Reserven auf ungewöhnlichem Wege heran: 24.♖e3! (aber nicht 24.♗f6? wegen 24...♘xf6 25.exf6 ♕f4! und der wichtige Bauer auf f6 wird fallen; aber 24.♕h6 gewinnt, z.B. 24...f5 25.exf6 ♕h7 26.f7+! ♕xf7 27.♗xd8 ♖xd8 28.♕g5+) 24...f6 (Schwarz muss etwas gegen die Drohung

25.♖g3 unternehmen. 24...♘xe3 war hier nicht möglich wegen 25.♗f6 und Schwarz wird matt) 25.♗xf6 ♘xf6 26.♖g3+ ♔f7 27.♕h6!.

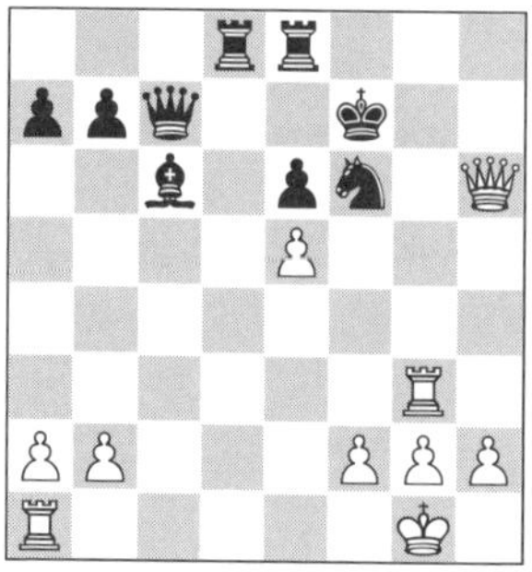

Analysediagramm

Ein sehr schöner, ruhiger Angriffszug. Weiß droht sowohl 28.♖g7+ als auch 28.♕xf6. Schwarz kann die Uhr stoppen.

22.♗g7! ♔xg7

22...♗xg5 23.♕h8#.

23.♕h7+ ♔f8 24.♕xf7#/♕h8#

Sergei Perun
Michail Kaganski
Ukraine 1992

☐

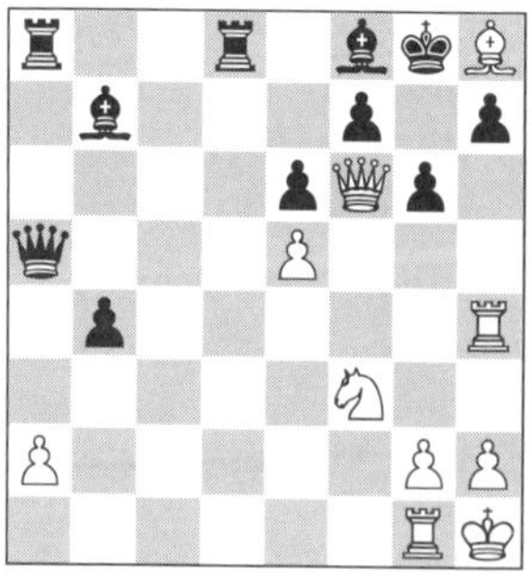

Die weißen Figuren sind bereits ins schwarze Lager eingedrungen, aber es bedarf immer noch eine Portion Kreativität, um die Entscheidung zu erzwingen.

1.♖xh7!

Weiß wird gewalttätig.
Nach der anderen logischen Angriffsfortsetzung 1.♘g5? folgt 1...♕c7!! und die weiße Attacke führt zu nichts, da nach 2.♖xh7 (Schwarz übernimmt die Initiative nach 2.♘xh7 ♗xg2+! 3.♔xg2 ♕c2+ 4.♔h3 ♖a3+ 5.♖g3 ♖d2 mit schwarzem Gewinn) 2...♗xg2+! 3.♔xg2 ♕c6+ 4.♔h3 ♖a3+ 5.♖g3 ♖xg3+ 6.♔xg3 ♖d3+ 7.♘f3 ♖xf3+ 8.♕xf3 ♕xf3+ 9.♔xf3 ♔xh7 Schwarz im Endspiel einen gesunden Mehrbauern hat.

1...♔xh7

Jetzt wird 1...♕c7 mit 2.♖g7+! ♔xh8 3.♖xg6+ ♔h7 4.♘g5# beantwortet.

2.♘g5+ ♔h6

Erzwungen. Zurück geht es nicht mehr: 2...♔g8 3.♕xf7+ ♔xh8 4.♕h7#.

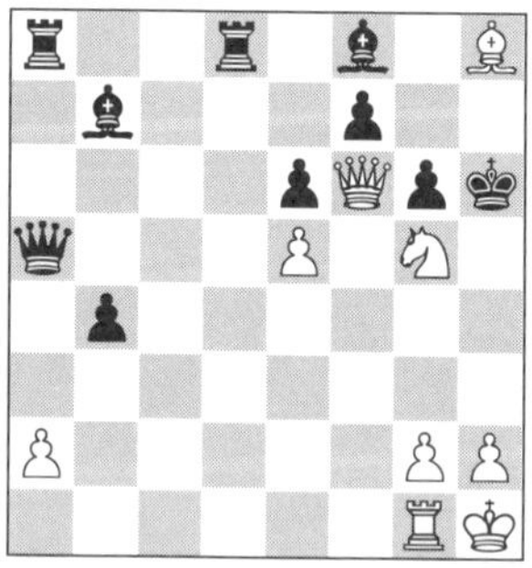

3.♘e4!

Damit unterbricht Weiß nicht nur die Diagonale a8-h1 (um eventuelles Gegenspiel mit ...♗xg2+ zu unterbinden), sondern räumt dadurch auch seiner Dame die Diagonale d8-h4.

Auch stark war zunächst der Bauerngewinn mit 3.♘xf7+!? ♔h7 4.♘g5+ ♔h6 5.♘e4! und dann wieder dieser Plan! 5...♔h7 6.♕h4+ ♔g8 7.♘f6+ ♔f7 (zwar hat der König nun dieses Feld, aber das ändert nichts an seiner traurigen Lage...) 8.♕h7+ ♗g7 9.♕xg7#.

3...♔h7

Wieder der einzige Zug. Es ist matt nach 3...♗xe4 4.♕h4#, und nach 3...♗e7 folgt 4.♗g7+ ♔h7 (4...♔h5 5.g4#) 5.♘g5+ ♔g8 6.♕xf7#.

4.♕h4+ ♗h6

4...♔g8 5.♘f6#.

5.♘f6+ ♔xh8 6.♕xh6#

Die Schlussstellung unterstreicht treffend die Schwäche der schwarzen Felder nach dem Zug ...g7-g6 !

Königsstellung mit einem ♗ auf g7

Es gibt Spieler, die „lieben“ ihren Läufer auf g7. GM Eduard Gufeld sang wiederholt Lobpreisungen auf diesen Läufer in seinen Artikeln. Und tatsächlich gibt es eine Vielzahl an Eröffnungssystemen, in denen dieser Läufer eine wichtige Rolle im Mittelspiel spielt.

Den Läufer auf g7 erobern

Nachdem wir verdeutlicht haben, wie wichtig es ist, diesen Verteidigungsläufer um den König zu wissen, werden Sie erkennen, dass es durchaus was bringt, Anstrengungen zu unternehmen, um diesem Läufer das Leben schwer zu machen.

Das folgende Beispiel zeigt, dass man zu diesem Zweck auch die schwere Artillerie benutzen kann.

Alexander Beljawski
Eric Brondum
Kopenhagen 2002 (2)

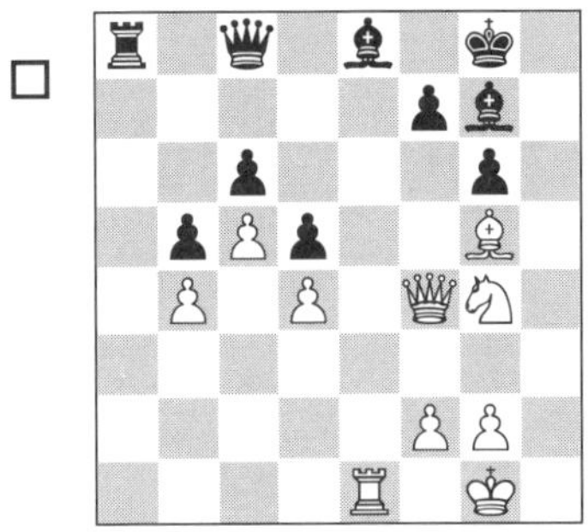

Der weiße Plan ist mit ♘f6+ verbunden. Nach ...♗xf6 ♗xf6 droht Weiß ♕h4 nebst ♕h8#, während er nach ...♔f8 sowohl ♖xe8+ als auch ♕h4-h7-g8 und matt droht.

30.♖e5!!

Mit diesem Qualitätsopfer möchte Weiß die geschwächten schwarzen Felder im gegnerischen Lager noch weiter ausbeuten. Dazu muss er zunächst die wichtigste schwarze Verteidigungsressource ...♕c8-f5 unterbinden. Das sofortige 30.♘f6+ bietet dem Weißen nicht so viel nach 30...♗xf6 31.♗xf6 ♕f5! 32.♕h4 ♕h5 und nichts ist entschieden.

30...♗xe5

Relativ am besten. Die Partie ging weiter mit 30...♗d7 31.♘f6+ ♔f8 32.♖e1!

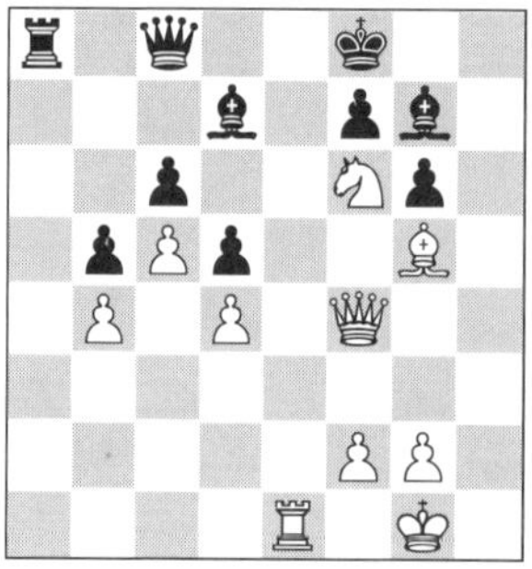

Analysediagramm

Und Schwarz gab auf in Anbetracht der Drohung 33.♕d6#.
Indessen kann nach 30...♕b7 31.♘f6+ ♔f8 32.♕h4

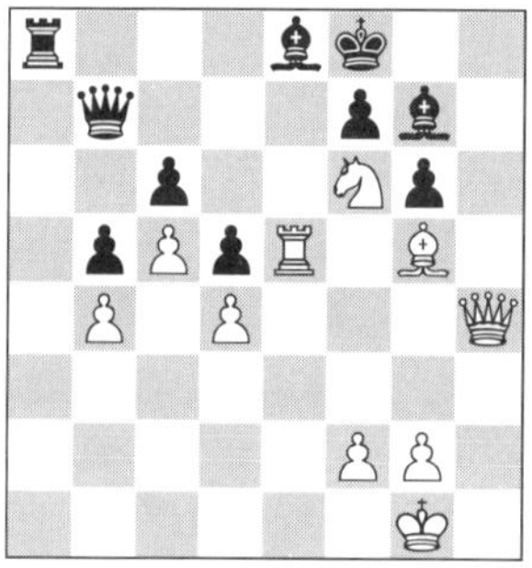

Analysediagramm

die Drohung 33.♕h7-g8 nicht mehr abgewehrt werden.

31.dxe5

Nun, da alle schwarzen Felder geschwächt sind, läuft der weiße Angriff reibungslos. Im Moment droht Weiß 32.♗f6 gefolgt von 33.♕h6, mit Matt auf h8 oder g7. Wir können erkennen, dass die offene h-Linie den Weißen begünstigt, da Schwarz andernfalls die Verteidigung ...♕c8-f8 hätte.

31...f5

Ein radikaler Versuch, etwas gegen die Invasion auf den schwarzen Feldern auszurichten, aber zugleich die einzige vernünftige Lösung.
31...♗d7 wehrt die Drohung nicht ab. Schwarz wird mattgesetzt nach 32.♘h6+ ♔h8 33.♕f6+ ♔h7 34.♕xf7+ ♔h8 35.♗f6#.

32.exf6 ♕e6

Auch bei 32...♖a7 33.f7+! ♖xf7 34.♘h6+ ♔f8 35.♕e5! wird die schwarzfeldrige Schwäche bloßgelegt. Matt ist unausweichlich: 35...♖g7 36.♗e7+! ♖xe7 37.♕h8#.
Die weißen Figuren sind nun optimal für den Schlussangriff aufgestellt. Alle Aktionen laufen dabei über die schwarzen Felder.

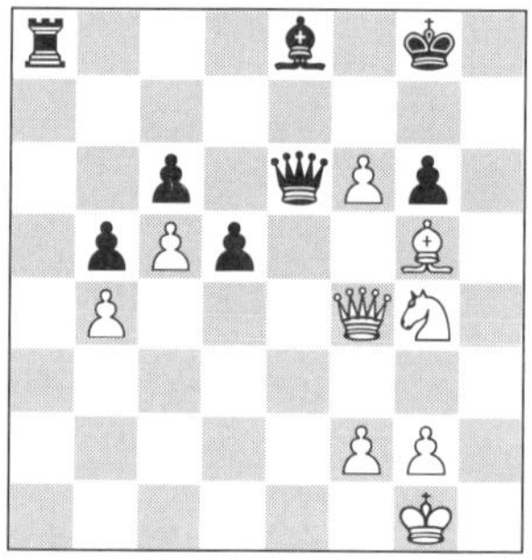

33.f7+!

Mit diesem fiesen Trick werden die schwarzfeldrigen Schwächen von neuem freigelegt.

33...♗xf7 34.♗f6 ♔f8

34...g5 35.♕xg5+ ♔f8 36.♕g7+ ♔e8 37.♕h8+ gewinnt auf ähnliche Art Material wie in der Hauptlinie: 37...♗g8 38.♘h6.

35.♕h6+ ♔e8 36.♕h8+ ♗g8 37.♘h6 ♔d7 38.♕g7+ ♔c8 39.♗e5 ♕d7 40.♕xg8+

Und es geht zu viel an Material verloren.

Springer nach f6

Der verteidigende Läufer ist oftmals so wichtig, dass es sich häufig als fatales Manöver herausstellt, wenn Weiß seinen Springer nach f6 bekommt (bevorzugt mit einem Bauern auf e5, der das Feld f6 kontrolliert).

Wadim Swjaginzew
Sergei Slugin
Moskau 2008 (1)

□

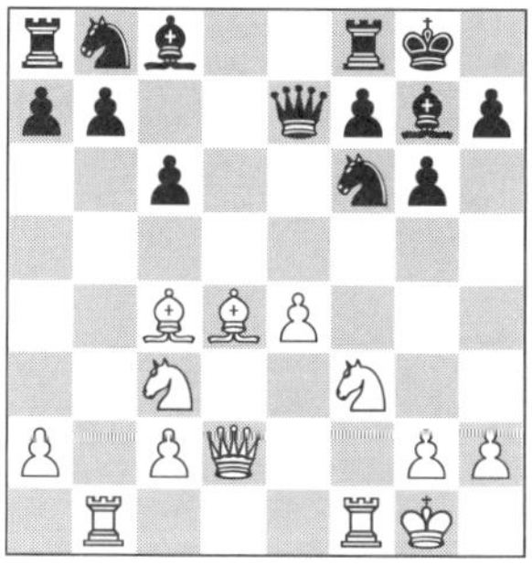

Weiß ist für seinen geopferten Bauern deutlich in der Entwicklung voraus. Nun muss er dies auch in etwas Handfestes umwandeln.

14.e5! ♘g4 15.h3 ♘h6

Kein schöner Ort für ein Pferd! 15...♘xe5 würde zu viel verlangen, wir betrachten 16.♘xe5 ♗xe5 17.♗xe5 ♕xe5, und nun entblößt Weiß die schwarze Königsstellung mittels 18.♗xf7+! ♔h8 (18...♖xf7? ist nicht gut wegen 19.♕d8+ ♔g7 20.♖xf7+ ♔xf7 21.♕xc8) 19.♖be1 ♕g7 20.♗b3 und Weiß steht kurz vor dem Sieg, denn seine Unterentwicklung wird zu einem großen Problem für Schwarz.

Besser war 15...b5, wenngleich Weiß nach 16.♘e4! bxc4 17.♗c5 ♕d8 18.♗xf8 ♕xd2 19.♘fxd2 ♔xf8 20.hxg4 einen ordentlichen Vorteil ansammelt.

16.♘e4

Droht vor allem 17.♗c5.

16...b6

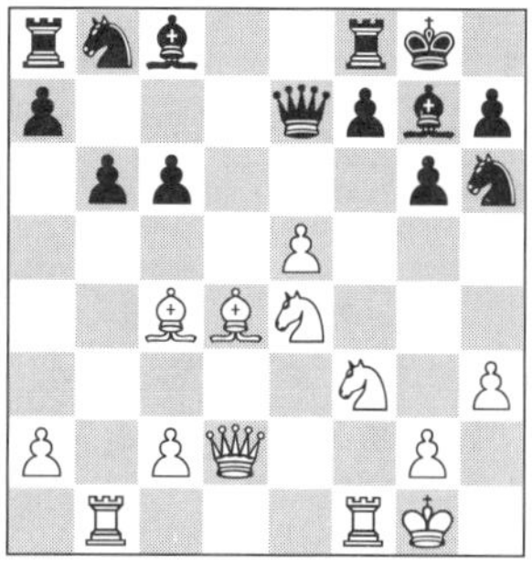

17.♗e3!?

17.♘f6+ ♔h8 18.♘g5 war etwas verfrüht, wenngleich Weiß auch da gute Aussichten hätte.

Kurioserweise konnte Weiß seinem Gegner hier auch mit 17.e6!? große Probleme bereiten. Eigentlich erscheint dies nicht logisch, nachdem Weiß e4-e5 gespielt hat, um die Stützpunkte f6 und d6 auszunutzen. Doch dafür werden nach dem Tausch des wichtigen Verteidigungsläufers g7 die dunklen Felder im schwarzen Lager geschwächt. Und das wird schwerwiegende Konsequenzen nach sich ziehen: 17...fxe6 18.♗xg7 ♔xg7 (auch die Rücknahme mit der Dame endet böse für Schwarz nach 18...♕xg7 19.♘fg5 ♘f5 20.♗xe6+ ♔h8 21.♗xc8 ♖xc8 22.g4 und es ist vorbei) 19.♕c3+ ♔g8 20.♘fg5 mit einer entscheidenden Infiltration auf den schwarzen Feldern.

17...♘f5 18.♗g5 ♕c7 19.g4!

Zuerst wird die einzige aktive Figur des Schwarzen, der Springer f5, weggetreten. Es besteht keine Eile zu 19.♘f6+ ♗xf6 20.exf6, nach 20...♕d6 erscheint es noch spielbar für Schwarz.

19...♘e7

Schließlich kann Weiß die Früchte seiner Strategie ernten:

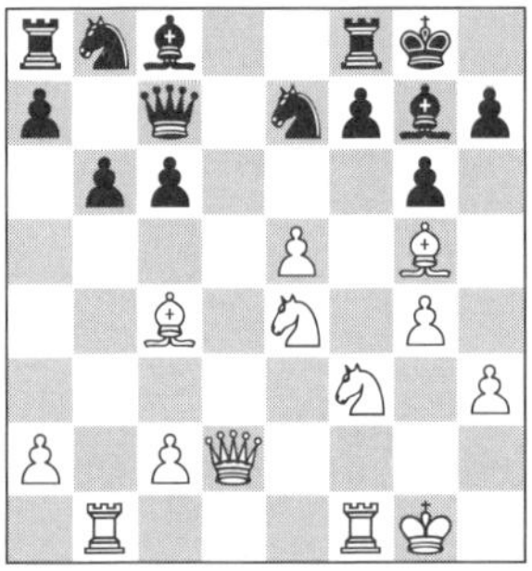

20.♘f6+ ♔h8

Nach 20...♗xf6 21.♗xf6 kann die Drohung 22.♕h6 nicht mehr pariert werden.

21.♕f2

Die Dame will nach h4.

21...♘g8

21...h6 22.♕h4.

22.♘xh7!

Der Springer frisst sich durch die schwarze Königsstellung. Das sofortige 22.♕h4 war auch gut genug.

22...♔xh7 23.♕h4+ ♘h6 24.♗xh6 ♗xh6 25.g5

Stark war ebenso 25.♘g5+ ♔g7 26.♖xf7+! ♖xf7 27.♘xf7 ♗e3+ 28.♔g2 und es gibt keine Abhilfe gegen 29.♕h8.

25...♗f5

Bei 25...♖h8 gewinnt 26.♕xh6+ ♔g8 27.♕xg6+ ♔f8 28.♘h4, da sich die Schwäche des Feldes f7 als verhängnisvoll für Schwarz herausstellt.

26.♕xh6+ ♔g8

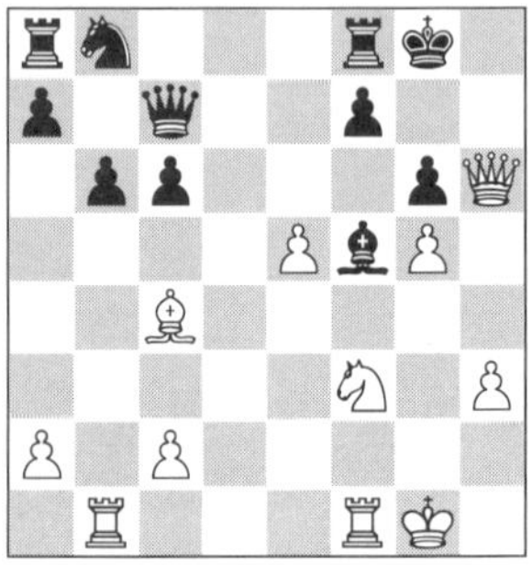

27.♖bd1

Weiß nimmt sich Zeit, um seine letzte Figur in den Angriff zu bringen. Der Turm steuert auf h4 zu.

27.♘h4 ♗xc2 (mit 27...♕xe5 fährt Schwarz ebenfalls einen schlechten Handel ein: 28.♖xf5! gxf5 29.g6 ♕g3+ (29...♕d4+ 30.♔h1 ♕e4+ 31.♘g2) 30.♘g2 und Schwarz kann die Mattdrohungen nicht abwehren) hätte zum durchschlagenden Mattangriff geführt: 28.♘xg6! ♗xg6 29.♕xg6+ ♔h8 30.♕h6+ ♔g8 31.g6.

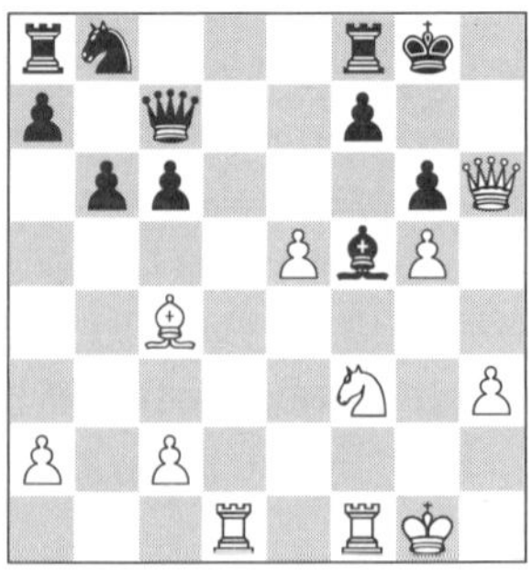

27...♕e7

Weiß beabsichtigt, zwei Schwerfiguren zur h-Linie zu schwenken: 27...♘d7 28.♖d4 ♘xe5 29.♖h4 ♘xf3+ 30.♖xf3

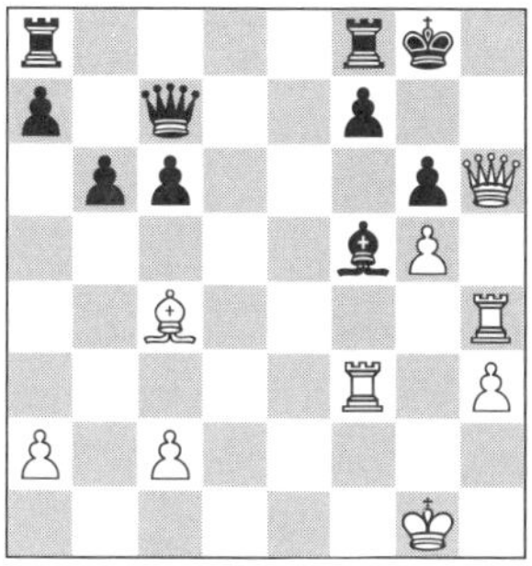

Analysediagramm

nebst 31.♕h7 oder 31.♕h8 matt. Falls Schwarz die Hauptdrohung mit 27...♖d8 abwehrt, folgt 28.♘h4 ♖xd1 (nach dem logischen 28...♘d7 stehen mehrere gute Züge zur Verfügung – wir wählen den kürzesten Weg: 29.♗xf7+ ♔xf7 30.♕xg6+) 29.♖xd1 ♘d7 30.♘xf5 gxf5 31.♕g6+ ♔h8 32.♗xf7

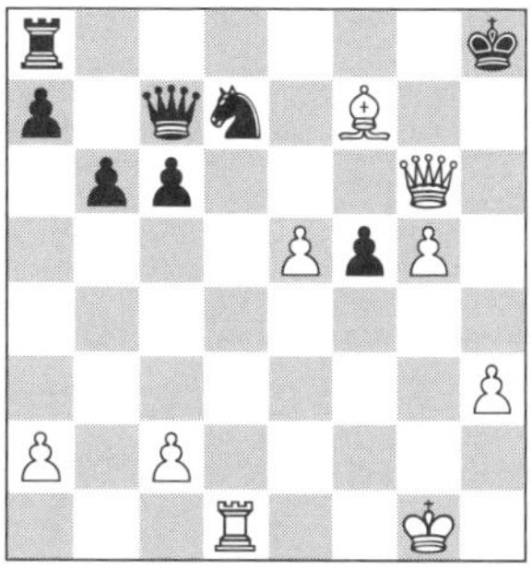

Analysediagramm

Und es gibt nichts gegen 33.♕h6# auszurichten.

28.♖d6

28.♖d4 entschied auch: 28...♕c5 29.♔h2 mit der Drohung 30.♖h4.

28...♖d8

Die Idee von 28.♖d6 war es, 28...♘d7 mit 29.♖xg6+ ♗xg6 30.♕xg6+ ♔h8 31.♕h6+ ♔g8 32.g6 beantworten zu können, wonach das Matt unausweichlich auf h7 kommt.

29.♗xf7+

Hier war auch 29.♖xg6+ fein.

29...♔xf7 30.♕h7+ ♔f8 31.♕h8+ ♔f7 32.♖f6+ 1-0

Schlussfolgerungen

- wenn Sie auf der offenen h-Linie verdoppeln oder vertripeln, empfiehlt es sich meist, den **Turm an die Spitze** zu setzen
- ein wichtiges Thema ist die Überführung der **Dame auf die h-Linie**
- falls auf g7 kein Läufer steht ist h6 meist das ideale Feld für die **Dame**
- falls Schwarz einen Verteidigungsläufer auf g7 hat müssen Sie diesen eliminieren! Dies kann geschehen, indem man ihn abtauscht, oder indem man einen Läufer oder einen **Springer auf f6** stellt (unterstützt durch einen Bauern auf e5).

4.3 Schwäche auf h6

Im vorigen Paragraphen haben wir die Fianchettostruktur diskutiert. Hier nun geht es um das Thema „Luftlochs", charakterisiert durch einen Bauernzug nach h6/h3. Der Terminus „Luftloch" in diesem Zusammenhang wurde einst von Siegbert Tarrasch geprägt mit seinem Ausruf „Was ist ein Mensch ohne Ventil?". Was aber Amateure als einen kleinen „Sicherheitszug" betrachten, kann schwerwiegende Konsequenzen fürs Mittelspiel nach sich ziehen. Insbesondere bei Stellungen mit heterogenen Rochaden können solche kleinen Bauernzüge dem Gegner genau das Ziel bieten, das er benötigt, um einen Angriff zu inszenieren.
Aus Erfahrung lernen wir, dass die Schwächung, die durch einen Zug des h-Bauern hervorgeht, das geringere Übel ist. Der Bauer auf h6 hält oftmals die weißen Figuren von g5 ab und versorgt den König mit Luft, einem Ausweichfeld, um das mögliche Grundreihen zu umgehen. Nichtsdestotrotz mag dem Gegner gerade dies das Ziel bieten, was er für einen Königsangriff braucht.

Wir wollen zwischen verschiedenen Angriffstypen unterscheiden:
• Der Bauernsturm g2-g4-g5. Dadurch droht Weiß eine oder mehrere Linien zu öffnen.
• Ein Figurenopfer auf dem verletzlichen Feld h6.
• Die Diagonale b1-h7 wurde durch den Vorstoß des h-Bauern geschwächt. Indem man eine Batterie mit Dame und Läufer auf der Diagonalen b1-h7 errichtet, provoziert man den Zug ...g7-g6. Anschließend kann man diese weitere Schwäche ausbeuten (etwa durch ein Figurenopfer auf g6).
• Ein Springer auf f5 erweist sich oft als stark. Das liegt daran, dass der Springer nicht mehr so einfach mit ...g7-g6 vertrieben werden kann (dann schlägt Weiß auf h6 mit dem Springer).
• Das „Eselsohr" auf h6 kann noch empfindlicher schwach werden durch:
– ein Qualitätsopfer auf f6;
– eine auf f6 auftauchende Figur;
– ein Figurenopfer auf g7.
• Die weißen Felder, insbesondere das auf g6, sind verstärkt anfällig für diverse Opfer auf e6, f7, oder g6.

Im Weiteren wollen wir jede der oben erwähnten Angriffsmethoden anhand von Beispielen illustrieren.

Die Aktion g4-g5

Schwarz kann mit dem beabsichtigten Durchbruch g4-g5 auf verschiedene Arten reagieren. Er kann entweder nehmen, erlauben, dass der Weiße schlägt, oder die Stellung geschlossen halten mit ...h6-h5.
Wir beginnen mit einer attraktiven Angriffspartie, in der Schwarz die h-Linie öffnet und auf g5 schlägt.

Garri Kasparow
Arne Dür
Graz 1981

□

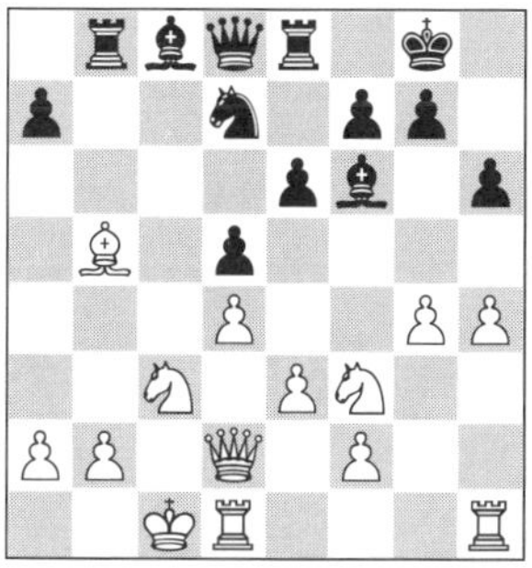

Weiß hat gerade ein Bauernopfer am Damenflügel angenommen. Er scheut sich jedoch nicht davor, diesen Bauern für Linienöffnung am Königsflügel zurückzugeben.

14.g5!

Natürlich zögert Weiß nicht lange: er öffnet Linien, um selbst angreifen zu können.

14...hxg5 15.hxg5 ♗xg5 16.♘xg5 ♕xg5 17.f4!

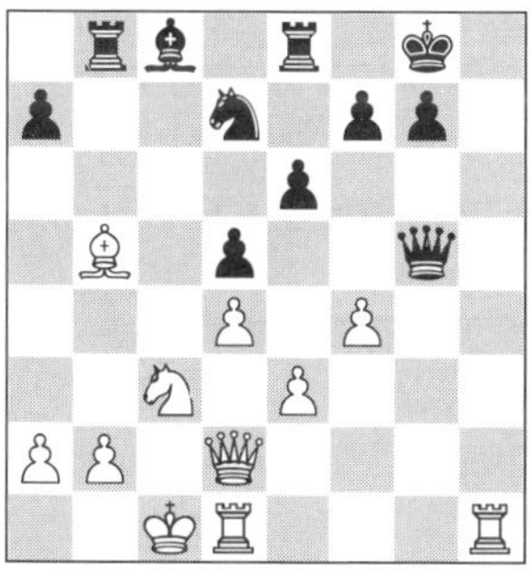

Noch ein starker Zug. Die zweite Reihe wird mit Tempo geöffnet, was der weißen Dame den Schwenk zur h-Linie ermöglicht. Zusätzlich wird das Zentrum fixiert.

17...♕f6 18.♕h2 g6

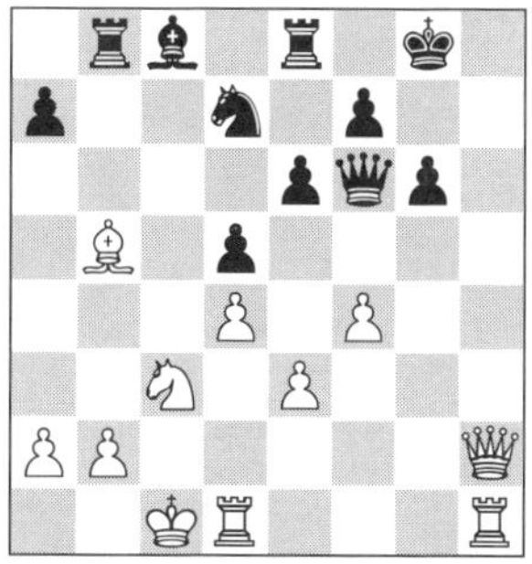

Ein wichtiger Moment. Schwarz hat den ersten Sturm pariert. Wie kann Weiß seinem Angriff neuen Schwung verleihen?

19.f5!

Dies ist im höheren Sinne bereits der Todesstoß. Ein wichtiger Nebeneffekt ist die Öffnung der Diagonalen h2-b8 für die weiße Dame, wodurch zusätzliche taktische Tricks in der Stellung lauern.

19...♕g7

Nach 19...gxf5 20.♖dg1+ ♔f8 21.♕d6+ ♖e7 22.♘xd5! wird Schwarz auf der Grundreihe mattgesetzt: 22...exd5 (oder 22...♖xb5 23.♕xe7+ ♕xe7 24.♖h8#) 23.♕xf6 ♘xf6 24.♖h8+ ♘g8 25.♖gxg8#.

20.fxe6 fxe6 21.♖dg1

Da nun der Bauer g6 ernsthaft geschwächt ist, steigert Weiß den Druck auf diesen Punkt. Es ist instruktiv, wie Kasparow sogleich jedes neu entstandene Ziel anvisiert.

21...♖f8 22.♗d3 ♖f6 23.e4! e5

Panik, aber es gab auch keine Rettung mehr. Bei 23...dxe4 plante Weiß 24.♘xe4 ♖f7 25.♖xg6 ♕xg6 26.♕h8#.

24.♘xd5 ♖f7

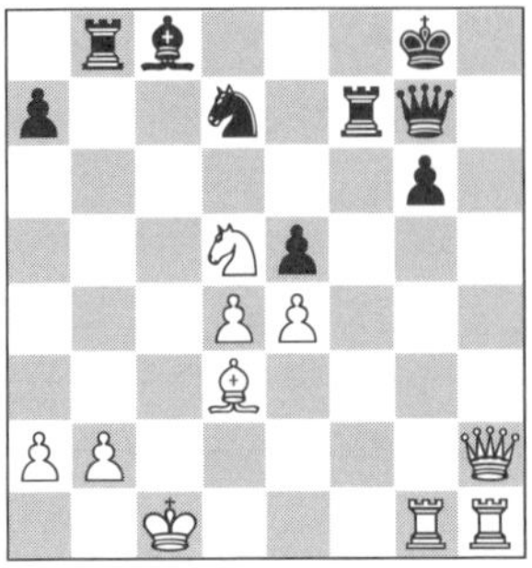

25.♖xg6 1-0

Es macht immer wieder Freude, solch einen „h-Linien-Einbruch“ zu sehen.

Als nächstes ein Beispiel, in dem Weiß auf g5 nicht mit dem h-Bauern, sondern mit einer Figur wiederschlägt. Dadurch soll die g-Linie geöffnet werden.

Waleri Salow
Vladimir Raicevic
Moskau 1986 (8)

□

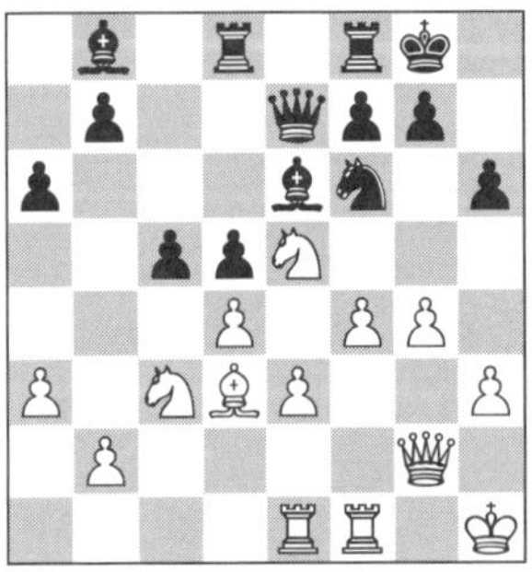

21.g5! hxg5 22.♕xg5 ♕d6

Schwarz möchte in der Lage sein, g7 mit ...♘e8 überdecken zu können. Oder 22...♗d6 23.♖g1 ♘e8 24.♕h5 f5 25.♘g6 und Weiß gewinnt.

23.♖g1 ♘e8 24.dxc5!

Hier war 24.♕h6 nicht gut wegen der Verteidigungsressource 24...♗f5!.
Auch wenn 24.♕h4 gut aussieht ist der Partiezug die strengste Fortsetzung.

24...♕c7

Die Dame muss die siebte Reihe überdecken. 24...♕xc5 erlaubt 25.♕h6 g6 26.♗xg6 fxg6 27.♖xg6+ ♘g7 28.♖xg7#.

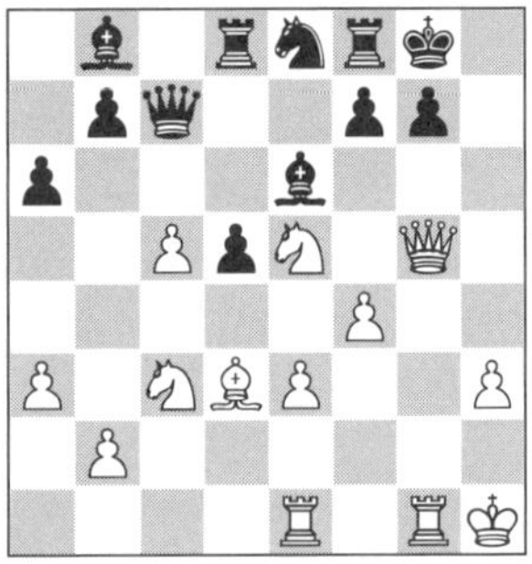

25.♕h6!

Nach diesem wuchtigen Zug gab Schwarz auf. Bitte merken Sie sich, dass die Dame auf h6 (anders als auf h5 oder h4) ein Auge auf e6 wirft, was die Verteidigung ...f7-f5 aussichtslos macht. Hier eine mögliche Fortsetzung: 25... g6 26.♘xg6 fxg6 27.♕xg6+ ♘g7 (27...♕g7 28.♕xe6+) 28.♕h7+ ♔f7 29.♖xg7+ und Schwarz verliert Haus und Hof.

Wollen wir nun Fälle betrachten, in denen die Schwarzen versuchen, die Stellung geschlossen zu halten, indem sie g4-g5 mit ...h6-h5 beantworten. Der Nachteil dieses Ansatzes liegt darin, dass der Bauer auf h5 oft zur Zielscheibe wird, zumal er dort schwer zu verteidigen ist. Und selbst wenn es dem Schwarzen gelingen sollte, h5 zu verteidigen, erscheinen neue Schwächen in seinem Lager (das Feld f6!). Der folgende Partieausschnitt zeigt, wie Judit Polgar eine solche Situation makellos meistert.

Judit Polgar
Christophe Philippe
Aix-les-Bains Ech 2011 (2)

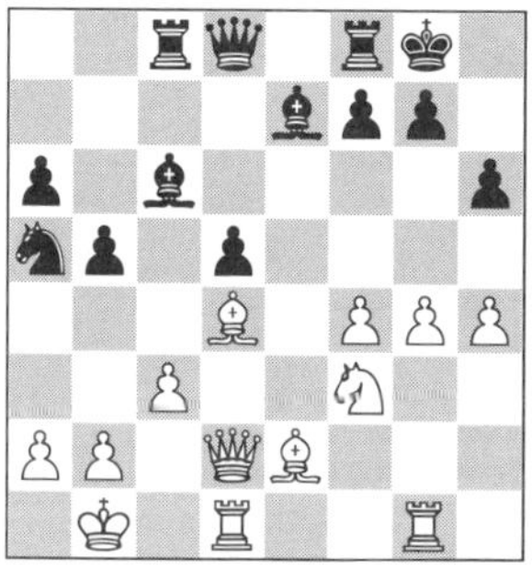

Weiß startet ihre Operationen mit
20.g5
um Linien gegen die feindliche Königsstellung zu öffnen.
20...h5 21.♘e5
Das thematische 21.g6 sieht auch gut aus, z.B. 21...f6 22.♗d3, wonach die Dame den Bauern h5 mit ♘h2 und ♕e2 aufs Korn nimmt.
21...♘c4
21...g6, um die Linien geschlossen zu halten, funktioniert nicht. Weiß antwortet stark mit 22.f5 ♗e8 23.♕d3 ♕d6 24.f6 ♗d8 und bricht dann die Stellung auf mit 25.♗xh5! gxh5 26.g6 fxg6 27.♖xg6+ ♗xg6 28.♕xg6+ ♔h8 29.♕g7#.
22.♗xc4!
Weiß gibt seinen starken Läufer her, um die Dame schnell zum Angriff überführen zu können.
22...dxc4 23.♕e2 ♕e8
Auf 23...g6 folgt analog zur Partie 24.♘xc6 ♖xc6 25.♕e5 und der Kampf ist entschieden. Zum Beispiel: 25...f6 26.gxf6 ♗xf6 (26...♖cxf6 27.♕xh5) 27.♖xg6+ ♔f7 28.♕xh5 und Schwarz kann einpacken.
24.♘xc6! ♖xc6 25.♕e5! f6
Eine erzwungene Schwächung der weißen Felder.
Falls 25...♖g6, kommt 26.f5.
26.♕d5+ ♔h8 27.g6! f5 28.♕f3
Und Schwarz muss die Dame geben, um Matt abzuwehren.

Um zu verhindern, dass Schwarz die Stellung mit ...h7-h5 geschlossen hält, kann Weiß zuerst selbst f4-h5 spielen, bevor er g4-g5 durchstößt. In der Hauptlinie von Caro-Kann steht der Bauer schon auf h5.

Jewgeni Worobiow
Artur Gabrielian
Ulan Ude 2009 (3)

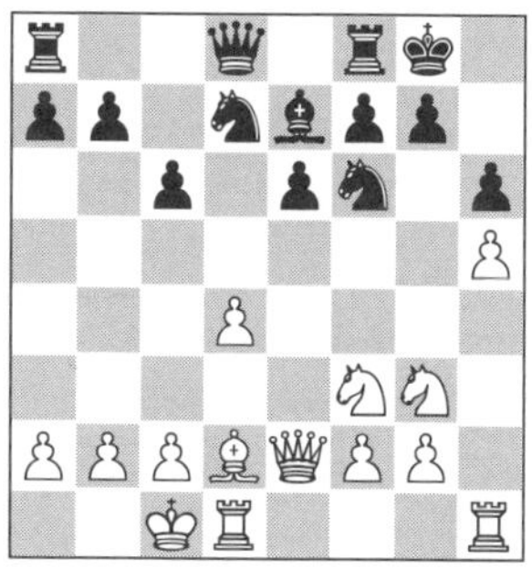

Wie üblich in dieser Caro-Kann-Variante hat Weiß den Bauern h6 fixiert, indem er seinen eigenen Bauern nach h5 brachte. Das bedeutet, dass prinzipiell alles für den Bauernmarsch g2-g4-g5 bereitet ist, da Schwarz diesen nicht mit ...h6-h5 beantworten kann. Deswegen kam irgendwann jemand auf die sonderbare Idee des folgenden Springermanövers auf ein Feld, auf dem er nicht so einfach abgetauscht werden kann. In den letzten Jahren wurde der Zug

14.♘f1!?

populär (zuerst gespielt von der Polin Dworakowska). Die Idee ist einfach: ohne Zeitverlust will Weiß g2-g4-g5 durchführen. Es zeigte sich, dass dies eine gefährliche Waffe darstellt, mit der viele Schwarzspieler schlecht zurechtkamen.

14...c5 15.g4

Warum nicht sogleich!

15...cxd4

Schwarz hätte prophylaktisch 15...♘h7 spielen können, um den Stoß g4-g5 hinauszuzögern, aber dies ginge auf Lasten von einiger Aktivität.

16.g5 hxg5 17.♗xg5

Weiß konnte die g-Linie öffnen.

17...♕a5 18.♔b1 ♘c5

Auch 18...e5 wurde hier versucht. In diesem Fall bringt Weiß seinen Springer wieder mit 19.♘g3 und später ♘f5 in den Angriff.

19.h6 ♖fd8 20.hxg7 ♕b6 21.♘e5!

Mit diesem kraftvollen Zug bringt Weiß den Springer nach vorne und öffnet seiner Dame die Diagonale e2-h5.

21...♘a4!

Ein unangenehmer Zug... Schwarz droht Matt auf b2 sowie Damengewinn mit 22...♘c3+. Aber Weiß hat weiter gerechnet. Mit einer forcierten Zugfolge (es gibt nichts anderes...) beendet er die Partie mit einem Blitzschlag.

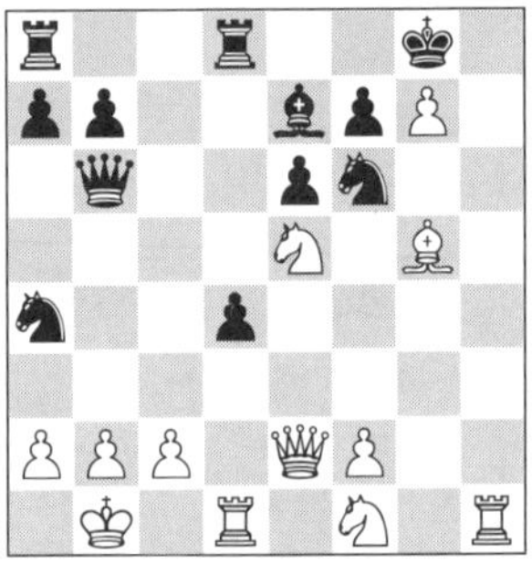

22.♖h8+! ♔xg7 23.♗xf6+ ♔xf6

Hier ein weiteres Beispiel, bei dem Dame und Springer höchst effektiv im Angriff zusammenarbeiten: 23...♗xf6 24.♕g4+! ♔xh8 25.♕h5+ ♔g7 26.♕xf7+ ♔h8 (26...♔h6 27.♕g6#) 27.♘g6#.

24.♖h6+ ♔g7 25.♖h7+!

Einmal mehr sehen wir ein hübsches Beispiel der Zusammenarbeit von Dame und Springer beim Angriff. Nach 25.♕g4+? ♔xh6 gewinnt dagegen Schwarz, da die weiße Dame im Weiteren nicht mit Schach auf f7 schlagen kann.

25...♔f8

Wieder kann der Turm nicht genommen werden: 25...♔xh7 26.♕h5+ ♔g7 27.♕xf7+ nebst Matt im nächsten Zug.

26.♖h8+

Zum zweiten Mal landet der Turm auf diesem Feld. Schwarz resignierte sogleich, denn nach 26...♔g7 27.♕g4+ ♔f6 (die Mattsetzung nach 27...♔xh8 28.♕h5+ haben wir bereits gesehen) wird er wieder sehr ansprechend mattgesetzt: 28.♕f4+ ♔g7 29.♕h6#.

Opfer auf h6

Eine weitere Möglichkeit, die Königsstellung offen zu legen, ist mithilfe eines Figurenopfers auf dem verletzlichen Punkt h6. Das am häufigsten gesehen Opfer ist das vom Typ ♗xh6. Meist führt dieses zur Öffnung zweier Linien, und kann recht schnell zum Matt führen, wenn dem Weißen noch weitere Figuren zur Verfügung stehen. Im folgenden Beispiel erkennen wir ein Mattmuster wieder, das wir bereits früher diskutiert haben.

Alexei Korotylew
Wouter Spoelman

Wijk aan Zee 2005 (13)

□

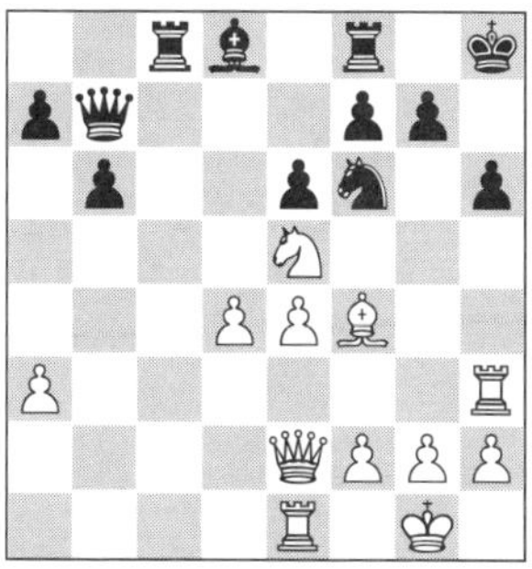

In dieser Partie während seines ersten Einsatzes in der C-Gruppe des Corus Turniers in Wijk aan Zee (heutzutage Tata Steel) sah sich der junge Wouter Spoelman konfrontiert mit

23.♗xh6! gxh6 24.♕e3!

Wie wir bereits wissen ist es wichtig, die Dame in den Angriff miteinzubeziehen.

Weit weniger stark ist 24.♖xh6+, da nach 24...♔g7 der Turm hängt, und Schwarz nach 25.♖h3 Zeit erhält, um in der h-Linie mit 25...♖h8 zu opponieren. Hier wäre der Angriff die Figur nicht wert, aber das ist noch längst kein Grund, zu verzweifeln!

24.♕d2 führt zur Partiefortsetzung.

24...♘g8 25.♘g4

Nun, da Weiß die Schwäche h6 bereits zum dritten Mal angreift, kann sich Schwarz nicht mehr halten.

25...♔g7 26.♘xh6 ♔f6

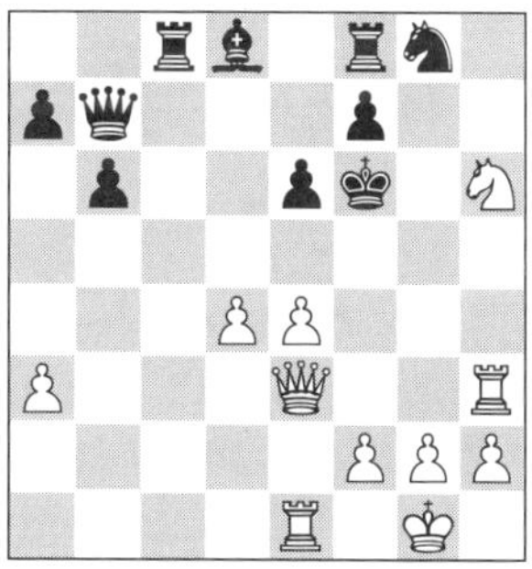

Der König stellt sich auf seine Hinterbeine und droht, das sichere Feld e7 zu erreichen.

27.♖g3!

Der Schlüsselzug. Mit diesem Doppelangriff (auf das Mattfeld g5 sowie den ungenügend verteidigten Springer g8) entscheidet Weiß die Partie.

27.♕g3! gewinnt auch, analog zur Partie: 27...♔e7 (oder 27...♘xh6 28.♕h4+ ♔g7 29.♕xh6+ ♔g8 30.♕h8#) 28.♘xg8+.

27...♔e7 28.♘xg8+

Weiß hat die Figur zurückgewonnen und eine technisch leicht gewonnene Stellung erreicht.

28...♔d7 29.♕h6 ♗e7 30.♘xe7 ♔xe7

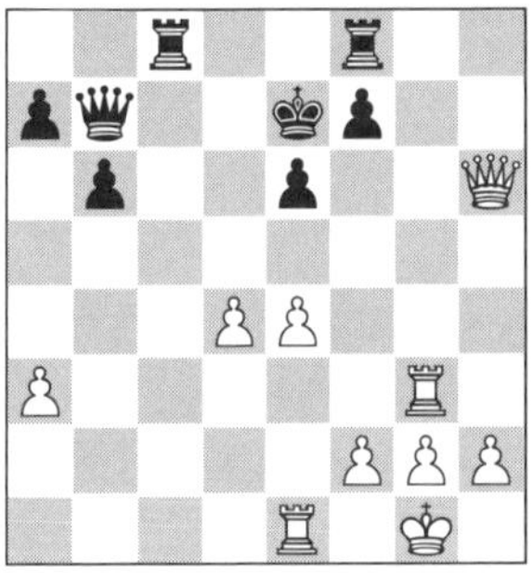

Es ist aufschlussreich, wie schnell der Großmeister dieses Schwerfigurenendspiel in den Sieg umwandelt:

31.d5!

Richtig! Die Stellung will geöffnet sein.

31...exd5 32.exd5+ ♔d7 33.♖ge3 ♖ce8 34.♖xe8 ♖xe8 35.♕c6+!

Entscheidet die Partie mit einer unterhaltsamen Taktik, woraufhin Schwarz die Partie schnell aufgab. Nach 35...♕xc6 36.dxc6+ ♔d8 37.c7+ ♔d7 38.♖xe8 gewinnt Weiß einen Turm dank der Kraft der Ablenkung durch den Bauern.

Die Diagonale b1-h7

Ein weiterer wichtiger Umstand des Zuges ...h7-h6 besteht darin, dass die Diagonale b1-h7 anfälliger wird. Ganz besonders in Stellungen mit einem weißen Bauern auf e5 (der einen schwarzen Springer von f6 fernhält), wird eine „Batterie" mit Dame und Läufer (mit der Dame an der Front) zu erneuten Schwächungen führen. Wenn Schwarz auch noch ...g7-g6 spielen muss, wird seine ganze Festung brüchig, und verschiedene Figurenopfer (auf f7 oder g6) werden erfolgversprechend. Diese Strategie wird im nächsten Beispiel gezeigt.

Baadur Jobawa
Yakup Erturan
Ankara 2002 (3)

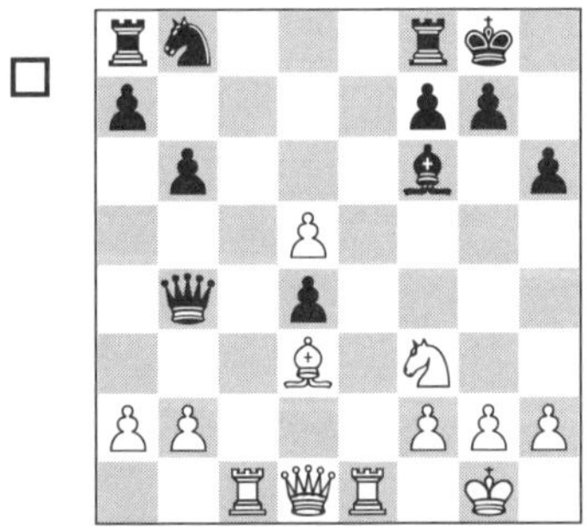

Mit ungleichfarbigen Läufern auf dem Brett wählt Jobawa den Plan, seine Dame vor seinen Läufer auf die Diagonale b1-h7 zu platzieren.

16.♕e2!

Man fragt sich, ob das nicht auch auf einem anderen Weg möglich gewesen wäre, mit 16.♗b1. Wir werden bald den Unterschied erkennen können.

16...♘d7 17.a3 ♕a5

Auf d6 steht die Dame exponiert: 17...♕d6 18.♕e4 g6 19.♖c6.

18.♕e4 g6 19.♕g4

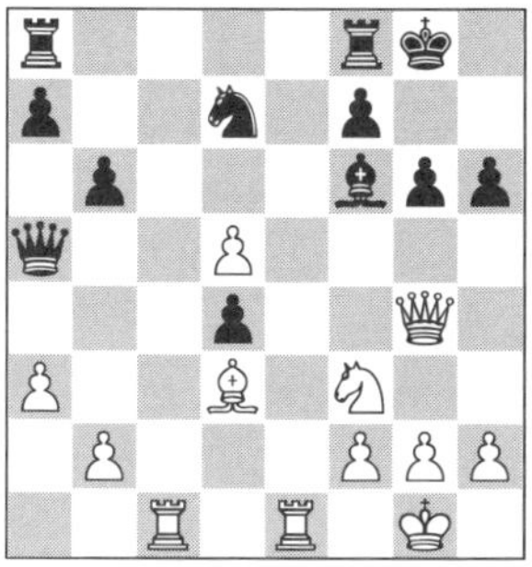

Soweit die Idee. Die Dame gelangt Zentrum schnell Richtung Königsflügel. Die aufmerksamste Verteidigung ist nun

19...♖ad8

Aber nun kann Weiß die Königsstellung zertrümmern. In der Partie gab Schwarz sofort Material durch 19...♕xd5. Nach 20.♗e4 ♕d6 spielte Weiß das starke 21.♖c6! ♕e7 22.♗xg6 ♘e5 (22...fxg6 23.♖xe7) 23.♗xf7+ (Doppelschach!) 23...♔xf7 24.♘xe5+ ♗xe5 25.♕g6#.

20.♗xg6! fxg6 21.♕xg6+ ♔h8

Bei 21...♗g7 entscheidet 22.♖e7.

22.♕xh6+ ♔g8

Wie soll Weiß den Angriff nun fortführen? Der Läufer f6 verteidigt ausgezeichnet und hindert den weißen Turm daran, auf die 7. Reihe vorzupreschen.

23.♕g6+ ♔h8 24.♕h5+ ♔g8

Nach ein paar schlauen Schachgeboten, um die Kontrolle über f7 zu erlangen, fährt Weiß fort mit

25.♘g5

Zwingt den Schwarzen, seinen Läufer abzutauschen.

25...♗xg5 26.♕xg5+

Jetzt kann Weiß mit Schach zurückschlagen.

26...♔h8 27.♖e7 ♖g8 28.♕h6#

Springer auf f5

Bei einem Bauern auf h6 wächst die Potenz, die ein Springer auf f5 besitzt. Es wird schwieriger, ihn mit ...g7-g6 zurückzudrängen, da dann h6 hängt.

Garri Kasparow
Claudia Amura

Buenos Aires Simultan 1992

□

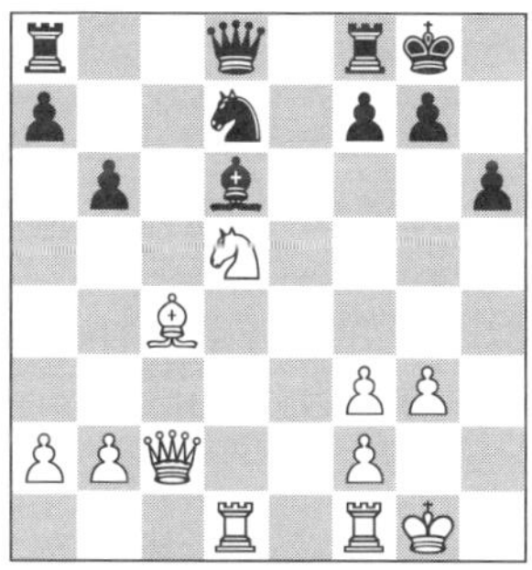

Kasparow registriert, dass der Springer ausgezeichnet auf f5 stehen würde, weshalb er mit Tempogewinn ein Umgruppierungsmanöver beginnt.

19.♘e3! ♗c5

Etwas mehr Widerstand hätte 19...♘e5 geboten, wenngleich sich Weiß nach 20.♗d5 (20.♘f5!? könnte mit 20...♕c8! 21.♘xd6 ♘xf3+ 22.♔g2 ♘h4+! beantwortet werden)

20...♖c8 21.♕e4 nicht beklagen könnte.

20.♘f5

Der Springer ist auf diesem idealen Vorposten gelandet, und sogleich tauchen mehrere Drohungen auf.

20...♖c8

Um den Springer über c7 decken zu können, doch dies erlaubt eine Kombination.

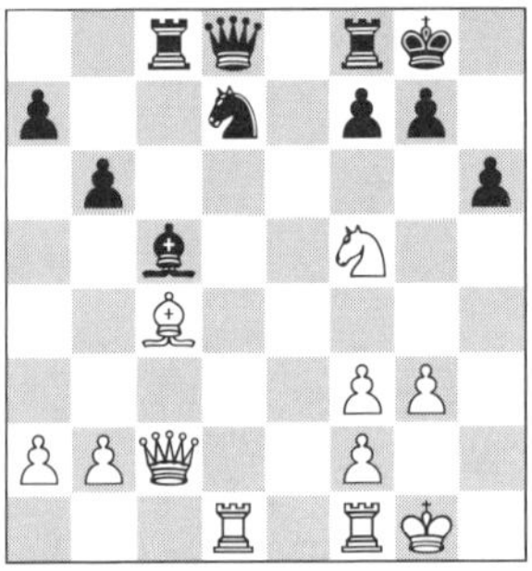

21.♘xh6+!

Nicht schwierig für einen Weltmeister.

21...gxh6 22.♕g6+ ♔h8 23.♕xh6+ ♔g8 24.♕g6+

Verständlich, dass Kasparow beim Simultan auf Bequemlichkeit setzt. 24.♗d3 ♘f6 25.♔g2! mit der Idee 26.♖h1 gewann effektvoller.

24...♔h8 25.♕h5+ ♔g7 26.♕g4+ ♔h6 27.♖xd7 ♕e8 28.♔g2 1-0

Qualitätsopfer auf f6/f3

Abgesehen vom Figurenopfer auf h6 ist es auch möglich, auf f6 zu opfern. So ist zum Beispiel ♖xf6 ein häufig gesehenes Qualitätsopfer. Ein anderes Thema ist, eine Figur auf f6 „aufzupflanzen". Der Angreifer wirft eine Figur auf das Feld f6, so dass sie einfach genommen werden kann.

Nachdem Schwarz mit dem g-Bauern auf f6 geschlagen hat, besteht die Idee darin, dass die weißen Figuren über die Felder f4 und/oder h4 in die schwarze Stellung eindringen können. Darüber hinaus kann Weiß in oft sogleich auf h6 schlagen. Dann ist der schwarze Monarch völlig ungeschützt, was schlimme Konsequenzen nach sich ziehen kann.

Marcin Szymanski
Petr Kiriakow

Internet 2004 (3)

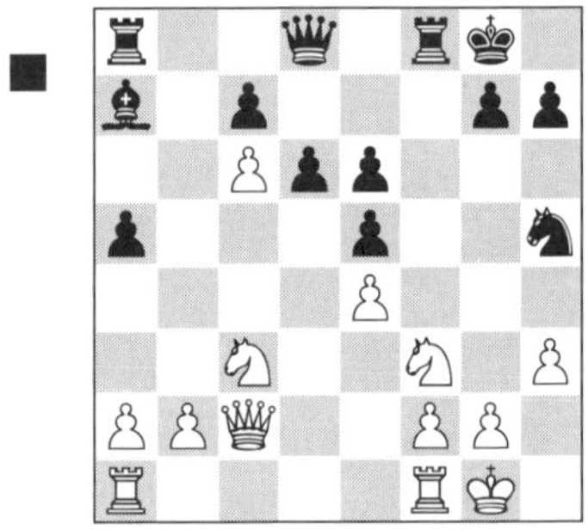

Eine typische Position, die geradezu nach einem Qualitätsopfer schreit. Insbesondere in einer Blitzpartie!

19...♖xf3! 20.gxf3 ♘f4

Die Hauptdrohung ist offensichtlich 21...♕g5+.

21.♖fd1 ♕h4

Möglicherweise stärker war 21...♕g5+ 22.♔f1 ♖b8! (aktiviert den Turm, zuweilen sind Feinheiten wie ...♖xb2 in der Stellung drin. Weiß kann b2 nicht bequem mit einem Turm decken, während 22...♕g2+ 23.♔e1 ♕g1+ 24.♔d2 ♕xf2+ bereits ziemlich gut für Schwarz aussieht)

23.♔e1 (hier scheitert 23.♖ab1 an 23...♕g2+ 24.♔e1 ♕g1+ 25.♔d2 ♕xf2+ 26.♔c1 ♗e3+ und der König hat kein Fluchtfeld) 23...♘xh3 und Weiß kann sich nicht mehr verteidigen.

22.♔f1 ♕xh3+ 23.♔e1 ♕xf3
24.♘b5 ♗b6

24...♗e3! ist noch schneller.

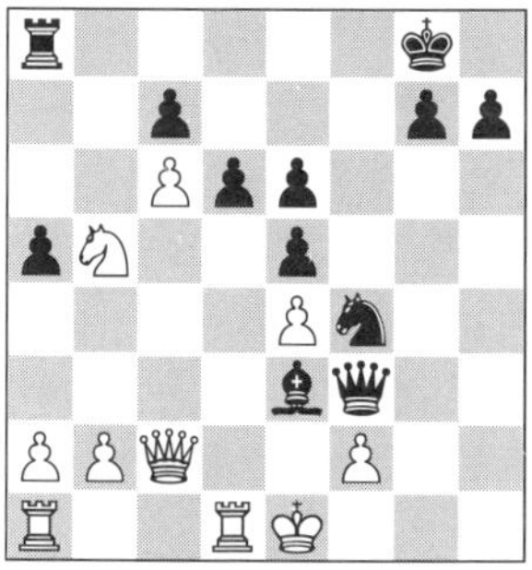

Analysediagramm

Es droht matt in einem Zug mit 25...♕h1 und nach 25.fxe3 ♕xe3+ 26.♔f1 ♖f8 wird Weiß bald matt, etwa: 27.♖d2 ♘e2+ 28.♔e1 ♕f2+ 29.♔d1 ♕f1#.

25.♘a3

Weiß ist der Invasion der schwarzen Figuren machtlos ausgeliefert.

25...♘g2+ 26.♔d2

26.♔f1 scheitert an 26...♘e3+ 27.♔e1 ♘xc2+.

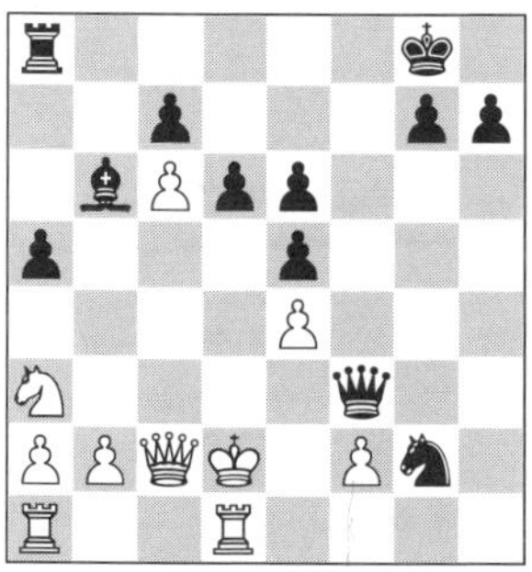

26...♗e3+!

Ein schöner Zug, der dem Angriff neue Impulse verleiht.

27.♔c3

27.fxe3 ♕xe3#.

27...♗d4+ 28.♔c4

Nach 28.♔d2 ♕f4+ 29.♔d3 ♖b8 würde es mit Weiß schnell bergab gehen. Zum Beispiel: 30.♖ab1 ♕f3+ 31.♔d2 ♕xf2+ 32.♔c1 ♗e3+ und nachdem der weiße König nicht nach b1 ausweichen kann, ist das Spiel aus.

28...♖b8

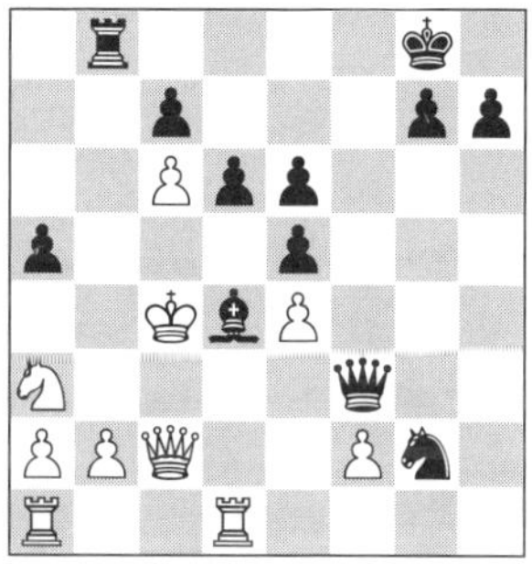

Weiß gab auf, da nun sowohl 29...♖b4# droht als auch 29...d5+ 30.exd5 exd5#.

Das Feld g6

Mit Opfern auf e6 und f7 können wir die Schwäche von g6 bloßlegen. Hier ein Beispiel des holländischen Stars Anish Giri. Zufälligerweise spielte diese Partie, die in Reggio Emilia zu einem frühen Zeitpunkt seiner Karriere gespielt wurde, eine entscheidende Rolle dabei, seinen bis dahin wichtigsten Turniersieg zu sichern.

Fabiano Caruana
Anish Giri
Reggio Emilia 2011/12 (5)

□

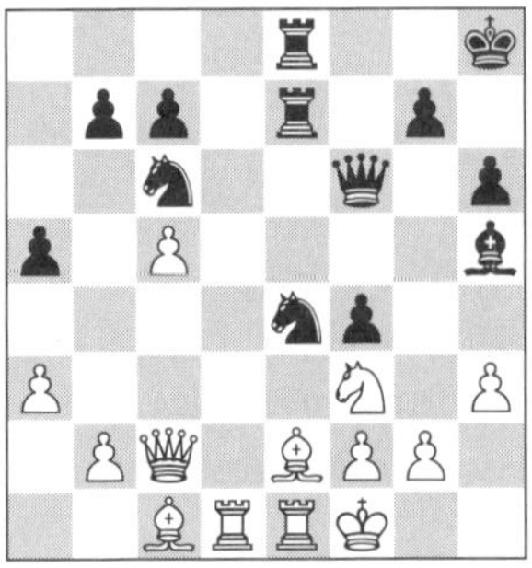

In diese Stellung schlug Schwarz mit dem überraschenden

25...♘xf2!

eine Bresche in die weiße Königsstellung. 25...♘g3+?! sah ebenfalls attraktiv aus, aber es funktioniert nicht ganz nach 26.fxg3 fxg3 27.♕c3! und Schwarz hat nichts.

26.♔xf2 ♗xf3

Schwarz eliminiert einen wichtigen Verteidiger.

27.gxf3

Nach 27.♗xf3 wird es sofort matt: 27...♕h4+ 28.♔f1 ♖xe1+ 29.♖xe1 ♖xe1#.

Und 27.♔xf3 kann schon rein prinzipiell in solchen Fällen keine Alternative sein. Tatsächlich gibt es einen klaren Gewinn: nach 27...♕h4! ist der weiße König abgeschnitten, und das Matt kann nicht pariert werden.

27...♕h4+

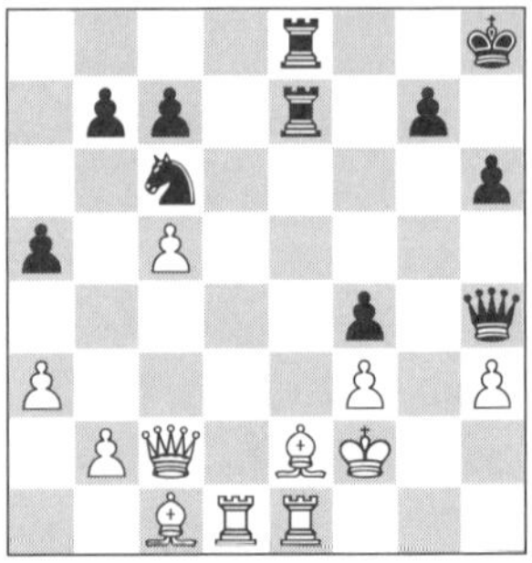

28.♔f1

Nach 28.♔g1

A) 28...♕g3+ 29.♔f1 gewinnt Schwarz:

A1) Aber nicht mit 29...♖xe2? 30.♖xe2 ♕xf3+ 31.♔e1 (31.♖f2 ♕h1#) 31...♕h1+ 32.♔d2 ♖d8+? (es gab immer noch ein Dauerschach nach 32...♖xe2+ 33.♔xe2 ♕g2+ 34.♔d3 ♕d5+) 33.♔c3 ♕xd1 und jetzt hat Weiß den sogenannten „Haken- und Leitertrick“: 34.♖e8+! mit Gewinn;

A2) 29...♕xh3+ indes gewinnt: 30.♔f2 ♖e3! 31.♕c4 ♕h2+ 32.♔f1 und mit 32...♘e5 bringt Schwarz unter Tempogewinn eine neue Figur in den Angriff, was sofort entscheidet.

B) Oder 28...♖e5! und der Turm stattet bald einen entscheidenden Besuch mit Schach ab.

28...♕xh3+ 29.♔f2 ♕g3+

Gar noch zwingender war 29...♖e3!.

30.♔f1 ♖e5!

Wieder wird der Turm benutzt, um den unsicheren weißen König zu bezwingen. Der Turm kriecht über h5 an den weißen König heran. Da es kein Mittel dagegen gibt, gab sich Weiß hier geschlagen.

Zufälligerweise war 30...♖xe2? nicht gut wegen 31.♖xe2 ♕xf3+ 32.♔e1 und der Angriff gelangt zum Erliegen.

4.4 Geschwächte siebte/zweite Reihe

Schon recht früh in unserer Schachentwicklung lernen wir, dass eine Invasion auf der siebten (oder zweiten) Reihe häufig entscheidend sein kann. Das mag nicht überraschen: eine ganze Menge feindlicher Figuren befinden sich auf dieser Reihe und sind deshalb angreifbar. Viele Computerprogramme vergeben Bonuspunkte bei ihrer Stellungsbewertung, wenn eine Figur auf der zweiten Reihe eindringt.

Der folgende Ausschnitt ist aus einer Partie zwischen zwei früheren Schüler von mir (die GM Benjamin Bok und Wouter Spoelman), aus der der jüngere von beiden nach einer brillanten Kombination siegreich hervorgeht. Für den Schwarzspieler war diese Niederlage besonders bitter, da er gerade bei dieser Ausgabe der niederländischen Meisterschaft gute Aussichten besaß, den Titel zu gewinnen. Zur Zeit der Partie war Spoelman Medizinstudent in Amsterdam, und konnte nicht viel Zeit auf Schach verwenden. Aber einmal am Brett bewies er, dass er immer noch bedeutende Partien spielen konnte! Früher im Turnier wurden wir Zeugen eines beeindruckenden Sieges von Spoelman über Sipke Ernst (ebenfalls im Buch zu finden!). Für Bok hatte Turnier ebenfalls eine spezielle Bedeutung, es war die zweite Gelegenheit für ihn, mit den holländischen Topspielern zu konkurrieren.

Benjamin Bok
Wouter Spoelman
Amsterdam ch-NED 2014 (7)

1.e4 c5 2.♘f3 e6 3.d4 cxd4 4.♘xd4 ♘c6 5.♘c3 ♕c7 6.♗e2 ♘f6 7.♗e3 ♗e7 8.f4 d6 9.♕d2 a6 10.0-0-0 ♘a5 11.g4 b5

11...♘c4 ist bekannt aus der Partie Swidler-Maksimenko, Jugoslawien tt 1995.

12.g5 ♘d7

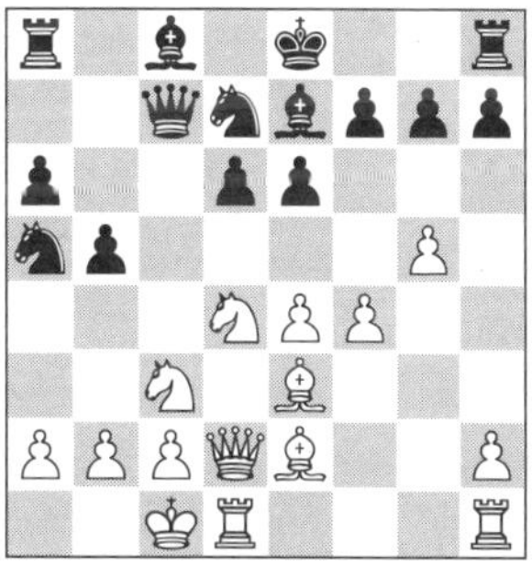

Diese Stellung kam bereits in zwei Partien zwischen wenig bekannten Spielern vor, beide wurden, nebenbei gesagt, von Schwarz gewonnen. Benjamin entdeckt eine Ähnlichkeit mit dem Velimirovic-Angriff in der klassischen Variante, und wartet mit einer verblüffenden Überraschung auf.

13.♘f5!?

Ein sehr interessantes und wahrscheinlich auch korrektes Figurenopfer.

13...exf5 14.♘d5 ♕d8 15.exf5

Er entscheidet sich für den stereotypen Angriff. Weiß konnte sich einen kleinen Vorteil sichern mit 15.♘xe7 ♕xe7 (15...♔xe7?? 16.♕xd6+ ♔e8 17.exf5 und Weiß gewinnt) 16.♕xa5.

15...♗b7 16.♘xe7 ♕xe7 17.♖he1 0-0 18.♗g1

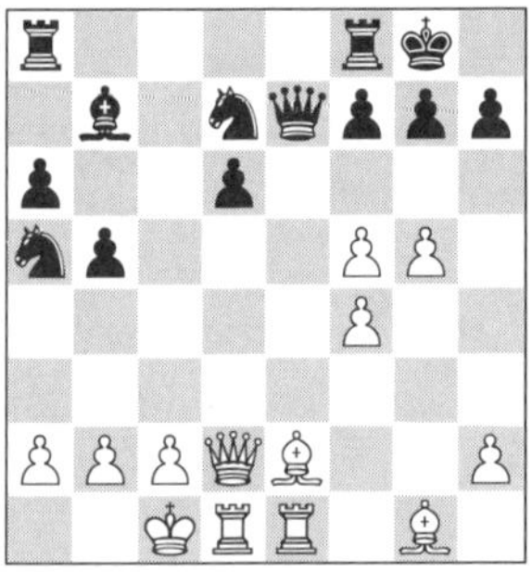

18...♕d8?!

Ein logischer Rückzug: der Springer muss gerettet werden. Aber es ist offensichtlich, dass die schwarzen Leichtfiguren nicht miteinander kooperieren. Womöglich war es besser, den Springer zurückzugeben mit 18...♕e4 (mehr oder weniger der einzige Zug, um im Spiel zu bleiben) 19.♕xa5 ♕xf4+ 20.♕d2 ♕xf5. Nach 21.♗d3 ergibt sich eine Stellung, in der Weiß ausreichende Kompensation für den geopferten Bauern hat – aber auch nicht mehr.

19.♕xd6 ♗c6 20.f6!

Stark gespielt von Benjamin. Er möchte nicht nur die Königsstellung des Gegners schwächen, sondern mit ♗e2-g4 eine neue Drohung heraufbeschwören. Ein hässlicher Zug ist 20.b4?!, mit dem Weiß, zugegeben, seine Figur zurückgewinnt, aber auch seine Königsstellung schwächt. Nach 20...♖c8 21.bxa5 ♕xa5 ergeben sich unklare Komplikationen.

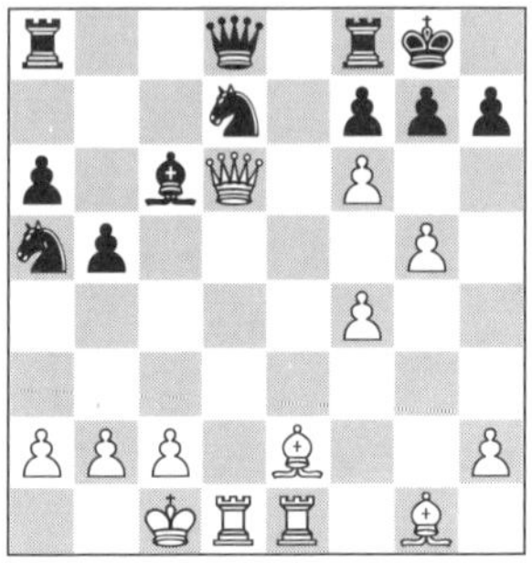

20...♖e8!

Exzellente Verteidigung auch von Wouter. Überhaupt nicht in Frage kam 20...gxf6? wegen 21.♗g4!.

21.♗g4

Auch 21.fxg7! hatte was für sich.

21...♖xe1

Mit 21...♘f8 22.♖xe8 ♕xe8 23.fxg7 ♘e6 hätte sich Schwarz noch auf den Füßen halten können. Sicherlich hat Weiß hier ausgezeichnete Kompensation.

22.♖xe1

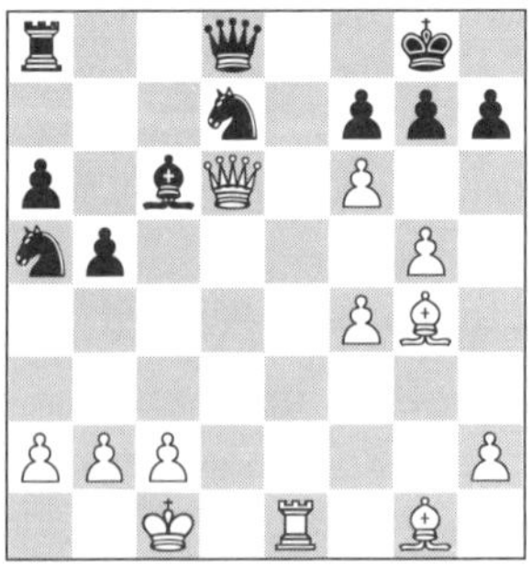

22...♖c8?
Es ist immer ärgerlich, wenn solche „Normalzüge" fehlerhaft sind. Seltsamerweise war nun 22... gxf6 möglich. Es ist schwer zu prognostizieren, wie sich die Dinge in dieser chaotischen Stellung weiterentwickelt hätten.
Der Versuch, die weiße Dame mit 22...♕f8? wegzubewegen, geht ziemlich daneben nach 23.♖e7! und Weiß gewinnt.
Aber mit 22...♕b8!? hätte er dieses Ziel erreichen können, um nach 23.♕d4 fortzufahren mit 23...♘f8 24.fxg7 ♘g6 25.f5 ♕f4+ 26.♕xf4 ♘xf4, und wieder ist eine unklare Stellung entstanden.
23.♖e7!
Logisch und zugleich sehr stark. Mit **23.♖d1** hätte Weiß Nutzen aus der Fesselung in der d-Linie sowie der Diagonalen c8-h3 schlagen können. Einige verborgene Ressourcen kämen danach zu Tage: **23...♘b7 24.♕e7! ♕c7**

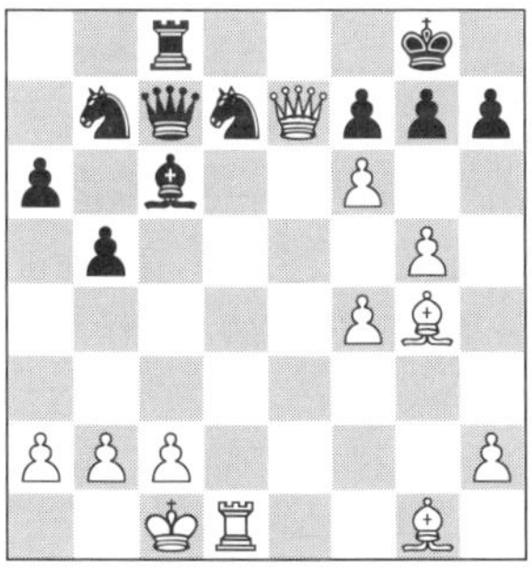

Analysediagramm

Hier gibt es einen außergewöhnlich fiesen Weg, die Fesselung des Bauern f7 auszubeuten: **25.♗e6!!** Falsch ist 25.♗xd7? wegen 25...♗xd7 und da nun c2 bedroht ist, kann sich Schwarz aus der Umklammerung des Gegners befreien. **25...♘xf6** Nun führt 25...♘f8 zum forcierten Matt: 26.♗xf7+ ♔h8 27.fxg7+ ♔xg7 28.♕f6#.
25...♖f8 26.♗xd7 verliert einfach eine Figur. **26.♗xf7+ ♔h8 27.gxf6** und Weiß hat sein ausreichend Material zurückgewonnen, so dass nun auch das Endspiel vorteilhaft für ihn wäre nach: **27...♕xf4+ 28.♗e3 ♕xf6 29.♕xf6 gxf6 30.♗d4** und das Läuferpaar ist mörderisch.
23...♘c4
Nach 23...♘f8 24.♕xd8 ♖xd8 25.♗b6 wird der unglückselige Springer auf a5 doch noch umkommen.

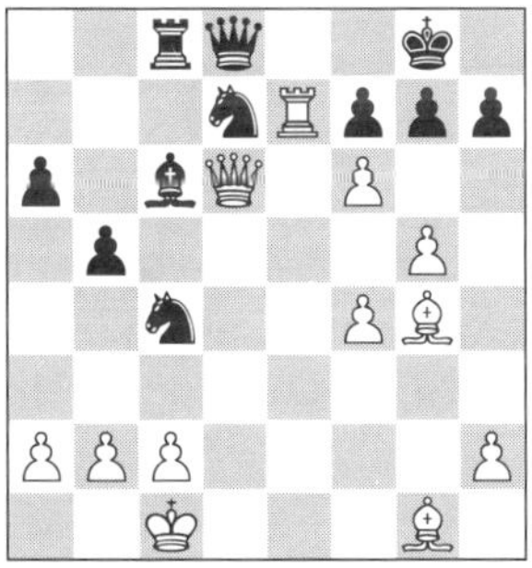

Für den Moment glaubt man, dass Schwarz sich retten könne: der schlechte Springer hat wieder ins Spiel gefunden. Vielleicht hoffte Wouter, so dem „Hornissennest" entkommen zu können. Aber nun zeigt Benjamin sein besondere Qualität: beim Finden versteckter Ressourcen. Der nächste Zug ist brillant!

24.♕e6!!
Ein erstaunliches Opfer, das der Schwarze vermutlich nicht antizipierte. Weiß droht über die 7. Reihe einzudringen.
24...♕f8
Der absolut einzige Zug, aber er wird nicht nutzen.
24...fxe6 25.♗xe6+ ♔f8 (25...♔h8 26.fxg7#) 26.♖f7+ ♔e8 (26...♔g8 27.♖xd7+ ♔f8 28.fxg7+ ♔e8 29.g8♕#) 27.fxg7 und g7-g8♕+ kann nicht verhindert werden.
25.fxg7 ♕xg7

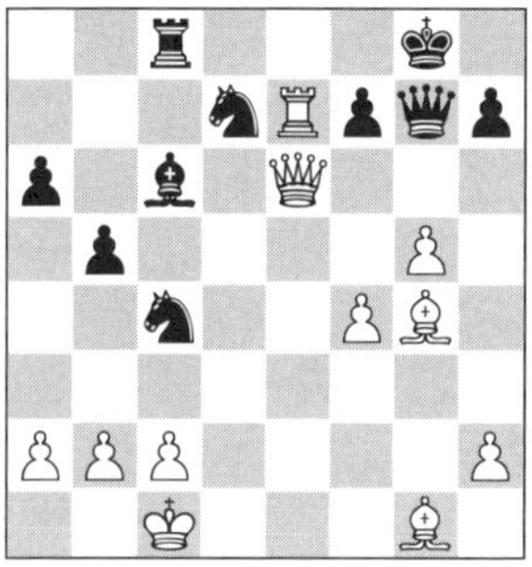

26.♗d4!
Ein tödlicher Zug jagt den Anderen. Man kommt auf den Gedanken, dass Benjamin, der viel mit dem Computer analysiert, eine starke Engine in seinen Kopf implantiert hat!
26...♘f8
Es muss auch erwähnt werden, dass Wouter sich erfindungsreich verteidigt.
Bei 26...fxe6 27.♖xg7+ ♔f8 28.♗xe6 ♖d8 gewinnt 29.♗f6!, weil Weiß die Überlegenheit auf der siebten Reihe gewonnen hat: 29...♔e8 (bittere Notwendigkeit, aber nun kann Weiß einen wichtigen Bauern mit Tempo gewinnen. 29...♘xf6 30.gxf6 führt natürlich zum Matt) 30.♖e7+ ♔f8 31.♖xh7 ♔e8 32.♖h8+ ♘f8 33.g6 und der weiße Bauer kann nicht länger aufgehalten werden. Ein passendes Finale wäre dann: 33...♘e3 34.♖xf8+ ♔xf8 35.g7+ ♔e8 36.g8♕#!
After 26...♕g6 Weiß gewinnt sein ganzes Material mit Zins zurück: 27.♕xg6+ hxg6 28.♗xd7 gewinnt. Offensichtlich wird Schwarz mattgesetzt, wenn er den Läufer nimmt mit 26...♕xd4: 27.♕xf7+ ♔h8 28.♕xh7#.
27.♕xc4!
Aber Benjamin reißt sich am Riemen! Nach diesem Desperadozug ist der Gewinn greifbar.
27...♗d7
Der letzte Versuch, Verwirrung zu stiften.
Keinen Trost bietet 27...bxc4 28.♗xg7 ♘g6 (28...♔xg7 29.♗xc8) 29.♖e1 ♖a8 30.♗e5 und Weiß behält zwei Mehrbauern.
28.♕d3
Benjamin hat genug von seinen Geistesblitzen... man würde ein neues Desperadomotiv mit 28.♕xc8 erwarten, welches auch gewinnt – sogar nach 28...♕xd4 29.♖xd7 ♕xf4+ 30.♖d2, und Weiß behält einen Turm mehr.
28...♕g6 29.♕xg6+ hxg6 30.♗xd7 ♖d8
Der Fesselungszug 30...♖c7 wird mit einer Gegenfesselung beantwortet: 31.♖e8 ♖xd7 32.♗c5.

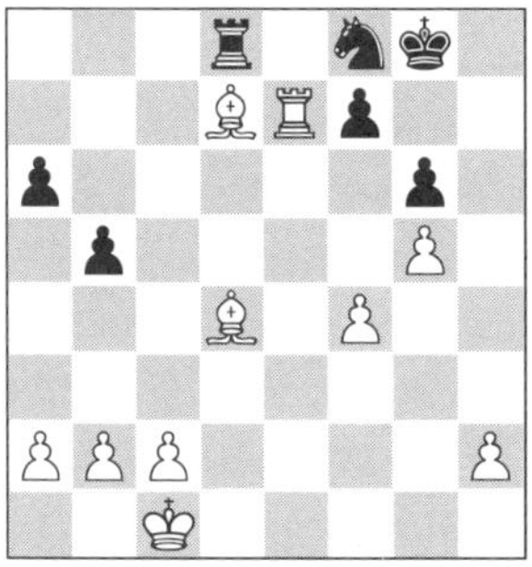

31.♖e8!

Und wieder erscheint dasselbe Motiv. Wouter gab auf. Nach 31...♖xd7 gewinnt Weiß eine Figur mit 32.♗c5. Was für eine grandiose Partie von Benjamin, und wie tragisch für Wouter, dass er in einem der wichtigsten Momente seiner Schachkarriere durch das brillante Spiel eines inspirierten Gegners besiegt werden sollte!

Die folgende Stellung ergab sich in einer Blitzpartie in einem Amsterdamer Schachcafé. Der Weißspieler wurde bekannt durch den Umstand, dass er, ein „einfacher IM", dem damaligen Weltmeisters Garri Kasparow die einzige Niederlage bei einem hochrangigen Blitzturnier in Wijk aan Zee zufügte. Bosboom durfte als Ersatzspieler mitspielen, da Alexei Schirow wegen Zahnschmerzen abgesagt hatte. Bosboom wurde jahrelang als bester holländischer Blitzspieler betrachtet, und dank seines Rufes bekam er die Einladung. Bosbooms Spiel zeichnet sich aus durch die alternativen Pfade, die er in der Eröffnung einschlägt. So hat er zum Beispiel eine Vorliebe dafür entwickelt, seine Kontrahenten mit einem frühen g2-g4 zu verwirren. Bosboom vereint ein ausgezeichnetes strategisches Verständnis mit großen taktischen Fähigkeiten.

Manuel Bosboom
NN
Amsterdam Blitz 2015

□

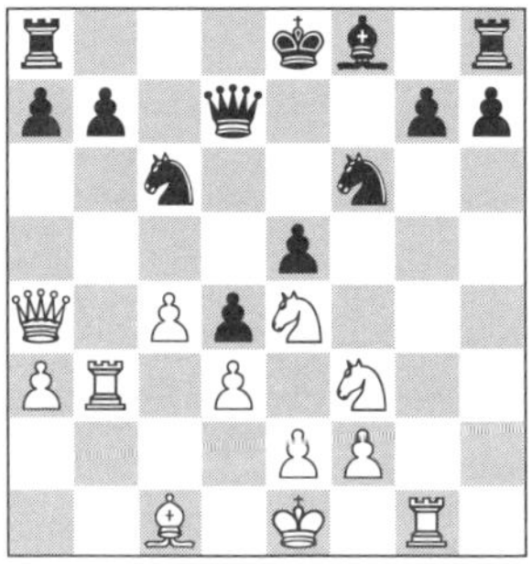

In dieser Stellung brütete der niederländische Meister das folgende fantastische Rezept aus:

17.♖xb7!!

Ein unglaubliches Opfer, das untrennbar mit dem zweiten unglaublichen Opfer verbunden ist.

17...♕xb7

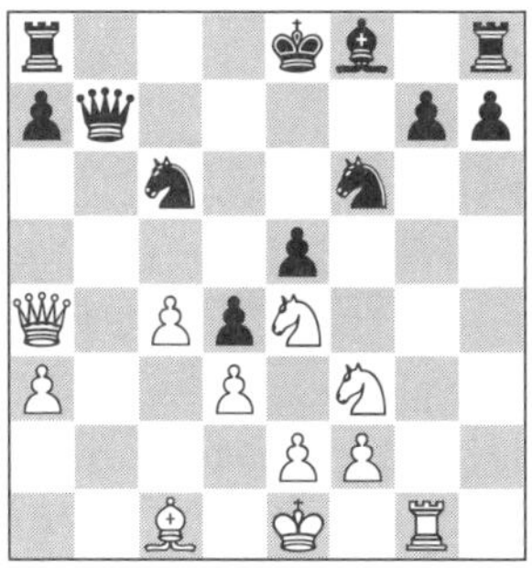

18.♖xg7!!
Da ist schon ein ordentliches Stück an Vorstellungskraft notwendig, um sich zwei derartige Turmopfer auszudenken, und das auch noch in einer Blitzpartie! Im Weiteren ergeben sich Kombinationen, eine noch schöner als die andere.
18...♗b4+
Betrachtet man den Umstand, dass es sich um eine Blitzpartie handelte, schaut das nicht so schlecht aus. Dennoch wird es mit Schwarz bald bergab gehen, selbst nach dem Damentausch.

A) Lehnt er das zweite Opfer ab, führt dies zu einer neuen Angriffswelle: **18...♕b6 19.♘xf6+ ♔d8 20.♖d7+ ♔c8** und nun ist **21.♘d5!** die kräftigste Fortsetzung:

A1) Hier verliert **21...♔xd7** nach **22.♘xb6+ axb6 23.♘xe5+** (sicherlich nicht 23.♕xa8?? wegen 23...♗b4+ 24.axb4 ♖xa8) **23...♔d6 24.♕xc6+ ♔xe5** und hier offenbart sich eine wunderbare Dame-Läufer-Zusammenarbeit mit **25.♗g5!**.

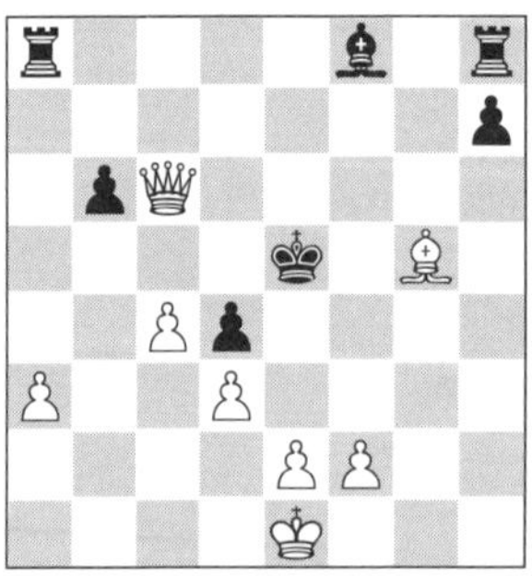

Analysediagramm

Neue Mattmuster zeichnen sich ab! So droht unter anderem das sofortige 26.♕f6#. Beachtlich: beide schwarzen Türme sind unverletzlich wegen des Abzugsschachs auf b4.
25...♔f5 26.♕f6+ ♔g4 27.f3+ ♔h5 27...♔h3 wird schneller matt: 28.♕f5+ ♔h2 29.♔f2 ♗d6 30.♗f4+ ♗xf4 31.♕h5#. **28.♗d2 ♖g8 29.♕f5+ ♔h4 30.♔f1!** Mit der tödlichen Drohung 31.♗e1+. **30...♗d6** 30...♖g3 scheitert an 31.♕xh7+; auch 30...h5 hilft nicht wegen 31.♗e1+ ♖g3 32.♕f4+ ♔h3 33.♕xg3#. **31.♕f6+ ♔h3 32.♕h6+ ♔g3 33.♗e1#;**

A2) **21...♕a5+ 22.♕xa5 ♘xa5 23.♖c7+ ♔b8** 23...♔d8 24.♘g5. **24.♘xe5** und das Matt auf d7 kann nicht auf befriedigende Art abgewehrt werden.

B) **18...♕xg7** beantwortet Weiß offensichtlich mit **19.♕xc6+**, und nun: **19...♘d7** 19...♔e7 20.♕d6+ ♔e8 (20...♔f7 21.♘xe5+ ♔e8 22.♘xf6+ und Weiß gewinnt) 21.♘xf6+ ♔f7 22.♘xe5#. **20.♕xa8+ ♔e7** Der König steht hier miserabel, aber er kann es dem Weißen keinesfalls erlauben, seinen Springer mit Schach in den Angriff zu bringen; 20...♔f7 21.♘fg5+ ♔e7 (21...♔g8 22.♕d5+; 21...♔g6) 22.♗d2 und der Läufer setzt sich entscheidend in Szene. **21.♗g5+ ♔e6 22.♕d5+ ♔f5 23.♘h4+ ♔g4 24.♕e6+ ♔h5 25.♘g3+ ♔xg5 26.♕f5+ ♔xh4 27.♕h5#;**

C) **18...♗xg7 19.♘d6+ ♔e7 20.♘xb7 ♖hc8** Materiell gesehen kann Schwarz zufrieden sein, doch in dieser Stellung kooperieren die weißen Figuren ausgezeichnet.

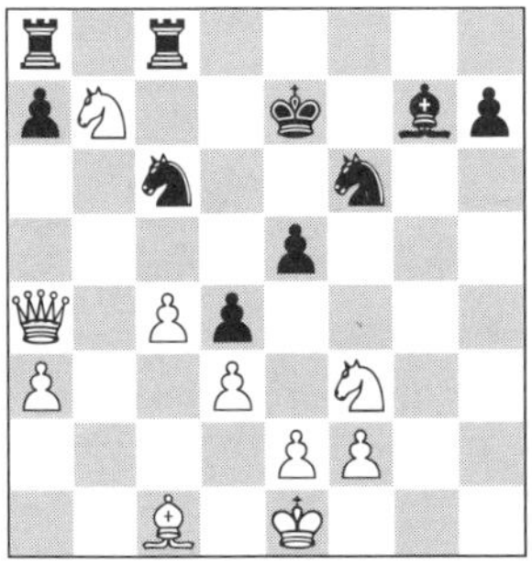

Analysediagramm

Mit **21.♕b5 ♔f8 22.♕c5+ ♔g8 23.♘d6** wird die schwarze Stellung in Unordnung gebracht. Zum Beispiel: **23...♗f8 24.♘xe5 ♘xe5 25.♕xe5 ♗xd6 26.♕xd6** und vom einst stolzen schwarzen Bauernzentrum bleibt nichts mehr übrig.

19.axb4 ♕xb4+ 20.♕xb4 ♘xb4 21.♘xf6+ ♔f8

Auch nach 21...♔d8 22.♘xe5 entkommt Schwarz der Niederlage nicht. Zum Beispiel: 22...♖b8 23.♘e4!

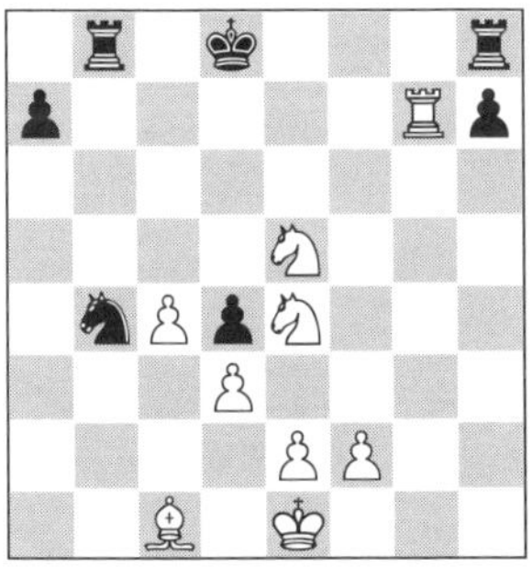

Analysediagramm

Jetzt droht 24.♖d7+ ♔e8 (24...♔c8 25.♘d6) 25.♘f6+ ♔f8 26.♖f7# und falls 23...♖b6, so nimmt Weiß einen ganzen Turm vom Brett: 24.♘f7+ ♔d7 25.♘xh8+.

22.♗h6

Und der Schwarze gab seinen Widerstand auf.
Welche brillante Kombination!

4.5 Ungeschwächte Königsstellung

Prinzipiell ist es am schwierigsten, einen erfolgversprechenden Angriff gegen eine Rochadestellung zu starten, die keinerlei Schwächen aufweist. In vielen sizilianischen Positionen benötigt Weiß eine ganze Menge Zeit, um die ungeschwächte schwarze Königsstellung aufzubrechen. Ein Bauernsturm kann diesen Zweck erfüllen, aber auch dieser garantiert keinen Erfolg.

Ich hatte einmal einen Schüler, der 1.e4 mit 1...e5 beantwortet. Nun, das ist sicherlich in Ordnung, aber um den Horizont meines Schülers ein wenig zu weiten, schlug ich ihm vor, mal eine Weile 1...c5 zu spielen – nicht nur weil ich der Ansicht bin, dass jeder Spieler den Sizilianer zumindest einmal im Leben spielen sollte, sondern auch weil es allgemein ratsam ist, sich mit unterschiedlichen Stellungstypen vertraut zu machen und sich darin zurechtzufinden.

Anfänglich hatte dieser Schüler Höhen und Tiefen. Er erschrak, wenn er kurz rochiert hatte und der Weiße sogleich mit g2-g4 und h2-h4 vom Leder zog. Und er wurde panisch, wenn g4-g5 und h4-h5 folgte, weil er sich bereits

fühlte, als stünde er kurz vor dem Schachmatt!
Ich brachte ihm bei, dass dieser Bauernsturm noch lange nicht das Ende der Welt bedeute. Selbst wenn Weiß g5-g6 spielen würde, droht noch lange kein Matt.
Um seine Ängste zu drosseln spielten wir einige Übungspartien, in denen ich die schwarze Seite übernahm. In einer Art Scheveninger erlaubte ich ihm, ein paar Extrazüge zu bekommen und die Bauern vorzuschieben, wie zuvor geschildert. Wir begannen eine Partie, in der Weiß sofort g5-g6 spielen konnte und ich ganz ruhig ...♗e7-f6 antwortete. Ich zeigte meinem Schüler, dass es alles andere als leicht für Weiß ist, Linien gegen den schwarzen König zu öffnen. Aber vor allem machte ich ihm psychologisch klar, dass die Züge g2-g4 und h2-h4 nicht automatisch sofort mit „Schachmatt“ und „Alarmstufe Rot“ in Verbindung gebracht werden müssen. Im unten stehenden Fragment werden diese Aspekte demonstriert.

Konstruierte Stellung

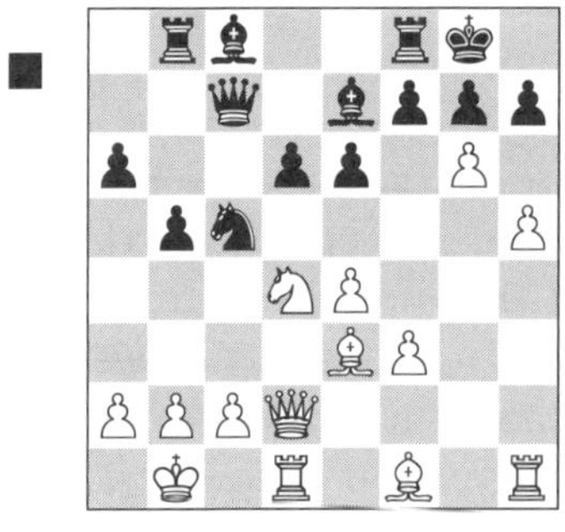

Wir wollen diese Stellung als Ausgangspunkt nehmen. Weiß bekam fünf oder sechs Extrazüge, mittlerweile droht er, die schwarze Königsstellung zu demolieren. Mit g5-g6 droht er einige Linien zu öffnen. Jedenfalls antwortete ich abgeklärt mit

1...♗f6!

Schwarz darf definitiv nicht auf die weißen Bauernzüge reagieren, denn dann würde die dringend gewünschte Linienöffnung eintreten. Schlecht wäre 1... fxg6? wegen 2.hxg6 h6 3.♗xh6 und Schwarz wird plötzlich niedergemacht.

2.♖g1

Ein Vorbereitungszug, um eventuell auf der g-Linie was zu erzielen. Das Schlagen eines Bauern führt nicht unmittelbar zu einer offenen Linie, von der Weiß profitieren könnte. Der schwarze König versteckt sich hinter dem Bauern: 2.gxh7+?! ♔h8 3.h6 (nebenbei, gefährlicher ist 3.♗g5, auch wenn 3...♗e5 ist immer noch spielbar für Schwarz) 3...g6 und Schwarz gelang es, die wichtigste Linie (die h-Linie) hermetisch zu schließen. Der schwarze König versteckt sich hinter den weißen Doppelbauern, und hat wenig zu fürchten.
2.h6 sieht wie die einzige Möglichkeit zu sein, die h-Linie zu öffnen – unter allen Umständen (d.h. auf Kosten eines Bauern). Hier muss Schwarz sehr akkurat spielen. Und zwar mit 2...fxg6! 3.hxg7 ♖f7!, wonach 4.♕h2 solide mit

4...♖xg7 beantwortet werden kann. In dieser Stellung hat Schwarz gleichfalls wenig zu fürchten. Sein schwächster Punkt, h7, ist gut überdeckt, und es gibt nicht viele weitere Möglichkeiten für Weiß, durchzudringen.
2.gxf7+ bringt dem Weißen auch nicht viel ein. Nach 2...♖xf7 ist die siebte Reihe zuverlässig gedeckt. Nun wird 3.h6 mit 3...g6 beantwortet, und auf absehbare Zeit wird keine Linie gegen den schwarzen König geöffnet. Bitte merken Sie sich, dass Schwarz in dieser Stellung bevorzugt mit dem Turm auf f7 nehmen will, aber damit das funktioniert muss e6 ausreichend gedeckt sein.

2...♗b7

Obwohl der Läufer oft dem Punkt e6 zusätzlichen Schutz verleiten muss, ist es in diesem Moment sinnvoll, die Türme zu verbinden. Unter gewissen Umständen wird es notwendig sein, dem Bauern d6 Schutz zu verleihen, und in dem Fall sollten keine Grundliniengefahren auftauchen. Der Weiße sollte sich weise zeigen, und vom Schlagen auf f7 oder h7 beziehungsweise vom Vorstoß h5-h6 absehen, solange ihm das keinen konkreten Vorteil einbringt. Nach 2...b4 bleibt es immer noch schwierig für Weiß, eine aussichtsreiche Aktion gegen die schwarze Festung zu landen. Abhängig von den Umständen kann Schwarz kontern mittels ...♘c5-a4-c3+. Jedoch stellt es sich heraus, dass ein anderer Faktor in der Stellung dem Weißen einen Vorteil verspricht: er kann 3.♘b3! spielen. Für den Moment konzentriert sich Weiß nicht vollständig auf den Angriff auf den schwarzen König, sondern richtet seine Aufmerksamkeit auf den Bauern d6. 3...♘a4 (3...♖d8 ist nicht so erfreulich wegen 4.gxf7+ ♔xf7 5.♗g5! und das weiße Spiel auf der g-Linie nimmt bedrohliche Ausmaße) und in dieser scharfen Stellung sollten die weißen Aussichten besser sein.

3.♗h3

Indem er sein Augenmerk auf die verletzlichen Punkte in der schwarzen Position richtet, hofft Weiß, Unordnung in die schwarzen Reihen zu bringen.

3...♖be8

Für den Moment halt Schwarz die Stellung. Der Kampf wogt nun über das ganze Brett, und nicht nur auf dem Königsflügel, wie man es wegen der weit vorgerückten weißen Bauern erwarten könnte. Dieses Beispiel illustriert exzellent den Umstand, dass eine intakte Königsstellung in der Praxis ganz schwer zu knacken ist!

4.♘e2 d5

Und der Kampf ist voll im Gange!

Obgleich ich diese Situationen in Trainingssitzungen diskutiert hatte, konnte ich mir nicht vorstellen, dass ich jemals in diesem Stellungstyp gegen einen starken Großmeister meinen Kopf über Wasser halten

würde. Und dann fand ich mich wieder ausgerechnet in dieser Situation gegen den schwedischen GM Tiger Hillarp Persson.
In meiner Vorbereitung auf diesen liebenswerten Spieler erwartete ich 1.d4, aber in diesem Turnier in Hoogeveen (2007) spielte er 1.e4. Um ihn zu überraschen erwiderte ich mit einem Scheveninger Aufbau, bei dem ich ein frühes ...♖b8 spielte. Hinterher stellte sich heraus, dass er genau diese Variante als Schwarz selbst gern spielte – und somit war es alles andere als eine Überraschung für ihn! Erst mein ...♖b8 brachte ihn zum Nachdenken. Es stellte sich heraus, dass er die Stellung besser verstand als ich, und ich bekam sofort Probleme. Meine einzige Hoffnung war mein enormer Vorteil auf der Uhr. Als die Komplikationen begannen blieben ihm nur noch ein paar Minuten übrig (ohne Inkrement).

Tiger Hillarp Persson
Herman Grooten
Hoogeveen 2007 (5)

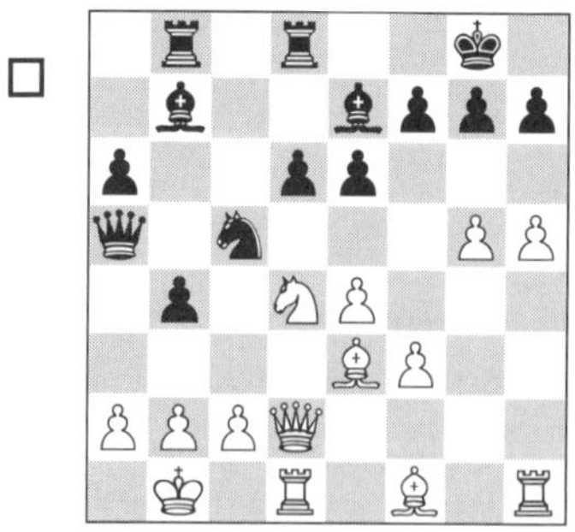

Hier haben wir den diskutierten Positionstyp in der Praxis. Gerade hatte ich einen hässlichen Fingerfehler begangen und ...♖fd8 gespielt, denn der Turm stand am besten auf f8. Weiß ergriff sogleich seine Chance:

19.g6!

So wie es nun aussieht, kommt die weiße Initiative zuerst.

19...♗f6 20.gxf7+ ♔xf7

Anstatt mit dem Turm zurücknehmen zu können ist es nun erzwungen, mit dem König zurückzunehmen, aber als Konsequenz muss er an die Zugluft.

21.♖g1 ♘a4

Schwarz hat keine Wahl – er geht auf einen Alles-oder-nichts-Angriff auf der anderen Seite. Er beabsichtigt, die weiße Königsstellung durch ein Opfer des Springers auf c3 aufzureißen. Diese Stellung wurde Gegenstand einer Analyse in Jacob Aagaards Kolumne „Partie des Monats" im britischen Magazin *Chess* und wurde zudem ausführlich diskutiert in seinem Buch *Attacking Manual 1* (Seite 21 ff.).

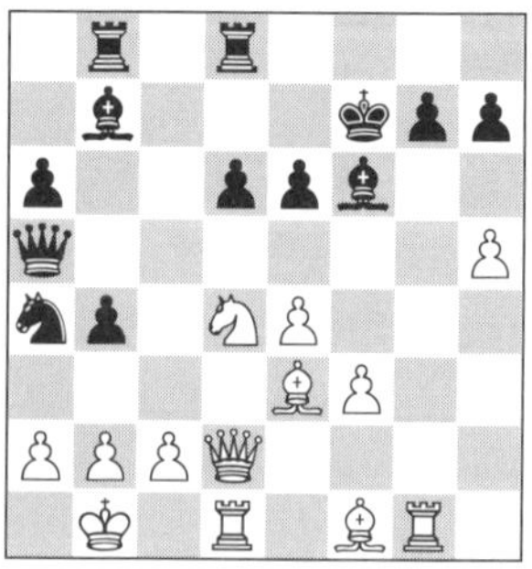

22.♗h3?!

Ganz klar, Weiß zielt auf die Schwäche auf e6. Aber es wäre viel besser, dies von der „anderen Seite" zu tun, da dies in zwei Richtungen arbeiten würde. Deshalb war 22.♗c4! viel besser. Hier erfüllt der Läufer eine doppelte Rolle. Zum einen greift er den schwachen Punkt e6 an, zum anderen hilft er, seinen eigenen König zu verteidigen. Dennoch ist es nicht so simpel, wie Wallaces Video auf YouTube Ihnen glauben machen will! Vielleicht fürchtete der Weiße den Stoß 22...d5, was tatsächlich die schwarze Idee war. Dann hätte er erkennen müssen, dass Schwarz nichts Besonderes hat: 23.♗b3! (nicht 23.exd5?! wegen 23...♗xd5 24.♕e2 (sicher nicht 24.♗xd5??, da Schwarz gewinnt nach 24...♘c3+! 25.bxc3 bxc3+) und jetzt hat Schwarz 24...♘xb2!? mit unklaren Komplikationen, zum Beispiel: 25.♔xb2 ♗xc4 26.♕xc1 ♕a3+ 27.♔b1 ♕xe3) und Schwarz kann nicht verstärken, da bei 23...dxe4 24.fxe4 ♗xe4 das starke 25.♕f2 ♘c5 26.♖df1 folgt, wonach die schwarze Königsstellung unhaltbar wird.

22...♘c3+!?

Schwarz sieht keinen Sinn darin, passiv zu verteidigen, und sucht seine Chance.

23.bxc3 bxc3 24.♘b3

Weiß hatte das alles gesehen. Er wollte die b-Linie mit dem Springer stopfen. Gewiss nicht 24.♕c1?? wegen 24...♗d5+ 25.♘b3 ♗xb3 26.cxb3 ♖xb3+! 27.axb3 c2+!, welches ein Thema darstellt, das wir später noch kennenlernen werden.

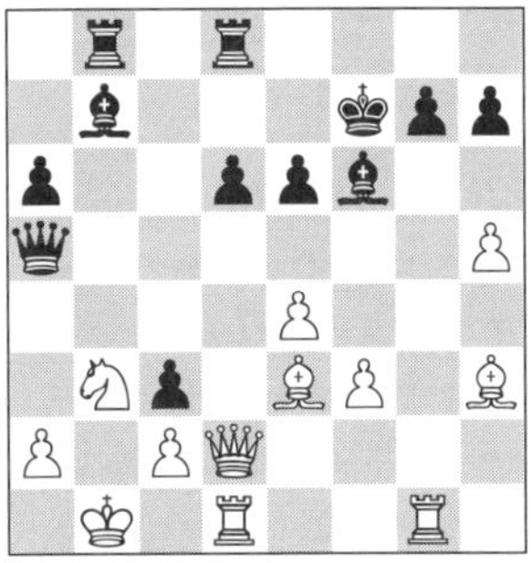

24...♗xe4!?

Es gibt kein Zurück; Schwarz muss alles riskieren. Der Damentausch 24...cxd2 25.♘xa5 ♗xe4+ 26.♘b3 ♗xf3 27.♖xd2 ♗xh5 beschert dem Schwarzen drei Bauern für die Figur, aber die weißen Chancen sind hier immer noch höher einzuschätzen.

25.♕c1

Offensichtlich konnte der Läufer nicht genommen werden, da mittlerweile die weiße Dame hing. Durch die Öffnung der b-Linie funktioniert der weiße Gegenangriff auf die schwarze Dame für den Moment nicht.

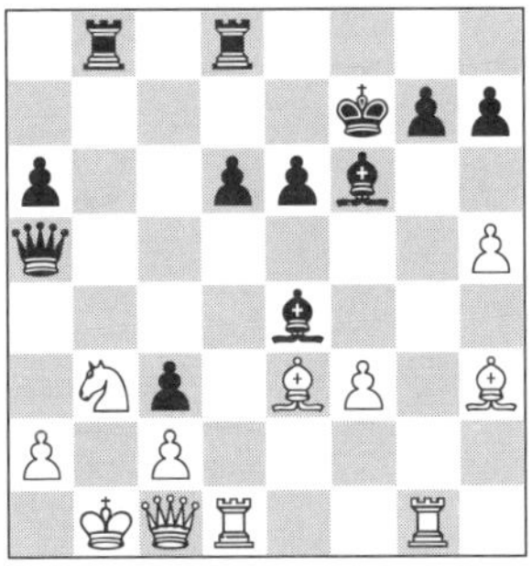

Wir sind an einem wichtigen Moment angekommen. Ich besaß

noch Zeit im Übermaß, während mein Gegner unter akuter Zeitnot litt. Mit so vielen Figuren im Angriff spürte ich die Möglichkeit zu Kombinationen. Während ich die Varianten rechnete, fühlte ich das Adrenalin in meinem Blut. Konnte das sein, dass ich gerade dabei war, einen starken Großmeister mit einer Serie von Opfern niederzustrecken? Ich dachte über 20 Minuten nach und konnte nicht sehen, wie sich Weiß gegen die von mir geplanten Opfer würde verteidigen können. Dann nahm ich meinen ganzen Mut zusammen: mit meinem Gegner in Zeitnot ging ich aufs Ganze!

25...♖xb3+?!

Rückblickend zeigt es sich, dass dieser Zug nicht die erwarteten Früchte einträgt, aber subjektiv war dies die Fortsetzung, die die besten Chancen bot.

25...♗xf3?! ist auch nicht die Lösung für Schwarz. Nach 26.♖df1 ♕xh5 27.♖g3 ♗d5 28.♗g5! wird ihm seine unsichere Königsstellung Kopfzerbrechen bereiten.

Relativ am besten war 25...♗d5, mit der Drohung, dieselbe Kombination wie in der Partie zu spielen. Jedoch kann Weiß mit dem coolen 26.♗d4 den schwarzen Läufer auf f6 beschränken.

26.axb3 ♖b8

Droht sogleich auf b3 mit Matt zu nehmen. Der Läufer e4 fesselt den Bauern auf c2. Durchaus verständlich, dass Weiß in die Falle fällt:

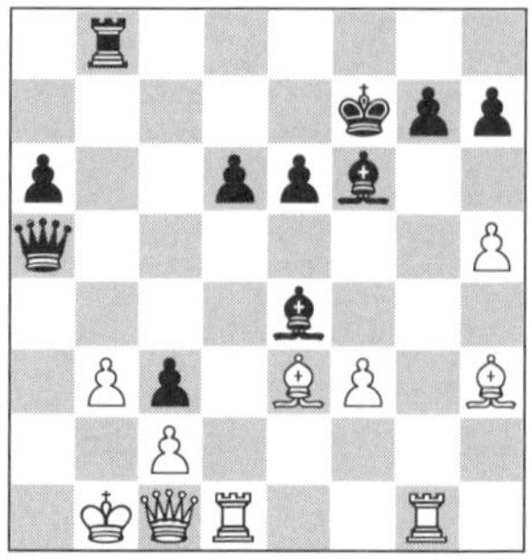

27.fxe4??

In hochgradiger Zeitnot begeht er einen furchtbaren Fehler. Es gab eine wundersame Rettung, von der ich den ersten Zug zwar gesehen hatte, doch ich verstand nicht dessen Bedeutung.

Der Computer sagt sogleich, dass 27.♗xe6+! der einzige Zug ist. Der Läufer muss genommen werden, da er den Bauern auf b3 deckt. Nach 27...♔xe6 folgt das zweite Gegenopfer: 28.♖xd6+, wieder mit Schach. Der erste Punkt ist, dass das Feld d1 geräumt wird, um dem weißen König ein Fluchtfeld zu schaffen, wie wir später in der Partie sehen werden. Doch viel wichtiger ist dabei, dass der Läufer auf f6 die Hauptrolle im schwarzen Angriff spielt und Weiß droht, ihn zu eliminieren, falls Schwarz das Turmopfer ablehnen würde. Nach 28...♔xd6 29.♗f4+ wird die weiße Absicht klar. Schwarz muss seinen wichtigen Läufer hergeben, um nicht den Turm zu verlieren. In der entstehenden Stellung nach 29...♗e5 30.fxe4 ♔c6 31.♗xe5 ♕xe5 ist Weiß klar im Vorteil, denn hier steht der schwarze König, und

nicht der weiße, unsicher. Sehr gemein!
Nach dem Partiezug bringt Schwarz das Spiel zu einem wunderhübschen Ende:

27...♖xb3+!

Das Opferfest geht weiter: hier ist das zweite Turmopfer.

28.cxb3 c2+!

Ich setze Matt mit meinen verbliebenen beiden Figuren, nachdem ich zwei Leichtfiguren und zwei Türme geopfert habe. Hinterher gab Hillarp Persson aufrichtig zu, er hätte dieses Bauernopfer nicht vorausgesehen.

29.♔xc2 ♕c3+

Und während seine Fahne auf der Uhr fiel, gab Weiß auf. 30.♔b1 wird mit 30...♕xb3+ und matt beantwortet. Ein Bekannter von mir, der die Partie live im Internet verfolgte, nahm an, dass ich beabsichtigte, das Dauerschach nach 30...♕a1+ zu geben. Nicht schlecht, dachte er, ein Remis gegen einen starken Großmeister...
Hinterher führte mich der holländische Schachjournalist Peter Doggers (der heutzutage für Chess.com arbeitet) sogleich an einen Tisch mit einem Schachbrett. Vor laufender Kamera befragte mich Peter zur Partie und ich zeigte sie stolz. Es passiert nicht jeden Tag, dass man zwei Türme und einen Läufer opfert und damit einen überdurchschnittlich guten Großmeister besiegt. Aber als ich später in der Nacht meinen Computer anwarf, um einen Blick auf die Partie mit einem Programm zu werfen, wurde ich rüde aufgeweckt: mitten in der Kombination gab es ein „Loch", das sogleich vom Computer aufgezeigt wurde. Was der Film nicht zeigt, ist, dass mein Gegner im Moment höchster Anspannung nur noch ein paar restliche Sekunden besaß...
Viel später entdeckte ich einen zweiten Film über diesen Partieausschnitt im Internet, der ursprünglich aus Aagaards Kolumne „Partie des Monats" in *Chess* stammt. Der Schotte Bruce Wallace benutzte diese Kolumne als Basis für einen YouTube-Film, den er aus diesen Fragmenten zusammengestellt hat.
Falls es Sie interessiert, hier sind die „Links" zum Interview auf YouTube:
(in holländisch)
watch?v=9VT71eyScj8.
(in englisch):
watch?v=ch4LaYfkHTc

Der einengende Bauer auf e5 (Opfer auf h7 oder f6)

Ganze Bände wurden schon gefüllt mit thematischen Opfern auf bestimmten Feldern. Die Felder f7, g7, h7 und manchmal h6 und f6 werden allesamt als Felder betrachtet, auf denen Figuren hineingeopfert werden können. Das berühmteste dieser Opfer, das Läuferopfer auf h7, taucht in der Regel dann auf, wenn bestimmte Voraussetzungen für eine erfolgreiche Anwendung vorliegen. Ein starkes Argument pro Läuferopfer auf h7 ist die Präsenz eines weißen Bauern auf e5. Dafür gibt es zwei (drei?) Gründe:

• Der Bauer hat einen Verteidiger davongejagt (meist einen Springer auf f6); der Zug ...f7-f5 kann mit dem En-Passant-Schlagen exf6 beantwortet werden;

• Der Bauer überwacht ein potentielles Fluchtfeld des feindlichen Königs, falls dieser versuchen sollte, ins Zentrum zu flüchten.

Hier ist ein hübsches Beispiel des früheren Weltmeisters Garri Kasparow.

Garri Kasparow
Nigel Short

London rapid m 1993 (3)

□

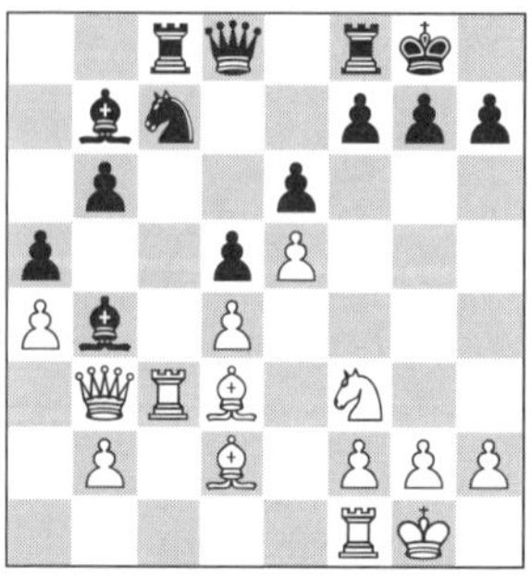

Die schwarze Königsseite wurde von seinen Figuren ziemlich verlassen. Die weißen Figuren sind bereit, sich schnell auf den gegnerischen Monarchen zu stürzen, und somit haben wir alle Voraussetzungen für eine erfolgreiche überfallartige Aktion.

20.♗xh7+! ♔xh7

Es bringt nicht viel, das Opfer abzulehnen: 20...♔h8 erlaubt 21.♘g5 ♗xc3 22.♕xc3 und es gibt keine ausreichende Abwehr der Drohung 23.♕h3.

21.♘g5+ ♔g8

Genauso hoffnungslos war 21...♔g6 22.♖g3 ♕d7 (um die Dame nicht zu verlieren) 23.♘xe6+ ♔f5 24.♘xg7+ ♔e4 25.♕d3#.

22.♖h3

Mit der tödlichen Drohung 23.♖h8+ gefolgt von 24.♕h3+ und matt.

22...♖e8 23.♕f3

Ein wenig genauer war 23.♕d3, aber auch so wird Schwarz seinem Schicksal nicht entkommen.

23...♕d7 24.♕h5 ♔f8 25.♘h7+

Dadurch räumt Weiß seinem Läufer das Feld g5. Mit diesem Schach wird dem König ein sicheres Rückzugfeld genommen.

25...♔e7

25...♔g8 26.♘f6+ ♔f8 und nun ist 27.♗g5! am stärksten!

26.♗g5+ f6 27.♘xf6

Und Short befand, dass er für diesen Tag genug Gewalt gesehen hatte.

Figurenopfer auf f6 sind bei vielen Königsangriffen sehr verbreitet. Mit dem Bauern auf e5 kann Weiß nach ...gxf6 zurücknehmen mit exf6, wonach Mattmuster auftauchen. Hier sehen wir ein Beispiel, wiederum von einem (FIDE) Weltmeister.

Ruslan Ponomarjow
Daniel Sadzikowski

Warschau EM Schnellschach 2010 (8)

□

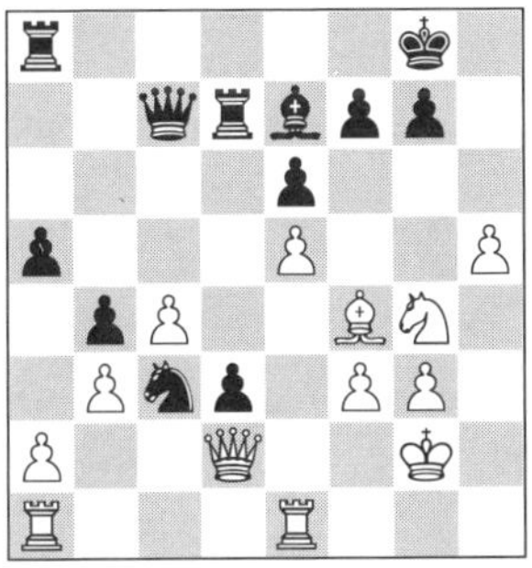

Sicherlich wird Weiß seine Operationen auf dem Königsflügel durchführen, während Schwarz im Zentrum spielen wird.

27.♘f6+!

Der Faktor Zeit ist wesentlich, somit musste dieses Opfer betrachtet werden.

27...gxf6

Auch nach 27...♗xf6 28.exf6 ♕d8 ist Schwarz nicht in der Lage, sich zu verteidigen. Weiß antwortet stark mit 29.fxg7 ♔xg7 und nun wendet sich Weiß erstaunlicherweise der anderen Seite des Brettes zu. Die Dame auf d8 erfüllt mehrere wichtige Verteidigungsaufgaben, jedoch nach dem teuflischen 30.a3! ist sie überlastet. Ein Beispiel: 30...♔h7 31.axb4 axb4 32.♖xa8 ♕xa8 33.♗e5 und wegen der Drohung 34.♕g5 muss Schwarz einen weiteren Bauern hergeben: 33...♕d8 34.♗xc3 bxc3 35.♕xc3 d2 36.♖d1 ♖d3 37.♕e5 und Weiß steht kurz vor dem Gewinn.

28.exf6 ♗d6?

Dieser Zug verliert wegen eines ziemlich fiesen Zwischenzuges. Nur in der Rückgabe der Figur durch 28...♕d8! besaß Schwarz eine Überlebenschance: 29.fxe7 ♕xe7. Doch wieder folgt 30.a3! ♘e2 31.axb4 ♘xf4+ 32.gxf4 ♔h7 33.♖xa5 und der weiße Materialvorteil nimmt deutliche Proportionen an.

29.♗xd6 ♕xd6

Und Schwarz gab sogleich auf, denn nun sah er die Drohung über seinem Haupte: nach 30.♕g5+ ♔f8

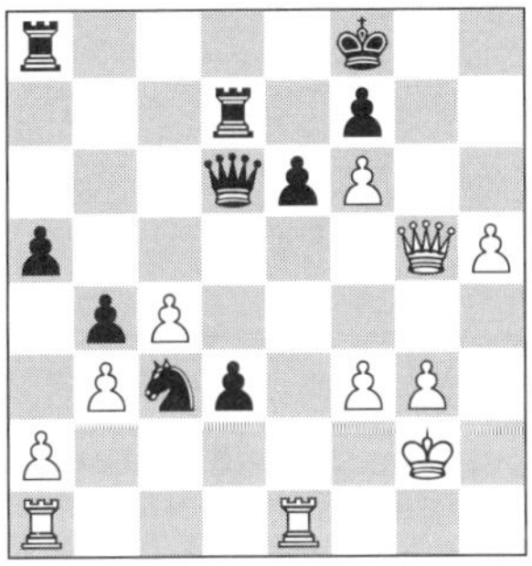

Analysediagramm

hat Weiß das trickreiche 31.c5!. Die schwarze Dame wollte sich zu gerne auf f8 dazwischenstellen, aber nach diesem Zwischenzug ist diese Rettung dahin! 31...♕d5 32.♕g7+ ♔e8 33.♕g8#.

Die Abwehr durchbrechen, eine Schwäche provozieren

In vielen Stellungen stehen die Bauern, die den König schützen, immer noch einträchtig in einer Reihe. Solche Sicherheit ist zuweilen nur eine Illusion. Bei bestimmten Anordnungen der Figuren ist es manchmal möglich, eine Schneise in die scheinbar solide Festung zu schlagen. Im folgenden Diagramm stehen die weißen Figuren bereit dazu, Nutzen aus einem Loch zu ziehen, das sie schlagen können.

Adrian Michaltschischin
Kowalenko

UdSSR in den 1980ern

□

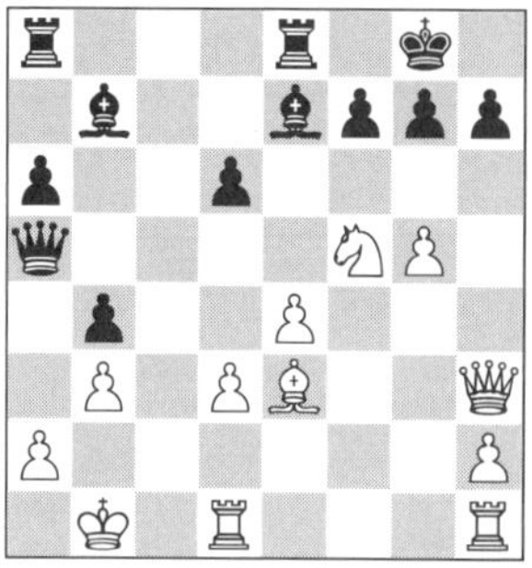

Diese Stellung wurde mir gezeigt vom Weißspieler während einer Trainingssitzung in den Niederlanden in den 1990ern. Weiß hat seine Figuren auf vielversprechende Felder dirigiert. Es ist klar, dass Schwarz nicht allzu viele Getreuen um seinen König herum hat. Sind das bereits ausreichende Umstände für eine erfolgreiche Kombination?

1.♘xg7!

Ja, dachte sich der Weiße, und schlug ein Loch ins Herz der schwarzen Königsstellung.

1...♔xg7 2.♗d4+

Die genaue Zugfolge ist entscheidend. So sieht 2.♕h6+?! zunächst noch attraktiver aus, aber nach 2...♔g8 3.♗d4 hat Schwarz 3...♗f8 (nicht 3...f6??, denn nach 4.gxf6 ist es ohne Wenn und Aber aus) 4.♕f6 und die Verteidigung 4...♖e5! hält ihn am Leben: 5.♗xe5 ♕xe5 6.♕xe5 dxe5 führt in ein Endspiel, in dem die zwei Läufer viel stärker als der Turm sind.

2...♔g8

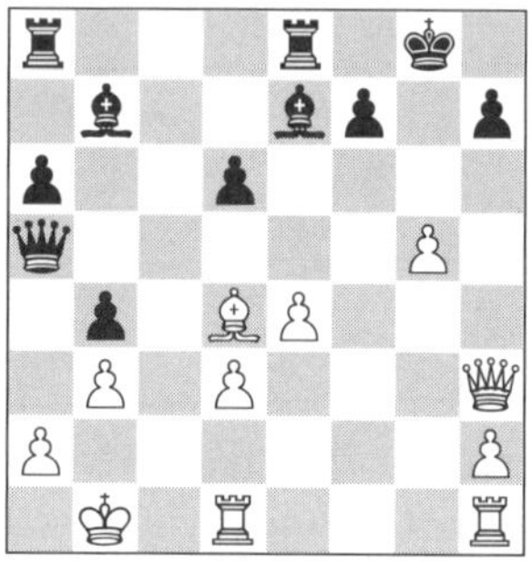

3.g6!!

Ein schwer zu findender Zug. Der Bauer kann nicht genommen werden, was das Ende allen Widerstandes bedeutet.
Wieder scheitert 3.♕h6?! an der oben erwähnten Variante.

3...fxg6 4.♕e6+

Schwarz resignierte wegen Matt nach 4...♔f8 5.♖hf1+.

Man schlägt nicht jeden Tag ein Loch in die feindliche Königsstellung. Während einer Partie ist es nicht so leicht, die erfolgreichen Voraussetzungen für einen Opferangriff zu erkennen. Jedenfalls wurde Boris Gelfand, den man nicht gerade einen schwachen Spieler nennen kann, furchtbar überrascht durch Vugar Gashimov im folgenden Beispiel. In ihm findet sich eine Reihe von bestechend schönen Angriffswellen.

Vugar Gashimov
Boris Gelfand
Spanien tt 2009 (3)

1.e4 e5 2.♘f3 ♘f6 3.d4 ♘xe4 4.dxe5 d5 5.♘bd2 ♘c5 6.♘b3 ♘e6 7.♘bd4 ♘xd4 8.♘xd4 ♗e7 9.♗d3 c5 10.♘f5
Die schwarze Eröffnungsbehandlung war nicht gerade auf dem neuesten Stand.
10...0-0
Und der hoch veranlagte Aserbaidschaner, der Anfang 2014 tragischerweise viel zu jung starb, wusste, wie er daraus einen Vorteil ziehen konnte.

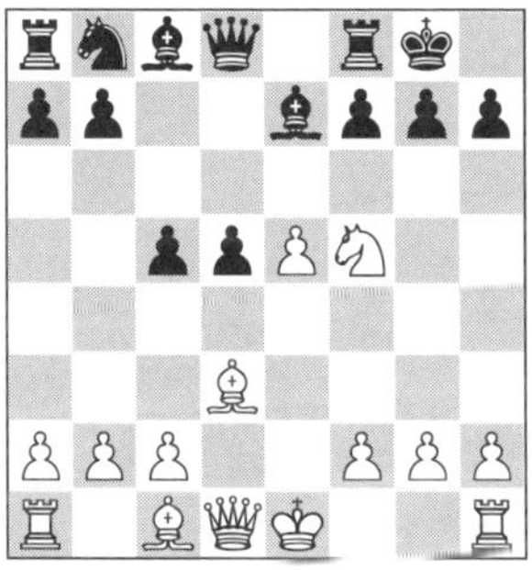

11.♘xg7!
Zerstört die schwarze Königsstellung mit tödlichen Konsequenzen.
11...♔xg7?
Das war eindeutig nicht Gelfands Tag. Nach der Annahme des Springeropfers geht die schwarze Stellung rasch den Bach runter. Zweifellos hätte Schwarz 11...c4 probieren sollen. Nach 12.♘f5! (droht 13.♕g4+ mit Matt) 12...♔h8 13.♘xe7 ♕xe7 14.♗e2 ♕xe5 hat Schwarz seinen Bauern zurückgewonnen,

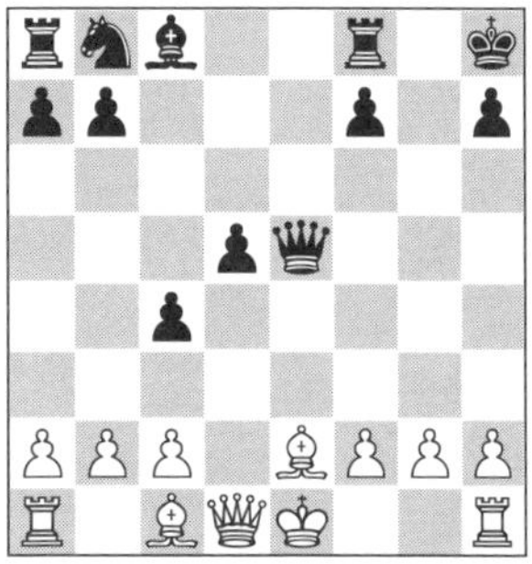

Analysediagramm

doch Weiß hat das starke Läuferpaar, während Schwarz langfristig am Loch in seiner Königsstellung laboriert.
12.♕h5 ♖h8
Um h7 zu decken, aber nun ist der Turm „dauerhaft" auf h8 eingeschlossen.
Mag sein, dass er ursprünglich geglaubt hat, er konne sich mit 12...f5 verteidigen. Doch dies geht nicht, wie sich herausstellt: 13.exf6+ ♖xf6 (bei 13...♔xf6 ist 14.♗f4! der einfachste Gewinn, etwa: 14...♘c6 15.♕h6+ ♔f7 16.♕xh7+ ♔e6; 16...♔e8 17.♗g6+ ♔d7 18.♕h3+ mit Matt) 14.♕xh7+ ♔f8 15.♗g6 ♖xg6 16.♕xg6 und die Drohung 17.♗h6+ ist tödlich. Eine bezeichnende Variante geht so: 16...♗f6 17.0-0! gefolgt von einem Turmzug nach e1, und es gibt keine Rettung für den schwarzen König: 17...♗g7 18.♖e1 ♘c6 19.♗h6 ♗xh6 20.♕xh6+ ♔f7 21.♕h5+ ♔g7 22.♖e3. Der schwarze König hat keinerlei Schutz mehr, er ist nun der Raserei der weißen Schwerfiguren hilflos ausgeliefert.
13.♗h6+ ♔g8

Ein wichtiger Moment. Gashimov hat eine verblüffende Überraschung in petto.

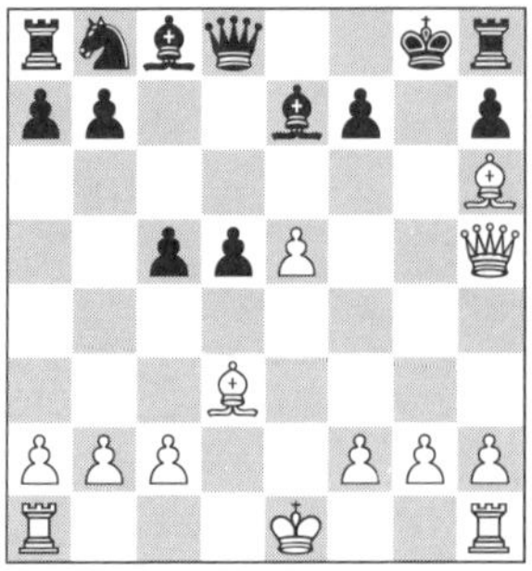

14.e6! fxe6

Das erlaubt es der weißen Dame, über die g-Linie einzudringen, nachdem die schwarze Königsstellung völlig schutzlos ist. Bei 14...♗xe6 gewinnt 15.♕e5!, da Schwarz nach 15...♗f6 (15...f6 16.♕xe6#) 16.♕g3+ das Handtuch werfen kann.

15.♕g4+ ♔f7 16.♕g7+

Gewinnt mindestens einen Turm zurück, und das war genug für Gelfand. So schnell hat er bestimmt nur ganz, ganz selten verloren... Nach 16...♔e8 17.♕xh8+ ist es komplett aus.

Linienöffnung

In vielen Beispielen haben wir gesehen, dass Linienöffnungen gegen den gegnerischen König eine wesentliche Voraussetzung für eine erfolgreiche Attacke darstellen. Wir haben auch bereits betont, dass eine ungeschwächte Königsstellung nur sehr schwer zu durchbrechen ist. Meist gibt es keine andere Möglichkeit, als die g- und h-Bauern loszuschicken und endlich durch g5-g6 mit der Mauer, die der gegnerische König vor sich errichtet hat, in feindliche Berührung zu kommen.
Doch wie wir aus den letzten Beispielen erkannt haben, ist es immer noch eine schwierige Aufgabe, die letzten Defensivlinien niederzuringen. Da ist eine gute Portion Kreativität vonnöten, will man sich Zugang zum gegnerischen Lager verschaffen.
Hier ein originelles und hübsches Beispiel:

Jan Smeets
Jan Werle
Groningen 2002 (1)

□

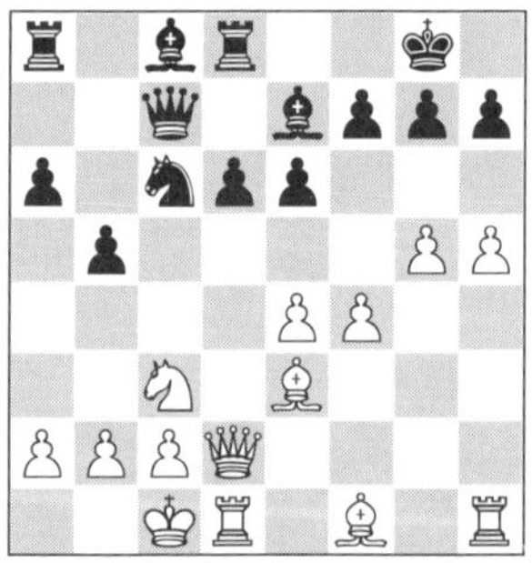

Gerade hat Schwarz 16...♖fd8? gespielt, um in der Folge ...d6-d5 durchsetzen zu können. Aber dieser Plan ist zu langsam, zudem wurde der Turm dringend auf der f-Linie benötigt, wie wir noch sehen werden.

17.g6!

Wieder will Weiß sobald als möglich Linien gegen den schwarzen König öffnen.

17...♗f6

Schwarz zieht den Läufer, damit seine Dame f7 überdecken kann. Das konnte auch mit dem weitaus passiveren 17...♗f8 geschehen, jedoch verdient die weiße Stellung dann nach 18.♔b1 den Vorzug.

18.♗d3

Bei 18.gxf7+ nimmt Schwarz mit der Dame zurück: 18...♕xf7. Das prophylaktische 18.♔b1 verdiente wiederum ebenfalls Beachtung.

18...♖b8

Prinzipiell eine gute Idee, aber Schwarz übersieht eine starke Antwort.

Auf Ftacniks 18...fxg6 antwortet Weiß mit 19.hxg6 h6 20.♘e2, wonach der Springer bald auf dem Königsflügel auftauchen wird. Beim aktiven 18...♘b4 ist die beste weiße Antwort 19.gxf7+ ♕xf7 20.h6 g6 21.♗e2 und danach wird er sich dem schwarzen König zuwenden.

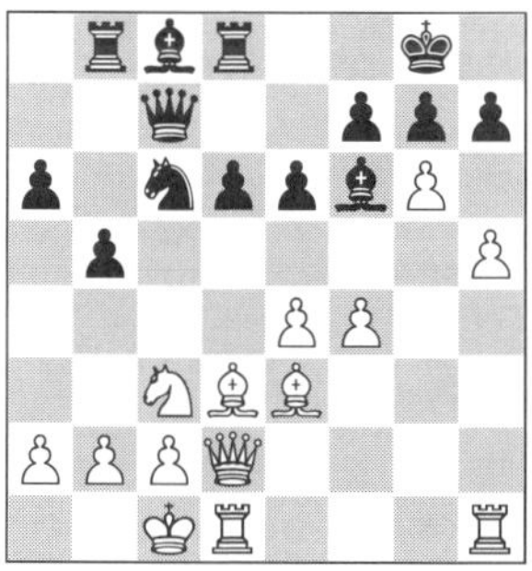

19.e5!

Ftacnik: „Mit dieser typischen Feldräumung weist Smeets nach, dass der Läufer auf f6 auch nicht gerade stabil steht."

19...dxe5 20.♘e4

20.gxh7+ ♔h8.

20...♗e7

Der Läufer muss zurückweichen. Nach etwa 20...exf4 21.♘xf6+ gxf6 22.gxh7+ wird die g-Linie geöffnet und Weiß bekommt seinen Angriff umsonst.

Die weiße Hauptdrohung besteht darin, Dame und Turm auf die g-Linie zu ziehen, wonach Mattdrohungen auf g7 und g8 auftauchen. Wegen der geschwächten Grundreihe hat Schwarz keine akkurate Verteidigung dagegen. Hier ist ein bezeichnendes Beispiel dafür, wie es weitergehen könnte: 22...♔h8 23.♖hg1 ♕e7 (23...fxe3 24.♕g2) 24.♕g2 ♕f8 25.h6!.

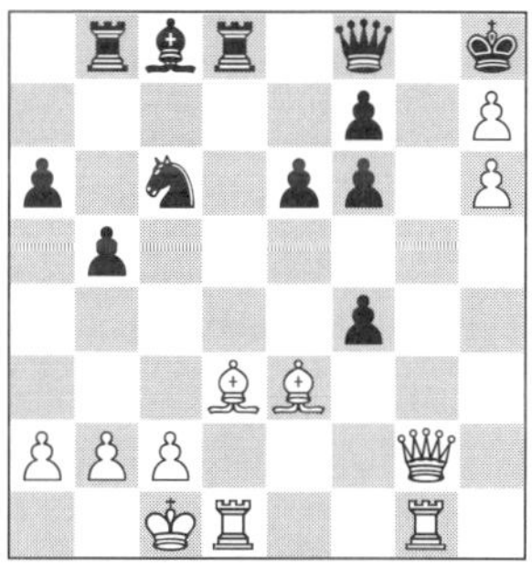

Analysediagramm

Die schwarze Grundreihe ist in Todesgefahr, was die folgende Variante anschaulich zeigt: 25...f5 (25...♕xh6 26.♕g8+) 26.♗xf5! exf5 27.♖xd8 ♘xd8 28.♕g8+ ♕xg8 29.hxg8♕#.

21.gxf7+

Jetzt wird klar, warum der Turm auf f8 hätte bleiben sollen.

21...♔h8

Er lässt die Finger vom Bauern, was später zu einem reizvollen Motiv führen wird!
Nach 21...♔xf7 22.♕g2 ist der weiße Angriff sehr stark.

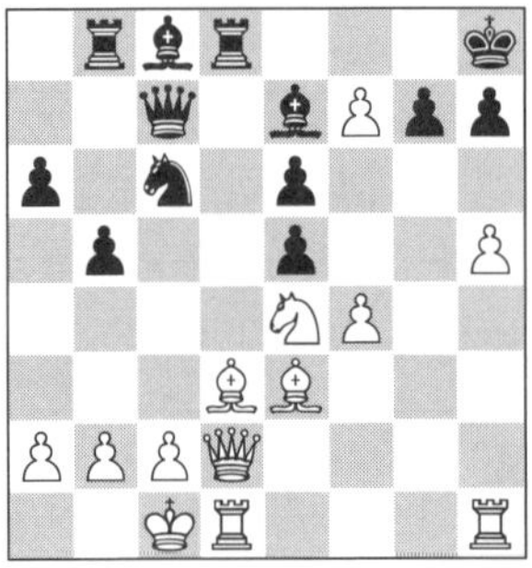

22.♕g2
Die Idee dahinter ist höchst original. Auch 22.h6!? war sehr interessant: 22...g6 23.♖hf1 exf4 24.♗xf4 e5 25.♕c3 ♗b7 (25...♗b4 26.♕xc6! ♕xc6 27.♗xe5+) 26.♗g3 und Weiß behält eine starke Initiative.
22...♗b7
Ein kritischer Moment. Bei 22...exf4!? müsste Weiß die Stellung „unterpflügen" mittels 23.♘f6!, was auf dasselbe wie die Partiefortsetzung hinauslaufen würde.

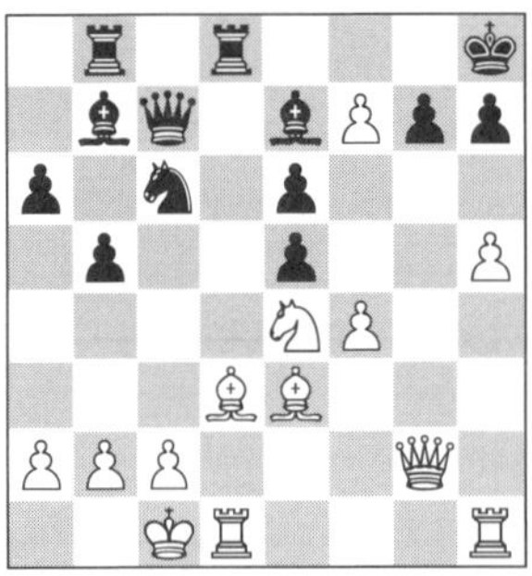

23.♕g6!!

Ftacnik: „Ein wundervoller Zug, der den geborenen Angriffsspieler kennzeichnet. Weiß verbirgt nicht, dass er mit dem gegnerischen König Schlimmes vorhat."
23...♘b4
Ein paar Varianten mussten genau berechnet werden:
A) 23...hxg6? 24.hxg6+ ♗h4 25.♖xh4#;
B) 23...♖xd3 sieht logisch aus, um den gefährlichen Läufer d3 zu eliminieren. Aber Weiß ignoriert dies einfach und antwortet 24.♖dg1 ♖d1+ (24...♗f8 25.♘f6) 25.♔xd1 ♕d8+ 26.♔c1 ♕f8 27.♗c5! wonach die Drohung 28.♘g5 nur unter hohen Materialkosten pariert werden kann: 27...♗xc5 (27...♖d8 28.♗xe7 ♘xe7 29.♘f6) 28.♘f6 gxf6 29.♕xf6+ ♕g7 30.♕xg7#.
24.♖dg1!
Smeets fürchtet sich nicht davor, eine weitere Figur investieren zu müssen.
24...♗f8
Bei 24...♘xd3+ 25.♔b1 ♖g8 nimmt Weiß in aller Ruhe zurück: 26.cxd3, erst dann nimmt er auch noch den Turm.

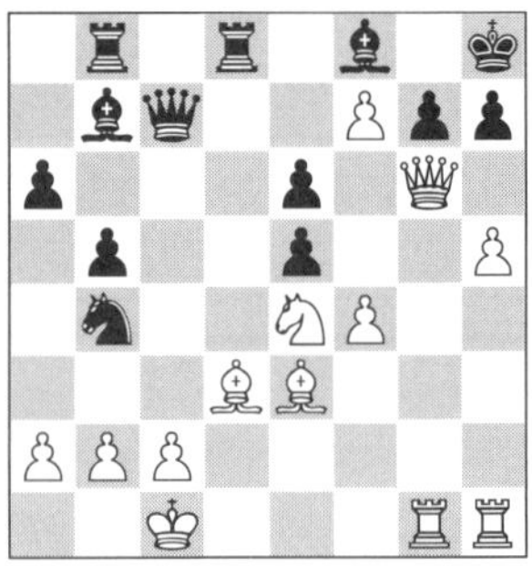

25.♘f6!

Nicht mehr schwierig, aber dennoch äußerst elegant. 25.♘g5 war auch möglich.

25...♘xd3+ 26.♔b1

Werle zeigte nun eine sportliche Geste: er gab seinem Gegner die Ehre, matt zu setzen. Ein angemessenes Ende für eine großartig geführte Partie

26...hxg6 27.hxg6+ ♗xh1 28.♖xh1#

4.6 Figurenübergewicht gegen den König

Wieder drängt sich uns ein Vergleich mit mittelalterlichen Burgen auf, und wir wollen hier erörtern, wie sich die Schlachten „Mann gegen Mann" abspielten. Eine beliebte Angriffsmethode bestand darin, das Burgtor mit einem Rammbock zu zertrümmern. Diese wäre niemals effektiv gewesen, hätten die Angreifer nicht genügend Männer mobilisiert, die sich ihren Weg durch das Loch in der Mauer durchkämpfen konnten. Also stand eine ganze Armee bereit, die darauf brannte, hineinzurennen.

Augenfällig ist eine Analogie mit Schach, die sich als völlig zutreffend erweist. Gewisse Opfer, die den Sinn haben, die „Burgmauer" des Feindes aufzubrechen, würden keine Aussicht auf Erfolg haben, wenn der Angreifer keine ordentliche Anzahl von Angriffsfiguren bereitstehen haben würde.

Aus vielen Beispielen können wir schlussfolgern, dass ein Übergewicht von Figuren in der Nähe des feindlichen Königs fast immer entscheidend ist, solange der Gegner nicht ausreichend Verteidiger dazu bringen kann.

Michail Tal
John van der Wiel

Moskau Interzonenturnier 1982 (4)

□

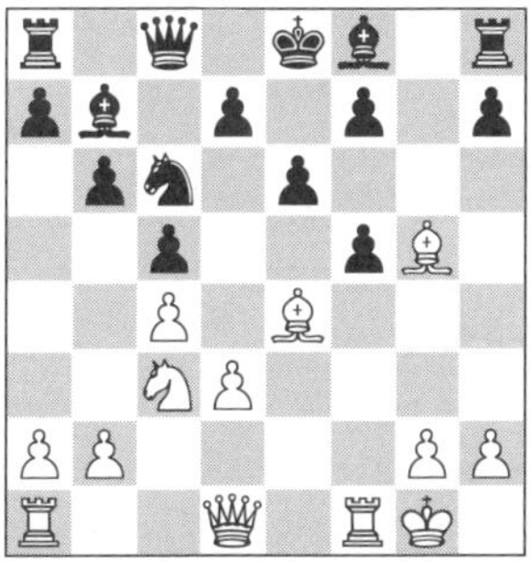

Gerade hat Schwarz 13...gxf5 gespielt, was Tal die Chance bot, eine Figur ins Schlachtengetümmel zu werfen!

14.♗xf5!

Ein bezauberndes Opfer.

14...♗e7

Es war besser, sich die Korrektheit des Opfers zeigen zu lassen. Nach 14...exf5 musste Weiß 15.♕h5! finden (das ist besser als 15.♕e2+ mit der möglichen Fortsetzung 15...♘e7 16.♖ae1 ♖g8 17.♗xe7 ♖xg2+ 18.♕xg2 ♗xg2 19.♗h4+ ♗e4 20.♘xe4 fxe4 21.♖xe4+, die Tal bei seiner Analyse angab; Weiß bekommt genug Kompensation für die Qualität, aber wahrscheinlich nicht mehr: 21...♗e7 22.♖xe7+ ♔d8 23.♖fxf7 ♔c7 24.♗g3+ ♔c6 25.♖xh7 mit einer spannungsgeladenen

Stellung) 15...♘e7 16.♖ae1 ♕c6 17.♘d5 und nun muss Schwarz die Figur auf e7 zurückgeben, wonach Weiß blendend steht.

15.♕h5

Tal spielt hier ebenfalls diesen Zug, wahrscheinlich hätte er ihn auch in der vorher erwähnten Variante gewählt.

15...♗xg5

Nicht 15...exf5 wegen 16.♖ae1 ♔d8 17.♘d5 mit Gewinn.

16.♕xg5 ♘e7

Schwarz bricht auseinander.

16...exf5 rennt in eine Mattvariante nach 17.♖ae1+ ♔f8 18.♕h6+ ♔g8 19.♘d5.

16...♕d8 lautet die bessere Verteidigung, aber nach 17.♕g7 ♖f8 18.♘b5! bleibt Weiß am Drücker.

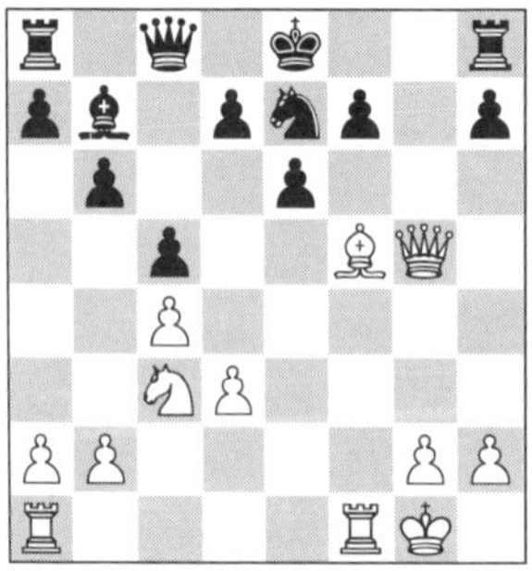

17.♗e4!

Mit der Idee 18.♘b5.

17...♗xe4

Jetzt geht es schnell zu Ende. Aber auch bei 17...♗c6 18.♘d5! exd5 19.cxd5 ist keine Hoffnung mehr vorhanden.

18.♘xe4

Abgesehen vom ♖a1 beteiligen sich alle weißen Figuren beim Angriff am Königsflügel.

18...♕c6

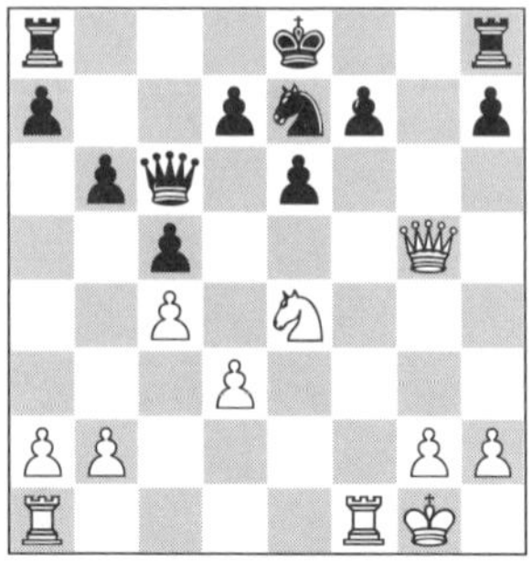

19.♖xf7!

Bei Tal kann man auf so ein Opfer wetten!

19...♔xf7 20.♕f6+ ♔g8 21.♕xe7

Er hat nur eine Qualität im Angriff investiert. Die schwarze Dame und der Turm auf h8 insbesondere können bei der Verteidigung nicht eingreifen.

21...♖f8

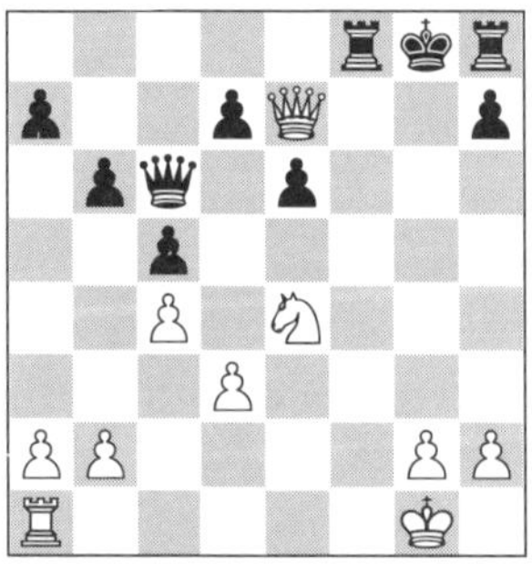

22.♖f1!

Ein hübscher Schlusszug, der nebenbei gesagt viel besser ist als die Alternative.

Deutlich schwächer war 22.♘f6+?! ♖xf6 23.♕xf6 ♕d6 24.♖f1 ♕d4+ und Schwarz behält Rettungsaussichten.

Nach 22.♖f1 geht die Verteidigung des Feldes f6 verloren: 22...♖xf1+

23.♔xf1 und die Drohung 24.♘f6+ kostet mindestens die Dame.

Daniele Vocaturo
Sipke Ernst
Wijk aan Zee 2012 (9)

□
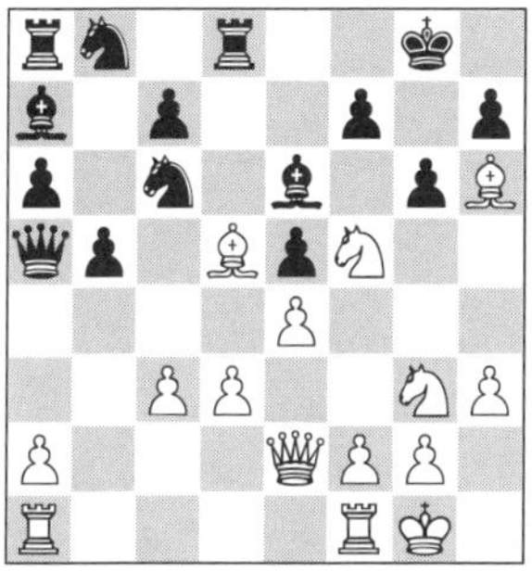

Da ist eindeutig was schiefgelaufen mit der Koordination der schwarzen Figuren. Fast alle stehen falsch und bilden einen Klumpen am Damenflügel. So fiel es dem Weißen nicht schwer, das folgende Opfer zu finden:

22.♘h5!

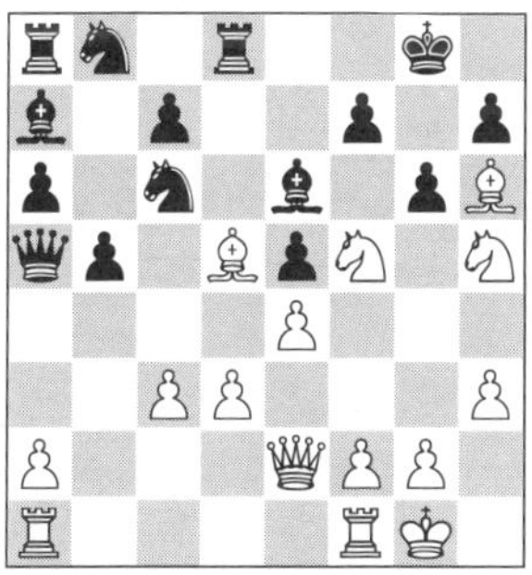

Spektakulär, elegant, und... völlig korrekt! Ein pittoreskes Mattbild mit 23.♘f6+ und 24.♗g7 droht.

22...♗xf5

Nach 22...gxh5 23.♕xh5 gibt es keine Verteidigung.

23.exf5 ♕xc3

Versucht verzweifelt, die Dame zur Verteidigung zu bringen, aber es ist bereits zu spät. Bei 23...♖xd5 gewinnt 24.♘f6+ ♔h8 25.♘xd5.

24.fxg6 hxg6 25.♕f3 ♔h7

Was soll man in auswegloser Situation auch tun? Bei 25...♖xd5 bricht 26.♘f6+ ♔h8 27.♘xd5 jeglichen Widerstand.

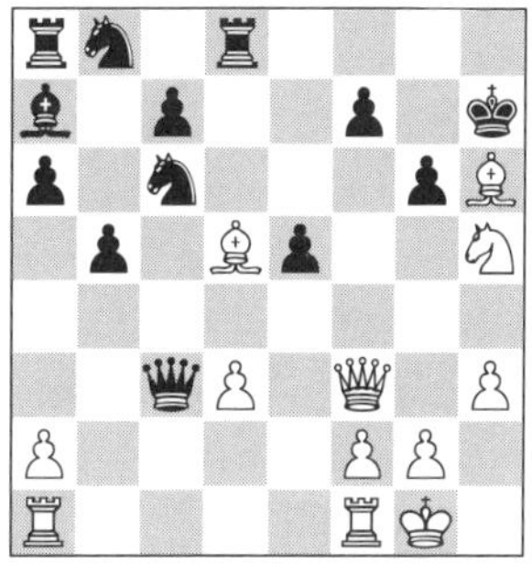

26.♕xf7+

Nun „wühlt" sich der Weiße wie eine Made durch den Pudding...

26...♔xh6 27.♕g7+

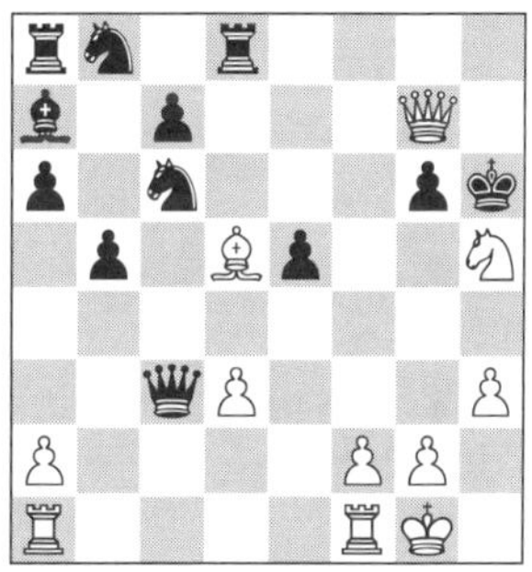

27...♔xh5

27...♔g5 ergibt ein Matt nach 28.h4+ ♔xh4 29.♘f6 ♕d2 30.♕h7+ ♔g5 31.♘e4+ ♔f5 32.♕h3+ ♔f4 33.♕f3#.

28.♗f3+

Schwarz gab auf: 28...♔g5 29.h4+ ♔xh4 (29...♔f5 30.♕f7#) 30.♕h6#.

Herman Grooten
Gennadi Timoschtschenko
Cappelle-la-Grande 1998 (9)

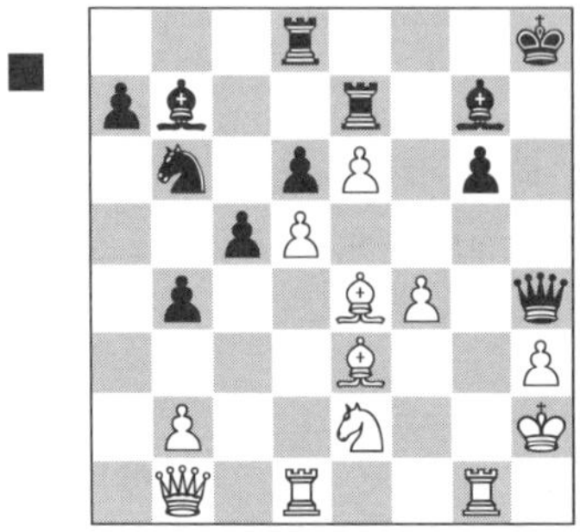

Weiß hat einen Bauern geopfert, um einen gedeckten Freibauern auf e6 zu erhalten. Dieser Bauer hindert die Koordination der schwarzen Figuren nachhaltig.
Es ist so, als teile er das schwarze Lager in zwei Teile. Zwei der schwarzen Leichtfiguren stehen etwas deplatziert am Damenflügel herum.
Deshalb fasste Weiß den Plan, zur Initiative auf dem Königsflügel zu blasen. Er hat bereits einige Figuren auf die verletzliche schwarze Königsstellung gerichtet.

38...♘c4?

Ganz gleich, was es kostet, er möchte den Springer zurück ins Spiel bekommen, aber das wird sich als Fehler erweisen. Ein Versuch zum Gegenspiel bestand in 38...♘xd5!?. Nach 39.♗xd5 (39.♖g4!?) folgt 39...♗xd5 40.♖xd5 ♖xe6 gewinnt Schwarz die Figur auf der e-Linie zurück.
Indes nach 41.♖g4! ♕h7 42.♘g3! ♖xe3 kann Weiß in ein Endspiel abwickeln, das ihm gute Gewinnchancen bietet: 43.♕xg6 ♕xg6 44.♖xg6, drohend 45.♖xg7. Nach 44...♖d7 45.♖h5+ ♔g8 46.♖hg5 droht Weiß, zweimal auf g7 zu nehmen, gefolgt von einer Springergabel auf f5. Deshalb muss Schwarz die Qualität geben: 46...♖xg3 47.♔xg3 ♔f8 48.b3 und Weiß behält Qualität für Bauer. Da jedoch die Position scharf bleibt, wird es schwierig, diese zum Gewinn zu führen.

39.♖g4 ♕f6 40.♗f2!

Droht 41.♗h4 und räumt zugleich der weißen Dame die zweite Reihe. Über Bauern braucht sich Weiß keine Sorgen mehr zu machen.
Er hält es für seine Aufgabe, so schnell wie möglich eine große Figurenanzahl am Königsflügel zu konzentrieren und die Daumenschrauben beim schwarzen König anzuziehen.
Man konnte auch anders spielen: 40.♗c1, worauf 40...♘xb2 eine starke Antwort in 41.♖dg1! findet.

40...♕xb2 41.♕d3

Freilich keinen Damentausch!

41...♘b6 42.♗h4 c4

Das treibt die weiße Dame nur auf eine Position, bei der sie sich aktiv an der Initiative gegen den schwarzen König beteiligen kann. Aber es gab bereits kein Allheilmittel gegen alle Qualen.
42...♗f6? verliert offenkundig nach 43.♖b1!.
Und 42...♖de8 43.♗xe7 ♖xe7 endet genauso böse für Schwarz nach 44.♖xg6.

43.♕f3 ♖de8

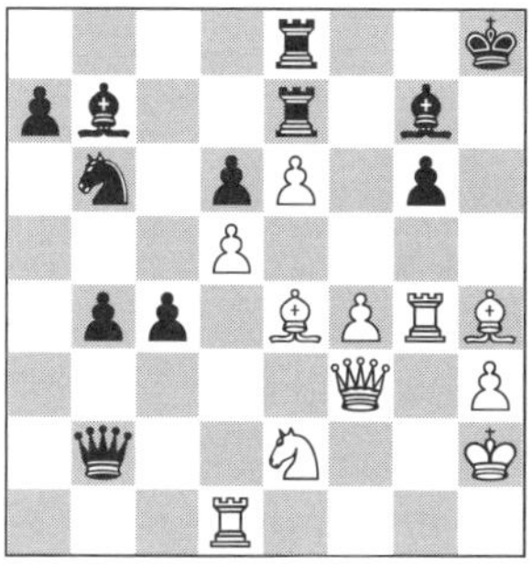

44.♖xg6!
Macht den Weg nach h5 für die Dame und den weißfeldrigen Läufer nach h7 frei.

44...♗xd5
Schwarz sieht dunkle Wolken aufziehen. Mit dem Läufer auf e4 sind die Mattbilder nicht fern. Ein Beispiel: 44...b3 45.♕h5+ ♔g8 46.♖dg1 und nun illustriert 46...a5 47.♖xg7+ ♕xg7 48.♖xg7+ ♔xg7 49.♕h7+ ♔f8 50.♕h8# gut die Drohungen.

45.♖xd5
So ziemlich jeder logische Zug gewinnt hier.
Objektiv war 45.♕h5+ besser mit dem denkbaren Ende 45...♔g8 46.♗xd5 ♘xd5 47.♗xe7 ♘xe7 48.♖xg7+ ♔xg7 49.♖g1+ ♔f6 50.♕f7#.

45...♖xe6
45...♘xd5 46.♕h5+ ♔g8 47.♗xd5 und gegen die vielfältigen Angriffsdrohungen des Weißen ist kein Kraut gewachsen.

46.♕h5+ ♔g8 47.♖xe6 ♖xe6

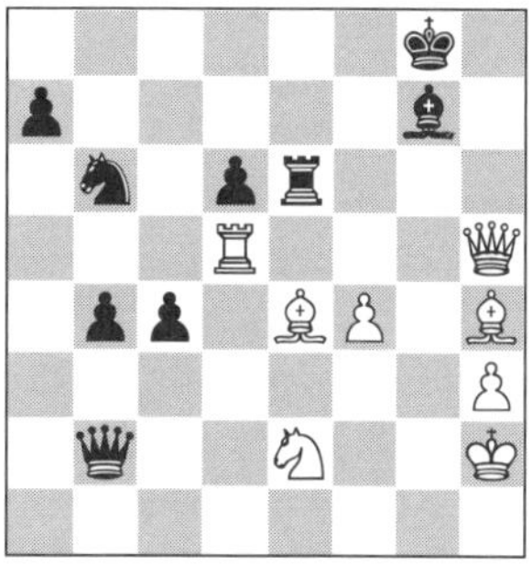

48.♖f5!
Der optimale Zug. Der Turm schneidet den schwarzen König ab und droht 49.♕f7+.

48...♗h6
Bei 48...♖xe4 wird Schwarz mattgesetzt: 49.♕f7+ ♔h8 50.♖h5+ ♗h6 51.♖xh6#.

49.♕f7+ ♔h8 50.♕xe6 ♕xe2+ 51.♔g1 ♕d1+ 52.♔g2
Und hier gab Schwarz auf. Nach 52...♕e2+ 53.♗f2 sind alle lästigen Gegenschachs abgewehrt, während Schwarz hilflos der Überlegenheit der weißen Figuren ausgeliefert ist.

Lena Miladinovic
Anne Haast
Porto Carras Wch-jr U18 W 2010 (5)

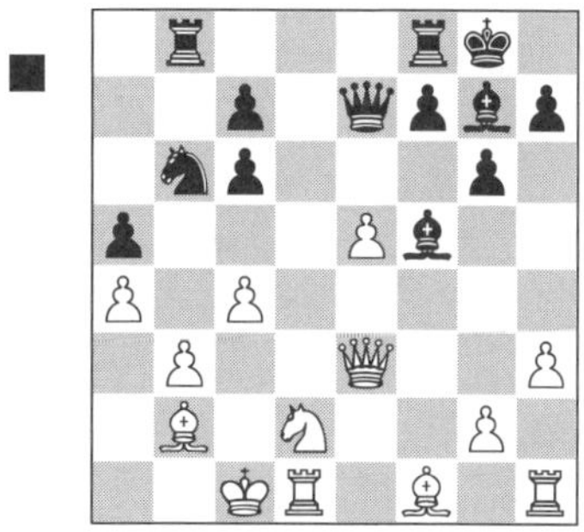

Hier entschied sich Anne, eine Figur sowie eine Qualität zu investieren:

17...♘xa4! 18.bxa4 ♖xb2 19.♔xb2

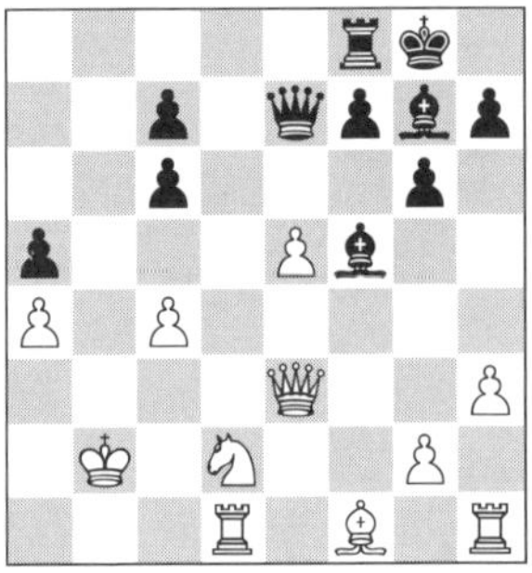

19...♗xe5+

Die Schwarze besitzt ein riesiges Läuferpaar in einer offenen Stellung, und kontrolliert zudem die b-Linie. Hinzu kommt, dass sie ihre Figuren ganz schnell in Richtung weißer Königsstellung dirigieren kann, während die Hälfte der weißen Figuren müßig auf der anderen Brettseite zuschaut. Es gab einen fantastischen Plan für Schwarz, der am Brett kaum zu finden war. Offensichtlich würde jeder Schwarze das Schach auf der offenen b-Linie betrachten: 19...♖b8+ 20.♔a2.

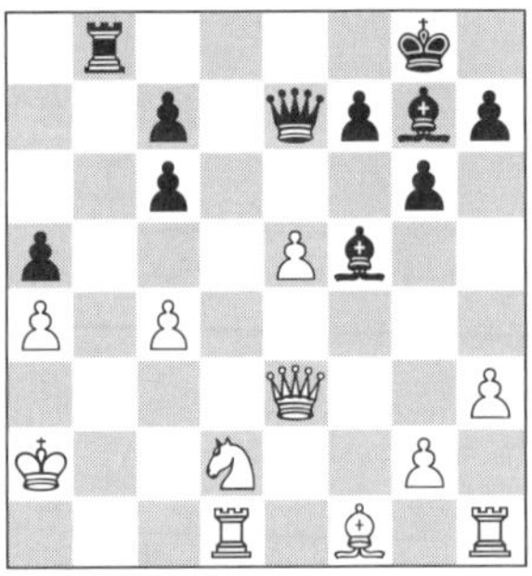

Analysediagramm

Und dann würde man sich fragen, wie es weitergeht. Zum Beispiel 20...♕b4?! wird mit 21.♕a3 gekontert, wonach Weiß besser steht; aber zufälligerweise gewinnt 20...♗xe5 immer noch für Schwarz, z.B. 21.♕a3 ♕f6 und Weiß verliert die Dame.

Doch es gibt eine fantastische Lösung des Stellungsproblems: 20...♗d3!!. Ein fabelhafter Schnittpunktzug. Zuallererst droht Schwarz nun 21...♕b4 mit forciertem Matt. Und wenn Weiß die Verteidigungsmöglichkeit ♕a3 aufrechterhalten will, muss sie ihrer Gegnerin eine Batterie mit Dame und Läufer erlauben, die ebenfalls sogleich entscheidend ist. 21.♕xd3 wird mit 21...♕xe5 beantwortet, auf 21.♗xd3 folgt 21...♕b4.

20.♔a2

Schwarz ist einen Turm hinten, deshalb darf nicht gezögert werden. 20.♔c1 erlaubt übrigens 20...♗b2+! 21.♔xb2 ♕xe3.

20...♖b8

Die korrekte Zugreihenfolge. Bestimmt nicht 20...♕b4? wegen 21.♕b3 und Weiß wehrt den Angriff ab.

21.♕a3

Sieht aus, als könne Weiß damit die Attacke abwehren. Jedenfalls ist der Einfall der schwarzen Dame verhindert (vorerst zumindest). Bei 21.♘b3 gewinnt 21...♕b4, und 21.c5 wird mit 21...♖b2+ 22.♔a3 und nun 22...♖xd2 23.♕xd2 (23.♖xd2 ♗b2+ 24.♖xb2 ♕xe3+) 23...♕xc5+ 24.♔a2 ♗e6+ 25.♔b1 ♕a3!

beantwortet, eine beeindruckende Demonstration der Macht des Läuferpaares gegen einen ungeschützten König.

21...♕d7?!

Sieht sehr stark aus. Vor allem droht nun 22...♕xd2+ und 23...♗b1 matt! Darüber hinaus kann die Dame sich einen Zugang über d4 verschaffen.

Nichtsdestotrotz war 21...♕f6 stärker, was 22...♗b2 gefolgt von 23...♗c1 beabsichtigt.

Ebenfalls beachtlich war 21...♖b4. Auch hier gibt es kein Mittel gegen die Drohung 22...♗b2.

22.♗e2 ♕d4 23.♘b3 ♕c3

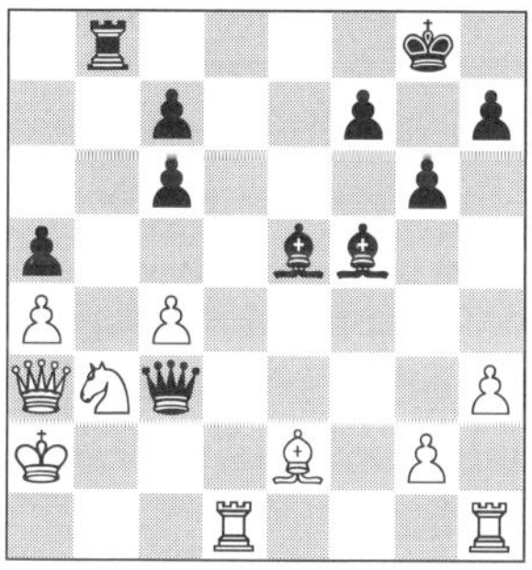

24.♖d2?

Bis hierher hat die Weiße ihre prekäre Stellung ziemlich ordentlich verteidigt. Aber jetzt bricht sie zusammen. Der einzige Zug war 24.♘d4!?. Versuchen Sie mal, diesen am Brett zu finden... 24...♗xd4 25.♕xc3 ♗xc3 26.♗d3 ♖b2+ 27.♔a3 ♗e6, wonach Schwarz (mehr als) ausreichend Kompensation für ihr geopfertes Material besitzt. Aber Weiß hat immer noch Hoffnung, sich verteidigen zu können.

24.♖c1 sieht logisch aus, aber nach 24...♕e3 25.♖he1 (25.♗f3 ♕f2+) 25...♗g3 ist die Stellung hoffnungslos für Weiß.

24...♗c2!

Unterbricht die Koordination der weißen Figuren komplett.

25.♗d1

Dies hilft freilich nicht mehr, aber es gab auch keinen anderen annehmbaren Zug mehr. Jetzt konnte Anne ihre Arbeit krönen:

25...♕a1+!

Ein elegantes Damenopfer von der Schachdame Anne! Falls 26.♘xa1, so 26...♗b1#.

4.7 Angriff und Gegenangriff

Nicht alle Drohungen in einer Position sind reale Drohungen

Dieser etwas kryptische Satz sagt etwas über verborgene Wendungen aus, die unter der Oberfläche verborgen bleiben, wenn wir nicht tief genug in die Probleme der Stellung eintauchen. Und wenn wir dann diesen Tiefgang unternehmen, taucht oftmals eine Welt von Möglichkeiten auf, die dem arglosen Zuschauer völlig unsichtbar bleibt.

In den 1980ern war Jan Timman der wichtigste niederländische Spieler, der die Fähigkeiten besaß, um den Titel des Weltmeisters zu wetteifern. Er hatte sein Können bereits bei vielen Gelegenheiten unter Beweis gestellt, so dass es Ende der 1970er endlich an der Zeit für ihn war, sein Glück im Weltmeisterschaftszyklus zu versuchen. Zur Vorbereitung auf das Interzonenturnier in Rio de Janeiro, wo er sich für die Kandidatenkämpfe qualifizieren konnte, bot ihm die Versicherungs-Gesellschaft Interpolis eine hilfreiche Hand an. Unter völliger Geheimhaltung wurde es Timman ermöglicht, ein Vorbereitungsmatch über acht Partien gegen den Russen Lew Polugajewski, einen weiteren Weltmeisterschaftskandidaten, zu spielen. Die Kämpfer spielten hinter verschlossenen Türen, um ihre neuesten Ideen ausprobieren zu können. Nur ganz wenigen Eingeweihten war es erlaubt, diesen großen Event aus der Nähe zu beobachten. Einer davon war Großmeister Jan Hein Donner, der damals Berichterstatter der Tageszeitung *de Volkskrant* war. Donner nahm seine Pflichten als Journalist sehr ernst. Er notierte pedantisch alle Züge, die die Spieler ausführten. Aber da er im Voraus versprochen hatte, die Züge der Partien nicht vor Ende des Turniers in Rio de Janeiro zu veröffentliche, nahm jeder an, dass nichts darüber in den Zeitungen erscheinen werde. Stellen Sie sich nun die Überraschung der Mitglieder des Organisationskomitees vor, als sie alle Züge einer der sechs Partien im *de Volkskrant* vom 11 August, 1979 erblickten – in Holländisch des neunzehnten Jahrhunderts geschrieben!

Natürlich fanden das viele Leute in unserem Land lustig, und soweit ich das verstanden habe war auch Timman fähig dazu, den Witz wahrzunehmen. Vom notorisch rebellischen Donner konnte ein Prankenhieb wie dieser erwartet werden.

Dafür war anscheinend Polugajewski „not amused", als er von der Geschichte hörte, aber er konnte auch nicht viel dagegen machen. Glücklicherweise wählte Donner ein ziemlich langweiliges Remis zur Veröffentlichung aus, und ich kann mir vorstellen, dass der Schriftsetzer der Zeitung nicht gerade begeistert war, sechzig langweilige Züge drucken zu müssen.

Die erste Partie dieses „Geheimmatches" war weitaus interessanter. Es ist ein Paradebeispiel für versteckte Motive, die niemals an die Oberfläche gekommen wären, hätten wir die Partie nicht einer gründlichen Analyse unterzogen.

Jan Timman
Lew Polugajewski
Breda m 1979 (1)

1.d4 ♘f6 2.c4 e6 3.♘f3 b6 4.a3 ♗b7 5.♘c3 d5 6.cxd5 ♘xd5 7.e3 ♗e7

Heutzutage wissen wir, dass die schwarzen Alternativen 7...g6 und 7...♘d7 den praktischen Vorzug verdienen.

8.♗b5+ c6 9.♗d3 0-0 10.e4 ♘xc3 11.bxc3 c5

Eine sehr bekannte Stellung im Damenindisch wurde erreicht. Weiß setzt auf Angriffschancen am Königsflügel, während Schwarz auf lange Sicht seine Majorität am Damenflügel in die Waagschale werfen will.

12.h4!?

Getreu dem Motto: wenn ich schon angreifen muss, warum dann nicht gleich geradewegs?

12...cxd4 13.cxd4 ♘c6 14.e5

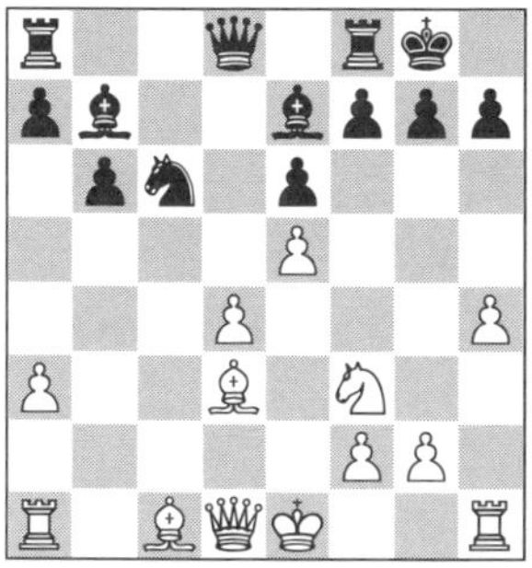

Der Punkt. Plötzlich droht Weiß mit dem Standardopfer 15.♗xh7+ zu gewinnen, da der ♖h1 in den Kampf mit einbezogen werden kann. Polugajewski nahm nun eine extrem lange Auszeit. Und zur großen Überraschung von Freund und Feind erlaubte er schlichtweg das Opfer:

14...♘a5!

Was ist los? Hat er es nicht gesehen? Das schien nicht denkbar, denn der Sowjet-Spieler war berühmt für seine außergewöhnlichen Rechenfähigkeiten. Aber warum sollte das Opfer auf einmal hier nicht gewinnen? Was war es, was der Schwarzspieler wahrnahm, was so tief unter der Oberfläche verborgen war, dass es mit „bloßem Auge" nicht zu erkennen war? Wollen wir sehen, was Polugajewski am Brett erkannte.

15.♗xh7+?

Timman entdeckte ebenfalls, dass das Opfer nicht funktionierte, und bevorzugte etwas anderes: 15.♗e3. Das bedeutete, dass sein kleiner Plan nicht funktionierte, aber der Niederländer, der in diesen Tagen zu der absoluten Weltelite zählte, wurde über diese Entdeckung nicht konfus. Er spielte einfach hartnäckig weiter und gewann diese Partie, nachdem beide Spieler mehrfach abwechselnd ihre Chancen nicht wahrnahmen. Da der Rest der Partie außerhalb unseres Themas liegt, werden wir ihn kommentarlos wiedergeben: 15...g6 16.h5 ♖c8 17.♕b1 g5 18.♗xh7+ ♔h8 19.♗e4 ♗a6 20.♗d3 ♘c4 21.0-0 g4 22.♘h2 ♖g8 23.g3 ♗g5 24.♗xg5 ♕xg5 25.♕b4 ♕xh5 26.♕e7 ♔g7 27.f3 ♖h8 28.♖a2 gxf3 29.♖xf3 ♘xe5 30.♕f6+ ♔f8 31.♕xe5 ♖c1+ 32.♖f1 ♖xf1+ 33.♗xf1 ♗xf1 34.♕xh5 ♖xh5 35.♘xf1 ♖a5 36.♔f2 b5 37.♖b2 ♖xa3 38.♖xb5 a5 39.♘e3 a4 40.♖a5 ♖a1 41.♔e2 ♔g7 42.♖a6 ♖a2+ 43.♔f3 ♖a1 44.d5 exd5 45.♘xd5 a3 46.♘e3 und Schwarz gab auf.

15...♔xh7 16.♘g5+ ♔g8

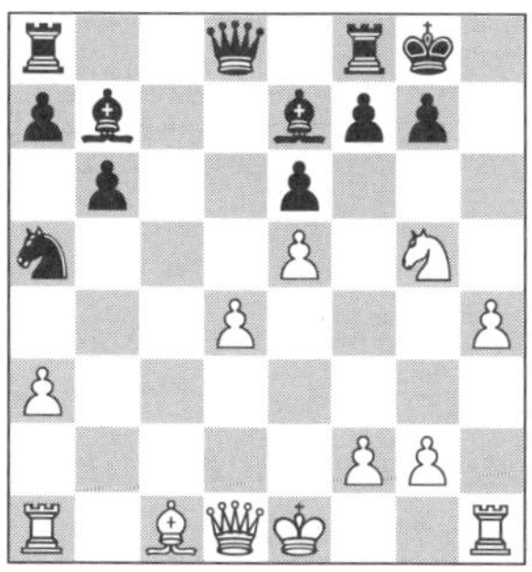

Der einzige Zug. Häufig muss der Weißspieler, der sich zum Opfer ♗xh7+ entschieden hat, den Zug

...♔g6 betrachten. Hier kommt es jedoch nicht in Frage, denn es würde sogleich verlieren. Augenscheinlich ist auch 16...♗xg5?? nicht angängig. Schwarz wird mattgesetzt nach 17.hxg5+ ♔g8 18.♕h5 f5 19.g6.

Jetzt stehen dem Weißen zwei Fortsetzungen zur Verfügung:

17.♕h5

17.♕d3 sieht auch logisch aus. Erzwungen ist **17...g6**, und nun:

A) Es sieht aus, als würde der weiße Angriff durchdringen nach **18.♘xe6**, aber eine dicke Enttäuschung erwartet ihn: **18...♕d5!** heißt die ernüchternde Antwort, wonach Schwarz gewinnt (aber nicht 18...fxe6??, wonach Weiß gewinnt mit: 19.♕xg6+ ♔h8 20.♕h6+ ♔g8 21.♖h3 und Schwarz überlebt das nicht):

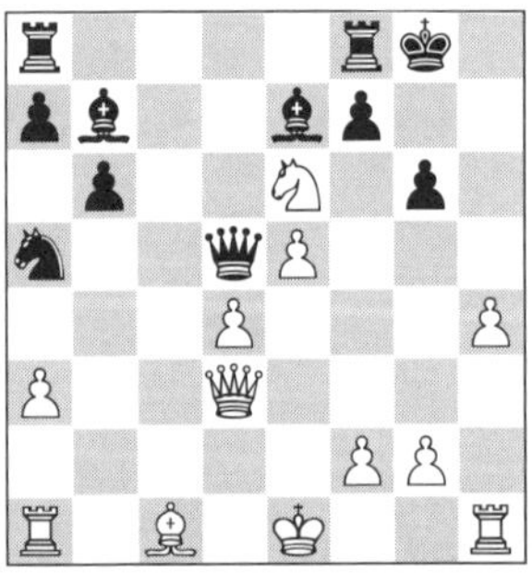

Analysediagramm

Nach **19.♘xf8** nimmt Schwarz in Ruhe zurück, wonach er zwei Leichtfiguren für Turm und zwei Bauern besitzt. Materiell gesehen ist das ausgeglichen, aber während Weiß nur passive Figuren aufweist, beherrschen die aktiven schwarzen Figuren einen Großteil des Brettes. Weiß stünde hier trostlos. Eine plausible Variante untermauert dies: **19...♖xf8 20.f3** Ansonsten folgt 20...♕xg2; falls 20.♖h3 ♘c4 21.♖g3, so ...♘xe5!. **20...♘b3 21.♖b1 ♘xd4** und das weiße Gebilde stürzt in sich zusammen;

B) Nach der Partie gab Polugajewski preis, dass er nach **18.h5**

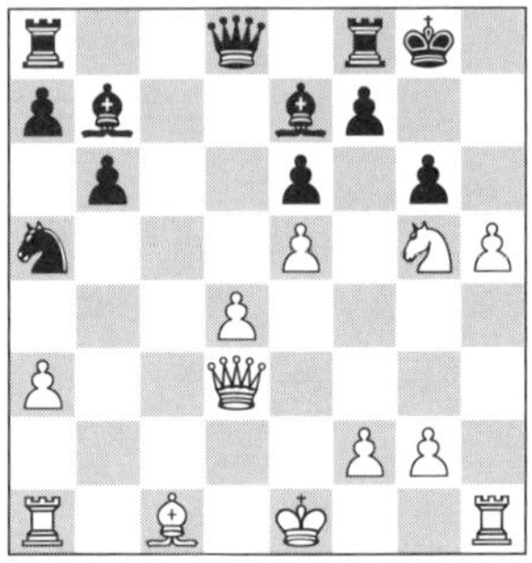

Analysediagramm

das eindrucksvolle **18...♗a6!!** berechnet hatte. Eine tief versteckte Ressource, mit der Schwarz die weiße Dame aus dem Zentrum lockt, um den Gegenangriff übernehmen zu können (in unserer modernen Ära können wir schnell erkennen, dass Schwarz den Überfall auch mit 18...♗xg5 19.hxg6 ♗h4! abwehren kann, was die weißen Angriffsabsichten auf der h-Linie zum Stillstand bringt). **19.♕g3** 19.♕xa6 wird mit 19...♕xd4 beantwortet, und abgesehen davon, dass der ♖a1 hängt, arbeiten die weißen Figuren kein bisschen zusammen. **19...♗xg5** Das erscheint riskant, ist aber die beste schwarze Chance. **20.♗xg5** Nach 20.hxg6 fxg6 21.♕h3 hat Schwarz wiederum

21...♗h4, und Weiß verbleibt mit Minusmaterial: 22.♕xe6+ ♔g7.
20...♕xd4

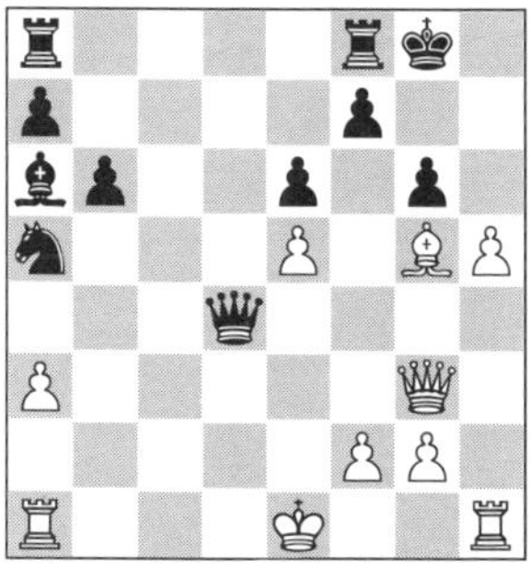

Analysediagramm

Auch hier ist nichts mehr vom weißen Angriff übrig, während der schwarze Konter an Kraft gewinnt. Nach **21.♖d1 ♕e4+ 22.♗e3 ♖fd8** kann Weiß aufgeben.
17...♗e4 18.♘xe4 ♕xd4 19.♘g5 ♕xe5+ 20.♔f1 ♕f5
Schwarz hat die Mattdrohungen allesamt pariert, es sieht nun übel für den Weißen aus.

Zusammenfassung

Themen, die mit dem schwächenden ...g7-g6 verbunden sind:
- der Vorstoß h2-h4-h5
- der Vorstoß f2-f4-f5
- Königsstellung ohne den ♗ auf g7
- Königsstellung mit dem ♗ auf g7

Themen, die mit dem schwächenden ...h7-h6 verbunden sind:
- Der Vorstoß g2-g4-g5
- Figurenopfer auf h6
- ♕+♗ Batterie auf der Diagonalen b1-h7
- Springer auf f5
- Verschiedene Opfer

Themen, die mit einer geschwächten siebten Reihe verbunden sind:
- auf der siebten Reihe einbrechen
- eine Schwächung provozieren

Themen, die mit einer ungeschwächten Königsstellung verbunden sind:
- Weißer Bauer auf e5 (Opfer auf h7 und f6)
- einen Durchbruch machen, eine Schwächung provozieren
- Linien öffnen
- überlegene Figurenkraft gegen den König
- Angriff und Gegenangriff

4.8 Aufgaben

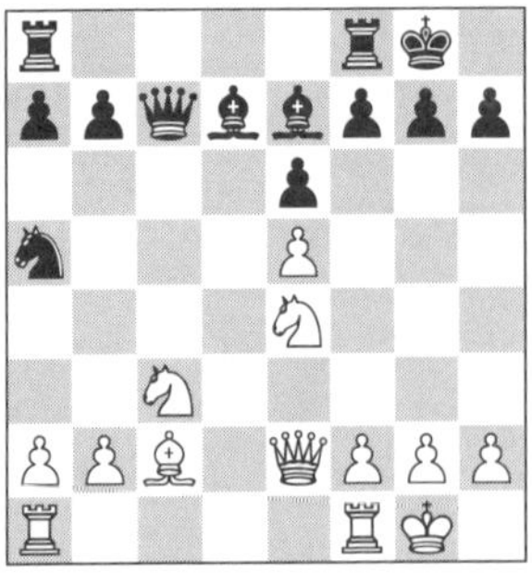

29

Wie kann Weiß diese vielversprechende Stellung in einen Gewinn verwandeln?

(Lösung auf Seite 348)

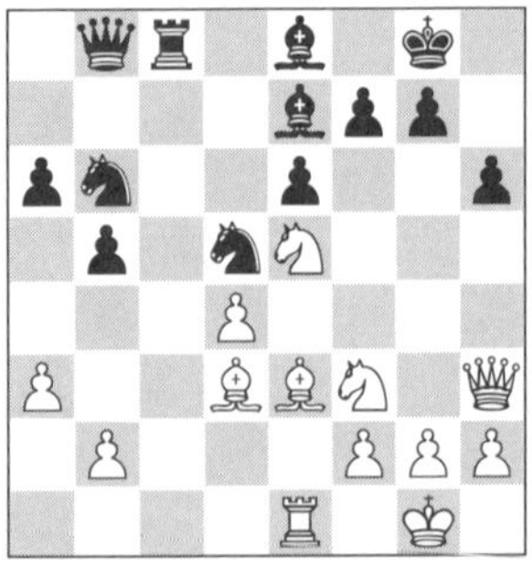

30

Weiß hat eine Menge Figuren im Angriff stehen, während Schwarz nur wenige Verteidiger zur Verfügung hat, um die Angreifer abzuwehren. Wie kann Weiß am besten davon profitieren? Geben Sie ein paar Varianten an!

(Lösung auf Seite 348)

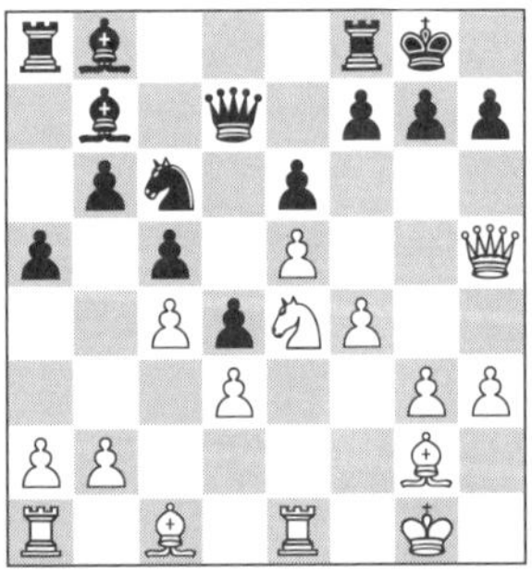

31

Bei so wenigen Verteidigern muss doch etwas gehen für Weiß. Aber was genau ist es?

(Lösung auf Seite 349)

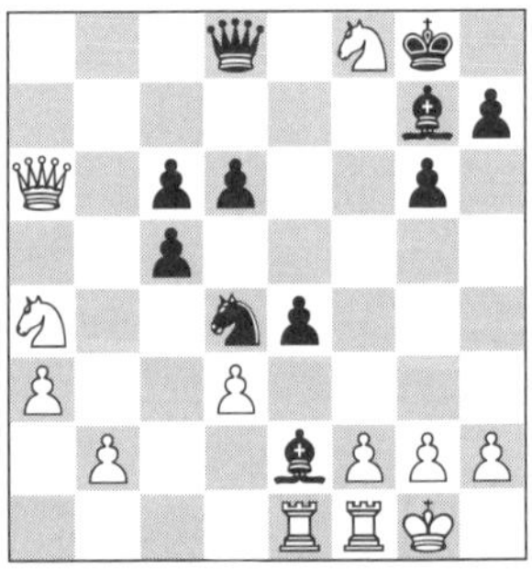

32

Schwarz hat bereits Material investiert, jetzt ist die Zeit reif für ihn, die Muskeln spielen zu lassen. Wie macht er das?

(Lösung auf Seite 349)

□

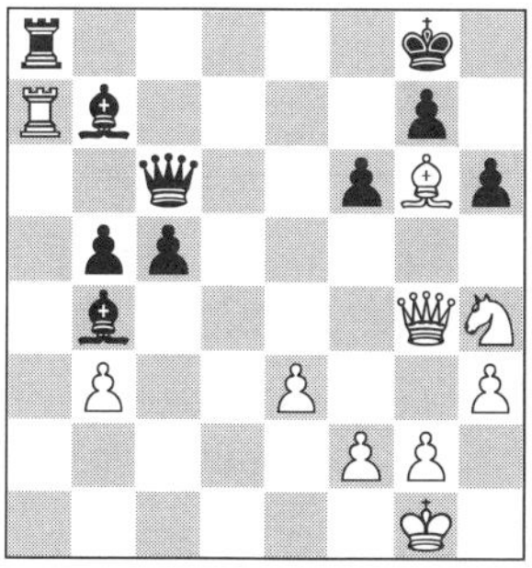

33

Die schwarzen Figuren stehen ziemlich weit vom eigenen König weg, während Weiß die weißen Felder am Königsflügel kontrolliert. Wie kann er dies konkret ausnutzen?

(Lösung auf Seite 350)

□

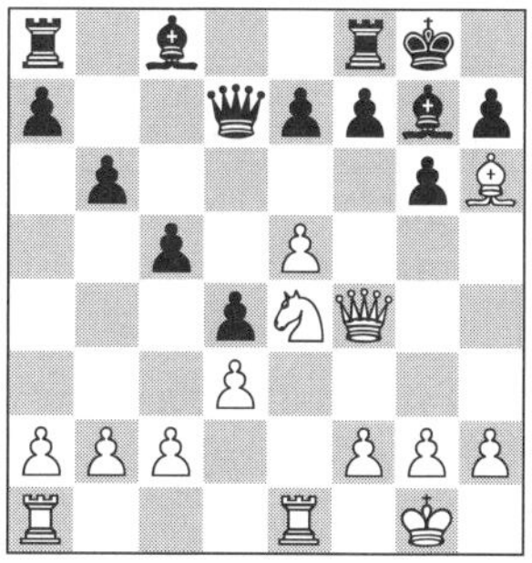

34

Die weiße Strategie, die schwarzen Felder im schwarzen Königslager zu schwächen, hat schon deutliche Konturen angenommen. Liegt da bereits was in der Luft?

(Lösung auf Seite 351)

□

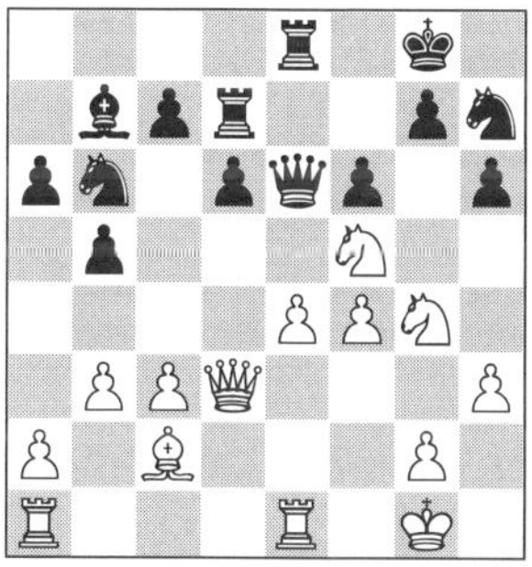

35

Die weißen Figuren haben bereits beeindruckende Stellungen bezogen, aber wie kann man dies in einen direkten Angriff verwandeln?

(Lösung auf Seite 352)

■

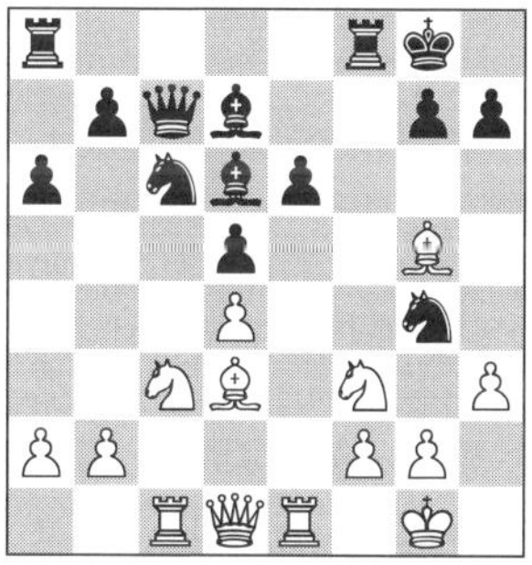

36

Der Nachteil des Zuges h2-h3 ist die Schwächung des Feldes g3. Da ...♘xf2 ebenfalls in der Luft liegt, kann Schwarz womöglich Nutzen aus dem Feld g3 schlagen. Wie kann Schwarz diese Ideen zum Arbeiten bringen? Arbeiten Sie einige Varianten aus!

(Lösung auf Seite 352)

4.9 Der Hölle entkommen

In den 1980ern spielte ich eine Menge Turniere in England. Die britische Insel war damals dem Kontinent um Meilen voraus, denn in ihrem Jahreskalender gab es eine beeindruckende Serie von Wochenendturnieren wie gleichermaßen Open und Einladungsturniere für Großmeister. Der reichhaltige Preisfond lockte viele starke Spieler an, und die Einführung einer Grand-Prix-Serie führte dazu, dass auch die englischen Topspieler daran teilnahmen.
In meiner Rückerinnerung war insbesondere das Turnier in Ramsgate, einem englischen Kurort am Meer, ganz speziell. Einige ambitionierte Spieler aus Europa kamen über den Kanal, um ihre Schwerter in einem typischen britischen Hotel zu kreuzen. Der Hotelier öffnete eigens dafür sein Hotel im Winter. Wenn meine Informationen zutreffen, gelang es ihm, die Flut von Schachspielern zu stemmen, indem er Sprachkurse für Studenten aus Südeuropa organisierte, welche ihre Klassen zu günstigen Konditionen besuchen konnten unter der Bedingung, dass sie im Service des Hotel arbeiten würden. Dies führte zu komischen Situationen, wenn, nach dem Essen, die Tische schnell geräumt werden mussten, um Platz für die Schachbretter zu schaffen.
Das gleiche passierte auch vor dem Essen. Die Figuren mussten weggeschafft werden und Platz für die Platten machen, damit das Essen serviert werden konnte.

Damals gab es auch noch Hängepartien. Ich erinnere mich daran, wie der holländische Meister Rob Hartoch mitten im Raum saß und über seinen Abgabezug nachdachte, während um ihn herum die Schachbretter sich in Tische fürs Abendessen verwandelten. Obgleich er eine Gewinnstellung besaß, war er nicht mehr in der Lage, sich zu konzentrieren. Also suchte er seinen Gegner, und fragte ihn, ob er ein Remis annehmen würde...
In der 1984er-Ausgabe des Turniers traf ich auf den englischen Spitzenspieler Keith Arkell, der mich nach einem verfehlten Eröffnungsexperiment vom Brett fegen wollte. Meine Stellung war so schlecht, dass ich ernsthaft darüber nachdachte, aufzugeben. Aber, wie heißt es so schön: „durch Aufgeben wurde noch keine Partie gewonnen." So beschloss ich in meiner Verzweiflung, weiterzuspielen und abzuwarten, wie er mir den Todesstoß versetzen würde. Zu meiner Überraschung verfiel er in endloses Brüten, geriet deswegen in Zeitnot und verpasste im Wirrwarr der Varianten die korrekte Zugabfolge. Noch schlimmer – mit einem giftigen Konterschlag konnte ich die Partie drehen und später sogar noch gewinnen!

Hinterher erzielte ich sogar noch ein – aus meiner persönlichen Sicht – besseres Resultat: während der Analyse gegen vier oder fünf englische Großmeister zeigte ich große Widerstandskraft. Sogar gegen diese Ansammlung von Elo-Riesen gelang es mir, die verlorene Stellung in der Post-mortem-Analyse auf den Beinen zu halten.

Nach all den Jahren habe ich wieder einen Blick auf die Partie mit den aktuellen Engines Stockfish und Houdini geworfen. Mit dem Computer erscheint jede Analyse leicht, aber während einer Partie ist es eine völlig andere Sache, den richtigen Weg durch den Dschungel zu finden. Deshalb gebe ich Ihnen nun die Möglichkeit, sich selbst zu testen. Ich habe die Partie in ein Quiz verwandelt. Sie können die Züge mit einem Stück Papier abdecken und so die Partie durchspielen. Ich werde Ihnen Fragen stellen, bei denen Sie die richtige Fortsetzung finden müssen. Für jede richtige Antwort gibt es 10 Punkte zu gewinnen.

Viel Spaß!

Keith Arkell
Herman Grooten
Ramsgate 1982 (4)

1.d4 ♘f6 2.c4 e6 3.g3 c5 4.♘f3 cxd4 5.♘xd4 ♕a5+ 6.♘c3 ♗b4 7.♗d2 ♕c5 8.e3

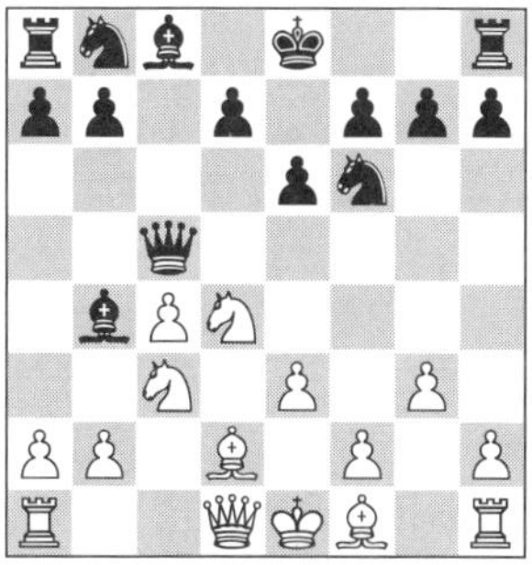

8...e5?!
Höchst ambitioniert, doch verlangt dies zu viel von der Stellung. 8...♘c6 ist der normale Zug, wonach Schwarz völlig in Ordnung stünde.
9.♘c2 ♕c6?

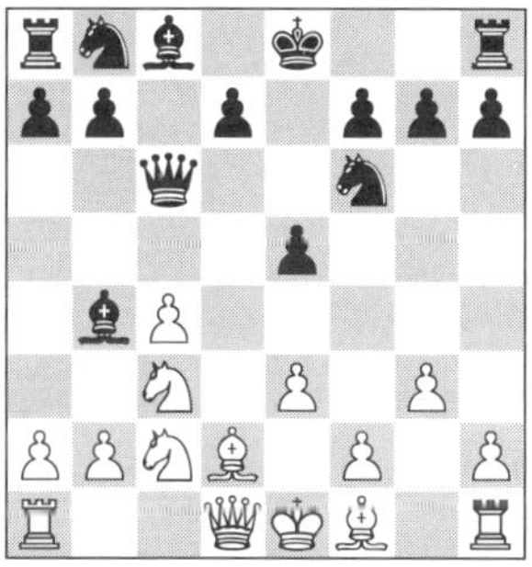

FRAGE 1: Wie kann Weiß vom schwarzen Fehler profitieren?

ANTWORT AUF FRAGE 1: Schwarz möchte den Umstand ausnutzen, dass Weiß sowohl g2-g3 als auch e2-e3 gezogen hat. Doch der Weiße ist durchaus gewillt, die Qualität zu opfern, um dadurch einen Entwicklungsvorsprung sowie die Kontrolle über das Feld d5 zu erlangen:
10.♘xb4!
Ein ausgezeichnetes Qualitätsopfer.

10...♕xh1 11.♘bd5 ♘xd5 12.♘xd5 ♘a6 13.♕g4 0-0 14.0-0-0 d6 15.♘f6+ ♔h8 16.♕h4 ♗f5

Das Schlagen 16...gxf6? scheitert sogleich an 17.♗d3.

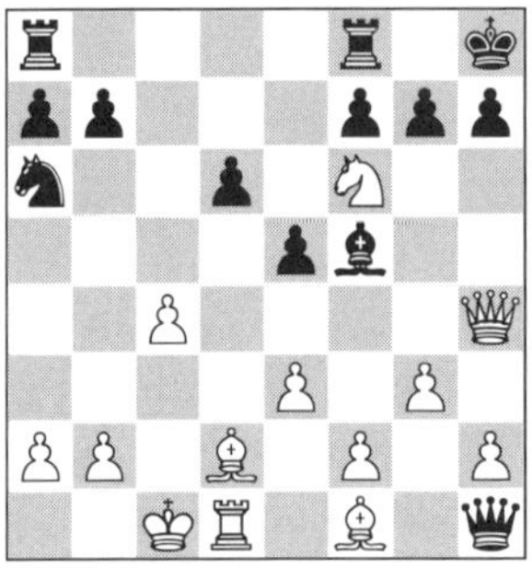

FRAGE 2: Wie kann Weiß seine Initiative aufrechterhalten?

ANTWORT AUF FRAGE 2:

17.g4!

Sehr gut! Weiß attackiert den wichtigsten schwarzen Verteidiger und ermöglicht damit die Öffnung der g-Linie.

17...gxf6

Schwarz steht bereits jenseits von Gut und Böse.

FRAGE 3: Warum würde nun 17...♗g6? verlieren?

ANTWORT AUF FRAGE 3: Weiß geht auf den ♗g6 los mit 18.♗d3! ♕f3 19.♘xh7! (eindeutig das Stärkste. 19.♗xg6 gewinnt auch, aber Schwarz kann durch 19...h6 noch eine Weile weiterkämpfen) 19...♔g8 20.♗xg6 fxg6 21.♘g5 und Schwarz wird matt oder verliert seine Dame.

18.♕xf6+ ♔g8

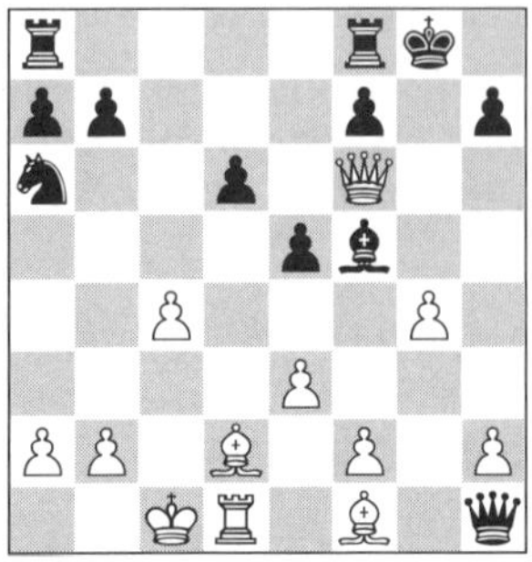

FRAGE 4: Weiß hat fünf attraktive Fortsetzungen. Eine davon ist ganz klar die beste. Wählen Sie unter folgenden Zügen aus:

A) 19.gxf5;
B) 19.♗h3;
C) 19.e4;
D) 19.♕xf5;
E) 19.♗e2.

In dieser Stellung nahm sich mein Gegner eine Menge Zeit, um den Gewinn zu finden. Währenddessen versuchte ich ebenfalls, so tief wie möglich in die Geheimnisse der Stellung einzudringen. Mir war klar, dass ich schlecht, wenn nicht gar auf verlorenem Posten stand. Aber mir wurde auch bewusst, dass die Dinge in dieser chaotischen Stellung mit unzähligen Varianten nicht so geradlinig für Weiß liegen. Nach und nach schossen mir verborgene Defensivressourcen und taktische Konterchancen in den Kopf.

ANTWORT AUF FRAGE 4:

19.♗h3?!

So ging es in der Partie weiter, aber dies war sicherlich nicht die beste Fortsetzung. Alle vier

Alternativzüge machen einen besseren Eindruck. Einer davon führt gar zum überzeugenden Gewinn für Weiß.

A) 19.gxf5 sieht logisch aus, wonach Schwarz mehr oder weniger zu 19...♕g1 gezwungen ist. Nun ist 20.e4! der richtige Weg, den Angriff durchzuführen. 20.♕xd6 bietet dem Weißen wenig nach 20...♖ad8 21.♕e7 h6!, wonach ich nicht sehe, wie Weiß Fortschritte erzielen will.

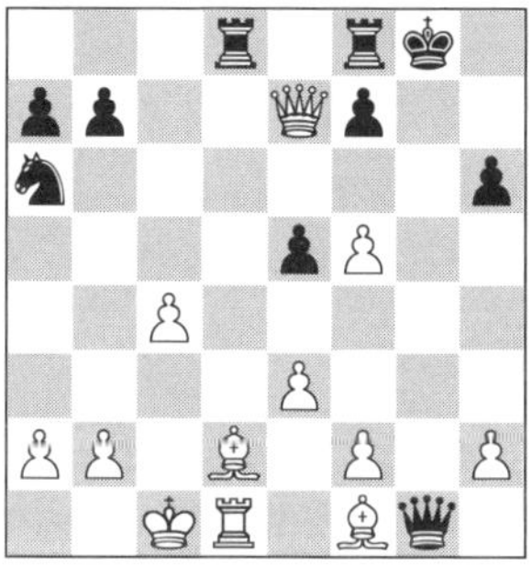

Analysediagramm

Hier zwei beispielhafte Varianten: 22.c5 ♕g5 23.♕xb7 ♘xc5 und Schwarz hat die Probleme gelöst; oder 22.♕xb7? ♖xd2! und Schwarz gewinnt sogar.

Vielversprechend ist auch 20.♗e2!? ♕g7 21.♕h4 f6 (sonst spielt Weiß selbst f5-f6). In diesem Moment ist wiederum 22.e4! die beste weiße Chance (22.♗f3 ♔h8 23.♗d5 überzeugt weniger, für den Moment scheint sich Schwarz zu halten) 22...♔h8 (Schwarz verliert Material) 23.♗h6 ♕e7 24.♗xf8 ♖xf8; auch wenn Weiß hier einen Mehrbauern besitzt, muss Schwarz noch lange nicht verzweifeln;

D) 19.♕xf5 verspricht wenig: 19...♕xh2! (die korrekte Verteidigung. Falsch ist 19...♖fc8? 20.♗c3! ♘c5 21.♕g5+ ♔f8 22.♕h6+ ♔g8 23.♗e2 ♕g2 24.♖xd6 und die Drohungen auf der langen Diagonalen besiegeln das schwarze Schicksal) 20.♗d3 ♕h6 21.♗e4 ♘c5 22.♖h1 ♕g6 und Schwarz hat den Angriff abgewehrt;

E) 19.♗e2 kommt sicher auch in Betracht, doch nach 19...♕g2 20.gxf5 ♕g7 verteidigt sich Schwarz analog zu den bereits zuvor gegebenen Varianten;

C) Der überzeugendste Weg zum Sieg besteht in der Räumung der Diagonalen c1-h6: 19.e4!!

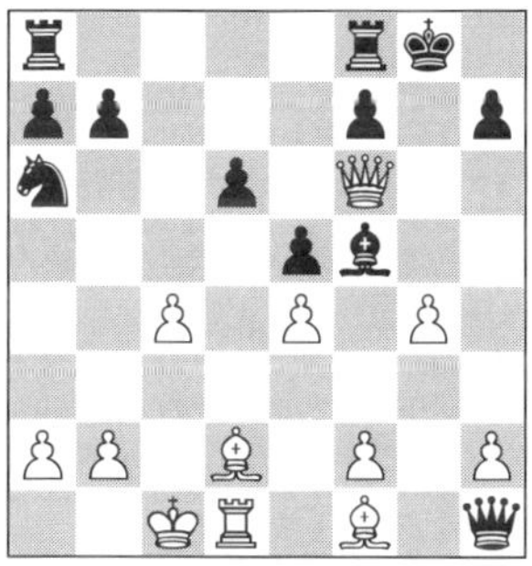

Analysediagramm

19...♘c7 (der Springer eilt zur verwundeten schwarzen Königsstellung, aber das hilft mittlerweile nicht mehr. Nach 19...♕xe4 20.gxf5 ♘c5 21.♗h6 ♕g4 wird die Dame solange gejagt, bis sie die g-Linie verlassen und den Schutz des Feldes g7 aufgeben muss: 22.♗h3 ♘e4 23.♕e7 ♕xh3 (23...♖fe8 24.♕xe8+ ♖xe8 25.♗xg4+–) 24.♖g1+ ♔h8 25.♗g7+ ♔g8 26.♗f6+ und es kostet

Schwarz zu viel Material, das Matt abzuwehren) 20.♗h6 (Weiß will Mattgeben auf g7) 20...♘e8 21.♕xf5! (die überzeugendste Fortsetzung. Nun droht Weiß banal, aber unabwehrbar ♕f5-g5+ nebst ♗xf8 mit Turmgewinn. Ebenfalls gewinnt 21.♕e7 ♘g7 22.exf5 (nach 22.gxf5?! kann Schwarz weiterspielen: 22...♕xh2 23.♕f6 ♘h5 24.♕g5+ ♔h8) 22...♔h8 23.f6 ♘e6 24.♗xf8 ♖xf8 25.♗d3 ♕xh2 26.♗f5 und Schwarz kann den Laden nicht weiter zusammenhalten) 21...f6 Nur so kann die obige Drohung abgewehrt werden (21...♕xh2 22.♕g5+ ♔h8 23.♗xf8), aber das führt zur tödlichen Schwächung der Diagonalen a2-g8.

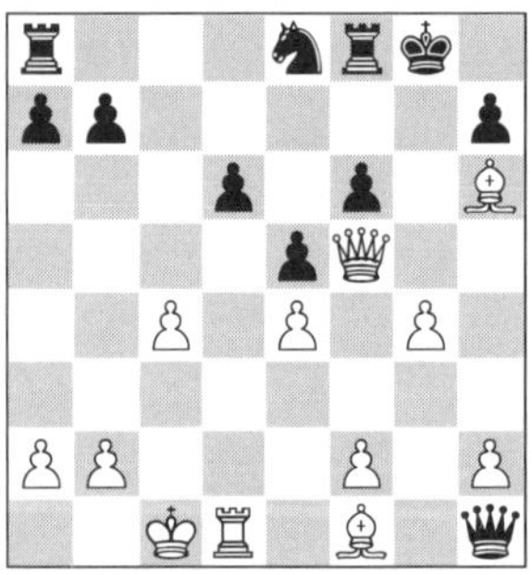

Analysediagramm

Ein weiteres Räumungsopfer des Weißen wird Schwarz ruinieren: 22.c5!! Ein zweites Bauernopfer, um dem anderen Läufer eine Diagonale zu öffnen. 22...♘g7 Dies führt zur Aufgabe. Damenverlust sowie Matt sind die Folgen des Springerzuges. Jedoch nach 22...♕xh2 gewinnt 23.♗c4+ ♖f7 24.♗xf7+ ♔xf7 25.♕xh7+; auch 22...d5 hilft nicht nach 23.♗c4! ♕xd1+ 24.♔xd1 dxc4 25.♗xf8 ♔xf8 26.♕xh7 mit einer ähnlich hoffnungslosen Stellung. 23.♗c4+ ♖f7 23...♔h8 24.♗xg7+ ♔xg7 25.♖xh1. 24.♗xf7+ ♔xf7 25.♕d7+ und es ist aus.

19...♕xh2 20.gxf5

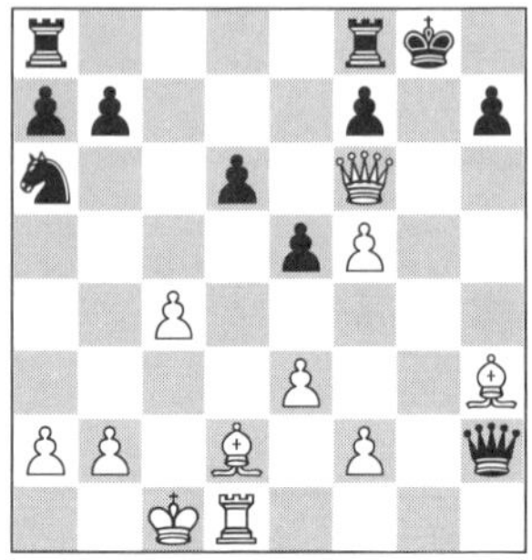

FRAGE 5: Wie lautet die hartnäckigste schwarze Verteidigung?

20...♖fc8?

Ein naheliegender Zug, der indes sogleich verloren hätte.

FRAGE 6: Wie forciert Weiß den überzeugenden Gewinn?

ANTWORT AUF FRAGE 5: Schwarz sollte sich mit 20...♘c7 21.e4 ♘e8 verteidigen, was immer noch spielbar aussieht.

21.♕h6?

Weiß gibt das Kompliment zurück.

ANTWORT AUF FRAGE 6: Weiß musste einen überraschenden Zug finden: 21.♗c3! hätte gewonnen. Zum Beispiel: 21...♖xc4 22.♕g5+, und nun: 22...♔h8 23.♖g1 und Schwarz muss die Dame geben, um das Matt abzuwehren. Auch die Flucht auf die andere Seite funktioniert nicht: 22...♔f8 23.f6

und die weiße Initiative gewinnt an Fahrt nach 23...♕xh3 24.♕g7+ ♔e8 25.♕g8+ ♔d7 26.♕xf7+ ♔c6 27.♕xc4+ ♘c5 28.♕d5+ (der Rechner zeigt ein forciertes Matt an, das ich mit ein paar „menschlichen Zügen" angereichert habe. Auch nach 28.b4 mit Figurengewinn könnte Schwarz aufgeben) 28...♔b6 29.♕xd6+ ♔b5 30.a4+! ♘xa4 31.♖d5+ ♔c4 32.b3+! ♔xb3 (32...♔xc3 33.♖d3#) 33.♕b4+ ♔a2 34.♕xa4#.
Aber bloß nicht 21.♕xd6?, da dann Schwarz wieder das Gleichgewicht halten kann: 21...♖xc4+ 22.♗c3 (22.♔b1? ♕xh3 23.♖g1+ ♖g4) 22...♕xh3 23.♖g1+ ♖g4 24.♖xg4+ ♕xg4 25.♕xe5 ♔f8 und Weiß kann die Zugwiederholung forcieren.

21...♖xc4+ 22.♔b1?

Ein totaler Aussetzer von Arkell. Notwendig war 22.♗c3!, wonach Schwarz schleunigst den Springer zum Schlachtfeld beordern muss: 22...♘c7! (sicherlich nicht 22...♖ac8? wegen 23.♕g5+ ♔f8 24.f6 mit vernichtenden weißen Drohungen).

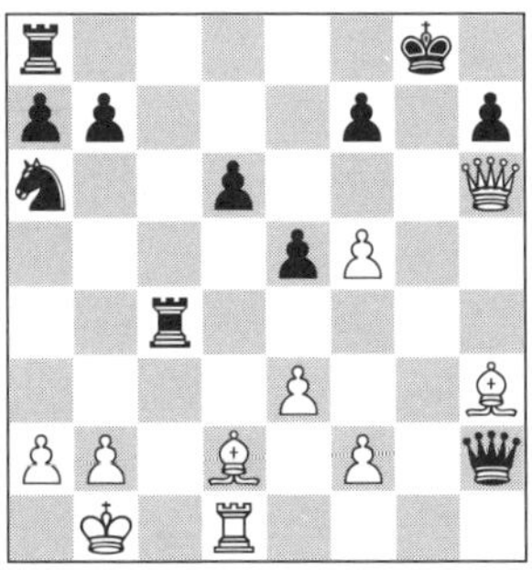

FRAGE 7: Mit welchem überraschenden Zug kann Schwarz nun die Hauptdrohungen entschärfen?

ANTWORT AUF FRAGE 7:

22...♖g4!

Übersah der Weiße völlig. Jetzt bekommt Schwarz alles unter.

23.e4?

Viel zu spät. Schwarz übernimmt die Initiative.

FRAGE 8: Mit welchem Zug kann Schwarz nun sogar auf Gewinn spielen?

23...♖g1

Tauscht nicht nur eine der weißen Angriffsfiguren, sondern ist gleichermaßen das Vorspiel, um den weißen König auszuräuchern.

ANTWORT AUF FRAGE 8: Der Turmtausch kommt Schwarz sehr zupass.

24.♖xg1+ ♕xg1+ 25.♔c2 ♖c8+ 26.♔d3 ♘c5+

Alle schwarzen Figuren werden aktiv.

27.♔e3 ♖c6

Der sicherste Gewinnweg. Die Engines halten andere Züge, wie 27...♘xe4 oder 27...f6, für noch starker.

28.f6 ♕g6 29.♕h4 h6 30.♔f3

FRAGE 9: Schwarz hat alles unter Kontrolle und ist materiell im Vorteil. Wie kann er schnell jeden Widerstand beenden?

ANTWORT ZU FRAGE 9:

30...d5! 31.♗f5 dxe4+

Und vom einstigen weißen Angriff ist nichts mehr übrig.

KAPITEL 5

Stereotype Motive in Eröffnungsvarianten

5.1 Einführung

Will ein Spieler eine neue Eröffnung spielen, dann wird er sich zunächst generell mit den Strukturen, die aus den verschiedenen Varianten entstehen, vertraut machen. Als Nächstes wird er logischerweise nach den spezifischen Plänen schauen, die mit verschiedenen Varianten verbunden sind. Doch oftmals vergessen die Leute, die charakteristischen Kombinationen einer Eröffnung zu studieren. Das liegt zum einen daran, dass Eröffnungsbücher nicht darauf eingehen; und andererseits daran, dass sich nur wenige Trainer die Mühe machen, ihre Schüler mit dem notwendigen Material zu versorgen. Sicherlich beinhalten nicht alle Eröffnungsvarianten solche Kombinationen, aber nichtsdestotrotz ist es allemal empfehlenswert, sich ein wenig mit Taktik zu beschäftigen. In den folgenden Abschnitten haben wir einige Eröffnungsvarianten angesammelt und dazugehörige taktische Motive aufgelistet. Zunächst präsentieren wir Ihnen zwei instruktive Beispiele, anschließend bekommen Sie vier als Aufgaben vorgelegt. Einige Lösungen dieser Aufgaben benötigen eine umfangreiche Analyse, um Sie mit den Ideen des fraglichen Systems vertraut zu machen. In allen Beispielen geben wir alle vorausgegangenen Züge der Partien an, damit Sie klar erkennen können, aus welcher Eröffnung und aus welcher Variante sie entstanden sind.

5.2 Offene Spiele nach 1.e4 e5

Die Schottische Partie

Die Schottische Partie (1.e4 e5 2.♘f3 ♘c6 3.d4) ist ein scharfes Eröffnungssystem, das am Ende des 19. und zu Beginn des 20. Jahrhunderts sehr populär war.

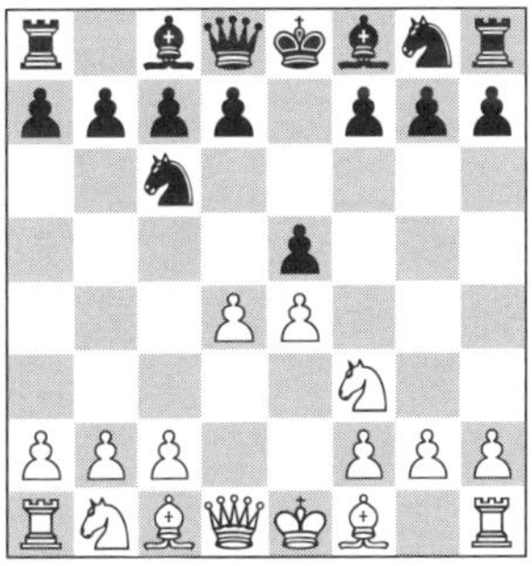

Später dominierte wieder Spanisch. Als Garri Kasparow plötzlich Schottisch in einem seiner Weltmeisterschaftsmatches mit Anatoli Karpow anwandte, erfuhr die Eröffnung eine

Wiedererweckung. Heutzutage benutzen viele Topspieler gelegentlich Schottisch, um von den langen und manchmal langweiligen Spanischen Tortouren wegzukommen.

Parimarjan Negi
Jha Sriram
Aurangabad ch-IND 2011 (1)

1.e4 e5 2.♘f3 ♘c6 3.d4 exd4 4.♘xd4 ♘f6 5.♘xc6
Die vielversprechendste Fortsetzung.
5...bxc6 6.e5
Um die schwarze Entwicklung zu stören.
6...♕e7
Im Gegenzug versucht Schwarz den Weißen zu „unnatürlichen" Zügen zu überreden.
7.♕e2 ♘d5 8.c4 ♘b6
8...♗a6 ist die populäre Alternative.
9.♘c3
Viele Züge wurden hier schon probiert.
9...♗b7 10.♗d2 g6

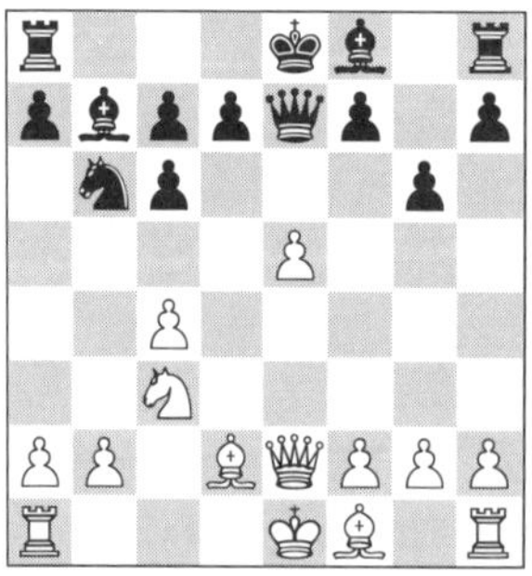

Ein weißes Problem in dieser Variante ist der verletzliche Bauer auf e5, den Weiß sich aufgebürdet hat, und den Schwarz so bald wie möglich belagern will. Zwischenzeitlich möchte Weiß Figurenspiel durch schnelle Entwicklung kreieren. Insbesondere der ♘b6 ist ein Problemkind. Dort steht der Springer schlecht, und es fällt leicht, einen Weg zu finden, um ihn zu aktivieren. Ein Plan, den Schwarz zur Verfügung steht, besteht darin, den starken weißen Bauern auf c4 mit ...d7-d5 zu attackieren.
11.h4!?
Negi verliert keine Zeit – er versucht sofort, Druck auf die schwarze Stellung aufzubauen. 11.0-0-0 ist der beliebteste Zug.
11...♗g7 12.0-0-0 0-0
12...♕xe5? 13.♕xe5+ ♗xe5 scheitert an 14.♖e1 d6 15.f4 mit Figurenverlust.
12...♗xe5? ist aus dem gleichen Grund auch nicht möglich – wegen der Fesselung auf der e-Linie: 13.♖e1 d6 14.f4 ♗f6 15.♕f2 und Weiß gewinnt Material.
13.h5 ♕xe5
Jetzt kann Schwarz nehmen, aber der weiße Königsangriff nimmt schon scharfe Konturen an.
14.♕g4 d5?!
Ein logischer Zug, der indes seine Nachteile hat, wie sich zeigen wird. Vielleicht sollte Schwarz seinen Läufer mit 14...c5 aktivieren, schon um zu verhindern, dass Weiß seinen Springer in den Angriff bringt.
15.hxg6 hxg6 16.c5!

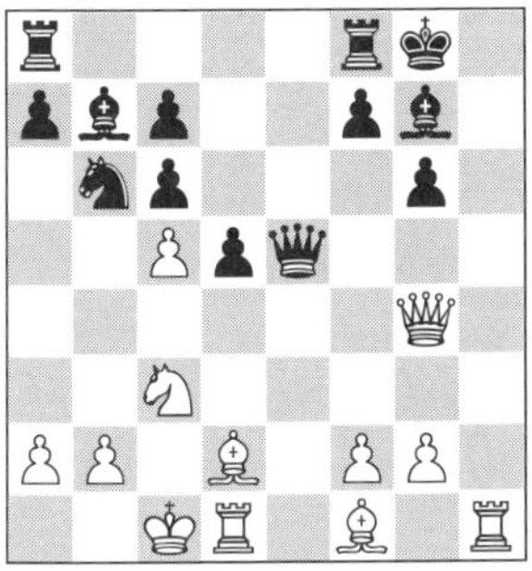

Damit deaktiviert Weiß für eine Weile den ♗b7.

16...♘c4

16...♘c8 ist viel zu langsam nach 17.♖e1 ♕f6 (17...♕f5 18.♕g3!) 18.♗g5 ♕xf2 19.♗d3 und die weißen Figuren dominieren den Königsflügel. Schwarz kann keine Verteidigung dagegen aufbauen. Zum Beispiel: 19...f5 20.♕h3 ♔f7 21.♕h2! und die Dame wird tödlich über c7 einfallen.

Ein weiteres Beispiel für „Rückwärtsdamenzuge", die wir in Kapitel 2 thematisierten.

17.♗xc4 dxc4 18.♖de1

Etwas exakter war 18.♗g5!, um ...♕e5-h5 zu unterbinden.

18...♕d4

Damentausch würde Schwarz begünstigen, aber freilich erlaubt diesen Negi nicht. Schwarz konnte 18...♗c8 19.♕h4 ♕h5 versuchen. Doch Weiß behält den Vorteil mit 20.♕g3!.

19.♕h3 ♖fe8 20.♕h7+ ♔f8 21.♗h6

Tauscht die wichtigste schwarze Verteidigungsfigur.

21...♖xe1+ 22.♖xe1 ♗xh6+

Forciert, da 23.♕h8+ drohte.

23.♕xh6+ ♔g8

Bei 23...♕g7 macht Weiß mit 24.♕f4 weiter.

24.♘e4

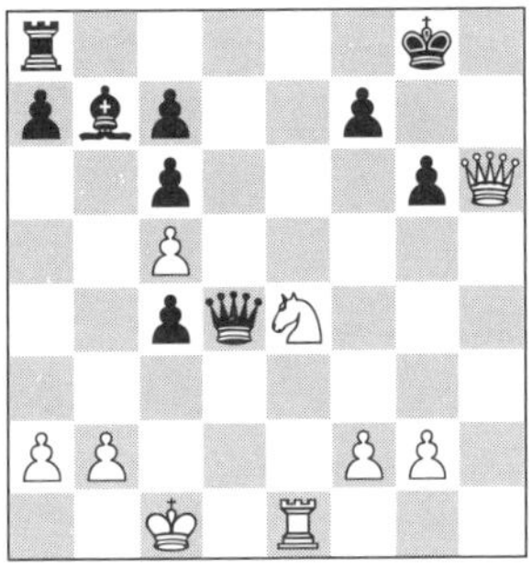

Hier zeigt sich die langfristige Idee des Weißen. Er bombardiert die schwarze Königsstellung mit zwei Schwerfiguren und einem Springer. Der ♖a8 und der ♗b7 dürfen die Partie von der Ersatzbank aus beobachten.

24...♖d8

24...♖f8 beantwortet Weiß mit 25.♕g5!, und Schwarz hängt hier ebenfalls in den Seilen. Weniger klar wäre 25.g4 wegen 25...♕g7.

25.g4!

Gut erspäht vom Inder. Weiß versucht, das Feld f6 zu fixieren, um seinem Springer dort ein Nest zu schaffen. Vielleicht hoffte Schwarz auf 25.♕g5?!, wo Weiß nach 25...♗c8! 26.♘f6+ ♔g7 27.♘e8+ ♔g8 nichts Besonderes hat.

25...♗c8

Auch nach 25...♕h8 26.♕g5 könnte es Schwarz bald sein lassen.

26.g5 ♕g7 27.♘f6+ ♔f8

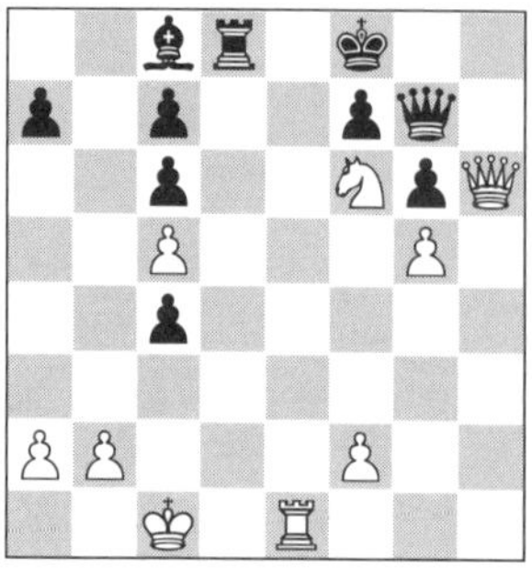

28.♕h2!

Nach diesem fiesen Schlusszug warf Schwarz das Handtuch. Gegen die Drohung 29.♕xc7 gibt es nichts Sinnvolles.

Jewgeni Najer
Sarunas Sulskis
Pardubice 2004 (8)

1.e4 e5 2.♘f3 ♘c6 3.d4 exd4 4.♘xd4 ♘f6 5.♘xc6 bxc6 6.e5 ♕e7 7.♕e2 ♘d5 8.c4 ♗a6 9.♘d2 0-0-0

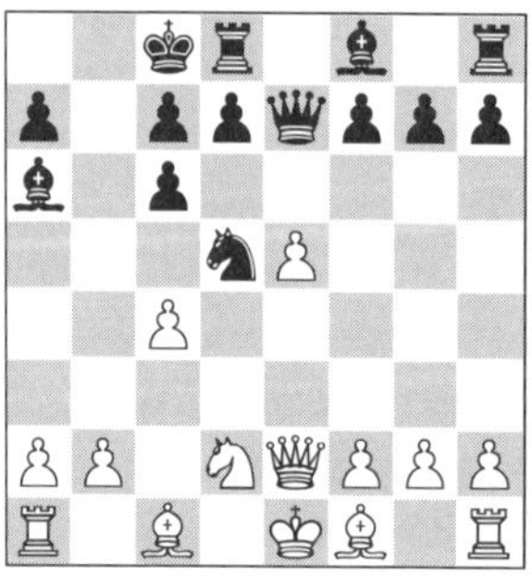

Diesen Ansatz sieht man oft. Schwarz bringt seinen König aus dem Zentrum und belagert den Bauern e5 sobald wie möglich.

10.b3 g5

Dient dazu, den Läufer über g7 zu entwickeln und f2-f4 unmöglich zu machen.

11.♗b2 ♗g7 12.0-0-0 ♖he8

Auf den ersten Blick triumphiert die schwarze Strategie, aber es zeigt sich, dass Weiß auch noch seine Eisen im Feuer hat.

13.h4!? gxh4

13...♘f4 kommt in Frage, auch wenn Weiß ein vorteilhaftes Endspiel übergehen kann mit 14.♕e3 ♗xe5 15.♗xe5 ♕xe5 16.♕xe5 ♖xe5 17.hxg5.

14.♕g4

Nun, da die Dame mit Tempo die Fesselung hinter sich gelassen hat, hängen plötzlich zwei schwarze Figuren.

14...f5

Schwarz versucht dadurch im Spiel zu bleiben, doch nun schlägt Weiß, wie oft im Schotten, am Damenflügel zu.

14...♗xe5 kostet schlicht eine Figur nach 15.cxd5 ♕c5+ 16.♔b1 ♗xf1 17.♖hxf1.

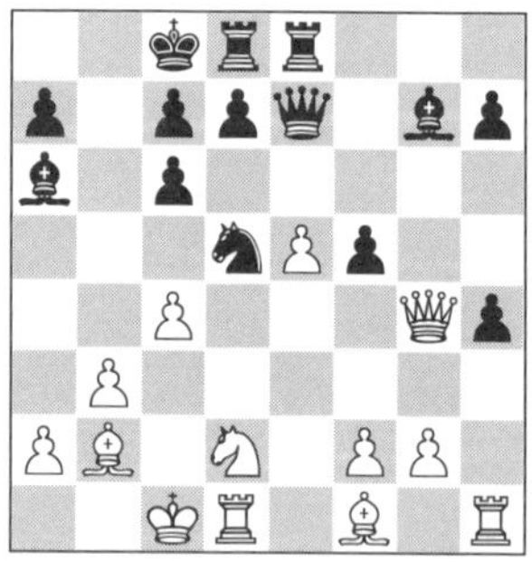

15.♕d4!?

Weiß spielt auf Angriff, aber es ist zweifelhaft, ob dies seine beste Option war. Beim positionellen Ansatz 15.♕xh4 ♘b6 16.f4 wären alle schwarzen Figuren zur Passivität verbannt.

15...♘b4 16.♕xa7 ♗b7 17.a3 ♘a6 18.b4 c5

Weiß drohte c4-c5.

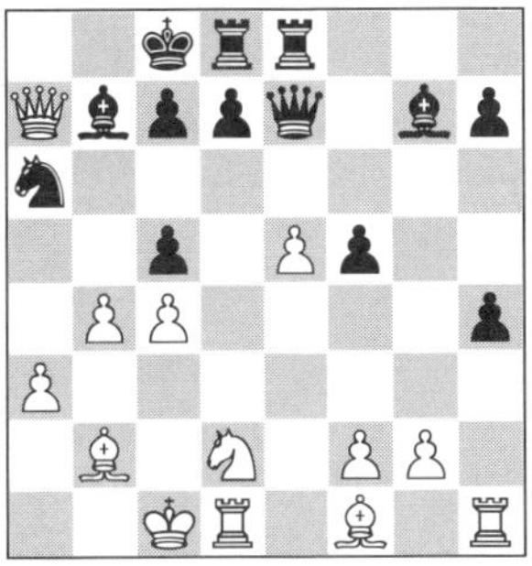

19.♘b3!

Weiß fährt fort den verwundbaren schwarzen Damenflügel anzugreifen. Es droht 20.♘a5.

19...♗xe5

In seiner Verzweiflung versucht Schwarz an den weißen König heranzukommen. Wenn er seinen Läufer retten will, muss er 19...♕e6 spielen, aber das lässt ihm nach 20.b5 ♘b8 21.♘xc5 ♕b6 22.♕xb7+ ♕xb7 23.♘xb7 ♔xb7 24.f4 nur magere Aussichten.

20.b5!

Der beste Zug.

20...♕f6

Bei 20...♘b8 ist 21.f3! die strengste Fortsetzung, wonach Weiß 22.♘xc5 oder 22.♘a5 droht.

21.♗xe5 ♕xe5

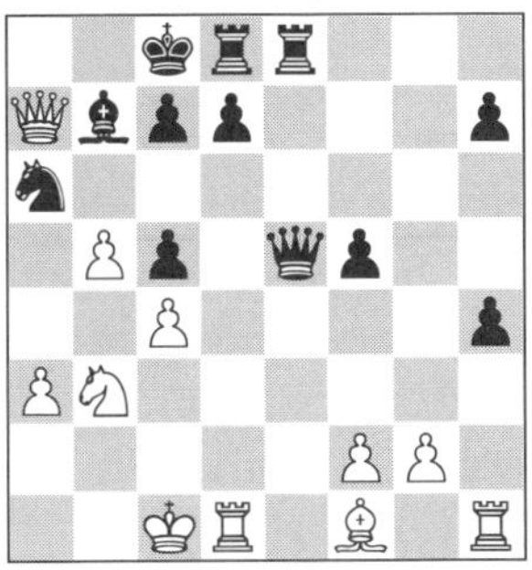

Jetzt droht Schwarz 22...♕c3+, was Weiß mit seinem nächsten Zug pariert.

22.♖h3?!

Es ist belustigend, dass dieser logische und ästhetische Zug nicht völlig angemessen ist. Nach 22.♔c2! ♗e4+ 23.♗d3 hält Weiß immer noch die Fäden in der Hand. Zum Beispiel: 23...♘b8 24.♖xh4 ♗xg2 25.♕xc5 und mit einem Mehrbauern in überlegener Stellung sollte Weiß gewinnen.

22...♘b8?

Unter Druck begeht ein Spieler eher einen Fehler als unter anderen Umständen. Schwarz hätte sich halten können mit 22...♕f4+ 23.♔b1 ♖e6!. Dann funktioniert 24.bxa6 nicht so gut wegen 24...♗e4+ (24...♖xa6? 25.♕xc5 und Weiß gewinnt) 25.♔a1 ♖b6 und bis auf weiteres ist die weiße Dame vom Kampfgeschehen ausgeschlossen, während Schwarz freie Hand auf der anderen Seite des Brettes hat.

23.♕xc5

Gut genug für einen großen Vorteil. Aber es sprach nichts dagegen, den Bauern c5 mit dem Springer zu nehmen, wonach die Partie sogleich beendet wäre: 23.♘xc5! ♕a1+ (23...♗e4 24.♗d3!) 24.♔c2 ♕a2+ 25.♔c3 mit Gewinn.

23...♕f4+ 24.♔b2 ♖e5

Auch nach 24...d5 behält Weiß gewinnverheißenden Vorteil nach z.B. 25.♕d4. Wegen seiner vielen Bauernschwächen wäre das entstehende Endspiel hoffnungslos für Schwarz.

25.♕d4 ♖e4 26.♕a7

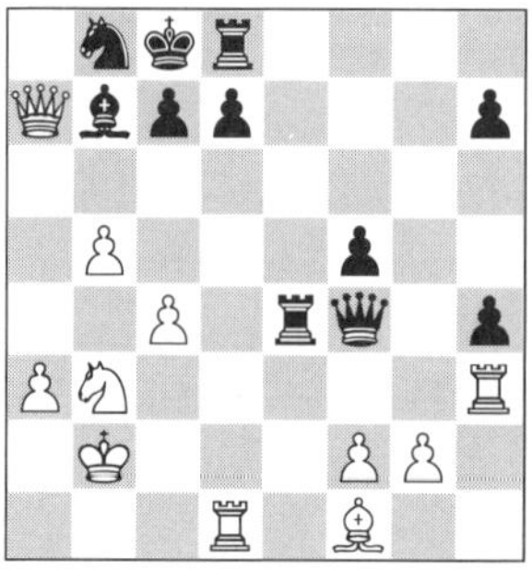

26...♖de8?
Danach geht es schnell bergab. Aber 26...♖e6 27.♘a5 ♖b6 28.♘xb7 ♖xb7 29.♕d4 hätte ebenfalls zu einer weißen Gewinnstellung geführt.
27.♘a5 ♖e2+ 28.♔b3! ♗xg2 29.♗xg2 ♕xf2 30.♗b7+
Und Schwarz gab auf.

AUFGABEN

Bernd-Michael Werner
Erlingur Thorsteinsson
Reykjavik 1996 (3)

1.e4 e5 2.♘f3 ♘c6 3.d4 exd4 4.♘xd4 ♘f6 5.♘xc6 bxc6 6.♗d3 d6 7.0-0 ♗e7 8.c4 0-0 9.♘c3 a5 10.f4 ♖e8 11.♕c2 ♗f8 12.♗d2
Hier öffnete Schwarz die Stellung mit
12...d5!? 13.cxd5
Aber nicht 13.h3, um ...♘g4 zu verhindern: 13...dxe4 14.♘xe4 ♘xe4 15.♗xe4 ♕d4+ und Schwarz gewinnt eine Figur.
13...♗c5+ 14.♔h1 ♘g4

37

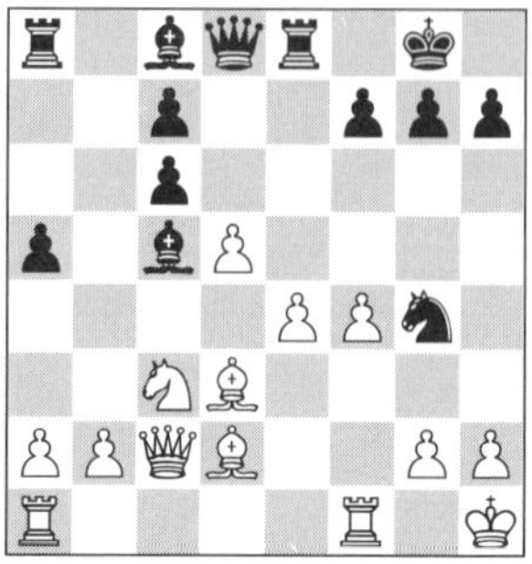

Weiß will die Drohung 15...♘f2+ entschärfen und spielte deshalb
15.♘d1??
AUFGABE: Warum ist dies ein furchtbarer Fehler?
(Lösung auf Seite 353)

John van der Wiel
Juan Gomez Esteban
Linares zt 1995 (3)

1.e4 e5 2.♘f3 ♘c6 3.d4 exd4 4.♘xd4 ♗c5 5.♘b3 ♗b6 6.a4 a6 7.♘c3 d6 8.♘d5 ♗a7 9.♗e3 ♗xe3 10.♘xe3 ♘f6 11.♗d3 0-0 12.0-0 ♖e8 13.f3 ♗e6 14.c4 a5 15.♖f2 ♘d7 16.f4 f6 17.♖d2 ♘b4 18.♗b1 ♕e7 19.♘d4 ♘c5 20.♖a3 ♗d7 21.♘ef5 ♕f8 22.♖g3 g6 23.♕h5 ♘xe4?

38

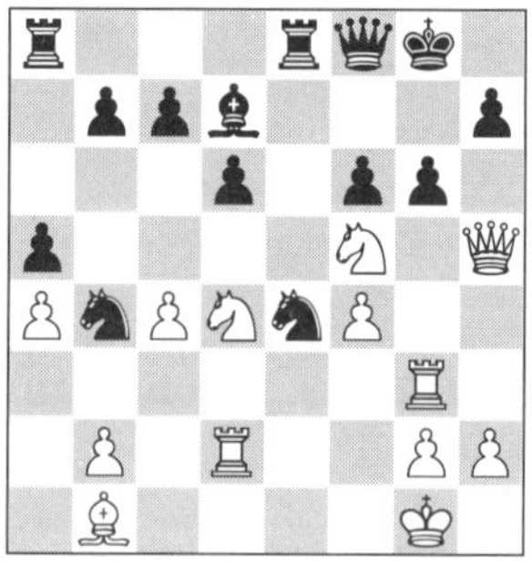

AUFGABE: Wie kann Weiß diesen Fehler ausnutzen? Berechnen Sie ein paar Varianten!
(Lösung auf Seite 353)

Michele Godena
Davor Rogic
Bükfürdo 1995 (5)

1.e4 e5 2.♘f3 ♘c6 3.d4 exd4 4.♘xd4 ♘f6 5.♘c3 ♗b4 6.♘xc6 bxc6 7.♗d3 d5 8.exd5 cxd5 9.0-0 0-0 10.♗g5 c6 11.♘e2 ♖e8 12.c3 ♗e7 13.♘d4 ♗d7 14.♖e1 ♕b8?

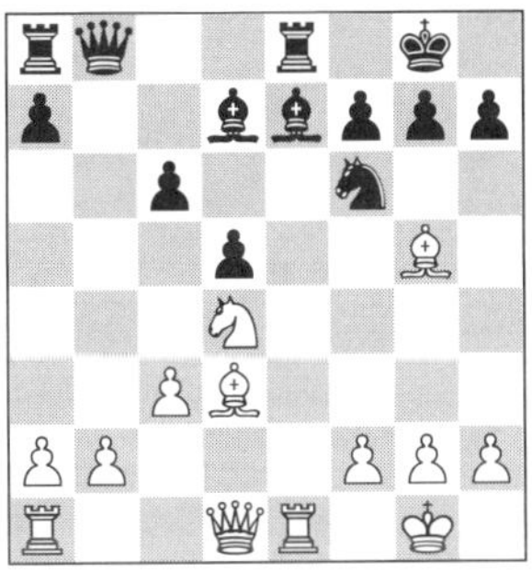
39

AUFGABE: Wie kann Weiß den schwarzen Fehler ausnutzen? Berechnen Sie ein paar Varianten!
(Lösung auf Seite 355)

Alexander Aljechin
Wladimir Rosanow
Moskau 1907

1.e4 e5 2.♘f3 ♘c6 3.d4 exd4 4.♘xd4 ♘f6 5.♘xc6 bxc6 6.♗d3 d5 7.exd5 cxd5 8.0-0 ♗e7 9.♘c3 0-0 10.♗g5 c6 11.♕f3 ♗g4 12.♕g3 ♗h5 13.♕e5 ♗g6 14.♗xg6 hxg6 15.♖ad1 ♗d6 16.♕d4 ♕c7 17.♕h4 ♘h7 18.♗e3 f5 19.f4 ♔f7! 20.♗d4 ♖h8 21.♖de1 ♘f6 22.♕g5 ♘g4

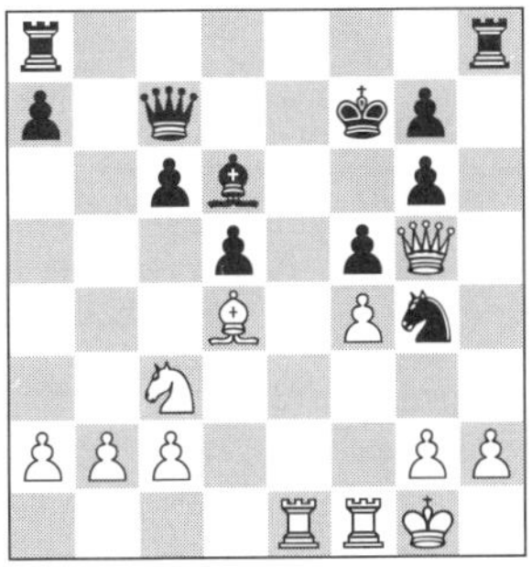
40

AUFGABE: In dieser Stellung scheint der schwarze König in relativer Sicherheit zu leben, doch Erscheinungen sind zuweilen irreführend. Weiß muss zudem aufpassen, denn Schwarz droht die weiße Dame mit 23...♖h5 zu fangen. Wie löste Aljechin dieses Problem auf sehr ansprechende Weise?
(Lösung auf Seite 356)

Das Evans-Gambit

Das Evans-Gambit (1.e4 e5 2.♘f3 ♘c6 3.♗c4 ♗c5 4.b4) wurde nach einem seefahrenden Kapitän aus Wales, William Davies Evans, benannt, der das Gambit anno 1827 in London aus der Taufe hob. Viele Spieler begannen ebenfalls dieses abenteuerlustige Gambit zu spielen, da sie sich von den wunderhübschen Motiven, die das Gambit offenbarte, angezogen fühlten. Der spätere Weltmeister Bobby Fischer benutzte es, unter den moderneren Meistern wenden der Engländer Nigel Short sowie unser Landsmann Jan Timman immer mal wieder das Evans-Gambit an. In den

1990ern überraschte der damalige Weltmeister Garri Kasparow Freund und Feind, als er die Großmeister Jeroen Piket und Viswanathan Anand damit schlug.

Solomon Globus
Gross
Riga 1844

1.e4 e5 2.♘f3 ♘c6 3.♗c4 ♗c5 4.b4!?

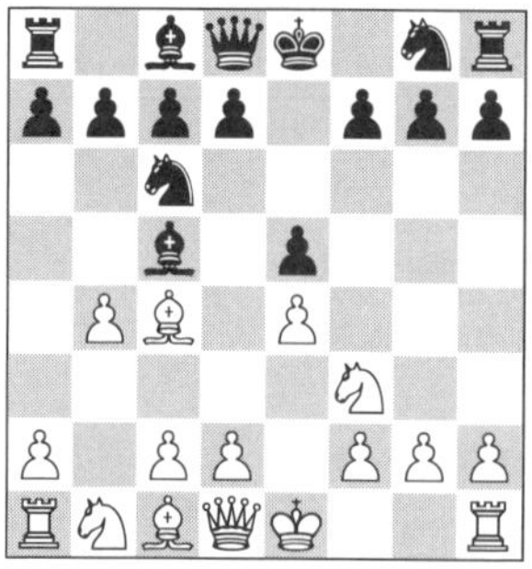

Das Evans-Gambit. Die Idee des Bauernopfer besteht darin, Zeit für die Entwicklung der Figuren zu gewinnen.

4...♗xb4 5.c3

Ermöglicht es dem Weißen ♕b3 zu spielen, um den schwachen Punkt f7 anzugreifen.

5...♗a5

Heutzutage wieder im Kurs, vor ein paar Jahren wurde 5...♗e7 bevorzugt.

6.d4

Weiß möchte sogleich ein breites Zentrum aufbauen.

6...exd4

Mit jedem Bauernzug, den er macht, vernachlässigt Schwarz die Entwicklung der Figuren.

7.0-0

Passt ins Konzept.

7...d6

Die Ablehnung mit 7...♘ge7 ist zu bevorzugen, um nach 8.cxd4 das prächtige weiße Zentrum durch 8...d5 zerschlagen zu können.
Sehr gefährlich für Schwarz ist 7...dxc3?! wegen 8.♕b3.

8.cxd4 h6?

Viel zu passiv. Schwarz fürchtete den Springerausfall nach g5, aber dieser Zug wird schlimme Konsequenzen haben.

9.♕b3 ♕e7?

Weniger desaströs war 9...♕d7, wenngleich auch dies nicht das Problem der weiteren schwarzen Entwicklung lösen würde.

10.♘c3?!

Für sich die richtige Idee, aber es gab etwas Einfacheres. Weiß konnte eine Figur gewinnen mit 10.d5!, denn wenn Schwarz den Springer ziehen würde, käme 11.♕b5+.

10...♗xc3 11.♕xc3 ♗d7?!

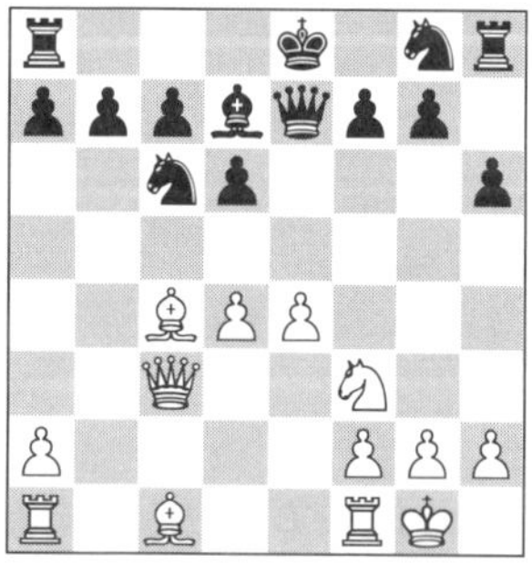

Jetzt ist die Stellung reif für drastische Maßnahmen. Natürlich konnte Weiß 11...♘f6 mit 12.e5! treffen, um die Stellung zu öffnen: 12...♘e4 13.♕e3 ♘g5 14.♘xg5 hxg5

15.exd6 cxd6 16.♕g3 ist sehr gut für Weiß.

12.e5!

Naturgemäß möchte Weiß das Zentrum für seine Figuren öffnen. Da der schwarze König in der Mitte steckengeblieben ist, bekommt er nun gewichtige Probleme.

12...dxe5 13.♗a3

Überlegenswert war auch 13.♘xe5.

13...exd4 14.♘xd4 ♕f6

Freilich war 14...♘xd4 nicht möglich wegen 15.♗xe7, und da Weiß e2 überdeckt, gibt es keine Springergabel auf diesem Feld.

15.♖fe1+

Weiß bereitet eine herrliche Idee vor. 15.♕e3+ sieht logisch aus, um aus der Fesselung zu gehen und gleichzeitig die Fesselung auf der e-Linie zu bekräftigen. Auf 15...♘ce7 folgt dann 16.♖ad1.

15...♘ge7

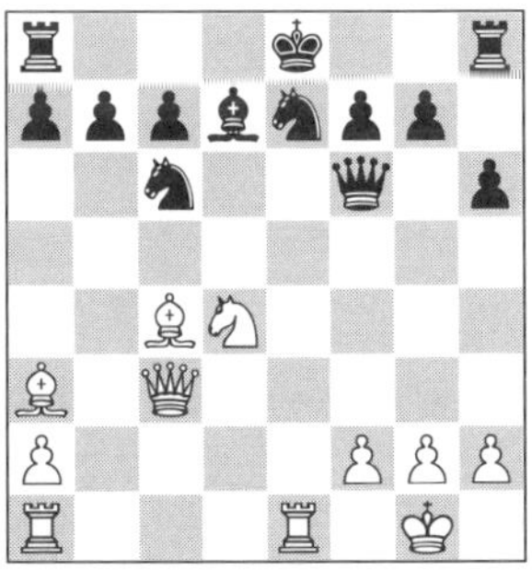

16.♘xc6!

Ein bezauberndes Damenopfer.

16...♕xc3 17.♖xe7+ ♔f8 18.♖xf7+ ♔g8 19.♘e7+ ♔h7

Und nach dem folgenden wunderbaren Zug ist es sogleich aus:

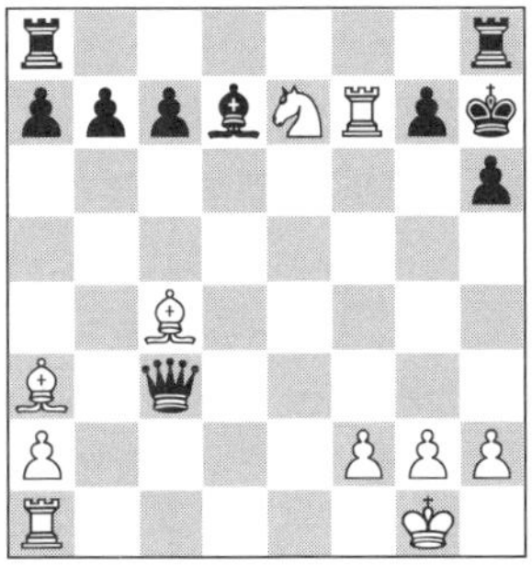

20.♗b2! ♗e8

20...♕xb2 scheitert an 21.♗d3+ ♗f5 22.♗xf5#, und 20...♕xc4 würde ähnlich der Partie das Epaulettenmatt 21.♖xg7# erlauben.

21.♗d3+ ♕xd3 22.♖xg7#

Ein weiteres hübsches Epaulettenmatt.

Robert Fischer
Reuben Fine

New York 1963

1.e4 e5 2.♘f3 ♘c6 3.♗c4 ♗c5 4.b4!? ♗xb4 5.c3 ♗a5 6.d4 exd4 7.0-0 dxc3

Schwarz ist gierig. Auch bei 7...♗b6 8.cxd4 d6 hat Weiß gute Kompensation durch sein starkes Bauernzentrum.

8.♕b3

Einer der größten Vorteile des Evans-Gambits: durch das frühe Bauernopfer gelangt die Dame schnell nach b3, um das Feld f7 unter Beschuss zu nehmen, während nun ♗c1-a3 ebenfalls möglich wurde.

8...♕e7

Auch 8...♕f6 ist zu betrachten.

9.♘xc3

Weiß setzt seine beschleunigte Entwicklung fort.

9...♘f6?

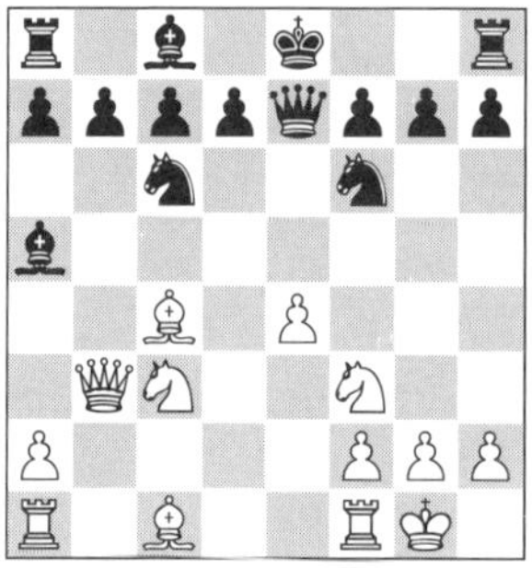

Eine Einladung zu netten taktischen Schlägen. Angebracht war 9...♗xc3, was aber für Schwarz auch nicht gerade ein Spaziergang ist nach 10.♕xc3 f6 (10...♘f6 11.♗a3 d6 12.e5 ♘e4 13.♕b2 ♘xe5 14.♘xe5 ♕xe5 15.♖fe1! und Weiß gewinnt) und nun sieht 11.♗f4! meines Erachtens sehr stark aus. Weiß hat beinahe alle Figuren im Spiel, während kaum eine schwarze Figur entwickelt ist. Auch 11.♗a3 d6 12.♗d5! gefällt, da nun 12...♗d7? ein saftiger Schnitzer wäre wegen 13.♖fe1!.

9...♕b4? war genauso verkehrt wegen 10.♗xf7+ ♔d8 und Weiß kann sogar die Damen tauschen nach 11.♘d5!, denn bei 11...♕xb3 12.axb3 ♗b4 13.♗b2 hat Schwarz ernsthafte Probleme.

10.♘d5!

Fischer findet den stärksten Zug.

10...♘xd5

Bei 10...♕xe4 gewinnt 11.♗g5.

11.exd5 ♘e5

Oder 11...♘d8 12.♗a3 d6 (12...♕f6, um die Dame von der e-Linie zu entfernen, ist leider keine Option: Weiß schiebt zuerst das schlaue 13.♕b5 ein, um nach 13...b6 14.♖ae1+! ♗xe1 15.♖xe1+ ♘e6 16.dxe6 zu spielen, wonach Schwarz in Anbetracht der Fesselung auf der Diagonalen a4-e8 aufgeben kann) 13.♕b5+ mit Figurengewinn.

12.♘xe5 ♕xe5 13.♗b2

Weiß hat immer noch zwei Bauern weniger, doch all seine Figuren sprühen vor Lebendigkeit. Schwarz konnte seinen König nicht in Sicherheit bringen, und das wird ihm bald zum Verhängnis.

13...♕g5

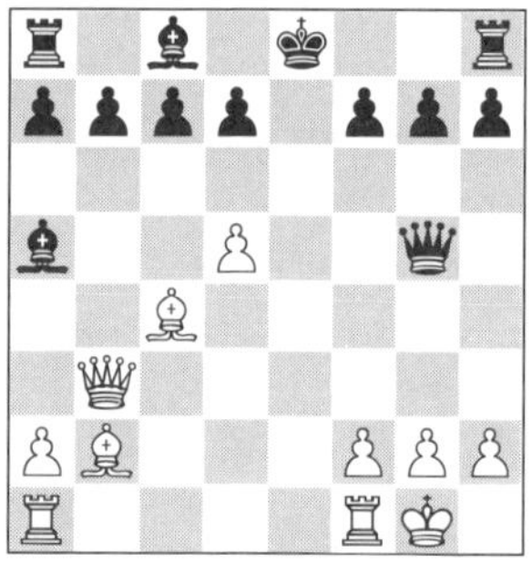

14.h4!

Die Dame wird von der Deckung des Punktes g7 weggelockt. Diesen Bauern zu verlieren wäre desaströs für Schwarz.

14...♕xh4

Es gibt keine Rettung. 14...♕h6 wird mit 15.♕a3 beantwortet, wenn 16.♖fe1+ folgt.

14...♕g4 verliert auch nach 15.♕e3+ ♔d8 16.♖fe1 ♗b4 17.d6!! ♗xd6 18.♗xf7, weil der Versuch, nach c7 zu flüchten, vernichtend endet:

18...c6 19.♖ad1 und nun etwa 19...♗f4 20.♕e7+ ♔c7 21.♗e5+ ♗xe5 22.♕xe5+ ♔d8 23.♖d4 mit Damenfang.

15.♗xg7 ♖g8 16.♖fe1+ ♔d8

16...♗xe1 17.♖xe1+ führt zum gleichen.

17.♕g3!

Ein hübscher Schlusszug. Nach 17...♕xg3 setzt 18.♗f6 matt.

Robert Fischer
Ojars Celle

Davis Simultan 1964

1.e4 e5 2.♘f3 ♘c6 3.♗c4 ♗c5 4.b4!? ♗xb4 5.c3 ♗e7 6.d4 d6? 7.dxe5 ♘xe5 8.♘xe5 dxe5 9.♕h5! g6 10.♕xe5 ♘f6 11.♗a3! ♖f8 12.0-0 ♘g4 13.♕g3 ♗xa3 14.♘xa3 ♕e7! 15.♗b5+! c6

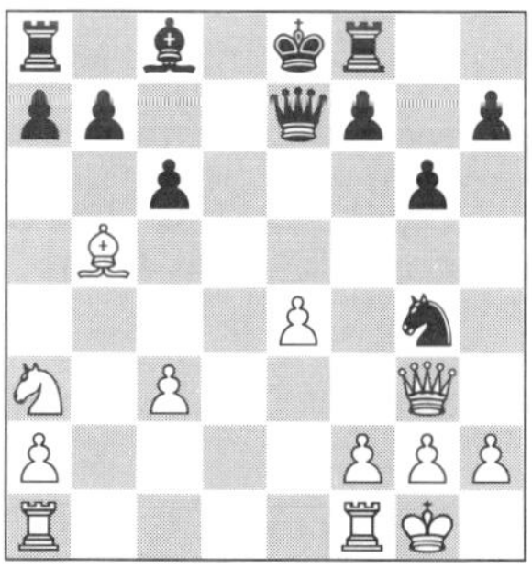

41

AUFGABE: Weiß besitzt eine solide Initiative, im Moment hängen jedoch zwei seiner Figuren. Wie löst er dieses Problem und behält gleichzeitig den Angriff bei?

(Lösung auf Seite 357)

Michail Tschigorin
Wilhelm Steinitz

Havanna Wch m 1892 (1)

1.e4 e5 2.♘f3 ♘c6 3.♗c4 ♗c5 4.b4 ♗xb4 5.c3 ♗a5 6.0-0 d6 7.d4 ♗g4 8.♗b5 exd4 9.cxd4 ♗d7 10.♗b2 ♘ce7?! 11.♗xd7+ ♕xd7 12.♘a3! ♘h6 13.♘c4 ♗b6 14.a4! c6? 15.e5! d5 16.♘d6+ ♔f8 17.♗a3 ♔g8 18.♖b1! ♘hf5?

42

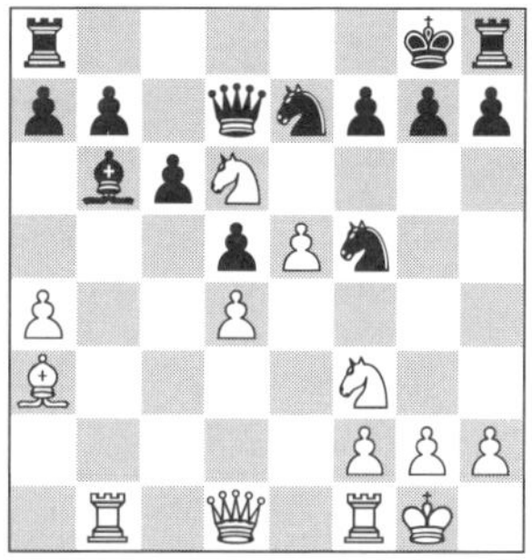

AUFGABE: Mit aktivem Spiel gelang es Weiß, den Schwarzen vom Rochieren abzuhalten. Dies bedeutet, dass der ♖h8 sich vorerst nicht an der Schlacht beteiligen kann. Durch den letzten schwarzen Zug erhielt Weiß eine einmalige Chance, zuzuschlagen. Welche?

(Lösung auf Seite 358)

Adolf Anderssen
Carl Mayet

Berlin m1 1851

1.e4 e5 2.♘f3 ♘c6 3.♗c4 ♗c5 4.b4 ♗xb4 5.c3 ♗a5 6.d4 exd4 7.0-0 d3 8.♘g5 ♘h6 9.e5 ♘xe5?! 10.♖e1 ♕e7 11.f4! ♗b6+ 12.♔h1 ♘hg4 13.♘h3! d6 14.♗xd3 0-0 15.fxe5 ♘xe5 16.♘f4 c6 17.♘d2 g5?! 18.♕h5 f5?

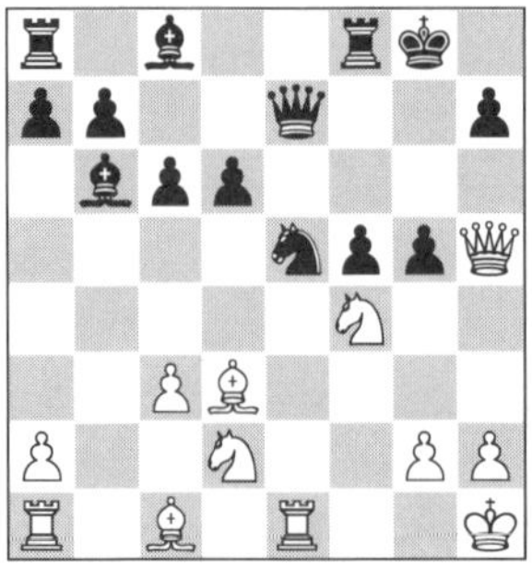

43

AUFGABE: Nach seinem letzten etwas „überaktiven" Bauernzug kollabiert die schwarze Stellung ziemlich schnell. Wie bringt Weiß dies zustande?

(Lösung auf Seite 359)

Alexei Schirow
Jan Timman
Biel 1995 (7)

1.e4 e5 2.♘f3 ♘c6 3.♗c4 ♗c5 4.b4!? ♗xb4 5.c3 ♗e7 6.d4 ♘a5 7.♗e2 exd4 8.♕xd4 d6 9.♕xg7 ♗f6 10.♕g3 ♕e7 11.0-0?! ♗d7?! 12.♘d4!? 0-0-0 13.♘d2 ♘c6 14.♕e3 h5 15.♖b1 ♘h6 16.♕d3!? b6 17.a4! ♔b8 18.a5 ♘xa5 19.♕a6 ♔a8?

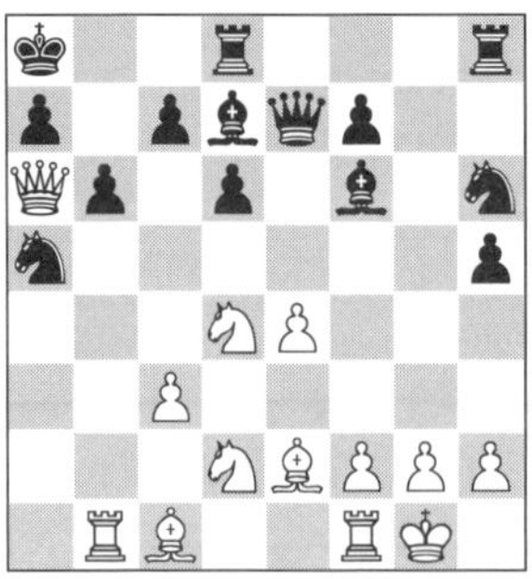

44

AUFGABE: wie kann Weiß maximal viele Figuren für seine Initiative auf dem Damenflügel herbeischaffen?

(Lösung auf Seite 360)

Das Greco-Gambit

Beim Greco-Gambit handelt es sich um eine Gambitspielweise, die in hochklassigen Wettbewerben nicht mehr angewandt wird. Sicherlich gibt es Großmeister, die sich zuweilen in das Abenteuer gestürzt haben, aber das nahm nicht immer ein gutes Ende – oder sie endeten in einer verlorenen Stellung und konnten sich gerade noch retten. Nichtsdestotrotz bietet das Gambit eine Vielzahl von taktischen Chancen, die insbesondere auf Vereinsniveau zu einem schnellen Zusammenbruch führen können. Die folgenden Beispielpartien zeigen Weißspieler, die alles auf den schnellen Angriff setzen, wofür sie offengestanden bestraft werden sollten. Doch sehr häufig enden sie mit dem Gewinn der Partie, weil die Schwarzen die Übersicht in den Myriaden von Komplikationen verlieren...

Analyse von Gioacchino Greco
ungefähr 1625

1.e4 e5 2.♘f3 ♘c6 3.♗c4 ♗c5 4.c3 ♘f6 5.d4 exd4 6.cxd4 ♗b4+ 7.♘c3 ♘xe4 8.0-0

Dieses zweite Bauernopfer charakterisiert das Greco-Gambit.

8...♘xc3

In jenen Fernen Tagen nahmen die Schwarzen damit den

Fehdehandschuh auf. Es gibt eine lange Theorievariante, in der Weiß versucht, die schwarze Festung zu stürmen. Sie geht so: 8...♗xc3 9.d5 ♗f6 10.♖e1 ♘e7 11.♖xe4 d6 12.♗g5 ♗xg5 13.♘xg5 h6 14.♕e2 hxg5 15.♖e1 ♗e6 16.dxe6 f6. Die Meinung über diese Position ist geteilt. Weiß hat einen gigantischen Freibauern auf e6, andererseits steht keine seiner Figuren wirklich gut – nicht zuletzt gerade wegen dieses Freibauern. Falls Schwarz seinen König aus dem Zentrum bringen sollte, kann er auf eine deutlich überlegene Bauernstruktur verweisen, und jedes Endspiel wäre zu seinen Gunsten.

9.bxc3 ♗xc3?!

Es ist zu riskant, den zweiten Bauern zu nehmen.

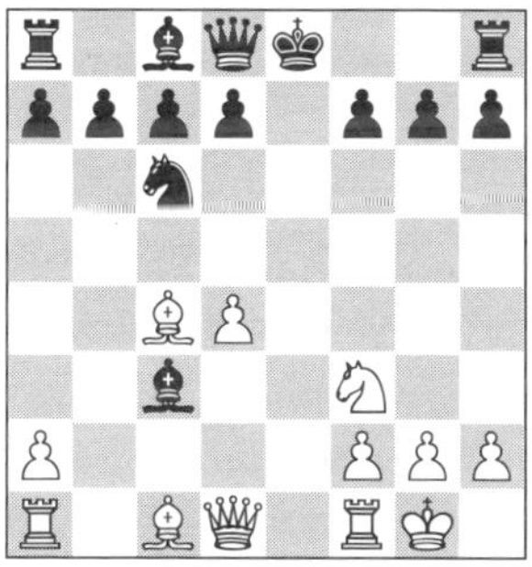

10.♕b3

Grecos Idee in seinem Gambit besteht darin, die Figuren schnell und effektiv ins Spiel zu bringen. Der Textzug beweist, dass dies der Fall ist – Weiß lässt sogar seinen Turm en prise stehen!

10...♗xa1?

Schwarz macht weiter mit seiner Gefräßigkeit. Die Annahme des Turmopfers wird ihn teuer zu stehen kommen. Um etwas aus seiner Stellung zu machen musste er 10...d5! spielen. Darauf ist die beste Antwort 11.♗xd5 0-0 12.♗xf7+ ♔h8 13.♕xc3 ♖xf7 mit leichtem Vorteil für Weiß, aber Schwarz hat hier wenigstens seine Figuren zum Leben erweckt.

11.♗xf7+

Verhindert nicht zuletzt die schwarze Rochade.

11...♔f8 12.♗g5 ♘e7

Schwarz konnte über den Zwischenzug 12...♘xd4 nachdenken, aber er scheitert an 13.♕a3+! ♔xf7 14.♗xd8 mit weißem Materialvorteil.

13.♘e5

Wiederum die aktivste Möglichkeit. Weiß ist auf Matt aus! Die Wegnahme des Läufers mit 13.♖xa1 würde dem Weißen ebenfalls einen entscheidenden Angriff einräumen.

13...♗xd4

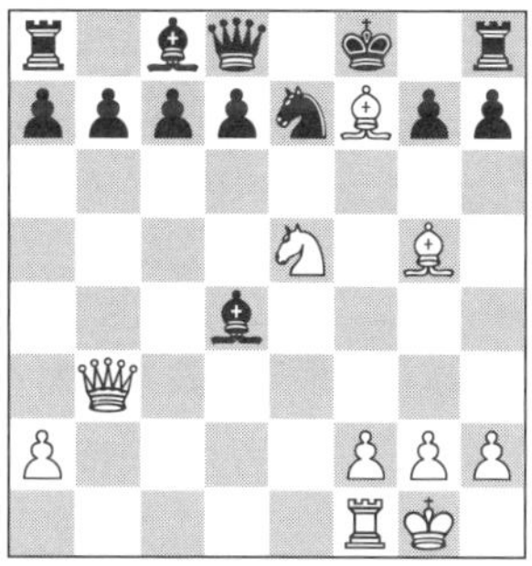

„Wenn schon sterben, dann mit vollem Bauch" sprach gern ein Mitglied meines früheren Vereins. Schwarz sammelt soviel Material wie möglich, während Weiß am Mattnetz strickt.

14.♗g6
Das verletzlichste Feld im Schwarzen Lager ist f7, und nach diesem Zug ist es marktschreierisch exponiert.
14...d5
Verlängert den Kampf ein wenig.
15.♕f3+
Schwarz ist nicht sofort matt, aber lange wird es nicht mehr dauern...
15...♗f5 16.♗xf5 ♗xe5 17.♗e6+ ♗f6 18.♗xf6 ♔e8
Oder 18...gxf6 19.♕xf6+ ♔e8 20.♕f7 matt.
19.♗xg7
Triumph der Läufer! Schwarz muss seinen halben Figurensatz hergeben, um das Matt abzuwenden.

Bartha
D. Berman
New York 1924

1.e4 e5 2.♘f3 ♘c6 3.♗c4 ♗c5 4.c3 ♘f6 5.d4 exd4 6.cxd4 ♗b4+ 7.♘c3 ♘xe4 8.0-0 ♗xc3 9.d5 ♗f6 10.♖e1 ♘e7 11.♖xe4 d6 12.♗g5 ♗xg5 13.♘xg5 0-0

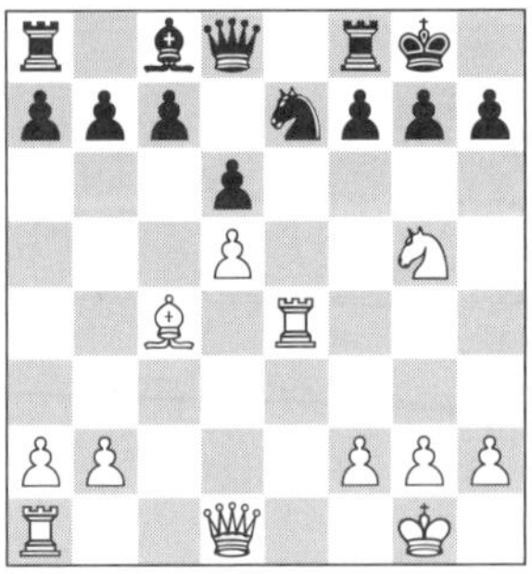

Heutzutage wissen wir, dass 13...h6 die beste Fortsetzung ist.

14.♘xh7
Objektiv ist dieses Opfer vielleicht nicht das Beste. Aber es bietet ausgezeichnete praktische Chancen, warum es also nicht einmal ausprobieren?
14...♔xh7 15.♕h5+ ♔g8 16.♖h4 f5
Tatsächlich die richtige Reaktion auf den weißen Angriff. 16...f6 wird mit 17.g4! beantwortet, was ♗d3 vorbereitet.

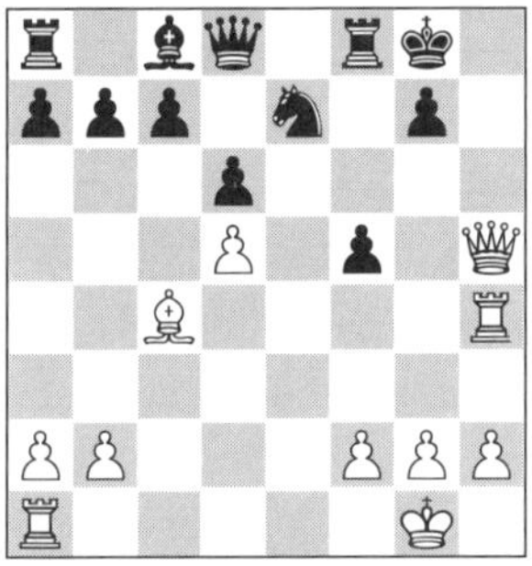

17.♖e1?
Die falsche Zugfolge. Weiß sollte mit 17.♕h7+ ♔f7 18.♖h6 ♖g8 19.♖e1 fortsetzen, und auch wenn nichts Direktes droht, kann Schwarz ziemlich wenig unternehmen.
17...♘g6!
Sehr gut erkannt vom Schwarzen. Jetzt gleiten die Dinge dem Weißen aus der Hand.
18.♖h3
Hier würde 18.♕h7+ ♔f7 19.♖h6 an 19...♕g5! scheitern.
18...♖f6
Bislang verteidigt sich Schwarz exzellent.
19.♕h7+ ♔f7 20.♖e6!?
Weiß möchte die Dinge forcieren – nach allem muss er einfach was versuchen...

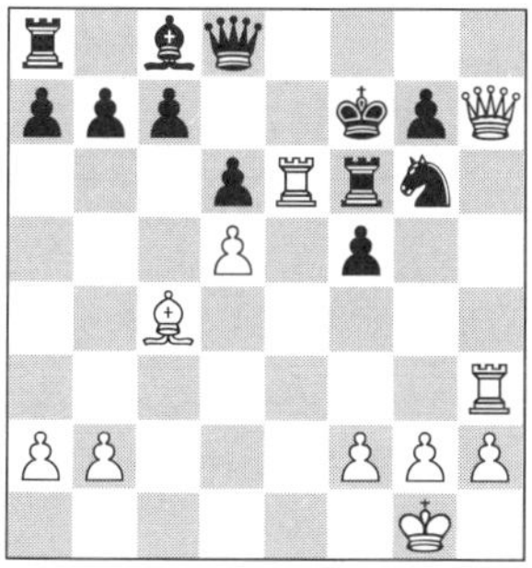

20...♗d7?

Und siehe da – er hat Erfolg! Nach 20...♘f8! 21.♕h5+ g6 hätte Weiß seinen Angriff vergessen können. Sehr schwer zu sehen war dagegen, dass Schwarz hätte 20...♗xe6 spielen können. Nach 21.dxe6+ ♔f8 22.e7+ ♔xe7 23.♕xg7+ sieht es so aus, als wäre die Partie aus, aber nach der ernüchternden Antwort 23...♔e8 zeigt es sich, dass Schwarz alle entscheidenden Felder kontrolliert: 24.♖e3+ ♘e5 25.f4 ♕e7 26.fxe5 dxe5! (nicht 26...♕xg7?? wegen 27.exf6+) und nach 27.♕g8+ ♖f8 28.♕g6+ ♔d7 29.♖d3+ ♔c8 erreicht der König einen sicheren Hafen.

21.♖h6

21.♖g3!? war auch interessant.

21...♕e8?

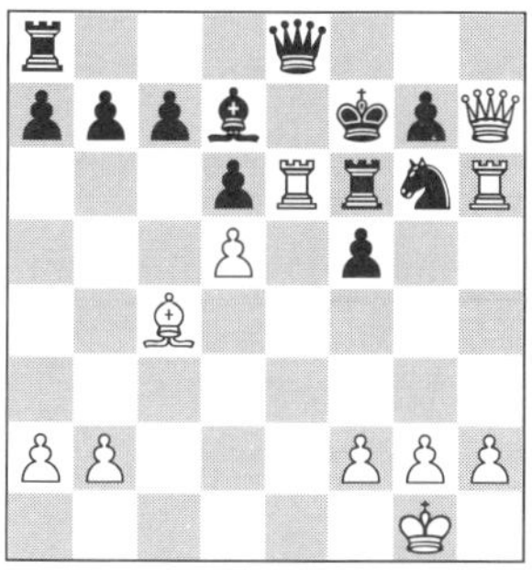

Schwarz meint, einen brillanten Zug gespielt zu haben, doch in Wirklichkeit hat er die Partie eingestellt.

22.♖xg6!

Nach diesem unerwarteten Schlag muss Schwarz sogleich aufgeben wegen 22...♖xg6 (22...♗xe6 23.♕xg7#) 23.♕xg6+ ♔g8 24.♖xe8+ und er verliert die Dame.

Nach 22.♖xe8? dagegen hätte er seinen Plan in die Tat umgesetzt: 22...♖xe8, und wegen der Drohung 23...♖h8 hat er die meisten seiner Probleme gelöst.

Martin Clausen
Franz Handle
Odense 1997 (9)

1.e4 e5 2.♘f3 ♘c6 3.♗c4 ♗c5 4.c3 ♘f6 5.d4 exd4 6.cxd4 ♗b4+ 7.♘c3 0-0 8.e5 ♘e4 9.0-0 ♘xc3 10.bxc3 ♗xc3 11.♘g5 ♗xa1 12.♕h5 h6 13.♘xf7 ♖xf7 14.♕xf7+ ♔h8

45

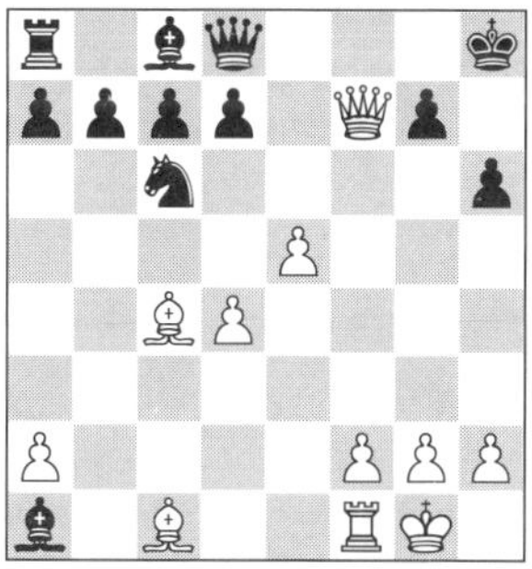

AUFGABE: Weiß hat schon einiges Material in seine Königsflügelattacke investiert. Der schwarze König wurde bereits ins Eck gedrängt, aber bislang beteiligen sich nicht alle der

weißen Figuren am Angriff. Wie kann Weiß dennoch die schnelle Aufgabe seines Gegners erzwingen?
(Lösung auf Seite 362)

Clarence Howell
Reginald Michell
ENG-USA Kabel-m 1907 (9)

1.e4 e5 2.♘f3 ♘c6 3.♗c4 ♗c5 4.c3 ♘f6 5.d4 exd4 6.cxd4 ♗b4+ 7.♘c3 ♘xe4 8.0-0 ♗xc3 9.d5! ♗f6 10.♖e1 ♘e7 11.♖xe4 d6 12.♗g5 ♗xg5 13.♘xg5 ♗f5 14.♕f3! ♕d7

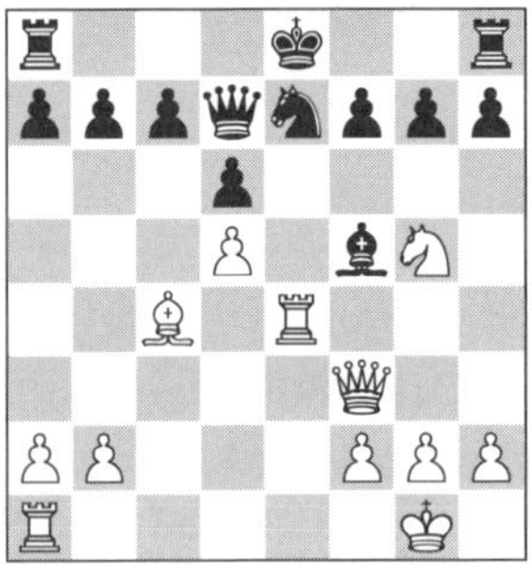
46

AUFGABE: Schwarz glaubt, alles unter Kontrolle zu haben. Doch zu seinem Unglück ist eine Kombination in der Stellung drin. Welche?
(Lösung auf Seite 362)

Jonathan Mestel
D.A. Winter
Rhyl ch-BCF U14 1969

1.e4 e5 2.♘f3 ♘c6 3.♗c4 ♗c5 4.c3 ♘f6 5.d4 exd4 6.cxd4 ♗b4+ 7.♘c3 ♘xe4 8.0-0 ♘xc3 9.bxc3 d5
In Grecos Zeiten war 9...♗xc3 am beliebtesten – Analysen hierzu ab Seite 240.

10.cxb4 dxc4 11.♖e1+ ♘e7 12.♗g5 f6 13.♕e2?!
Ein spekulatives Opfer. Objektiv scheint es nicht völlig korrekt zu sein. Die Hauptidee besteht darin, den schwarzen König im Zentrum festzuhalten, und das stellt den Schwarzen vor Probleme.
13...fxg5 14.♕xc4 h6?!
Schwarz sollte sich mit 14...♖f8 verteidigen, aber die Konsequenzen eines solchen Zuges sind in einer praktischen Partie schwer zu kalkulieren.
15.♖e3 ♖f8 16.♖ae1
Weiß hat in Windeseile alle Figuren herbeigezogen, während die schwarzen Damenflügelfiguren noch auf ihren Ausgangsfeldern schlummern.
16...♖f7 17.♘e5 ♖f6

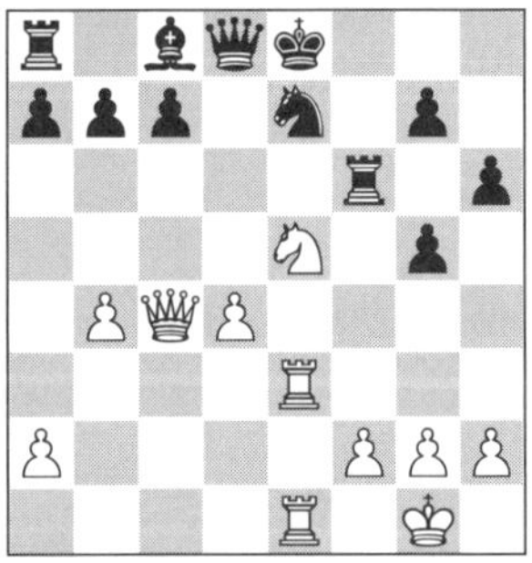

Hier konnte Mestel bereits die Früchte seines mutigen Spiels ernten.
18.♕e2?!
Mit 18.♘g6! hätte Weiß bereits ein Kasse gemacht: 18...♖xg6 19.♕g8+ ♔d7 20.♕f7 ♔c6 21.♖xe7 ♕d6 22.♖xc7+! mit großem Vorteil für Weiß.
18...♔f8 19.h4?

Weiß spielt zu ungestüm auf Gewinn. Seltsamerweise konnte er eine weitere Figur zurückziehen: 19.♘d3, wonach die Partie mit einer Zugwiederholung hätte enden können nach 19...♖f7 20.♘e5 ♖f6 21.♘d3.

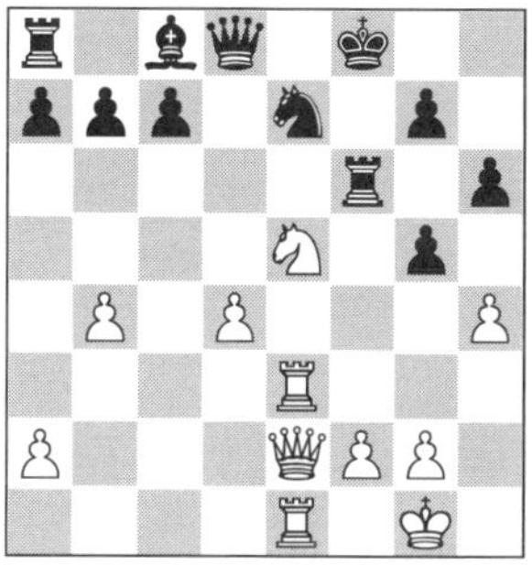

19...gxh4?

19...♗f5 war die genaueste Verteidigung. Weiß hätte keine ausreichende Kompensation für die geopferte Figur – auch nicht nach 20.hxg5 hxg5 21.♕h5 ♔g8!.

20.♘f3 ♖f7 21.♘xh4?

Wieder zu optimistisch. Wieder war 21.♘e5 der beste Zug.

21...♗d7?

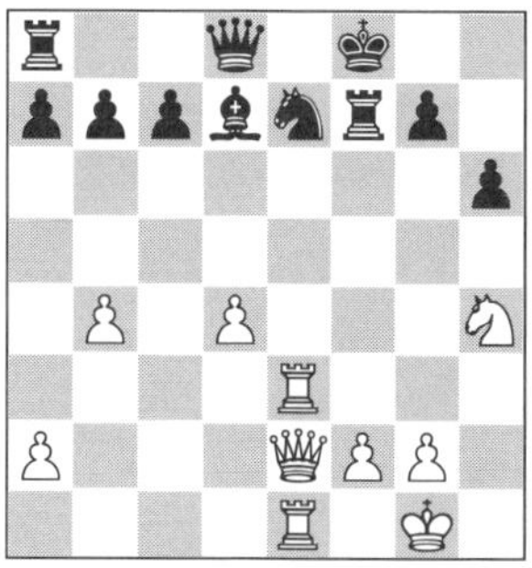

47

AUFGABE: Die Spieler begehen fröhlich Fehler um Fehler. Nach dem Partiezug kann Weiß mit einer reizvollen Kombination gewinnen. Wie geht diese Kombination?

(Lösung auf Seite 362)

Wolfgang Stadler

T. Erler

Zirndorf ch-sen 1985

1.e4 e5 2.♘f3 ♘c6 3.♗c4 ♗c5 4.c3 ♘f6 5.d4 exd4 6.cxd4 ♗b4+ 7.♘c3 ♘xe4 8.0-0 ♘xc3 9.bxc3 ♗xc3 10.♗a3 d6 11.♖c1 ♗a5 12.♕a4 a6 13.♗d5 ♗b6

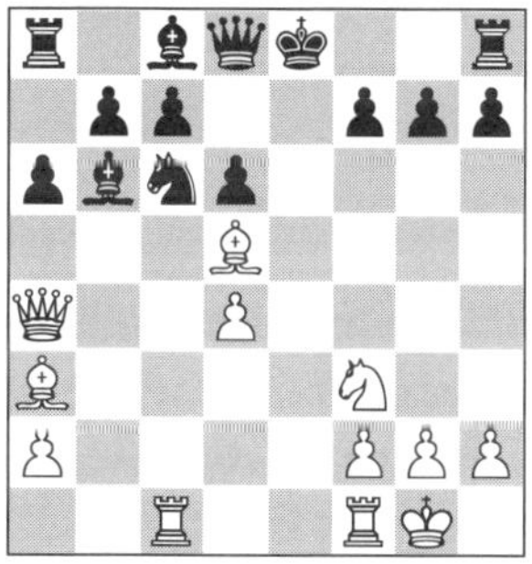

48

AUFGABE: Der schwarze König steckt immer noch mitten drin, Weiß muss sofort drastische Maßnahmen ergreifen. Welche?

(Lösung auf Seite 363)

5.3 Sizilianische Stellungen

Die Sizilianische Verteidigung ist eine der reizvollsten Eröffnungen. Bereits vom ersten Zug an kämpfen beide Spieler um die Initiative. In der Regel übernimmt Weiß das freiere Figurenspiel, während Schwarz sich an der besseren Bauernstruktur erfreut. Die Schlacht entwickelt sich für gewöhnlich über das gesamte Brett. Mit Damen hierauf kann Weiß auf Angriff spielen, für den ihm einige stereotype Figurenopfer zur Verfügung stehen.
Im kommenden Abschnitt finden Sie eine stattliche Anzahl von gut bekannten Typen von Figurenopfern vor, wie ♘xe6, ♗xe6, ♘d5, ♘f5, ♗xg7, sowie noch ein paar weitere Spezialfälle.

Standard-Opfer: ♘xe6/♗xe6

Als ich begann, Sizilianisch zu spielen, dauerte es nicht lange, bis einer meiner Gegner auf e6 opferte. Heutzutage ist es unter Schachspielern weit verbreitet, dass Weiß auf diesem verletzlichen Feld einiges erreichen kann. Hier zeigen wir einige attraktive Beispiele:

Judit Polgar
Hans Ree
Amsterdam 1989 (1)

Diese Partie wurde zwischen der damals dreizehnjährigen Judit Polgar und dem 45jährigen Niederländischen Großmeister Hans Ree gespielt.

1.e4 c5 2.♘f3 e6 3.d4 cxd4 4.♘xd4 ♘f6 5.♘c3 d6 6.♗e2 ♗e7 7.0-0 0-0 8.♗e3 a6 9.f4 ♕c7

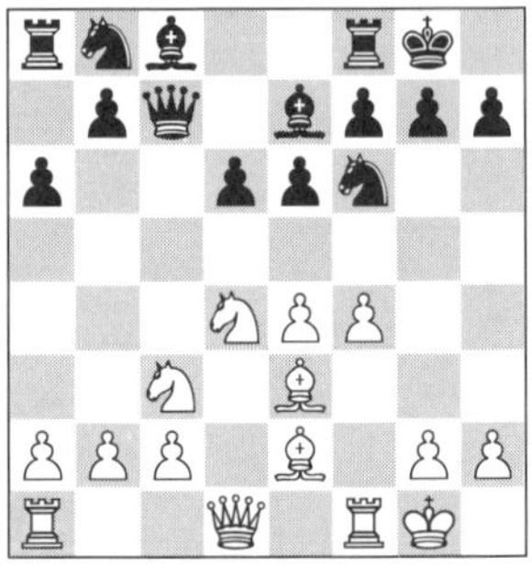

10.g4
Judit spielte bereits in frühem Alter auf Angriff.
10...♖e8
Heutzutage wissen wir, dass Schwarz 10...♘c6 spielen muss, wie Judit Jahre später selbst mit Schwarz spielen sollte.
11.g5 ♘fd7 12.♗h5 g6 13.♗g4
Diese Stellung kam danach noch öfters vor. Schwarz muss sehr vorsichtig sein.
13...♘c6
Sehr leichtsinnig gespielt. 13...♗f8 ist notwendig, ein Zug, der in Schirow-Anand, Buenos Aires 1994, aufs Brett kam.

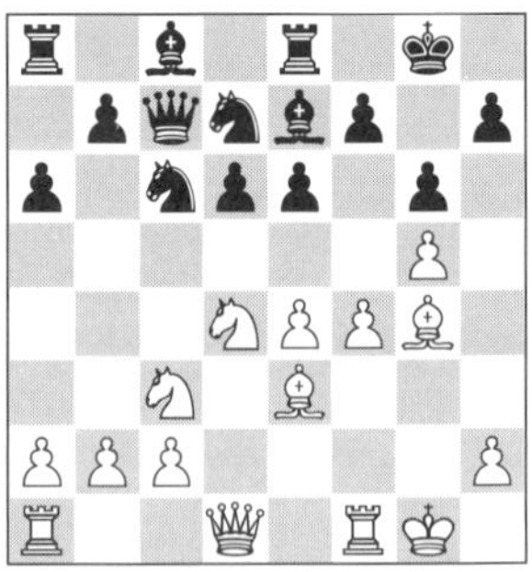

14.♘xe6!

So eine Gelegenheit hat Judit niemals ausgelassen. Sie opfert einen Springer und gewinnt dadurch zwei Bauern, das mächtige Feld d5 für ihren Springer sowie Angriff gegen den feindlichen König.

14...fxe6 15.♗xe6+ ♔h8 16.♘d5 ♕b8 17.♗f7

Noch stärker und auch ein wenig logischer war 17.♗d4+: 17...♘de5 (17...♘xd4 18.♕xd4+ ♘e5 19.♗f7 (19.♗xc8 ♕xc8 20.fxe5 ♕c5 21.♕xc5 dxc5 22.♘c7) 19...♖f8 20.♘xe7 (20. fxe5 dxe5) 20...♖xf7 21.fxe5) und hier ist 18.♗f7! der stärkste Zug, da 18...♖f8 an 19.♘xe7 ♖xf7 20.fxe5 scheitert.

17...♖f8 18.♗d4+

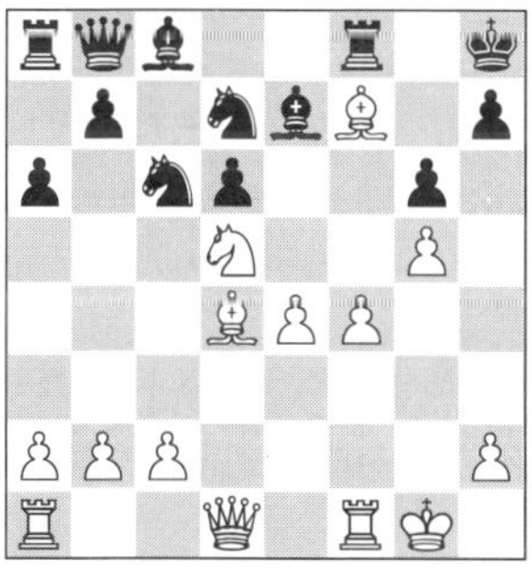

Die schwarze Königsstellung ist offen wie ein Scheunentor.

18...♘de5

Ree entschließt sich, die Figur gleich zurückzugeben.

Die Alternative 18...♘xd4 19.♕xd4+ ♗f6 20.♘xf6 fühlt sich auch nicht wie ein Rosenbett an: 20...♖xf7 (um nicht matt zu werden muss Schwarz 20...♕a7 spielen, aber dies ist hoffnungslos nach 21.♕xa7 ♖xa7 22.♘xd7 ♗xd7 23.♗d5,

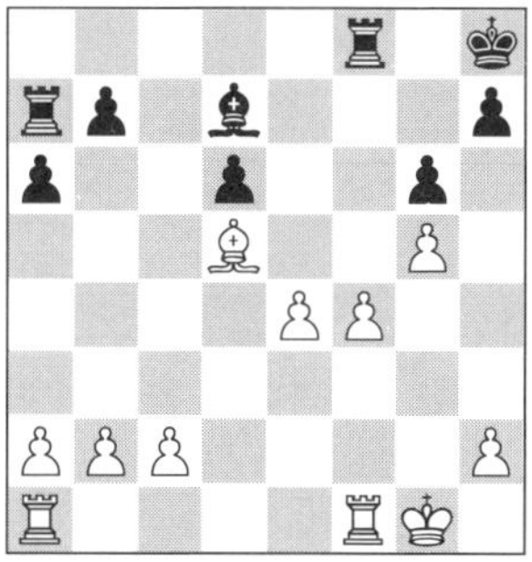

Analysediagramm

weil Weiß ganze zwei Bauern mehr hat) 21.♘xd7+ ♔g8 22.♘xb8 mit Damengewinn.

19.♘xe7

Der Springer auf e5 rennt nicht weg, deshalb tauscht Judit zuerst auf e7.

19...♘xe7

Freilich hatte sie eine reizvolle Antwort auf 19...♖xf7 parat. Nach 20.fxe5 ♖xf1+ 21.♕xf1 droht Matt auf zwei Feldern, weshalb Schwarz keine Zeit verbleibt, die Figur zurückzunehmen. Wichtig ist das attraktive Matt nach 21...♘xe7 22.♕f8+ ♘g8 23.exd6#.

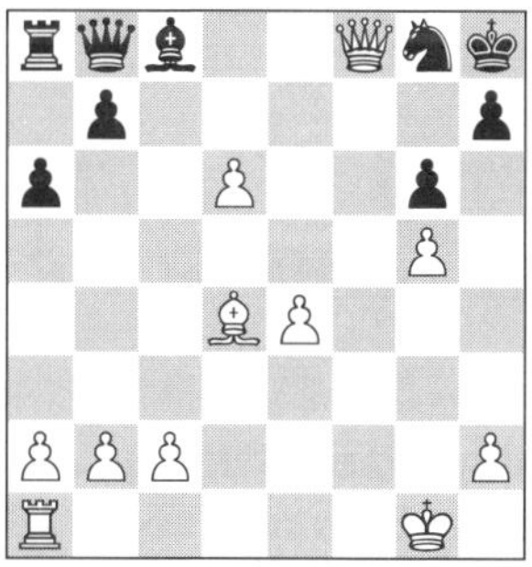

Analysediagramm

20.fxe5

Damit gewinnt Polgar die geopferte Figur zurück und deckt gleichzeitig den großartigen Läufer auf f7.

20...dxe5 21.♗c5

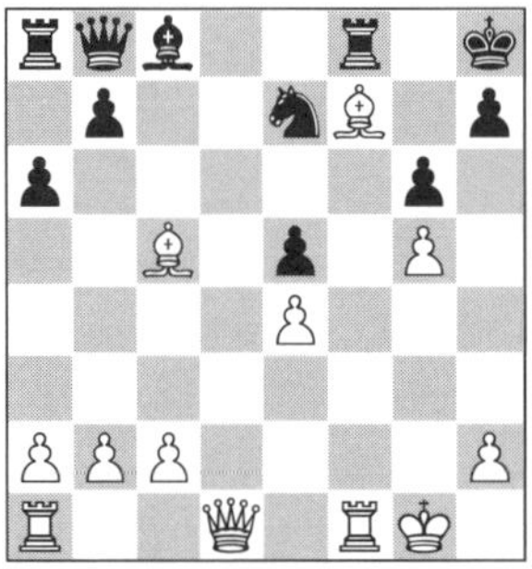

Momentan hat Weiß bereits einen Bauern mehr, aber schlimmer ist für Schwarz die mangelnde Figurenkooperation. Und viele Drohungen existieren immer noch.

21...♔g7

Es gibt keinen Ausweg. Schwarz möchte diesen lästigen Läufer f7 endlich wegbekommen. 21...♕c7, um den Springer zu decken, scheitert an 22.♗d6 ♕b6+ 23.♔h1

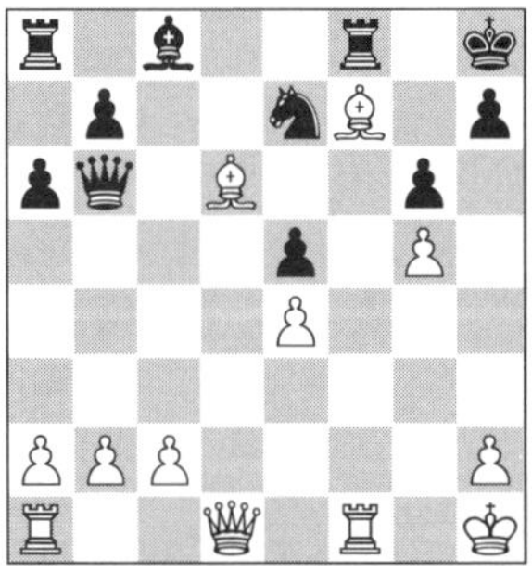

Analysediagramm

und es gibt keine Rettung vor den Drohungen 24.♗xe5 (mit Matt) und 24.♗xe7, Material geht verloren. 23...♘c6 verliert natürlich nach 24.♗xf8.

22.♗xe7 ♕a7+

Um noch Verwirrung zu schaffen. Bei 22...♖xf7 ist 23.♗f6+ entscheidend. Ein Beispiel: 23...♔g8 24.♕d8+ ♖f8 25.♕d5+ ♖f7 26.♗xe5 ♕a7+ 27.♔h1 b5 – um dem Turm auf f7 zusätzlichen Schutz zu bieten, doch jetzt folgt Matt: 28.♕d8+ ♖f8 29.♕xf8#.

23.♔h1

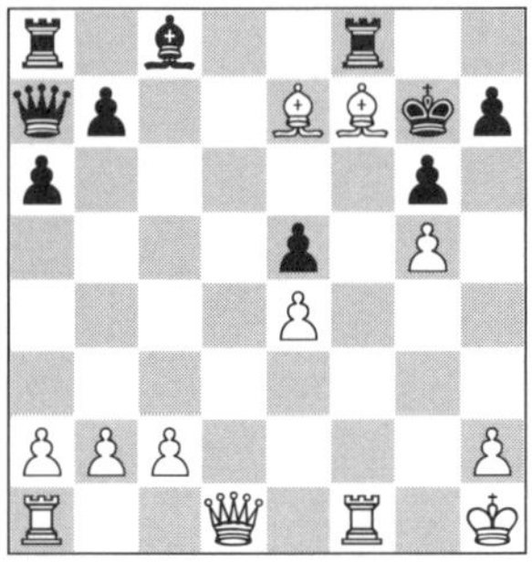

23...♗h3

Jetzt erkannte Ree, dass 23...♖xf7 an 24.♕d8! scheitert. Somit kann die Hauptdrohung, 25.♗f6+, nicht länger pariert werden: 24...♗h3 25.♗f6+

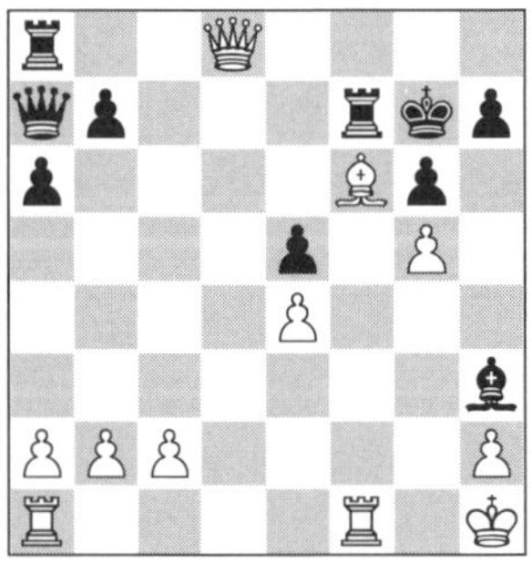

Analysediagramm

25...♖xf6 26.♕e7+ ♔h8 (26...♔g8 27.gxf6) 27.♖xf6.

24.♕f3

Schwarz verliert Haus und Hof, will er das Matt abwehren. Das Ende nach 24...♗xf1 25.♕f6# ist sehr apart:

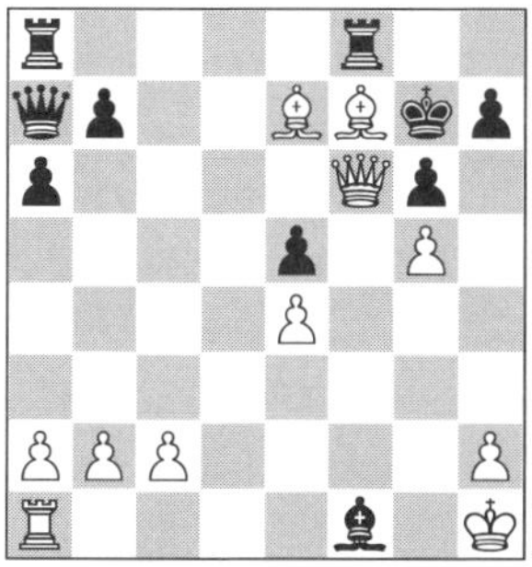

Analysediagramm

Vasilios Kotronias
Weselin Topalow

Kavala tt 1990 (4)

1.e4 c5 2.♘f3 d6 3.d4 cxd4 4.♘xd4 ♘f6 5.♘c3 a6 6.♗e3 e6 7.g4 b5 8.g5 ♘fd7 9.a3 ♗b7 10.h4 ♘b6 11.h5 ♘8d7 12.♖h3 ♗e7 13.g6 ♗f6 14.♕g4 ♕e7 15.f4 ♘c4 16.♗xc4 bxc4 17.0-0-0 ♖c8 18.gxf7+ ♔xf7

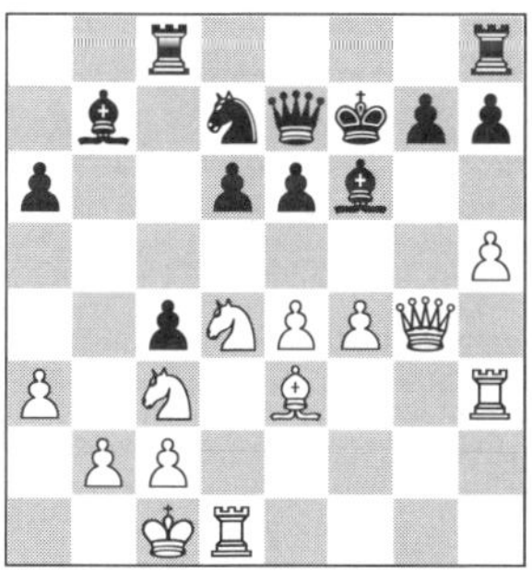

19.e5!

Die Absicht hinter diesem Bauernopfer wird schnell klar werden.

19...dxe5 20.♘xe6!

Die logische Fortsetzung des letzten Zuges. Schwarz wird an seiner Achillesferse getroffen.

20...♗c6

Wesentlich ist, dass 20...♕xe6? sogleich wegen des Schlagens 21.♖xd7+ mit „Röntgendeckung" verliert. Dies also war des Pudels Kern beim Bauernopfer e4-e5, d6xe5: die d-Linie wurde geöffnet und ermöglicht diese Taktik. Nach 21...♗e7 22.♕xe6+ ♔xe6 23.♖xb7 hätte Weiß entscheidenden Materialgewinn gemacht. Ebenfalls sofort verliert 20...♘f8 21.♘xf8 ♔xf8 22.♖d7.

21.f5

Dadurch wird der Springer befestigt und in der Lage sein, die schwarze Stellung dauerhaft zu unterminieren.

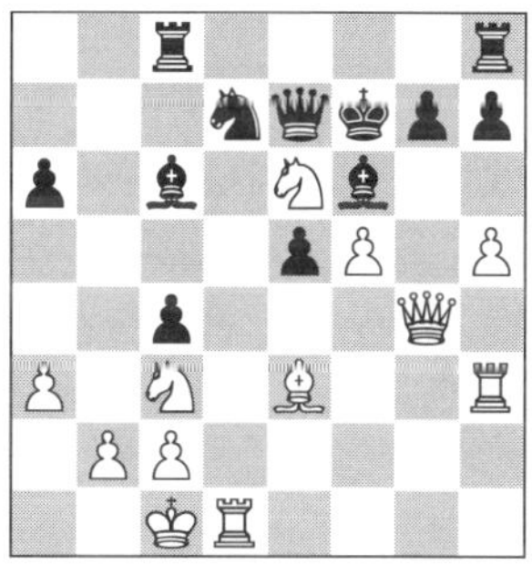

21...e4

Schwarz steht auf verlorenem Posten, er wollte zumindest noch was gegen die Drohung 22.♕xc4 unternehmen. Nach einer normalen Fortsetzung wie 21...♖he8, um die „künstliche Rochade" vorzubereiten, würde 22.♕xc4 vernichtend folgen.

22.♗d4

Nochmal eine kräftige Fortsetzung. Weiß will den Verteidigungsläufer auf f6 wegtauschen.

22...♖hg8 23.♘xe4

Mit jedem Zug mischen mehr weiße Figuren mit. Der Zuwachs an „Feuerkraft" wird dem Schwarzen bald zu viel.

23...♗xe4

23...♗xd4 24.♘4g5+ ♔e8 25.♕xd4, und angesichts des tödlichen 26.♖e3 kann Schwarz ruhig das Handtuch schmeißen.

24.♕xe4 c3 25.b4 1-0

Es sprach auch nichts gegen 25.♕d5, wonach ein Abzugsschach den Schwarzen von seinen Leiden erlösen würde.

Teimour Radjabow
Viswanathan Anand

Rischon LeZion, Blitz-WM 2006 (5)

1.e4 c5 2.♘f3 d6 3.d4 cxd4 4.♘xd4 ♘f6 5.♘c3 a6 6.♗g5 e6 7.f4 ♕b6 8.♕d2 ♕xb2 9.♖b1 ♕a3 10.e5 dxe5 11.fxe5 ♘fd7 12.♘e4 h6 13.♗h4 ♕a4 14.♗e2 ♘c6?

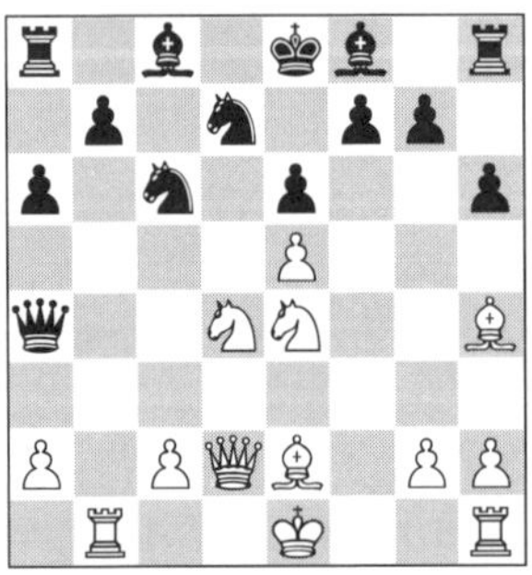

49

AUFGABE: Es ist eine Blitzpartie, aber dieser Zug wird sofort widerlegt. Wie?

(Lösung auf Seite 364)

Garri Kasparow
Loek van Wely

Wijk aan Zee 2000 (3)

1.e4 c5 2.♘f3 d6 3.d4 cxd4 4.♘xd4 ♘f6 5.♘c3 a6 6.♗e3 e6 7.f3 b5 8.g4 h6 9.♕d2 ♘bd7 10.0-0-0 ♗b7 11.h4 b4 12.♘a4 d5 13.♗h3 g5 14.♗g2 gxh4 15.♖xh4 dxe4 16.g5 ♘d5 17.♖xe4 hxg5 18.♗xg5 ♕a5 19.f4 ♖h2

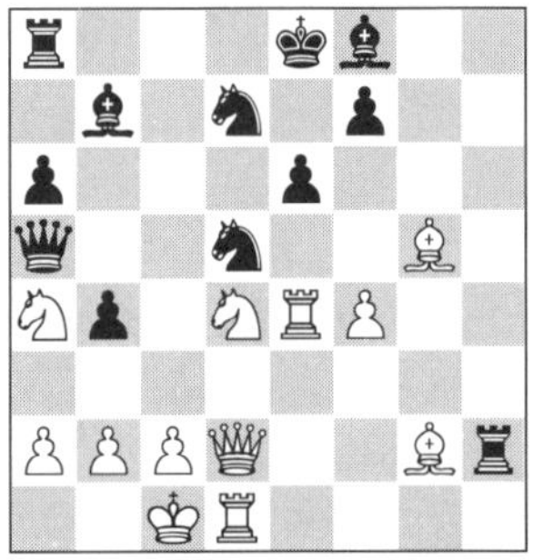

50

AUFGABE: Da der schwarze König mitten im Zentrum steht, erscheint es logisch zu versuchen, die Verteidigung gewaltsam aufzureißen. Wie gelang dies Weiß und welche Konsequenzen hat dies? Geben Sie ein paar Varianten an!

(Lösung auf Seite 365)

Ruslan Ponomarjow
Francisco Vallejo Pons

Bilbao 2014 (3)

1.e4 c5 2.♘f3 d6 3.d4 cxd4 4.♘xd4 ♘f6 5.♘c3 a6

Die Najdorf Variante im Sizilianer erfreut sich immer noch größter Beliebtheit trotz der vielen

Nackenschläge, die sie über viele Jahrzehnte einstecken musste.

6.h3

Dieser unschuldig aussehende Zug ist der letzte Schrei. Eigentlich handelt es sich um ein Revival, nachdem Bobby Fischer ihn in den frühen 1960ern populär gemacht hatte.

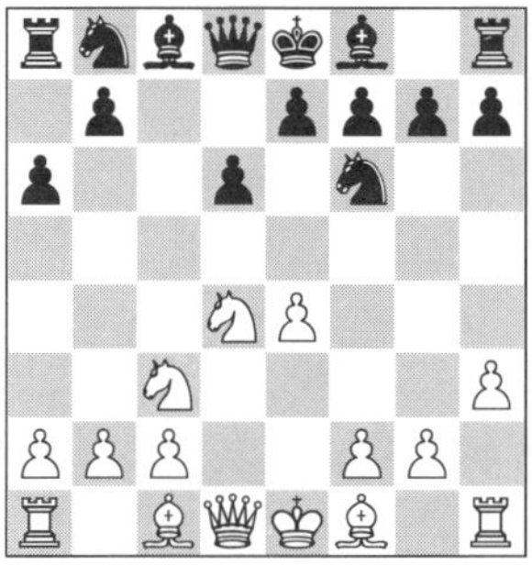

6...e6

Eine Frage des Geschmacks. 6...e5 wird auch viel gespielt.

7.g4 ♗e7

Vallejo Pons nimmt den Standard-Scheveninger-Aufbau ein.
Die prinzipielle Fortsetzung 7...d5, die ursprünglich als „Widerlegungsversuch“ gehandelt wurde, ist die wichtige Alternative.

8.♗g2 ♘fd7

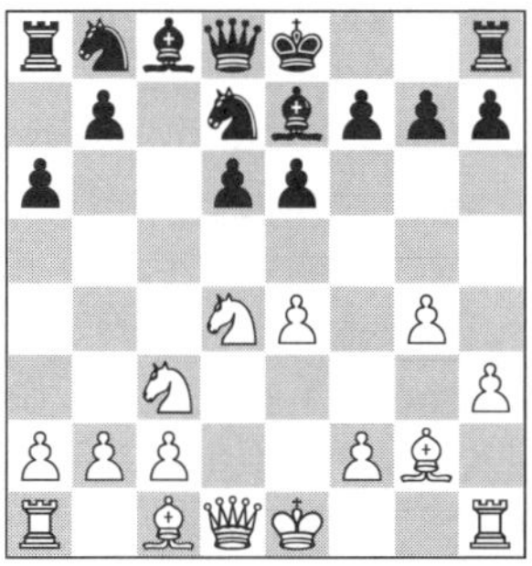

Das wird alles von den „Großen Jungs“ (Carlsen, Anand, Topalow unter anderem) gespielt.

9.♘ce2!?

Ponomarjow entkorkt eine Neuerung. Eine der Ideen dahinter wird im nächsten Zug deutlich. 9.♗e3 ist hier die populärste Fortsetzung.

9...♘c6 10.c3

Mit dem Wunsch, den Springer langfristig auf d4 zu halten,
den nun wäre ein Bauer auf d4 unattraktiv für Schwarz. Zudem kann nun der Springer e2 nach g3 manövriert werden, wo er gut steht.

10...h5

Jetzt oder nie! Und doch bleibt der Zweifel, ob diese Entscheidung auch weise ist. Vallejo verzichtet auf die kurze Rochade, wodurch sein König langfristig keinen sicheren Schutz haben wird.

11.gxh5 ♖xh5

Nach dieser unerwarteten Bauernrücknahme gerät der Turm in Schwierigkeiten. Logischer erscheint 11...♕a5, wenngleich auch dann nach 12.♘g3 ♘xd4 13.♕xd4 ♘f6 14.♗e3 Weiß die besseren Aussichten besitzt.

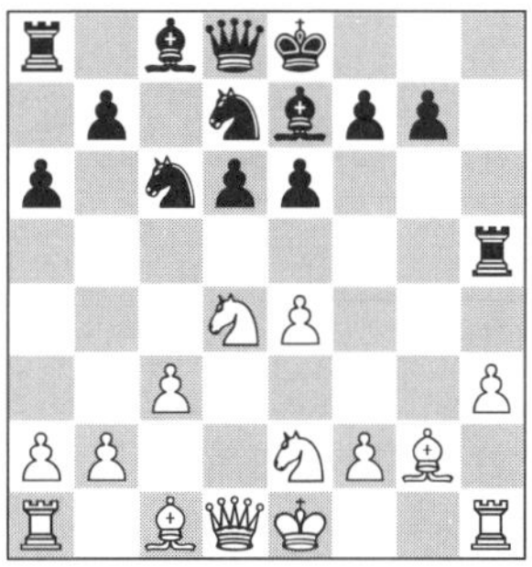

12.♘xc6! bxc6 13.♘d4 ♖c5
Ansonsten sind 14.♘xc6 und 15.♘xe7 sehr unangenehm.

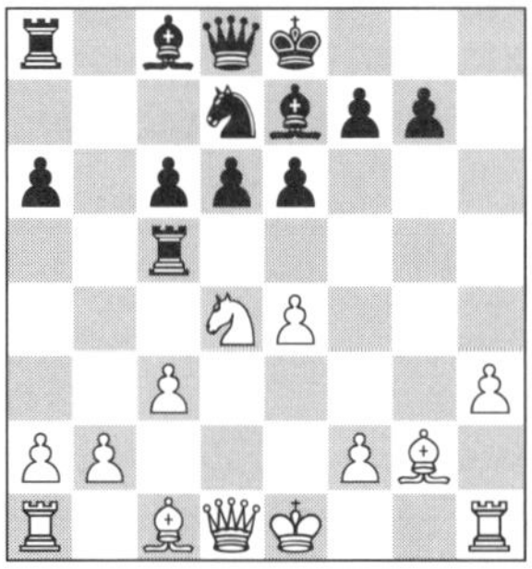

14.b4!
Ponomarjow verliert keine Zeit: er zwingt den Turm zu einer Entscheidung.
14...♖xc3 15.♗b2
Weiß gelang es, einen Großteil seiner Armee zu mobilisieren, während etliche schwarze Figuren in passiven Stellungen verharren. Darüber hinaus bleibt der schwarze Turm ein Angriffsobjekt.
15...♖c4

51
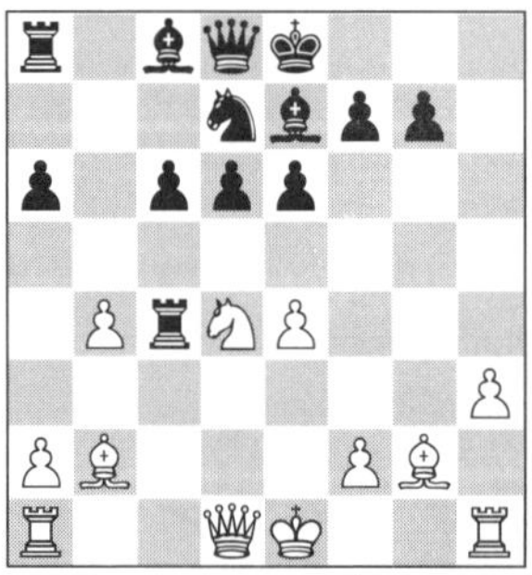

AUFGABE: Nach einer langen Vorbereitungsphase kann Weiß nun endlich den Schlag durchführen, den er schon von langer Hand plante. Worin besteht dieser?
(Lösung auf Seite 366)

John Emms
Alexander Flaata
Kopenhagen 1994 (2)

1.e4 c5 2.♘f3 d6 3.d4 cxd4 4.♘xd4 ♘f6 5.♘c3 a6 6.♗c4 e6 7.♗b3 b5 8.0-0 ♗b7 9.♖e1 ♗e7?

52
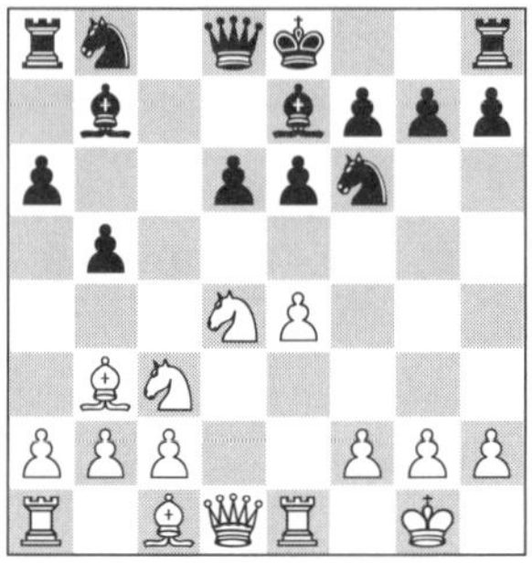

AUFGABE: Wie kann Weiß den Schwarzen jetzt bloßstellen?
(Lösung auf Seite 367)

Standardopfer: ♘d5, ♘f5

Als ich noch ein Jugendlicher war, brachte mir mein „Trainer“ bei (der in der gleichen Schule wie ich und nur zwei Jahre älter war), dass der Najdorf-Sizilianer eine wunderbare Eröffnung sei. Damals konnte er in seinen kühnsten Träumen nicht geglaubt haben, dass diese Eröffnung noch im 21. Jahrhundert lebensfähig und sogar eine der beliebtesten Systeme unter den Top-Großmeistern sein würde. Echte Angriffsspieler wie Dragoljub Velimirovic wussten nur zu gut, wie man die Najdorf-Aufbauten bespielen musste. Opfer auf den Feldern d5 und f5 (bevorzugt beide zugleich!) führten gern zu fantastischen Partien. Hier sind zwei glänzende Beispiele:

Dragoljub Velimirovic
Ljubomir Ljubojevic
Umag ch-YUG 1972 (6)

1.e4 c5 2.♘f3 d6 3.d4 cxd4 4.♘xd4 ♘f6 5.♘c3 a6 6.♗g5 e6 7.f4

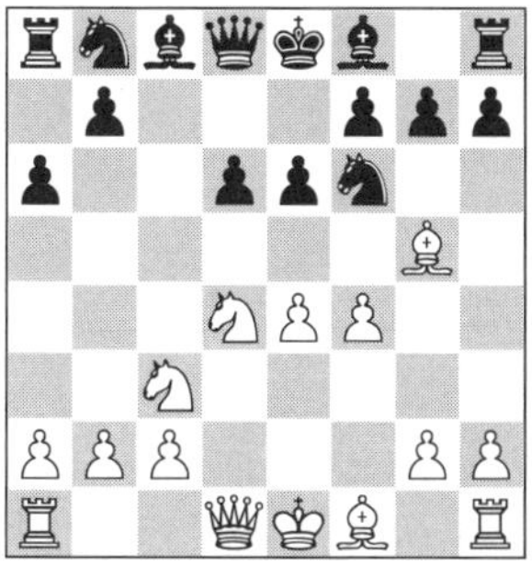

Beim schwarzen Aufbau mit ...♘bd7, ...♕c7, ...b7-b5 und ...♗b7 ist es schlau, die Läuferzug ...♗f8-e7 so lange wie möglich zurückzuhalten. Der Hauptgrund dafür ist, dass nach dem Standardopfer ♘d5 die e-Linie geöffnet wird, worauf Weiß mit ♘d4-f5 verstärken kann. In den meisten Linien muss dann der Läufer e7 zurückziehen.

7...♗e7

Nach 7...♘bd7 8.♕f3 ♕c7 9.0-0-0 b5 10.♗d3 ♗b7 11.♖he1 hätte Schwarz dieselbe Stellung wie in unserer Hauptpartie erreichen können, wenn er nun 11...♗e7 gespielt hätte. Hier sehen wir den Unterschied: die aktuelle Theorie bevorzugt hier 11...♕b6. Eine Musterpartie hierzu ist Schirow-Anand, Morelia/Linares 2008, und es gibt noch eine weitere Partie, die wir später im Abschnitt mit den Aufgaben kennenlernen werden.

8.♕f3 ♕c7 9.0-0-0 ♘bd7 10.♗d3 b5 11.♖he1 ♗b7

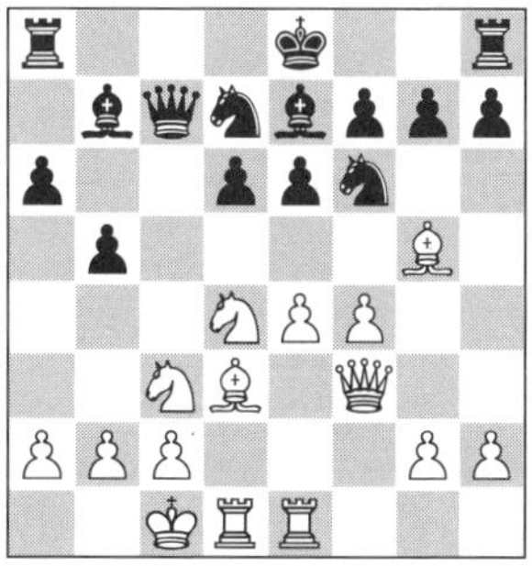

12.♘d5!?

Auch heutzutage zeigen die starken Programme, dass das Opfer zumindest gut spielbar ist. Die Annahme des Opfers ist brandgefährlich für Schwarz.

12...♘xd5

Ein Beispiel: 12...exd5 13.♘f5!? (13. exd5 ♔f8! 14.♘f5 ♗d8!) 13...dxe4 (13...♔f8!) 14.♗xe4 ♘xe4 15.♖xe4 ♗xe4 (15...0-0 16.♘xe7+ ♔h8 17.♘d5 und Weiß steht besser) 16.♕xe4 0-0 17.♘xe7+ ♔h8 18.♖d3! (damit führt Weiß eine weitere Figur zum Angriff und droht nun plötzlich 19.♕xh7+! ♔xh7 20.♖h3#) 18... g6 (18...h6 19.♗xh6! gxh6 20.♖h3 ♔g7 21.♘f5+ ♔g8 22.♘xh6+ ♔g7 23.♘f5+ ♔g8 24.♘e7+ ♔g7 25.♖h7+ ♔f6 26.♘d5#) 19.♖h3! und Weiß gewinnt im Angriff.

13.exd5 ♗xg5

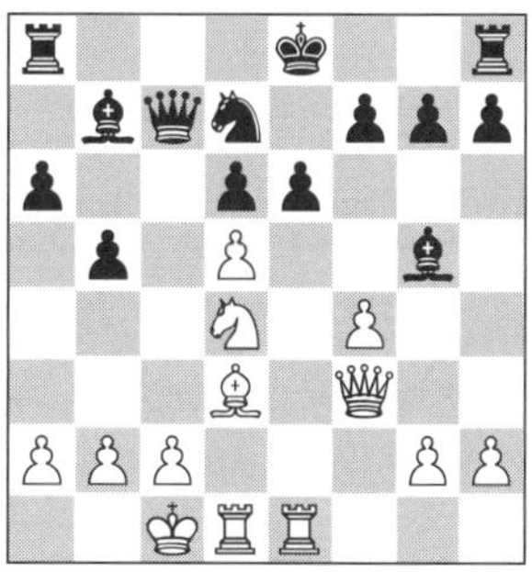

14.♖xe6+!
Mit Velimirovic war nicht zu spaßen!
14...fxe6 15.♘xe6 ♕a5?
Im Nachhinein erweist sich 15...♕b6! als ziemlich gut für Schwarz.
16.♕h5+ g6 17.♕xg5 ♖g8 18.♖d2
Fast alles steht aktiv, nun will Weiß seine letzte Figur, den Turm, ins Spiel bekommen.
18.c3! war eine ausgezeichnete Option. Dann hilft auch 18...♔f7 nicht mehr nach 19.♖e1!.
18...♘f8?
Ein Fehler, aber es ist eine bekannte Tatsache, dass Spieler unter Druck Fehler produzieren. Nur durch 18...♔f7 19.♖e2 ♘f6 konnte Schwarz noch das Gleichgewicht halten.
19.♘xf8 ♕d8 20.♘xh7

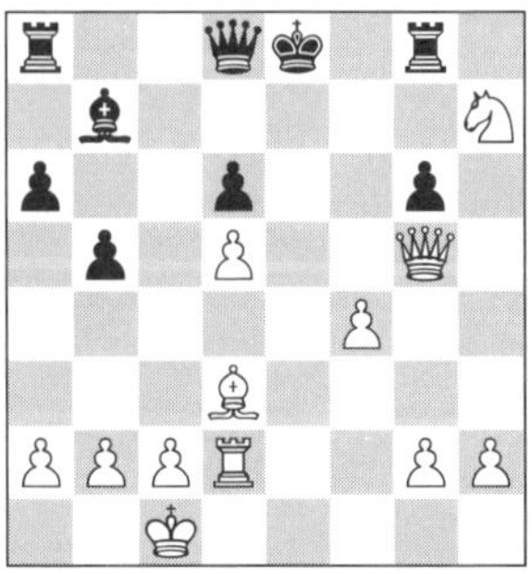

Es mag uns merkwürdig erscheinen, dass Weiß hier sogar den Damentausch eingehen kann. Die Bauernmasse, die er auf dem Königsflügel in Bewegung setzen kann, wird jedoch die schwarze Stellung wie eine Dampfwalze überrollen.

20...♕xg5 21.fxg5 ♔f7 22.♘f6 ♖h8 23.g3 ♗c8 24.h4 ♗f5 25.♗xf5 gxf5 26.h5 ♖a7 27.♖f2
Schwarz gab auf, da er keine Lust darauf verspürte, sich von der Walze begraben zu lassen.

Albin Planinc
Miguel Najdorf
Wijk aan Zee 1973 (3)

1.e4 c5 2.♘f3 d6 3.d4 cxd4 4.♘xd4 ♘f6 5.♘c3 a6 6.♗g5 ♘bd7 7.f4 e6 8.♕f3 ♗e7 9.0-0-0 ♕c7 10.♗d3 h6 11.♕h3
Bei 11.♗h4 ist 11...g5 12.fxg5 ♘e5 13.♕e2 ♘fg4 eine bekannte Variante.
11...♘c5
11...♘b6 wird hier für besser gehalten.
12.♖he1 ♖g8
Die Alternative heißt 12...e5 13.♘f5 g6, aber dann ist 14.♕h4! sehr stark. Auch jetzt entfacht Weiß eine gewaltige Initiative.

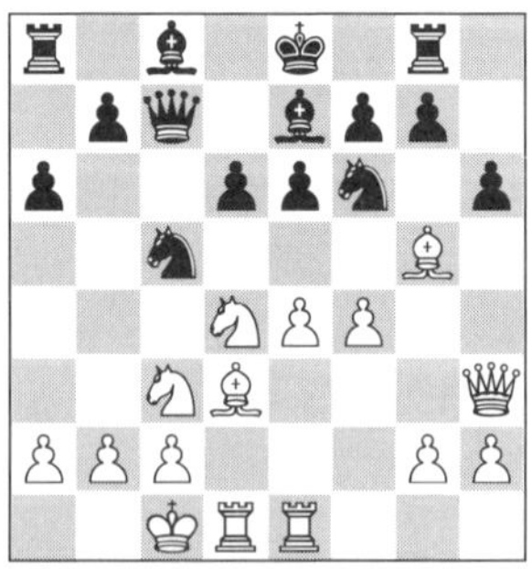

13.e5! dxe5
Kaum gut ist 13...hxg5 14.exf6 gxf6 wegen 15.♘f5! ♔d8 16.♕h7 ♖f8 17.♘xe7 ♕xe7 18.♘d5.

14.fxe5 hxg5

Schlecht ist 14...♘d5 15.♗xe7 ♕xe7 (15...♘xe7 und jetzt ist 16.♗b5+! schon der Gewinnzug) und 16.♗e4 sieht Weiß am Drücker.

Planinc selbst gab die folgende Variante an: 16.♗h7!? ♖h8 17.♘f5 exf5 (relative am besten ist noch 17...♕g5+ 18.♖d2 ♖xh7, doch Weiß behält mit 19.♘d6+ ♔f8 20.♘xd5 exd5 21.♘xc8 einigen Vorteil) 18.♘xd5 mit weißem Gewinn.

15.exf6 ♗xf6?!

Schwarz überzieht es. Notwendig war 15...gxf6, wenngleich die weißen Aussichten nach 16.♔b1! immer noch rosig blieben.

16.♘d5 ♕d8 17.♗h7!?

Damit beabsichtigt Weiß, seinen ♖d1 zu „entblößen". Aber es gibt eine Verteidigung für Schwarz. Die Analyse zeigt, dass 17.♘xf6+! angemessen war, um nach 17...♕xf6 mit 18.♗c4 fortzusetzen.

17...♖h8

Die beste schwarze Option wäre folgende Abwicklung gewesen: 17...♕xd5 18.♗xg8 ♕xa2!? mit einer völlig unklaren Stellung.

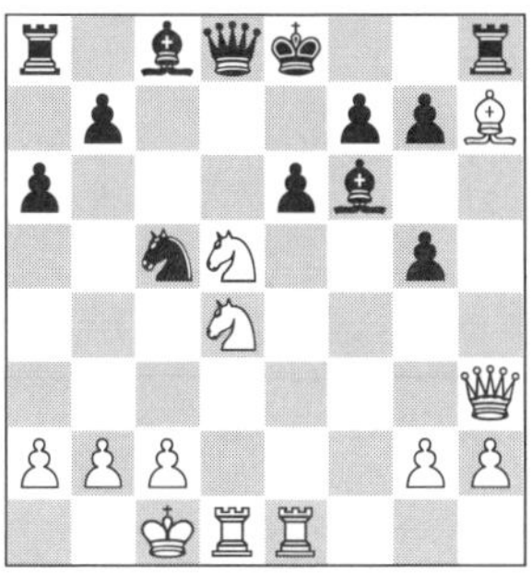

18.♘f5!!

Ein verblüffender Zug! Der Springer bestreicht einige Felder im schwarzen Lager.

18...g4

Wurde nach langem Nachdenken gespielt. Eine befriedigende Lösung des Problems gibt es nicht. 18...♔f8 erlaubt das gewinnende 19.♘xf6 ♕xf6 20.♕c3!, wobei Schwarz die Schwäche seiner Grundreihe aufgezeigt bekommt: 20...♘d7 (20...♕xc3 21.♖d8#; 20...♖xh7 21.♕xf6 gxf6 22.♖d8#) 21.♕b4+ ♔e8

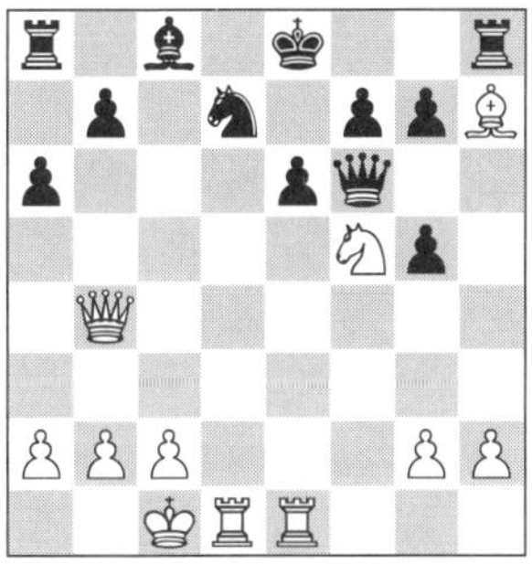

Analysediagramm

Und nun das spektakuläre 22.♖xe6+!! fxe6 (22...♕xe6 23.♘xg7+) 23.♗g6+ ♔d8 24.♕b6# oder 23...♕xg6 24.♕e7#. Eine großartige Schlussstellung.

19.♕g3

Mehr als ausreichend zum Gewinn. Noch akkurater war 19.♕e3.

19...♔f8

Jetzt geht es schnell zu Ende. Bei 19...♖xh7 beendet 20.♘c7+ mit Damengewinn sofort die Partie. Noch das Beste war 19...♗d7, wenngleich Schwarz nach 20.♘c7+ ♔f8 21.♘xa8 auch auf verlorenem Posten stünde.

20.♘xf6

Schwarz gab auf. Ein mögliches Ende wäre 20...♕xf6 21.♕d6+ ♔e8 22.♘xg7+ ♕xg7 23.♕d8#.

Jakow Geller
Dmitri Afanasjew
Samara 2012 (1)

1.e4 c5 2.♘f3 e6 3.d4 cxd4 4.♘xd4 ♘c6 5.♘c3 ♕c7 6.♗e3 a6 7.♗e2 ♘f6 8.0-0 ♗e7 9.f4 d6 10.♔h1 0-0 11.♕e1 ♖e8 12.♕g3 ♘a5 13.e5 dxe5 14.fxe5 ♘d7

53

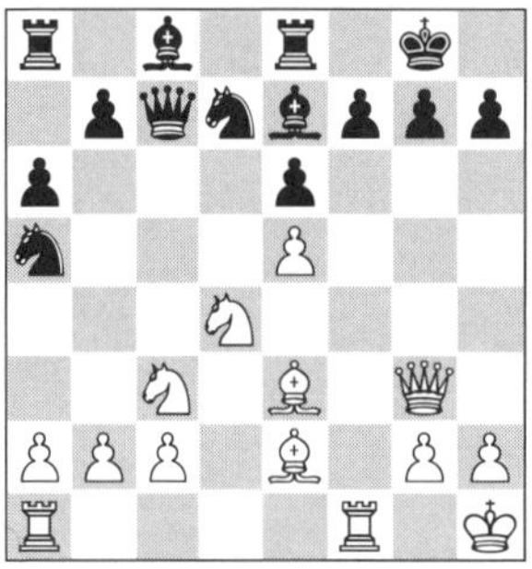

AUFGABE: Schwarz ist unterentwickelt, aber kann Weiß das schnell ausnutzen?
(Lösung auf Seite 368)

Wesley So
Mark Paragua
Tagaytay City 2013 (3)

1.e4 c5 2.♘f3 d6 3.d4 cxd4 4.♘xd4 ♘f6 5.♘c3 a6 6.♗g5 e6 7.f4 ♘bd7 8.♕f3 ♕c7 9.0-0-0 b5 10.♗d3 ♗b7 11.♖he1 ♕b6

54

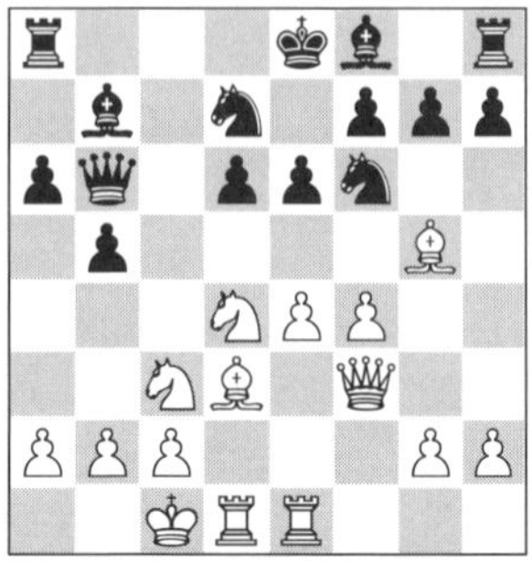

AUFGABE: Lange Zeit nahm man an, dass Schwarz die Drohung des Standardopfers mit seinem letzten Zug pariert hätte. Doch es zeigt sich, dass das nicht der Fall ist. Aber welchen Trick hat sich Weiß wohl ausgedacht nach **12.♘d5! exd5 ?**
(Lösung auf Seite 368)

Dragoljub Velimirovic
Jovan Sofrevski
Titograd ch-YUG 1965 (7)

1.e4 c5 2.♘f3 ♘c6 3.d4 cxd4 4.♘xd4 e6 5.♘c3 d6 6.♗e3 ♘f6 7.♗c4 ♗e7 8.♕e2 a6 9.0-0-0 ♕c7 10.♗b3 ♘a5 11.g4 b5 12.g5 ♘xb3+ 13.axb3 ♘d7

55

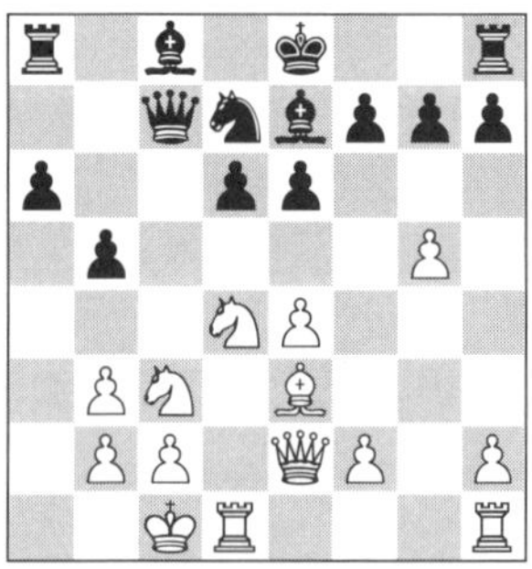

AUFGABE: In dieser Stellung entkorkte Velimirovic den Typus eines Figurenopfers, für das er das Patent besaß!

14.♘f5!? exf5 15.♘d5 ♕d8 16.exf5

Jetzt ist

16...0-0?!

ein Fehler, der dem Schwarzen unlösbare Probleme beschert. Wie kann Weiß dies ausnutzen?

(Lösung auf Seite 370)

Petar Popovic
Ognjen Cvitan
Novi Sad ch-YUG 1985 (6)

1.e4 c5 2.♘f3 d6 3.d4 cxd4 4.♘xd4 ♘f6 5.♘c3 a6 6.g3 e6 7.♗g2 ♗e7 8.0-0 ♕c7 9.g4 ♘c6 10.g5 ♘d7 11.♔h1 0-0 12.f4 ♘xd4 13.♕xd4 b5 14.f5 ♖e8 15.♕f2! ♘e5 16.a3 ♗b7 17.♗f4 ♗f8 18.♖ad1 ♗c6?! 19.♗xe5 dxe5 20.fxe6 fxe6 21.♖d3 b4?! 22.g6! hxg6? 23.♖h3 g5

56
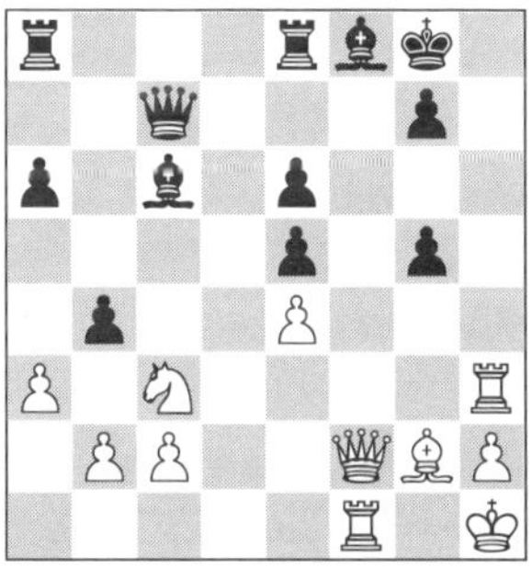

AUFGABE: Weiß besitzt große Angriffschancen, aber wie soll er fortsetzen?

(Lösung auf Seite 372)

Weitere Angriffsmotive

Wir wissen, dass die Schlacht im Sizilianer an beiden Flügeln geführt wird. Der Kampf gewinnt an Intensität, wenn Weiß zum Damenflügel hin rochiert und Schwarz zum Königsflügel. Dann wird es ein Ringen um Leben und Tod, in dem die Spieler nicht vor schwerster Bewaffnung zurückschrecken.

Im Folgenden präsentieren wir Ihnen zwei typische Beispielpartien.

Ildiko Madl
Daniel Summermatter
Genf 1988

1.e4 c5 2.♘f3 e6 3.d4 cxd4 4.♘xd4 ♘f6 5.♘c3 d6 6.♗e3 a6 7.g4 ♗e7 8.g5 ♘fd7 9.h4 ♘c6 10.♕h5 0-0 11.0-0-0 ♘xd4 12.♗xd4 b5 13.♗d3 ♖e8?

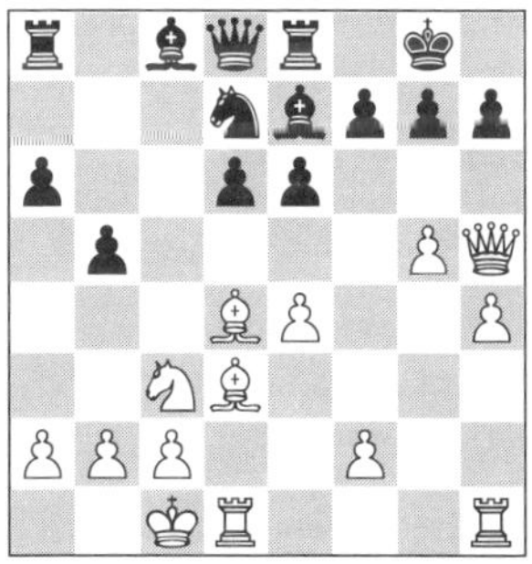

Schwarz räumt das Feld f8 für seinen Springer, um das Feld h7 überdecken zu können. Aber es ist bereits zu spät!

14.♗xg7!

Weiß zerstört zuerst die feindliche Königsstellung, bevor er sich dem anderen schwachen Punkt – h7 – zuwendet. Nach etwa 14.e5 hätte sich Schwarz mit 14...g6 15.♕f3 ♖b8 einigermaßen verteidigen können, wenngleich ihm auch nach 16.exd6 ♗xd6 17.♘e4 schwierige Verteidigungsaufgaben bevorstehen würden.

14...♔xg7

Schwarz nimmt die Herausforderung an. Die Drohung e4-e5 war auf zwei Arten zu verhindern: einmal mit 14...♘e5, aber dies verliert nach 15.♗xe5 dxe5 16.♗xb5.

14...e5 ist auch sehr schlecht nach 15.♕h6 ♗f8 16.♗xf8 ♘xf8 17.♘d5 und Schwarz kann einpacken, wenngleich der weiße Angriff sich erst langsam entwickeln muss. Etwa nach 17...♔h8 18.♘f6 ♖e7 19.f4 ♗b7 20.f5 b4 21.♖hg1 ♖c8 22.♖df1 a5 23.♘h5 f6 24.gxf6 und jetzt ist es wirklich aus und vorbei.

15.♕h6+ ♔h8

Noch schrecklicher war 15...♔g8 16.e5 ♘f8 17.♘e4 mit der Idee 18.♘f6+.

16.e5 ♘f8

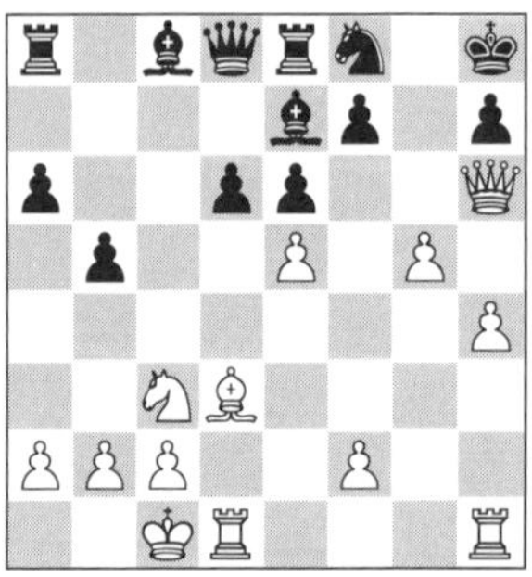

17.♘e4!

Jetzt beteiligt sich der Springer am Angriff, und damit ist das schwarze Schicksal besiegelt.

17...♘g6 18.♘f6 ♗xf6 19.gxf6!

Mit dem g-Bauern! – um die g-Linie zu öffnen, weil dadurch der schwarze Hauptverteidiger abgetauscht werden wird.

19...♖g8 20.h5 ♕f8

Erlaubt ein hübsches Ende. Wie wir voraussagten wird 20...♘f8 mit 21.♖dg1 beantwortet, wonach Matt auf g7 nicht länger verhindert werden kann.

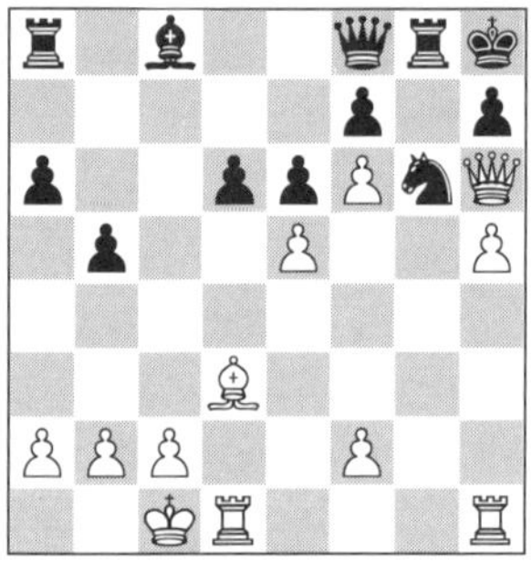

21.♕xh7+! 1-0

21...♔xh7 22.hxg6#.

Andras Adorjan
Zoltan Ribli

Budapest 1979 (4)

1.e4 c5 2.♘f3 d6 3.d4 cxd4 4.♘xd4 ♘f6 5.♘c3 a6 6.♗e3 e5 7.♘b3 ♗e6 8.♕d2 ♘bd7 9.f3 ♖c8 10.g4 ♗e7 11.0-0-0 ♘b6?! 12.h4 0-0 13.h5! ♘c4 14.♗xc4 ♖xc4 15.g5 ♘d7 16.♖dg1

Vermutlich ist 16.g6 noch direkter.

16...♕c7?!

Falsch war 16...f5?! wegen 17.g6!, und selbst wenn Schwarz ♗e3 durch 17...f4 vom Angriff abschneiden kann, muss er zuschauen, wie seine Königsseite nach 18.h6!

aufgesprengt wird, wonach Schwarz wohl nicht unbeschadet daraus hervorgehen wird.

17.g6!

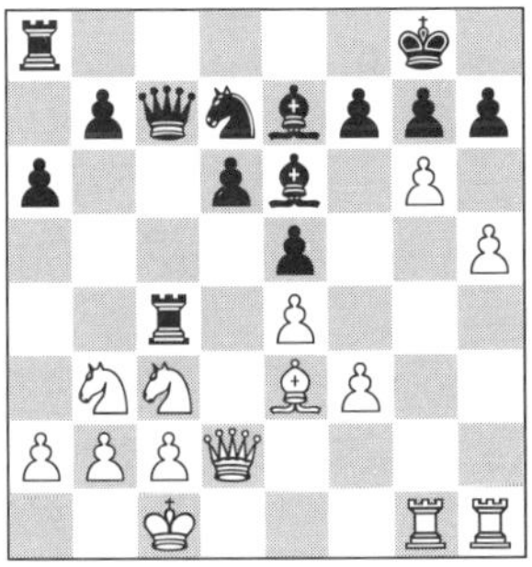

Ein guter Moment für die Öffnung der Königsstellung.

17...♖c8

Den Springer zur Verteidigung zu bringen hilft nicht: 17...♘f6 18.♗h6! ♘e8 19.♗xg7! ♔xg7 (19...♘xg7 20.♕h6+) 20.h6+ ♔g8 21.g7 und Weiß gewinnt; diese Variante wurde von Andras Adorjan selbst angegeben.

Adorjan meint, dass nach 17...♗f6, 18.♗h6! gewönne. Aber das ist nicht so klar nach 18...♖xc3 19.bxc3 ♖c8.

17...f5 ist unmöglich wegen 18.h6.

Bei 17...fxg6 wird die h-Linie geöffnet: 18.hxg6 hxg6, und nun ist 19.♘d5 am besten.

17...h6 verliert nach 18.♗xh6!.

18.♗h6!

Es ist ziemlich außergewöhnliche, dass Weiß die schwarze Königsstellung auf diese Weise aufreißen kann.

Die Standard-Methode ist 18.h6! hxg6 (bei 18...fxg6 hat Weiß eine attraktive Kombination: 19.hxg7 ♔xg7, und jetzt zerstört Weiß die letzten Überbleibsel der schwarzen Rochadestellung:

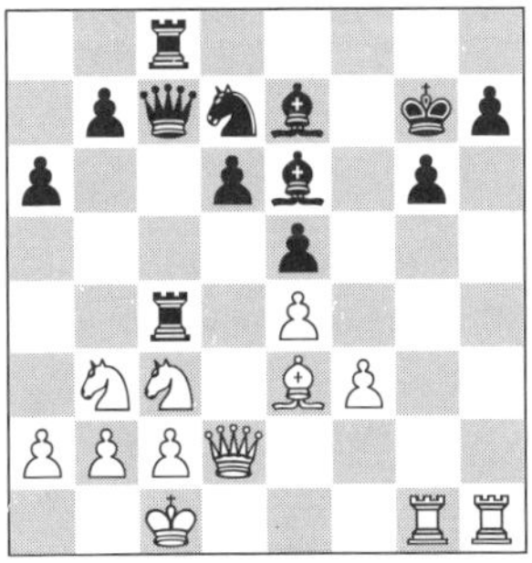

Analysediagramm

20.♖xh7+! ♔xh7 21.♕h2+ ♔g8 22.♖xg6+ ♔f7 23.♕h7+ ♔e8 24.♖xe6, und Weiß gewinnt) 19.hxg7 ♔xg7 20.♕h2 ♗f6 21.♕h6+ ♔g8.

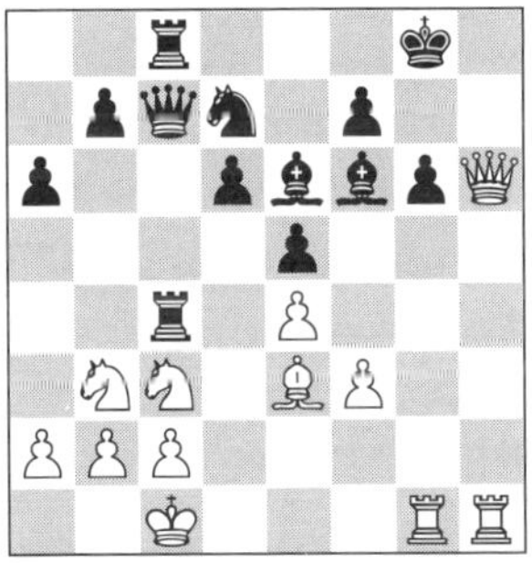

Analysediagramm

Im ersten Moment sieht es so aus, als könne Schwarz alles verteidigen, aber dann zeigt sich, dass 22.♖xg6+! zu finden ist: 22...fxg6 23.♕xg6+ ♗g7 (23...♔f8 24.♖h7 führt ebenfalls zum Matt) 24.♕xe6+ ♔f8 25.♗h6 und nach dem Tausch des letzten Verteidigers ist der schwarze Niedergang unaufhaltsam.

18...♗f6

Schwarz nimmt an, dass er seine Haut damit retten könnte, doch

eine fiese Überraschung erwartet ihn! Zum Desaster führt 18... gxh6 19.♕xh6 fxg6 20.hxg6 ♗f6 21.♕xh7+ ♔f8 22.g7+ ohne Ausweg für Schwarz.
Aber 18...fxg6!? sollte berechnet werden. Weiß muss hier eine kreative Lösung finden:

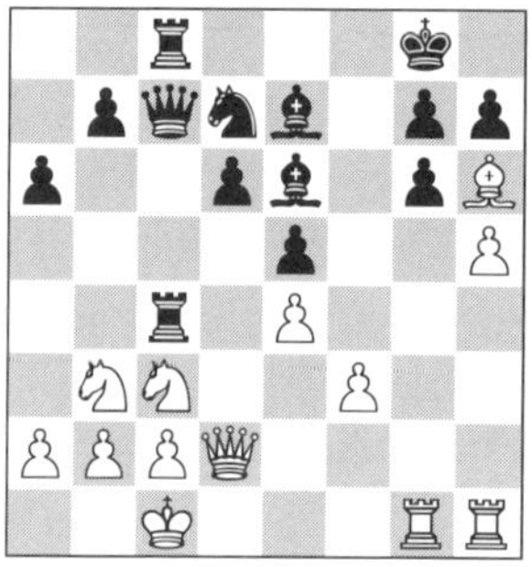

Analysediagramm

19.hxg6 (und nicht das überkreative 19.♗xg7?! ♔xg7 20.hxg6, denn nach 20...♘f6! scheint sich Schwarz zu halten, man sehe: 21.♖xh7+ ♔f8!) 19...♗f6 20.gxh7+ ♔h8 und nun folgt eine instruktive Mattmaschinerie:

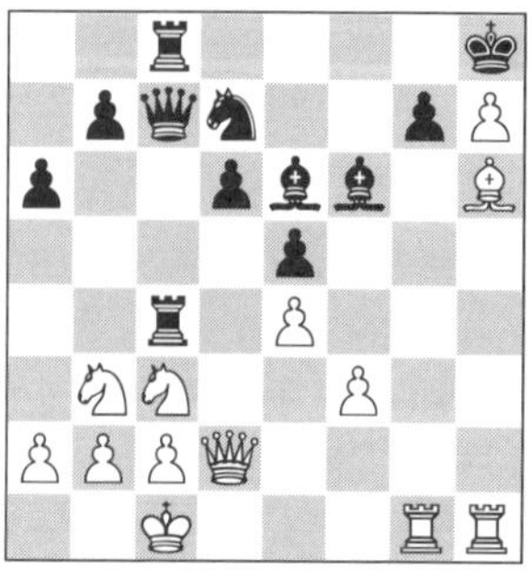

Analysediagramm

21.♗xg7+! ♗xg7 22.♖xg7 ♔xg7 23.♕g5+ ♔f7 (23...♔h8 24.♖g1 nebst matt) 24.♖h6 und Schwarz ist erledigt. Hier eine bezeichnende Variante mit einem wunderhübschen Mattbild: 24...♖h8 25.♖xe6 ♔xe6 26.♕g8+ ♖xg8 27.hxg8♕+ ♔e7 28.♘d5#.
Mit 18...♖xc3 konnte Schwarz versuchen, selbst was zu unternehmen, doch es ist zu wenig: 19.gxh7+ ♔xh7 20.♖xg7+ ♔h8 21.bxc3 mit einer Gewinnstellung für Weiß.
18...hxg6 ist Verzweiflung: 19.hxg6 ♖xc3 (was sonst? 19...fxg6 20.♖xg6 ♗f8 21.♗xg7 ♗xg7 22.♖xg7+ ♔xg7 23.♕g5+ ♔f7 24.♖h7+ ♔f8 25.♕g7+ ♔e8 26.♖h8+ führt zu einem bekannten Matt) 20.gxf7+ ♔xf7 21.♖xg7+ ♔e8 22.bxc3 und Weiß steht auf Gewinn.

19.gxh7+ ♔xh7

19...♔h8 ergibt ein forciertes Matt: 20.♗xg7+ ♗xg7 21.♕g5 ♗f6 22.♕g8+.

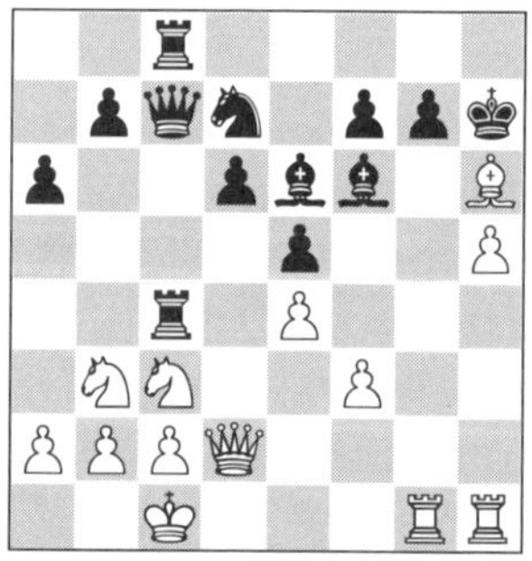

Nun folgt eine prächtige Kombination:

20.♗xg7! ♗xg7 21.h6!! ♗f6

21...♗f8 macht keinen Unterschied: 22.♕g5 f6 23.♕g6+ ♔h8 24.h7 und 25.♕g8+ kann nicht verhindert werden.

22.♕g2!

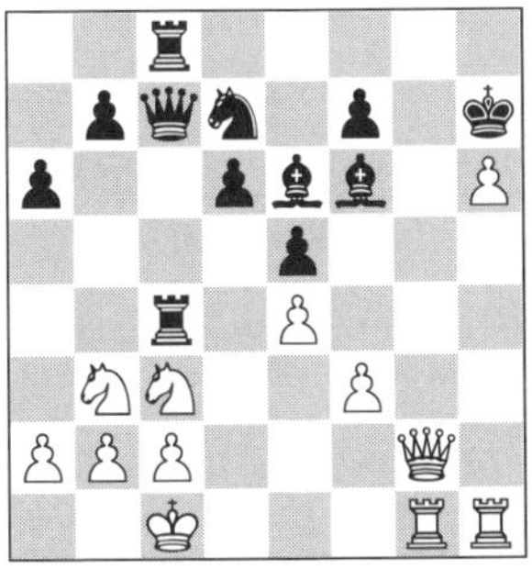

Die fantastische Drohung heißt 23.♕g7+!! ♗xg7 24.hxg7+ ♔g8 25.♖h8#, und dagegen gibt es keine Rettung. Schwarz resignierte.

Sergei Mowsesian
Ognjen Cvitan
Deutschland Bundesliga 1997/98 (5)

1.e4 c5 2.♘f3 e6 3.d4 cxd4 4.♘xd4 ♘f6 5.♘c3 d6 6.g4 ♘c6 7.g5 ♘d7 8.♗e3 ♗e7 9.h4 0-0 10.♕h5 a6 11.0-0-0 ♘xd4 12.♗xd4 b5 13.♗d3 ♘e5 14.f4 ♘xd3+ 15.♖xd3 ♗b7 16.♖g1 b4

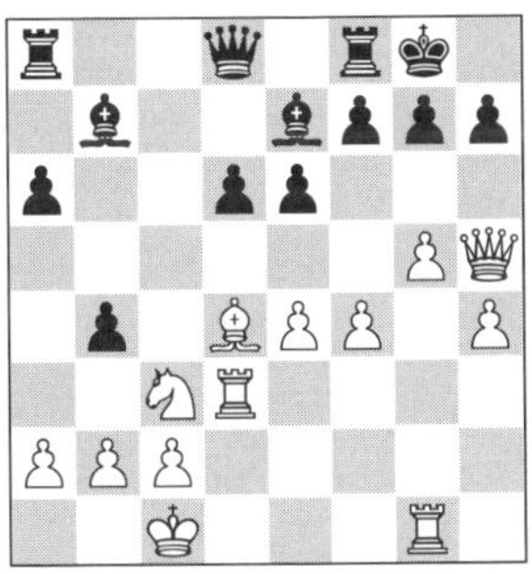

57

AUFGABE: Schwarz hat gerade 16... b4 gespielt. Ist das die Provokation, die Weiß gerade benötigte, um loszulegen? Und wenn ja, wie? 17.♘d5 oder 17.♗xg7 ?

(Lösung auf Seite 372)

Gennadi Kusmin
Attila Groszpeter
Kusadasi 1990 (5)

1.e4 c5 2.♘f3 d6 3.d4 cxd4 4.♘xd4 ♘f6 5.♘c3 a6 6.♗e2 e5 7.♘b3 ♗e7 8.0-0 0-0 9.♔h1 b5 10.♘d5 ♘xd5 11.♕xd5 ♖a7 12.♗e3 ♗e6 13.♕d1 ♖d7 14.a4 b4 15.f4!? ♕c7?

Das erlaubt eine Kombination von seltener Schönheit:

16.f5 ♗c4

Sehr unersprießlich ist 16...♗xb3 17.cxb3, da Weiß auf c4 einen Monsterläufer auf den chronisch schwachen weißen Feldern etablieren würde.

17.♗xc4 ♕xc4

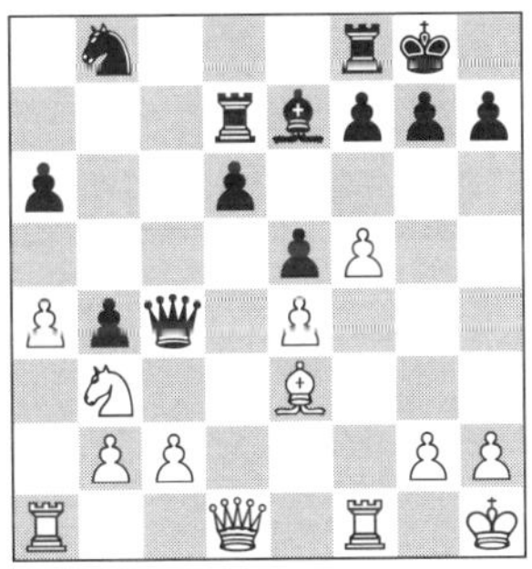

58

AUFGABE: Hier betrachtete Weiß die typische Angriffsidee

18.f6

mit der folgenden relative forcierten Variante:

18...♗xf6 19.♖xf6 gxf6 20.♕g4+ ♔h8 21.♕h4 ♕e6

Muss er nun erkennen, dass dies alles nur ein Trugbild war, oder gibt es da tatsächlich noch was für Weiß?

(Lösung auf Seite 373)

E. Lidon
J. Romero
Spanien tt 1990

1.e4 c5 2.♘f3 d6 3.d4 cxd4 4.♘xd4 ♘f6 5.♘c3 a6 6.f4 e6 7.♕f3 ♗e7 8.♗e3 ♕c7 9.♗d3 ♘bd7 10.0-0 ♘c5 11.♖ac1 0-0 12.♘b3 ♘cd7 13.a4 b6 14.♕h3 ♗b7 15.g4 ♖fd8 16.g5 ♘e8 17.e5 g6 18.♘d4 ♘c5 19.f5
Ein wohlbekannter Durchbruch.
19...dxe5?
Schwarz begeht einen Fehler. Er konnte sich mit 19...exf5 20.♘xf5!? ♗f8! halten, wonach die Stellung unklar ist. Jedenfalls nicht 20... gxf5?? wegen 21.♗xf5.
20.fxg6 hxg6

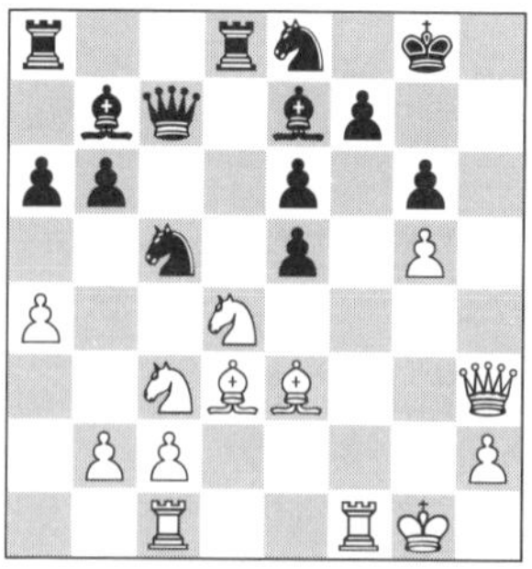
59

AUFGABE: Jetzt ist der schwarze König reif zum Schlachten, aber mit welcher Kombination kann Weiß die Arbeit zum Ende bringen?
(Lösung auf Seite 375)

Sergei Mowsesian
Vlastimil Babula
Lázně Bohdaneč 1996 (2)

1.e4 c5 2.♘f3 e6 3.♘c3 d6 4.d4 cxd4 5.♘xd4 ♘f6 6.g4 ♘c6 7.g5 ♘d7 8.♗e3 ♗e7 9.h4 0-0 10.♕h5 a6 11.0-0-0 ♘xd4 12.♗xd4 b5 13.♗d3 b4?

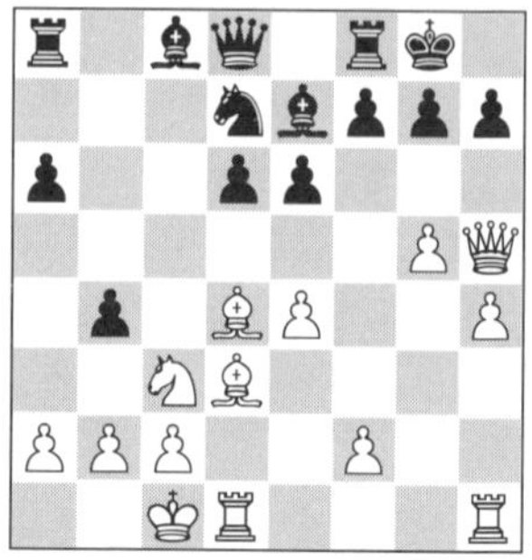
60

AUFGABE: Diese Partie beweist, dass der Partiezug verliert. Was ist die stärkste weiße Fortsetzung? Geben Sie ein paar Varianten und Ideen, um Ihre Meinung zu bekräftigen!
(Lösung auf Seite 375)

5.4 Geschlossene Stellungen

Es ist eine Binsenweisheit, dass die Regeln, die in geschlossenen Stellungen vorherrschen, sich von denen, die in offenen Stellungen gelten, unterscheiden. So kommen solche „Nahkämpfe", wie wir sie in den vorigen Fragmenten betrachtet haben, höchstens viel später in der Partie vor. In der Französischen Verteidigung erkennen wir, dass die Gegner auf beiden Seiten der Bauernkette versuchen, ihre Figuren auf gute Felder zu manövrieren. Wenn sich dann die Stellung plötzlich öffnet, zeigt sich, wer besser manövriert hat. Der Spieler, der seine Figuren besser in Position gebracht hat, reißt in der Regel die Offensive an sich.

Es lohnt sich immer, Partien mit dieser Eröffnung zu studieren, weil man dadurch lernen kann, wie man so eine Vorbereitungsphase richtig durchführt.

Die Französische Verteidigung

Alexander Shabalov
Alexei Schirow
Edmonton 2005 (8)

1.e4 e6 2.d4 d5 3.e5 c5 4.c3 ♘c6 5.♘f3 ♗d7 6.♗e2
Heutzutage wird 6.a3 bevorzugt.
6...♘ge7 7.♘a3 cxd4 8.cxd4 ♘f5 9.♘c2 ♕b6 10.0-0 ♘a5
Schwarz plant seinen schlechten Läufer für den guten Weißen abzutauschen.
11.g4 ♘e7 12.♘fe1 ♗b5 13.♘d3 h5!
Dadurch beschädigt Schwarz die weiße Bauernstruktur; sein Ziel ist es, das Feld f5 für seinen Springer zu sichern.
14.gxh5
Weiß konnte mit 14.h3 seinen Bauern auf g4 behaupten, aber nach 14...hxg4 15.hxg4 ♖c8 steht Schwarz schon recht angenehm.
14...♘f5 15.♗e3 ♘c6!
Das beste Feld für den Springer ist wohl c6, von wo aus Schwarz die größte weiße Schwäche angreifen kann: den Bauern d4. 15...♘c4 wurde in Sweschnikow-Dolmatow, Nabereschnie Tschelny 1988, gespielt. 15...♖c8 kam ebenfalls schon vor (Pioch-Elwert, Norwegen 1994), genau wie 15...♕d8, S.Horvat-Pecnik, Pula 1999.

16.a4 ♗c4 17.b4

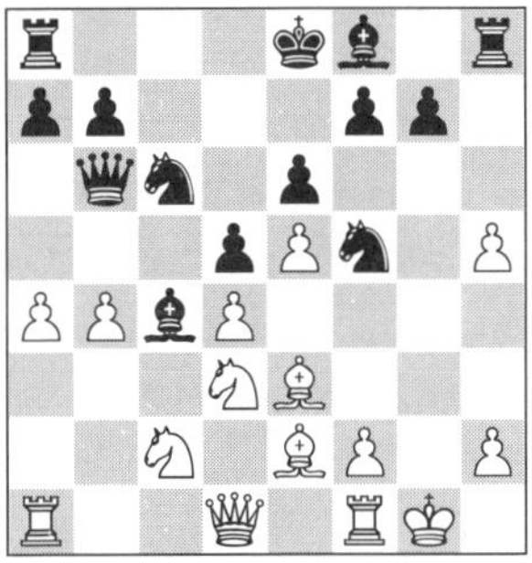

17...♕d8!
Da es nun am Damenflügel nicht viel zu tun gibt, manövriert Weiß seine Dame auf den Königsflügel. Das ist prinzipiell motiviert, nachdem die weiße Königsstellung durch 14.gxh5 exponiert wurde.
18.♗g4 ♘xe3 19.fxe3 ♕g5 20.h3 ♖xh5
Schwarz hat seinen Bauern zurückgewonnen und er steht eindeutig etwas besser. Dennoch verblüfft es, dass er diese Stellung in gerade mal 10 Zügen gewinnt.
21.♕f3

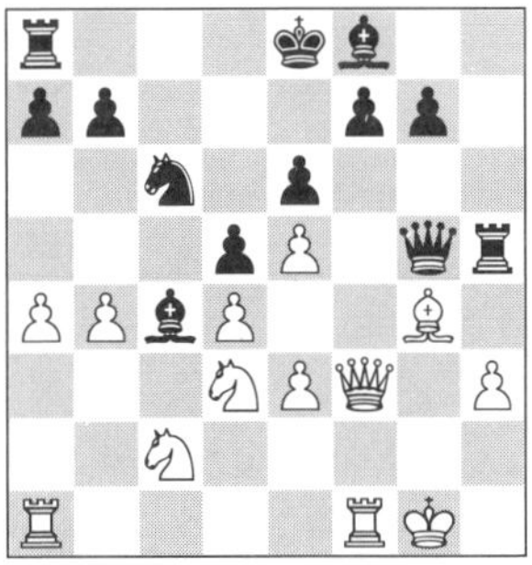

21...0-0-0! 22.♕xf7?
Weiß wittert nicht die Gefahr. Nötig war 22.♖ad1, worauf 22...♖h6 wahrscheinlich eine gute Antwort ist.

22...♖xh3
Entzieht dem ♗g4 den Boden unter den Füßen.
23.♕xe6+
23.♘f2 verliert nach 23...♖g3+ 24.♔h2 ♕h4+ 25.♗h3 ♗xf1 26.♕xe6+ ♔b8 27.♖xf1 ♖f3 28.♔g1 ♕g5+ 29.♔h2 ♘xb4.
23...♔b8
Plötzlich droht Schwarz zwei Dinge: 24...♖g3+ und 24...♗xd3. Vermutlich hoffte Weiß noch auf die folgende Kombination, doch sie weist ein großes Loch auf.
24.♖xf8 ♖g3+
Die Widerlegung. Weiß behielte Recht nach 24...♖xf8? 25.♕d6+ ♔a8 26.♕xf8++–, denn 26...♘d8 27.♕f4! wäre angenehm für ihn.
25.♔f2 ♖xg4

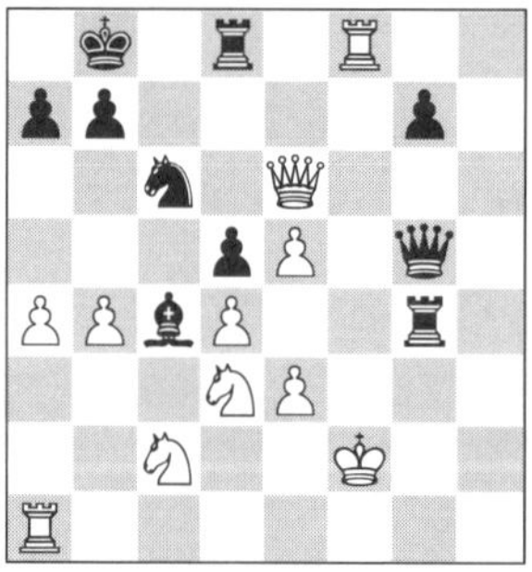

Jetzt ist der weiße König völlig hilflos.
26.♕d6+
Nach 26.♖xd8+ ♘xd8 27.♕d6+ ♔a8 28.♘f4 wird Weiß mattgesetzt: 28...♕h4+ 29.♔f3 ♕g3#.
26...♔a8 27.♖xd8+ ♘xd8 28.♕d7
Danach läuft der schwarze Angriff wie am Schnürchen. 28.♘ce1 endet böse nach 28...♗xd3 29.♘xd3 ♖g2+ 30.♔f1 ♖g1+ 31.♔e2 ♖xa1.
28...♖g2+ 29.♔e1 ♕g3+ 30.♔d1 ♕f3+
Und Shabalov hatte genug gesehen. Nach 31.♔c1 ♖xc2+ 32.♔xc2 ♕e2+ 33.♔c1 ♕xe3+ 34.♔b1 ♕xd3+ 35.♔c1 ♕c3+ 36.♔b1 ♘c6 37.♕c8+ ♘b8 38.♕f8 wird es matt, beginnend mit 38...♕e1+ 39.♔b2 (39.♔c2 ♕xa1) 39...♕d2+ 40.♔a3 ♕c3#.

Alexander Tschistjakow
Tigran Petrosjan
Moskau Stadtmeisterschaft 1956

1.e4 e6 2.d4 d5 3.♘c3 ♗b4 4.e5 b6
Diese Fortsetzung wird nicht so oft gespielt.
5.♕g4 ♗f8
Marke Petrosjan. Er zieht eine Figur, die er gerade entwickelt hat, zurück auf den Ausgangspunkt. Indes ist Zeitverlust in solchen geschlossenen Positionen nicht sofort verhängnisvoll. Schwarz weist keine Schwächen auf, weshalb der Weiße keine Ziele ausmachen kann.
6.♘f3 ♕d7
Noch ein typischer Petrosjan-Zug. Er will gelegentlich die ...0-0-0 vorbereiten.
7.a3 ♘c6
Auch das ist kein alltäglicher Zug. Das schwarze Spiel verlangt ...c7-c5, um damit das weiße Zentrum anzugreifen. Petrosjan jedoch möchte zunächst seinen Damenflügel entwickeln, den Springer nach a5 spielen und

erst dann irgendwann ...c7-c5 einstreuen. Eine Hauptidee des schwarzen Systems ist der Tausch des schlechten Läufers für den guten Weißen: 7...♗a6 8.♗xa6 ♘xa6. Aber der Springer steht schlecht auf a6.

8.♗e3 ♗b7 9.♗b5?!

Hier steht der Läufer nicht so besonders. 9.♗d3 ist normal, wonach auch a2-a3 gerechtfertigt wäre.

9...0-0-0 10.0-0 ♘ge7 11.b4?!

Weiß glaubt, am Damenflügel was ausrichten zu können, aber das wird sich als Illusion erweisen. 11.♘e2 erscheint mir ein besserer Plan zu sein, um c2-c3 zu ermöglichen und im Weiteren den Vorstoß f2-f4-f5 vorzubereiten.

11...f6!

Petrosjan greift den Kopf und nicht die Basis des weißen Bauernzentrums an.

12.♖fe1 ♘f5 13.♕h3 h5 14.g3

Falls er 14.g4? geplant hatte, so realisierte der Weiße nun, dass Schwarz eine *petite combinaison* drin hat: 14...hxg4! 15.♕xh8 ♗xb4 und Schwarz gewinnt.

14...a6 15.♗a4?

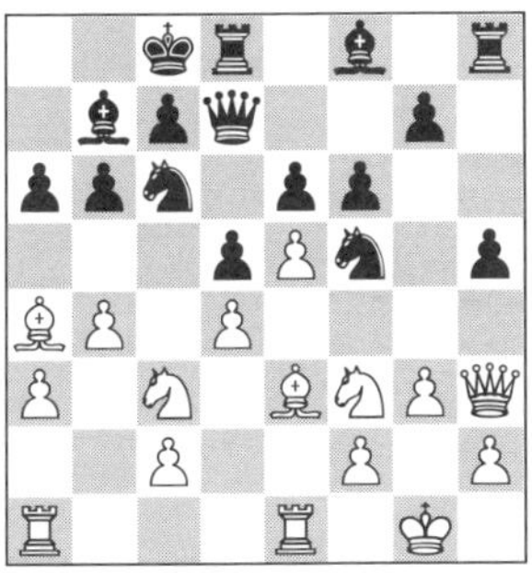

Den Läufer lockt hier keine Zukunft. Er gehört nach d3, auch wenn nach 15.♗d3 ♘xe3 16.fxe3 (16.♖xe3 g5!) 16...g5! 17.♕g2 g4 18.♘h4 fxe5 Schwarz ausgezeichnete Aussichten hätte. Den Läufer mit 15.♗xc6 für den Springer zu geben, kommt kaum in Frage, da Schwarz nach 15...♕xc6 16.♗d2 g5 sehr gut stünde.

15...g5!

Man konnte sein Leben darauf verwetten, dass Schwarz diese Chance ergreifen würde.

16.g4

So gut wie forciert, aber jetzt kann Petrosjan seinem Lieblingshobby frönen: dem Qualitätsopfer. Nach 16.♕f1 g4 17.♘d2 fxe5 verliert Weiß einen wichtigen Zentralbauern.

16...hxg4! 17.♕xh8 gxf3!

Jetzt ist 17...♗xb4 ebenfalls möglich, wobei es noch nicht so schlecht um Weiß bestellt wäre nach 18.♕xf6 ♗xc3 19.♘xg5.

18.♕h5

Bei 18.♕xf6 kann Schwarz bereits einige Brücken hinter sich abbrechen mit 18...♕h7! 19.♕xe6+ ♔b8, denn die Drohung 20...♕h3 kann nicht befriedigend pariert werden.

18...b5

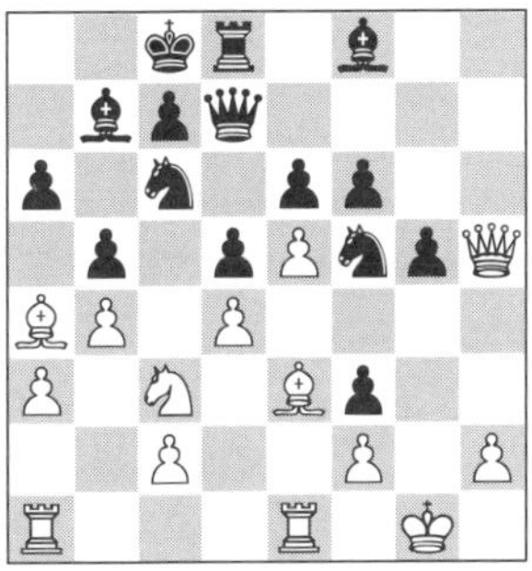

19.♘xb5
Verliert, aber der Weiße bevorzugt es, mit einem Schlag niedergestreckt zu werden, anstelle eines langsamen Todes zu sterben – verständlich, dass ihm 19.♗b3 fxe5 nicht gefiel, denn was kann er da noch tun?
19...axb5 20.♗xb5 fxe5 21.♔h1 ♕g7
Entfesselt sich und übt Druck auf das Zentrum aus.
22.♗xc6 ♗xc6 23.dxe5 ♗e7 24.b5 ♗b7 25.♕g4 ♖h8
Alle weißen Figuren stehen schlecht, und mit zwei Figuren für einen Turm ist der Kampf entschieden.
26.♕g1 d4 27.♗d2 g4 28.♗f4
Falls er glaubte, damit den folgenden schwarzen Bauernzug verhindert zu haben, dann folgte eine böse Überraschung...

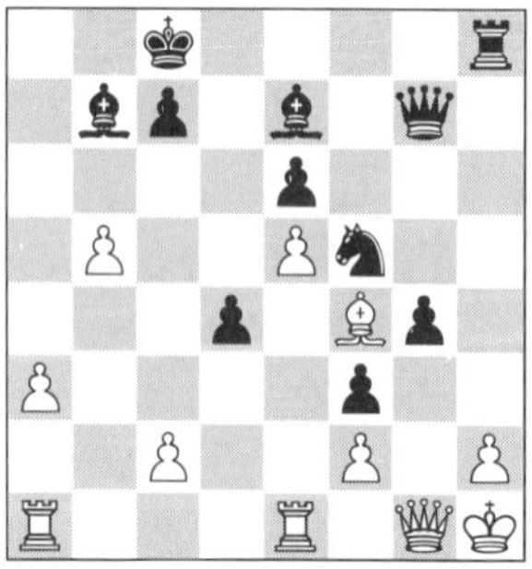

28...g3! 29.♗xg3 ♘xg3+
Weiß gab auf.

B. Hopley
Nigel Holloway
Oxford ch-BCF U18 1967 (1)

1.e4 e6 2.d4 d5 3.♘c3 ♗b4 4.e5 c5 5.a3 ♗xc3+ 6.bxc3 ♘e7 7.f4
Ziemlich ungewöhnlich. Weiß „vergisst" die Entwicklung seiner Figuren.
7...♕a5 8.♗d2 ♘d7
Der Springer gehört nach c6, wobei ihm auch auf diesem Feld eine Zukunft winkt. 8...♕a4 9.♘f3 ♘bc6 war gut möglich.
9.♕g4 g6 10.♘f3 ♘f5 11.a4?

61

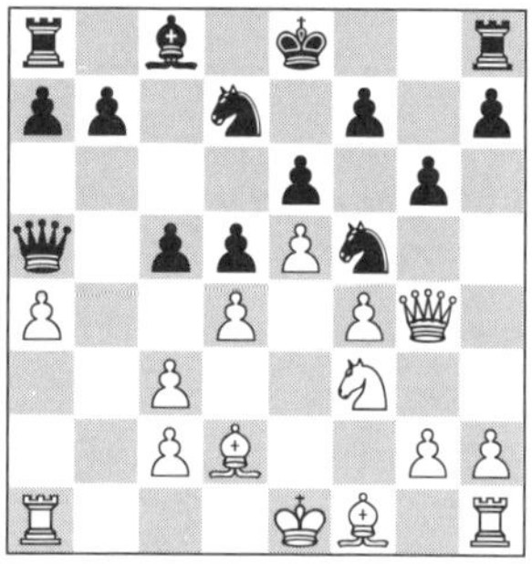

AUFGABE: Dieser Zug wird gern gespielt, aber in der aktuellen Stellung ist er ein klarer Einsteller. Wie gewinnt Schwarz Material?
(Lösung auf Seite 376)

Peter Swidler
Alexei Schirow
Leon Schnellschach 2004 (2)

1.e4 e6 2.d4 d5 3.e5
Die Vorstoß-Variante ist nach wie vor eine wichtige Wahl.
3...c5 4.c3 ♕b6 5.♘f3 ♗d7 6.♗e2 ♗b5
Abtausch der weißfeldrigen Läufer ist ein Standardplan für Schwarz. Man kann auch erst auf d4 tauschen: 6...cxd4!? 7.cxd4 ♗b5 8.♘c3 ♗xe2 9.♘xe2 mit interessantem Spiel.
7.dxc5

Eine neue Idee. 7.0-0 ist zu zahm, da Schwarz nun seinen Plan ausführen kann: 7...♗xe2 8.♕xe2 ♕a6!?.

Um den schwarzen Plan zu durchkreuzen kann Weiß 7.c4 spielen. Nach 7...♗xc4 8.♗xc4 ♕b4+ 9.♘bd2 dxc4 10.0-0 ist es ziemlich kompliziert.

7...♗xc5 8.b4!?

Lockt den Gegner in undurchsichtige Komplikationen. Normal ist 8.0-0, aber nach 8...♗xe2 9.♕xe2 ♕a6 steht Schwarz sehr komfortabel.

8...♗xf2+

Schwarz nimmt die Herausforderung an. 8...♗e7 wurde in A.Wolf-Salewski, Dresden 2002, gespielt. Bei 8...♗f8 9.0-0 ♗xe2 10.♕xe2 steht Weiß minimal besser.

9.♔f1

Wahrlich, Weiß hat einen Bauern verloren und sein Rochaderecht eingebüßt, aber der Läufer auf f2 sitzt in einem ziemlich engen Loch.

9...♗d7

Zu dem Zeitpunkt eine Neuerung. Nach 9...♗xe2+? 10.♕xe2 verliert Schwarz den Läufer.

Eine Möglichkeit ist 9...♗c6 mit der möglichen Folge 10.♕d3 (um 10...♗e3 zu verhindern) 10...a6 11.a4 ♘e7 12.♖a2 ♘f5 13.g4 ♘h4 (13...♗e3!?) 14.a5 ♕a7 15.♘xh4 ♗xh4 16.♗e3 b6 17.♗xb6 ♕b7 18.♗d4 f6!, wie in Kristjansson-Thorsson, Island tt 1998. Weiß bekam Probleme mit seiner unsicheren Königsstellung.

10.♕d2?!

Das also plante Swidler. Er verhindert 10...♗e3 und droht den Läufer mit 11.♗d3 zu gewinnen.

10...♘h6

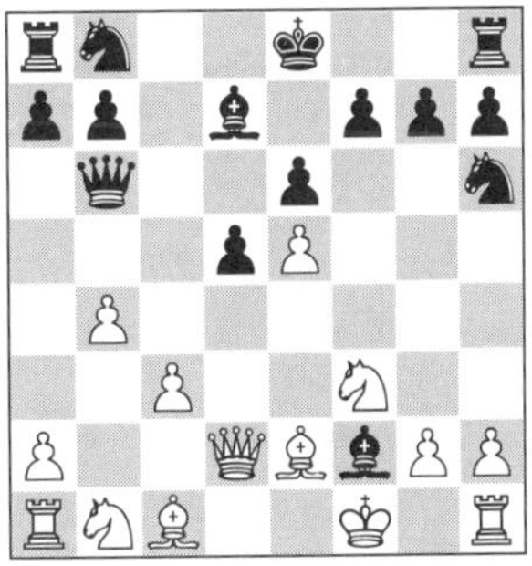

11.♗d3?

Basiert auf einen Rechenfehler. Gut oder nicht, Swidler musste 11.c4 mit großen Komplikationen spielen.

11...♘g4

Dadurch behält Schwarz die Kontrolle über das Feld e3.

12.♕g5?

12.h3 wird mit 12...♘e3+ und Gewinn beantwortet, und bei 12.♕f4!? f5! 13.h3 (13.exf6 ♘xf6 14.♔e2 0-0 Schwarz gewinnt) 13...♗e3 14.♗xe3 ♘xe3+ 15.♔e2 ♘xg2 16.♕g5 (16.♕d2 f4 17.♖g1 ♘h4!) 16...f4! steht Schwarz fast auf Gewinn.

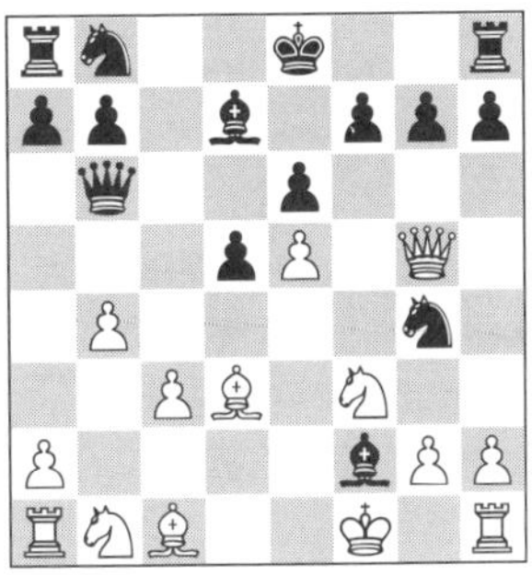

Weiß steckt also bereits in Problemen, aber nun wird er definitiv hereingelegt.

12...♗b5!

Mit diesem ausgezeichneten Zug übernimmt Schwarz das Ruder. 12...♗g1 oder 12...♗e1!? sollten auch gewinnen.

13.c4

62
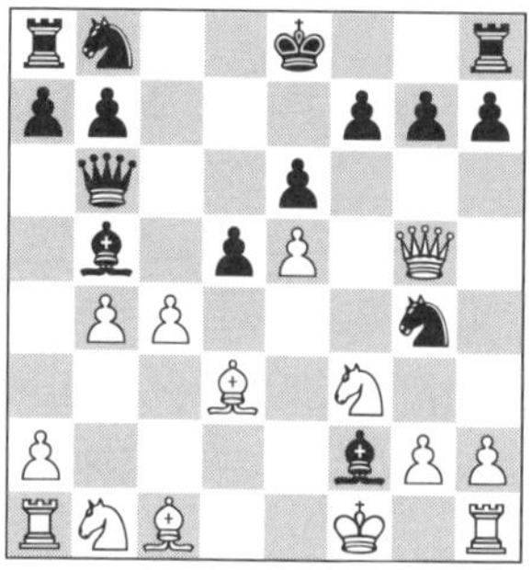

AUFGABE: Weiß hoffte, mit seinem letzten Zug zurückschlagen zu können. Doch es folgte der kalte Schauer. Womit erzwang sein Gegner die Aufgabe?

(Lösung auf Seite 377)

Giorgio Coppini
Bela Vigh
Budapest 1995 (3)

1.e4 e6 2.d4 d5 3.♘d2 ♘c6 4.♘gf3 ♘f6 5.e5 ♘d7 6.c3 f6 7.exf6 ♕xf6 8.♗e2 ♗d6 9.♘f1 0-0 10.♘g3 e5 11.♕b3 ♘b6 12.♘e4 ♕g6 13.♘xd6 cxd6 14.♗e3 ♘a5 15.♕b5 ♘ac4

Mit diesem starken Zug übernimmt Schwarz die Initiative.

16.dxe5?

63
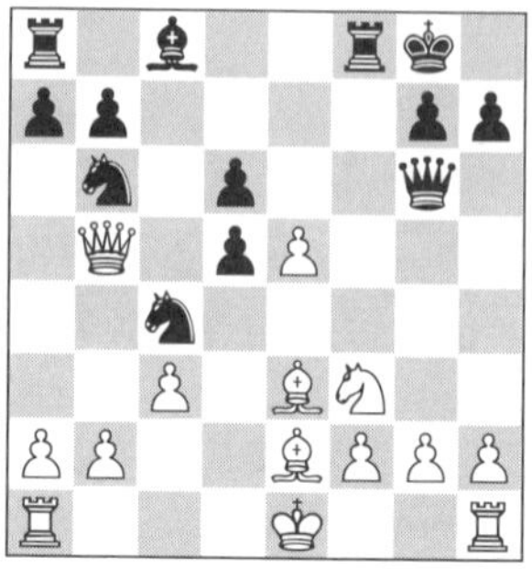

AUFGABE: Dieser Zug verliert. Wie?

(Lösung auf Seite 377)

Helgi Dam Ziska
Teimour Radjabow
Istanbul Olympiade 2012 (3)

1.e4 e6 2.d4 d5 3.e5 c5 4.c3 ♘c6 5.♘f3 ♗d7 6.a3 ♖c8 7.♗d3 cxd4 8.cxd4 ♕b6 9.♗c2

64
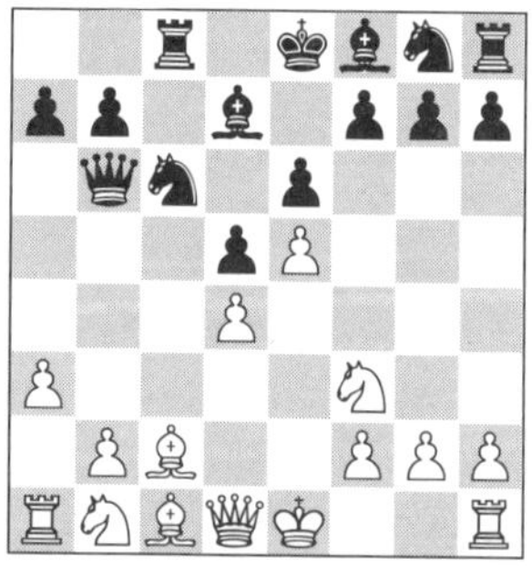

AUFGABE: Hier wollte der Schwarze das Spiel an sich reißen mit

9...♘xd4 10.♘xd4 ♗c5

Nun hatte Weiß die Qual der Wahl: verteidigen mit 11.♘f3 oder 11.♘b3. Welchen Zug würden Sie wählen?

(Lösung auf Seite 377)

Die Königsindische Verteidigung

In gewisser Weise treffen die einleitenden Worte des vorigen Abschnitts über Französisch auch auf Königsindisch. In vielen Abspielen treffen wir auf Bauernketten, und beide Parteien manövrieren ihre Figuren auf Feldern auf beiden Flanken der Bauernkette. In den Hauptlinien lässt Schwarz die Bauern vor seinem eigenen König nach vorne laufen, im Bemühen, den gegnerischen König anzugreifen. Der Weiße wendet seine Aufmerksamkeit derweil dem Damenflügel zu, wo er häufig ein brutales Massaker anrichten kann. Wenn Schwarz auf diesem Flügel alle Brücken hinter sich abbricht, wird er gezwungen sein, auf der anderen Seite zuzuschlagen. Auch hier entdecken wir spezifische Opfermotive in den Meisterpartien, wo diese von ihrem besseren Aufbau profitierten. Der Umstand, dass in dieser Eröffnung alles am seidenen Faden hängt, macht sie umso aufregender!

Gata Kamsky
Garri Kasparow
Paris 1992 (3)

1.d4 ♘f6 2.c4 g6 3.♘c3 ♗g7 4.e4 d6 5.♘f3 0-0 6.♗e2 e5 7.0-0 ♘c6 8.d5 ♘e7 9.♘d2 ♘e8 10.♖b1?! f5 11.b4 ♘f6 12.f3 f4∓ 13.c5 g5 14.♘c4 ♘g6 15.a4 ♖f7 16.♗a3 ♗f8 17.a5 ♖g7 18.b5 b6! 19.cxd6 cxd6 20.♘a2 g4! 21.fxg4 ♘h4! 22.♖b3 ♘xg4 23.♗f3 bxa5 24.♕d2 a4 25.♖c3 ♗d7 26.♖b1 ♖c8 27.♔h1

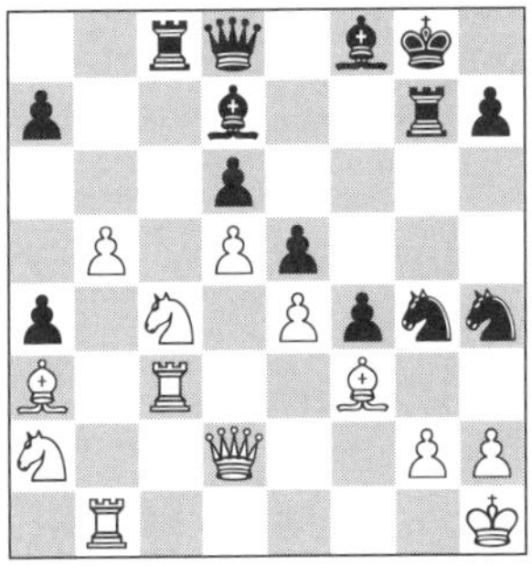

In dieser Stellung ist eine hübsche Kombination versteckt.

27...♘xh2!

Schwarz kann auch die Züge umstellen: 27...♖xc4 28.♖xc4 ♘xh2 gewinnt ebenfalls.

28.♔xh2 ♖xc4

Der Punkt.

29.♖bc1

Denn 29.♖xc4 erlaubt 29...♘xf3+ 30.gxf3 ♕h4#.

29...♘xf3+ 30.♖xf3 ♕h4+ 31.♔g1 ♖xe4

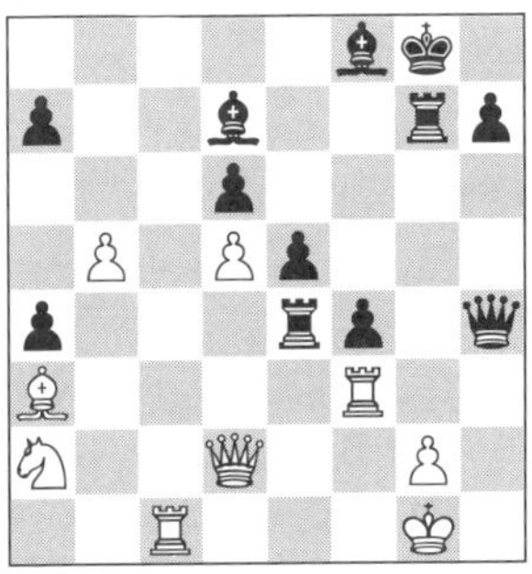

Schwarz hat wichtige Bauern gewonnen. Wegen der Schwerfiguren und des schwarzen Läuferpaares ist der Rest eine einseitige Angelegenheit.

32.♕f2 ♕h5 33.♖c7 ♖e1+!
Gut gesehen.
34.♕xe1 ♕xf3 35.♕d2 ♕g4 36.♘c3 f3 37.♖xa7 ♕h3
Weiß gab auf.

Frantisek Zita
David Bronstein
Städtekampf Moskau-Prag 1946 (6)

1.c4 e5 2.♘c3 ♘f6 3.♘f3 d6 4.d4 ♘bd7 5.g3 g6 6.♗g2 ♗g7 7.0-0 0-0 8.b3 ♖e8 9.♗b2 c6 10.e4 exd4 11.♘xd4 ♕b6 12.♕d2 ♘c5 13.♖fe1 a5 14.♖ab1 a4 15.♗a1 axb3 16.axb3 ♘g4 17.h3

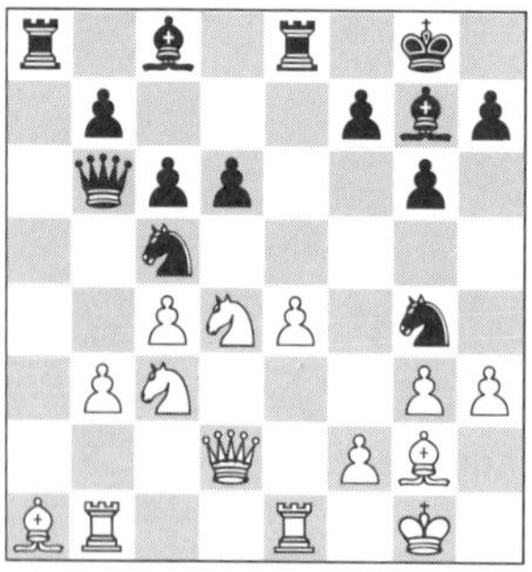

Die schwarzen Figuren zeigen große Aktivität, aber da sein Springer zurückgeworfen zu werden droht, muss er scharf reagieren. Bronstein schleuderte eine blendende Kombination aufs Brett:
17...♖xa1!
Der Läufer kontrollierte wichtige schwarze Felder, das war es dem Schwarzen allemal die Qualität wert, um ihn vom Brett zu bekommen!
18.♖xa1
18.hxg4 ♖xb1 19.♖xb1 ♗xg4 hätte dem Schwarzen kampflos Läuferpaar und einen wertvollen Bauern überlassen.

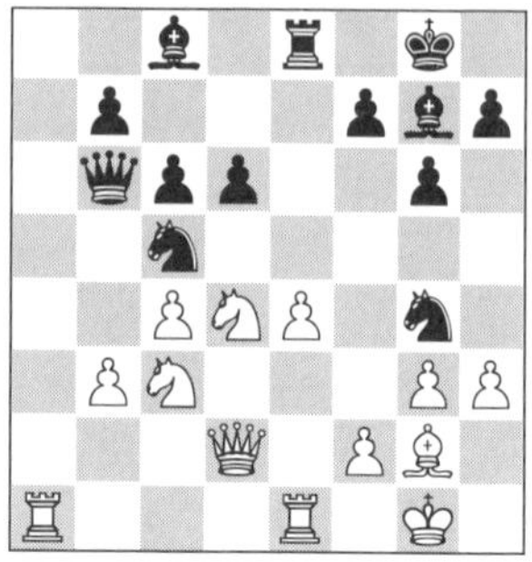

18...♘xf2!
Natürlich musste er diese Fortsetzung vorausgesehen haben. Nicht 18...♘xb3? 19.♘xb3 ♕xb3 wegen des Konterschlags 20.e5!, wonach Schwarz sich plötzlich mit Problemen konfrontiert sähe: 20...♘xe5 (der Springerrückzug 20...♘h6 sieht Weiß nach 21.exd6! ♖d8 22.♘e4 ♗xa1 23.♖xa1 gewinnen) 21.f4 und Weiß gewinnt Material.
19.♖e3
19.♕xf2 wird mit 19...♘d3 20.♘a4 ♗xd4 21.♘xb6 ♗xf2+ 22.♔f1 ♗xb6 beantwortet, Schwarz gewinnt. 19.♔xf2 trifft ebenfalls auf eine wuchtige Entgegnung: 19...♘xb3.
19...♘xh3+ 20.♔h2 ♘f2 21.♖f3 ♘cxe4 22.♕f4 ♘g4+ 23.♔h1 f5
Vernachlässigbar stärker war 23...♘ef2+ 24.♖xf2 ♘xf2+ 25.♕xf2 ♗xd4.
24.♘xe4 ♖xe4 25.♕xd6 ♖xd4 26.♕b8 ♖d8 27.♖a8 ♗e5 28.♕a7 ♕b4! 29.♕a2 ♕f8! 30.♗h3 ♕h6
Weiß gab auf.

Alejandro Hoffman
Fabian Fiorito
Buenos Aires 1998 (4)

1.d4 ♘f6 2.c4 g6 3.♘c3 ♗g7 4.e4 d6 5.♘f3 0-0 6.♗e2 e5 7.0-0 ♘c6 8.d5 ♘e7 9.♗g5 ♘e8 10.♘d2 h6 11.♗e3 f5 12.f3 f4 13.♗f2 h5 14.a4 g5 15.c5 ♖f6 16.a5 ♖g6 17.cxd6 cxd6 18.♘b5 ♗d7 19.♘xa7 ♘c8 20.♘xc8 ♖xc8 21.♕b3 g4 22.♔h1

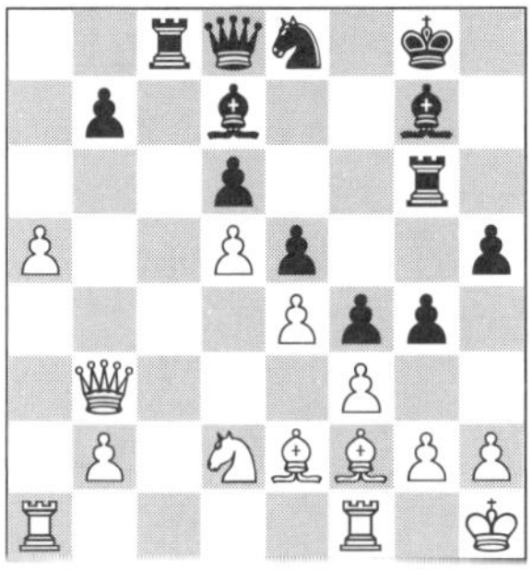

22...g3! 23.♗a7
Danach geht das weiße Spiel rasch den Bach runter, aber es gibt keine sinnvolle Alternative: 23.♗g1 verliert wegen 23...♕g5, und der Mattangriff kann nicht gestoppt werden: 24.h3 ♗xh3 25.gxh3 g2+ 26.♔h2 ♕g3#.
Und bei 23.♕xb7 ♕h4 24.♗g1 folgt 24...♗h3! 25.gxh3 g2#.
23...♕h4 24.♗g1

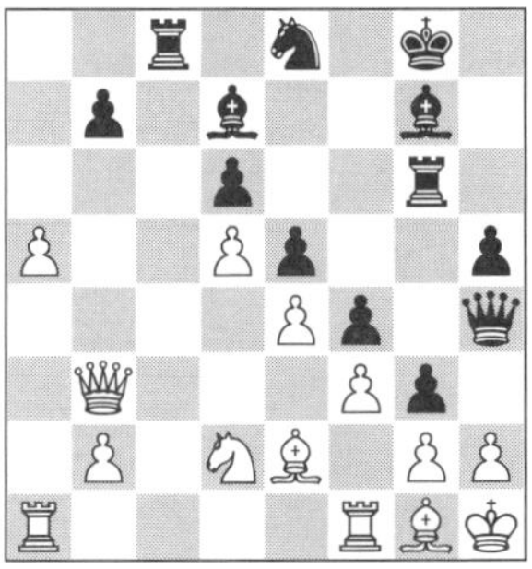

65

AUFGABE: In dieser Eröffnung geht es stets heftig zur Sache. Wie entschied Schwarz den Kampf zu seinen Gunsten?
(Lösung auf Seite 379)

Burkhard Malich
Dragoljub Janosevic
Budapest 1965 (15)

1.d4 ♘f6 2.c4 g6 3.♘c3 ♗g7 4.♘f3 0-0 5.e4 d6 6.♗e2 e5 7.0-0 ♘c6 8.d5 ♘e7 9.♘e1 ♘d7 10.♗e3 f5 11.f3 f4 12.♗f2 g5 13.b4 ♘f6 14.c5 ♘g6 15.cxd6 cxd6 16.♖c1 ♖f7 17.♘c2 h5 18.♘a3 g4 19.♘cb5 a6 20.♘c3 b5 21.♘ab1 ♗d7 22.a4 ♗f8 23.♘a3 ♖g7 24.♔h1

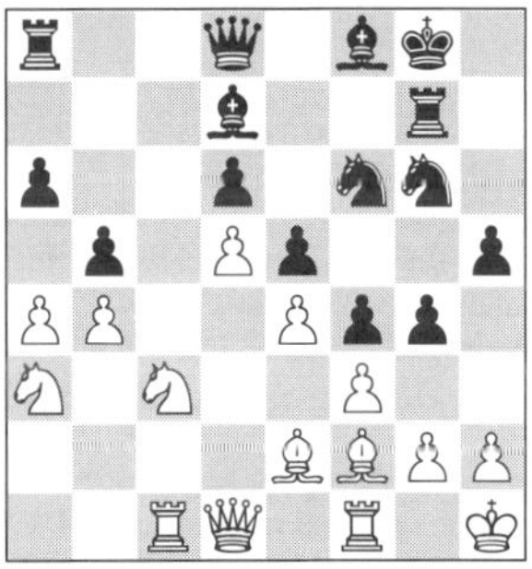

24...g3! 25.♗e1
Wenn Weiß das Bauernopfer annimmt, erhält Schwarz ausgezeichnete Angriffschancen: 25.hxg3 fxg3 26.♗xg3 h4 27.♗f2 (27.♗h2 ♘h5! und Weiß kann nicht viel tun gegen die Invasion der schwarzen Springer nach 28.♖f2 ♘g3+ 29.♔g1 ♘f4) 27...♘h5 gefolgt von Angriffszügen wie ...♕g5, ...♘gf4, und es zeichnet sich ab, dass die schwarze Initiative zum Hurrikan anschwellen wird.
25...bxa4 26.♘xa4?

66
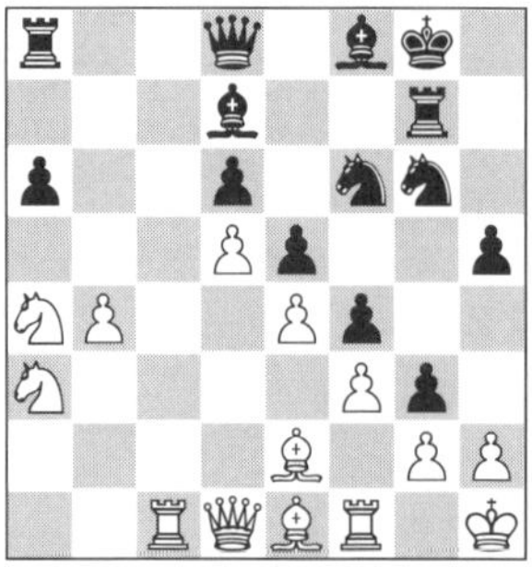

AUFGABE: Wie oft in den Hauptlinien der königsindischen Verteidigung gelang es dem Schwarzen, einen Bauern nach g3 vorzustoßen. Und wie lautet der passende Abschluss, wenn Weiß die Gefahr unterschätzt?
(Lösung auf Seite 379)

Margareta Muresan
Zorica Nikolin
Jajce W 1984

1.♘f3 ♘f6 2.c4 g6 3.♘c3 ♗g7 4.e4 d6 5.d4 0-0 6.♗e2 e5 7.0-0 ♘c6 8.d5 ♘e7 9.♘e1 ♘d7 10.♘d3 f5 11.f3 ♘f6 12.♗e3 f4 13.♗f2 g5 14.c5 ♘g6 15.♖c1 ♖f7 16.b4 h5 17.b5 ♗f8 18.♕b3 a6 19.bxa6 bxa6 20.♘b4 g4 21.♘c6 ♕d7 22.a4 g3 23.hxg3 fxg3 24.♗xg3 ♗h6 25.♖a1 h4 26.♗h2 ♗e3+ 27.♔h1 ♘h5 28.♘d1

67
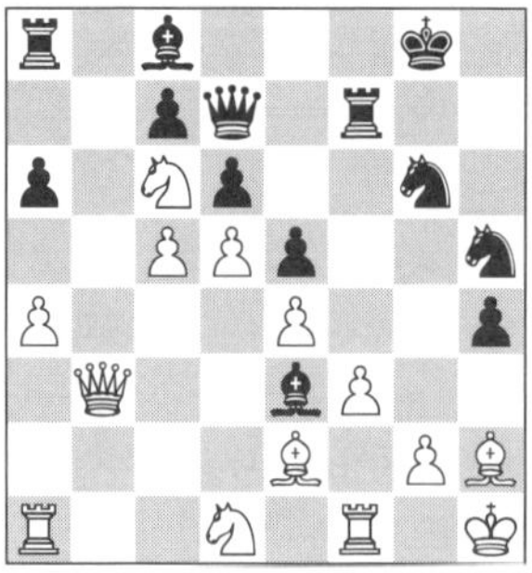

AUFGABE: Weiß stand bereits verdächtig, aber nun kann die Schwarze sogleich entscheidend zuschlagen. Wie?
(Lösung auf Seite 379)

Ludek Pachman
David Bronstein
Städtekampf Moskau-Prag 1946 (2)

1.d4 ♘f6 2.c4 d6 3.♘c3 e5 4.♘f3 ♘bd7 5.g3 g6 6.♗g2 ♗g7 7.0-0 0-0 8.b3 ♖e8 9.e4 exd4 10.♘xd4 ♘c5 11.♖e1 a5 12.♗b2 a4 13.♖c1 c6 14.♗a1 axb3 15.axb3 ♕b6 16.h3 ♘fd7 17.♖b1 ♘f8 18.♔h2 h5 19.♖e2 h4 20.♖d2

68
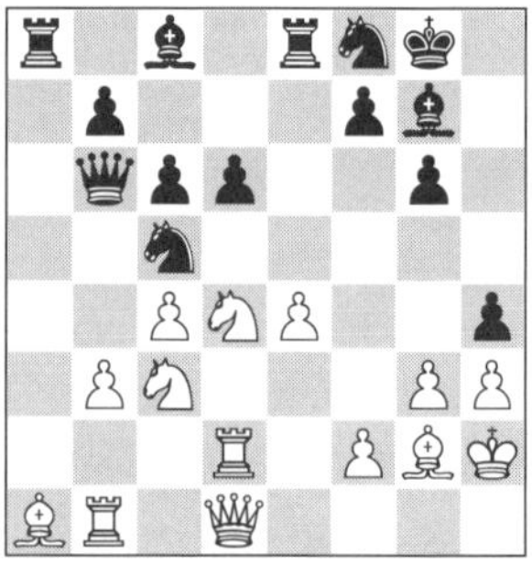

AUFGABE: Wie kann Schwarz von der etwas wackligen weißen Aufstellung profitieren?
(Lösung auf Seite 379)

5.5 „Unfälle" in der Eröffnung

Einst spielte ich in einem Verein, der Unterkunft für seine Wettbewerbe in einem Café fand. Auch die Wochenendkämpfe gegen andere Vereine wurden hier ausgetragen. Der Besitzer des Cafés stellte einen Raum unter der Bedingung zur Verfügung, dass die Mitglieder des Clubs beim Umbauen der Tische und Stühle mithelfen würden, bevor sie mit ihren Partien beginnen würden. Jedoch nicht alle Vereinsmitglieder hielten sich an das Protokoll. Bei einer Gelegenheit hatte sich ein Teamkollege bereits einen Tisch und seinen gerade eintretenden Gegner gekrallt, der bereit war, die Uhr zu drücken. Während der Raum noch in ziemlich chaotischem Zustand war (Leute eilten hin und her mit Tischen, Stühlen, Schachbrettern, Figuren und Uhren) kamen in einer kleinen Ecke die folgenden Züge aufs Brett:

1.e4 c5 2.♘f3 d6 3.c3 ♘f6 4.♗e2

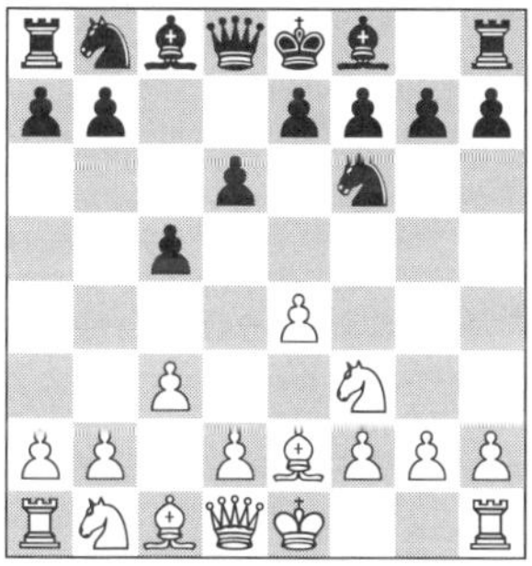

4...♘xe4?? 5.♕a4+ 1-0

Das Match hatte noch kaum begonnen – schon lagen wir 0-1 zurück! Unser Vereinskollege, der sich offensichtlich schuldig fühlte, brachte uns großzügig für den Rest des Nachmittags Getränke ans Brett...

Nicht jede Partie geht dermaßen plump verloren. Es gibt auch Partien mit kurzem Ende, bei denen brillantes Spiel aufblitzt. Wie die folgende, die zwischen zwei gealterten Berühmtheiten gespielt wurde.

Miso Cebalo
Jewgeni Wasjukow
Sibenik Ech sr tt 2014 (6)

1.d4 f5 2.♗g5

Dieser scharfe Zug ist insbesondere als Überraschungswaffe gefährlich. Weiß möchte das Spiel in unbekannte Kanäle lotsen.

2...g6

2...h6 3.♗h4 g5 gewinnt keine Figur, da Weiß 4.♗g3 hat, wonach 4...f4 5.e3 falsch wäre. Nimmt man diesen Ausgangspunkt, so zeigt sich ein zweiter möglicher Unfall, der durchaus vorstellbar ist: 5...h5 6.♗d3 ♖h6?? 7.♕xh5+ ♖xh5 8.♗g6#, wie es in Teed-Delmar, New York 1896, geschah.

3.e3

3.♘c3 und 3.h4 sind schärfere Alternativen.

3...♘h6

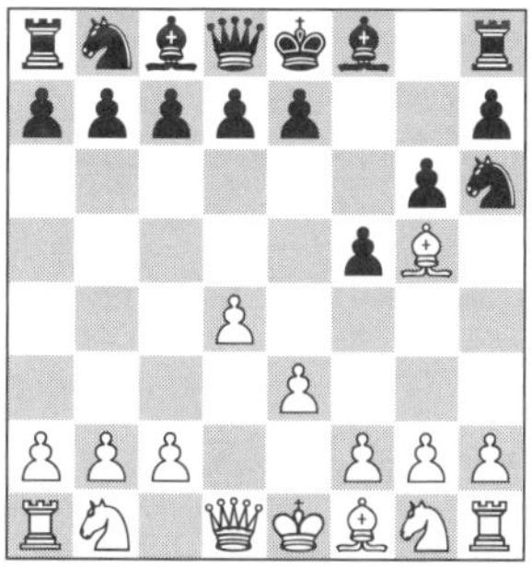

Dieser Aufbau verfolgt eine klare Idee: indem er den Springer nach f7 stellt, will Schwarz den Läufer g5 attackieren, zudem will er den Zentralstoß e7-e5 vorbereiten.

3...♗g7 4.♘f3 ♘f6 wird öfters gespielt.

4.h4 ♘f7 5.♗f4 d6 6.♘f3

In einer Partie Kopylova-Renner, Nürnberg 2007, folgte 6.♗c4.

6...♘d7 7.♗c4!

Weiß entwickelt seine Figuren so aktiv wie möglich. Zugleich ist dies mit einer netten Falle verbunden.

7...♗g7?

Das verliert sogleich, aber es ist gar nicht leicht, eine Widerlegung zu finden. Es war notwendig, den Springer d7 wegzuziehen, damit das Feld e6 nicht fatal verletzlich bleibt: 7...♘b6 oder 7...♘f6.

8.♗xf7+! ♔xf7 9.♘g5+ ♔f6

Wenn einem klar wird, dass alles andere verliert, entscheidet man sich für solche Züge. Sicherlich erkannte er, dass 9...♔g8 10.♘e6 ♕e8 11.♘xc7 hoffnungslos für ihn war.

10.♘c3 c6

Das Feld d5 wollte verteidigt sein, doch nun wird es nur noch schlimmer. Auch bei 10...e6 11.d5! e5 12.♘e6 ♕g8 13.♗g5+ ♔f7 14.h5! bleibt dem Schwarzen nicht mal die kleinste Chance.

11.♕f3!

Cebalo wirft seine stärkste Figur ins Getümmel und kreiert damit tolle Drohungen.

11...e5

Relativ besser, aber auch ohne Aussicht, war 11...♕a5 12.0-0-0, wobei Schwarz kaum überleben würde.

Eine der weißen Ideen zeigt sich nach 11...h6 12.♗e5+ (12.♘ce4+ fxe4 13.♗e5#) 12...dxe5 13.♘ce4#.

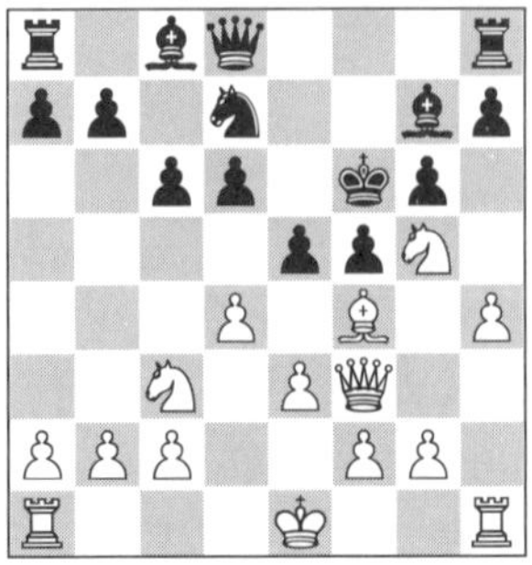

Womöglich hat Schwarz den nächsten Zug von Weiß übersehen, was ein Glück für uns ist, da Weiß nun Unsterblichkeit mit dem folgenden spektakulären Zug erlangte:

12.♕d5!!

Ein ausgezeichnetes Damenopfer, das sofortiges Matt erzwingt.

12...♕e7

12...cxd5 13.♘xd5#.

13.♘xh7+!

Und Schwarz gab auf, da 13...♖xh7 14.♗g5# ein weiteres hübsches Matt ist.

Johan Henriksson
Allan Rasmussen

Stockholm 2012 (8)

1.♘f3 c5 2.c4 ♘c6 3.d4 cxd4 4.♘xd4 g6 5.b3 ♗g7 6.♗b2?

69

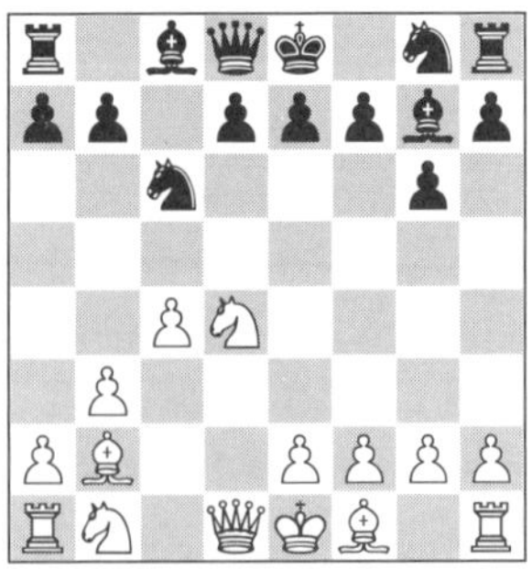

AUFGABE: Überraschenderweise ist dies ein Fehler. Warum?

(Lösung auf Seite 380)

Milan Matulovic
Joseph Feller

Siegen ol 1970 (4)

1.e4 e5 2.♘f3 ♘c6 3.♗b5 a6 4.♗a4 ♘f6 5.0-0 b5 6.♗b3 ♗c5 7.c3 ♘xe4 8.♕e2 d5 9.d3 ♘f6 10.d4 ♗e7 11.dxe5 ♘e4 12.♖d1 ♗e6 13.c4! bxc4?

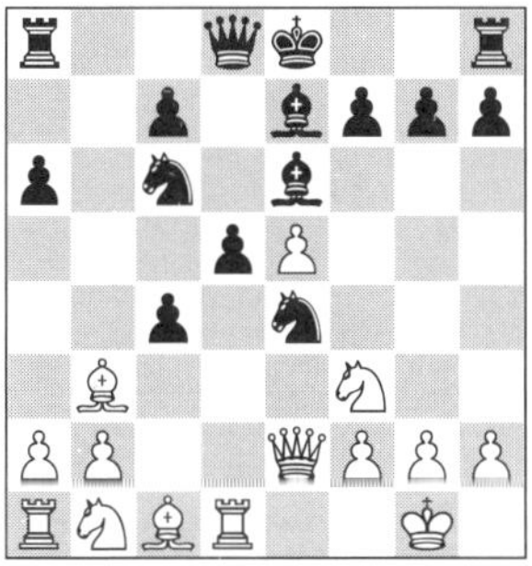

70

AUFGABE: Schwarz verliert nun Material. Wie?

(Lösung auf Seite 381)

Tigran Petrosjan
Hans Ree

Wijk aan Zee 1971 (12)

1.c4 e5 2.♘c3 ♘f6 3.♘f3 ♘c6 4.g3 ♗b4 5.♘d5 ♘xd5 6.cxd5 e4? Basiert auf einem Rechenfehler. Nach 6...♘d4 wäre Schwarz in Ordnung: tatsächlich wäre 7.♘xe5? hier ein Fehler wegen 7...♕e7 8.f4 (8.♘d3?? ♘f3#) 8...d6 9.e3 (9.♘d3? ♕e4!) 9...dxe5 10.exd4 exf4+. **7.dxc6 exf3**

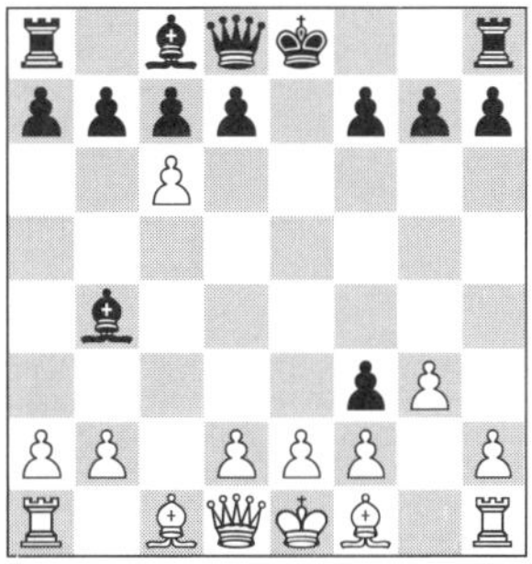

71

AUFGABE: Schwarz nahm an, er stünde okay. Doch zu seinem Unglück gibt es einen fiesen kleinen Trick. Welchen?

(Lösung auf Seite 381)

Renato Naranja
Lajos Portisch

Siegen ol 1970 (9)

1.c4 ♘f6 2.d4 g6 3.♘c3 d5 4.cxd5 ♘xd5 5.e4 ♘xc3 6.bxc3 ♗g7 7.♗c4 c5 8.♘e2 ♘c6 9.♗e3 0-0 10.h4 cxd4 11.cxd4 ♕d6 12.♖c1 ♖d8 13.d5 ♘e5 14.♕b3 ♗d7 15.f3?

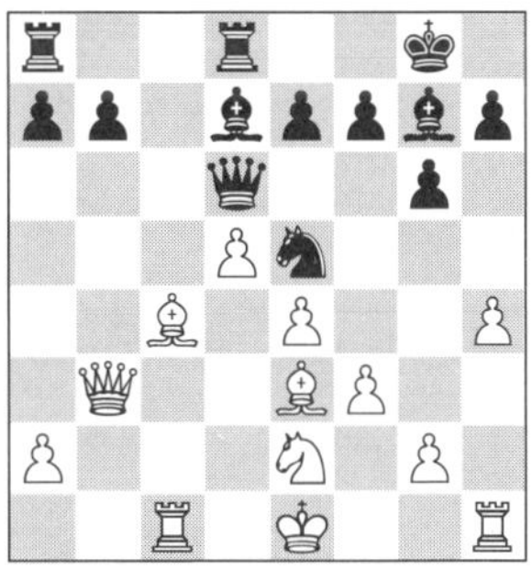

72

AUFGABE: Dieser unvorsichtige Zug findet eine elegante Widerlegung. Entdecken Sie diese?

(Lösung auf Seite 381)

KAPITEL 6

Fähigkeiten trainieren

6.1 Einführung

In der Einführung zu diesem Buch haben wir bereits das wohlbekannte Sprichwort „Wissen ist Macht" erwähnt. Wir fügten aber sogleich hinzu, dass es mehr braucht, um als Spieler Fortschritte zu erzielen. Nehmen wir zum Beispiel einen Spieler, der sehr viel über Eröffnungen Bescheid weiß. Er studiert täglich, beobachtet und analysiert Partien. Sein gutes Gedächtnis kommt ihm dabei zur Hilfe. Und trotzdem schafft er es nicht, mit seiner Elo über 2100 zu kommen. Oftmals verliert er gegen Spieler, die nicht mal einen Teil seines Wissens haben. Wie kann das sein? Der Eröffnungsexperte hat auch einige Zeit für Taktikaufgaben und Endspiele gleichermaßen investiert. Aber warum nur trifft er immer wieder auf eine unsichtbare „Glasscheibe"? Es ist der klassische Disput zwischen Wissen und Fähigkeit. Man kann einiges „wissen", und trotzdem nicht in der Lage sein, dies in der Praxis richtig anzuwenden. Talentierte Schachspieler, die oft viel weniger Ahnung über Basiswissen haben als Theoretiker, sind oft erfolgreicher, weil sie die Fähigkeit haben, sich an „abweichende Umstände" anzupassen.

Es ist schwer, Schach in „Teilbereiche" aufzuteilen. Es ist bekannt, dass sich talentierte Spieler ziemlich schnell in einer Stellung orientieren können und in der Lage sind, die richtigen Entscheidungen zu treffen, auch wenn diese manchmal „gegen alle Logik" liegen mögen. Offensichtlich besitzen sie gewisse Fähigkeiten, die relevant sind, um Erfolg zu erreichen. Beim Schach sind eine ganze Menge Fähigkeiten nötig, die schließlich darüber entscheiden, ob ein Spieler das Niveau eines Weltklassespielers erreichen kann oder nicht. Soweit ich das beurteilen kann, wurde die gesamte Skala der Fähigkeiten, die man braucht, um ein herausragender Spieler zu werden, (noch) nicht aufgelistet, wenngleich einige Leute bereits Versuche in dieser Richtung unternommen haben.
Im Internet stieß ich auf die Geschichte eines „verzweifelten Schachspielers", der „Tonnen von Büchern" durchgearbeitet hatte, und dabei schon länger keinen Fortschritte mehr erzielte. Er kam zum Schluss, dass es ihm an

gewissen Fähigkeiten mangelte.
Er begann zu erforschen, welche Fähigkeiten wohl ein guter Spieler aufweisen müsse, und kam zu dem Schluss, dass neun Fähigkeiten gebraucht würden, um „effektives Schach“ spielen zu können. Er fügte auch noch folgendes hinzu:
„Sie gehören zusammen wie Bausteine in einem Puzzle. Wenn ein Teil fehlt, ist das Bild als Ganzes entstellt. Starke Spieler besitzen in all diesen Fähigkeiten zumindest einen gewissen Grad an Meisterschaft.“

Aus den verschiedenen Quellen, die ich konsultiert habe, habe ich die folgende Liste zusammengestellt, die offenbar von vielen Schachtrainern benutzt wird:

- Mustererkennung
- Variantenberechnung (taktisches Vorausdenken):
  - Varianten ausschließen („Zweige abschneiden“)
  - Visualisierung der Stellungen
- Vorausplanen (strategisches Vorausdenken)
- Beurteilung von Stellungen

Einige dieser Aspekte werden häufig getrennt von den anderen betrachtet – ich habe sogleich einige davon eingeteilt, wie die Visualisierung von Stellungen. Manchmal werden auch noch weitere Fähigkeiten aufgelistet, die ich mal „nicht-schachbezogene-Fähigkeiten“ betiteln würde, zum Beispiel:

- Konzentration (sich nicht ablenken lassen, Fokussierung auf die Partie)
- Zurechtkommen mit Rückschlägen während der Partie (bzw. während eines Turniers)
- Prophylaktisches Denken (Vorauszuahnen, was Ihr Gegner plant)
- Richtige Zeiteinteilung
- Logisches Denken

Höchstwahrscheinlich gibt es noch weitere Fähigkeiten, die man zu beiden Listen hinzufügen könnte. In der Einführung haben wir bereits eine andere Auflistung angeführt, die hauptsächlich Fähigkeiten enthalten, die auf Felder außerhalb des Schachs zutreffen. Ob es überhaupt möglich ist, eine komplette Liste zu erstellen, ist zu bezweifeln.
Wir werden uns auf ein paar Aspekte beschränken, deren enorme Wichtigkeit wir beobachtet haben. Ein paar davon werden wir besprechen. Das meiste darunter werden dem Leser vertraut vorkommen.

Um beim Thema des Buches zu bleiben: wollen wir eine nette Angriffsstellung betrachten und versuchen, so viele Varianten wie möglich zu berechnen, und zwar so schnell und effizient wie möglich. Wozu führt uns dies?

Grigori Rawinski
Georgi Iliwizki
Riga 1952 (6)

□

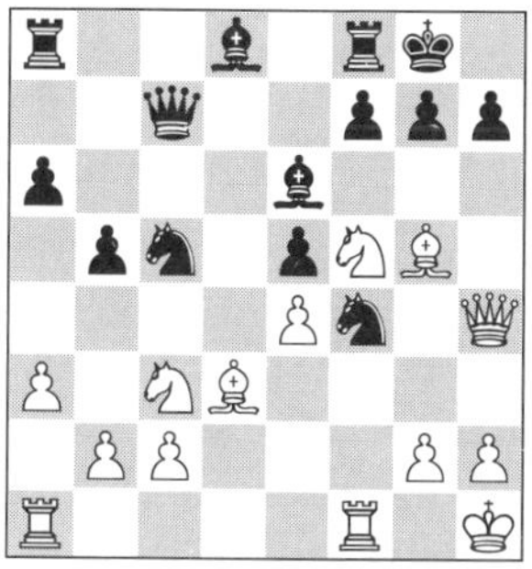

Weiß hat drei Figuren auf dem Königsflügel stehen, aber auch die schwarzen Figuren besetzen aktive Posten. Deshalb scheint Schwarz auf den ersten Blick keine großen Probleme zu haben.
Wie findet Weiß einen Plan? Kann er den schwarzen Königsflügel niederreißen? Welche Kandidatenzüge hat er? Wie sollte er vorgehen?
Viele Fragen, die nicht so leicht beantwortet werden können. Versuchen wir, den Denkprozess, durch den wir gehen, wenn wir eine taktische Stellung lösen wollen, näher zu betrachten.

• In der Orientierungsphase nehmen wir die charakteristischen Merkmale einer Stellung wahr
• Wir suchen Ziele in der feindlichen Stellung
• Eine Kombinations-Idee nimmt Gestalt an
• Anschließend schießen uns einige Züge in den Kopf, die wir näher betrachten
• Kandidatenzüge werden ausgewählt
• Verteidigungsressourcen des Gegners müssen entdeckt werden
• Forcierte Züge müssen gerechnet werden
• Die Stellung, die nach einer gewissen Anzahl von Zügen entsteht, muss visualisiert werden
• Die Variante muss im richtigen Moment beendet („abgeschnitten") werden
• Am Ende einer Variante muss die entstandene Stellung bewertet werden
• Es ist wichtig, den Überblick im Variantenbaum nicht zu verlieren
• Im richtigen Moment muss eine (korrekte) Schlussfolgerung gezogen werden
• Wir dürfen nicht vergessen, noch ein letztes Mal zu prüfen bevor wir schließlich den Zug ausführen.

In der obigen Stellung können wir beginnen, den Zug 18.♘xg7 zu berechnen, sobald wir zum Schluss gekommen sind, dass dies der Schwachpunkt in der Königsstellung ist. Aber es ist gar nicht leicht, zu erkennen, wie der Angriff nach dem Opfer fortgeführt werden soll. Es ist Ihnen selbstverständlich freigestellt, es selbst zu probieren! Am Ende des Kapitels werden wir Ihnen einen vollständig ausgearbeiteten Variantenbaum anbieten.
Alle Varianten sollten bevorzugt so systematisch und effizient wie möglich in einem Analysebaum

ausgearbeitet werden. Wenn wir aus den Varianten die richtigen Schlüsse ziehen, werden wir schließlich den beabsichtigten Zug spielen können, der zu einer Gewinnstellung führen sollte.
Will man sich erfolgreich seinen Weg zum feindlichen König mit Opfern bahnen, spielen weitere Aspekte eine Rolle!
Die oben aufgeführte Liste zeigt jedenfalls schon mal auf, dass Variantenberechnung ein komplexer Prozess ist, der eine große Anzahl von untergeordneten Fähigkeiten benötigt, damit man die Arbeit zu einem guten Abschluss führen kann. Bei vielen dieser Aspekte spielen Erinnerungsfunktionen eine Rolle, welche man separat trainieren muss, da diese Fähigkeiten eine komplett andere Art des Trainings benötigen.

Wir wollen den Leser auf seinem Weg helfen, indem wir ihm einige untergeordnete Fertigkeiten vorstellen, die notwendig sind, will man einen ganzen Komplex von Varianten erfolgreich berechnen.

6.2 Visualisierung

Vorausdenken bzw. „Visualisierung“ – um einen eleganteren Ausdruck zu benutzen – ist beim Schach eine der wichtigsten Fähigkeiten, die ein Spieler, der etwas erreichen möchte, unbedingt benötigt.
Mit Visualisieren meinen wir, eine Stellung vorauszusehen, die in einer gewissen Anzahl von Zügen entstehen wird. Tatsächlich ist es für die meisten (Vereins-) Spieler furchtbar schwierig, eine Stellung mehrere Züge im Voraus zu „sehen“. Beim Schach ist es sehr wichtig, ein klares Bild im Kopf zu bekommen von einer Stellung, die nach ein paar berechneten Zügen entstehen kann. Man kann dies mit dem Fotografieren vergleichen. Je schärfer das Bild, das man hat, desto besser werden Sie in der Lage sein, die Varianten zu berechnen. Vereinsspieler erzählen mir oft, dass sie nur „Bruchstücke“ der Stellung sehen, aber fast nie das

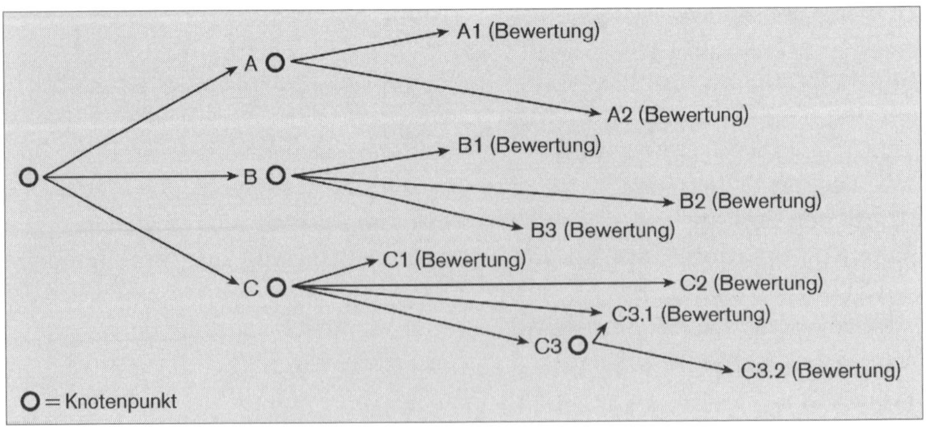

gesamte Brett. Warum aber kann ein Großmeister wie Loek van Wely eine ganze Stellung fehlerlos aufbauen, nachdem er sie nur für einige Sekunden betrachtet hat? Sogar, indem er den Bauern richtig nach h6 statt auf h7 stellt?
In unserem Gehirn laufen verschiedene Prozesse ab. Eine davon ist die Erinnerungsfunktion, die dazu dient, in unserem Gedächtnis die Figuren einer Stellung strukturiert zu erinnern. Wie dies genau funktioniert sollten wir besser einen Experten fragen, der auf dem Feld des Gedächtnisses spezialisiert ist.
Im Schach müssen Varianten gerechnet werden. Die Figuren werden bewegt und enden auf anderen Feldern – in unserem Kopf. Die neue Stellung, die nach ein paar Zügen entsteht, muss in unserem Gedächtnis als „Bild" aufbewahrt werden. Zugleich muss nebenbei eine Art „Zähler" ständig mitlaufen, der das materielle Verhältnis auf beiden Seiten abzählt. Das ist besonders schwierig, wenn eine Variante aus einer Menge an Schlagzügen beiderseits besteht.
Verschiedene Varianten werden nebeneinander berechnet. Wir nennen dies einen „Variantenbaum" oder „Analysebaum" (wie an verschiedenen Stellen in diesem Buch dargelegt). Bei jeder Verzweigung, an der die Äste sich verbinden, muss der Spieler ein klares Bild der Stellung vor seinem geistigen Auge haben. In der Praxis erweist sich dies als sehr schwierig, insbesondere wenn es kaum oder gar nie geübt wurde. In Variante A) wird eine forcierte Zugsequenz entwickelt, anschließend muss Variante B) berechnet werden. Aber in welcher Stellung beginnt diese zweite Variante? Hat der Spieler auch die richtige Ausgangsstellung in seinem Kopf? Stehen auch alle Figuren auf dem richtigen Platz vor seinem geistigen Auge? Für starke Spieler erscheint dieser komplexe Vorgang offenbar überhaupt nicht schwierig zu sein. Aber wir dürfen nicht vergessen, dass sie diese Fähigkeit auch durch endlose Übung trainiert haben.
Hier nun ein nettes Beispiel, um diese Fähigkeit zu trainieren. Mir wurde diese Aufgabe während eines Lehrgangs zum Schachausbilder unterbreitet, damals irgendwann in den 1980ern. Einer meiner Lehrer, Tom de Ruiter, damals ein starker Ligaspieler, hat sie mir aufgegeben.

Richtig berechnen

■

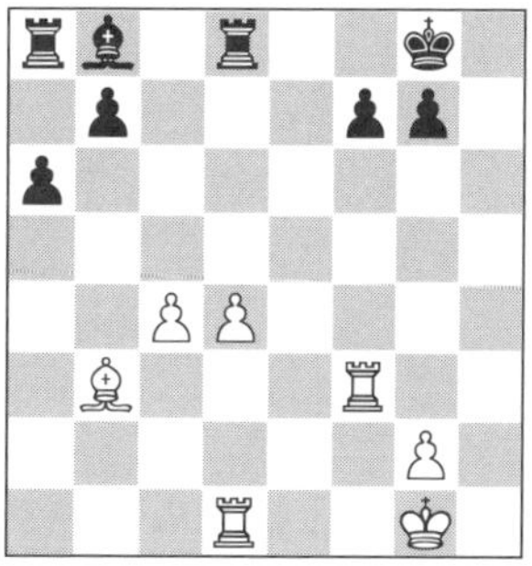

Schwarz hat einen Bauern mehr, aber die weißen Figuren sind bei weitem aktiver.
Beachtenswert ist die Anwesenheit der ungleichfarbigen Läufer. Diese wirft die folgende Frage auf: kann Schwarz auf d4 nehmen? Falls es ihm gelingt, einen zweiten Bauern zu gewinnen und zugleich seine Figuren zu aktivieren, dann ist das Spiel zu seinen Gunsten entschieden.
Ich habe diese Stellung vielen meiner Schüler gezeigt, und meistens entdeckten sie sehr viele gute Ideen, aber sie schafften es fast nie, alle Geheimnisse der Stellung zu enträtseln. Sie können freilich zunächst auch allein versuchen, sie zu lösen.
Die Frage ist, ob Schwarz hier 1...♖xd4 spielen kann.

1...♖xd4?

Später werden wir zur Erkenntnis gelangen, dass er es nicht kann!

2.♖xd4 ♗a7

Weiß bleibt keine andere Wahl – er muss einen weiteren Bauern wegschenken.

3.c5!

Nur so kann der Läufer aktiviert werden. Schwarz liegt einen Turm hinten, deshalb muss er die Fesselung aufrechterhalten. 3.♖fd3 ♖d8 würde dem Schwarzen große Gewinnchancen einräumen.

3...♗xc5 4.♗xf7+ ♔f8

Das Matt nach 4...♔h7 5.♖h3# sieht jeder, somit ist der Textzug erzwungen.

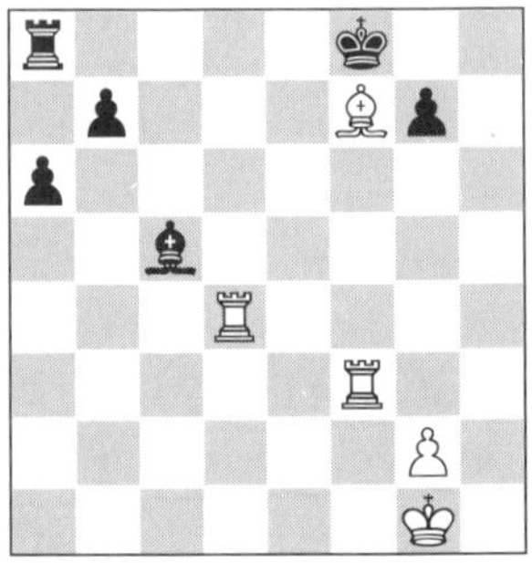

Jetzt hat Weiß eine schwere Entscheidung zu treffen. Er kann mit seinem Läufer ein Abzugsschach geben, aber wo soll er ihn bloß hinstellen?

5.♗b3+!

Es ist sehr schwer zu erkennen, dass der Läufer ein wenig weiter zurückgezogen werden muss. Das liegt vor allem an der Aktivität des gefesselten Turmes, welche ziemlich wichtig sein wird. Sehr oft wird in unseren Trainingssitzungen 5.♗d5+ vorgeschlagen. Es kann folgen: 5...♔e7 6.♖fd3 Hier wird der Unterschied zu einem anderen Läuferzug (wie in der Hauptlinie) klar. Das Schachgebot 6.♖e3+ bringt dem Weißen nichts nach 6...♔d6 7.♖e6+ ♔c7 und nur Schwarz konnte Fortschritte erzielen. 6...♖d8 Nun entsteht nach 7.♔f1 ♗xd4 8.♖xd4 ♔f6 9.♖d2 b5 (9...♔e5? ist schlecht wegen 10.♖e2+ ♔f6 (10...♔xd5?? 11.♖d2+) 11.♗xb7 mit weißem Gewinn) ein Endspiel, das für Weiß besser, aber kaum zu gewinnen ist. Dem Weißen bleibt nur noch ein Bauer, während die beiden verbundenen schwarzen Bauern am Damenflügel bedeutsam sind. In den Partien, die ich mit meinen Schülern ausgehend von dieser Stellung gespielt habe, hielt Schwarz häufig das Unentschieden. Zu nichts führt auch 5.♗g6+. Sicherlich, Weiß kann in dem Fall nach 5...♔g8 6.♗f7+ ♔f8 die Züge wiederholen und einen neuen Versuch starten.

5...♔e7

Nur so kann man es dem Weißen schwierig machen. Bei 5...♔e8 wird Schwarz elegant mattgesetzt, indem der vordere Turm entfesselt wird mittels 6.♖e3+ ♔f8 7.♖f4#.

6.♖e3+!

Der richtige Zug. Auch hier wird der Turm von seiner Fesselung befreit, was einige interessante Möglichkeiten erzeugt.

Viele Spieler machen weiter mit 6.♖f7+, um nach 6...♔e8 zu bemerken, dass Weiß nichts Besseres hat als 7.♖fd7 b5 8.♔f1 ♗xd4 9.♖xd4, wonach Schwarz seinen Bauernmarsch mit 9... a5 fortsetzt. Auch hier ist die technische Aufgabe des Weißen ziemlich schwierig.

6...♔f6 7.♖e6+

Zwei Züge später werden wir sehen, warum dieses Schach so wichtig ist. Nicht 7.♖f4+, was viele Spieler gern ziehen möchten. Nach 7...♔g5 hängen wieder mal zwei Türme – ein weiteres Mal würde das Endspiel mit Figur gegen zwei Bauern auf dem Brett erscheinen.

7...♔f5

Freiwillig zieht man ungern den König in ein Abzugsschach – es wäre auch kein guter Rat gewesen: 7...♔f7 scheitert an 8.♖c6+ ♔e7 9.♖xc5.

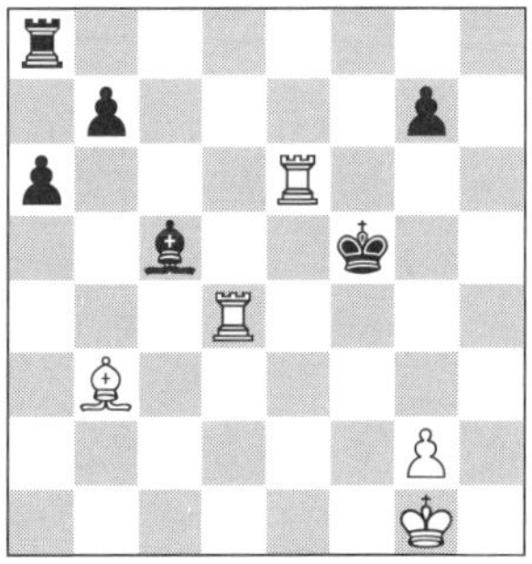

Bis hier gelang es vielen meiner Studenten, die richtigen Züge zu finden. Aber dann stockte die Maschine. Dabei liegt der Gewinn griffbereit!

8.g4+!

Der gefesselte Turm d4 verrichtet ausgezeichnete Arbeit: er deckt g4, und deshalb wird der schwarze König auf ein verhängnisvolles Feld getrieben.

8...♔g5 9.♖e5+

Der Knackpunkt! Der Läufer c5 geht verloren.

So langsam erkennen wir, warum es nicht jeder Spieler schafft, den Trick zu finden. In ihren Gedanken befindet sich der Läufer immer noch auf a7! Das ist ein häufiger Fehlertyp beim Visualisieren.

Aus diesem Grunde ist es auch so ungeheuer wichtig, die Fähigkeit, sich künftige Stellungen im Geiste vorzustellen, exzessiv zu trainieren. Große Talente wie Benjamin Bok, den ich für eine Weile betreute (und der heutzutage Großmeister ist), spuckten ganze Varianten wie diese gleichsam mühelos aus. Sie ernten automatisch die Früchte, indem sie in frühem Alter viele Blindaufgaben lösten.

Als ich später diese Stellung in Trainingsstunden aufgab, zeigte es sich, dass es für viele Schüler besonders schwierig war, den Rückzug des Läufers nach a2 oder b3 zu finden. Es ist schwer, zu erkennen, dass die Linie des gefesselten Turmes auf d4 tatsächlich wichtig ist, um zu verhindern, dass sich der schwarze König später hinter dem Läufer auf d5 versteckt. Die zweite Schwierigkeit in den Köpfen einiger Schüler besteht darin, dass sie den schwarzen Läufer immer noch auf a7 statt auf c5 wahrnahmen (wohin er durch den Hinlenkungszug c4-c5 getrieben wurde). Hier zeigt es sich wieder, wie schwierig es ist, ein klares Bild der Stellung im geistigen Auge zu haben. Der Schlüsselzug am Ende, 8.g2-g4+, ist eng mit dem Umstand verbunden, dass der schwarze König nach der erzwungenen Antwort 8...♔g5 einem Schachgebot auf der fünfte Reihe ausgesetzt wird, wonach der Läufer c5 verloren geht. Ein bezauberndes Beispiel.

6.3 Aufgaben zur Visualisierung

Einige der Fertigkeiten, die wir in Paragraph 1 angegeben haben, können konkret eingeübt werden. Heutzutage finden sich im Internet verschiedene Arten von Programmen und Apps, mit denen sich diese Fähigkeiten trainieren lassen. Wir bieten ein paar Methoden an. Die Aufgaben unter 6.5 können Sie bei jedes Phänomen mit einigen weiteren Beispielen einüben. Bei den folgenden Trainingsmethoden ist das Ziel, ein klares Bild der Stellung in den Kopf zu bekommen. Wir nennen dies sich eine Stellung „einbläuen“. Die weniger geübten Spieler können sich vor ein leeres Brett setzen und versuchen, die Aufgaben auf dem Blatt zu lösen. Die geübteren unter Ihnen sind vielleicht in der Lage, alles komplett im Kopf zu lösen.

Figuren hinzufügen

Diese Aufgabe besteht darin, sich die aufgegebene Stellung im Kopf vorzustellen, und anschließend eine Figur im Geiste so hinzuzufügen, dass es Matt ist.

1. Fügen Sie eine Dame so hinzu, dass Schwarz mattgesetzt ist!
Es gibt zwei Lösungen, schreiben Sie bitte beide auf!
Weiß: ♔f5, ♖h2
Schwarz: ♔e3

2. Fügen Sie einen Springer so hinzu, dass Schwarz mattgesetzt ist!
Weiß: ♔c4, ♕g6
Schwarz: ♔e5

Kurzpartien von der Grundstellung

Stellen Sie sich die Grundstellung vor, versuchen Sie, die angegebenen Züge im Geiste durchzuspielen und dann die begleitenden Fragen zu beantworten! Jedes Beispiel

zeigt einen groben Schnitzer;
der Löser sollte versuchen, die Gewinnkombination rein im Kopf zu finden.

AUFGABE 73

Brian Dinter
Ante Jurkovic
Topusko 2009 (4)

1.d4 d6 2.♘f3 ♗g4 3.♗f4 ♘d7 4.e3 e5
Beantworten Sie jetzt die folgenden Fragen:
a) Was spielt Schwarz nach 5.♗g3 ?
b) Was spielt Schwarz nach 5.♗g5 ?
(Lösung auf Seite 382)

AUFGABE 74

Conrad Gagnon
Joaquin Bustillo
Internet 2004 (5)

1.f4 e5 2.fxe5 d6 3.exd6 ♗xd6 4.♘c3??
Wie ging es weiter?
(Lösung auf Seite 382)

Matt in einem Zug / in zwei Zügen

Als in den 1980ern ein Trainer seinem Schüler, einem holländischen Juniorenmeister, Aufgaben zum Blindlösen gab, in denen der Weiße Dame und Figur mehr besaß und er das Matt in einem oder in zwei Zügen finden sollte, warf dieser das Aufgabenblatt weg und sagte mit angewidertem Blick: „Was soll ich damit? Weiß gewinnt doch so oder so."
Darin hatte er zwar Recht, aber es war dennoch ein Fehler, die Aufgaben zurückzuweisen. Typische Mattbilder in bestimmten Stellungen zu finden ist (wie wir bereits schon oft im Buch gelernt haben!) äußerst wichtig, will man seine Visualisierung verbessern und zugleich auch seine räumliche Einsicht. Das schon mal erwähnte Buch von Polgar, das aus nicht weniger als 5333+1 Stellungen von diesem Typ besteht, zeigt, dass es tatsächlich den Aufwand wert ist. Um etwas Praxis im Blindspiel zu bekommen sollten die Stellungen bevorzugt nicht mit Diagrammen, sondern in ihrer algebraischen Version präsentiert werden, wie wir es getan haben:

AUFGABE 75
Weiß: ♔c5, ♕g2, ♗g5
Schwarz: ♔e5
Setzen Sie matt in einem Zug!
(Lösung auf Seite 382)

AUFGABE 76
Weiß: ♔g5, ♕f7, ♘c7
Schwarz: ♔e5
Setzen Sie matt in einem! Es gibt zwei Lösungen.
(Lösung auf Seite 382)

AUFGABE 77
Weiß: ♔b8, ♖c6, ♖e6, ♘f7
Schwarz: ♔d7, ♘c4
Setzen Sie matt in zwei Zügen!
(Lösung auf Seite 383)

AUFGABE 78

Weiß: ♔d3, ♖a6, ♖g8, ♘d5
Schwarz: ♔f5, Bauer e7
Setzen Sie matt in zwei Zügen!
Finden Sie alle Varianten!
(Lösung auf Seite 383)

„Navigieren"

Diese Technik, die unter niederländischen Trainern sehr verbreitet ist, funktioniert folgendermaßen: nur der Weißspieler darf ziehen, während die schwarzen Figuren am selben Platz bleiben (oder andersherum). Es wird beim Ziehen also nicht abgewechselt, sondern Weiß zieht eine Anzahl von Zügen am Stück. Die Aufgabe ist es, eine Figur zu schnappen, die auserwählt wurde, oder mit einer bestimmten Figur dem gegnerischen König Schach zu bieten, und zwar in so wenigen Zügen wie möglich. Sie müssen Ihre Figur im Kopf bewegen, aber diese Figur darf nicht auf sogenannten „verbotenen Feldern" stehen, das sind Felder, wo sie weggenommen werden könnten. Meistens kann die Figur ihre erwünschte Aufgabe über einen kleinen „Umweg" erreichen.

AUFGABE 79

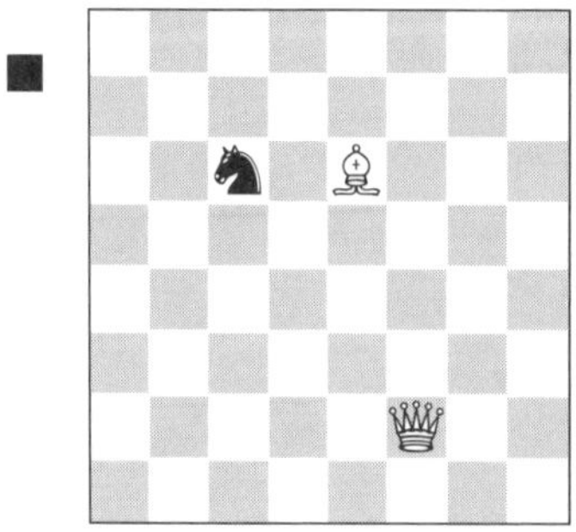

A) Springer schnappt sich die Dame
B) Springer schnappt sich den Läufer
(Lösung auf Seite 383)

AUFGABE 80

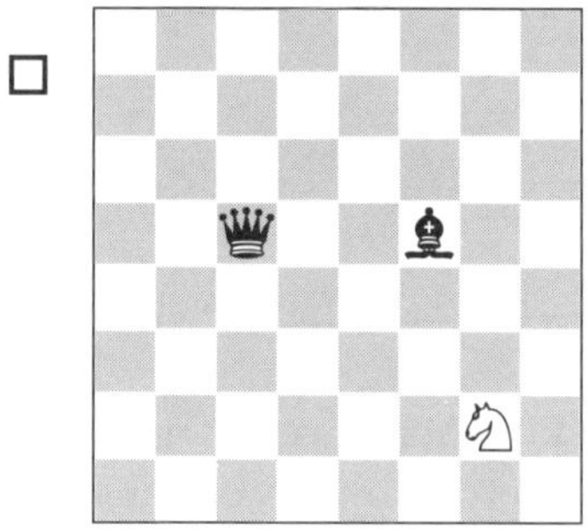

Schlagen Sie die Dame! (Zwei Lösungen)
(Lösung auf Seite 383)

AUFGABE 81

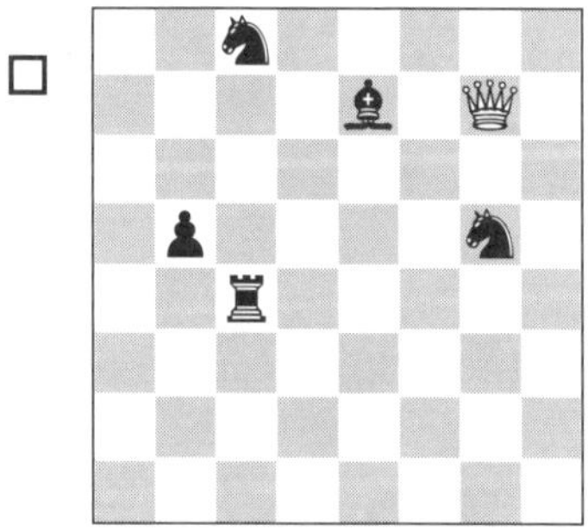

Vernichten Sie alle Figuren! (in so wenig Zügen wie möglich, ohne dabei selber „gefressen" zu werden)
(Lösung auf Seite 383)

AUFGABE 82

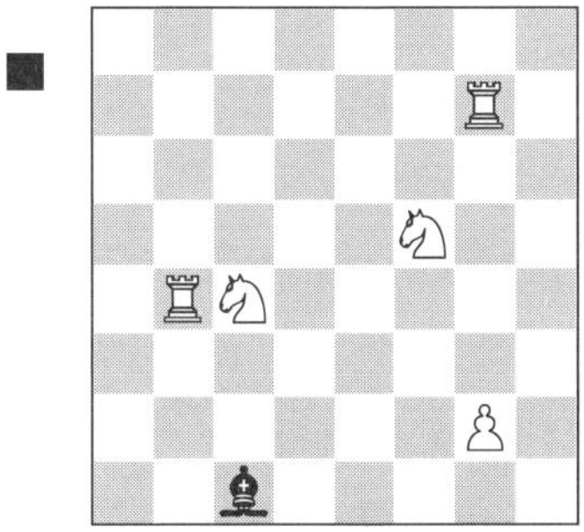

Der schwarze Läufer soll den ungedeckten Turm in möglichst wenigen Zügen schlagen!

(Lösung auf Seite 383)

Schlusszüge aus Endspielstudien

Analog zum oben angegebenen dritten Prozedere (Matt in einem Zug/zwei Zügen) sind die Abschlüsse von Endspielstudien ein sehr gutes Medium, um die Fähigkeit des „Voraussehens“ zu trainieren. Bevorzugt sollten es Endspielstudien sein, die vom Trainer „angepasst“ wurden. Zum Horror vieler Komponisten schneidet der Trainer dabei oftmals die lange und komplizierte Einleitung ab, um dem praktischen Spieler eine „saubere“ Stellung zu bieten. Der Löser soll die Zugsequenz finden, ohne dabei die Züge auf dem Brett auszuführen. In meiner Praxis suche ich vor allem nach Stellungen, die für die Spieler so natürlich wie möglich erscheinen – keine „künstlichen Monstrositäten“ dergestalt, wie sie Komponisten häufig schätzen. Die Schwierigkeit liegt meist darin, ein verstecktes Motiv zu finden, aber die Verteidigung ist oftmals genau so genial.
Genau wie die vorherigen Aufgaben sollten die Stellungen bevorzugt in algebraischer Form dargereicht werden, was die Erinnerungsfunktionen optimal anregt. Nichtsdestotrotz sind die beiden abschließenden Aufgaben dieses Abschnittes so schwer, dass Sie ruhig die Figuren auf dem Brett aufstellen dürfen!
Geben Sie sich selbst 30 Minuten auf der Uhr und schreiben Sie so viele Varianten wie möglich nieder! Später können Sie dann besser überprüfen, wie viel Sie gesehen haben.

AUFGABE 83

Weiß: ♔b2, ♖f3, ♗h3.
Schwarz: ♔d2, ♙e2, ♙f4.
Weiß zieht und gewinnt.
(Lösung auf Seite 384)

AUFGABE 84

Weiß: ♔g4, ♗a4, ♘f7, ♙d6.
Schwarz: ♔e6, ♘g8, ♙e7.
Weiß zieht und gewinnt.
(Lösung auf Seite 384)

AUFGABE 85

Weiß: ♔e2, ♗e3, ♘g4, ♙d3.
Schwarz: ♔d5, ♙a2, ♙b5.
Weiß zieht und gewinnt.
(Lösung auf Seite 384)

AUFGABE 86

Weiß: ♔c3, ♗b2, ♘a2, ♙a3.
Schwarz: ♔a4, ♙a6, ♙h3.
Weiß zieht und gewinnt.
(Lösung auf Seite 385)

Problemschach – Analysebaum

Die Schlüsselzüge beim Problemschach sind oftmals so schwer zu finden, da sie ein Rätsel für sich sind. Sie fragen sich: was bringt es dem praktischen Spieler, einen bizarren, gar „unlogischen“ Zug zu finden? Aber dass der Schlüsselzug meist zu einer großen Anzahl an Verzweigungen führt, macht es für unsere Zwecke interessant. Wir haben deswegen eine Anzahl an Problemstellungen gesammelt, die eine stattliche Anzahl an unterschiedlichen Mattmustern bieten. Und natürlich animieren wir unsere Schüler, es auszuprobieren und sie zu finden!

Folgendermaßen sehen die Aufgaben aus:

AUFGABE 87

□

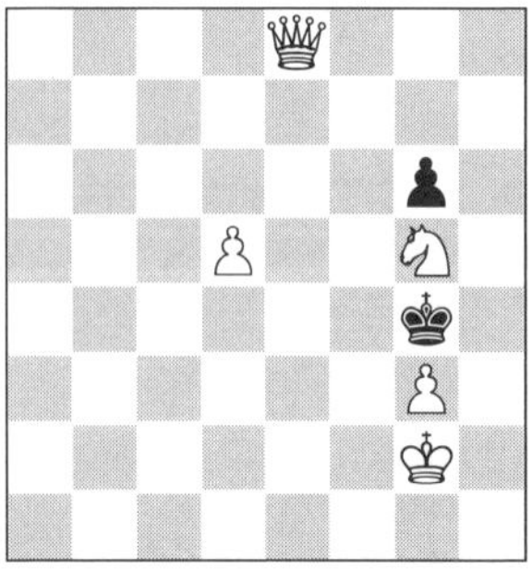

87

Der Schlüsselzug ist 1.♘f7. Geben Sie nun das Matt in allen Varianten an:

A) Bei 1...g5 folgt: __________
B) Bei 1...♔h5 folgt: __________
C) Bei 1...♔f5 folgt: __________

(Lösung auf Seite 386)

AUFGABE 88

□

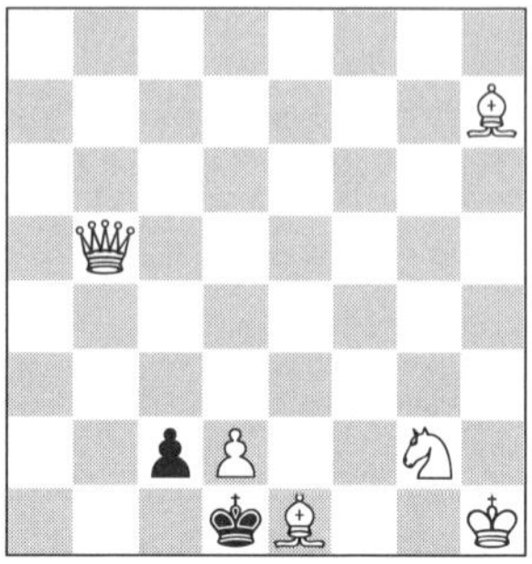

88

Der Schlüsselzug ist 1.♕c4. Geben Sie matt in allen Varianten an:

A) Bei 1...c1♕ folgt: __________
B) Bei 1...c1♘ folgt: __________
C) Bei 1...♔c1 folgt: __________

(Lösung auf Seite 386)

AUFGABE 89

□

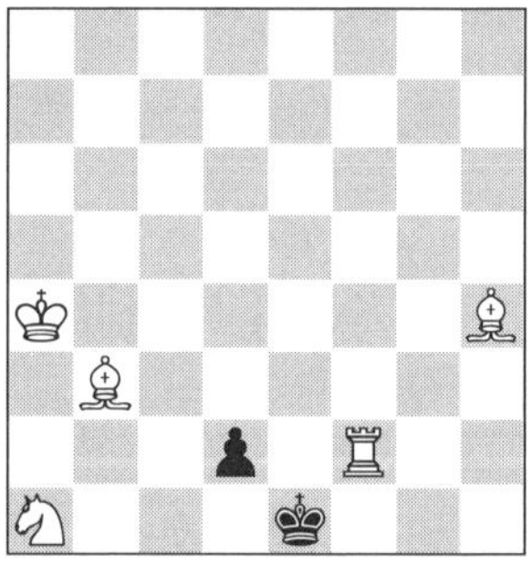

89

Der Schlüsselzug ist 1.♗c4. Geben Sie matt in allen Varianten an:

A) Bei 1...d1♕+ folgt: __________
B) Bei 1...d1♖ folgt: __________
C) Bei 1...d1♗+ folgt: __________
D) Bei 1...♔d1 folgt: __________

(Lösung auf Seite 386)

AUFGABE 90

□

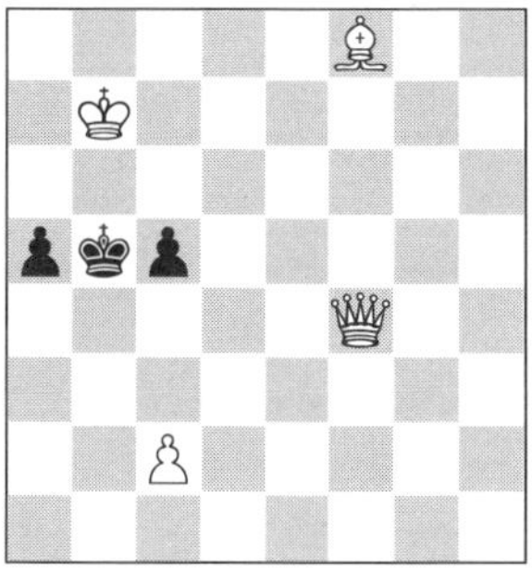

90

Der Schlüsselzug ist 1.♕e3. Geben Sie matt in allen Varianten an:

A) Bei 1...a4 folgt: _________
B) Bei 1...c4 folgt: _________
C) Bei 1...♔a4 folgt: _________
D) Bei 1...♔c4 folgt: _________

(Lösung auf Seite 386)

AUFGABE 91

□

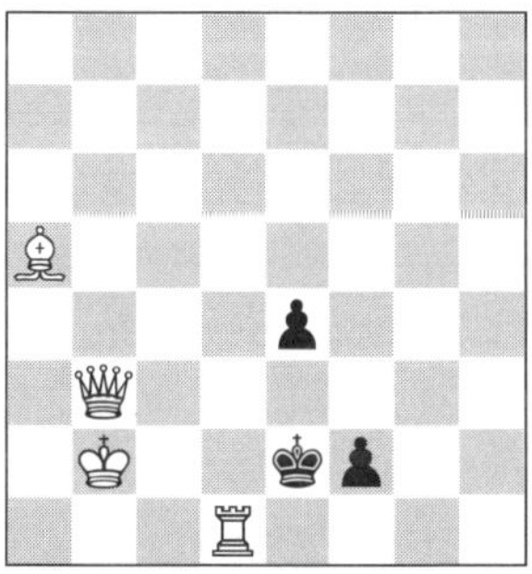

91

Der Schlüsselzug ist 1.♕g3. Geben Sie matt in allen Varianten an:

A) Bei 1...♔xd1 folgt: _________
B) Bei 1...f1♕ folgt: _________
C) Bei 1...f1♖ folgt: _________
D) Bei 1...f1♗ folgt: _________
E) Bei 1...f1♘ folgt: _________

(Lösung auf Seite 387)

AUFGABE 92

□

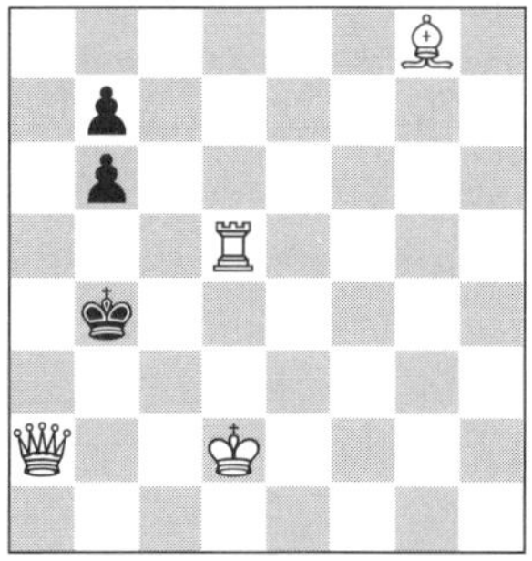

92

Der Schlüsselzug ist 1.♕a7. Geben Sie matt in allen Varianten an:

A) Bei 1...♔b3 folgt: _________
B) Bei 1...♔c4 folgt: _________
C) Bei 1...b5 folgt: _________

(Lösung auf Seite 387)

6.4 Systematik

Schon einiges wurde gesagt über die Arbeit an einem Analysebaum. In seinem Buch *Denke wie ein Großmeister* erläutert Alexander Kotow, wie nach seiner idealen Vorstellung ein Analysebaum systematisch gelöst werden sollte. Nachdem man die Kandidatenzüge bestimmt habe (Queranalyse), sollen die Varianten Zweig um Zweig durchgegangen werden (Tiefenanalyse). Eine Regel Kotows lautet, dass jede Variante nur einmal berechnet werden sollte, da ansonsten „Chaos im Hirn des Spielers“ ausbrechen würde. Zudem argumentiert er, dass ein Spieler keine Zeit habe, zweimal oder öfters durch eine Variante zu gehen. Genau dieses Hin- und Herspringen von einer Variante zur anderen sei nach Kotows Meinung

desaströs für einen systematischen Anspruch.
Später wurde diese Meinung kritisiert. Mehrere Schachautoren predigten, dass es nicht verboten sein dürfe, zu einer früheren Variante zurückzukehren. Wenn man eine Idee in Variante C findet, könnte man diese in Variante A geschickt anwenden. Und wenn man ein Motiv zunächst übersieht, es aber dann in einer späteren Variante entdeckt, kann dies offenkundig dazu führen, dass die Einschätzung einer früheren Variante überdacht werden müsse. Sicherlich haben sie damit Recht. Jedoch fand ich in all diesen kritischen Schriften keinen konstruktiven, klaren Hinweis, wie man mit dem „Chaos im Kopf“ denn fertig werden könnte.
Bei der Arbeit mit meinen Schülern ist mir aufgefallen, dass es weder machbar noch praktikabel ist, alle möglichen Varianten durchzudenken. Meistens geht es darum, das Wesentliche einer Stellung zu verstehen, und vor allem Gewinnwege aufzufinden. In einer Partie bedeutet dies, dass es nicht notwendig ist, den optimalen Zug zu finden, solange ein Gewinnweg entdeckt wird.
Mir ist aufgefallen, dass die Schüler, wenn sie über einen verworrenen Variantenkomplex nachdenken, dazu neigen, sehr schnell „zu tief abzutauchen“, anstatt „lateral“, sprich in die Breite, allgemein zu denken. Sie entdecken einen interessanten Zug und starten unverzüglich damit, ihn tief durchzurechnen. Während dieses Prozesses arbeiten sie meist so schnell (viele Schachspieler sind „schnelle Brüter“!), dass sie nicht nur Verteidigungsideen auf allen Seiten des Brettes übersehen, sondern auch einfache Gewinnzüge. Sie „rennen“ solange, bis sie über ein Problem stolpern. Dann verlässt sie die „Logik“ und der Prozess stagniert. Dies kann sich frustrierend auswirken und gar dazu führen, dass die Bereitschaft des Spielers, Probleme am Brett zu lösen, ins Stocken gerät. Plötzlich sitzt er da, starrt aufs Brett, und „sieht“ überhaupt nichts mehr. In solchen Fällen muss der Trainer einspringen und die Blockade seines Schülers auflösen. Aber während einer Partie ist solche Hilfestellung nicht erlaubt! Der Spieler selbst muss die Disziplin aufbringen, wieder zur geordneten Systematik zurückzufinden.
Im Lauf der Zeit habe ich viele Fallen kennengelernt, in der sich die Aufmerksamkeit verfangen kann, und die ich hier aufgelistet habe:

- Das Nachdenken über Kandidatenzüge muss angeregt werden. Zuerst „lateral“ denken, erst dann in die Tiefe gehen!
- Es ist sehr wichtig, ein detailliertes Bild der Stellung in den Kopf zu bekommen. Die Geschwindigkeit, mit der

viele Spieler glauben, Varianten rechnen zu können, ist die Quelle vieler (seltsamer) Fehler in der Visualisierung und der Berechnung. Das Tempo drosseln, indem man die Züge sorgfältiger auswählt und abwägt, kann solche Fehler verhindern.

- Das Aussortieren von „Nonsens" verhindert, dass der Baum zu sehr anschwillt. Sicherlich ist es schwierig auszumachen, was Nonsens ist und was nicht, hier macht Übung den Meister.
- Das Formulieren genereller und stellungsspezifischer Prinzipien kann den Analysebaum deutlich verschlanken. So ist es etwa vernünftig, wenn Dame und Läufer den gegnerischen König jagen, Züge in Betracht zu ziehen, bei denen die Dame auf ein andersfarbiges Feld als der Läufer geht. Dadurch werden die relevanten Varianten eingeschränkt.
- Im richtigen Moment die Berechnungen der Variante stoppen, indem man die resultierende Stellung so exakt wie möglich bewertet. Diese kann ganz unterschiedlich ausfallen, etwa von „die weiße Dominanz ist so groß, dass das Matt nicht mehr lange ausbleiben kann" bis hin zu „Weiß hat ausreichend Kompensation für die geopferte Qualität".
- (Versteckte) Verteidigungen entdecken: Viele Spieler halten immer nur nach großartigen Opfer für sie selbst Ausschau, und kümmern sich gar nicht um die Möglichkeiten, die der Gegner haben könnte. Insbesondere wenn diese Möglichkeiten unter der Oberfläche liegen werden sie „aus Bequemlichkeit" nicht in die Liste der Kandidatenzüge aufgenommen.

Nach meiner Erfahrung kann das Lösen von Endspielstudien ein extrem nützliches Werkzeug dafür sein, wie man mit einem Analysebaum umgeht. Nachdem man eine Studien-Stellung auf dem Brett aufgebaut hat kann ganz schnell eine Partiesituation nachempfunden werden, indem man eine Uhr hinzunimmt und sie zum Beispiel auf 20 Minuten einstellt. In diesen 20 Minuten sollen Sie nun so viele Varianten wie möglich finden, sie niederschreiben und später überprüfen.
Viele Studien sprühen nur so von glänzenden taktischen Ideen. Noch wichtiger: Komponisten entwickeln einen ungeheuren Ehrgeiz, die Löser mit möglichst verborgenen taktischen Verteidigungsressourcen zu necken. Diese gilt es also zu entdecken, und dies ist meist noch schwieriger, als man annehmen mag. Wie ich weiter vorne schrieb: als Trainer bemühe ich mich, Endspielstudien mit einem „natürlichen" Charakter zu finden. Was nun zählt ist der Analysebaum, den wir in unserem Geist errichten. Wenn wir das machen, trainieren wir tatsächlich drei wichtige Aspekte:

- Visualisierung von Stellungen
- Auffinden von taktischen Tricks und versteckten Verteidigungsressourcen
- Systematisierung

Das sind ausreichend Gründe, warum sich in diesem Buch sehr viele Endspielstudien befinden. Wir werden hier noch weitere präsentieren, damit Sie nochmal den Analysebaum einüben können.

□

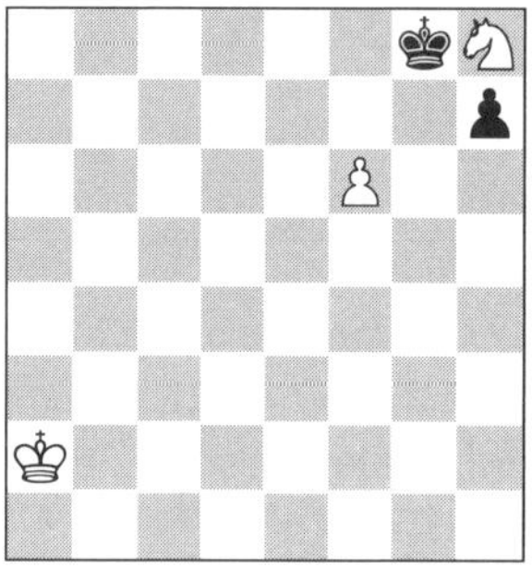

93

Weiß zieht und gewinnt.
(Lösung auf Seite 387)

□

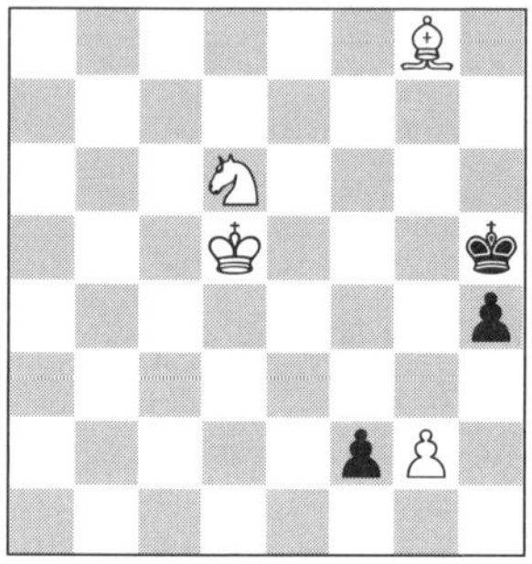

94

Weiß zieht und gewinnt.
(Lösung auf Seite 388)

□

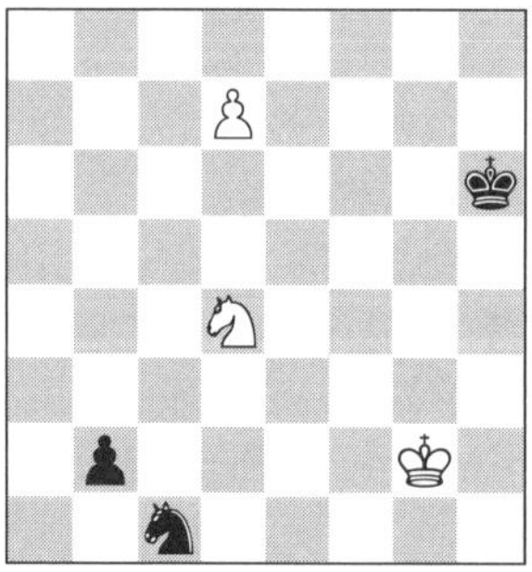

95

Weiß zieht und gewinnt.
(Lösung auf Seite 389)

□

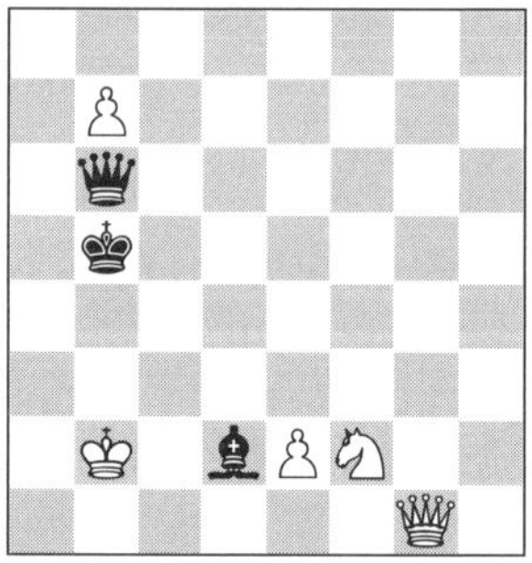

96

Weiß zieht und gewinnt.
(Lösung auf Seite 390)

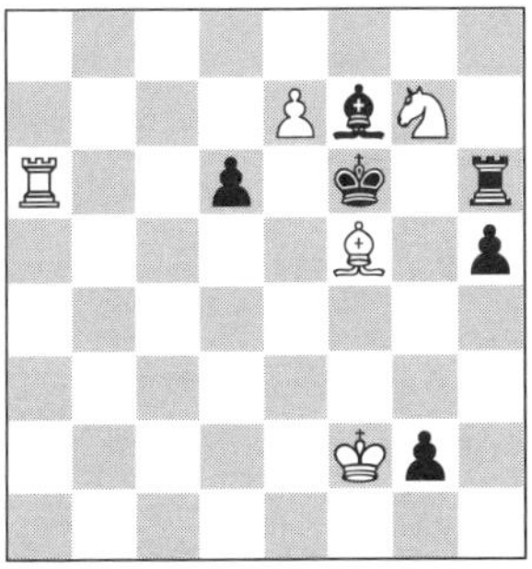

97

Weiß zieht und gewinnt.
(Lösung auf Seite 391)

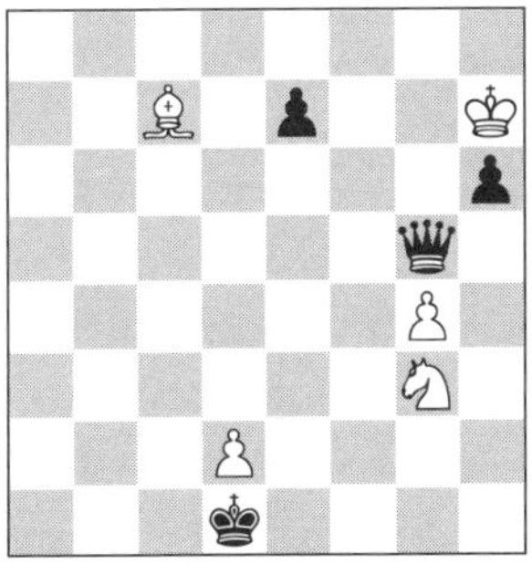

98

Weiß zieht und gewinnt.
(Lösung auf Seite 392)

Nun wollen wir wieder den Spagat zum praktischen Schach schlagen. Dazu zunächst zwei Aufgaben aus Partien, in denen Weiß einen ziemlich verschlungenen Variantenkomplex schnell und effizient zu bewältigen hat.

Matt in mehreren Zügen/Analysebaum

Miguoel Admiraal
Thom Beeren
Rijswijk U13 2006 (7)

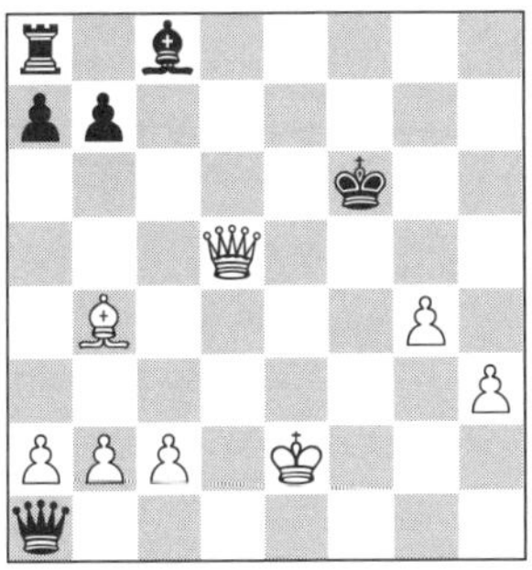

99

Weiß zieht und gewinnt. Erstellen Sie einen Variantenbaum.
(Lösung auf Seite 393)

Magnus Carlsen
Wesselin Topalow
Stavanger 2015 (1)

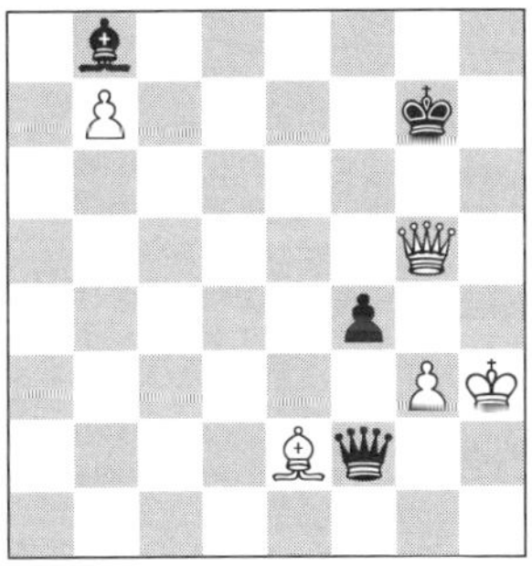

100

Nach dem weißen Damenschach auf g5 antwortet Schwarz mit
60...♔f7
Wie kann Weiß den Gewinn erzwingen? Erarbeiten Sie einen Analysebaum.
(Lösung auf Seite 396)

Wie bereits festgestellt ist Visualisierung ein wichtiger Bestandteil bei der Berechnung von Varianten. So kann es vorkommen, dass ein Spieler eine forcierte

Zugsequenz berechnet und sich die Variante erst nach ein paar Zügen verzweigt. Das bedeutet, dass er von dieser Position ein exaktes Bild in seinem Kopf haben muss, will er einen Analysebaum von diesem Ausgangspunkt erstellen. Wir können sagen, dass dieser Baum an einem anderen Knotenpunkt beginnt und die erste Bedingung – eine Stellung „vorauszusehen“, die ein paar Züge später auf dem Brett erscheinen wird – dies umso komplizierter werden lässt.

Damit Sie damit vertraut werden, geben wir Ihnen zwei sorgfältig ausgearbeitete Beispiele. Bei jeder Aufgabe müssen Sie ausgehend vom Diagramm eine Variante in Ihrem Kopf nachvollziehen und erst danach, an einem anderen Schnittpunkt, den Variantenbaum entfalten. Der Leser darf sich dabei ruhig viel Zeit nehmen. Wir raten Ihnen, die Varianten aufzuschreiben, damit Sie diese hinterher vergleichen und nachvollziehen können, was Sie gesehen haben und was (möglicherweise) nicht.

Borge Andersen
Ingi Johannsson
1964 (unbekannter Ort)

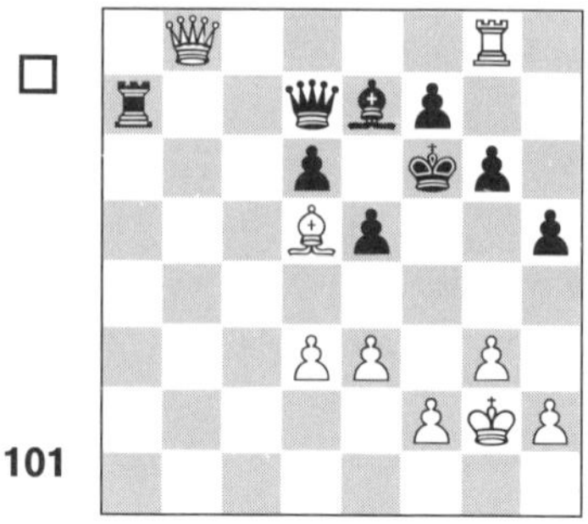

101

1.♖xg6+!!
Der Weiße glaubt fest daran, dass er dem Schwarzen eine harte Zeit auf den weißen Feldern verschaffen wird.
Versuchen Sie, die folgenden Varianten in Ihrem Kopf zu visualisieren. Stellen Sie einen neuen Analysebaum ab dem Punkt auf, an dem die vorgegebene Zugfolge endet.
1.♖xg6+ ♔xg6 2.♕g8+ ♔h6 3.♕h8+ ♔g6 4.♗f3 ♕d8

NÄCHSTE STUFE – Wie spielt Weiß weiter?
(Lösung auf Seite 398)

Alexander Kotow
Michail Judowitsch
Leningrad ch-URS 1939 (9)

□

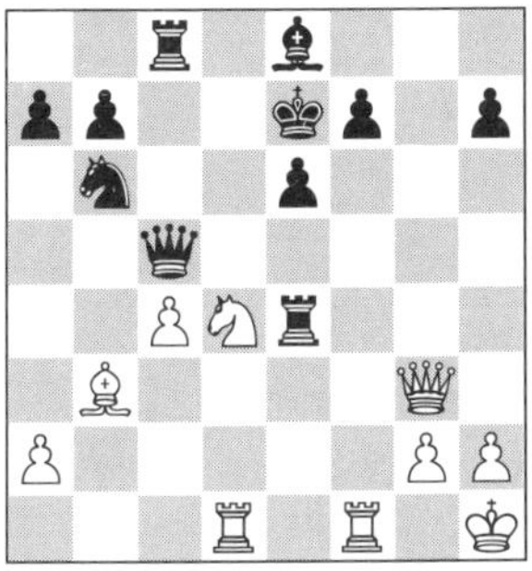

102

AUFGABE: Versuchen Sie, die folgende Variante im Kopf zu visualisieren. Erstellen Sie einen Variantenbaum ab dem Punkt, an dem die vorgegebene Variante endet.
25.♖f5!! exf5 26.♘xf5+ ♔f6 27.♖d6+ ♔xf5
Dies ist der neue Knotenpunkt. Beginnen Sie nun mit einem Variantenbaum.
(Lösung auf Seite 399)

Borislav Ivkov
Levente Lengyel
Beverwijk 1964 (5)

□

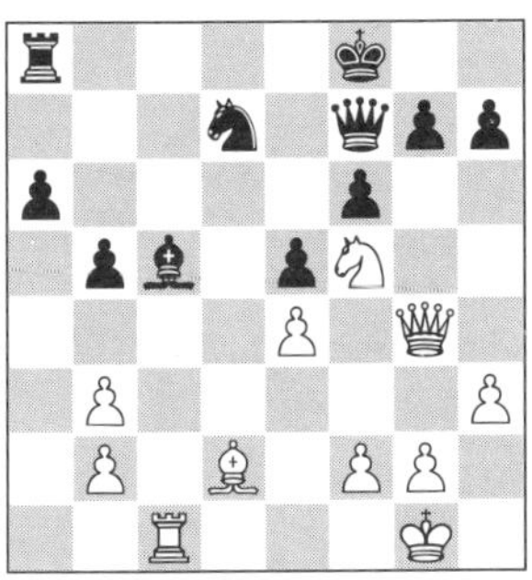

103

AUFGABE: Versuchen Sie, die folgende Variante im Kopf zu visualisieren. Erstellen Sie einen Variantenbaum ab dem Punkt, an dem die vorgegebene Variante endet.
32.♖xc5! ♘xc5 33.♗b4 ♕c7 34.♗xc5+ ♕xc5 35.♕xg7+ ♔e8 36.♕g8+ ♕f8
Dies ist der neue Knotenpunkt. Beginnen Sie nun mit einem Variantenbaum.
(Lösung auf Seite 401)

Grigori Rawinski
Vasili Panow
Moskau 1943

□

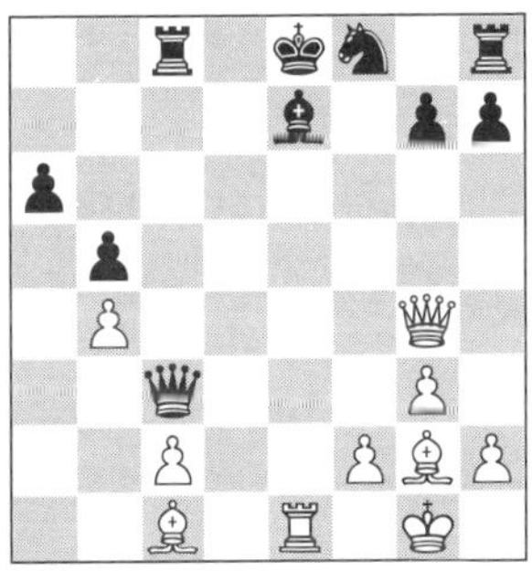

104

AUFGABE: Versuchen Sie, die folgende Variante im Kopf zu visualisieren. Erstellen Sie einen Variantenbaum ab dem Punkt, an dem die vorgegebene Variante endet.
26.♖xe7+! ♔xe7 27.♗g5+ ♔d6
Dies ist der neue Knotenpunkt. Beginnen Sie nun mit einem Variantenbaum.
(Lösung auf Seite 401)

6.5 Berechnung/Vorausdenken

Varianten zu berechnen kann nicht oft genug trainiert werden. Zu einem unglaublich hohen Prozentsatz verpasst einer der Spieler den Gewinn wegen (unnötiger) Fehler bei der Berechnung. Auf diesem Gebiet ist der Mensch dem Computer deutlich unterlegen, der lange forcierte Zugsequenzen beinahe in jeder Stellung fehlerlos berechnen kann. So oder so trifft hier in besonderem Maße das Sprichwort „Übung macht den Meister" zu.

Die folgende Diagrammstellung mag Ihnen bekannt vorkommen. In der Einführung zu diesem Kapitel haben wir bereits vorweggenommen, dass hier eine Kombination für Weiß verborgen ist – ein erstaunliches Opfer sogar in einer damals theoretisch bekannten Stellung. Nachdem der perplexe Schwarze das Opfer annimmt, demonstriert der Weiße, dass er sehr tief gerechnet hat.

Grigori Rawinski
Georgi Iliwizki
Riga 1952 (6)

1.e4 c5 2.♘f3 d6 3.d4 cxd4 4.♘xd4 ♘f6 5.♘c3 a6 6.f4 ♕c7 7.♗d3 e5 8.♘f3 ♘bd7 9.0-0 b5 10.a3 ♗e7 11.♔h1 0-0 12.fxe5 dxe5 13.♘h4 ♗d8 14.♕e1 ♘c5 15.♗g5 ♗e6 16.♘f5 ♘h5 17.♕h4 ♘f4

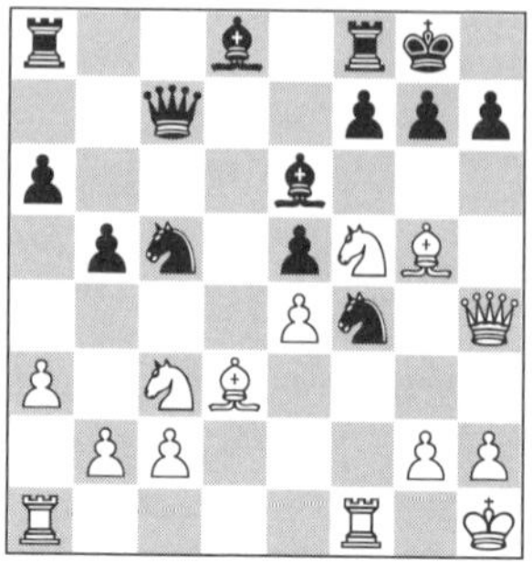

Bis hier wurde die Variante zuvor schon gespielt. Die Partie Awerbach-Bronstein, Sowjetische Meisterschaft, Moskau 1951, ging mit 18.g3 weiter.

18.♘xg7!

Wegen dieses Opfers, das Rawinski ersann, musste die Bewertung dieser Variante angepasst werden. Auf den ersten Blick erscheint es unmöglich, solch ein Opfer so früh in der Partie zu spielen.

18...♔xg7?

Schwarz erkennt nicht, wie Weiß seinen Angriff fortführen will, und nimmt das Geschenk an. Danach wird er auf brillante Weise niedergemetzelt werden. Entscheidend ist die Frage, was passiert wäre, wenn Schwarz zunächst den Angriffsläufer auf d3 eliminiert hätte mit 18...♘cxd3!. Es sieht aus, als hätte Weiß dann keinen durchschlagenden Angriff. Am besten ist 19.♕g3 (19. cxd3? ♔xg7 führt zu nichts; auch 19.♘xe6?! bringt nicht viel wegen 19...fxe6 20.♗xd8 ♕xd8 21.♕xd8 ♖axd8 22.cxd3 ♘xd3 und Schwarz steht klar besser) 19...♗xg5 20.♕xg5 ♔h8 (20...f6 21.♘xe6+ fxg5 22.♘xc7

♖ac8 23.♘xa6 (23.cxd3 ♖xc7 24.♖ad1) 23...♘xb2 24.♘xb5 ♖xc2 25.♘b4 ist ungefähr ausgeglichen) 21.cxd3 ♖g8 22.♘xe6 fxe6 23.♕f6+ ♕g7 24.♕xg7+ ♖xg7 25.d4 mit balancierten Anteilen.

19.♖xf4! exf4

Mittlerweile war es zu spät für 19...♘xd3? wegen 20.♘d5! ♘f2+ (20...♗xd5? führt direkt zum Matt nach 21.♗f6+ ♗xf6 22.♕xf6+ ♔g8 23.♖g4#) 21.♕xf2 (21.♖xf2 ♗xd5 22.♗f6+ ♗xf6 23.♕xf6+ ♔g8 24.exd5 ♕d8 25.♕xe5 ist ebenfalls sehr gut für Weiß) 21...♗xd5 (21...♗xg5 22.♘xc7 und Schluss) 22.♗f6+ ♗xf6 23.♖g4+ ♔h8 24.♕xf6#.

20.♕h6+ ♔g8

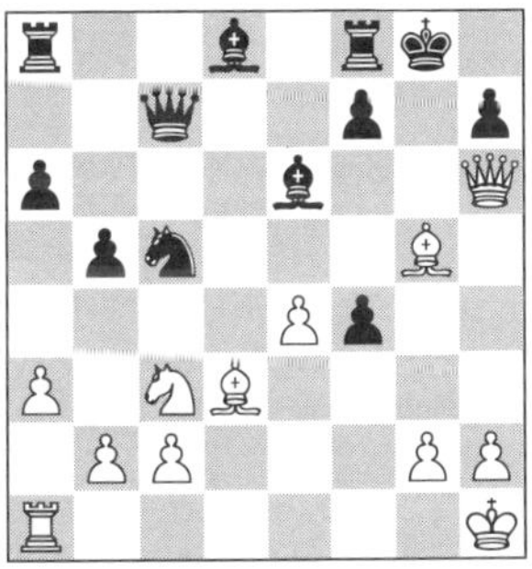

21.♗f6!

Dieses Blockademotiv, bekannt aus der berühmten Partie Fischer-Benko, ist der Kernpunkt des Ganzen.

21...♗xf6 22.e5!

Nun, da die Verteidigung ...f7-f5 nicht mehr geht, kann Schwarz seine Dame nicht mehr zur Verteidigung hinzuziehen.

22...♘xd3

Forciert. 22...♖fd8 hilft auch nicht nach 23.exf6 nebst unparierbarem Matt auf g7.

23.exf6

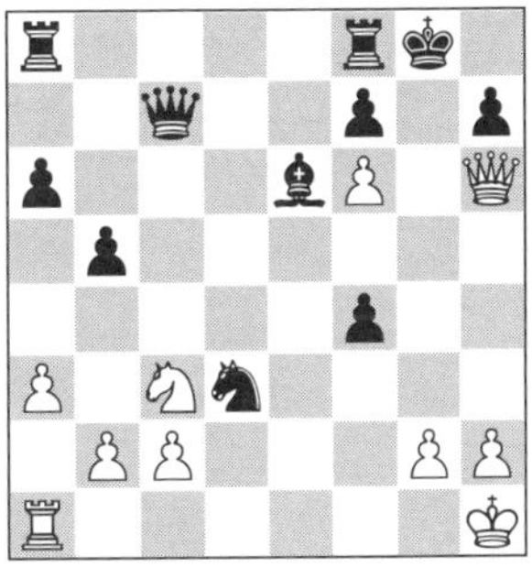

Weiß hat eine ausweglose Mattdrohung auf g7 kreiert, muss aber immer noch das schwarze Gegenspiel auf null bringen. Der Pfad zum Sieg wird sehr schmal sein...

23...♘f2+ 24.♔g1 ♘h3+

Für Schwarz ist es einfach: er muss Schachs geben, sonst wird er mattgesetzt.

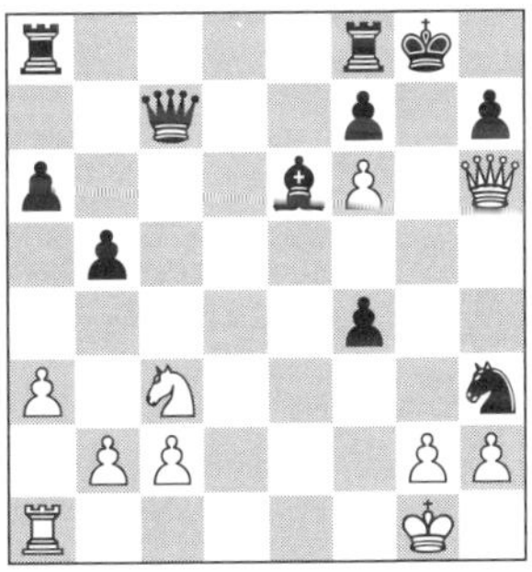

25.♔f1!

Weiß lehnt das Opfer ab, aber nun muss sein König durch vermintes Gelände wandern. Bei 25.gxh3 ♕c5+ 26.♔h1 ♗d5+ 27.♘xd5 ♕xd5+ 28.♔g1 ♕d4+ endet es in einer Zugwiederholung, da der weiße König nicht aus den Schachgeboten gelangt, ohne sich selbst in höchste Gefahr zu begeben.

25...♗c4+

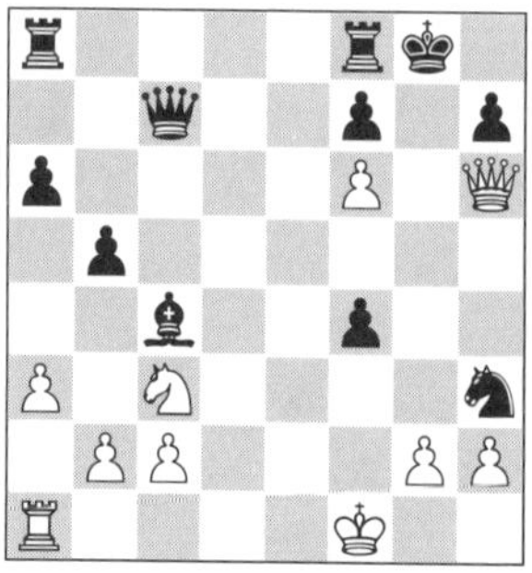

26.♘e2

Nun bloß nicht 26.♔e1?? wegen 26...♕e5+ und Schwarz übernimmt den Angriff: 27.♔d1 ♖fd8+ 28.♔c1 ♕e1+ 29.♘d1 ♖xd1#.

Schwarz gab auf. Es könnte folgen: 26...♗xe2+ 27.♔e1! (der Kulminationspunkt des Vorherigen: Weiß versteckt seinen König hinter dem feindlichen Läufer, damit die schwarzen Schwerfiguren nicht eingreifen können) 27...♕a5+ 28.b4 und matt kann nicht verhindert werden.

Als junger Spieler hatte ich Probleme damit, komplizierte Stellungen zu berechnen. Wenngleich ich ein Auge für Kombinationen besaß, blieb dies auf Möglichkeiten für mich selbst begrenzt. Bezaubernde Züge aufzuspüren, die mein Gegner machen könnte, war dagegen nicht mein Ding. Als Ergebnis fiel ich öfters, als mir lieb war, auf taktische Finessen herein, die meine Gegner ausgelegt hatten. Deswegen begann ich zusehends Komplikationen zu vermeiden und mich dadurch einzuschränken. Gibt es denn schließlich nicht viele gute Stellungen, die man mit einem schneidigen taktischen Überfall abschließen muss?

Während meinen Reisen zu unzähligen Turnieren wurde es mir immer evidenter, dass ich an dieser offenkundigen Schwäche meines Spiels feilen musste. Und plötzlich gab es da jemanden, der etwas in mir sah, und der ganz unerwartet einen Sponsor für mich auftrieb. Während eines Kurses für Schachausbilder saß ich neben einer Person, die eine Berühmtheit im niederländischen Volleyball war. Pierre Mathieu, der mittlerweile leider verstorben ist, war damals Trainer der holländischen Damen-Volleyball-Nationalmannschaft und zugleich ein leidenschaftlicher Schachfan. Als eine Menge an verschiedensten kleinen Aufgaben unter uns während den Kursabenden verteilt wurde, war er beeindruckt von meinen Lösefähigkeiten. Aus meiner Sichtweise war dies nicht so beeindruckend, denn wenn ein 2300+ Spieler eine Stellung betrachtet, wird er logischerweise mehr darin erkennen können denn ein Spieler mit annähernd 1800 Elo. Ich sagte nicht „nein", als er fragte, ob ich mit ihm trainieren würde, wenngleich ich wegen unserer unterschiedlichen Spielstärke etwas skeptisch war. Aber dieser inspirierte Mann, der seine Vision au seiner unterschiedlichen Sportart auf Schach übertragen wollte, versuchte mir dabei zu helfen, ein besserer Schachspieler zu werden. Nach ein paar vorbereitenden Unterhaltungen, in denen ich versuchte, klarzumachen, wo meine Schwachpunkte saßen, ging es an die Arbeit.

In der Zwischenzeit hatten wir ein Turnier für mich ausgesucht, bei dem alle Ausgaben vom Sponsor beglichen werden sollten. Das einzige, das ich als Gegenleistung dafür erbringen musste, war jeden Tag in einem T-Shirt zu spielen, das den Namen des Sponsors trug.

Als Vorbereitung arbeitete ich unter anderem Kotows Bücher durch, um zu lernen, wie man rechnet. Mit Mathieu löste ich viele Visualisierungsaufgaben. Ich erinnere mich gut an eine davon, wobei ich den Nutzen bis zum heutigen Tage nicht recht verstanden habe. Er hatte die folgende Aufgabe für mich ausgearbeitet: Er las die Züge einer Partie von der Ausgangsstellung laut vor, und sobald er den dritten Zug vorlas, musste ich den ersten weißen Zug auf dem Brett ausführen. Wenn er den dritten schwarzen Zug laut vorlas, musste ich den ersten schwarzen Zug ausführen. Und so weiter... Das war am Anfang alles andere als leicht! Versuchen Sie es ruhig mal selbst mit einem Sparringspartner.

Ungefähr zwei Monate später startete das Turnier, aber es geriet zur großen Desillusionierung. Ich endete bei rund 50%, was deutlich unter meiner Eloerwartung lag. Es trat ein, was ich befürchtete. Wenn man beim Schach mit dem Trainieren beginnt, darf man nicht erwarten, dass es sogleich Früchte trägt. Bei anderen Sportarten passiert das schon eher, aber unser Spiel eignet sich nicht so dafür. Es kann Jahre dauern, bevor man den Lohn der harten Trainingsarbeit eines Schachspielers einkassieren kann. Viele Spieler halten nicht so lange durch und hören mit dem Wettkampfschach ganz auf. Es hängt davon ab, wie lange man durchhalten kann, und die intrinsische Motivation mag vielleicht der wichtigste Faktor sein, der entscheidet, ob ein Spieler Fortschritte erzielen wird oder nicht. Liebe für das Spiel, andauernde Arbeit, Turnierspiel, Versuch und Irrtum – all dies ist Teil des Ganzen.

Am Ende war mein Sponsor nicht bereit, weiterzumachen, und dadurch kamen auch die Trainingssitzungen mit Mathieu zu einem Ende. Aber wenige Zeit später, im Jahre 1981, gelang es mir, für ein wenig Furore zu sorgen, als ich mich als Außenseiter plötzlich für die niederländische Meisterschaft qualifizierte. Im Jahr zuvor gelang es mir unter anderem den ersten Platz bei der Offenen Italienischen Meisterschaft zu teilen. Dies lag teilweise daran, dass die Rechenfähigkeit, die ich so intensive trainiert hatte, schließlich eine konkrete und positive Auswirkung auf mein Spiel entwickelte.

Nichtsdestotrotz dauerte es lange, bevor ich endlich einen Großmeisterskalp heimkam und einen deutlich höher gewerteten Gegner bezwingen konnte. Dies geschah bei einem Open in der deutschen Stadt Hamburg anno 1984 gegen Gerald Hertneck. Und es war auch kein „gewöhnlicher" Sieg – nein, ich übertraf ihn beim Rechnen in einer extrem komplizierten Angriffsstellung, bei der ich zunächst ein paar Bauern und danach zwei Figuren opferte. Nun, nach all den Jahren, schaute ich nochmal mit anderen Augen auf diese Partie zurück. Und leider muss ich mir eingestehen, dass ich damals eine Menge verpasste. Aber das ist eine ganz normale Schlussfolgerung angesichts der modernen Engines. Glücklicherweise für mich kam auch mein starker Gegner vom rechten Wege ab.

Schließlich kann ich sagen, dass Alexander Kotow mir geholfen hat, meinen Weg in einem Sumpf zu finden, den ich ansonsten nie betreten hätte. Und ich kann durchaus sagen, dass ich die Partie teilweise Dank Pierre Mathieus Unterstützung zu einem glücklichen Ende brachte. Jedoch geschah dies viel später, als er dies erhoffte – als Trainer wollte er Resultate sehen. Um der Vollständigkeit willen muss ich noch beifügen, dass Hertneck eine großartige Revanche gelang, als wir ein paar Jahre später wieder die Klingen kreuzten.

Hier ist die erinnerungswürdige Partie, die zufälligerweise auch ein elegantes Ende aufweist.

Herman Grooten
Gerald Hertneck
Hamburg 1984

1.d4 d5 2.c4 e6 3.♘c3 ♘f6 4.♘f3 ♗b4 5.cxd5 exd5 6.♗g5 ♘bd7 7.e3 c5 8.♗b5 ♕a5 9.0-0
9.♗xd7+ ♘xd7 10.0-0 ♗xc3 11.bxc3 c4 12.♕c2 wird von der Theorie empfohlen.
9...♗xc3 10.♗xd7+ ♘xd7 11.bxc3

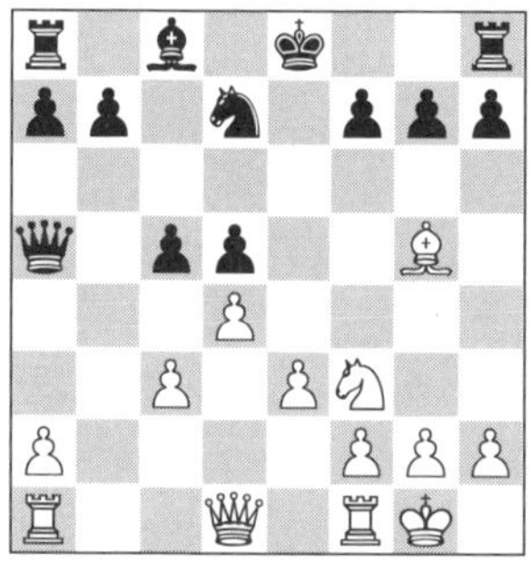

11...♕xc3
Schwarz nimmt die Herausforderung an: er will den Bauern mitnehmen. Soweit mir bekannt ist wurde dies weder zuvor noch danach jemals gespielt.
11...c4 12.♕c2 würde durch Zugumstellung zur oben erwähnt theoretischen Fortsetzung führen.
12.♖c1 ♕a3 13.dxc5 ♕xa2
Wer „A" sagt, soll auch „B" sagen. Völlig außer Frage war 13...♘xc5 wegen der vernichtenden Antwort 14.♕xd5.

14.♖c2 ♕a4 15.e4!?
Ein zweites Bauernopfer, das am Brett gute Aussichten zu bieten schien, die Initiative zu ergreifen. Nach 15.♘d4 hat Weiß ausreichende Kompensation für den Bauern, aber ich entschied mich dafür, meinem Gegner sogleich Daumenschrauben anzulegen.
15...d4
Er traut dem Braten nicht und gibt den Bauern zurück. Wie es sich herausstellt wohl die richtige Entscheidung.
Die Rechtfertigung des Opfers kann unter anderem in der folgenden Variante gefunden werden: **15...dxe4 16.♕d6** Ich selbst hatte 16.c6 geplant mit der möglichen Fortsetzung 16...bxc6 und nun ist 17.♕d6 am strengsten. Der schwarze König bleibt im Zentrum gefangen: 17...f6 18.♖xc6 fxg5 19.♘xg5 und Weiß gewinnt. **16...f6** Offensichtlich erhält Weiß deutliches Übergewicht nach 16...♘f6 17.♗xf6 gxf6 18.♘d4.
17.♕e6+

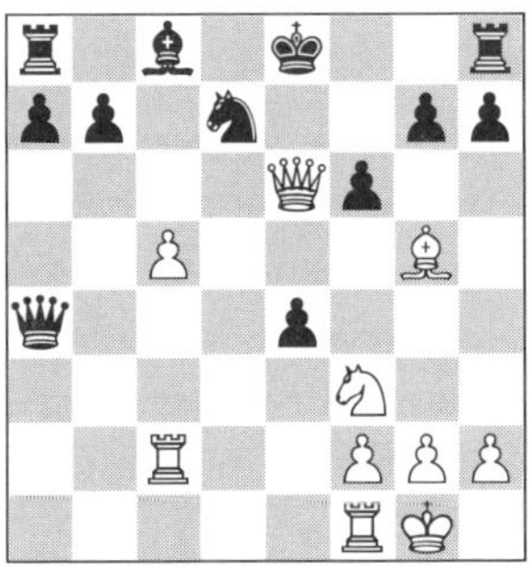

Analysediagramm

17...♔f8 17...♔d8 18.♘e5! ♘xe5 19.♗xf6+ gxf6 20.♕xf6+ ♔e8 (20...♔c7 21.♕d6#; 20...♔d7 21.♖d2+ ♘d3 22.♖xd3+ exd3 23.♕d6+ ♔e8 24.♖e1+ ♔f7 25.♖e7+ ♔f8 26.♕d8+) 21.♕xh8+ ♔f7 22.♖d2 ♕e8 23.♕xh7+ ♔f8 24.♖e1 und die Masse der weißen Figuren, die gegen den schwarzen König drücken, ist entscheidend.
Für den Moment sieht es so aus, als käme Schwarz damit durch, immerhin hängen nicht weniger als drei weiße Figuren gleichzeitig. Aber Weiß hat einen außerordentlich starken Zug:
18.♖d2! Weiß rettet den Turm und führt gleichzeitig eine wundervolle Drohung im Schilde, nämlich 19.♘e5!!. Dagegen gibt es nur eine Verteidigung: **18...♕a6** Beides führt zum Matt hier: 18...exf3 nach 19.♖e1 oder das Schlagen des Läufers 18...fxg5 nach 19.♘xg5.
19.♖d6 ♕a5 Um das Feld d8 zu decken, aber nun entscheidet Weiß den Kampf mit **20.♖fd1**.
Diese Stellung ist ein bezeichnendes Beispiel für den fatalen Effekt einer Unterentwicklung.
16.♘xd4 h6
Spielt mit dem Feuer. Es war höchste Zeit für 16...0-0, der Schwarze wollte jedoch erst diesen „irritierenden" Läufer auf g5 wegjagen.
17.c6!?
Im Stile der vorangegangenen Züge gespielt. Im Rückblick wäre das prosaische 17.♗f4 viel besser gewesen.
17...bxc6

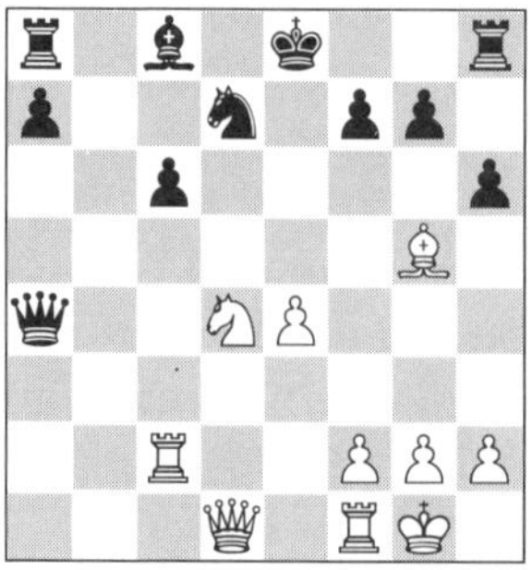

18.♘f5?!

Das Figurenopfer war die Idee meines vorhergegangenen Spiels, und während der Partie war ich sehr zufrieden mit meiner Entdeckung. Der Punkt lag in 17...hxg5 18.cxb7 ♗xb7 19.♖c8+ ♖xc8 20.♕xa4 mit Damengewinn.

Nun indes, viele Jahre später und im Besitz einer stattlichen Anzahl starker Engines, muss ich bedauernd akzeptieren, dass der Textzug nicht der beste war und dass es da einen viel stärkeren und schöneren Zug gab: 18.♕d2!! lautet der begeisternde Weg, den Angriff zum Gewinn zu führen; die Idee ist, dass nach 18...hxg5 (bei 18...♕a6 hätte mein Figurenopfer funktioniert: 19.♘f5! hxg5 20.♕d6 ♔d8 21.♖xc6

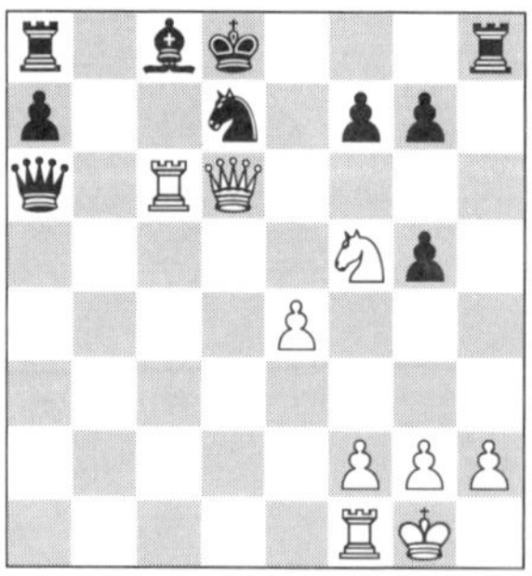

Analysediagramm

und die doppelte Mattdrohung 22.♕e7# und falls die schwarze Dame zieht 22.♕c7+ ♔e8 23.♕xc8+ ♖xc8 24.♖xc8# garantiert den Sieg für Weiß) die Dame mitten auf dem Brett umzingelt ist: 19.♖a2 ♕c4 20.♖c1. Eine ungewöhnlich schöne Damenfang-Idee!

18...hxg5 19.♕d6

Rückblickend hätte ich 19.♘d6+ ♔e7 20.♕d2 spielen sollen. Weiß hätte damit die Initiative beibehalten.

19...♕xe4

Der einzige Zug, der das drohende Matt verhindert.

20.♖cc1!

Bis hierher hatte ich alles berechnet.

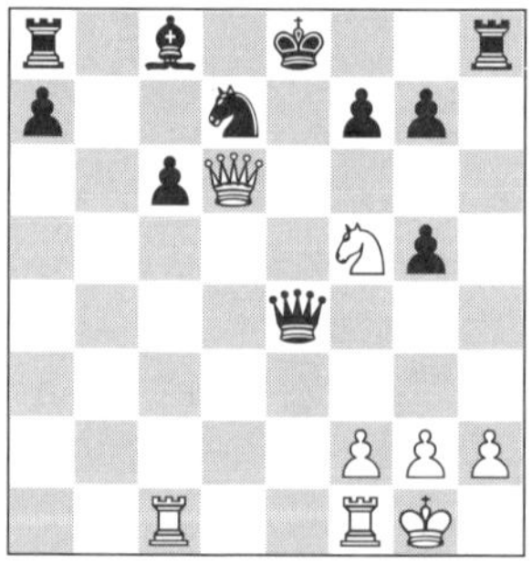

20...♕xf5

Schwarz nimmt die zweite Figur vom Brett. Die zäheste Verteidigung bestand in 20...♔d8!?, wonach es schwer zu sagen ist, ob die weiße Initiative durchdringen kann. Eine plausible Fortsetzung lautet 21.♖fd1! (nicht 21.♖fe1? wegen 21...♕f4!, und bei 21.♖xc6 hat Schwarz 21...♕e5!) und nun:

A) Bei 21...♕f4 kann Weiß fortsetzen mit 22.♕xc6 (22.♕e7+?

ist falsch wegen 22...♔c7) 22...♕xh2+ 23.♔f1 und hier erweist sich 23...♕b8! als einziger Zug für Schwarz, der nicht verliert. Bei 23...♖b8 schneidet 24.♘g3! die Dame vom Schlachtfeld ab und droht zugleich 25.♖xd7+ gefolgt von 26.♕c7+ und 27.♕xb8;

B) 21...♕e6 22.♕d3 und Schwarz wird es nicht gelingen, sich zu entknoten. Hier wird 22...♕d5 (22...♖h4 erlaubt 23.♘d6 mit großem Vorteil) durch 23.♕c3! beantwortet (23.♕c2 ♕e5 24.♕xc6=), was sich als richtig erweist, um Vorteil zu erlangen: 23...♕xf5 24.♕xc6 und Schwarz wird dies nicht unbeschadet überstehen.

21.♖fe1+

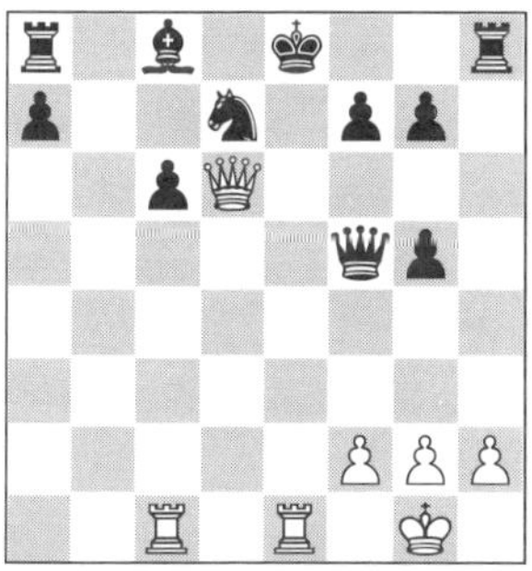

21...♕e5?

Während der Partie nahmen beide Spieler an, dass Schwarz die Dame sofort hergeben müsse, aber das ist eine Täuschung.

Der einzige Zug war 21...♔d8, und nur nach 22.♖xc6 sollte Schwarz die Dame durch 22...♕e6! geben. Zufällig war diese Stellung meine Rechtfertigung für das doppelte Figurenopfer: die zwei Mattdrohungen auf c7 und e7 werden dem Schwarzen Material kosten: 23.♕c7+ ♔e7 24.♖exe6+ fxe6 25.♕d6+ ♔d8 und höchstwahrscheinlich werden beide Seiten zu einer Zugwiederholung bereit sein müssen.

Schlechter ist es, die Dame auf einem anderen Feld herzugeben: 21...♕e6 22.♖xe6+ fxe6 23.♕xc6 ♖b8 24.♕xc8+! ♔e7 (24...♖xc8 25.♖xc8+ ♔e7 26.♖xh8 und im entstandenen Endspiel ist der Turm dem Springer überlegen) 25.♕c3 und die technische Umsetzung ist nicht so schwierig.

22.♖xe5+ ♘xe5 23.♕xe5+ ♔f8

Er konnte nicht 23...♗e6 spielen, da Weiß mit 24.♕xg7 0-0-0 25.♕xg5 sich zwei wichtige Bauern schnappt und mit einem Freibauern auf der h-Linie verbleibt.

Schwarz hofft auf eine Art Festung mit Turm und Läufer für die Dame plus allen Bauern auf einem Flügel. Doch der Zug erlaubt ein amüsantes Ende.

24.♕d6+ ♔g8

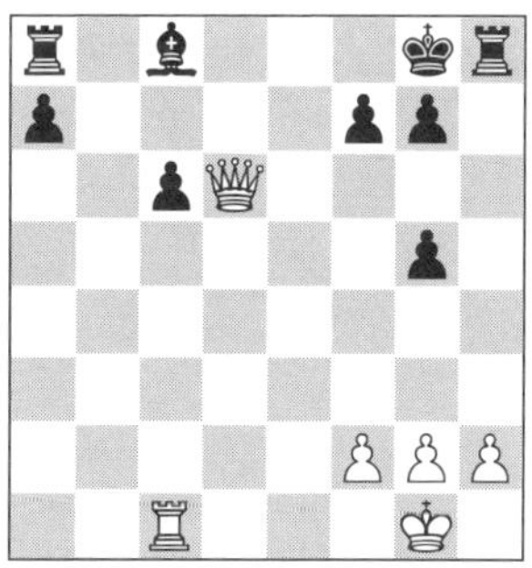

Jetzt erleben wir eine nette „Damenleiter“, bekannt aus Endspielstudien.

25.♕xc6 ♖b8 26.♕d6 ♖a8 27.♕d5 ♖b8 28.♕e5 ♖a8 29.♕e8+ ♔h7 30.♕e4+

Und dieses finale Schach mit Doppeldrohung entscheidet die Angelegenheit. Weiß gewinnt.

Taktik und Berechnung von Analysebäumen kann nicht oft genug trainiert werden, wie wir wiederholt sagten. Im Buch haben wir Ihnen bereits etliche Aufgaben präsentiert, in denen wir verschiedene Facetten dieser Fähigkeiten darlegten.

Hier sind noch zwei weitere Übungsbeispiele.

Isaac Sanders
Jacob Aagaard
England tt 2014/15 (10)

□

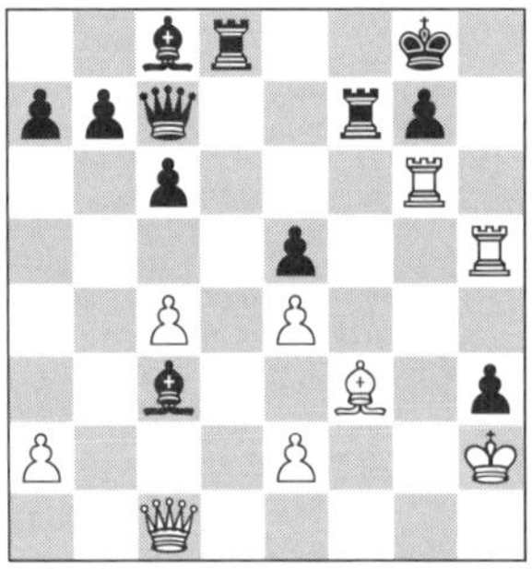

105

Schwarz hat gerade eine Figur auf c3 abgetauscht. Berechnen Sie nun 32.♕h6.

(Lösung auf Seite 402)

Michail Ulibin
Jorge Cabrera Trujillo
Cappelle-la-Grande 2008 (2)

□

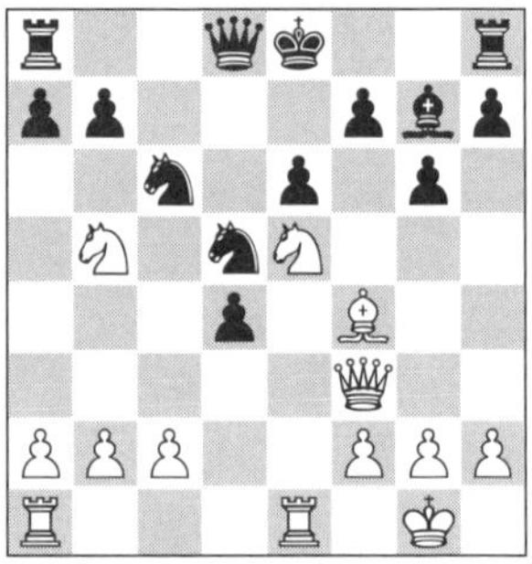

106

Berechnen Sie 15.♘xf7!.

(Lösung auf Seite 404)

KAPITEL 7

Angriffspartien von Spitzenspielern

7.1 Einführung

Von berühmten Spielern können wir lernen, wie man eine Partie führt. Gerade die Herangehensweise eines starken Spielers gewährt uns sehr viel Einblick in die Tricks der Branche. Zu diesem Zweck ist es ganz nützlich, Partien von Spielern nachzuspielen, die ihre schwächeren Gegner in kristallklarem Stil vernichten.

7.2 Julian Hodgson

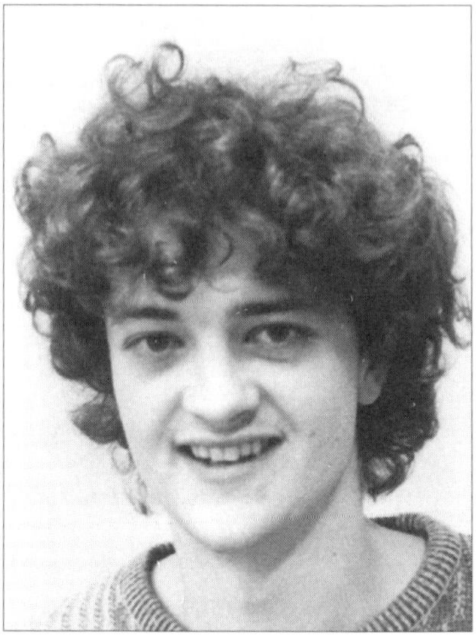

In den Tagen, in denen ich durch ganz Europa tourte und an vielen Turnieren teilnahm, traf ich häufig den britischen Spieler Julian Hodgson. In England war er bereits als Wunderkind bekannt, und auch, wenn er schon lange kein Wunderkind mehr war, wurde mir schnell klar, dass dieser Mann ein besonderes Talent für unser Spiel besaß. Früh wurde er Internationaler Meister, und der Großmeistertitel war in Reichweite, als wir uns trafen. Wir spielten etliche Turniere zusammen.

Hodgson übertrug seinen leichtherzige Weltsicht auch aufs Schach. Es war immer ein Vergnügen ihn zu sehen, wenn er eine Partie zeigte, die er gerade gespielt hatte. Die Originalität und die Fülle von Geistesblitzen in seinen Partien sprachen für seine große Liebe zum Spiel. Seine Liebe zum Schach motivierte ihn zum Weitermachen, auch wenn seine Ergebnisse eine Zeitlang nicht mehr so gut waren.

So oder so, das Leben eines Schachprofis ist selten auf Rosen gebettet! Man muss Geld verdienen, um ein normales Leben führen zu können, und vermutlich war dies der Grund, warum er an einem Punkt sich vom Wettkampfschach verabschiedete, da es ihm zu wenig finanzielle Sicherheit bot.

Deshalb war ich hocherfreut, als viele Jahre später zwei Bücher von ihm erschienen mit den Titeln *Attack with Julian Hodgson* 1 und 2. Als ich diese Broschüren durchlas, fiel es mir deutlich auf, wie viel intrinsische Motivation er noch für das Spiel besaß. Viele seiner Partien, die er in den Büchern präsentiert, sprechen dafür, dass er nie seine Vorliebe für schneidige Angriffspartien auf den feindlichen König verloren hat. Und seltsamerweise gewinnt er Partien, in denen er eine Menge Material investiert, ohne dabei zu viel oder zu tief zu denken. Hier zeigt sich sein übergroßes Talent: Vieles erreicht er allein durch seine Intuition. Ich höre ihn immer noch, wie er während den Post-mortems urteilte: „Alle Figuren aktiv, die Hälfte der gegnerischen Figuren hängen, ein unsicherer König – das muss reichen!“ Und danach sprangen ihm die Kombinationen nur so zu, als wäre es eine Selbstverständlichkeit. Immer wieder zeigte er den

Erfindungsreichtum, den man braucht, um die verborgenen, oftmals sehr schönen Motive am Brett aufzudecken.

Wollen wir einen Blick auf seine Partie gegen den rumänischen Großmeister Mihai Suba werfen. Ich habe teilweise Gebrauch von den Anmerkungen in seinem Buch gemacht – von denen manche, leider, den Zeiten nicht trotzen konnten. Die Unterschiede zwischen der Engine, die er zu Hilfe nahm, um seine Varianten zu überprüfen (Fritz 4) und den heutigen Programmen ist riesig. Jedoch der Glanz in seinem Spiel blieb bestehen!

Julian Hodgson
Mihai Suba
Blackpool zt 1990

1.e4 c5 2.♘f3 d6 3.c3 ♘f6 4.♗e2 ♘c6 5.d4 cxd4 6.cxd4 ♘xe4 7.d5 ♕a5+

7...♕b6 ist unmöglich wegen 8.0-0 ♘b4 und nach 9.a3 ♘a6 wird Schwarz dennoch die Figur verlieren: 10.♕a4+.

8.♘c3 ♘xc3 9.bxc3

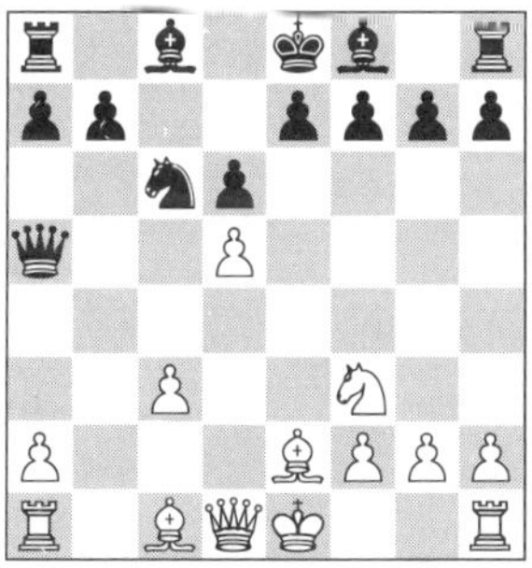

9...♘d8

Dieser passive Rückzug erscheint suspekt, aber dahinter steckt eine Idee.

Sicherlich nicht 9...♕xc3+? wegen 10.♗d2 und der Springer c6 geht verloren.

9...♘e5 wird öfters gespielt mit der möglichen Fortsetzung 10.♘xe5 ♕xc3+ 11.♗d2 ♕xe5 12.0-0 ♕xd5 und Schwarz hat glatt drei Bauern einkassiert, aber der enorme Entwicklungsvorsprung des Weißen gibt ihm reichlich Kompensation dafür. Dies wurde in der Partie Basman-Stean, Hastings 1973/74, und in neuerer Zeit in Looschnikow-Paramonow, St. Petersburg 2002, gezeigt.

10.0-0 e5

Dadurch hofft Schwarz, die Stellung schließen zu können, um dann auf seinen Mehrbauern und positionelle Vorteile pochen zu können.

11.dxe6

Offensichtlich muss Weiß die Stellung öffnen.

11...♘xe6

Der Springer ist hier sehr gut postiert. Jetzt hofft Schwarz darauf, seinen König schnell mit...♗e7 nebst ...0-0 in Sicherheit bringen zu können.

12.♘d4 ♗e7

Bei 12...♘xd4 stört 13.♕xd4 die weitere schwarze Entwicklung.

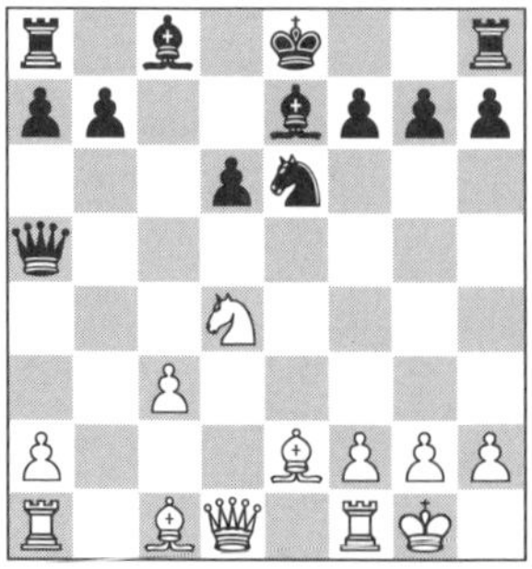

13.♗b5+

Weiß hat einen Bauern weniger und c3 ist auch kein hübscher Bauer, deshalb muss er etwas Besonderes finden, das ihm Kompensation verleihen könnte. Mit diesem störenden Zug verhindert er die schwarze Rochade – andernfalls wäre die Kompensation wirklich sehr bescheiden.

13...♔f8

Suba entscheidet sich für diesen Königszug zur Seite. Das bedeutet praktisch, dass sein Turm h8 für eine Weile aus dem Spiel ist. Zugleich ist der schwarze Damenflügel unterentwickelt, was den Weißen Figuren freies Spiel verspricht.
Bei 13...♗d7 14.♗xd7+ ♔xd7 ist 15.♕f3 gut für Weiß.

14.♖b1!

Damit deckt Weiß den ♗b5 (es drohte 14...♘xd4) und bringt eine weitere Figur ins Spiel.

14...a6

Suba zwingt den ♗b5, seine Absichten zu verraten, hauptsächlich um ...♗d7 vorzubereiten. Hodgson ist keineswegs beunruhigt durch den Umstand, dass er nun einen zweiten Bauern geben muss.
Bei 14...♕xa2 15.♗e3 behält Weiß gute Aussichten.
Unappetitlich war 14...♕xc3?!, da dem Schwarzen nach 15.♘f5 ernsthafte Probleme erwachsen.

15.♗c4

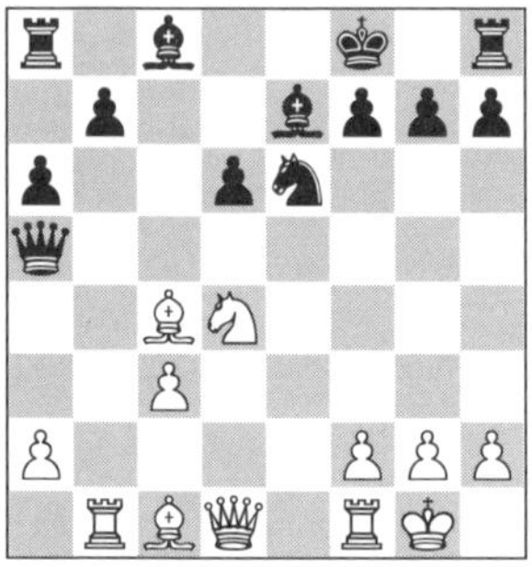

15...♕c7

Noch war es zu früh für 15...♗d7? wegen 16.♖xb7.
Wieder hatte es Nachteil, einen Bauern zu grabschen: 15...♕xc3 16.♘xe6+ (16.♗xe6 fxe6 17.♗b2 ♕c4 18.♕f3+ ♔e8 19.♖bc1 ♕xa2 20.♗a1) 16...fxe6 (16...♗xe6 17.♗xe6 fxe6 18.♖e1 ist ausgezeichnet für Weiß) und jetzt ist das trickreiche 17.♗b3! die beste weiße Chance. Weiß wird den anderen Läufer auf die hübsche Diagonale mit ♗c1-a3 entwickeln, unter gewissen Umständen droht auch ♗c1-b2.
Auch 15...d5 ist keine Hilfe für Schwarz. Nach 16.♘b3 (nicht sehr schlau ist 16.♕h5 ♕xc3 17.♘xe6+ ♗xe6 18.♗xd5 wegen 18...♕a5) 16...♕c7 17.♗xd5 hat Weiß ein exzellentes Spiel.

16.♗xe6

Um keine Zeit zu verlieren gibt Hodgson seinen schönen Läufer her. Auch beachtlich war 16.♗d5!?, wonach Schwarz sich kaum bewegen kann.

16...fxe6

Schwarz kann immer noch nicht seine Entwicklung abschließen, da 16...♗xe6? an 17.♘xe6+ fxe6 18.♕f3+ ♗f6 19.♖xb7 scheitert, nach 19...♕xc3 20.♕h5 g6 21.♗h6+ ♔g8 22.♕g4 ♖e8 23.♕a4! würden die weißen Figuren tödlich ins schwarze Hinterland eindringen.

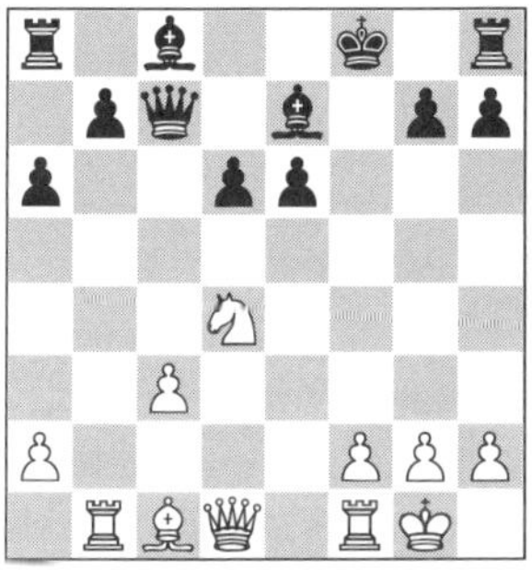

17.♖e1

Im Stile von Paul Morphy bringt Weiß seine letzte untätige Figur ins Spiel. Er wartet mit der Entwicklung des ♗c1, weil es im Moment noch nicht klar ist, wo der hingehört.

Einen Gedanken wert war auch 17.♕f3+, denn nach 17...♔e8 hätte Weiß Vorteil. Und bei 17...♗f6 wäre 18.♗a3! stark, um die Schwäche d6 anzuvisieren: 18...♔g8 19.♖fe1 und alle Weißen stehen gut, während die schwarzen Figuren schwer zu aktivieren sind.

17...e5 18.♕f3+ ♗f6 19.♗a3

Eine starke Fortsetzung. Nicht 19.♗h6 wegen 19...♕f7.

19...exd4

Suba nimmt die Herausforderung an. Lehnt er das Opfer mit, sagen wir, 19...♔g8 ab, hätte Weiß bestes Spiel nach 20.c4!? h6 21.♘f5 ♗xf5 22.♕xf5.

20.♕d5

Nicht 20.♕e4? wegen 20...♕c6! (20...♕e7? 21.♗xd6 ♕xd6 22.♕e8#) und Schwarz hat alles unter Kontrolle: 21.♗xd6+ ♔f7 und der Angriff kommt zum Stillstand.

20...♗e7

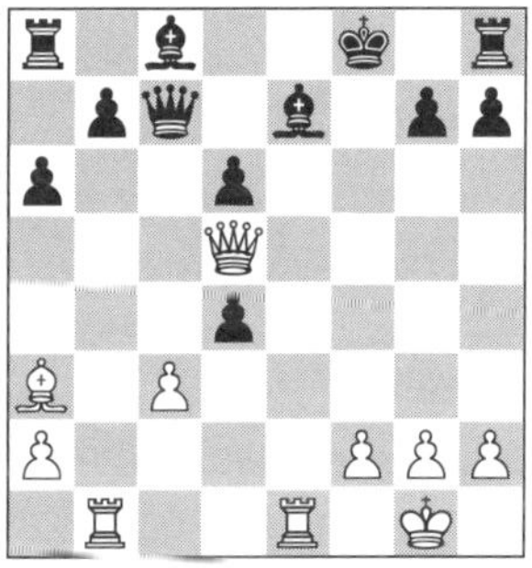

Ein notwendiges Übel, und Hodgson wäre nicht Hodgson, wenn er in diesem Moment nicht die aggressivste Fortsetzung wählen würde, um die Initiative beizubehalten.

21.♖xe7!

Nun beläuft es sich schon auf einen ganzen Turm. 21.♕xd4, um 22.♖xe7! zu drohen, war genauso unangenehm für Schwarz.

21...♔xe7

21...♕xe7 führt schnell zum Desaster: 22.♗xd6 ♕xd6 23.♕xd6+ ♔f7 24.♕c7+ ♔g6 (24...♔g8

25.♕d8+ ♔f7 26.♕xh8) 25.♖b6+ und Schwarz wird mattgesetzt.

22.♖e1+ ♔f6 23.♗xd6 ♕d7!

Suba findet die einzige Verteidigung. Bei 23...♕c6 schlägt der Angriff durch: 24.♕e5+ ♔g6 25.♕g3+! ♔f6 26.♗e5+.

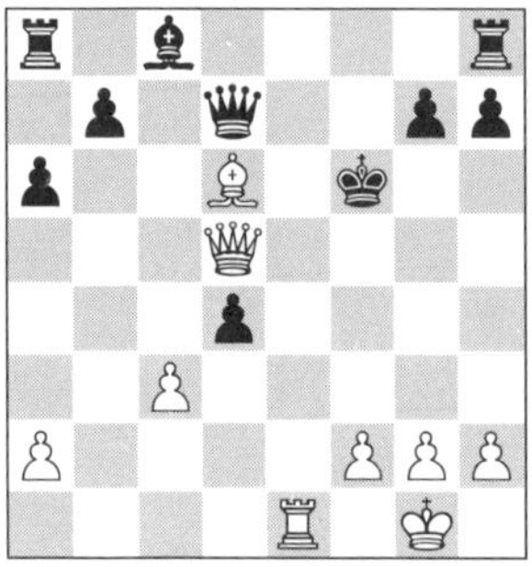

24.♖e5!

Mit diesem wunderbaren Zug komplettiert Weiß seine Super-Zentralisierung! Die wichtigste Idee dahinter ist es, die Verteidigung ...♕f5 auszuschalten. Andere Möglichkeiten bieten dem Weißen weniger.

Ich nehme an, dass Hodgson nicht alles vorausberechnet hat – stattdessen vertraute er wohl auf die Aktivität seiner Figuren und kam zum Schluss, dass er nicht in Gefahr wäre, sondern in der Lage, nach Gewinnvarianten Ausschau zu halten.

24...♖e8?

Wer würde das nicht spielen? Schwarz nimmt die erste Chance wahr, seinen passiven Turm ins Spiel zu bringen. Aber es ist genau dieser Zug, der es dem Weißen ermöglicht, Fortschritte zu erzielen. Es war kaum zu erkennen, dass nur 24...h6! dem Schwarzen Rettungschancen gab.

25.♕f3+ ♔g6 26.♕h5+ ♔f6 27.♕f3+ ♔g6 28.♕h5+ ♔f6

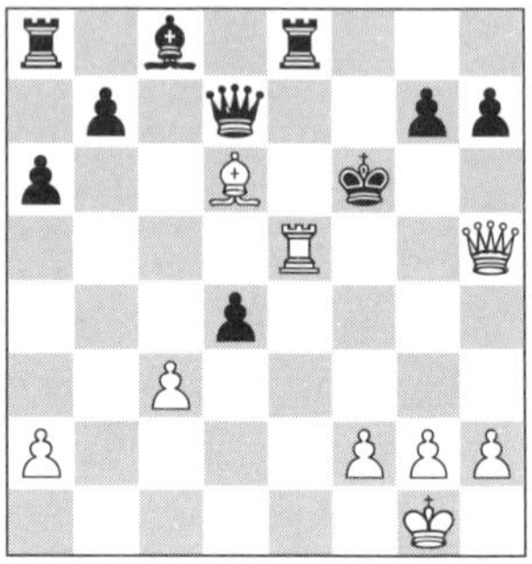

29.♖xe8!

Nachdem er zunächst die Züge wiederholte findet Hodgson den Weg, seinen Vorteil zu vergrößern.

29...♕xd6 30.cxd4

Er musste diesen Bauern zurückschlagen, da Schwarz sonst einen gefährlichen Freibauern bekommen hätte. Weiß behält seinen Vorteil nun vor allem deswegen, weil der ♗c8 gefesselt ist und Schwarz nicht alle seine Kräfte benutzen kann. Weiß dagegen kann sogar noch langsam Verstärkungen herbeiführen, wie wir sehen werden.

30...h6

Der „Witz“ 30...♗g4? wird durch einen „Gegenwitz“ widerlegt: 31.♕e5+! ♕xe5 32.dxe5+ ♔f5 33.♖xa8.

Und 30...♕xd4? verliert sogleich nach 31.♖f8+ ♔e7 32.♕f7+ ♔d6 33.♖d8+.

Eine andere Idee war 30...♖b8, um den Turm auf ein gedecktes Feld zu ziehen, aber auch in diesem Fall behielte Weiß die Kontrolle nach 31.h4!.

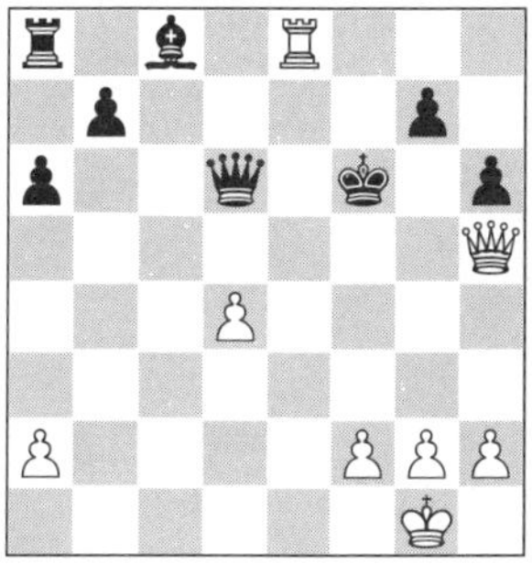

31.h4!

Wieder ein starker Zug: Weiß macht ein Luftloch und kreiert Drohungen (etwa g2-g4).
31.g4 kam auch stark in Betracht: 31...♖b8 32.h4 b5 33.g5+ hxg5 34.hxg5+ ♔f5 35.g6+ ♔f6 36.♖e5 und Matt auf g5 kann nicht mit probaten Mitteln verhindert werden.

31...a5

Er sieht keinen Ausweg, tatsächlich gab es auch keinen mehr. 31...♖b8 hilft am Ende auch nicht: 32.g4 ♗d7 (32...♗xg4 33.♕e5+ ♕xe5 34.dxe5+ ♔f5 35.♖xb8) 33.g5+ hxg5 34.hxg5+ ♔f5 35.♖e5+ ♔f4 36.♕h4+ ♔f3 37.♕g3#.

32.♕f3+ ♔g6 33.h5+ ♔g5

Auch auf h7 konnte sich der König nicht verstecken: 33...♔h7 34.♕f7! – der präziseste Gewinnweg. Auch 34.♕e4+ gewinnt.

34.♖e5+ ♕xe5

Bei 34...♔h4 setzt 35.♕g3# matt.

35.dxe5 ♗e6

Endlich konnte Schwarz seinen Damenflügel entwickeln. Doch mittlerweile hat Weiß mehr als genug zurückerobert.

36.♕xb7 ♖g8 37.♕e7+ ♔f5 38.g4+ ♔xe5 39.f4+ ♔xf4

Bei 39...♔d5 gewinnt 40.f5 ♗c8 41.♕f7+.

40.♕xe6 ♖d8 41.♕f7+

Und Schwarz gab den Kampf auf.

Nach meinem Dafürhalten ist Hodgson besonders stark darin, die Aktivität seiner Figuren zu vergrößern, während er gleichzeitig die gegnerische Aktivität einschränkt. Ihm gelingt dies auf unnachahmliche Weise basierend rein auf visuelle Aspekte. Hodgson nutzt dazu das, was er die „Angriffsstatistik-Schachtel“ nennt. In dieser gedachten Schachtel zählt er die Figuren, die direkt oder indirekt am Angriff beteiligt sind. Dann vergleicht er diese Anzahl mit den Figuren, die direkt oder indirekt etwas für die Verteidigung leisten. Ein interessanter Ansatz, der dem Schachschüler gute Einsichten vermittelt. Immer, wenn ich diese Methode in einer Trainingssitzung erläutere, illustriere ich sie farblich auf meinem Computerbildschirm.

7.3 Garri Kasparow

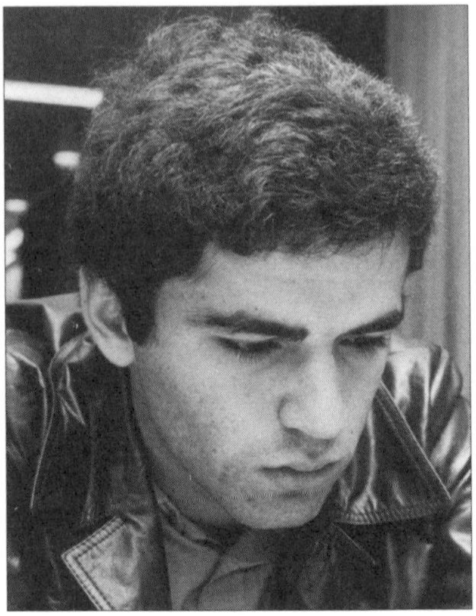

Einer der größten Angriffsspieler aller Zeiten ist natürlich Garri Kasparow. Ich sah ihn zum ersten Mal in Fleisch und Blut, als ich die Niederlande in Graz 1981 als Teilnehmer der Weltmeisterschaft für Juniormannschaften (U26) repräsentierte. Dieses Turnier wurde auch als "Studentenolympiade" bekannt.

Nach der glänzenden Angriffspartie des damals 18jährigen Kasparows gegen den österreichischen Meister Dür (weiter vorne im Buch gezeigt) hatte ich das Privileg, die Post-mortem-Analyse aus nächster Nähe betrachten zu dürfen. Die Varianten, aber vielleicht noch mehr die grenzenlose Energie, die dieser junge Mann von Baku vor seinem armen Gegner versprühte, hinterließen einen tiefen Eindruck auf die Zuschauer.

Die Anekdote über seine Partie aus demselben Turnier gegen unser Spitzenbrett GM John van der Wiel illustriert, dass das Wort „verlieren" nicht in Kasparows Vokabular vorkam (dazu Paragraph 1.3). Der Mann, der fünf Jahre später den Weltmeistertitel erlangen sollte, zeigte schon bei dieser Gelegenheit eindrücklich seine Präsenz. Im Buch gibt es einige bezaubernde Beispiele seiner Angriffsfähigkeiten.

Die folgende Partie hat ihre eigene Geschichte. Kasparow wird in der Eröffnung von seinem Gegner, Yasser Seirawan, überrascht und verliert eine Qualität sowie einen Bauern. In dieser heiklen Situation sucht er nach Gegenspiel, und es gelingt ihm tatsächlich, wie ein Zauberer ein Kaninchen aus seinem Hut zu ziehen. Im Presseraum hatte jeder eine unterschiedliche Wahrnehmung von dem, was vorging. Viele dachten, das wäre eine weitere von Kasparows unbegreiflichen Neuerungen, und mutmaßten, dass er sein brillantes Gegenspiel bereits in seinen häuslichen Studien ausgearbeitet hätte.

Nicht nur in der Partie selbst zeigte sich, dass es sehr schwer fiel, sich gegen den Angriff zu behaupten. Auch im Analyseraum, in dem Großmeister Ljubomir Ljubojevic die Unterhaltung dominierte, bezog Schwarz immer wieder Prügel. Ich kann mich nicht mehr an alle erinnern, die an dieser hitzigen Analysesitzung beteiligt waren, aber es waren nicht gerade die schwächsten Spieler, und sie wurden immer wieder von der Lastwagenladung an Tricks überfahren.

Dies ging so lange, bis ein kleiner Mann den Presseraum betrat und sich der Sache des Schwarzspielers annahm: der Schwede Ulf Andersson. Er stand ebenfalls ziemlich hoch in der Weltrangliste, sein Stil war jedoch gegensätzlich zu dem von Ljubojevic. Er war der Mann der kleinen positionellen Feinheiten, der aufmerksamen Verteidigung in schwierigen Stellungen und der Prophylaxe.

Plötzlich lief der weiße Angriff nicht mehr so geschmiert, wie er es den ganzen Nachmittag getan hatte. Plötzlich traf der „Superangreifer" auf der „Meisterverteidiger". Mit kleinen Zügen wehrte Schwarz auf einmal erfolgreich alle Angriffe auf seinen König ab. Auch wenn die verbale Gewalt des „Superangreifers" sich steigerte, während der „Meisterverteidiger" sich auf ein paar wenige leise Bemerkungen beschränkte, liefen die meisten Angriffsversuche ins Leere. Ich war nicht der einzige, der diese Szene mit steigender Begeisterung beobachtete. Hier spielte sich eine kolossale Konfrontation zweier gegensätzlicher Stile ab.

Während sich die Beiden mit großem Enthusiasmus über die Stellung in der Kasparow-Seirawan-Partie zankten, ging die reale Partie weiter. Doch am Ende erwies sich hier der Angreifer als zu stark für den Verteidiger. Obgleich sich Seirawan eine Zeitlang sehr gut verteidigte, musste er sich letztlich dem großartigen Angriffsspiel des Weltmeisters beugen.

Anschließend kam dieser ebenfalls in den Presseraum, um mit seinem Gegner die kritischen Momente zu besprechen. Die ganze Aufmerksamkeit flog sofort diesem Analysebrett zu. Auf die Frage eines Umstehenden, ob Kasparow dies alles zuhause präpariert hatte, kam die niederschmetternde Antwort, dass er einen schrecklichen Fehler in der Eröffnung begangen hätte und sich ernsthafte Sorgen machte, nachdem er Qualität und Bauern verlor. Er ging also sofort in den „Schwindel-Modus" über, wie man dies in den Fluren nennt! Nichtsdestotrotz entwickelte er so viel Druck auf die schwarze Stellung, dass der Amerikaner letztlich nicht mehr mit den Komplikationen zurechtkam.

Nachdem auch Ljubojevic und Andersson an der Analyse teilnahmen, kam die Frage auf, ob der Schwede sich wohl gegen „The Boss" (Kasparows Spitzname) hätte verteidigen können. Aber wenngleich Andersson ein hartnäckiger Verteidiger war, musste auch er zurückstecken vor dem Mann, der diese Partie gerade so schneidig gewonnen hatte. Und nun war Ljubojevic der lachende Dritte, der während der ganzen Partie unbeirrt verkündete, Weiß würde auf Gewinn stehen.

Ich habe diese Partie ins Licht gehalten und die Kommentare der damaligen Zeit mit den starken Engines überprüft. Das produzierte so viele wunderhübsche Kombinationen, das ich sie Ihnen nicht vorenthalten möchte.

Garri Kasparow
Yasser Seirawan
Amsterdam 1996 (5)

1.d4 ♘f6 2.c4 e6 3.♘f3 d5 4.♘c3 ♘bd7 5.♕c2 dxc4 6.e4 c5 7.dxc5 ♗xc5 8.♗xc4 a6 9.a4 ♕c7 10.0-0

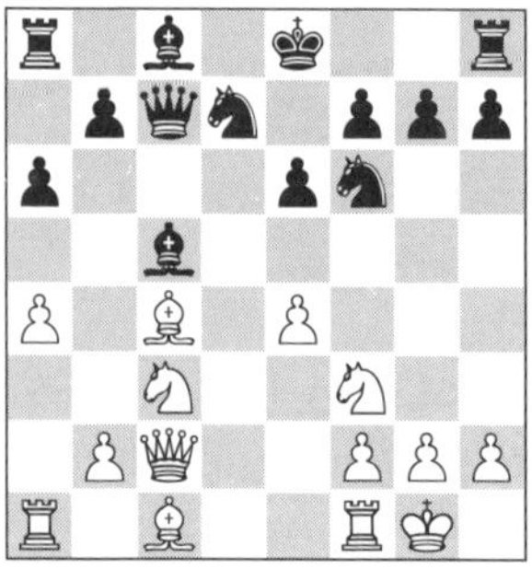

10...♘g4
Eine scharfe Fortsetzung, die dem Weißen sogleich ein Problem stellt. Sogar 10...♗xf2+ kam in Frage, aber nach 11.♕xf2! ♕xc4 12.e5 ♘g4 13.♘d2 ♕c5! 14.♕xc5 ♘xc5 15.♘c4 gibt es Ärger für Schwarz. Selbst 15...f6!, was Ftacnik als starken Zug angibt, kann daran nichts deuteln. Weiß setzt nach mit dem starken 16.♘b6 ♖b8 17.exf6 gxf6 (17...♘xf6? 18.♗f4) 18.h3 gefolgt von 18...♘e5 19.♗e3! ♘cd7

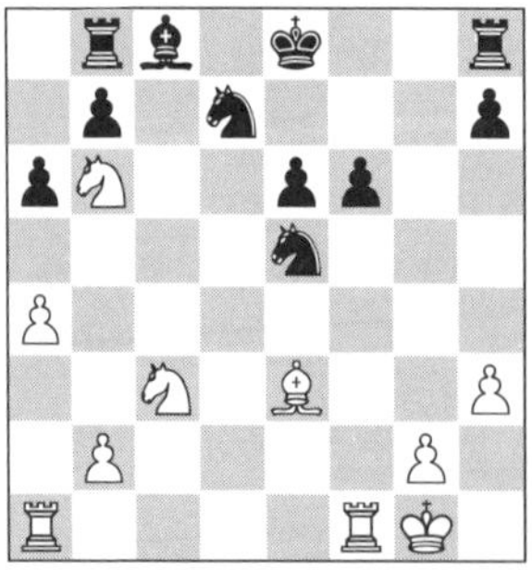

Analysediagramm

20.♘e4!.
11.h3?!
Vermutlich nimmt Kasparow hier zu viel Risiko in Kauf. Nach der Partie gab Seirawan an, dass 11.♘e2 ♗d6!? 12.h3 ♘ge5 13.♘xe5 ♘xe5 notwendig war, aber Schwarz gleicht locker aus nach 14.♗b3 ♕xc2 15.♗xc2.
11...♘xf2
Schwarz ist auf Materialgewinn aus. Hinterher gab Seirawan die interessante Alternative 11...h5!? an, wonach folgen könnte 12.b3? (besser 12.♘e2, mit leichtem weißem Vorteil) 12...♕g3 13.♗a3? ♘de5 mit schwarzem Gewinn.
12.♖xf2 ♗xf2+ 13.♕xf2 ♕xc4

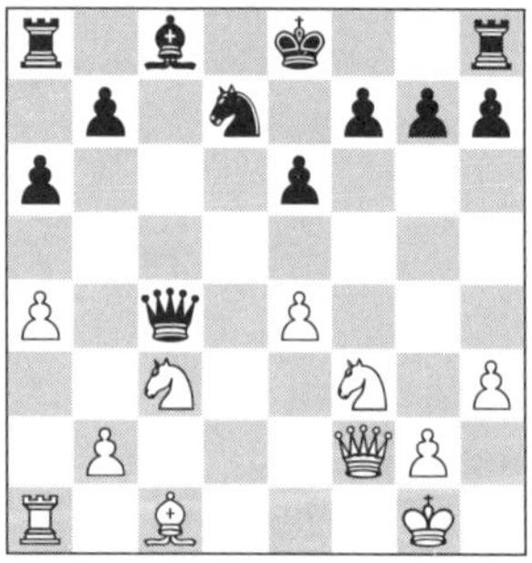

Schwarz hat Qualität und Bauer gewonnen. Wie gesagt wurde Kasparow völlig vom schwarzen Konter in der Eröffnung überrascht und fühlte sich zum Opfer verpflichtet, welches er keineswegs im Voraus plante!
14.♕g3
Auf der Suche nach Spiel. Sicherlich hat er etwas Kompensation. Weiß hat drei Figuren entwickelt, während die schwarzen nicht besonders harmonisch aufgebaut

sind. Zudem ist der schwarze König ein Ziel, und nicht zuletzt kommt die Anwesenheit ungleichfarbiger Läufer dem Weißen zugute. Er ist auf den schwarzen Feldern überlegen, während Schwarz sich anstrengen muss, um auf den weißen Feldern zum Kontern zu kommen. Ungefähr zu diesem Zeitpunkt verfiel Seirawan in tiefes und langanhaltendes Denken. Währenddessen konnten die „Kiebitze" im Presseraum ihrer Kreativität vollen Lauf lassen. Der gefährliche Taktiker Ljubomir Ljubojevic kam auch dazu. Der Jugoslawe war mehr als „nur" ein Angriffsspieler; er erreichte einen hohen Platz in der Weltranglisten mit seinem glänzenden Spiel. Es war auch stets eine besondere Erfahrung, Zeuge seiner Analysen zu werden. Er konnte nicht nur eine große Summe an hübschen Tricks hervorzaubern, sondern schmückte sie auch noch mit komischen Kommentaren. Sein Mund hörte nie auf, zu reden, und auch wenn manche sich an seinen häufig sarkastischen Bemerkungen rieben, lachten doch die meisten der Anwesenden herzhaft über die Possen dieses begnadeten Unterhalters.

14...f6

Eine originelle Verteidigung. Es ist für Schwarz schrecklich schwer zu spielen. Und mit der Unterstützung der modernen Engines weisen auch die alten Analysen Risse auf – es gibt etliche hübsche Motive unter der Oberfläche, die damals unbemerkt blieben.

A) Rückgabe der Qualität mag eine der besten Optionen sein, aber auch dann, nach 14...0-0 15.♗h6 g6:

A1) Weiß kann mit 16.♖d1 weiter auf Angriff spielen, wie Seirawan angibt, was gut zu sein scheint. Meiner Meinung nach ist daraufhin 16...♕b4 mit unklarer Stellung am besten für Schwarz. Nicht 16...♖d8?! wegen 17.e5! b6 18.♖d4 ♕c7 19.♕h4 und die Drohung 20.♖xd7 gefolgt von 21.♕xf6 kann nicht befriedigend abgewehrt werden;

A2) Auch nach 16.♗xf8 ♘xf8 17.e5 wird es ein harter Ritt für Schwarz. Die geschwächten schwarzen Felder werden ihm für den Rest des Mittelspiels Ärger bereiten.

B) Ftacnik schlug 14...♕c5+ vor mit der möglichen Folge 15.♔h1 ♕f8. Hier verliert der slowakische Großmeister den Faden. Er gibt 16.♗f4! ein Fragezeichen, was wir heutzutage in ein Ausrufezeichen abwandeln können. 16...f6 und nun:

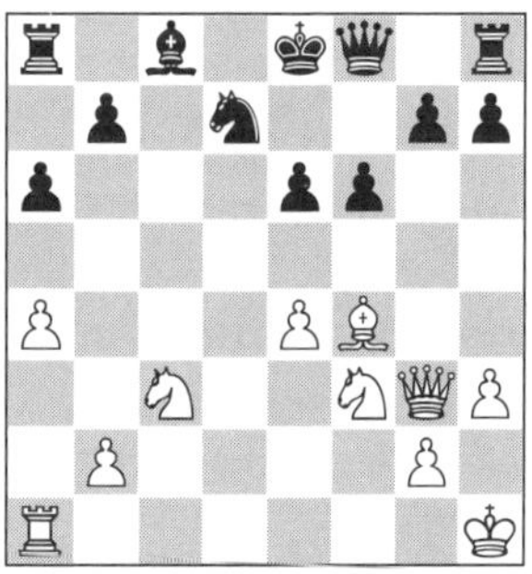

Analysediagramm

Hier hat Weiß ein spektakuläres Figurenopfer: 17.♘d5! exd5 18.♗d6 ♕g8 (18...♕f7? 19.exd5 mit entscheidendem Vorteil für Weiß. Etwa: 19...♕xd5 20.♖e1+ ♘e5 (20...♔f7 21.♖e7+ ♔g8 22.♕xg7#; 20...♔d8 21.♗c7#) 21.♘xe5 fxe5 22.♖xe5+) 19.exd5 ♔f7 20.♖e1 und der weiße Angriff ist in Schwung. Auch wenn Schwarz einen ganzen Turm mehr besitzt, hat er eindeutig großen Ärger. Die Drohung 21.♖e7+ kann nur durch 20...♕d8 21.♖e7+ ♕xe7 22.♗xe7 ♖e8 abgewehrt werden, aber das macht Schwarz keine Freude.

15.♕xg7 ♕c5+ 16.♔h1 ♕f8 17.♕g4 ♕f7

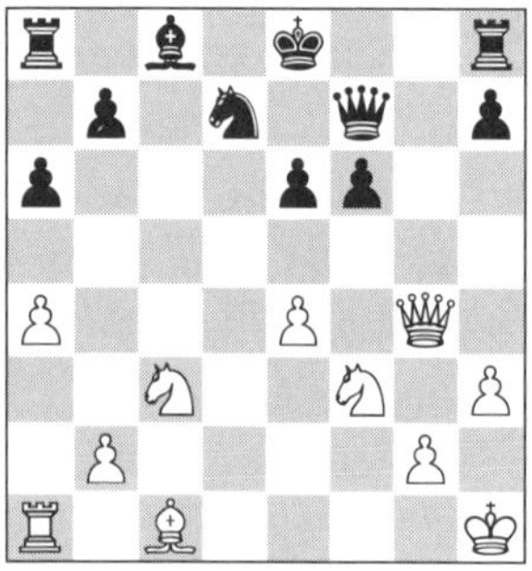

Zeit für eine Bilanz. Einen Bauern hat Weiß zurückgewonnen, der schwarze König blieb im Zentrum hängen und die schwarzen Felder arbeiten für Weiß.

Doch immer noch müssen die Damenflügelfiguren (♖a1 und ♗c1) eine Verwendung finden, und es muss sich noch zeigen, ob und wie Weiß dem schwarzen König einheizen kann.

18.e5

Für solche Züge hat Kasparow eine gute Nase: Auf den schwarzen Feldern muss angegriffen werden.

18...♖g8

Kaum die Aufmerksamkeit wert ist **18...♘xe5** wegen **19.♘xe5 fxe5 20.♘e4 ♕g6** 20...♕f1+ 21.♔h2 ♖f8 22.♕h5+ ♔d7 23.♕xe5 ♕f5 24.♕d6+ ♔e8 25.♗g5 ♔f7,

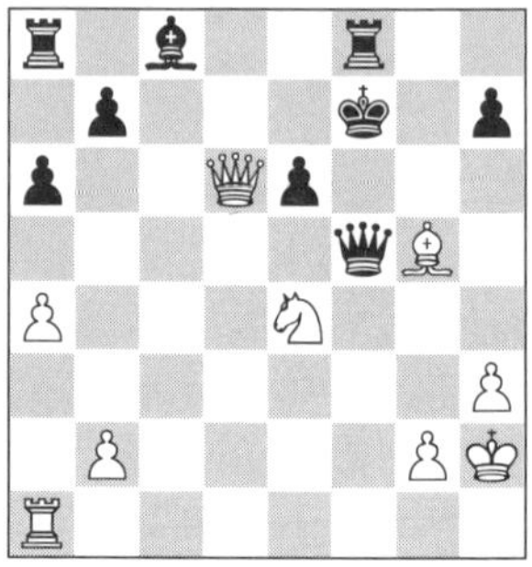

Analysediagramm

und nun sehr hübsch 26.g4! ♕xe4 27.♖f1+ ♔g6 28.♕xf8, Weiß gewinnt. **21.♘d6+ ♔f8** 21...♔d7 22.♗g5! ♔c7 (22...♖g8 23.♖d1; 22...♔xd6 23.♕b4+ ♔c7 24.♕c5+ die weiße Dominanz auf den dunklen Feldern ist offensichtlich) 23.♖c1+ ♔b8 24.♕b4 mit Gewinn.

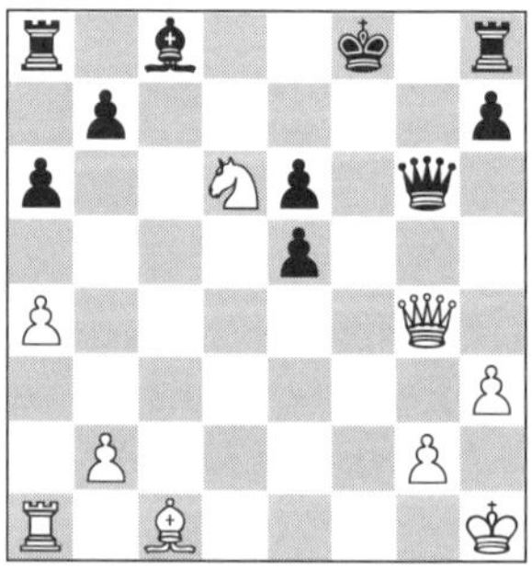

Analysediagramm

22.♗h6+!! Noch so ein fabelhaftes Motiv. **22...♕xh6** Falls 22...♔e7, so 23.♕b4! analog der Hauptlinie. **23.♖f1+ ♔e7** und nun das ruhige **24.♕b4! ♔d7** 24...♖f8 25.♘f5+ ♔f6 26.♘xh6+. **25.♖f7+ ♔c6**

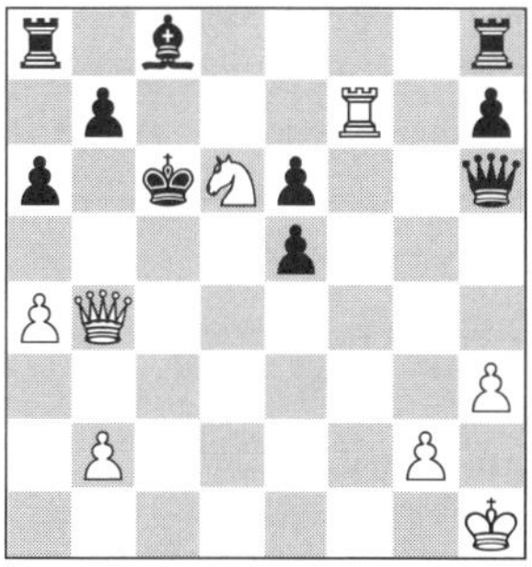

Analysediagramm

26.♕c3+! Die Jagd ist eröffnet!
26...♔xd6 26...♔b6 27.♕c7+ ♔a7 28.♘xc8+ ♖axc8 29.♕xb7#. **27.b4 b6 28.♕d3+ ♔c6 29.b5+ axb5 30.axb5+ ♔c5 31.♖c7+ ♔b4 32.♖c4+ ♔xb5 33.♕b3+ ♔a6 34.♕a4+ ♔b7 35.♕c6+ ♔a7 36.♖a4+ ♗a6 37.♕c7#**

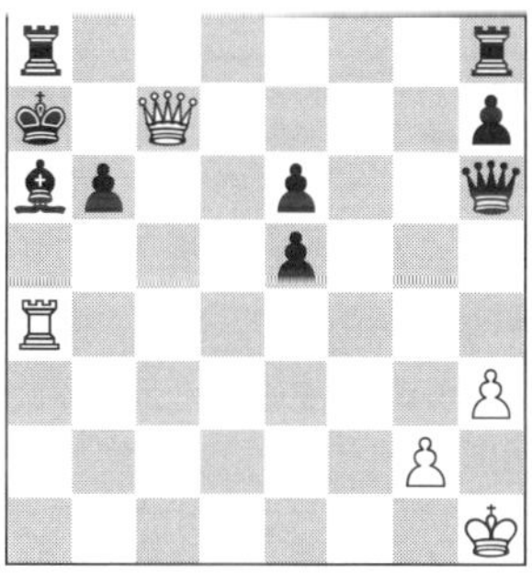

Analysediagramm

Ein prachtvolles Epaulettenmatt! Vielleicht hätte Schwarz das sofortige 18...f5 probieren sollen. 19.♕d4 0-0 kann der König aus dem Zentrum entkommen. Auch hier wäre klar: Weiß hat (mehr als) ausreichend Kompensation.

19.♕c4

Ab hier findet Kasparow stets die optimale Fortsetzung. Die Hauptdrohung ist ♘c3-e4, wonach der Springer über d6 in die schwarze Stellung hineinspringen kann.

19...f5

Nicht 19...♘xe5? wegen 20.♘xe5 fxe5 21.♘e4 ♕g6 22.♗g5 und der weiße Angriff dringt durch.

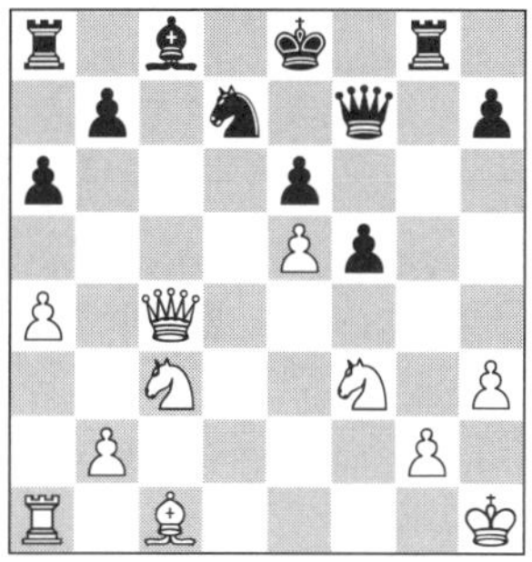

20.♗g5

Die weißen Figuren haben bedrohliche Positionen bezogen, doch vorerst verteidigt sich Seirawan noch ausgezeichnet.

20...h6

Der Versuch, mit 20...♘f8 zu entwickeln, wird mit 21.♖d1 angegangen, wonach 21...♖xg5 so ziemlich erzwungen ist. Weiß bleibt auch hier in der Oberhand mit 22.♘xg5 ♕h5 23.♕f4.

21.♗h4

Kasparow lehnt das Bauernopfer ab. Aber auch nach 21.♗xh6 ♕g6 22.♗g5 ♘xe5 wären die schwarzen Probleme immens: 23.♕c5! ♕g7 (nicht 23...♘c6? wegen des furchtbar starken 24.♖e1 und der Sturm wird zum Orkan) 24.♖d1 ♘c6 25.♖d6! und Schwarz wird dies nicht verteidigen können.

21...♕g6?!
Verständlich, dass Seirawan auch mal was drohen will. 21...♘f8!? wurde von Kasparow nach der Partie empfohlen, aber dann sieht 22.♖d1 (22.♕b4) 22...♗d7 23.♖d6 nach weißem Vorteil aus. Aber nicht 23.♕c7?, da nach 23...♕g7! (23...♘g6? 24.♗f6!) 24.♖d2 ♗c6 Schwarz in eine Gewinnstellung abwickelt.
Der einzige Ausweg scheint 21...♔f8 zu sein, aber auch dann hat Weiß das Sagen nach 22.♘d4! (nicht 22.♘e2 ♔g7 23.♘f4 ♘f8 24.♖d1 b5 25.axb5 axb5 26.♕xb5, wo sich Schwarz rettet) 22...♖g6 23.♘ce2 und Weiß wendet sich dem schwachen Feld e6 zu.
22.♖g1

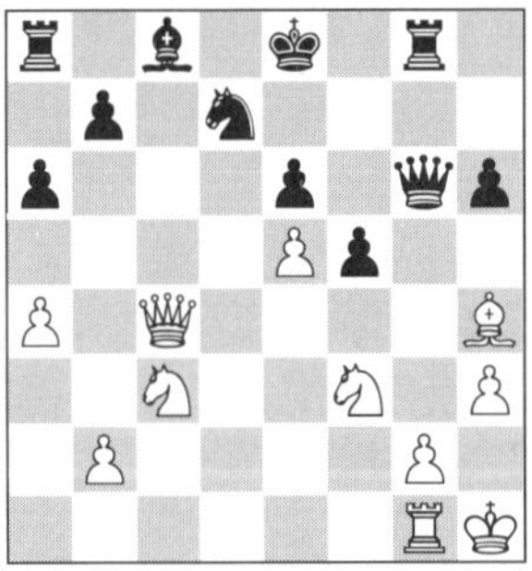

22...♘f8?!
Der Amerikaner möchte doch noch seinen Damenflügel entwickeln, aber auf diesem Feld steht der Springer besonders schlecht. Beharrlicher war 22...♖g7!?, wenngleich Schwarz auch Probleme bekommt nach 23.a5! ♘f8 24.♗f6 (Ftacniks 24.♘a4 sieht ebenfalls nach weißem Vorteil aus: 24...♗d7 25.♘b6 ♗c6, wobei Weiß hier 26.♘d4! finden müsste, wonach er einen gewinnträchtigen Vorteil davonträgt: 26...♗xg2+ 27.♔h2 ♖b8 28.♘e2) 24...♖d7 25.♘a4.
Keine Ausflucht bietet 22...b5? wegen 23.♕c6 ♖b8 24.♘d5! exd5 25.e6 und Weiß gewinnt.
23.♕b4?!
Kasparow lässt eine Großchance aus, das Spiel sofort zu entscheiden mit **23.♕c7!** und dann:
A) 23...♗d7 24.♕xb7 ♖c8 25.♕xa6 mit weißer Gewinnstellung;
B) **23...♖g7 24.♕d8+ ♔f7 25.♗f6 ♖h7**, und ich glaube dem Computer, dass Weiß nun die Stellung erfolgreich aufbrechen kann mittels **26.♘h4 ♕g3**

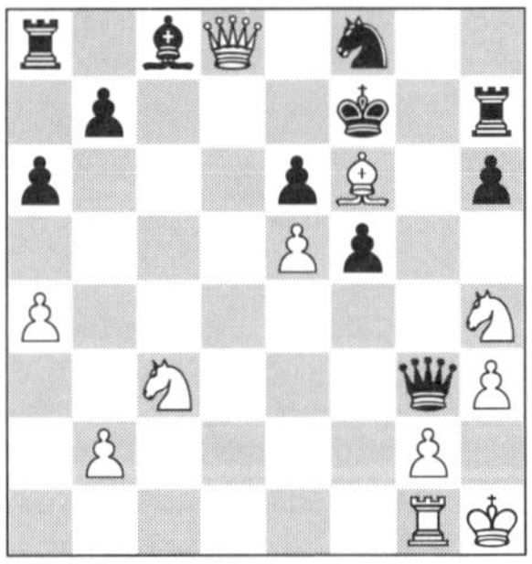

Analysediagramm

27.♘e4!!. Ein brillantes Opfer, das die f-Linie aufreißt. Nach dem sofortigen 27.♗e7?! kann Schwarz noch mit dem überraschenden 27...♗d7! entkommen. 27...fxe4
Wenn Schwarz sich nicht auf die Öffnung der f-Linie einlässt, wird er großartig in ein Mattnetz gezogen: 27...♕e3 28.♕e7+ ♔g8 und nun das entzückende 29.♗g7!!

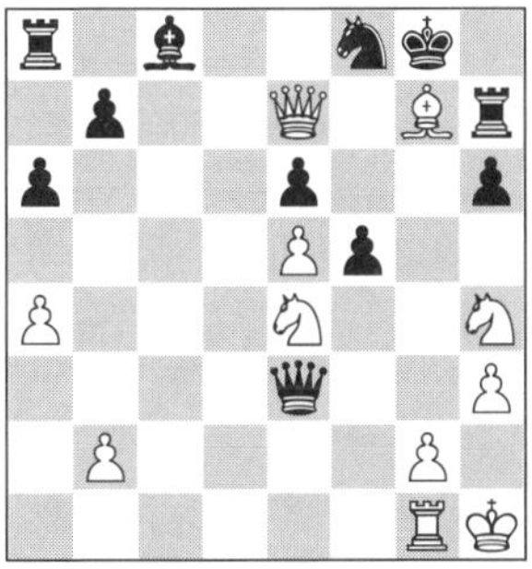

Analysediagramm

29...♘d7 (29...♖xg7 30.♘f6+ ♔h8 31.♕xf8+ ♖g8 32.♘g6#) 30.♘f6+ ♘xf6 31.♕f8#. **28.♗e7** und Vorhang.

23...♖g7 24.♘e2

Ein schönes Springermanöver. Der Reiter findet grüne Auen auf dem Königsflügel.

24...b5

Ein gewalttätiger Ausbruchs-versuch. Entwickeln hatte Nachteile: 24...♗d7 25.♕xb7 ♖c8 26.♘f4! ♕f7 27.♖d1 und Weiß gewinnt.

25.axb5

Noch strenger war 25.♘f4! ♕f7 26.♗f6 ♖g8 27.axb5 und es ist hoffnungslos für Schwarz.

25...♖d7 26.♘f4 ♕f7

Bei 26...♕g8 ist 27.♘h5 offensichtlich sehr unangenehm.

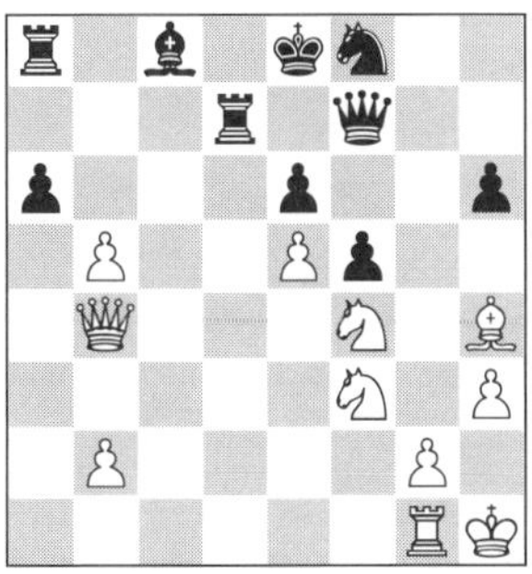

27.♖c1

Noch überzeugender war 27.bxa6! ♗xa6 (27...♖xa6 28.♖c1 ♗b7 29.♕b5!) 28.♖a1.

27...♗b7

Nicht 27...axb5 wegen der überraschenden Replik

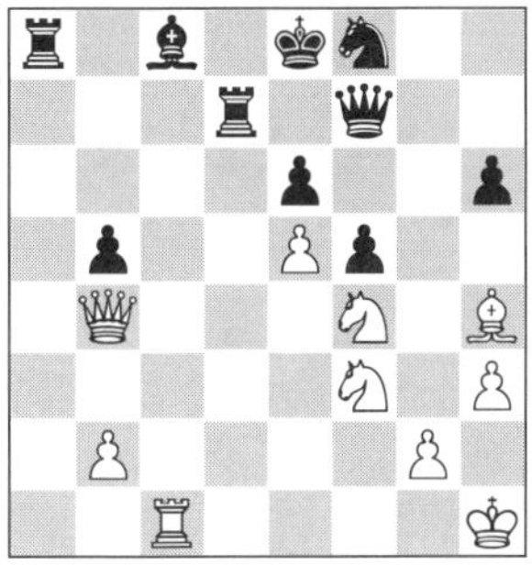

Analysediagramm

28.♕a5! ♖b8 29.♕xb5! ♖a8 30.♖c7 und Weiß gewinnt.

Vielleicht konnte 27...♖c7 den Schwarzen noch auf den Beinen halten. Weiß möchte ungern die Türme tauschen und mit 28.♖d1 ♖d7 29.♘d4! Vorteil behaupten.

Mit dem Textzug gelang es Schwarz schließlich, den Läufer zu entwickeln. Unglücklicherweise ist es bereits zu spät...

28.bxa6 ♗xf3

Gibt den Läufer für den Springer, wonach die schwarze Stellung endgültig in sich zusammenfällt.

Zu diesem Zeitpunkt half allerdings auch 28...♖xa6 nicht mehr: 29.♕b5 ♖a8 30.♘d4 gewinnt für Weiß, da Schwarz die vielen Drohungen nicht abwehren kann.

Auch 28...♗xa6 bot keine Heilung nach 29.♖a1 ♖b7 30.♕d6 ♖ba7 31.♗f2.

29.gxf3 ♖da7

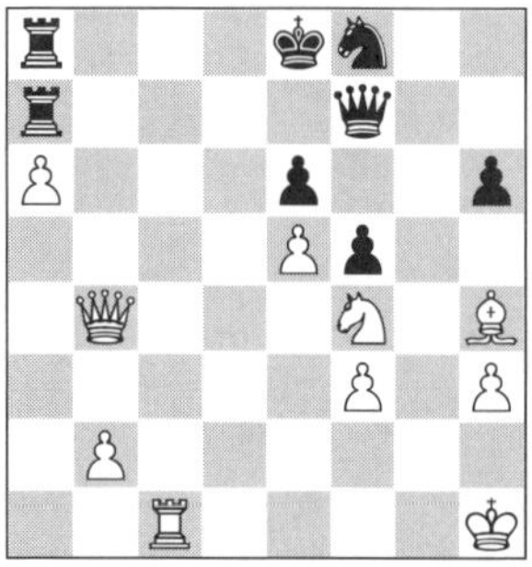

30.♖g1!

Der Beweis, dass Kasparow ein großer Angriffskünstler war. Der Turm wird über die g-Linie in den Angriff geschickt. Es führten schon mehrere Wege nach Rom.

30...♖xa6

Guter Rat ist teuer. Nach 30...♕d7 31.♘h5 ♕c6 32.♘f6+ ♔f7 33.♕f4 ♘g6 34.♕g3 kann Schwarz es auch sein lassen.

31.♘h5!

Ein Punkt der weißen Angriffsführung.

31...♕c7

31...♕xh5? 32.♕e7#.

32.♖g7 ♖a1+ 33.♔g2 ♕c2+

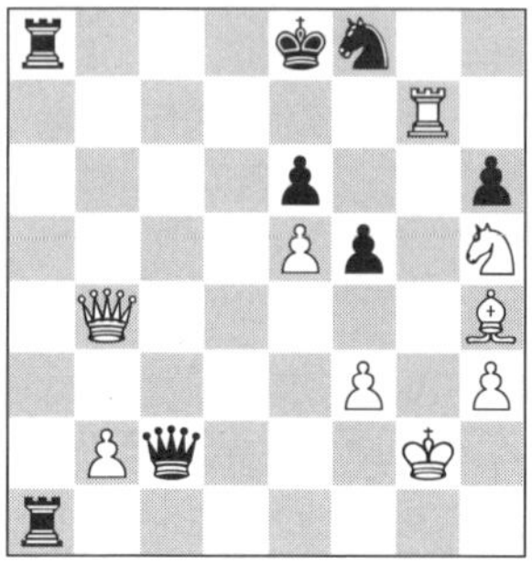

34.♗f2

Die weißen Drohungen nehmen überhand; es gibt keine Verteidigung mehr, etwa: 34...♖1a7 35.♘f6+ ♔d8 36.♕xf8#.

Deshalb gab sich Schwarz geschlagen.

7.4 Alexander Areschtschenko

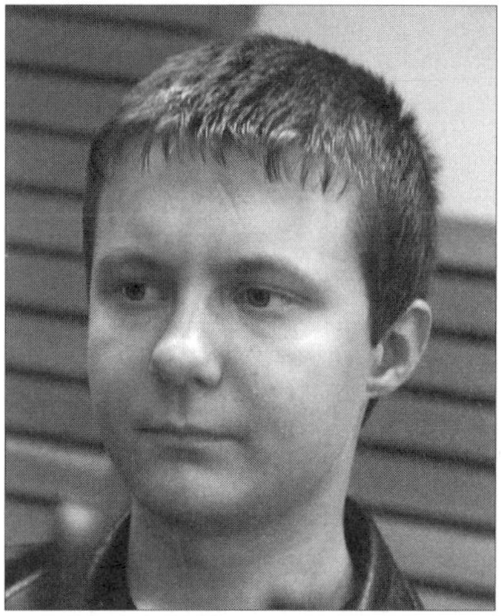

In Kapitel 5 lernten wir stereotype Kombination in speziellen Eröffnungssystemen kennen. Indem Sie Partien von Großmeistern mit eben diesen speziellen Opfern studieren, können Sie Ihr Verständnis für die Möglichkeiten, die spezifische Stellungen bieten, vertiefen. Wie so oft beim Schach müssen die Chancen, die sich bieten, sofort genutzt werden! Falls nicht, tauchen sie womöglich nie wieder auf.

Ein großer Experte im Kampf gegen den Sizilianer ist der Ukrainer Alexander Areschtschenko. In dieser Beziehung können wir eine Menge von ihm lernen – vor allem, dass wir uns nicht fürchten sollten, hin und wieder eine Figur zu opfern. Ein spezielles Merkmal der folgenden Partie ist das doppelte Opferangebot Areschtschenkos auf einem Feld – d5. Es ist sehenswert, wie er den schwarzen König übers halbe Brett jagt.

Alexander Areschtschenko
Syed Akbarinia
Kuala Lumpur 2002 (4)

1.e4 c5 2.♘f3 d6 3.d4 cxd4 4.♘xd4 ♘f6 5.♘c3 a6 6.♗c4 e6 7.0-0 b5 8.♗b3 ♗b7 9.♖e1 ♘bd7 10.♗g5 ♘c5

Nicht 10...♗e7 wegen 11.♗xe6 fxe6 12.♘xe6 ♕b6 13.♘xg7+, und Weiß, der Angriff und drei Bauern für die Figur besitzt, steht ausgezeichnet.

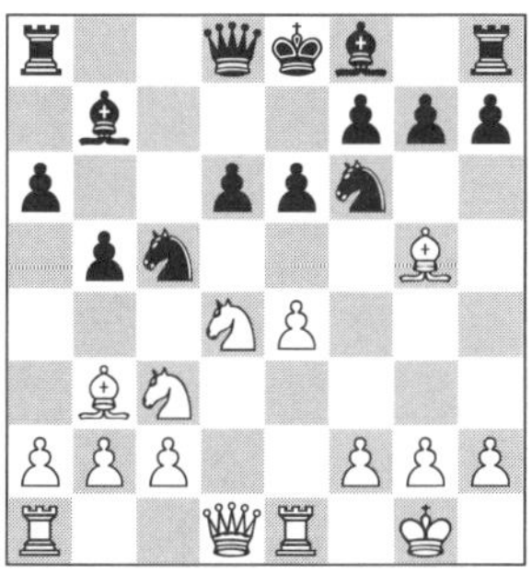

11.♗d5!

Weiß beginnt mit einem Läuferopfer auf dem bekannten Feld.

11...b4

Nimmt er das Opfer an, endet es nicht gut für Schwarz: 11...exd5 12.exd5+ ♔d7 (denn 12...♗e7 scheitert an 13.♗xf6 gxf6 14.♘f5 und Weiß erhält die Figur mit Zinseszinsen zurück) 13.b4 (jetzt hat der Springer kein natürliches Rückzugsfeld) 13...♘a4 14.♘xa4 bxa4 15.c4 ♔c7 16.♕xa4 und die weiße Kompensation ist ausreichend für den Gewinn (wie in der Partie Beljawski-Marjanovic, Jerewan 1971, demonstriert wurde).

12.♗xb7 ♘xb7

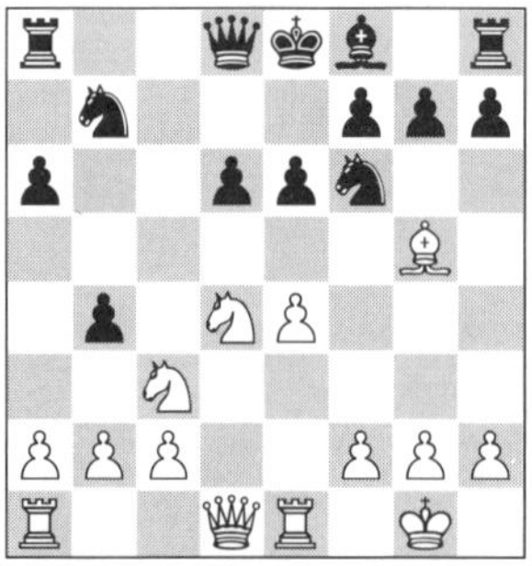

13.♘d5!
Das zweite Opfer auf diesem Feld! Diesmal kann Schwarz kaum ablehnen – das wäre der strategische Bankrott. Die Hauptdrohung ist 14.♗xf6 gxf6 15.♘c6 mit Damengewinn oder matt! – was nach dem „Leerzug“ 13...a5 klar werden würde: 14.♗xf6 gxf6 15.♘c6 ♕c8 16.♘xf6#.
13...exd5
13...♖c8 wäre ein Versuch, das schreckliche 14.♘c6 auszuschalten, aber dann hat Weiß 14.♕f3!. Nun droht 15.♘xf6+ gxf6 16.♗xf6, weshalb 14...♗e7 erzwungen ist: 15.♘xe7 ♕xe7 Das sieht noch spielbar aus, doch... 16.♘f5! und alles fällt auseinander: 16...♕f8 17.e5! (17.♘xg7+ war auch nicht schlecht) 17...♘d5 Heutzutage können wir mit dem Rechner schnell herausfinden, wie Schwarz zerlegt wird: 18.♗e7!! ♘xe7 (18...♕g8 19.exd6) 19.♕xb7.
14.exd5+ ♔d7 15.c3
Hier war 15.♘c6 ebenfalls sehr gut.
15...♕a5
Um ♕d1-a4 zu verhindern, doch nun wird er mit einer neuen Angriffswelle konfrontiert.
16.♗xf6 gxf6 17.cxb4

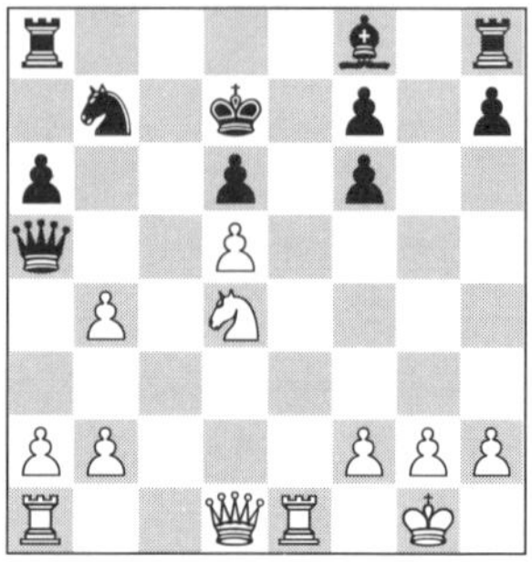

17...♕xd5
Nach 17...♕xb4 setzt Weiß alle Hebel in Bewegung mit 18.♖c1 (18.♕g4+ ♔c7 19.♘e6+) 18...♘c5 19.♕g4+ f5 (19...♔c7 20.♘e6+, nebst 21.♕xb4) 20.♕xf5+ ♔c7 21.♘c6 ♕xb2 22.♕xf7+ mit einem völligen Desaster für Schwarz.
18.♕a4+ ♔c7 19.♖ac1+ ♘c5
Kommt der Kapitulation gleich, aber die Alternativen bieten auch keinen Trost: Auf 19...♔b8 gewinnt 20.♘c6+ ♔c7 21.♘e7+, während 19...♔b6 durch 20.♖c6+ ♔a7 21.♕xa6+ ♔b8 22.♖e8+ widerlegt wird.
20.bxc5 dxc5 21.♖ed1 ♖g8 22.g3 ♔b6 23.♘b3 ♕h5 24.♖d7 ♖c8 25.♕a5+ ♔c6 26.♖cd1 ♕e2 27.♘d4+ cxd4 28.♕d5+ ♔b6 29.♖b7# 1-0
Eine schöne Angriffspartie.

7.5 Wei Yi

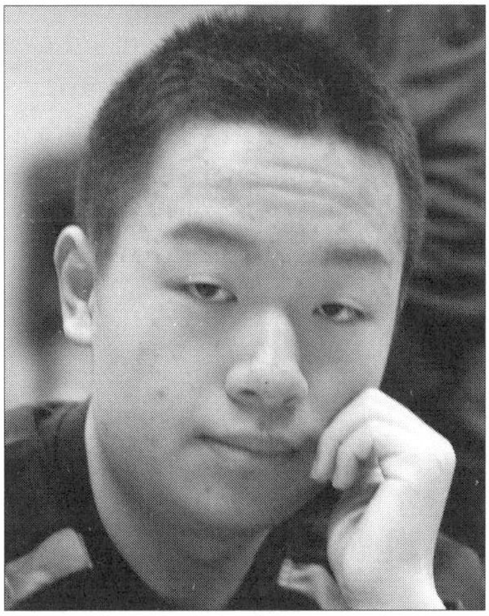

In einer Sammlung von Angriffspartien darf die folgende Partie nicht fehlen, die mit Lob geradezu überschüttet wurde, nachdem sie 2015 gespielt wurde. Die Leute skandierten, dies wäre die „Partie des Jahrhunderts", was etwas voreilig klingt, wo wir uns gerade erst am Beginn des Jahrhunderts befinden. Sei's drum, die fantastische Magnetkombination, die Wei Yi am Brett erfand, ist von begeisternder Schönheit. Insbesondere die drei ruhigen Damenzüge, die der 16-jährige chinesische Superstar fand, sind beachtlich.

Der Sieg ist besonders beeindruckend, da sein Gegner, Lazaro Bruzon aus Kuba (einst Juniorenweltmeister), beinahe in jedem Zug die beste Verteidigung findet und seinen Gegner zur Aufbietung aller Kräfte nötigt. Eine erinnerungswürdige Partie eines Spielers, von dem wir in der Zukunft noch einiges erwarten können.

Wei Yi
Lazaro Bruzon Batista
Danzhou 2015 (2)

□

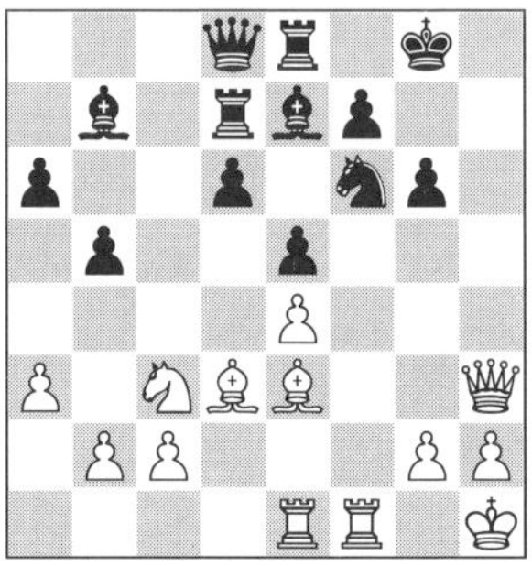

Wir steigen ein in einer gut bekannten Theoriestellung im sizilianischen Scheveninger-System.

Der junge Chinese bringt nun eine interessante Neuerung an, die sich als sehr stark erweist (sie wurde zur Yearbook Neuerung des Jahres 2015 gewählt!):

21.♘d5!

21.♗b6 ♕c8 22.♖e2 ♘h5 23.♗e3 ♖c7 24.♕xc8 ♖exc8 25.♖ef2 ♗f8 26.♗e2 ♘f4, Sredojevic-Rajkovic, Vrnjacka Banja 2008.

21...♘xd5?!

Führt schon so gut wie zum Verlust, aber hätte Bruzon wirklich vorausahnen können, was ihm in den nächsten Zügen blühen würde? Mit dem Läufer auf d5 zu nehmen mag auch nicht gefallen: 21...♗xd5 22.exd5 und nun:

A) 22...♘xd5?! erlaubt 23.♖xf7!! ♔xf7 24.♕h7+ ♔e6 25.♗xg6 ♖f8 26.♕h3+ ♔f6 27.♗e4 und Schwarz wird von einem gewaltsamen Angriff übermannt. Beispielhaft: 27...♖h8 (27...♘f4 28.♗xf4 exf4 29.♕f5+ ♔g7 30.♕g6+ ♔h8 31.♕h7#) 28.♕f5+ ♔g7 29.♕g6+ ♔f8 30.♗h6+ ♖xh6 31.♕xh6+ ♔f7 32.♗xd5+ ♔e8 33.♕g6+ ♔f8 34.♕g8#;

B) Nach 22...♖b7 23.♕f3 kann sich Schwarz kaum bewegen.

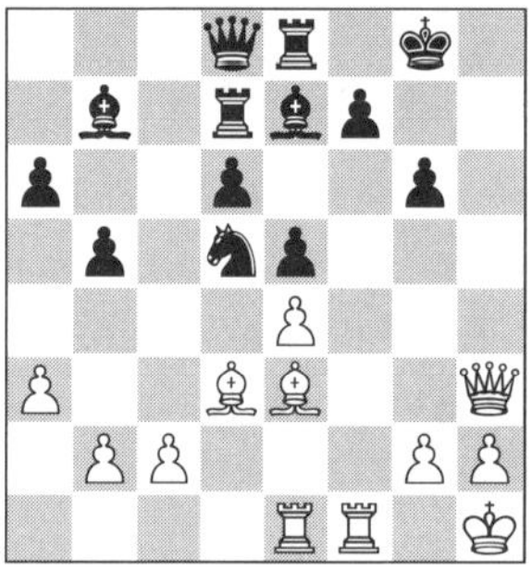

22.♖xf7!!

Ein unglaubliches Turmopfer, das sehr genau berechnet werden musste. Auch die heutigen Engines tun sich schwer, die Mattvarianten zu finden, da sie unheimlich tief verborgen sind.

22...♔xf7

Auf jeden Fall musste die Ablehnung 22...♘f6 bedacht werden, da Schwarz für den Moment eine Figur für einen Bauern mehr hat. Weiß antwortet 23.♕e6!, was droht, die Figur verschiedentlich zurückzugewinnen: 23...♔h8 24.♗g5 (dadurch wird der wichtige Springer vernichtet und ein schnelles Matt ist in Aussicht) 24...♖f8 (oder 24...♘h5 25.♕xg6 nebst Matt) 25.♗xf6+ ♗xf6 26.♖xd7 und Schwarz verliert zu viel an Material.

23.♕h7+ ♔e6

23...♔f8 24.♗h6#.

24.exd5+ ♔xd5

Rücknahme mit dem Läufer, 24...♗xd5, verliert nach 25.♗xg6, und obgleich Schwarz einen „freien Zug" hat, kann er seine Haut nicht retten.

A) 25...♗f6 26.♗f5#;

B) 25...♖f8 26.♕h3+ ♔f6

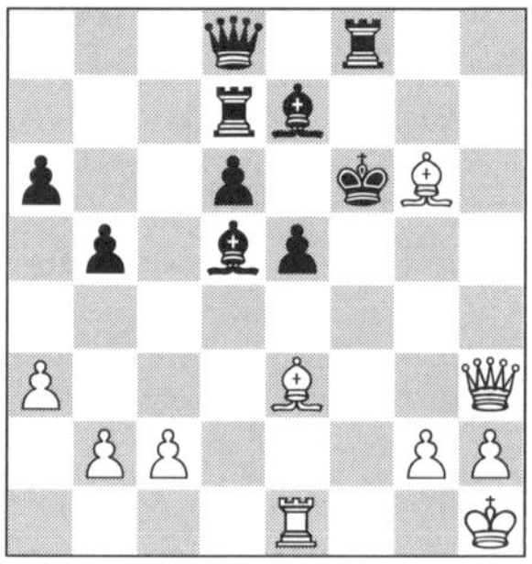

Analysediagramm

27.♖f1+! ♔xg6 (27...♔g7 28.♕h7#) 28.♕h6#;

C) Material zurückgeben, um dem König eine Fluchtroute zu schaffen, mit 25...♗xg2+ 26.♔xg2 d5 hilft auch nicht: 27.♗f7+ ♔d6 und nun: 28.♕h6+ (nur auf diesem Feld! 28.♕g6+ ♗f6 ist unklar: 28...♔c7 29.♗b6+ ♔b7 30.♗xd8; oder 29.♗xe8? ♖g7, und Schwarz gewinnt sogar) 28...♗f6 29.♗xe8 und Weiß gewinnt.

25.♗e4+!

Eine klassische Magnetkombination.

25...♔xe4

Zurückgehen ist keine Option: 25...♔e6 26.♕xg6+ ♗f6 27.♕f5+ ♔e7 28.♕h7+, und nun:

A) 28...♔e6 29.♗f5+ ♔d5 30.♗xd7 und Weiß hat nicht nur sein Material zurückerobert, sondern droht auch noch Matt in einem! 30...e4 (pariert das erste Matt, erliegt am Ende aber doch: 30...♖e7 31.♕d3#) 31.♖d1+ ♔c4 32.♕h5 ♗xb2 33.♕e2+ ♔c3 34.♗d4#;

B) 28...♔f8 29.♗h6+ ♖g7 und wieder kommt der Niederschlag über die f-Linie: 30.♖f1! und Schwarz kann aufgeben.

Oder 25...♔c4 26.♕f7+ d5 27.♗d3#.

26.♕f7

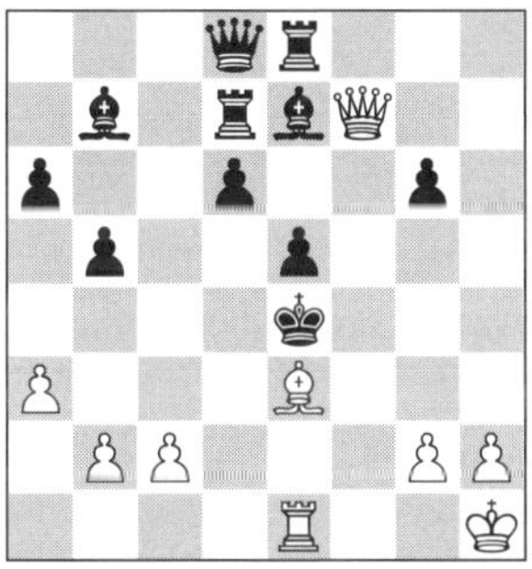

Der erste einer beeindruckenden Serie von „ruhigen Zügen".

Die Dame nimmt dem König Fluchtfelder (insbesondere d5), und droht zudem Matt mit 27.♕f3. Durch diesen Zug können wir darauf schließen, dass Wei Yi wahrscheinlich die meisten Varianten am Brett berechnete, denn er konnte mit einem verrückten „Computerzug" forciert mattsetzen: **26.c4!! ♔d3** Die Idee des Bauernopfers basiert darin, dass weiße Figuren zuweilen das Feld c4 ausnutzen können: 26... bxc4 27.♕xg6+ ♔d5 28.♕f7+ ♔e4 (28...♔c6 29.♕xc4#) 29.♕xc4+ ♔f5 30.♖f1+ ♔g6 31.♕f7#. **27.♕xg6+ ♗e4** 27...♔xc4 28.♖c1+ ♔b3 (28...♔d5 29.♖d1+ ♔c4 30.♕d3#; 29...♔c6 30.♕c2#) 29.♕c2+ ♔a2 30.b4+ ♔xa3 31.♕c3+ ♔a2 32.♖a1#. **28.♖d1+ ♔c2 29.♕xe4+ ♔b3 30.♕d3+ ♔a2 31.b4** nebst matt.

26...♗f6

Verhindert 27.♕f3. Es gibt ein köstliches Mattbild nach 26...♖f8 27.♗g1#.

27.♗d2+ ♔d4 28.♗e3+ ♔e4

Nach einer Zugwiederholung, um Zeit zu gewinnen, startet Wei Yi nun die Gewinnkombination.

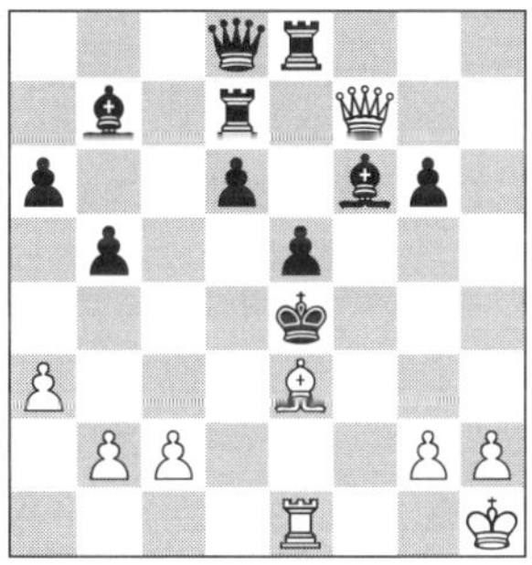

29.♕b3!

Der zweite „ruhige Zug", der wiederum Matt in einem droht.

29...♔f5 30.♖f1+ ♔g4

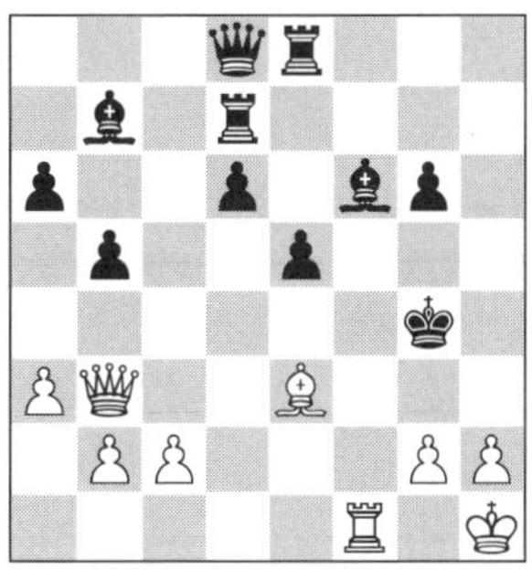

31.♕d3!
Und hier ist er – der dritte ruhige Damenzug, der das Schicksal des schwarzen Königs besiegelt. Die Drohung ist nun 32.♕e2+ ♔h4 33.♖f3 ♗xf3 34.♕xf3, mit unparierbarem Matt auf h2.
31...♗xg2+
Schwarz gibt Material, um etwas mit seiner Dame tun zu können. Das Feld g6 mittels 31...♖g7 zu decken half nicht wegen 32.♕e2+ ♔h4 33.h3! ♕d7 34.♔h2! ♗xg2 35.♕xg2 und Schwarz muss die Dame geben. Der weiße Leitspruch lautete stets: „Keine Ausflucht für den König“, und so kommt es: 35...♔h5 36.♕f3+ ♔h4 37.♕xf6+ ♔h5 38.♕g5#.
32.♔xg2 ♕a8+ 33.♔g1 ♗g5
Wieder half die Deckung von g6 nicht: 33...♖g7 34.♖xf6 ♕c8

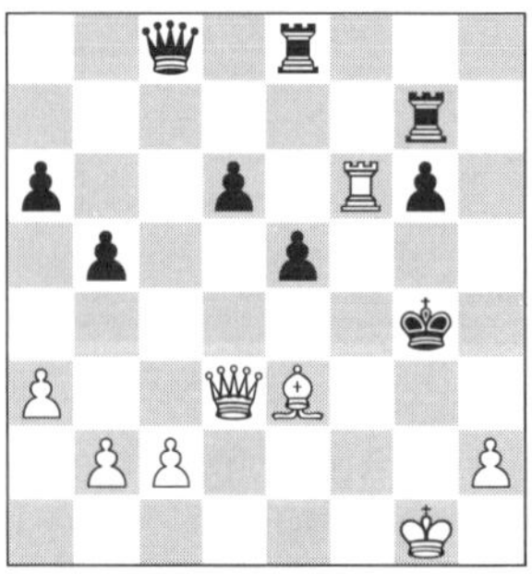

Analysediagramm

35.h3+! (es geht weiter) 35...♔h5 (35...♔xh3 36.♗f2+ ♔g4 37.♕g3+ ♔h5 38.♕h4#) 36.♔h2 e4 37.♕e2+ ♔h4 38.♖f4+ ♔g5 39.♕g2+ ♔h5 40.♖h4+ ♔xh4 41.♕g5#.
Es sieht aus, als würde Schwarz einen Schutz für seinen König finden, doch...

34.♕e2+ ♔h4 35.♗f2+ ♔h3

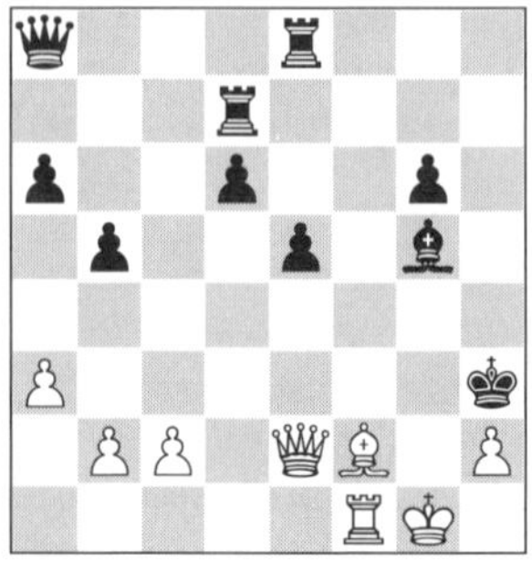

36.♗e1!
Nach diesem vierten und letzten ruhigen Zug ist es aus und vorbei.
36...♖f8
Nicht 36...e4, um 37.♖f3+ zu verhindern, da daraufhin 37.♕g2# mattsetzt.
37.♕d3+
Er jagt weiterhin den König. 37.♖xf8 war ein kürzerer Weg zum Ziel.
37...♔g4
Bruzon wurde auf die Knie gezwungen, aber wie ein wahrer Gentleman erlaubt er es seinem Gegner, ihn mattzusetzen. Schwarz konnte sich noch zäher mit 37...♖f3 verteidigen, aber der Niederlage kann er dadurch nicht entrinnen: 38.♖xf3+ ♔g4 39.♖g3+ und nun: 39...♔h4 (39...♔f4 40.♗d2#; 39...♔h5 40.♖h3+ ♔g4 41.♕xg6! ♕a7+ (41...♔xh3 42.♕f5#) 42.♗f2 ♕xf2+ 43.♔xf2 ♔xh3 44.♕xg5 ist Feierabend) 40.♖g2+ ♔h5 41.♕h3+ ♗h4 42.♕xh4#.
38.♕g3+ ♔h5 39.♕h3+ ♗h4 40.♕xh4#

Was für eine fantastische Partie!

7.6 Magnus Carlsen

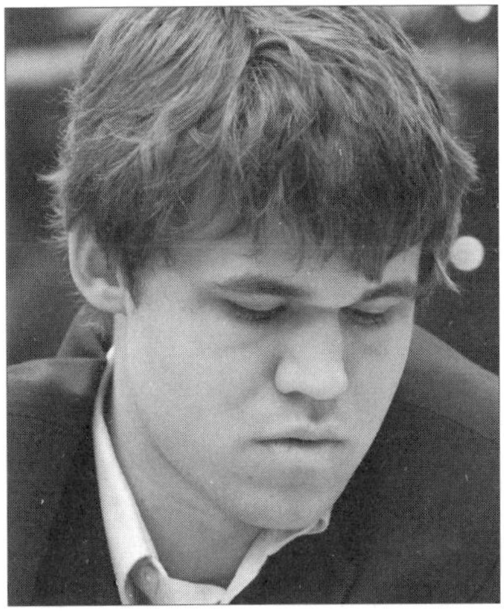

Vom regierenden Weltmeister während der Arbeit an diesem Buch, Magnus Carlsen, haben wir bereits ein paar Partiefragmente gesehen, in denen er sich als brillanter Exponent in der Angriffskunst zeigte. Zwar wird der Norweger hauptsächlich gelobt für sein makelloses Positionsspiel und seine außergewöhnliche gute Endspieltechnik, aber tatsächlich ist er ein hervorragender Allroundspieler. In früheren Kapiteln haben wir in einigen Beispielen das Angriffstandem ♕+♘ vorgestellt. Doch manchmal ist es sehr schwierig, die Zusammenarbeit dieser Figuren herzustellen. In der folgenden Partie kreiert der Weltmeister ein Meisterwerk gegen den Weltmeister, den er entthronte:

Magnus Carlsen
Viswanathan Anand
San Paulo/Bilbao 2012 (9)

□

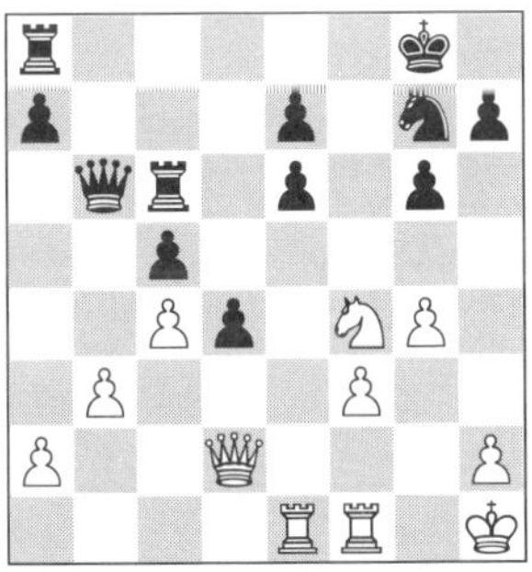

Weiß hat einen Bauern geopfert mit e5-e6, um dadurch das schwarze Lager in zwei Hälften zu zerschneiden. Dessen Schwerfiguren stehen am Damenflügel, während die des Weißen sich dem Königsflügel zuwenden. Zudem wirkt die schwarze Königsstellung etwas verlassen. Nur der Springer auf g7 (der im Moment nur die Aufgabe wahrnimmt, den Bauern e6 zu decken) und der Turm a8 können dem Monarchen eine hilfreiche Hand leihen.

Im Moment jedoch ist es nicht ersichtlich, wie Weiß seine Figuren zum Angriff bringen kann. Carlsen beantwortet die Frage adäquat:

25.♘h3!!

Dieser Rückzug auf die Brettkante verursacht dem Schwarzen unlösbare Probleme. Der Springer räumt der Dame den Weg nach h6, dann taucht die Drohung ♘g5 auf. „Beendet!“, war nach der Partie Carlsens kurzer Kommentar zu diesem überraschenden und riesigen Zug.

25...♘e8

Der Springer muss h7 verteidigen, wodurch erst recht die mangelnde Koordination im schwarzen Lager zur Schau tritt. Langsam aber sicher werden die Kontouren der weiteren weißen Angriffsführung sichtbar. Die ♕h6 + ♘g5-Kombination bereitet dem Schwarzen Kopfschmerzen.
Auch die Rückgabe des Bauern mit 25...e5 endet nicht so gut für Schwarz. Nach 26.♕h6 ♘e6 27.♖xe5 ♖f8 gewinnt 28.♖fe1, weil die Drohung ♘g5 nicht abgewehrt werden kann. Ein Beispiel: 28...♕a6 29.♘g5! ♘xg5 30.♖xe7 ♘f7 31.♖xf7! und Schwarz wird matt.

26.♕h6 ♘f6 27.♘g5

Weiß hat seinen Angriffsplan zielsicher umgesetzt. Gegen die Verstärkung 28.♖e1-e5 gefolgt von 29.♘xh7! ♘xh7 30.♕xg6+ ♔h8 und 31.♖e5-h5 kann letztlich nichts mehr getan werden.

27...d3

Hilft auch nicht mehr. Hier eine beispielhafte Variante: 27...♖f8 28.♖e5 ♕a6 (28...♕b8 29.♘xh7! ♖f7 30.♕xg6+ ♖g7 31.♘xf6+ exf6 32.♕xf6 gewinnt auch) 29.♘xh7! (zerschlägt die Verteidigung) 29...♘xh7 30.♕xg6+ ♔h8 31.♖h5.

28.♖e5 ♔h8 29.♖d1

Nun wäre das Opfer 29.♘xh7?! ♘xh7 30.♕xg6 verfrüht, denn Schwarz hat die Verteidigung 30...♖g8.

29...♕a6 30.a4 1-0

KAPITEL 8

Lösungen zu den Aufgaben

8.1 Aufgaben aus Kapitel 1

Matt: Magnetkombination

Nahuel Hollemaert Diaz
Oscar Panno
Buenos Aires 1990 (4)

■

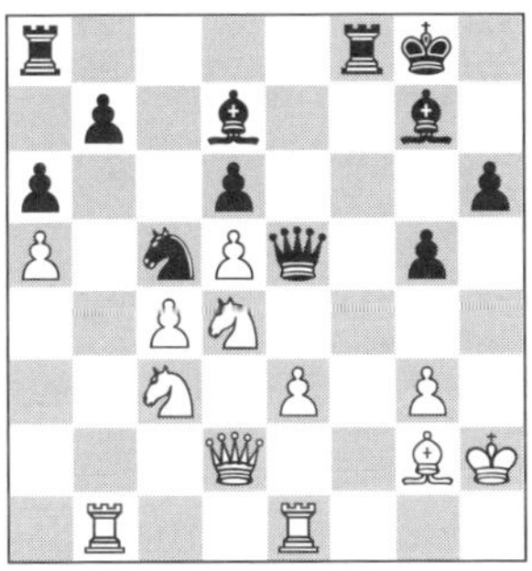

1

Schwarz wandelt seine aktive Stellung in einen Gewinn durch

28...♕xg3+!

Durch das Damenopfer wird der weiße König magnetisch herangezogen, wonach er den schwarzen Figuren zum Opfer fällt.

29.♔xg3

29.♔g1 ♗e5 und Weiß kann sich gegen das Matt auf h2 nicht verteidigen.

29.♔h1 verliert ebenfalls – nach 29...♖f2! (am besten) 30.♕xf2 (das sinnlose 30.♖g1 verhindert das Matt auch nicht: 30...♕h4+ 31.♗h3 ♕xh3#) 30...♕xf2 mit entscheidendem Materialvorteil.

Der Partiezug rennt in ein kunstvolles Mattbild:

29...♗e5#

Zhaoqin Peng
Ekaterini Pavlidou
Warschau Wch tt W 2013 (3)

□

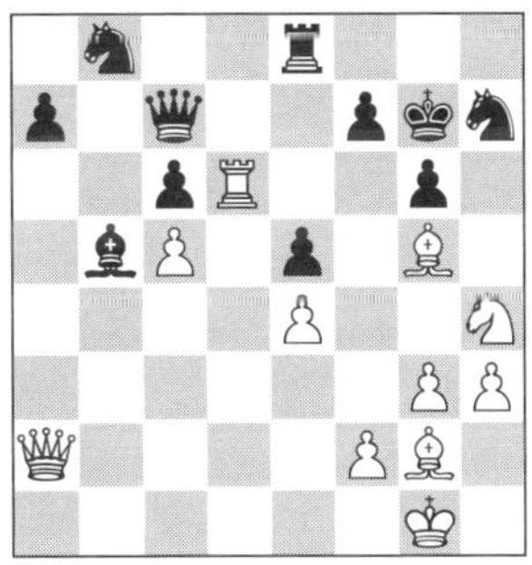

2

Es beginnt mit

37.♗h6+!

Tatsächlich ein hübscher Magnetangriff. Entweder wird der König herausgezogen oder auf andere Art Ärger bekommen.

37...♔h8

Danach wird Schwarz nicht sogleich matt, aber Weiß hat einen wunderbaren Angriffszug in petto. Der Marsch nach vorne, 37...♔xh6, führt zum Matt: 38.♘f5+ ♔g5 (38...♔h5 39.g4+ ♔g5 40.♕d2#) 39.♕d2+ ♔h5 40.g4#.

38.♖xg6!

Musste in die Berechnung mit einbezogen werden.

38...♖g8

Der einzige Zug. Ein pittoreskes Matt ergibt sich nach 38...fxg6 39.♘xg6#.

39.♖d6

Peng will die Türme auf dem Brett halten. Sie hat sich sozusagen „durch die schwarze Stellung gegessen". Stark war auch 39.♖xg8+ ♔xg8 40.♘f5, nebst einem Manöver der ♕, um dem schwarzen König nahe zu kommen. Will die Schwarze ♕d2 verhindern, muss sie 40...♕d7 spielen, aber dann verfügt Weiß über den eleganten Weg 41.♕a1! ♕e8 42.♕xa7, und Schwarz könnte durchaus kapitulieren.

39...♘a6

Der Springer versucht, sich am Spiel zu beteiligen.

40.♕b2 ♖e8

40...♘xc5 41.♕xe5+ f6 42.♕xc5.

41.♘f5 ♘xc5 42.♗g7+ ♔g8 43.♗xe5 f6 44.♗xf6 ♘f8 45.♕d2 ♘fe6 46.♗c3

46.♕h6 ♕h7 47.♘e7+ ♖xe7.

46...♖d8 47.♖xd8+ ♕xd8 48.♕h6

Peng zeigt nun keine Gnade mehr.

48...♕g5 49.♕h8+ ♔f7 50.f4

Apropos attraktive Mattbilder – hier ist ein weiteres hübsches: 50.♕h7+ ♔e8 51.♘d6+ ♔d8 52.♗a5+ nebst matt: 52...♘c7 53.♗xc7#.

50...♕g6 51.♔h2 ♘f8 52.♗f3 1-0

Matt: Königsjagd

□

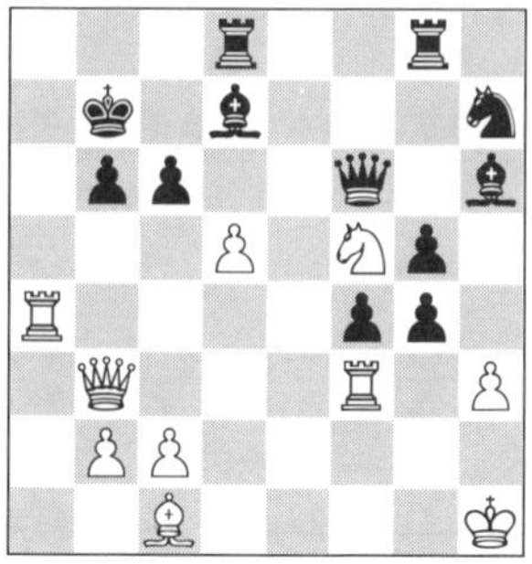

3

1.♕xb6+!!

Ein herrliches Damenopfer, das zu einigen außergewöhnliche schönen Mattbildern führt.

1...♔xb6 2.♖b3+ ♔c5

Flucht nach vorne ist noch die hartnäckigste Verteidigung. Instruktiv ist, wie der schwarze König im Mattnetz gefangen wird nach 2...♔c7 3.d6+ ♕xd6 (3...♔c8 4.♖a8# geht schneller) 4.♖a7+ ♔c8 5.♘xd6#. Großartige Koordination!

3.♖a5+

Je weiter der schwarze König nach vorne getrieben wird, desto mehr findet er sich im Kreuzfeuer der weißen Figuren wieder.

3...♔c4

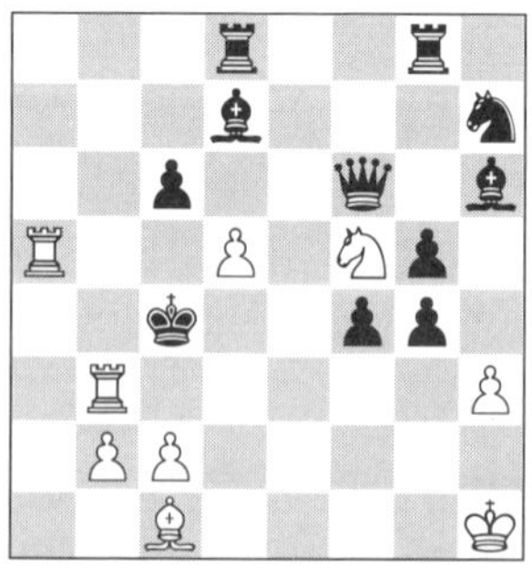

Aber nun sieht es aus, als würde die Maschine stocken. Weiß hat Dauerschach mit ♖a4+ und zurück, aber hat er mehr? Wenn man so eine Kombination berechnet muss der Spieler ein klares Bild dieser Stellung vor dem geistigen Auge haben, ansonsten ist es unmöglich, den kommenden brillanten Zug zu erkennen.

4.♖b4+!!

Seien Sie ehrlich: haben Sie den kommen sehen? Nur so kann Matt erzwungen werden.

Wie können wir solche Züge finden? Bitte erinnern Sie sich an die forcierten Waffen, die wir beim Schach haben:

1) Schach
2) Schlagen (Opfer)
3) Mattdrohung.

Wenn wir uns vorstellen, dass wir gerne den ♗c1 am Angriff beteiligen möchten, und bevorzugt mit Tempogewinn, könnte uns das vielleicht auf die richtige Fährte bringen. Andere Schachgebote führen zu nichts. Im Gegenteil – bis auf eine Ausnahme verlieren sie alle:

A) 4.♘d6+ ♕xd6 5.♖c3+ ♔d4 und der König entkommt;

B) Wie erwähnt führt 4.♖a4+ zur Zugwiederholung: 4...♔c5 5.♖a5+ ♔c4 6.♖a4+;

C) Es ist keine Zeit zum ruhigen 4.♖ba3, da Schwarz mit 4...c5 antwortet und der König entkommt.

4...♔xb4 5.♗d2+ ♔c4

Schwarz kann das Matt mit 5...♕c3 hinauszögern, aber nach 6.♗xc3+ ♔c4 7.♘d6# zeigen die weißen Figuren fabelhafte Koordination.

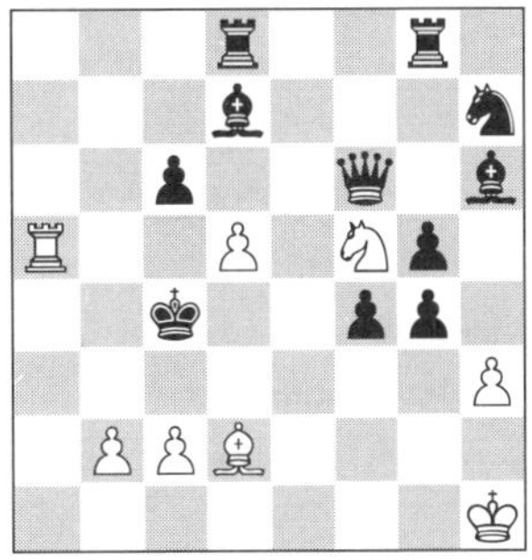

6.b3#

Ein wunderbarer Matt – alle weißen Figuren und Bauern arbeiten ideal zusammen.

□

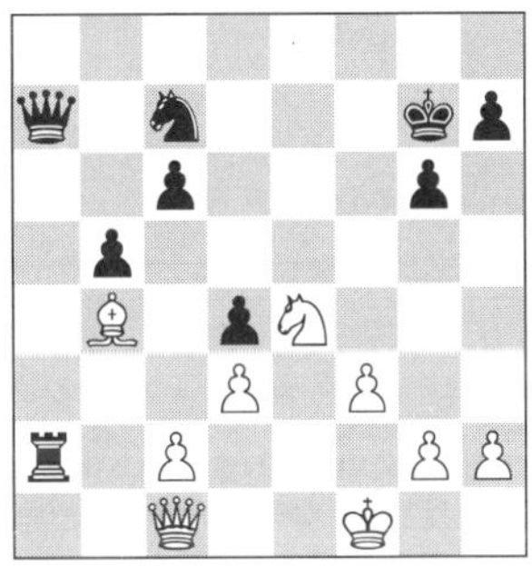

4

Es geht los mit

1.♕h6+!! ♔xh6

Auch bei 1...♔f7 wird seine Majestät mattgesetzt: 2.♕f8+ ♔e6 3.♕e7+ ♔d5 4.♕d6# oder 3...♔f5 4.♕f6#.

2.♗f8+ ♔h5 3.g4+

Weiß muss stets Schach bieten, sonst kann Schwarz Verteidiger hinzuholen.

3...♔h4 4.♗e7+ ♔h3 5.♘f2+

Dieser Zug musste im Voraus gesehen werden, genau wie der Schlusszug:

5...♔xh2 6.♗d6#

Noch ein wunderbares Mattbild mit ♗+♘.

8.2 Aufgaben aus Kapitel 2

§ 2.9

Sergio Mariotti
Alexander Pantschenko
Las Palmas 1978 (2)

□

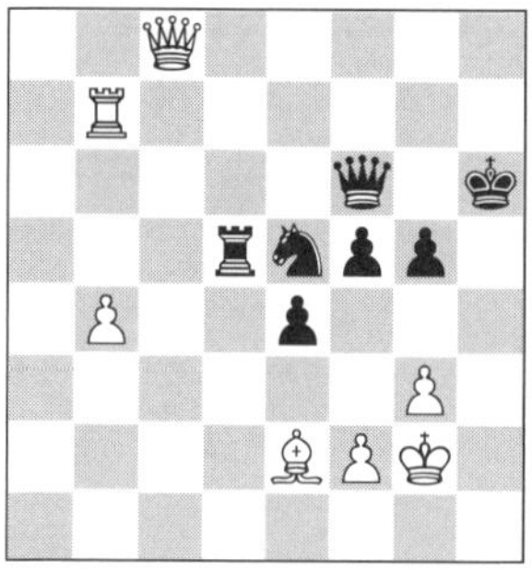

5

Die Dame muss von der Verteidigung abgelenkt werden. Das geschieht mittels

48.♖b6! 1-0

Die Dame kontrolliert h8, und als Ergebnis der Ablenkung kann Weiß ein hübsches Matt erzwingen nach 48...♕xb6 bei 49.♕h8+ ♔g6 50.♗h5#.

J. Rodzynski
Alexander Aljechin
Paris 1913

□

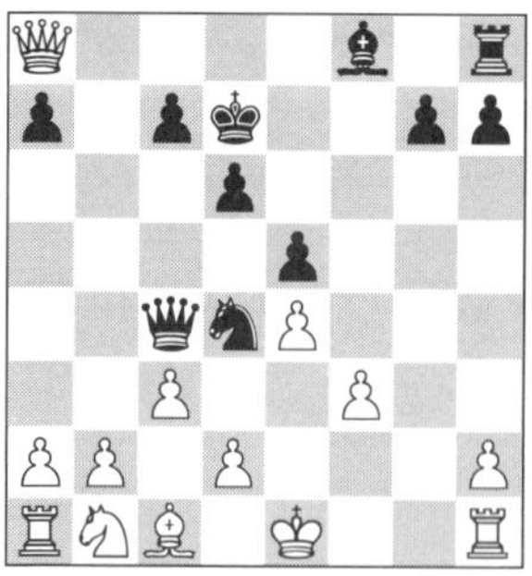

6

13.d3?

Notwendig war 13.cxd4, wonach 13...♕xc1+ 14.♔e2 ♕xh1 zu einer Stellung mit annähernd gleichen Aussichten führt.
Der Partiezug erlaubte das starke

13...♕xd3! 14.cxd4

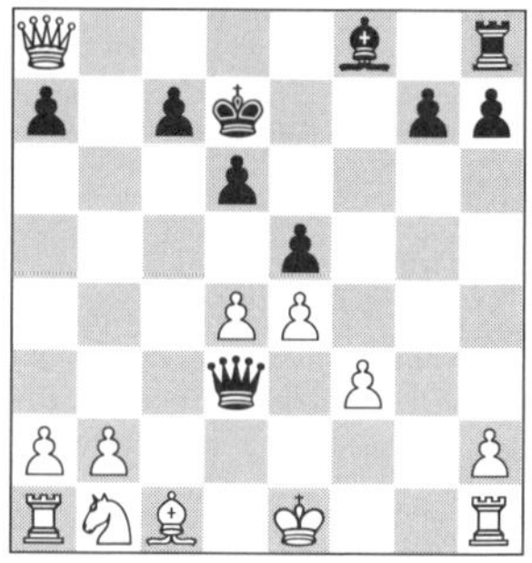

Weiß glaubte, er könne Material gewinnen, doch es kam die kalte Dusche.

14...♗e7!

Offensichtlich hat er damit nicht gerechnet.

15.♕xh8

15.♘d2 ♖xa8.

15...♗h4#

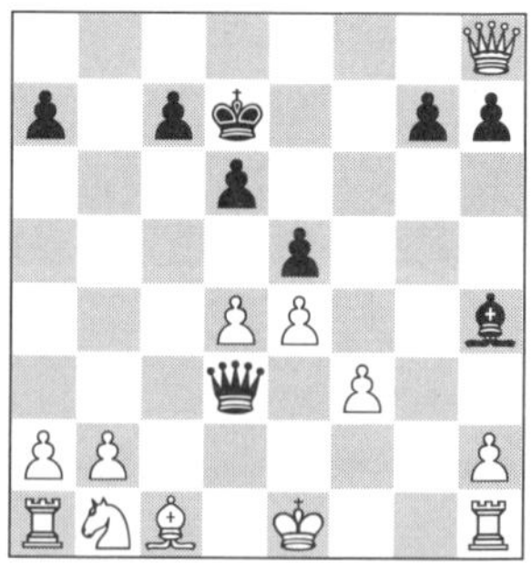

Ein gut bekanntes Mattmuster mit Dame und Läufer gegen den ungeschützten König.

Norman Littlewood
Rolf Roth

Havanna ol 1966 (10)

□

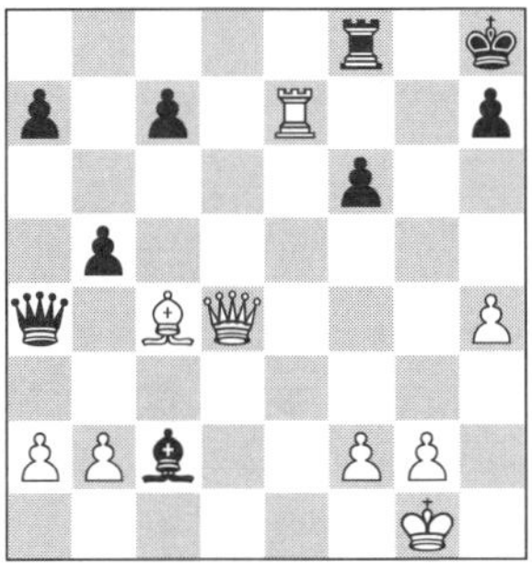

7

Das wirkt zunächst recht kompliziert. Weiß hat drei aktive Figuren, jedoch ist der Läufer auf c4 gefesselt. Ein Blick auf den schwarzen König verrät uns, dass der nicht zuverlässig geschützt ist. Also fordern wir den Hauptverteidiger, den Turm f8, heraus.

26.♖e8! 1-0

Es konnte folgen:

26...♔g7

26...♕b4 macht wegen der Fesselung keinen Sinn: 27.♕xf6#; und auch 26...♕xc4 geht daneben wegen 27.♕xf6+ ♔g8 28.♖xf8#.

27.♖xf8

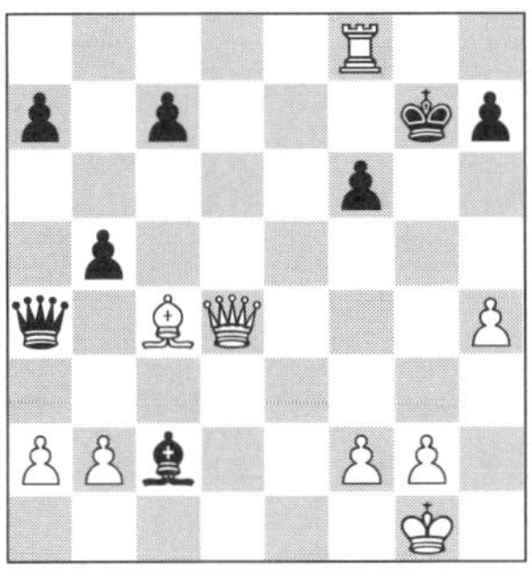

Analysediagramm

Droht Matt mit 28.♕xf6.

27...♔xf8 28.♕xf6+

Der König ist den Wölfen ausgeliefert! Die weiße Dame und ihr Läufer regieren, und wir können unser erstes „ABC“ abwenden.

28...♔e8 29.♗f7+ ♔d7

Oder 29...♔f8 30.♗g6+ ♔g8 31.♕f7+ ♔h8 32.♕xh7#.

30.♕e6+ ♔d8 31.♕e8#

Juan-Joel Arencibia
Jorge Armas

Camagüey 1987

□

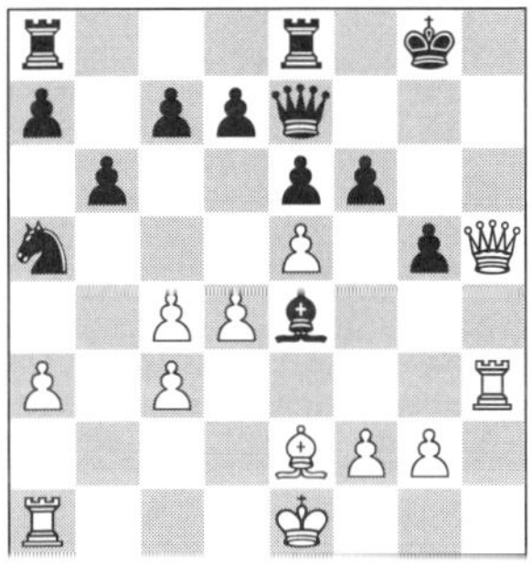

8

Der geradlinigste Weg

1.♕h8+ ♔f7 2.♖h7+

führt am schnellsten zum Matt. Stark ist auch 2.♗h5+ ♗g6 3.♗xg6+ ♔xg6 4.♖h6+ ♔f5 5.♖xf6+ ♔e4 6.♕h3, wonach der König dem Mattnetz nicht entkommt (♗f3): 6...♕xf6 7.♕e3+ ♔f5 8.♕d3+ ♔g4 9.♕h3+ ♔f4 10.♕f3#.

2...♗xh7

Die Ablehnung des Qualitätsopfers hilft auch nicht. Der König entkommt nicht der Gefahrenzone: 2...♔g6 3.♖h6+ ♔f5 (oder 3...♔f7

4.♗h5+ ♗g6 5.♗xg6#) 4.♖xf6+ ♕xf6 5.♕xf6#.

3.♕xh7+ ♔f8 4.♕h8+ ♔f7 5.♗h5#

Und wieder sehen wir das nette Mattmuster.

Johan van Mil
Maarten Strijbos
Niederlande tt 2002

■

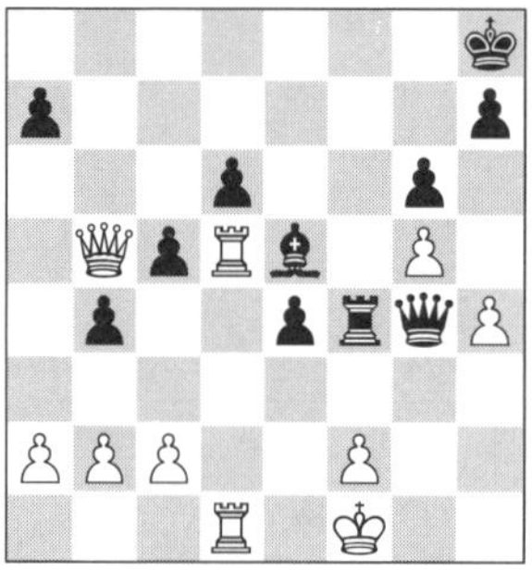

9

Mit dem folgenden Turmopfer legt Schwarz den weißen König bloß im Wissen, dass Dame und Läufer (und nicht zu vergessen der Bauer auf e4!) auf harmonische und kooperative Weise matt geben können.

1...♖xf2+! 2.♔xf2 ♗g3+

Der Läufer kommt ins Spiel.

3.♔g1

Die zäheste Verteidigung, doch Weiß entkommt seinem Schicksal nicht. 3.♔e3 ♕f4+ 4.♔e2 ♕f2 ist sofort matt.

3.♔f1 ♕f3+ 4.♔g1 ♕f2+ 5.♔h1 ♕h2# geht auch schneller als in der Partie.

3...♗xh4+!

Der optimale Zug.

4.♔h2

4.♔f1 ♕f3+ 5.♔g1 ♗f2+ und 4.♔h1 ♕f3+ 5.♔g1 ♗f2+ führt zur Variante, die oben angegeben wurde.

4...♕g3+ 5.♔h1 ♕f3+

Damit forciert Schwarz das Matt, das bereits in den anderen Anmerkungen angedeutet war.

6.♔h2 ♗g3+ 7.♔h3

Jetzt beendet es Strijbos mit einem hübschen Matt:

7...♗f4+ 8.♔h4 ♕h5#

Bob Beeke
Herman Grooten
Niederlande tt 2014/15

■

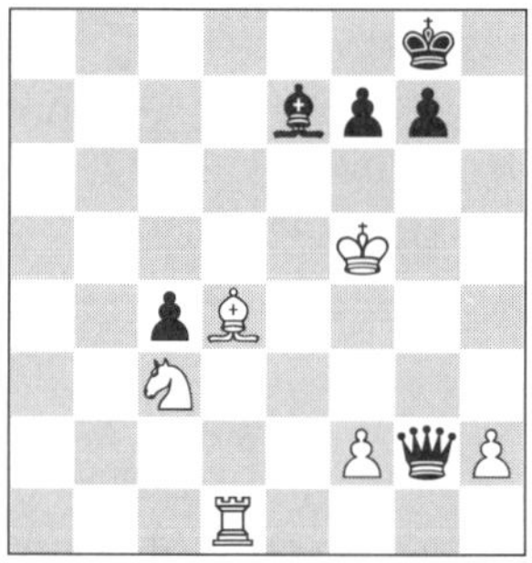

10

Schwarz strickte an einem Mattnetz mit

33...♗d6!

Ich sah, wie die letzten Sekunden meines Gegners zerrannen, und plötzlich fiel seine Flagge. Schade, es wäre nett gewesen, ein Matt mit Dame und Läufer aufs Brett zu bekommen: 34.♗e5 (34.♖e1 ♕g6#) 34...♕f3+ 35.♔g5 ♗e7+ 36.♗f6 ♗xf6#.

§ 2.12

Anne Haast
Thorsten Werbeck

Niederlande tt 2014/15 (3)

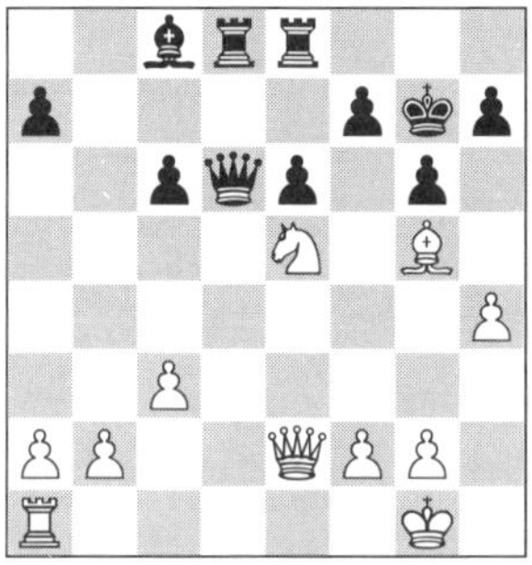

11

21.h5!?
Um den schwarzen König weiter in die Ecke treiben zu können. Schwarz antwortete mit
21...f6
Das scheint eine Figur zu gewinnen. Wie führte die Weiße ihren Angriff weiter?
22.♗xf6+!
Mit diesem ausgezeichneten Opfer wird der schwarze König wieder mal magnetisch nach vorne gezogen. Dame und Springer stehen bereit zur Exekution.
22.h6+ ♔g8 23.♗xf6 hätte dem Weißen Vorteil eingeräumt, aber nach 23...♕d2 wäre es nicht so einfach.
22...♔xf6
Nicht in Frage kam die Ablehnung 22...♔g8, da es nach 23.hxg6 hxg6 24.♕g4 matt wird.
23.♕f3+!
Natürlich musste dieser Zug vorhergesehen werden.
23...♔g7
Anderes verliert: 23...♔xe5 24.♖e1#; 23...♔g5 24.♘f7+ ♔h4 25.♕h3#; und 23...♔e7 24.♕f7#.
24.♕f7+ ♔h6
Bei 24...♔h8 plante Weiß 25.hxg6 wieder mit forciertem Matt.
25.♕f4+
Alles mit Schach.
25...g5
Es gibt keinen Ausweg, somit erlaubte Schwarz ein attraktives Mattbild. Bei 25...♔g7 wird der König auch mattgesetzt: 26.h6+ ♔g8 (oder 26...♔h8 27.♕f6+ ♔g8 28.♕g7#) 27.♕f7+ ♔h8 28.♕g7#.
26.♕f6+ ♔xh5 27.g4+ 1-0
27...♔h4 28.♕h6#.

Alexei Gawrilow
Nikolai Schuch

Moskau 2012 (9)

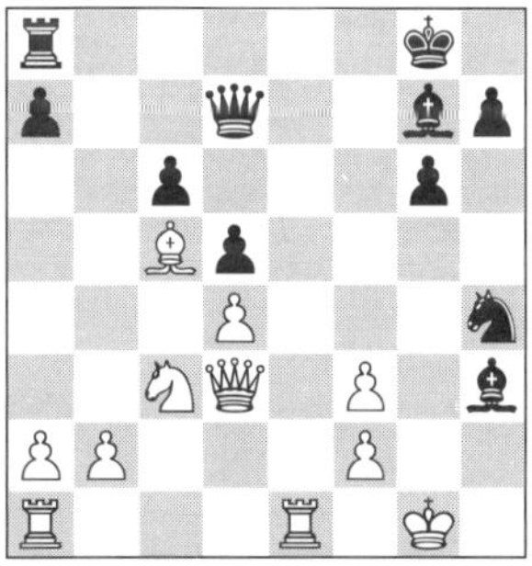

12

Zuvor hatte Schwarz eine Qualität mit ...♖xf3 geopfert. Als Kompensation dafür klafft eine Wunde in der weißen Königsstellung. Noch ist es nicht so leicht für den Schwarzen, Nachschub herbeizubringen. Der Turm gelangt nicht nach f8, da dieses Feld vom weißen Läufer kontrolliert wird.

Und auch der schwarzfeldrige Läufer des Schwarzen wird sich so schnell nicht an der Schlägerei beteiligen können.
Wie so oft ist es ganz wichtig, der Dame einen Weg ins Gefecht freizukämpfen. Sowohl auf g5 als auch auf h3 wäre die Dame gut platziert. Deshalb spielte Schwarz:

18...♗g2!

Droht offensichtlich 19...♕h3.

19.♕e3

Ein kleiner Trick. 19.f4 hilft nicht wegen 19...♘f3+ 20.♔xg2 ♕g4+ 21.♔f1 ♘h2# – auch wieder ein wunderbares Mattbild.

19...♘xf3+!

Der richtige Plan! Nicht 19...♕h3? wegen 20.♕e6+! mit Damentausch und die Gefahr für Weiß wäre vorüber.

20.♔xg2 ♕g4+ 21.♔f1

Nach 21.♔h1 ♕h3# ergibt sich eine Variante des ersten Mattmusters.

21...♘h2#

Raoul van Ketel
Christian Richter
Leiden 2010/11 (5)

■
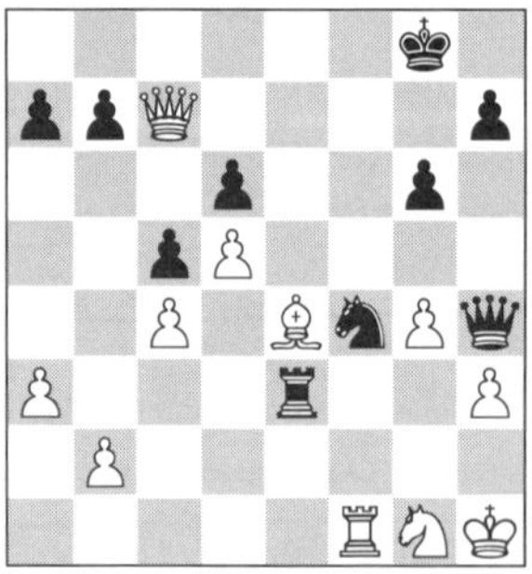
13

Die Anfangszüge sind offensichtlich:

44...♖xh3+ 45.♘xh3 ♕xh3+ 46.♔g1

Aber wie weiter? Schwarz muss sich hüten, dass der weiße König nicht über f2 flüchtet.

46...♕g3+

Aber nicht 46...♘e2+? wegen 47.♔f2 ♕h2+ 48.♔e1 und der Monarch entkommt. Hier arbeiten Dame und Springer nicht gut zusammen.

47.♔h1 ♕h4+!

Um den Springer miteinzubeziehen, während f2 gedeckt bleibt.

48.♔g1 ♘e2+

Geschafft! Nicht 48...♘h3+?, denn nach 49.♔g2 ♕xg4+ 50.♔h2 steht Weiß sicher.

49.♔g2 ♕g3+ 50.♔h1 ♕h3#

Boris Spasski
Robert Fischer
Reykjavik Wch m 1972 (5)

□
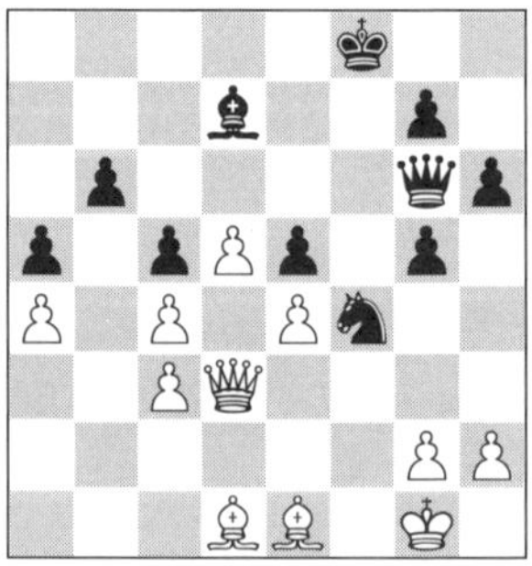
14

Weiß steht etwas schlechter. Die schwarzen Figuren haben mehr zu tun als ihre Gegenspieler. In dieser geschlossenen Stellung ist das Läuferpaar nicht viel wert.

27.♕c2??

Kein guter Tag für Spasski. Nach einer 2-0 in diesem WM-Match gab es einen großen Eklat. In der ersten Partie stellte Fischer den Läufer ein; dann erschien er nicht zur zweiten Partie, was dem Schiedsrichter keine andere Wahl ließ, als ihm den Punkt kampflos abzuziehen. Der Grund dafür? Fischer duldete keine Kameras im Spielsaal, wenngleich es mit dem Hauptsponsor des Events vereinbart war, dass der während der Partien filmen und Film und Partien überall in der Welt ausstrahlen dürfe. Fischer verließ Reykjavik und flog zurück in die USA. Aber als sich Außenminister Henry Kissinger persönlich einschaltete und ihm erklärte, dass es von äußerster Wichtigkeit sei, in Zeiten des Kalten Krieges den Sowjets eine Lektion auf dem Brett zu erteilen, flog Fischer wieder nach Reykjavik zurück. Und ein wenig später saß er schon wieder am Brett hinter den schwarzen Steinen, scheinbar aussichtslos mit 0-2 zurückliegend. Nichtsdestotrotz besaß er einen psychologischen Vorteil.
Die dritte Partie wurde von Fischer in grandiosen Stil gewonnen, die vierte Partie endete Remis, und in dieser fünften Partie war er ebenfalls am Drücker – trotz einer spektakulären Neuerung, die Spasski entkorkte. Fischer reagierte schlagfertig und brachte den Weltmeister ins Schwanken.
All diese Faktoren mögen teilweise den Fehler erklären.

Spasski hätte freilich 27.♕b1 spielen sollen, wonach er immer noch einige Probleme gehabt hätte.

27...♗xa4!

Wunderbar – die Dame wird vom Schlachtfeld abgelenkt (Zentrum und Königsflügel). Das schwarze Tandem ♕+♘ besitzt enormes Potential, das mehr als genug zum Gewinn ist.
Spasski gab bereits auf. Die Rechtfertigung des Opfers besteht in 28.♕xa4 (28.♕d2 verliert klar nach 28...♗xd1 29.♕xd1 ♕xe4 30.♕d2 und Schwarz kann unter mehreren Gewinnwegen wählen. Wahrscheinlich ist 30...a4! das beste) 28...♕xe4

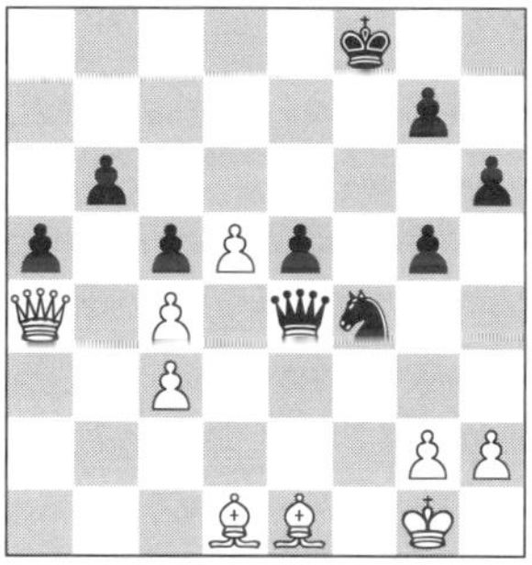

Analysediagramm

Mit der Doppeldrohung 29...♕xg2# und 29...♕xe1#.
29.♔f2 ist nun erzwungen, aber dann bekommen wir ein besonders hübsches Mattbild präsentiert, das wir bereits von früheren Aufgaben kennen: 29...♘d3+ 30.♔g3 ♕h4+! (überraschenderweise der schnellste und effektivste Gewinnweg) 31.♔f3 ♕f4+ 32.♔e2 ♘c1#.

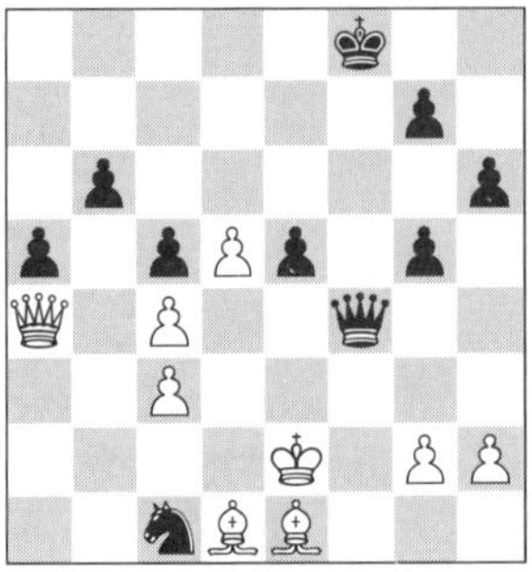

Analysediagramm

Auf immer und ewig ein bezauberndes Mattmuster!

§ 2.16

Zhaoqin Peng
Elisabeth Pähtz
Porto Carras Ech-tt 2011 (2)

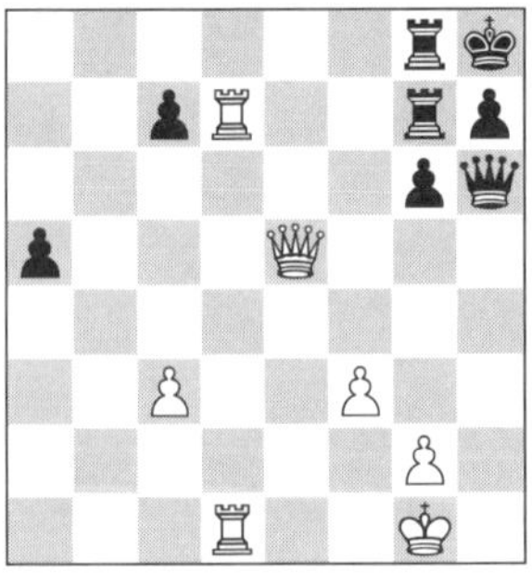

15

Es gibt nur einen Verteidiger der Grundreihe – der Turm auf g8. Das Motto lautet somit: eliminieren Sie diesen!

38.♖d8 ♕h4

Ich bitte zu beobachten, dass die schwarze Dame sehr ungeschickt auf h6 steht, wo sie ihrem König die Möglichkeit zu einem Luftloch stiehlt.

39.♖xg8+ ♔xg8 40.♕e8#

Dieter Knödler
Elias Giesinger
Bodensee 2015 (1)

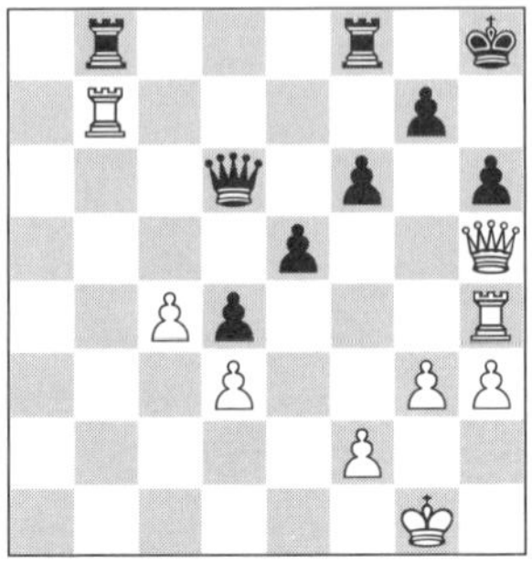

16

Weiß landete den entscheidenden Schlag mit:

33.♖xg7! f5

Nach 33...♔xg7 wird es matt: 34.♖g4+ ♔h7 35.♕g6+ ♔h8 36.♕xh6#.

34.♖g6 1-0

Roman Saposchnikow
Cheng Bindi
Toronto 2014 (6)

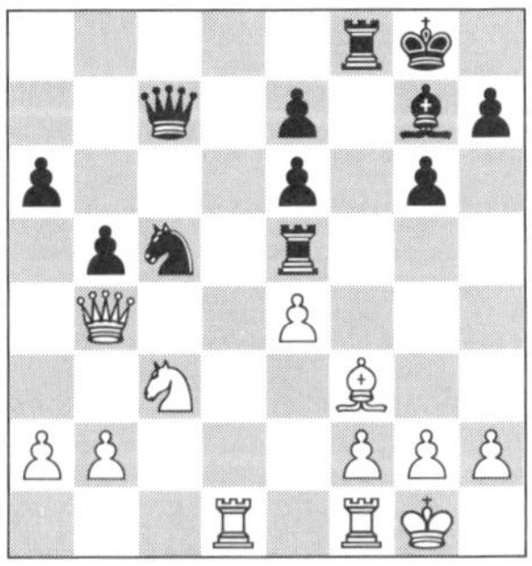

17

Schwarz schlug zu mit

20...♖xf3! 21.gxf3 ♖g5+ 22.♔h1 ♕f4

Und es gab bereits keine Verteidigung mehr gegen die vielen Drohungen.

John van der Wiel
Jan Timman
Wijk aan Zee 1985 (5)

■
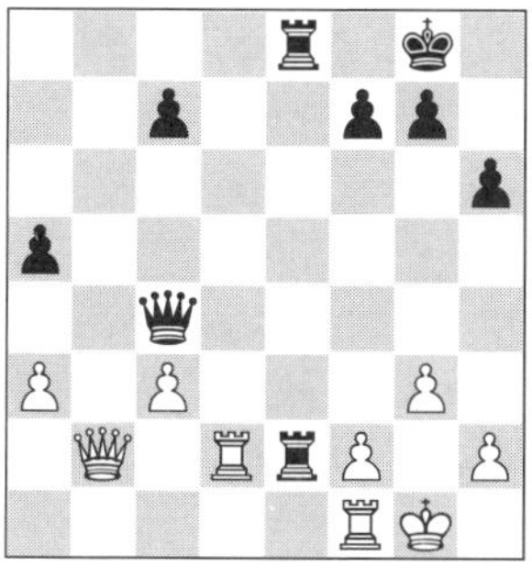
18

Weiß zog gerade 25.a3?. Wir haben bereits gelernt, dass ein König auf dem offenen Feld in der Eröffnung oder dem Mittelspiel (fast) immer mattgesetzt wird. Deshalb spielte Timman:

25...♖e1! 26.♖xe1 ♖xe1+ 27.♔g2 ♕f1+ 28.♔f3 ♕h1+ 29.♔g4
29.♔f4 ♕e4#.

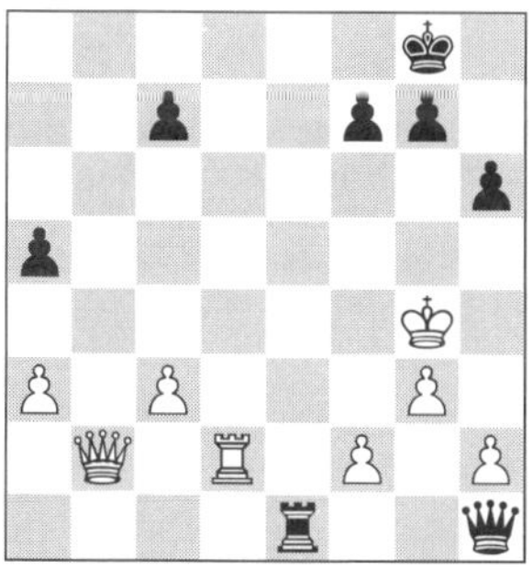

29...f5+!
Auch nach 29...h5+ gerät Weiß in ein Mattnetz: 30.♔xh5 ♕xh2+ 31.♔g4 f5+ 32.♔xf5 ♕h5+ 33.♔f4 g5+ 34.♔f5 ♕f3+ 35.♔xg5 ♖e5+ 36.♔g6 ♕h5+ 37.♔f6 ♕g5#, aber die Partiefortsetzung ist schneller. Aber nicht 29...♖e4+? 30.f4.

30.♔h3
30.♔h4 ♕xh2#; 30.♔xf5 ♕e4#; 30.♔f4 ♕e4#; 30.♔h5 ♕f3+ 31.♔g6 ♕g4# oder 31...♖e6#.
30...♕f1+
Weiß gab auf. Der Rest ist erzwungen: 31.♔h4 g5+ 32.♔h5 ♕h3+ 33.♔g6 ♖e6#.

Wladislaw Kowalew
Igor Lutsko
Minsk ch-BLR 2014 (8)

□
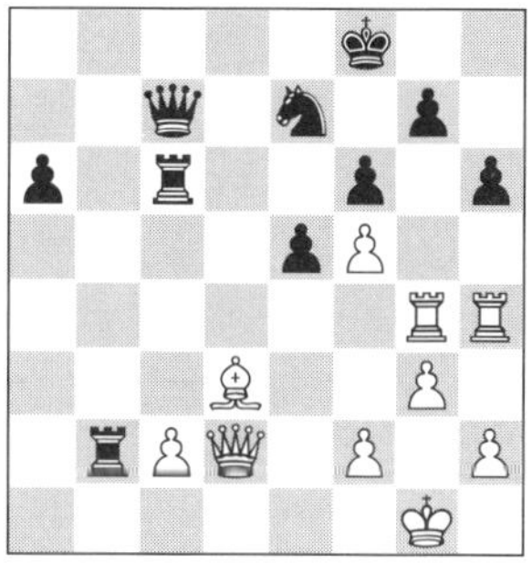
19

Weiß schlug zu mit
40.♖xg7! ♔xg7
Auch 40...♖cxc2 41.♗xc2 ♕xc2, was in der Partie gespielt wurde, half nicht mehr. Nach 42.♕d8+! gab Schwarz auf. Er wird matt nach 42...♔xg7 43.♕xe7+ ♔g8 44.♖g4+ ♔h8 45.♕g7#.
41.♕xh6+ ♔f7
41...♔g8 verliert offensichtlich: 42.♕h8+ ♔f7 43.♖h7#.
42.♕h8!
Ein ruhiger Zug. Aber die Drohung 43.♖h7+ ist vernichtend.
Not 42.♕h7+? ♔e8.
42...♘g8 43.♖g4!
Dies musste im Voraus gesehen werden. Der Damengewinn

43.♖h7+ ♔f8 44.♖xc7 ♖xc7 sollte auch zu einer weißen Gewinnstellung führen, aber der Sieg ist noch lange nicht klar. Die Dame steht zunächst abseits, Schwarz hat den a-Bauern, der lästig werden könnte, und sobald die schwarzen Türme operieren würden die Dinge alles andere als leicht sein.

43...♔e7

Forciert, aber nun zeichnet sich das Ende klar ab.

44.♖g7+

Nachdem Weiß die Dame wegnimmt, wird auch noch der Springer fallen.

Tycho Dijkhuis
Marc Schwartz
Utrecht 2013

□

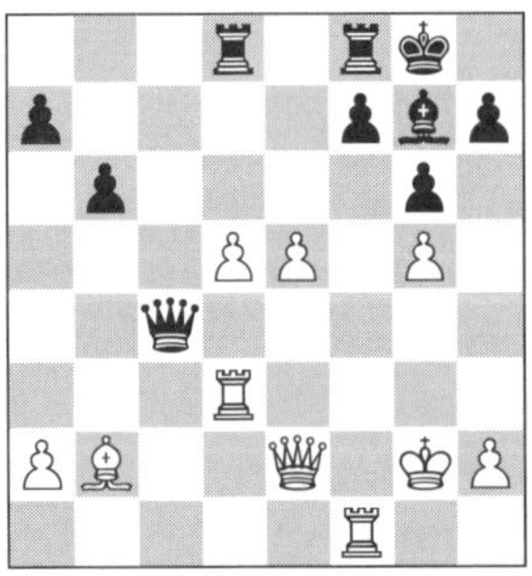

20

In dieser Stellung in einer Partie meines Schülers Tycho Dijkhuis machte Weiß von seinem starken Zentrum Gebrauch:

26.e6! fxe6

Das gierige 26...♗xb2 wird widerlegt durch: 27.exf7+ ♖xf7 28.♖xf7 ♔xf7 29.♖f3+ mit Damengewinn.

27.♕xe6+ ♔h8

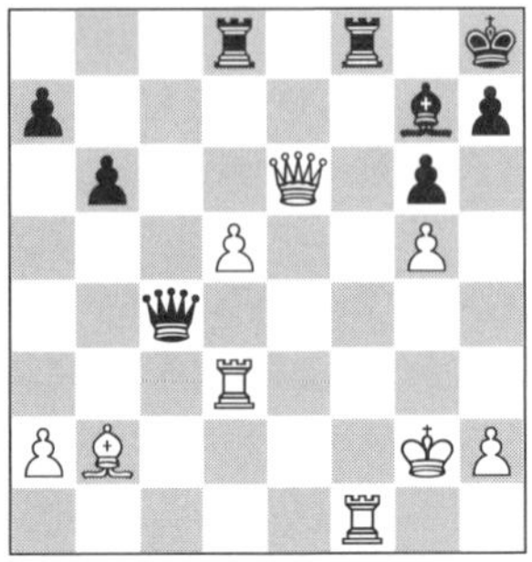

28.♖df3!

Weiß gibt den d-Bauern her und setzt alles auf die schwache Grundlinie des Gegners.

28...♕c5

Nach 28...♖xf3 kommt 29.♗xg7+ ♔xg7 30.♕e7+!.

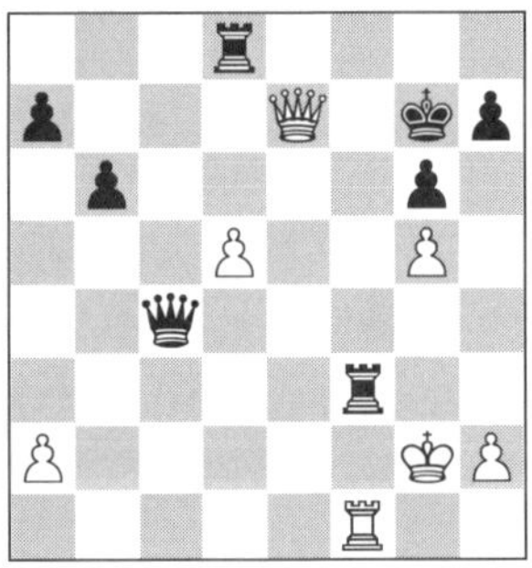

Analysediagramm

Der Rechner gibt ein trockenes Matt in zehn an.

29.♗xg7+ ♔xg7 30.♖f7+

Schwarz gab auf. Er wird mattgesetzt: 30...♔g8 31.♖xf8+ mit matt oder 30...♔h8 31.♕f6+ ♔g8 32.♕g7#.

(basiert auf den Angaben von Tycho Dijkhuis)

Maxim Rodshtein
Sergei Tiwjakow
Tromsø ol 2014 (4)

□

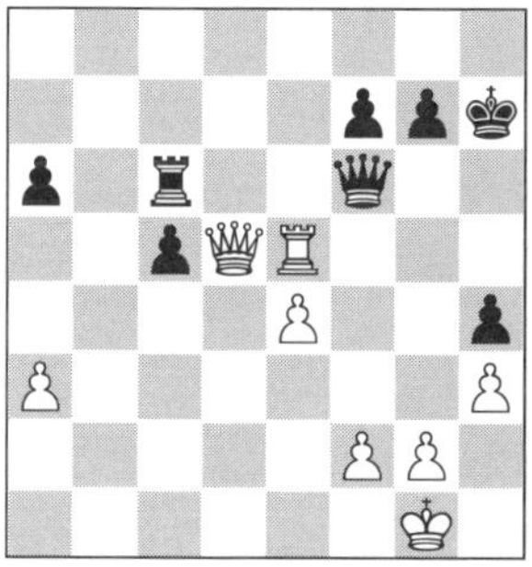

21

Weiß gewann ziemlich instruktiv mit

44.♖h5+ ♔g6

44...♔g8 erlaubt 45.e5, mit sofortigem Aus.

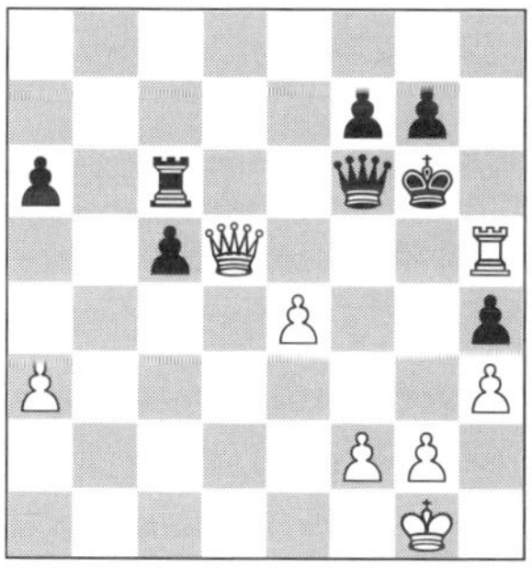

Was nun?

45.♖h8!

Die weißen Figuren arbeiten blendend zusammen.

45...♕e6 46.♕h5+ ♔f6 47.♕xh4+

Weiß hat einen Mehrbauern, doch darum geht es hier gar nicht.

47...♔e5

47...g5 48.♖h6+ verliert die Dame mit Schach: 48...♔e7 49.♖xe6+.

48.♕g3+

48.♖d8 war auch gut.

48...♔f6

Falls 48...♔xe4 49.♖h4+ ♔d5 50.♕d3+ ♔e5 51.♖e4+, wieder mit Damengewinn.

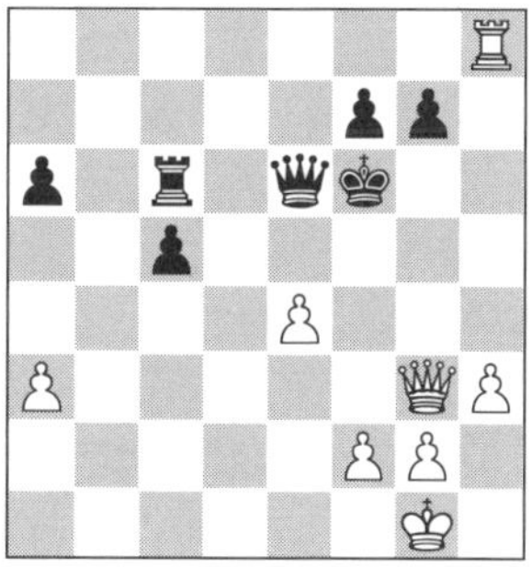

49.e5+!

Das nette Ende einer ausgezeichnet gespielten Schlussphase.

49...♔e7

49...♕xe5 führt zu einem Doppelangriff nach 50.♕f3+.

50.♕g5+

Schwarz gab auf. Falls 50...f6 (50...♔d7 51.♕d8#) 51.♕xg7+ ♕f7 52.exf6+ ♖xf6 53.♕g5 und bei zwei Mehrbauern bei anhaltendem Angriff für Weiß bleibt nichts mehr für Schwarz übrig.

Jan Timman
Anne Haast
Wijk aan Zee 2015 (3)

■

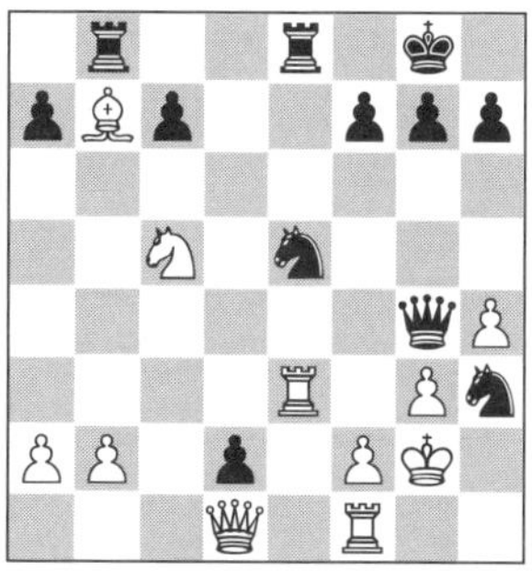

22

Die niederländische Frauenmeisterin besiegte den früheren Weltklassespieler, indem sie dessen Königsflügel zu Schnipseln zerriss mit

26...♘xf2!

Auch 26...♘f4+ führte zum Gewinn, aber dann muss Schwarz nach 27.♔g1 den starken Zug 27... c6! finden. Dadurch wird der Läufer b7 vom Kampfgeschehen abgeschnitten, wonach der schwarze Angriff reibungslos läuft. Trotzdem ist es nicht leicht zu sehen, dass Schwarz gewinnt nach zum Beispiel 28.♕xg4 (28.♕xd2 ♖ed8 29.♕c2 ♘f3+ 30.♖xf3 ♕xf3 31.gxf4 ♕g4+ 32.♔h2 ♕xh4+ 33.♔g2 ♕g4+ 34.♔h2 ♖d6) 28...♘xg4 29.♖xe8+ ♖xe8 30.♘b3 ♘h3+ 31.♔g2 ♘hxf2 32.♘xd2 ♖e2 33.♘c4. Nach 33...♖c2 zeigt sich, dass Weiß immer noch unüberwindliche Probleme hat.

27.♕xd2

Timman beseitigt den gefährlichen Freibauern d2, aber nun wird sein König ausgeräuchert.
Bei 27.♔xf2 ist 27...♕d4! entscheidend. Die vielen Drohungen können nicht ausreichend bedient werden.
Beide Spieler erkannten, dass 27.♕xg4 scheitert an 27...♘fxg4! 28.♖e4 ♘c4! nebst einer tödlichen Gabel auf e3.

27...♕h3+ 28.♔g1 ♘eg4

Aufgepasst: bloß nicht 28...♕h1+??, den der Läufer b7 ist zwar weit weg, aber arbeitet noch: 29.♗xh1.

29.♖xe8+ ♖xe8 30.♖xf2 ♕xg3+

Hier resignierte die holländische Legende. Eine junge Dame, 21 Jahre alt, hatte ihn geschlagen...
31.♖g2 (31.♔f1 ♘e3+ 32.♔e2 ♘c4+; 31.♔h1 ♘xf2+) 31...♖e1+ 32.♕xe1 ♕xe1#.

Ladislav Kotan
Martin Mrva
Piestany 2004 (11)

■

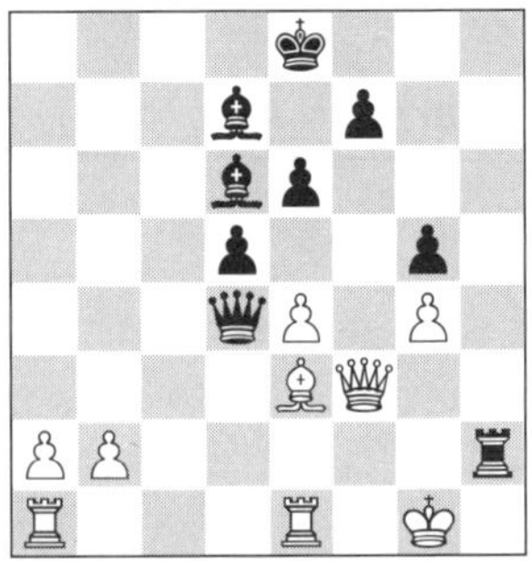

23

Schwarz rechnete im Voraus weiter als sein Gegner und zog:

26...♕h8!

Aus der Ecke heraus ist die Dame sogleich im Einsatz. Die Hauptdrohung besteht in 27...♖h3, um die weiße Dame abzudrängen, und anschließend mit dem räumenden 28...♖g3+ der Dame den Weg entlang der h-Linie zu öffnen. Zusätzlich können die schwarzen Läufer über den Damenflügel eingreifen, falls der weiße König versucht, Richtung Zentrum zu fliehen.

27.♖f1

Weiß droht lieber selbst etwas. Falls er ungerührt fortfährt, mit 27.exd5 etwa, folgt 27...♖h3 28.♕e4

(28.♕g2 ♖g3) 28...♖g3+ 29.♔f1 (29.♔f2 ♕h2+) 29...♗b5+ 30.♖e2 ♕h3+ 31.♔e1 ♖xg4, und nach dem Damenrückzug 32.♕c2 bricht 32...♗b4+ 33.♔d1 ♕f1+ jeglichen Widerstand.
Instruktiv ist auch, wie Schwarz nach 27.a4 (um ...♗b5+ zu verhindern) fortfährt: 27...♖h3 28.♕d1 ♖h1+ 29.♔f2 ♖h2+ 30.♔g1 und die Dame dringt über die h-Linie ein: 30...♕h3! 31.♖e2 ♖h1+ 32.♔f2 ♕g3#.

27...f5 28.e5

Nach anderen Zügen, wie 28.exf5, kommt die schwarze Grundidee 28...♖h3 wieder zum Einsatz.

28...♗xe5 29.♗f2

Sieht vernünftig aus, da es g3 überdeckt, aber nun kommt Schwarz ungehindert zum Angriff.

29...♖h3 30.♕g2 ♗h2+ 31.♔h1 ♗g3+ 32.♔g1

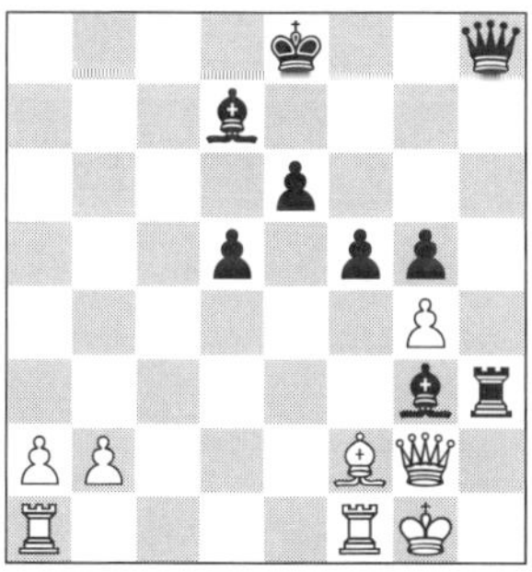

32...f4!

Clever gespielt: damit deckt Schwarz ♗g3, ermöglicht im richtigen Moment ...♖g3 und droht zudem mit ...f4-f3.

33.♗b6

33.♗e1 verliert nach 33...♗xe1 34.♖axe1 ♖g3.

Nach einem Wartezug wie 33.a4 führt 33...♗h2+ 34.♔h1 f3! zum Gewinn.

33...♖h2 34.♕f3 ♖xb2 0-1

35.♕h1 hilft nun nicht mehr: 35...♗h2+ nebst Matt im nächsten Zug.

Ray Robson
Wen Yang

Ningbo CHN-USA Schnellschach 2013 (8)

□

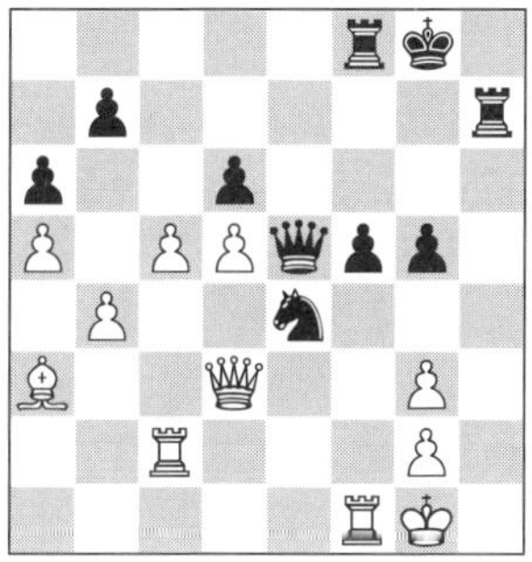

24

31.♖e1?

Nach diesem Fehler fand Schwarz einen feinen Damenrückzug, der ihm einen gewinnenden Angriff verschaffte. Nach 31.♗b2 hätte Weiß wenig Probleme.

31...♕h8! 32.♔f1

Der Springer konnte nicht eliminiert werden: 32.♖xe4 fxe4 mit unparierbarer Mattdrohung.

32...♖h1+ 33.♔e2 ♖e8

Schwarz will die Spannung nicht abbauen. Dennoch war 33...♖xe1+ 34.♔xe1 ♖e8 genauer, weil Schwarz dann über die e-Linie genauso wie über die h-Linie einfallen könnte.

34.♖cc1 ♘xc5+

Dadurch gewinnt Schwarz die Dame. Kurioserweise war der

Damenrückzug im Zentrum 34...♕e5! noch stärker. Es gibt zu viele Drohungen, am wichtigsten darunter ist 35...♘xc5.

35.♔d2 ♖exe1 36.bxc5 ♖xc1 37.♗xc1 ♕a1! 0-1

Schwarz beendet die ausgezeichnet geführte Schlussphase mit einem langen Damenzug. Nach 38.♕c4 wickelt Schwarz schlicht in ein gewonnenes Endspiel ab mit 38...♕xa5+ 39.♔c2 ♕xc5.

8.3 Aufgaben aus Kapitel 3

Henk-Jan Evengroen
Nico Zwirs
Dieren 2014 (3)

■
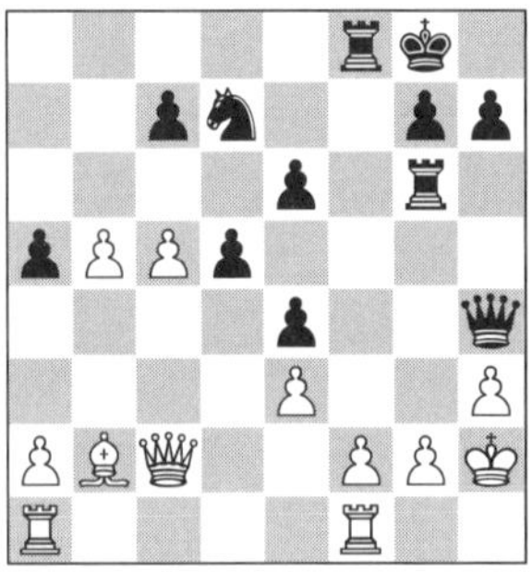
25

Schwarz schlug wuchtig zu mit
23...♖f3!

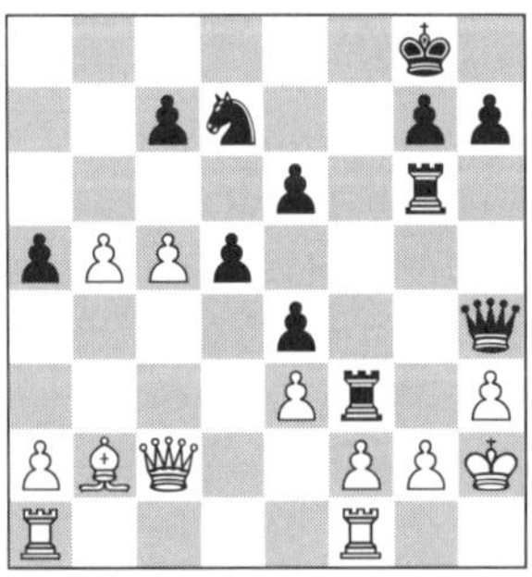

Diesen Hammer überlebt Weiß nicht. Die Hauptdrohung lautet 24...♖xg2+ 25.♔xg2 ♕xh3+ 26.♔g1 ♕g4+ 27.♔h2 ♖h3#.

24.g3
Nach 24.gxf3 ♖h6 ist das Matt unvermeidbar.
24...♖gxg3
Die logische Folge.
25.fxg3 ♕xg3+ 26.♔h1 ♕xh3+ 27.♕h2
Nur so kann das Matt abgewendet werden, aber nun gewinnt Schwarz Material zurück und wickelt ins gewonnene Endspiel ab.
27.♔g1 verliert nach 27...♖g3+ 28.♔f2 ♕g2+ 29.♔e1 ♕xc2.
27...♖xf1+ 28.♖xf1 ♕xf1+ 29.♕g1 ♕xg1+ 30.♔xg1 ♘xc5
Weiß gab ein paar Züge später auf.

Thomas Beerdsen
Daniel Hausrath
Dieren 2014 (5)

■
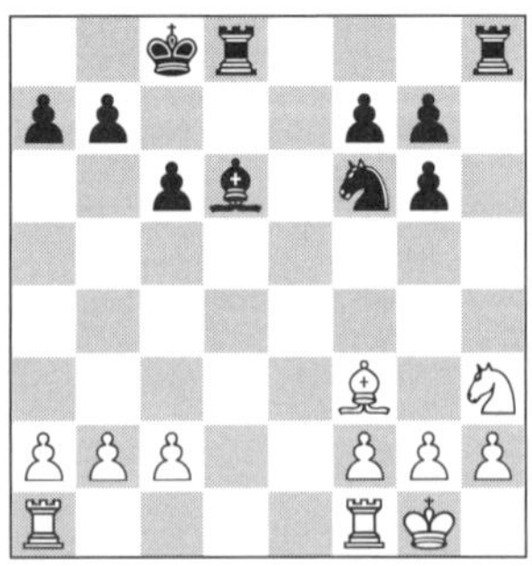
26

Schwarz nutzte die offene h-Linie und die unglückliche Aufstellung der weißen Figuren mit

20...g5! 21.♘xg5

21.♗e2 g4 ist noch schlechter.

21...♗xh2+ 22.♔h1 ♗f4+ 23.♘h3

Der Springer muss wieder zurück und – sehr unglücklich für den Weißen – er bekommt sogleich den zweiten Bauernzug vom gleichen Typ vorgesetzt!

23...g5! 24.g3

Um etwas aus nichts zu machen – doch das ist eine vergebliche Hoffnung. Auf 24.♔g1 würde Schwarz 24...♗d2! antworten, wonach die Drohung 25...g4 Material gewinnt.

24...♗c7

Da Schwarz 25...♖xh3 und zugleich 25...g4 (mit Gabel und Fesselung!) droht, gab Weiß auf.

Bart von Meijenfeldt
Nico Zwirs

Dieren 2014 (6)

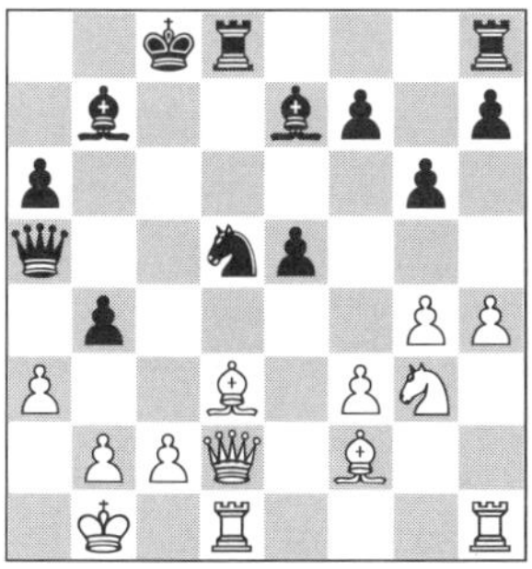

27

Schwarz schlug zu mit:

19...♘c3+! 20.bxc3

Um die Korrektheit des Opfers zu überprüfen.

20.♔c1 verliert mehr als nur die Qualität nach 20...♗xf3!.
Auch auf 20.♔a1 ist 20...♗xf3 am strengsten.

20...bxc3 21.♕e3

21.♕c1 wird mit 21...♗xa3 beantwortet.

21...♕xa3 22.♕b6 ♗b4!

Und das Matt auf b2 kann nicht abgewendet werden.

Michael Adams
Viktor Laznicka

Baku 2015 (2)

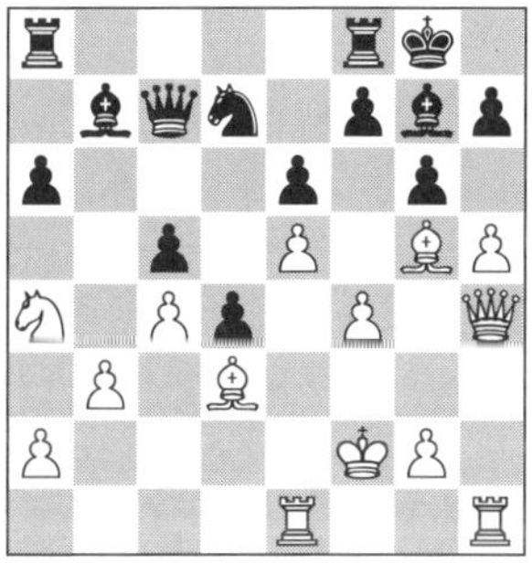

28

Schwarz übersah, dass nach

26...f5 27.hxg6!

möglich ist (auch 27.exf6 ist gut, wobei 27...♘xf6 28.hxg6 h6! weniger klar denn die Partiefortsetzung ist).

27...hxg6 28.♕h7+ ♔f7

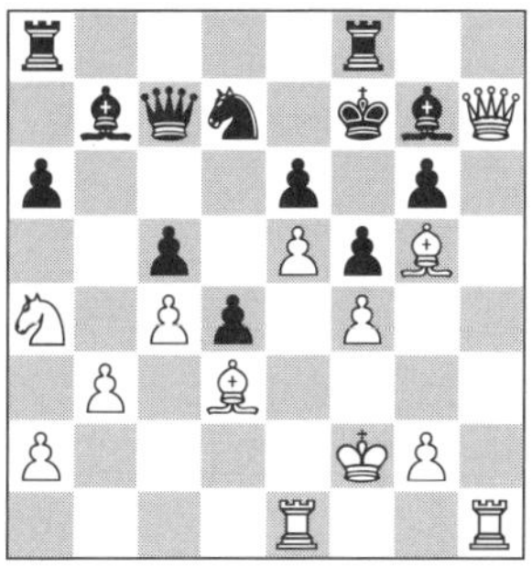

Weiß besucht das schwarze Hinterland nicht nur mit der Dame, sondern auch mit dem Turm. Schwarz hielt die Stellung wohl noch für spielbar. Doch der nächste Zug war ein schlimmes Erwachen...

29.♖h6!

Häufig nimmt man so eine „horizontale Fesselung" im Voraus nicht wahr. Laznicka übersah diese zweifellos. Er konnte sogleich aufgeben, da nach 29...♖g8 30.♕xg6+ ♔f8 31.♕xe6 alles in sich zusammenbricht.

8.4 Aufgaben aus Kapitel 4

Sergei Zhigalko
Pavel Maletin

Chanty-Mansiysk 2011 (3)

□

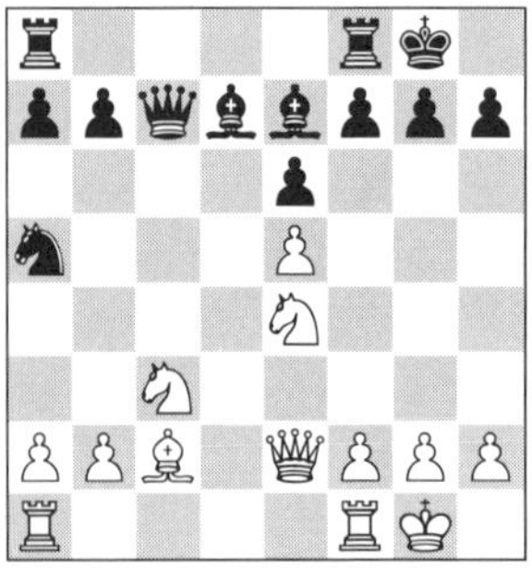

29

Weiß hielt die Zeit reif für einen Sturmangriff:

17.♘f6+! gxf6

Bei 17...♗xf6 schlägt Weiß auch zu nach 18.exf6 gxf6 (18...♕f4, um 19.♕g4+ zu verhindern, kostet eine Figur nach 19.♕h5 g6 20.♕xa5) 19.♕g4+ ♔h8 20.♕h4 f5 und nun folgt ein weiteres gewaltsames Figurenopfer: 21.♗xf5 exf5 22.♘d5 ♕d8 23.♘f6 mit weißem Gewinn.

18.♕g4+ ♔h8 19.exf6

Ein wichtiger Zug, da Schwarz nun nicht mehr den Läufer c2 mittels ...f7-f5 vom Angriff abhalten kann.

19...♖g8

19...♗xf6 ermöglicht 20.♕h5 mit unstoppbarem Matt.

20.♕h4

Auch hier kann Matt nur unter großen materiellen Verlusten verhindert werden.

Alexander Koblenz
Baruch Wood

Margate 1936

□

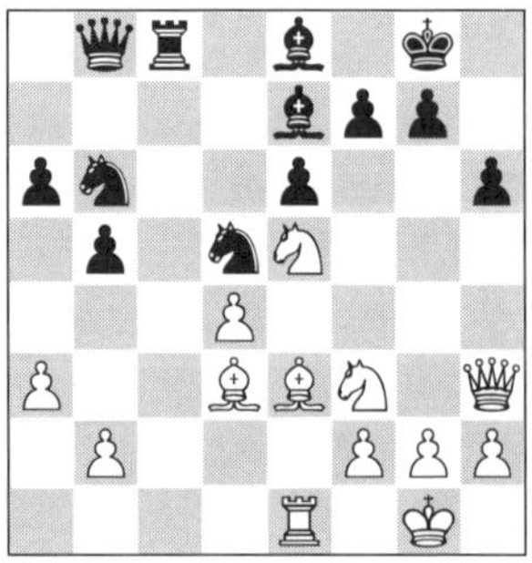

30

Bei solch einer Konzentration der weißen Kräfte am Königsflügel kann das schwarze Desaster nicht weit sein.

1.♗xh6!

Königsstellung aufbrechen!

1...gxh6 2.♕xh6

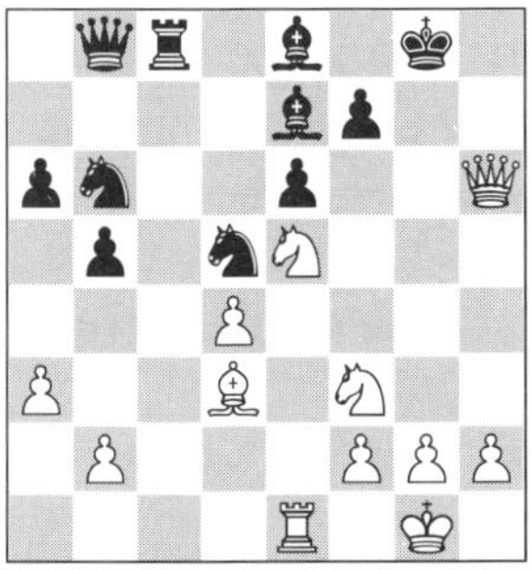

Nun droht 3.♕h7+ nebst 4.♕h8. Zwei Verteidigungen bleiben dem Schwarzen noch.

2...♗f6

Nach 2...♘f6 3.♘g5 kann sich Schwarz schwerlich der vielen Drohungen erwehren, etwa: 3...♗d8 4.♗h7+! ♘xh7 5.♕xh7+ ♔f8

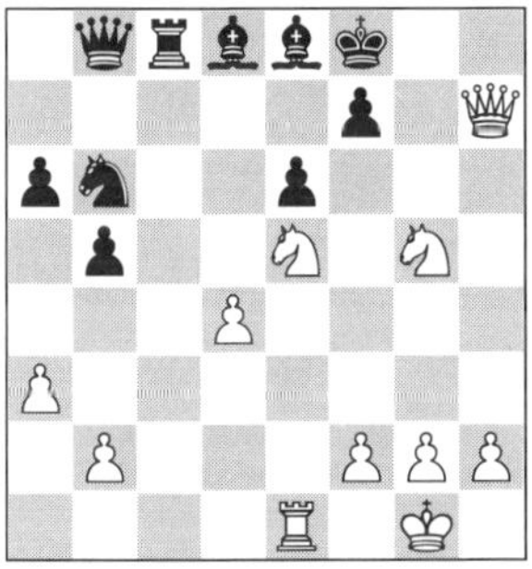

Analysediagramm

6.♘g6+!. Dieser hübsche Trick bricht jeglichen Widerstand: 6...fxg6 7.♘xe6#.

3.♗h7+ ♔h8 4.♘xf7+!

Sehr schön! Weiß lockt eine Figur nach f7, wonach der bekannte Mechanismus plötzlich funktioniert.

Nach 4.♗g6+ ♔g8 5.♕h7+ ♔f8 ist kein sofortiges Matt in Sicht.

4...♗xf7 5.♗g6+ ♔g8 6.♕h7+ ♔f8 7.♕xf7#

Garri Kasparow
Computer Mephisto Exclusive S
Hamburg Computer-Simultan 1985

□

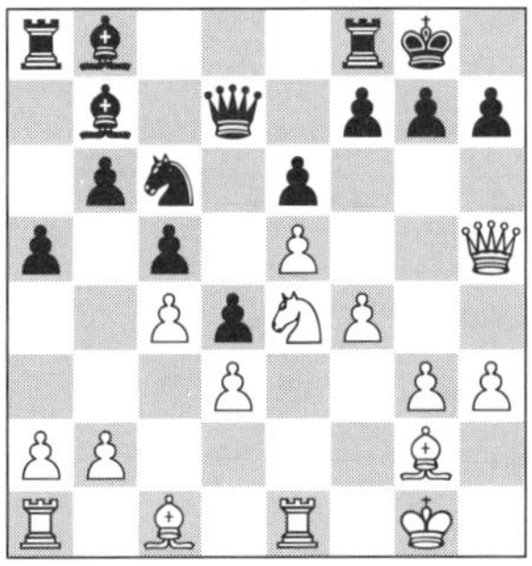

31

Der König versteckt sich hinter seinen Bauern, doch Weiß demoliert die Struktur:

17.♘f6+!

Entscheidet die Sache.

17...gxf6 18.exf6

Droht 19.♕g5+ nebst Matt.

18...♔h8 19.♗e4

Der Läufer betritt die Bühne und alles ist aus.

19...h6 20.♕xh6+ ♔g8 21.♕g7#

Dijan Dimow
Boris Tschatalbaschew
Pleven ch-BUL 2015 (9)

■

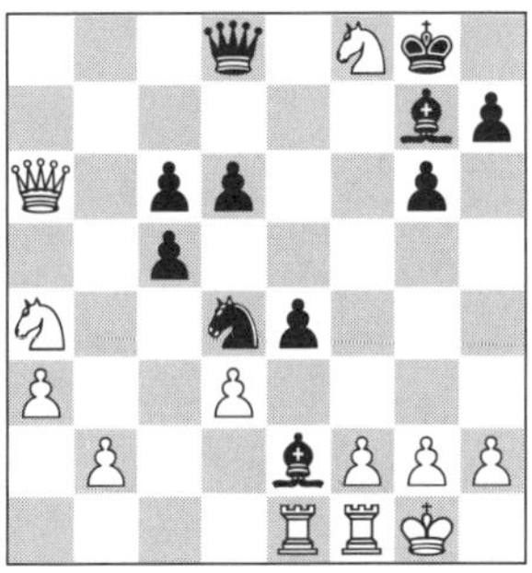

32

Schwarz hat Material verloren, aber er sieht Möglichkeiten, den weißen König zu beunruhigen, indem er spielt:

23...♘f3+! 24.♔h1

24.gxf3 ist freilich matt in zwei: 24...♕g5+ 25.♔h1 ♗xf3#.

24...♕h4

Bringt die Reserven heran. 24...♘xe1? ist zu wenig nach 25.♖xe1 exd3 26.♘e6.

25.h3 ♕f4 26.g3

26.gxf3 führt wieder zu einem schnellen Matt: 26...♗xf3+ 27.♔g1 ♕g5+ 28.♔h2 ♕g2#.

26...♕f5

Schwarz greift die geschwächten Felder an.

27.♔g2

27.g4 scheitert an 27...♕f4, wonach h2 nicht mehr gedeckt werden kann.

27...♘g5

Auch 27. ...♘h4+ führt zum Matt. In der Partie geschah 27...♘xe1+ 28.♖xe1 ♕f3+, was mehr als ausreichend zum Gewinn war. 29.♔g1 ♗d4 30.♕c4+ ♔xf8 und Weiß gab auf.

28.♖h1

Deckt h3, wehrt aber das Matt auch nicht ab. Bei 28.g4 ♕f3+ 29.♔g1 ♘xh3+ 30.♔h2 ♗e5# entscheidet effektive das schwarze Figurenkollektiv.

28...♕f3+ 29.♔g1 e3

Beschädigt zusätzlich die weiße Königsstellung.

30.♕c4+ d5 31.♕f4

Weiß konnte die Dame zur Verteidigung heranführen, aber nun folgt ein effektvolles Finale:

31...♘xh3+!

Auch 31...exf2+ 32.♔h2 ♕xf4 33.gxf4 ♘f3+ 34.♔g2 fxe1♕ war nicht schlecht.

32.♖xh3

32.♔h2 ♘xf4.

32...exf2+ 33.♔h2 fxe1♕

Und Vorhang.

Anatoli Karpow
Alexei Schirow
Biel 1992 (13)

□

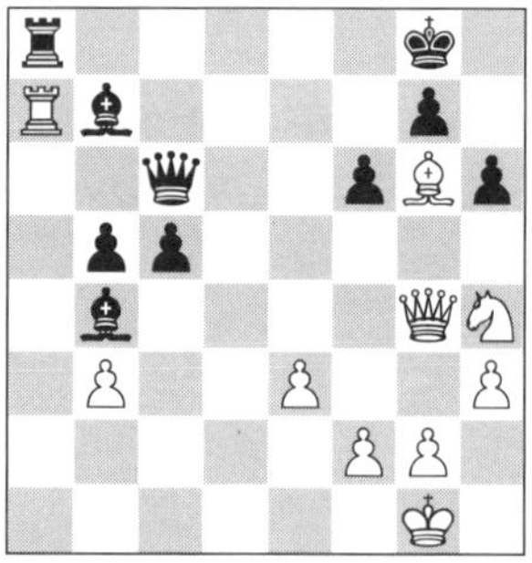

33

Die schwarzen Figuren sind abseits, während Weiß deutlich die weißen Felder um den schwarzen König herum dominiert. Er nutzt dies sehr schlau aus mit

30.♖xb7!

Ein attraktives Qualitätsopfer. Weniger gut ist 30.♖xa8+ ♗xa8, wenngleich auch hier Weiß Angriffschancen besitzt nach 31.♘f5.

30...♕xb7 31.♕e6+ ♔h8 32.♗e4

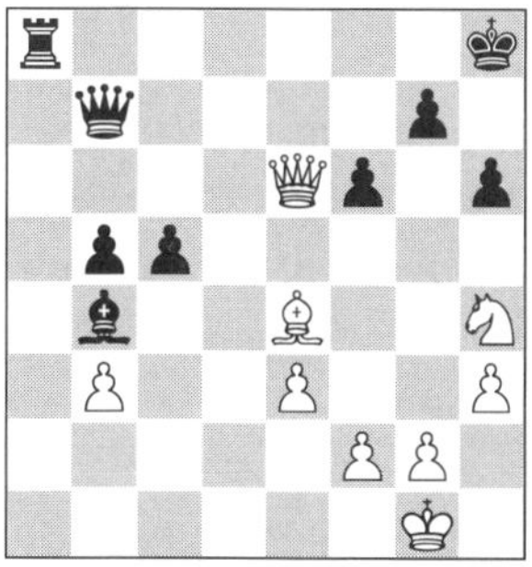

Und Schirow gab bereits auf. In der Tat, die weißen Figuren regieren ungehindert am Königsflügel. Eine beispielhafte Variante: 32...♕a7 33.♘g6+ ♔h7 34.♘e7+ ♔h8 35.♕f5 ♕a1+ 36.♗b1! und Schwarz kann das Matt nicht mehr verhindern (dagegen würde 36.♔h2 ♕e5+ 37.♕xe5 fxe5 38.♗xa8 länger dauern).

Andrei Orlow
Walter Wengenroth
Deutschland tt 2007/08 (8)

□

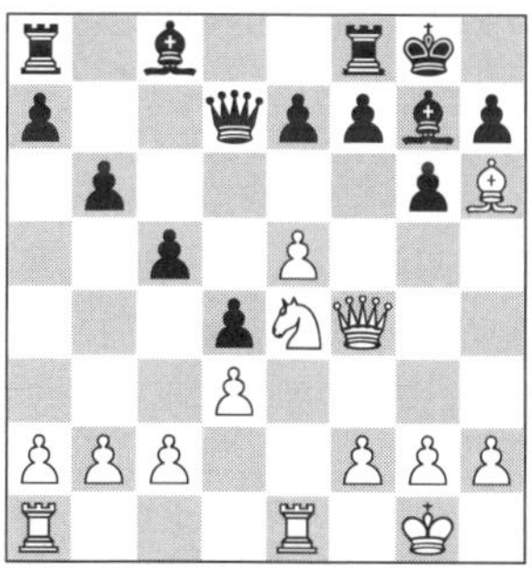

34

Weiß startete eine wuchtige Offensive mit
16.♘f6+!
Ein korrektes Springeropfer, welches Weiß gute Gewinnchancen gibt. Bei 16.♗xg7 ♔xg7 kann sich Schwarz erfolgreich verteidigen, etwa: 17.♘g5 ♕g4; oder 17...♕f5 18.♕h4 h6. Oder 16.h3 ♕f5 17.♕h4 ♗xh6 18.♕xh6 ♕xe5 gefolgt von ...♕g7.
16...exf6
16...♗xf6 spielt man ungern, aber so ließ sich noch kämpfen: 17.♗xf8 ♗h8 18.♗h6. Weiß hat die Qualität gewonnen, wofür Schwarz nicht genug haben sollte.
17.♗xg7!
Im richtigen Moment. Seltsamerweise bietet 17.exf6 ♗h8 18.♗xf8 ♔xf8 nicht so viel, wie man denken würde. Im Vorteil bleibt er jedenfalls nach 19.♖e7 ♕d8 20.♖ae1 ♗f5 21.g4 ♗xf6 22.♖e8+ ♕xe8 23.♖xe8+ ♖xe8 24.gxf5 ♔g7.
17...♔xg7
Auch der Zwischenzug 17...fxe5 musste berechnet werden: nach 18.♕h6 f6 19.♗xf8 hat Schwarz nicht genug. 19...♗b7 20.♗xc5 bxc5 bietet dem Weißen einigen Vorteil, wobei das noch einige Mühe gemacht hätte.
18.exf6+ ♔h8 19.♕h6 ♖g8 20.♖e7!

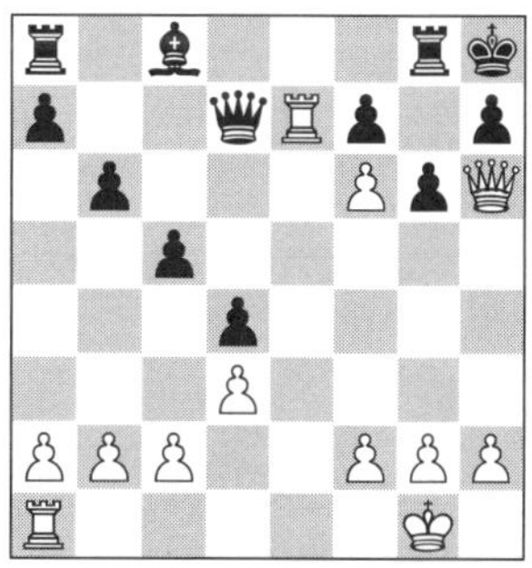

Schwarz gab auf. Bei 20...♕d5 folgt stark 21.♖e8, um 21...♕xg2+ (21...♗b7 22.♕g7#) mit 22.♔xg2 ♗b7+ 23.♖e4 zu kontern. Schwarz hat zu wenig.

Vugar Gashimov
Aleksander Czerwonski
Warschau 2010 (3)

□

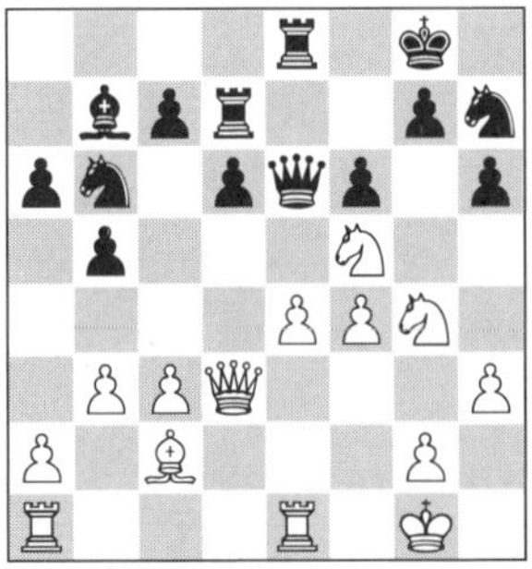

35

Die Batterie ♕d3/♗c2 steht bereits in Position, sie muss nur aktiviert werden.

26.♘d4!

Räumt die (bevölkerte) Diagonale b1-h7.

26...♕f7 27.e5!

Offensichtlich.

27...♘f8

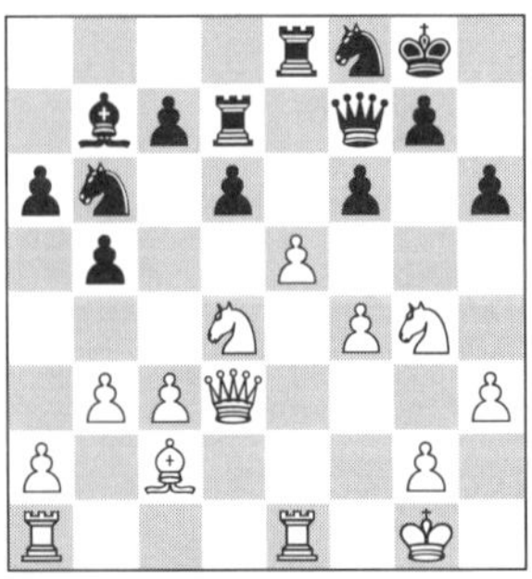

Sieht aus, als hätte Schwarz alles gedeckt, aber Weiß entscheidet nun die Partie mit:

28.e6! ♖xe6

Oder 28...♘xe6 29.♕h7+ ♔f8 30.♖xe6! ♖xe6 31.♕h8+ ♔e7 (31...♕g8 32.♘xe6+) 32.♘f5# – ein hübsches Matt mit Dame und Springer.

29.♘xe6 ♘xe6 30.♕h7+

Schwarz gab auf. Er wird noch mehr Material verlieren nach 30...♔f8 31.♕h8+ ♔e7 32.♗f5 ♗d5 33.♗xe6 ♗xe6 34.f5.

Rainer Pappenheim
Alexandre Dgebuadse
Leinzell 2011 (2)

■

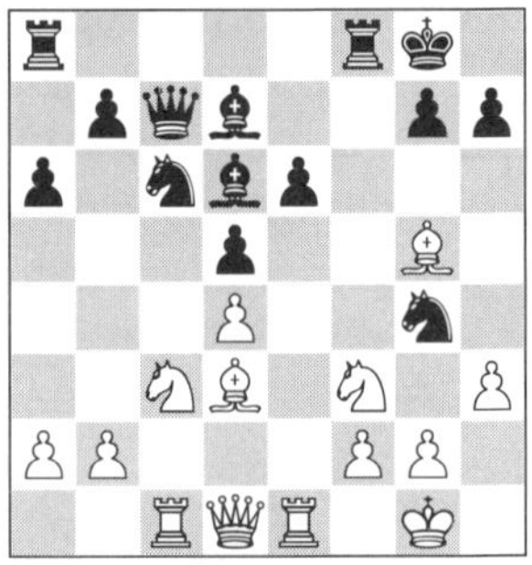

36

Schwarz hatte hier eine kreative Eingebung:

16...♗h2+!

Auf f2 direkt zu schlagen war falsch. Nach 16...♘xf2 17.♔xf2 ♗g3+ 18.♔g1 ♗xe1 19.♕xe1 steht nur Weiß besser.

17.♔f1 ♘xf2!

Aber jetzt ist es richtig.

18.♕d2

Nimmt Weiß den Springer, taucht die schwarze Dame auf g3 auf: 18.♔xf2 ♕g3+. Der Unterschied zur vorigen Variante: Der weiße König kann nicht zurück nach g1. Jetzt verlieren alle Königszüge:

A) 19.♔e2 ♘xd4+! 20.♘xd4 (oder 20.♔d2 ♕xg2+) 20...♖f2#;

B) Nach 19.♔f1 ♕xg5 gewann Schwarz einen Bauern und hat die weiße Königsstellung stark beschädigt;

C) Am zähesten ist noch 19.♔e3, doch nach 19...♕xg2 wird Schwarz bald Material zurückgewinnen durch ...♖xf3 und ...♕xg5, während der starke Angriff andauert. Auch das direkte 19...♖xf3+ ist stark.

18...♘xd3 19.♕xd3 ♕g3 20.♗d2 ♖xf3+! 21.gxf3

21.♕xf3 wird mit 21...♖f8 beantwortet.

21...♖f8 22.♖e3 ♘b4!

Der entscheidende Schlag. Der Bauer f3 kann nicht ausreichend gedeckt werden. Nach

23.♕e2 ♕g1#

ist es matt:

8.5 Aufgaben aus Kapitel 5

§ 5.2 – Offene Spiele

Die Schottische Partie

Bernd-Michael Werner
Erlingur Thorsteinsson
Reykjavik 1996 (3)

□

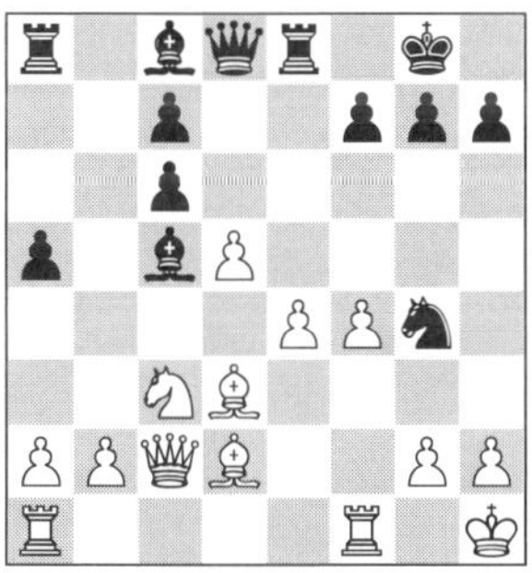

37

In der Partie geschah

15.♘d1??

Ein furchtbarer Einsteller, da nun die schwarze Dame schnell zum Angriff kommt.

Mit 15.♗e1 konnte Weiß 15...♕h4 verhindern, aber das hätte dem Schwarzen 15...♘e3 erlaubt.

Mit 15.h3 konnte Weiß die Qualität hergeben, denn nach 15...♘f2+ 16.♖xf2 ♗xf2 17.dxc6 besitzt er einige Kompensation dafür. Notwendig war 15.g3, aber das macht man nicht so gern wegen 15...♗b7 mit langfristigen Problemen auf der langen Diagonale.

15...♕h4! 16.h3 ♕g3!

Weiß gab auf wegen des Matts: 17.hxg4 ♕h4#.

John van der Wiel
Juan Gomez Esteban
Linares zt 1995 (3)

■

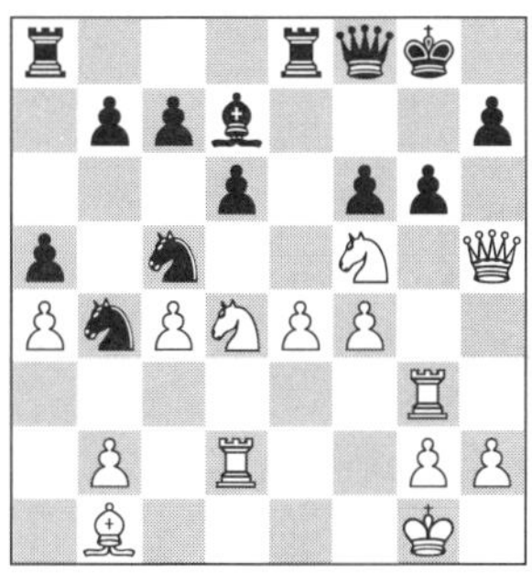

38

23...♘xe4?
Auch 23...♘e6?! hätte nicht geholfen. Wie in der Partie würde folgen 24.♖xg6+! hxg6 25.♕xg6+ ♘g7 (25...♔h8 26.♕h5+ ♔g8 27.♘h6+ ♔h8 28.♘g4+ ♔g8 29.e5+–) 26.e5! ♗xf5 27.♘xf5 mit Gewinn.
Jedoch war 23...♔h8 24.♖xg6 ♕f7! besser: Weiß ist gezwungen, die Damen zu tauschen mit 25.♖h6 (Weiß kann die Spannung aufrechterhalten mit 25.♘h4!?, aber nach 25...♘xe4 26.♗xe4 (26.♖e2? ♕xc4 und plötzlich steht Schwarz gut) 26...♖xe4 27.♕h6 ist die Stellung höchst unklar) wobei ihm dies kaum Vorteil verspricht: 25...♕xh5 26.♖xh5 ♘xe4 mit ungefähr gleichen Aussichten.
Weiß nutzte den schwarzen Fehler mit

24.♖xg6+!
Dieses ansehnliche Turmopfer funktioniert, weil Weiß noch Nachschub in den Angriff bringen kann:

24...hxg6 25.♕xg6+ ♔h8 26.♕h5+ ♔g8 27.♖e2!
Der Turm droht sich über e3 am Angriff zu beteiligen. Weiß nimmt sich korrekterweise die Zeit zu diesem Manöver. 27.♗xe4 ♖xe4 gibt dem Weißen nichts.

27...♗xf5
Erlaubt einen fantastischen Springer auf f5. 27...♕f7? rennt offenkundig in 28.♘h6+, und 27...d5 wird mit 28.♖e3! und weißem Gewinn beantwortet.
Auch 27...♖e7 vermag die schwarzen Probleme nicht zu lösen wegen 28.♘xe7+ ♕xe7 29.♗xe4.

28.♘xf5 ♘c5
Macht den Gewinn ziemlich leicht. Es gab Alternativen, welche die weiße Aufgabe schwerer gestaltet hätten.
So musste **28...d5** sicherlich bedacht werden, um der Dame den Konterschlag auf c5 zu ermöglichen. Doch wieder gewinnt die Turmüberführung: **29.♖e3!** Nicht 29.♗xe4? wegen 29...♖xe4 (29...dxe4?? 30.♕g6+ ♔h8 31.♖e3 und Weiß gewinnt) 30.♕g6+ ♔h8 31.♕h5+ mit Remis durch Zugwiederholung. **29...♘g5** Nur so kann die g-Linie für den Moment geschlossen werden. 29...♖e7 hilft nicht wegen 30.♘xe7+ ♕xe7 31.♗xe4 und nun 31...dxe4 32.♖g3++–; oder 31...♕c5 32.♕g6+ ♔f8 33.♕xf6+ ♔g8 34.♕e6+ ♔g7 (34...♔f8 35.♗g6+–) 35.♔h1 ♕xe3 36.♕e7+ ♔g8 37.♗h7+. **30.♘h6+** Das öffnet die Diagonale bis h7. Das einfachere 30.fxg5 sollte ebenfalls gewinnen: 30...♖xe3 31.♘h6+ ♕xh6 32.gxh6 ♔f8 (32...♔h8 33.♕f7 ♖e1+ 34.♔f2+–) 33.h7 ♔e7 34.h8♕ ♖xh8 35.♕xh8+–. **30...♕xh6** 30...♔h8 führt gar zum Matt: 31.fxg5 ♖xe3 32.♘f7+ ♔g8 33.♕h7#. 31.♖xe8+ und Weiß gewinnt.

29.♕g6+ ♔h8 30.♘xd6!
Eine angenehme Auswahl für den Weißen. Vor allem droht Matt auf h7.

30...♕g8

30...f5 31.♗xf5 ♖e7 (31...♕xf5 32.♖xe8+ ♖xe8 33.♕xe8++–) 32.♖xe7 ♕xe7 33.♘f7+ ♕xf7 34.♕xf7 und das Matt ist nicht zu verhindern.

31.♕h6+ 1-0

Michele Godena
Davor Rogic
Bükfürdo 1995 (5)

□

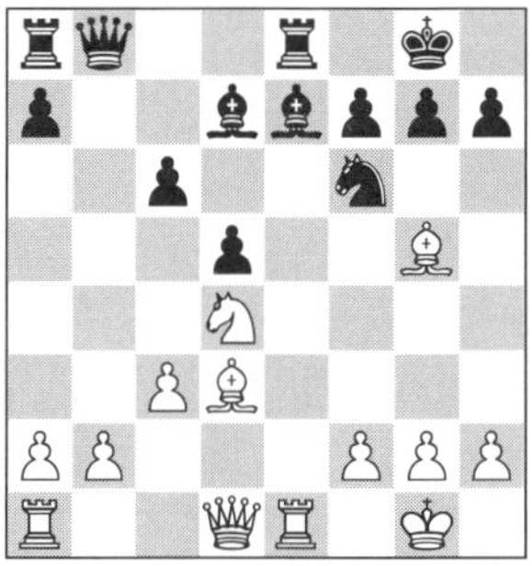

39

Weiß nutzte den schwarzen Fehler folgendermaßen aus:

15.♖xe7!

Gut gesehen! Mit dem Qualitätsopfer zerschlägt Weiß die schwarze Königsstellung, und hauptsächlich wegen seiner Kontrolle von f5 wird er starken Angriff erhalten.

15...♖xe7 16.♗xf6 gxf6 17.♕h5

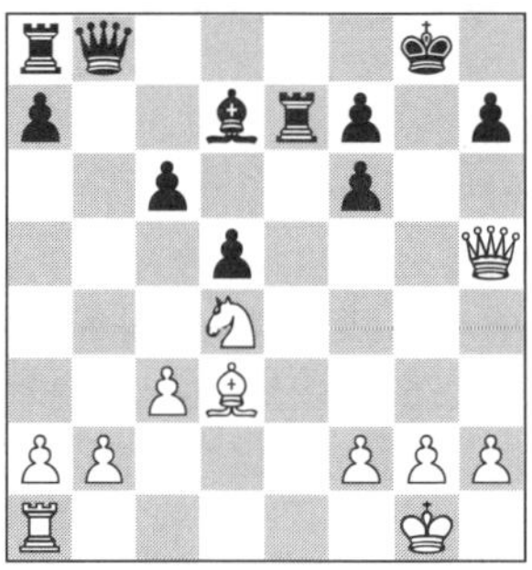

17...f5

Die Flucht mit 17...♔f8 hat auch ihre Tücken, denn Weiß antwortet 18.♕xh7 ♖e5 19.♘f3 und Schwarz muss Material zurückgeben, wenn er nicht noch größeren Ärger auf sich ziehen will.
Die Rückgabe der Qualität 17...♖e4 18.♗xe4 dxe4 führt zu weißem Positionsvorteil nach 19.♘b3!.
Auf 17...♖e5 18.♕xh7+ ♔f8 ist wieder 19.♘f3 angezeigt. Auch Blatnys Idee 19.b4 verdient Beachtung.

18.♕g5+ ♔f8 19.♕h6+

Etwas akkurater war 19.♗xf5 ♕e5 (19...♕xb2 ist unmöglich wegen 20.♕h6+ ♔e8 21.♗xd7+; und nach 19...♕d6 ist 20.♗xh7 ♖ee8, 21.f4! am besten) 20.♕h6+ ♔e8 (20...♕g7 21.♕d6!) 21.♗xd7+ mit Gewinn.

19...♔e8?

Schwarz gibt das Kompliment zurück. Mit 19...♔g8! hätte er sich verteidigen können, wobei Weiß dann mittels 20.♕g5+ und 21.♗xf5 in obige Variante hätte einlenken können.

20.♗xf5!

Offensichtlich will Weiß die Läufer tauschen und den Springer bewahren. In dieser Stellung ist die Kombination ♕+♘ gefährlicher als ♕+♗.

20...♕b7

20...♕xb2 führt zum schnellen Desaster: 21.♗xd7+ ♔d8 (oder 21...♖xd7 22.♖e1+ ♔d8 23.♕f6+ ♔c7 24.♕xc6+; 21...♔xd7 22.♕xc6+ ♔d8 23.♕xa8+ mit Gewinn) 22.♖f1 und Weiß gewinnt.

21.♕f6
Wieder sehr stark.
21...♗e6 22.♖e1
Es gewann auch 22.♘xe6 fxe6 23.♗xe6 ♖xe6 24.♕xe6+, wonach der Turm über die e-Linie entscheidend eindringen würde.
22...♗xf5
Er muss etwas tun, doch das hilft nicht. Bei 22...♔d7 23.♘xe6 fxe6, beendet 24.♗xe6+ die Partie.
23.♖xe7+ ♕xe7 24.♕xc6+
Gewinnt den Turm mit Schach, wonach alles entschieden ist. Es folgte noch:
24...♕d7 25.♕xa8+ ♔e7 26.♘xf5+ ♕xf5 27.♕xa7+ ♔f8 28.♕b8+ ♔g7 29.♕g3+ ♔f8 30.♕b8+ ♔g7 31.h3 ♕b1+ 32.♔h2 ♕xa2 33.h4 ♔f6 34.♕d6+ ♔f5 35.♕c5 ♔e6 36.b4 ♕d2 37.♕e3+ ♕xe3 38.fxe3 ♔d6 39.e4 dxe4 40.c4 f5 41.g3 1-0

Alexander Aljechin
Lew Rosanow
Moskau 1907

□

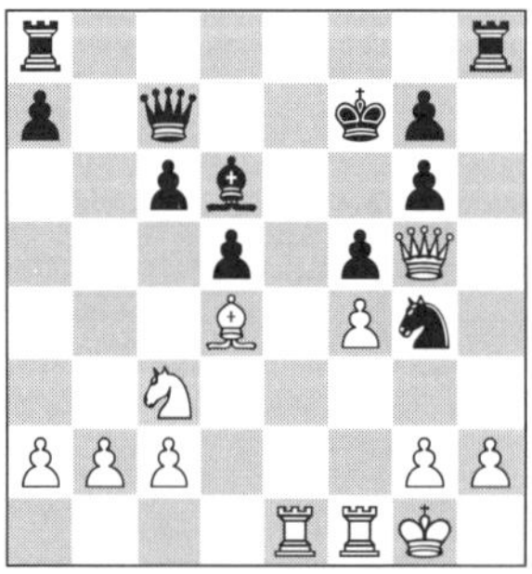

40

23.♖e6!
Natürlich! Das war's, was der zukünftige Weltmeister sichtete.
23...♔xe6
Bei 23...♖h6 24.♖fe1 ♗xf4 (24...♘xh2? wird mit der attraktiven Antwort 25.♖f6+ ♔g8 26.♖xg6 ♖xg6 27.♕xg6 gekontert mit entscheidendem Vorteil) folgt 25.♖e7+ ♔g8 26.♖xc7 ♗xg5 27.♖xg7+ ♔f8 28.h3 ♗f6 (28...♗e3+ 29.♖xe3 ♘xe3 30.♖c7 gewinnt ebenfalls) 29.♗xf6 ♘xf6 30.♖c7 und Weiß hat in ein sehr günstiges Endspiel abgewickelt.
24.♕xg6+ ♔d7 25.♕xf5+ ♔d8 26.♕xg4

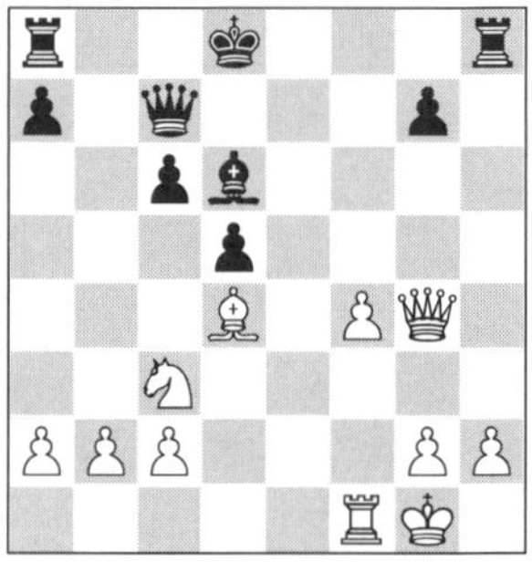

Weiß besitzt zwei Bauern für die Qualität, zudem steht der schwarze König unsicher. Jetzt gelingt es Aljechin, die gegnerische Koordination mit einer neuen Angriffswelle weiter zu untergraben.
26...♗f8 27.♖e1 ♕d7 28.♕g5+ ♔c7 29.♖e3 ♔b7 30.♘a4 ♖e8 31.♖b3+ ♔a8 32.♕g3 ♖h6 33.♕d3 ♖he6?!
Schwarz verliert die Übersicht.
34.♗e5 c5 35.♖b5 ♖c8
35...♕c6 trifft auf 36.♖b6!.
36.c4! a6?
Nun geht es schnell bergab.
37.♘b6+ ♖xb6 38.♖xb6 ♔a7 39.♕g6 ♕a4 40.♖b3 ♕c6 41.♕f7+ ♔a8 42.cxd5 1-0
Matt ist nicht mehr zu verhindern.

Evans-Gambit

Robert Fischer
Ojars Celle

Davis Simultan 1964

□

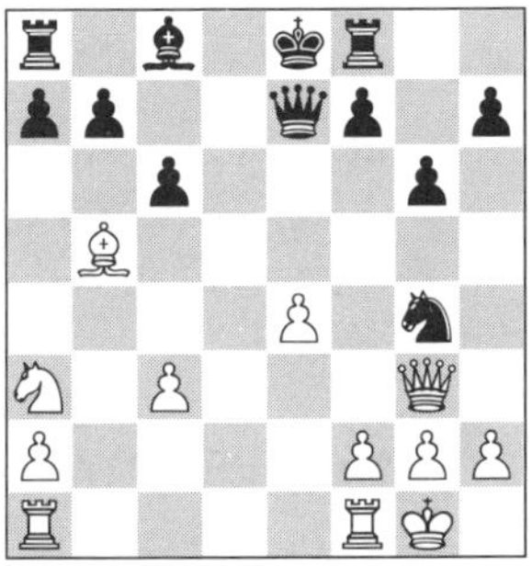

41

Weiß spielte das ziemlich schlaue
16.♘c4! ♕e6!
Schwarz verteidigt sich so gut wie möglich. Bei 16...cxb5 17.♘d6+ gerät der schwarze König unter Beschuss: 17...♔d8 18.♖fd1 ♗d7 19.♘xb7+ ♔c8 20.♘d6+ ♔d8 21.♖d4! (mit eisernem Griff bringt Weiß den zweiten Turm ins Spiel) 21...♘e5 22.♖ad1 ♔c7 (22...g5 23.♘f5 ♕e8 24.♕xe5! ♕xe5 25.♖xd7+ ♔e8 (25...♔c8 26.♘e7+! mit Damengewinn) 26.♖e7+! ♕xe7 27.♘g7#) 23.f4 ♘g4 24.h3 ♘f6 25.f5 ♔b6

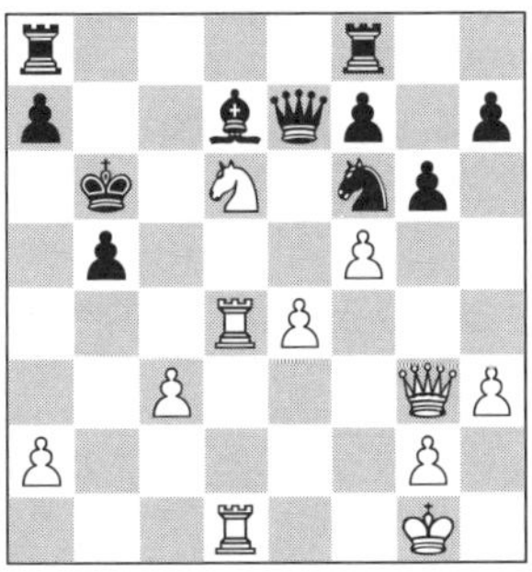

Analysediagramm

Jetzt gibt es mehrere Möglichkeiten, den schwarzen König zur Strecke zu bringen. Sehr stark ist 26.c4!, wonach der schwarze König die Umklammerung fühlt. Ein Beispiel: 26...a6 27.c5+! ♔a7 28.♘xb5+! ♗xb5 29.♖d7+ ♘xd7 30.♕c7#.
17.♖ad1 cxb5
Nun scheitert 17...♗d7 an 18.♘d6+ ♔e7 19.♗c4.
18.♕c7 ♗d7 19.♘d6+ ♔e7

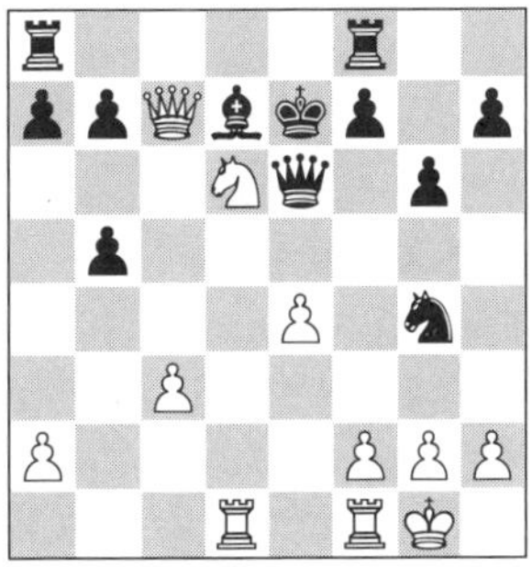

20.♘f5+!
Ein weiteres attraktives Opfer. Die e-Linie schreit nach Öffnung!
20...gxf5
20...♔e8 rennt in eine Gabel: 21.♘g7+. Und 20...♔f6 verliert wegen 21.♖d6 gxf5 22.♕xd7!.
21.exf5 ♖ac8
21...♕xf5 22.♕d6+ ♔d8 (22...♔e8 23.♖fe1+ ♗e6 24.♕d7#) 23.♕xf8+ ♔c7 24.♕xa8.

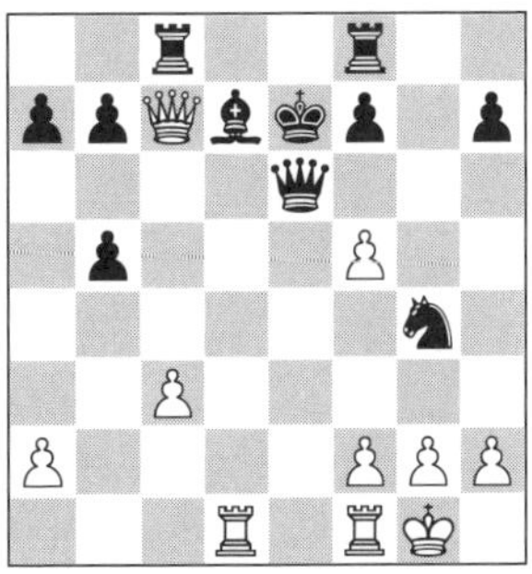

22.♖xd7+!
Von Fischers Zügen ist einer noch stärker als die anderen.
22...♕xd7 23.f6+!
Dieser famose Zwischenzug beendet den Widerstand. Dadurch wird dem König das Feld f6 genommen. 23.♖e1+ ♘e5 24.♖xe5+ ♔f6 25.♕xd7 ♔xe5 26.♕xb5+ ist vorteilhaft für Weiß, aber noch alles andere als einfach.
23...♘xf6
23...♔e8? 24.♖e1+ ♕e6 25.♕xc8#; 23...♔xf6 24.♕xd7.
24.♖e1+ ♘e4 25.♖xe4+ ♔f6 26.♕xd7 ♖fd8 27.♕g4
Da das Feld d1 überdeckt ist, gab Schwarz hier auf. Zufälligerweise hätte 27.♕e7+ zum schnellen Matt geführt: 27...♔g6 (27...♔f5 28.♕e5+ ♔g6 29.♖g4+ ♔h6 30.♕g5#) 28.♖g4+ ♔f5 29.♖g5+ ♔f4 30.♕e3#.

Michail Tschigorin
Wilhelm Steinitz
Havanna Wch m 1892 (1)

□
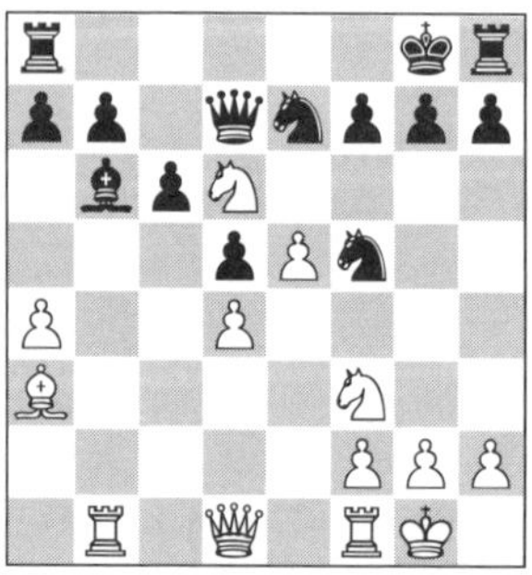
42

Mit dem hübschen Springeropfer
19.♘xf7!?
begann Weiß einen Angriff auf den schwarzen König. Das Opfer ist korrekt, aber er konnte noch genauer spielen! Ziemlich entscheidend ist 19.a5! ♗xa5 (19...♗c7 20.♖xb7; 19...♗d8 20.♖xb7 ♕e6 21.♘g5 mit sofortigem Ende) 20.♖xb7, wie Lasker schon damals angab.
19...♔xf7 20.e6+
Die nette Pointe. Wegen der Gabel – 20...♕xe6? 21.♘g5+ – muss der schwarze König herauslaufen.
20...♔xe6 21.♘e5?!
Tschigorin hat die richtige Idee, aber in der falschen Reihenfolge. Korrekt war 21.♖e1+ ♔f6 22.♗xe7+ ♘xe7, und erst dann 23.♘e5, wonach die weiße Dame schnell hinzukommt. Dann scheitert 23...♕f5 an 24.g4 ♕f4 25.♘d3! ♕d6 (25...♕h6 26.♕f3+ mit Sieg) 26.♕f3+ ♔g6 27.♘e5+ und Weiß gewinnt.
21...♕c8?
Obgleich er berühmt war für seine Verteidigungskunst, liegt Steinitz hier falsch. 21...♕c7 22.♖e1 ♔f6 war weniger schlimm.
22.♖e1 ♔f6 23.♕h5!

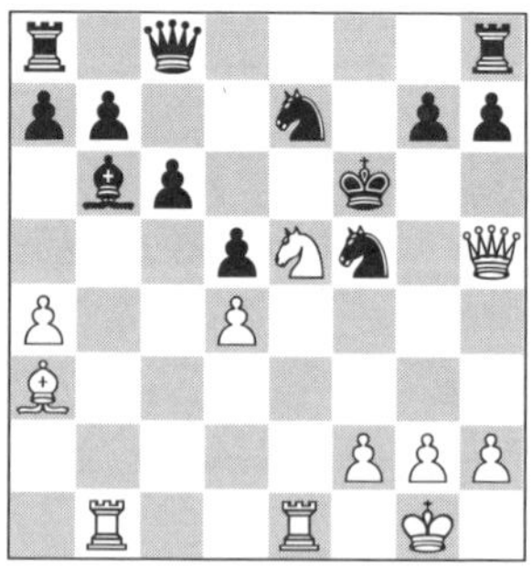

Weiß hat zwei Mattdrohungen: 24.♘g4# oder 24.♕f7#.
23...g6

Bei 23...♘g6 gewinnt 24.g4 mit der Drohung g4-g5.

24.♗xe7+

Leichter gewann 24.♘g4+! ♔f7 25.♖xe7+! ♘xe7 26.♘h6+ ♔e8 27.♕e5.

24...♔xe7

Bei 24...♘xe7 ist 25.♕h4+ tödlich für Schwarz: 25...g5 26.♘g4+ ♔f7 27.♖xe7+! und Matt.

25.♘xg6+

Der Angriff läuft wie geschmiert.

25...♔f6 26.♘xh8 ♗xd4

Verzweiflung. Bei 26...♕xh8 27.♖e5 ♕c8 28.g4 bricht Schwarz zusammen, gleiches gilt für 26...♕d7 27.♖b3! ♖xh8 28.♖f3 ♖g8 29.♕h6+! ♖g6 30.♕f8+ ♕f7 31.♖xf5+.

27.♖b3

27.g4! war auch nicht schlecht.

27...♕d7 28.♖f3 ♖xh8 29.g4 ♖g8 30.♕h6+ ♖g6 31.♖xf5+

Schwarz gab auf.

Nach 31...♕xf5 32.♕f8+ ♔g5 33.♕xf5+ ist er völlig vernichtet.

Adolf Anderssen
Carl Mayet

Berlin m1 1851

□

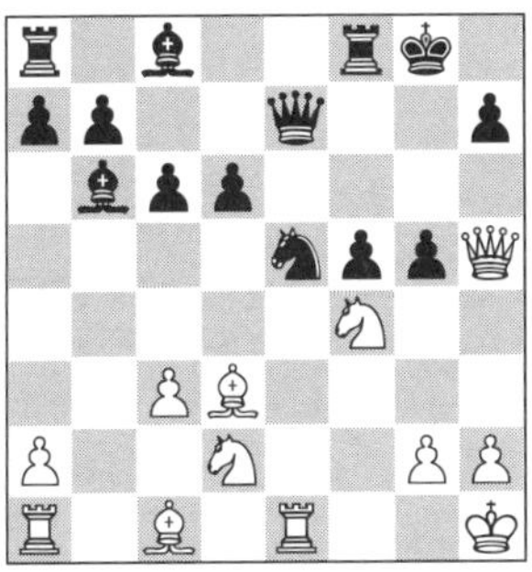

43

Weiß nutzte die offene schwarze Königsstellung schlau aus:

19.♗c4+! ♔g7

Die schwarze Aufgabe nach dem Läuferschach ist kaum zu lösen. 19...d5 erlaubt das starke 20.♘xd5! cxd5 21.♗xd5+ ♔h8, und nun ist 22.♗b2! besonders unangenehm, wonach der Läufer entscheidend auf der langen Diagonalen auftauchen wird. Bei 19...♔h8 gewinnt 20.♖xe5!.

20.♘f3!

Mit Tempo aktiviert Weiß seinen Damenflügel, was es ihm erlaubt, neue Kräfte zum Angriff zu führen.

20...h6

Verliert forciert. Aber auch die Alternativen enden mit einer weißen Gewinnstellung.

Die Position nach 20...♕f6 21.♘xe5! dxe5 22.♖xe5 gxf4 (22...♕xe5 23.♕xg5+ ♔h8 24.♘g6+ hxg6 25.♕h6#) 23.♗xf4 ist nicht zu halten.

20...♗d8 21.♘xg5 ♕xg5 22.♘e6+ ♗xe6 23.♗xg5 ist auch aus und vorbei.

Bei 20...gxf4 21.♗xf4 ♗c7 22.♘xe5 dxe5 gewinnt Weiß wiederum mit einem schönen Turmopfer:

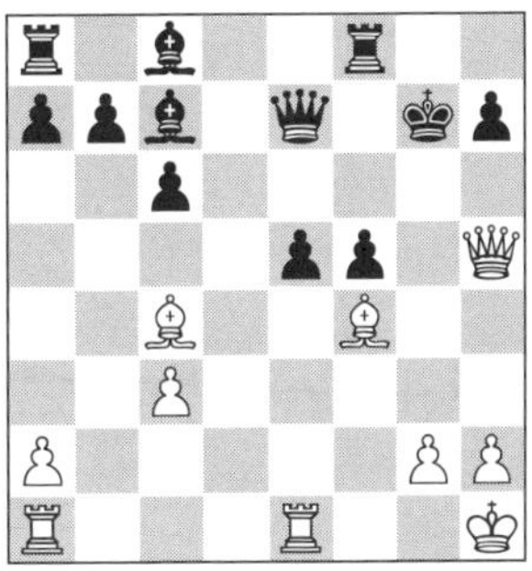

Analysediagramm

23.♖xe5! ♕f6 (23...♗xe5 24.♕h6+ ♔h8 25.♗xe5+ ♕xe5 26.♕xf8#) 24.♖ae1 mit unvermeidbarem Matt. Zum Beispiel: 24...♗d6 25.♖e7+ ♗xe7 26.♖xe7+ ♕xe7 27.♕h6+ ♔h8 28.♗e5+ ♕xe5 29.♕xf8#.

21.♘xe5

Etwas genauer und auch attraktiver war 21.♖xe5! dxe5 22.♕g6+ ♔h8 23.♕xh6+ ♕h7 24.♘g6#.

21...♕f6

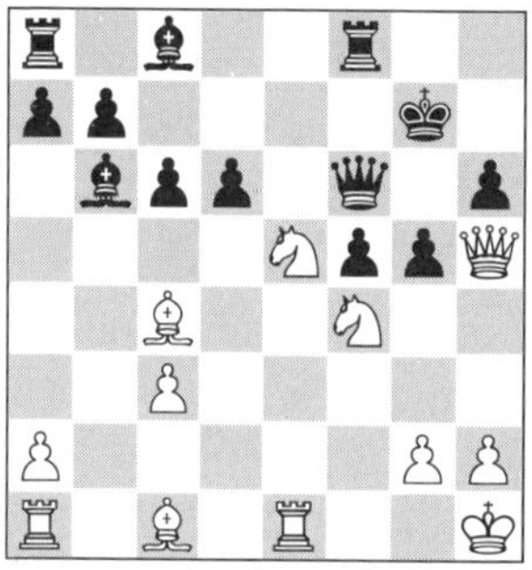

Das wird auch nicht helfen und erlaubt einen hübschen Abschluss. 21...dxe5 führt zum Matt: 22.♕g6+ ♔h8 23.♕xh6+ ♕h7 24.♘g6#. Oder 21...gxf4 22.♕g6+ ♔h8 23.♕xh6+ ♕h7 24.♘g6#.

22.♘g4!

Sehr gut gesehen!

22...fxg4

Nimmt Schwarz den anderen Springer mit 22...gxf4, so folgt 23.♖e7+! ♔h8 (23...♕xe7 24.♕xh6#) 24.♘xf6 ♖xf6 25.♕e8+.

23.♖e7+!

Und noch ein bezaubernder Zug, nachdem Schwarz aufgab. Zurecht – das Ende wäre 23...♔h8 24.♘g6+ ♕xg6 25.♕xg6.

Alexei Schirow
Jan Timman
Biel 1995 (7)

□

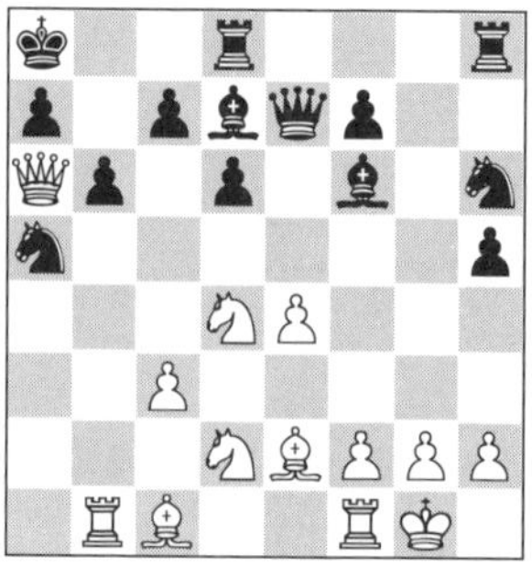

44

Es folgte ein scharfes Bauernopfer

20.e5!

Weiß öffnet die Diagonale h1-a8, damit sich sein weißfeldriger Läufer am Angriff beteiligen kann.

20...♕xe5

Auf 20...dxe5 folgt 21.♗f3+, was für Schwarz sehr peinlich ist: 21...c6 (21...♔b8 22.♕xa5 exd4 23.♕xa7+ ♔xa7 24.♖a1+ führt zum Matt; 21...e4 22.♗xe4+ c6 23.♖xb6), und jetzt ist 22.♗a3! der attraktive Folgezug: 22...♗c8 (22...♕xa3? 23.♘b5!) 23.♕xa5! ♕b7 (bei 23...bxa5 gewinnt 24.♗xe7) 24.♕a4 und Schwarz kann dies nicht halten. Ein anderer Versuch, um in der Partie zu bleiben, ist 20...♗xe5 21.♗f3+ d5 (21...c6 22.♖xb6 ist desaströs für Schwarz) 22.♗xd5+ c6 und jetzt muss Weiß kreativ werden: 23.♘c4! ♘xc4 und dann 24.♖a1! ♗e8 25.♗xc6+ ♔b8 26.♗xe8 ♗xd4 27.cxd4 ♖hxe8 28.♕xc4 mit Gewinnstellung wegen des offenen schwarzen Königs.

21.♗f3+ d5

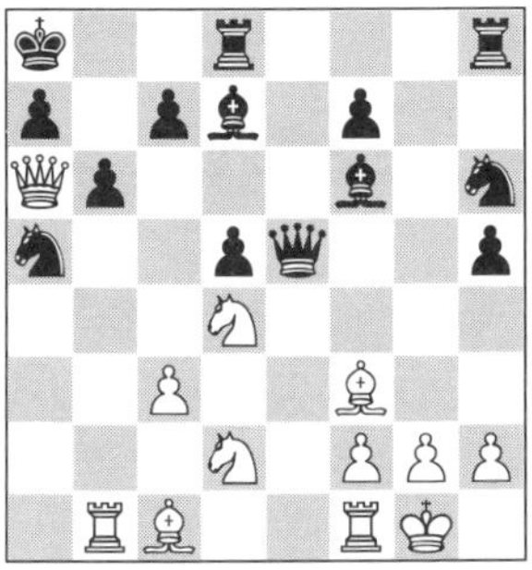

22.♘c4! ♗c8

Nach 22...♘xc4 muss Weiß wieder 23.♖a1! finden. Nun wird die Antwort 23...♘a5 widerlegt von 24.♖xa5 bxa5 25.♘c6 ♗xc6 26.♗e3 ♕xe3 27.♕xc6+ ♔b8 28.fxe3 mit großem Materialgewinn für Weiß, während er immer noch Angriff besitzt.

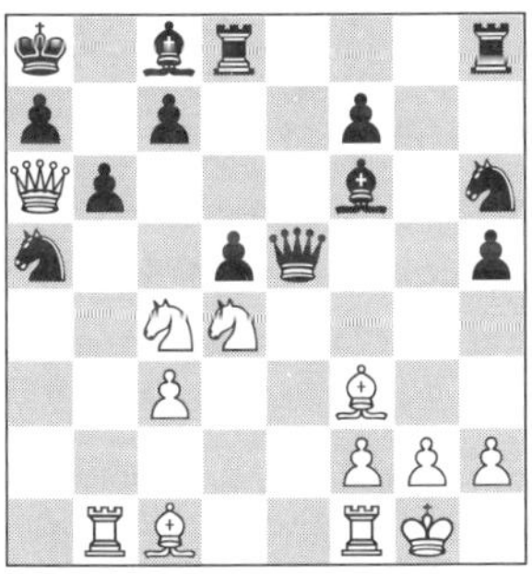

23.♕xa5!

Hübsch gesehen von Schirow.

23...♕xd4

23...bxa5? 24.♘xe5 ♗xe5 25.♘c6 gewinnt Material.

24.♕a2

Wahrscheinlich war 24.♕a4! etwas exakter.

24...♕xc3

24...♕d3 erlaubt 25.♗f4!.
Und 24...♕h4 wird durch 25.♘xb6+ cxb6 26.♖xb6 ♗e6 27.♗e3 beantwortet, was Schwarz nicht ohne Schaden übersteht.
Die Alternative 24...♕c5 kann Weiß mit dem gewaltsamen 25.♗e3! ♕c6 26.♘xb6+ cxb6 27.♖xb6 gewinnbringend beantworten.

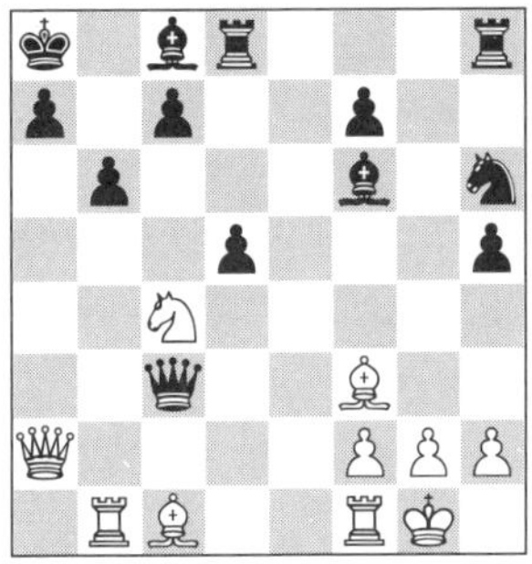

25.♗e3!

Weiß konzentriert sich auf das wichtigste Ziel im schwarzen Lager: b6.

25...♗b7

Weiß hat seine Figuren gegen den schwarzen König zusammengezogen. Auch ein Zug des Monarchen kann dessen Niedergang nicht aufhalten: 25...♔b8 (Donew) 26.♘xb6! cxb6 27.♗xb6 axb6 28.♖xb6+ ♗b7 29.♗xd5 und Weiß gewinnt.

26.♗xb6!

Das war vorauszuahnen.

26...cxb6

Bei 26...a6 ist 27.♖fc1 ausreichend.

27.♘xb6+ ♔b8 28.♘xd5

Nachdem der Sturm über seinem Kopf tobte, gab Timman die Schlacht auf. Das Gegenopfer 28...♕xf3 macht keinen Sinn mehr: 29.gxf3 ♖hg8+ 30.♔h1 ♗d4 31.♕c4 ♖d7 32.♕xd4 und Weiß behält großen Materialvorteil.

Greco-Gambit

Martin Clausen
Franz Handle
Odense 1997 (9)

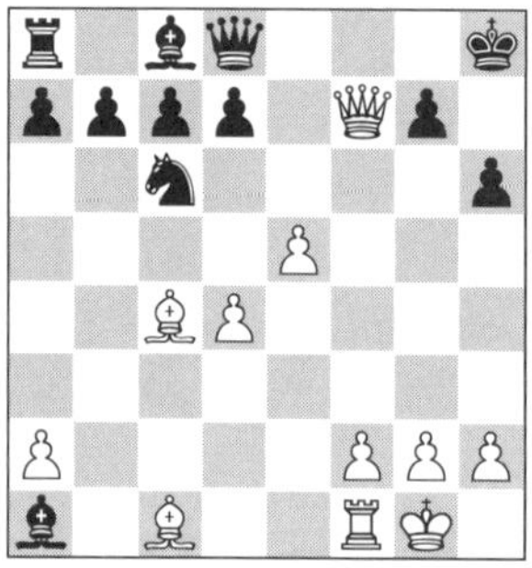

45

Der Killerzug ist
15.♗g5!!
Mit diesem fiesen Zug gewinnt Weiß Material und setzt bald matt: 15...♕xg5 16.♕g8# oder 15...hxg5 16.♕h5#.

Clarence Howell
Reginald Michell
ENG-USA Kabelmatch 1907 (9)

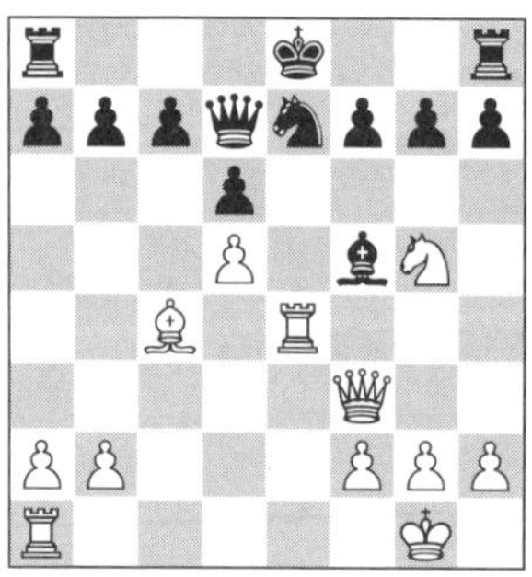

46

Mit dem starken
15.♗b5!
lockt Weiß die Dame von der Verteidigung weg, wonach sein Angriff zum Sturm anwächst.
15...♕xb5
Bei 15...c6 16.dxc6 bxc6 17.♗xc6! kann Weiß ein paar Motive ausnutzen: 17...♕xc6 18.♖xe7+! und gewinnt.
16.♕xf5
Nun drohen 17.♕xf7+ und 17.♖ae1.
16...f6 17.♖ae1
Schwarz muss es dulden, dass die Türme in seine Stellung eindringen – mit grausamen Konsequenzen.
17...fxg5 18.♖xe7+ ♔d8 19.♕xg5
Noch präziser war 19.♕f7.
19...♔c8 20.♕g4+
20.♕xg7 tut es ebenso.
20...♔d8
20...♔b8 wird analog zur Partie mit 21.a4 beantwortet, wonach Schwarz die Kontrolle über e8 verliert.
21.a4!
Nach diesem feinen Zug hatte Schwarz genug gesehen.

Jonathan Mestel
D.A. Winter
Rhyl BCF-ch U14 1969

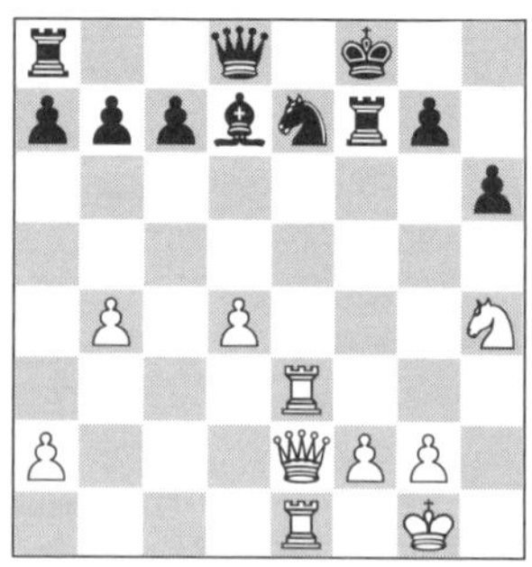

47

Weiß nutzte ein taktisches Motiv aus:

22.♖xe7!

Gewinnt nun für Weiß.

22...♖xe7 23.♘g6+ ♔f7

Etwas besser war 23...♔g8, wenngleich Weiß nach 24.♘xe7+ ♔h8 25.♕h5 auch auf Gewinn stünde.

24.♘xe7 g6 25.♕e4 ♗f5 26.♘xf5 gxf5 27.♕xf5+

Der schwarze König ist völlig entblößt, da wundert es nicht, dass Weiß schnell gewinnt, sobald die Schwerfiguren eingreifen.

27...♔g7 28.♖e3 ♕d6 29.♖e6 ♕xd4 30.♖e7+

Wolfgang Stadler

T. Erler

Zirndorf 1985

□

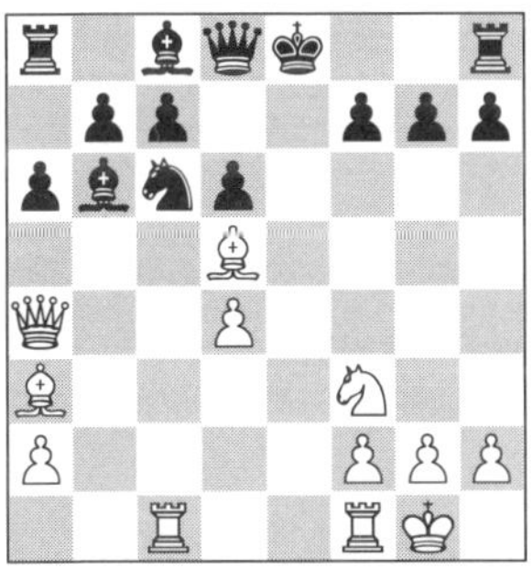

48

Weiß startete eine hübsche Kombination mit

14.♖xc6!

Der erste Schlag ist die halbe Miete! Nichts ist dagegen 14.♗xc6+ bxc6 15.♕xc6+ ♗d7 und Weiß hat keinen Vorteil.

14...♗d7

Um den Schaden zu begrenzen. Dies musste Weiß in seine Berechnungen miteinbeziehen. 14...bxc6 würde einfach eine Figur verlieren: 15.♕xc6+ und 16.♕xa8.

15.♖e1+ ♔f8

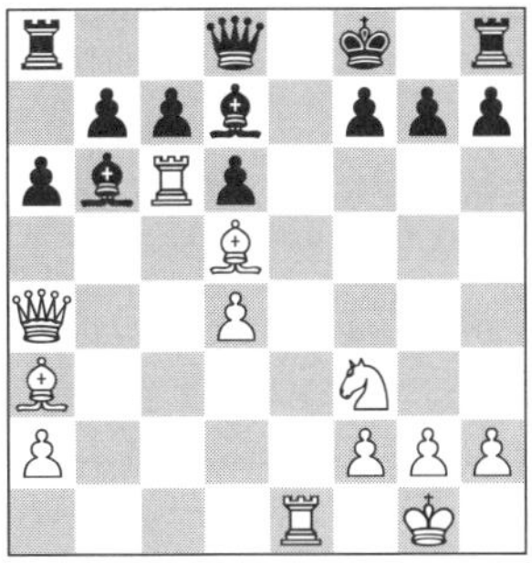

16.♖xd6!

Hier kommt der nächste Schlag!

16...cxd6

16...♗xa4?? 17.♖xd8#.

17.♗xd6+ ♔g8 18.♗xf7+!

Weiter geht's mit dem Schlagabtausch. Der König wird ins Mattnetz gezogen.

18...♔xf7 19.♘e5+ ♔f6

19...♔g8 20.♕c4+ ♗e6 21.♕xe6#.

20.♘xd7+ ♔g6

Flüchtet der König freiwillig weiter nach vorne, wird er noch weiter wie von einem Magneten in die Mitte des Feldes gezogen: 20...♔g5 21.♗f4+! ♔xf4 22.♖e5 und die Drohung d4-d5 erzwingt das Matt.

21.♕c2+ ♔h6

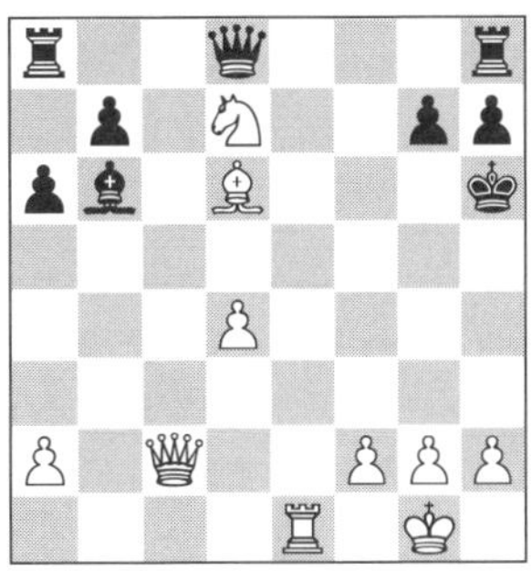

22.♘e5

Der König findet keine Zuflucht mehr. Mit 22.♗f4+ g5 23.♖e6+ ♔g7 24.♗e5+ ♔g8 25.♕c4 konnte Weiß es etwas schneller beenden.

22...♖f8 23.♕d2+

23.♘g4+ ♔g5 24.♖e5+ ♔xg4 25.h3+ ♔h4 26.♕xh7# war direkter.

23...g5

Bei 23...♕g5 wäre 24.♖e3 tödlich.

24.h4?!

Genügt noch zum Gewinn, aber nun muss Weiß genau weiterspielen. Nett war 24.♗e7 ♕xe7 25.♘g4+ ♔g6 26.♖xe7.

24...♖f5

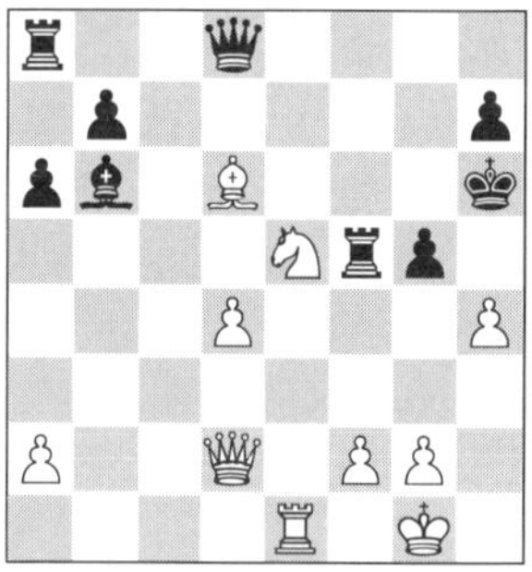

25.♗e7??

Ich hoffe, dass Weiß damals nicht wirklich diesen Zug spielte, der den Gewinn wegwirft. Möglicherweise war der Schwarze was so verblüfft, dass er hier laut Notation aufgab! In Anbetracht des Umstandes, dass er sich mit 25...♕xd4! retten konnte, war das nicht sehr weise.

25.♘g4+ ♔g7 26.♖e7+ ♔h8 27.♕b2! hätte jegliches Gegenspiel unterbunden. Der Drohung d4-d5+ kann nicht befriedigend begegnet werden: 27...♕f8 (um bei d5+ ♔g8 ♘h6+ zu verhindern) verliert nach 28.♕xb6 mit der entscheidenden Drohung 29.♗e5+.

§ 5.3 – In der Sizilianischen Verteidigung

Standardopfer: ♘xe6/♗xe6

Teimour Radjabow
Viswanathan Anand

Rishon-le-Ziyon Wch Blitz 2006 (5)

□

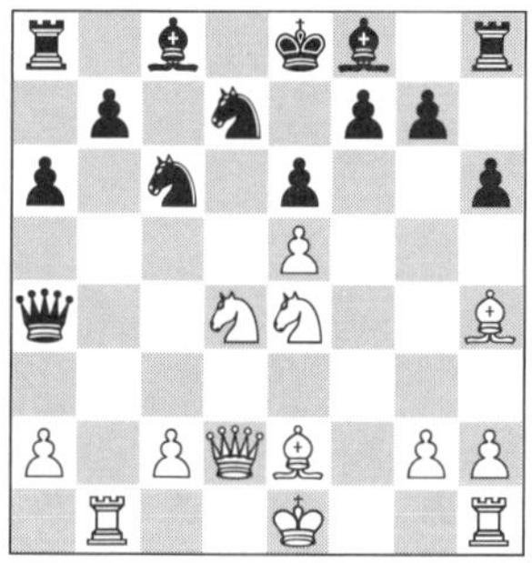

49

In dieser Blitzpartie wurde Weiß handgreiflich mit

15.♘xe6! g5

Es sieht so aus, als könne Schwarz damit den Läufer h4 vorerst ausschalten. Aber der Schlag kommt von einer anderen Richtung.

Falls 15...fxe6, so 16.♗h5+ g6 17.♗xg6#.

16.♘f6+!

Und Schwarz gab sogleich auf. Bei 16...♘xf6 (16...♔e7 17.♕d6#) folgt 17.♘c7+ ♔e7 18.♕d6#.

Garri Kasparow
Loek van Wely
Wijk aan Zee 2000 (3)

□

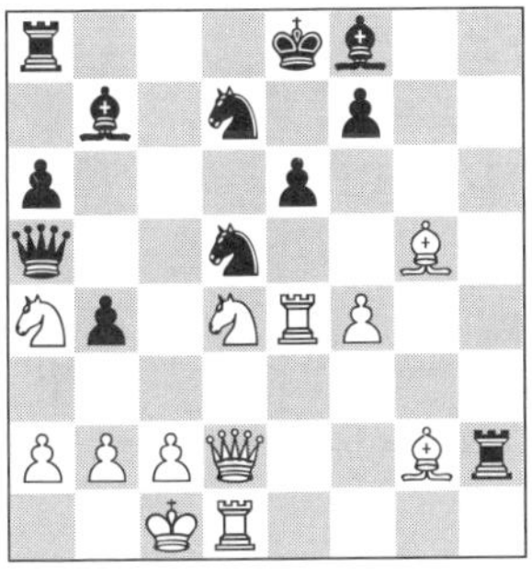

50

Weiß wählte das verlockende
20.♘xe6!
Aber das verlangte ein wenig Rechnerei.
20...fxe6
20...♗e7 wird durch 21.♘g7+ ♔f8 22.♗xe7+ ♔xg7 23.f5 beantwortet, wonach die Dame sich über g5 einschalten wird.
21.♖xe6+ ♔f7
Weiß musste auch etwas gegen 21...♗e7 vorbereitet haben. Aber das ist nicht so schwer: 22.♖xe7+! ♔f8 (22...♘xe7 23.♕xd7+ ♔f8 24.♕xe7+ ♔g8 25.♖d7 gewinnt) 23.♖xd7 und das Spiel ist aus.

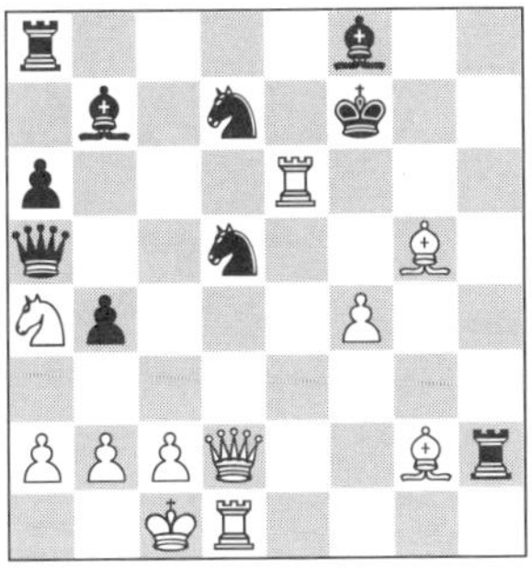

Der schwarze König fühlt deutlich die zugige Luft, aber wie soll Weiß sein Bombardement weiterführen?
22.♕d3!
Diesen hübschen Zug musste Kasparow im Voraus sehen.
22...♗g7
Der König will sich hinterm Läufer verstecken.
22...♔xe6 scheitert an 23.♗xd5+ ♗xd5 24.♕g6+ ♘f6 25.♕xf6+ ♔d7 26.♖xd5+ ♕xd5 27.♘b6+.
22...♔g8 rennt in 23.♕g6+ ♔h8 (schwer zu sehen ist, dass 23...♗g7 auch nicht funktioniert: 24.♗xd5 ♗xd5 25.♖e7 ♖h7 26.♗h6! ♔f8 27.♖de1 und Schwarz ist kaputt)

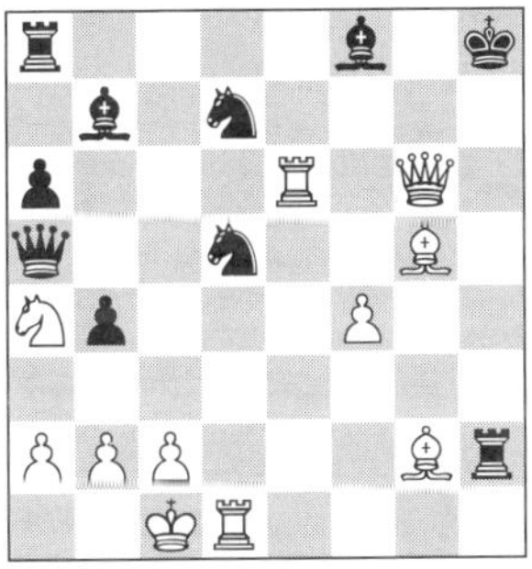

Analysediagramm

Hier gibt es verschiedene Gewinnwege. 24.♖e2! ist der strengste. Die Drohung 25.♗xd5 ♖xe2 26.♖h1+ mit Matt kann nicht pariert werden: 24...♘xf4 25.♗xf4 ♗xg2 (25...♕h5 26.♕xh5+ ♖xh5 27.♗xb7) 26.♖xg2 und es ist aus.
23.♕f5+
Minimal genauer war 23.♕g6+ ♔g8 24.♗xd5 ♗xd5 25.♖e7.
23...♔g8 24.♖xd5 ♕xa4 25.♖e7
Und Schwarz hatte genug. Nach 25...♔h8 (25...♖f8 26.♕g6 ♖h7

27.♗h6) 26.♖exd7! mit der Drohung 27.♖xg7 wird er geschlachtet.

Ruslan Ponomarjow
Francisco Vallejo Pons
Bilbao 2014 (3)

□

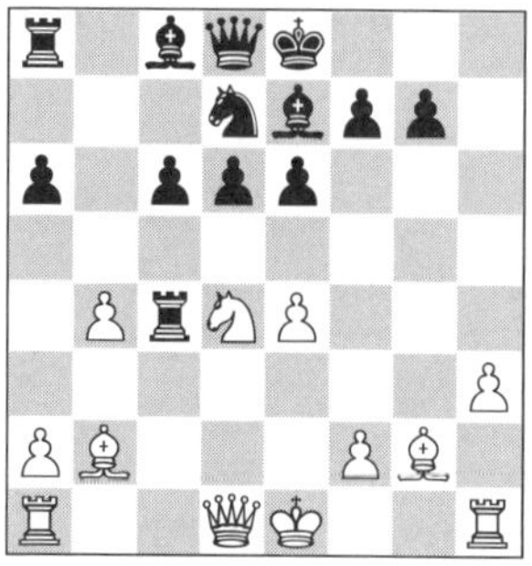

51

Nach einer Serie von Vorbereitungszügen geht Weiß jetzt aufs Ganze!

16.♘xe6!

So musste es kommen.

16...♕b6

Die Rechtfertigung des Opfer liegt in der folgenden Mattvariante: 16...fxe6 17.♕h5+ ♔f8 18.♕h8+ ♔f7 19.♕xg7+ ♔e8 20.♕g6+ ♔f8 21.♗g7+ ♔g8 22.♗h6+ ♔h8 23.♕g7#.

17.♘xg7+ ♔f8

Weiß hat einen wichtigen Bauern erobert, während die Figuren seines Gegners immer noch nicht zusammenarbeiten.

18.0-0

Weiß konnte auch sein Material festhalten mit 18.a3. Nach 18...♘f6 ist 19.♖c1! ♖xc1 20.♕xc1 möglich, was nach 20...♔xg7 21.♕g5+ ♔f8 22.♗xf6 entscheidenden Vorteil gibt.

18...♘e5

Schwarz kämpft, doch Weiß ist ausreichend präpariert, um die Dinge einfach für ihn erscheinen zu lassen.

19.♘h5 ♕xb4 20.♖b1 ♕c5

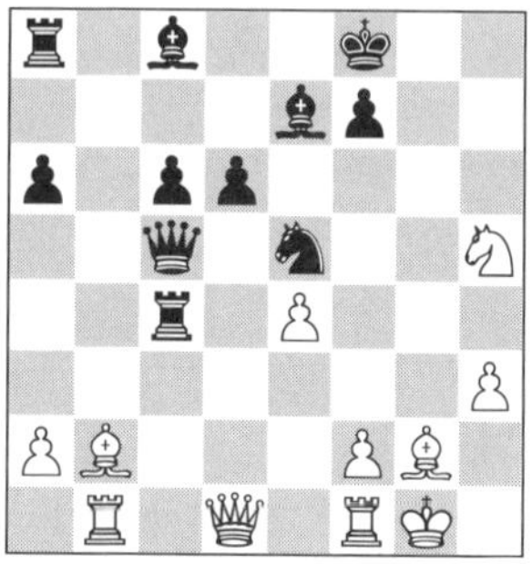

21.♔h1!

Mit einfachen Mitteln hat Ponomarjow eine überwältigende Angriffsstellung erreicht. Der schwarze König steht erbärmlich, Weiß hat aktive Figuren (♗b2, ♘h5) und steht bereit, den Springer mit f2-f4 zu vertreiben und mehr eigene Figuren herbeizuholen.

21...♘g6?!

Antizipiert die Drohung, erlaubt aber den folgenden starken Zug. 21...♖b8!? war vielleicht immer noch spielbar.

22.♘f6! ♖b8

22...♗xf6 23.♗xf6.

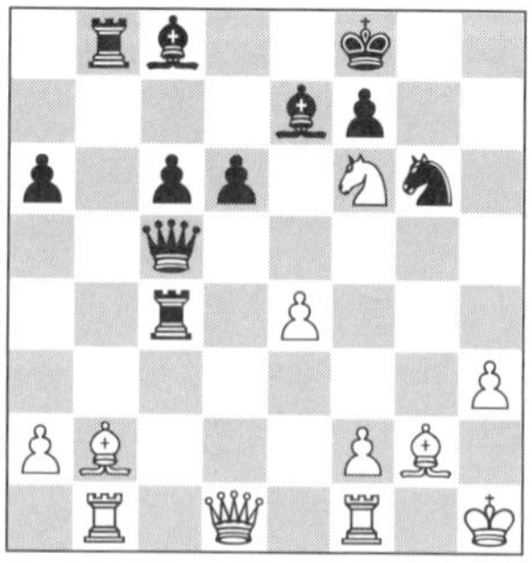

23.♕d2

Wir können „Pono" nicht für diesen attraktiven Zug kritisieren. Und doch gab's einen besseren! Das kann passieren. Mit 23.♗c1!! konnte er das Spiel sogleich entscheiden: 23...♖xb1 24.♗h6# ist ein außergewöhnlich hübsches Matt,

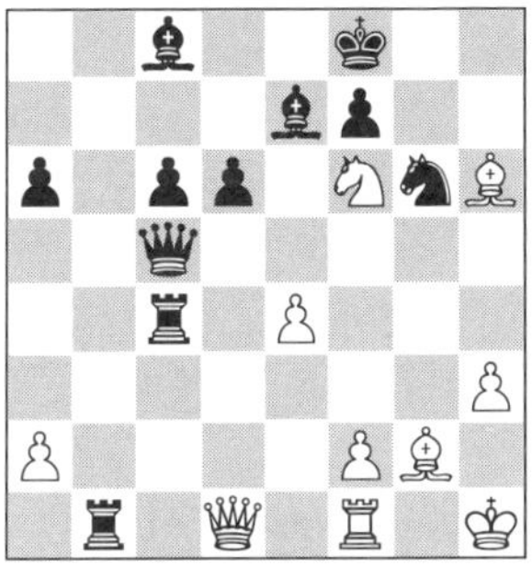

Analysediagramm

Auch 23...♗xf6 24.♖xb8 ♘e7 25.♗f4 ist hoffnungslos, genau so wie 23...♖xc1 24.♘d7+! ♔e8 25.♖xc1 ♕b5 26.♘xb8 ♕xb8 27.♖xc6.

23...♗xf6 24.♗xf6 ♖b5 25.♖bd1 d5

Nun, da die schwarzen Figuren am Damenflügel deplatziert stehen, schlägt Weiß auf der anderen Brettseite zu.

26.♕h6+ ♔e8 27.exd5

Die e-Linie muss freilich auch geöffnet werden.

27...cxd5 28.♖fe1+ ♔d7

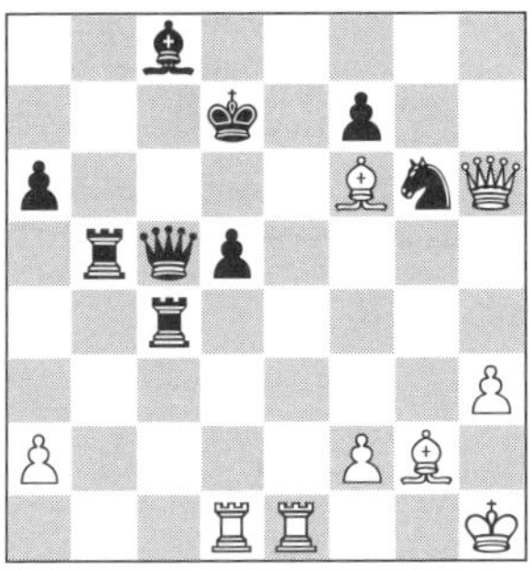

29.♕g7

Er verzichtet auf 29.♖xd5+ ♕xd5 30.♗xd5 ♖xd5 31.♕g7, was auch total vernichtend gewesen wäre.

29...♕f8 30.♗xd5

Ziemlich alles gewinnt nun.

30...♖xd5 31.♖xd5+ ♔c7 32.♗e5+ ♔c6

Verliert mehr Material. Relativ besser war 32...♔b7, wobei dies verliert nach 33.♖b1+ ♖b4 (33...♔a8 34.♖b8+ ♔a7 35.♕f6) 34.♖xb4+ ♕xb4 35.♕xf7+ ♘e7 36.♔h2. Falls 32...♘xe5, so 33.♕xf8.

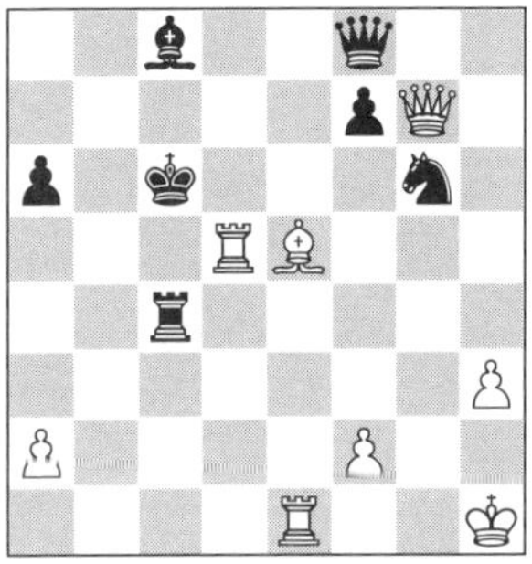

33.♕xf8

Schwarz gab auf, denn 33...♘xf8 34.♖d8 verliert eine weitere Figur.

John Emms

Alexander Flaata

Kopenhagen 1994 (2)

□

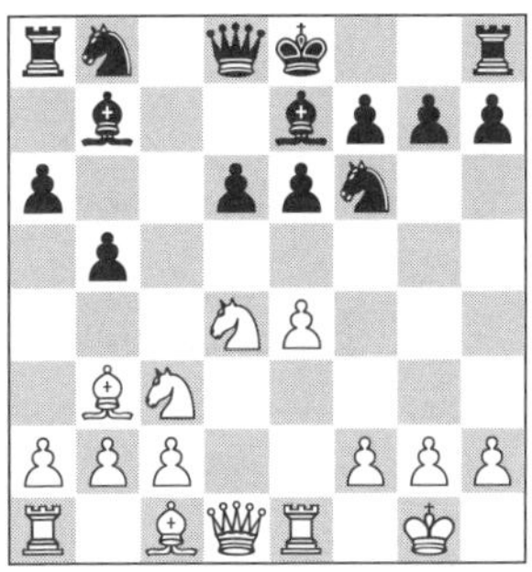

52

Mit seinem letzten Zug 9...♗e7 ließ Schwarz den Bauern g7 ungedeckt. Ein Signal für den Weißen: er kann eine Figur für drei Bauern opfern.

10.♗xe6! fxe6 11.♘xe6 ♕c8 12.♘xg7+ ♔f7 13.♘f5

Abgesehen von den drei Bauern hat Weiß Spiel gegen den schwarzen König, da seine Defensivlinie weggeblasen wurde.

13...♘c6?

Darauf gibt es eine schnelle Katastrophe. Bei einem Zug wie 13...♖e8 ist 14.♗f4 wohl die beste Antwort.

14.♘d5

Weiß verstärkt natürlich den Druck.

14...♘xd5?

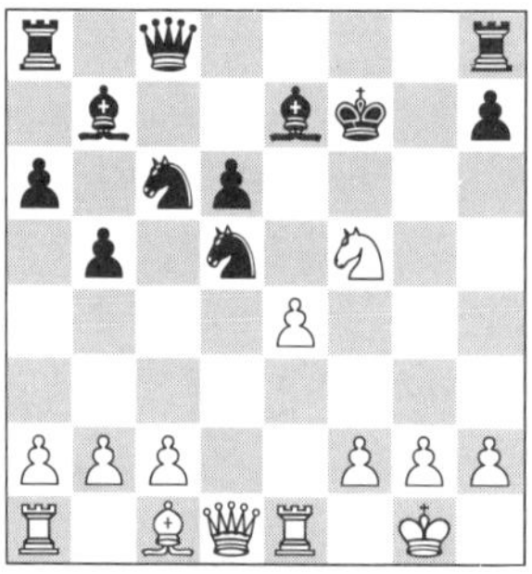

Danach ist es sogleich aus. 14...♗f8 15.♘xf6 ♔xf6 16.♕h5 hätte ebenfalls zu einem vernichtenden Angriff geführt.

15.♕h5+!

Die strengste Fortsetzung, die sogleich zur Resignation führte. Nach 15...♔e6 (15...♔g8 16.♘h6+ ♔g7 17.♕f7#) 16.exd5+ ♔d7 17.dxc6+ hat Weiß nicht nur sein Material zurückgewonnen, sondern wird noch mehr dazubekommen.

Standardopfer: ♘d5, ♘f5

Jakow Geller
Dmitri Afanasjew
Samara 2012 (1)

□

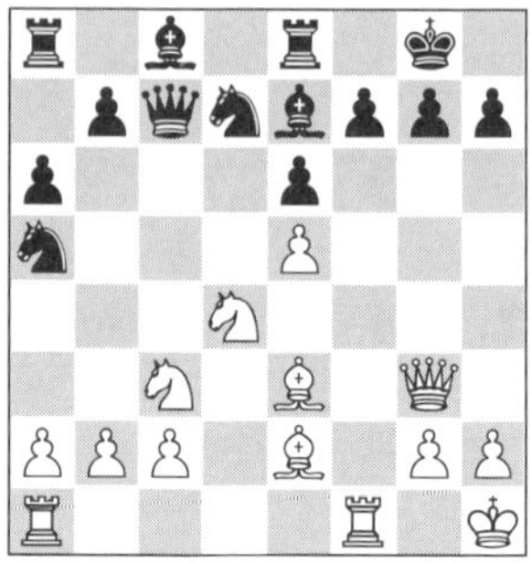

53

Hier hat Weiß ein hübsches taktisches Motiv:

15.♘d5!

Das hat Schwarz wohl nicht erwartet.

15...♕xe5

15...exd5 scheitert am fabelhaften 16.e6! (eine Abzugsdrohung) 16...♕xg3 17.exf7+ ♔f8 18.♘e6#.

16.♘c7 1-0

Wesley So
Mark Paragua
Tagaytay City 2013 (3)

□

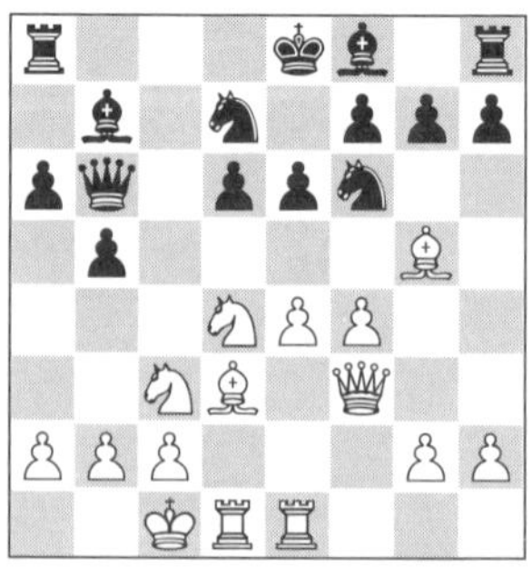

54

In dieser gut bekannten Stellung geht für Weiß ein schockierendes Opfer:

12.♘d5! exd5

12...♘xd5 13.exd5 e5 verliert nach 14.♘c6.

Seit Jahrzehnten ist bekannt, dass 12...♕xd4 ebenso für Schwarz spielbar ist. So geschah es unter anderem in einer Partie Nakamura-Gelfand, Biel 2005, die von Schwarz gewonnen wurde. Aber bereits 1982 stieg Krum Georgiev in den Rachen des Löwens in einer Partie mit Mnazakanjan.

Nachdem Schwarz das Opfer angenommen hat, muss Weiß etwas ganz Besonderes parat haben:

13.♘c6!!

Das ist der springende Punkt. Indem Weiß den Springer auf ein „unmögliches" Feld stellt, stoppt Weiß die schwarze Rochade. Es wird kolportiert, dass der Zug von Efim Geller und Eduard Gufeld gefunden wurde nach der Playoff-Partie des Ersteren gegen Lew Polugajewski, Portoroz Interzonenturnier 1973, wo „Polu" die Neuerung 11...♕b6!? einführte. Im Jahre 1980 war Gufeld Trainer von Maia Tschiburdanidse, und als sie diese Variante gegen Semen Dvoirys vorbereiteten, wollte Gufeld seinen Freund Geller nicht „verraten". Er sagte nur, dass es im 12. Zug einen taktischen Gewinn für Weiß gäbe, woraufhin Tschiburdanidse alles selbst herausfand! Sie schlug Dvoirys in einer Partie, die als die „Perle von Tallinn" bekannt wurde. Paragua wusste von all dem offensichtlich nichts.

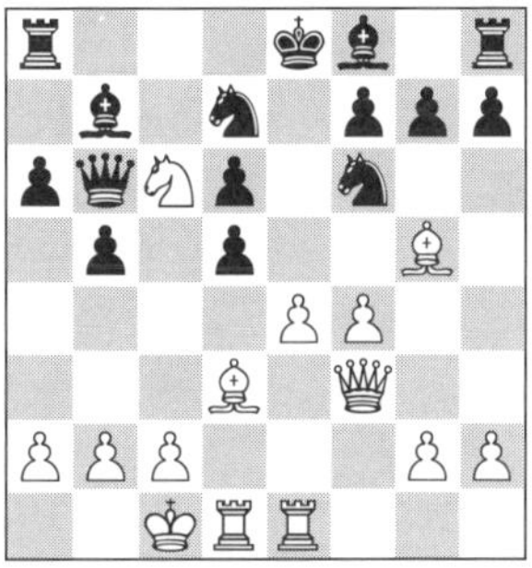

13...♗xc6?!

Kritisch ist 13...dxe4, wonach nach 14.♗xe4 ♘c5!? (14...♘xe4? 15.♖xe4+ ♘e5 16.♘xe5! führt zum völligen Untergang) 15.♗xf6 gxf6 16.♕h3 zu Komplikationen führt, die optisch gut für Weiß aussehen, jedoch muss Schwarz nicht verzweifeln nach etwa 16...♘e6. Zufälligerweise hat Weiß hier den Zug 17.♗g6, mit dem er seine Initiative beibehält.

14.exd5+ ♗e7 15.dxc6

Weiß hat eine seiner beiden geopferten Figuren bei fortwährendem Angriff zurückgewonnen.

15...♘c5 16.♗xf6

Nebenbei wird noch die Bauernstruktur zerstört.

16...gxf6

Das Zwischennehmen des Läufers mit 16...♘xd3+ würde nach hinten losgehen: 17.♕xd3 gxf6 18.♖xe7+! ♔xe7 19.♕xd6+ ♔e8 20.♖e1+ nebst Matt.

17.♗f5!

Nun kann Schwarz weder zur einen, noch zur anderen Seite

rochieren, und sein König bleibt in der Mitte gefangen.

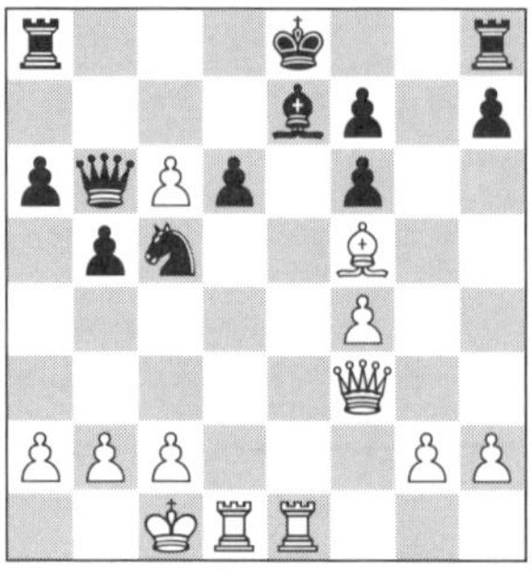

17...♖d8?

Wer kann schon in schwieriger Stellung einen klaren Kopf bewahren?! Der einzige Zug war 17...♖a7, welcher in der Partie Genba-Gergel (2008), gespielt wurde. 18.♖xd6 und nun:

A) Bei 18...♘e6? folgt 19.c7! ♕xc7 20.♖c6 ♕b8 21.♗xe6 fxe6 22.♖cxe6, wobei Schwarz mit 22...♖f8 (22...♔f8? 23.♕e3 ♕c7 24.♕d4! ist ziemlich gewonnen für Weiß) noch weiterkämpfen kann;

B) 18...♕a5 wird mit 19.♕f2! beantwortet. Das darauf forcierte 19...b4 20.♖d5 ♔f8 21.♖xe7! ♖xe7 22.♖xc5 ist kein Zuckerschlecken für Schwarz;

C) 18...♔f8 19.c7 ♕xc7 20.♖c6 gewinnt auch.

Dvoirys spielte damals in Riga 1980 17...♕c7 18.b4 ♘e6 19.♕h5 ♘g7, aber ging unter nach 20.♗d7+!.

18.b4!?

Einfach Verdopplung mit 18.♖e2 war ebenso tödlich.

18...♘a4

Jetzt kann der Springer nicht mehr beim Verteidigen aushelfen. Nach 18...♘e6 19.♗xe6 fxe6 20.♖xe6 kontrolliert Weiß die weißen Felder, die nach dem weiteren 20...♔f8 21.♖de1 ♖e8 22.♕c3 (droht 23.♖xf6+) 22...♔f7 23.c7 ♕b7 24.♕b3! völlig entblößt sind.

19.♕e4 ♕c7

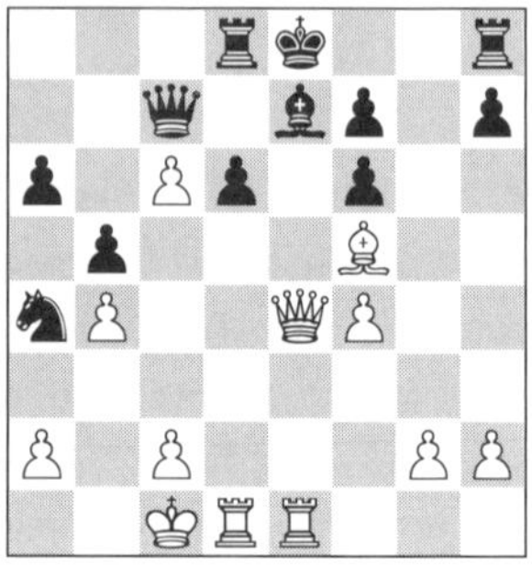

20.♗d7+!

Jetzt läßt's sich's kombinieren.

20...♖xd7 21.cxd7+ ♕xd7 22.♕a8+ ♕d8 23.♖xe7+! 1-0

Das also war die Pointe. Weiß gewinnt Haus und Hof nach 23...♔xe7 24.♖e1+ ♔d7 25.♕b7+ ♕c7 26.♖e7+.

Dragoljub Velimirovic
Jovan Sofrevski

Titograd ch-YUG 1965 (7)

□

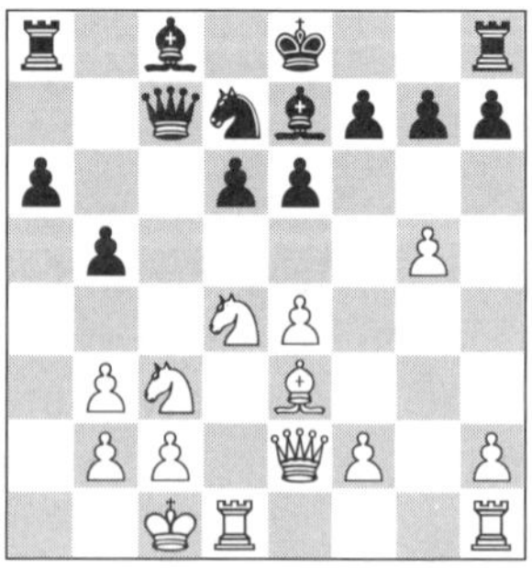

55

Eine andere bekannte Position, in der Weiß den Springer opfert:

14.♘f5!
Velimirovic hatte ein Patent für diesen Zug.
14...exf5 15.♘d5 ♕d8 16.exf5 0-0?!
Wohl ein Fehler, nach dem die schwarzen Probleme unüberwindbar werden. 16...♗b7 verdient den Vorzug, um den starken Springer auf d5 abzutauschen, wie unter anderem in Andreikin-Benidse, Gaziantep Wch jr 2008, gespielt wurde.

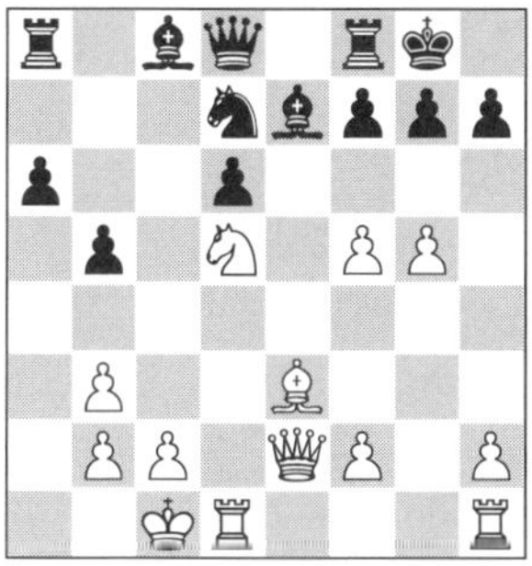

17.f6!
Weiß demoliert die feindliche Königsstellung.
17...gxf6 18.♗d4
Ein logischer Zug. Interessant war auch 18.gxf6 ♗xf6 19.♘xf6+ ♕xf6 20.f4! mit der doppelten Idee ♕e2-g2+ und ♗d4, ohne dass Schwarz einen Springer auf e5 dazwischen stellen kann.
18...♘e5
Schlechter ist 18...♖e8 19.gxf6 ♗xf6 20.♖hg1+ ♔h8 (20...♔f8 21.♕h5) wegen 21.♕xe8+! ♕xe8 22.♘xf6 mit Gewinn.
19.gxf6 ♗xf6 20.♖hg1+ ♗g7
Danach geht es schnell bergab. Hartnäckiger war 20...♔h8, wenngleich Weiß nach 21.♕h5! ♖b8 (21...♗e6 22.♗b6!) 22.♕h6 auch den vollen Punkt kassieren würde.

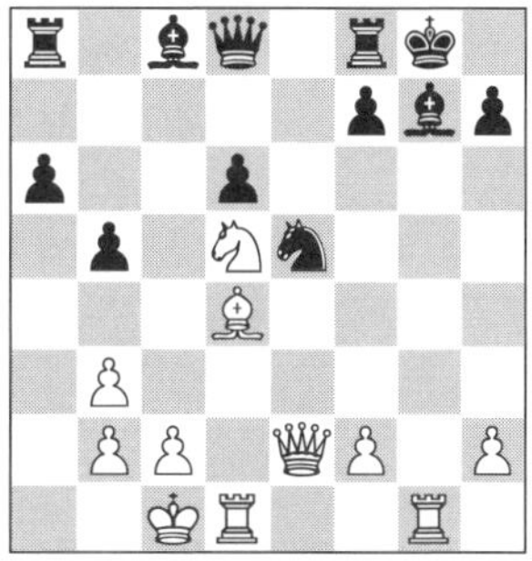

21.♗xe5
Bemerkenswert – Weiß gibt seinen guten Läufer her und gewinnt dadurch ziemlich leicht.
21...dxe5 22.♕xe5 f6 23.♘e7+

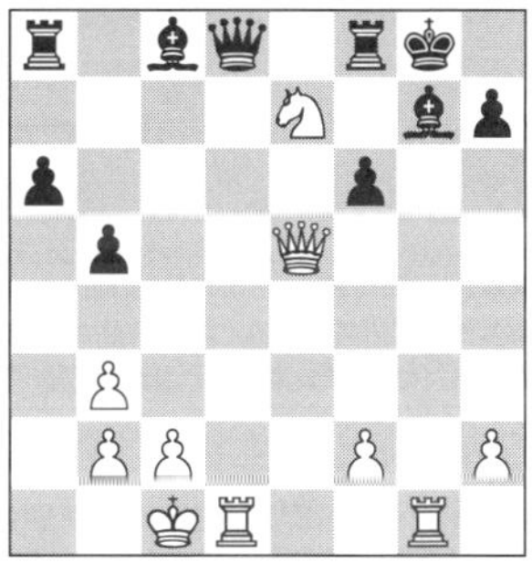

23...♔f7
Ein elegantes Ende war 23...♔h8 24.♖xd8 fxe5 25.♖xf8+ ♗xf8 26.♖g8#.
24.♕h5+
Damit sichert Weiß seine eigene Dame mit Schach und gewinnt die gegnerische Lady. Schwarz gab auf. Es könnte folgen: 24...♔xe7 25.♖xg7+ (25.♖ge1+ ♗e6) 25...♔e6 26.♕e2+ ♔f5 27.♕g4+ ♔e5 28.f4+ ♔e4 29.f5+ ♔e5 (oder 29...♔e3 30.♖e1+ ♔f2 31.♕e2#) 30.♕e2+ ♔xf5 31.♖f1#.

Petar Popovic
Ognjen Cvitan
Novi Sad ch-YUG 1985 (6)

□
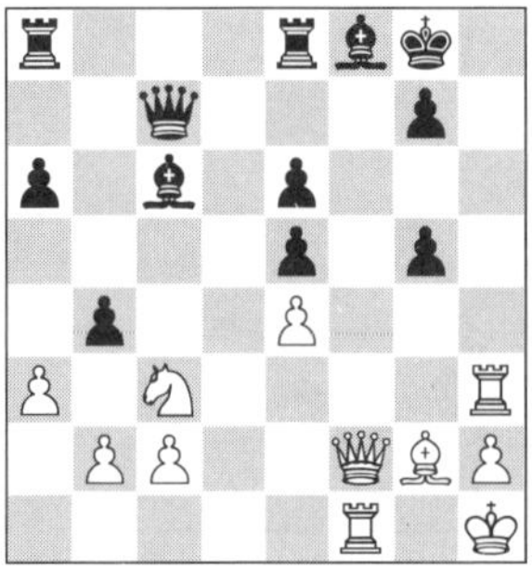
56

24.♘d5!
Damit stellte Weiß seinen Gegner vor unlösbare Probleme.
Eine andere Idee war es, die Dame nach h5 zu bringen. Das ist ebenfalls eine gute Möglichkeit, da er nach 24.♕f3 g6 wieder das Opfer 25.♘d5! spielen kann (25.♕f6? ♕g7 wäre dagegen besser für Schwarz): 25...exd5 (25...♗xd5 26.exd5 ♖ad8 27.dxe6 ist ebenfalls sehr schlecht für Schwarz: 27...♖xe6 28.♕b3) 26.♕f6 ♕g7 27.♕xc6 und Weiß gewinnt.
24...♕b7
Erlaubt ein forciertes Matt.
Nach 24...exd5 schaltet sich die Dame schnell in den Angriff ein: 25.♕f5 g6 26.♕xg6+ ♕g7 und jetzt ist eine Figur ungedeckt: 27.♕xc6, und Schwarz ist wehrlos den Drohungen auf den weißen Feldern ausgeliefert.
25.♕f3! ♗b5
25...exd5 26.♕h5 führt zum Matt. 25...g6 26.♘f6+ ♔f7 27.♘xe8+ endet in einem Massaker.
26.♕h5 ♗xf1 27.♕h7+
Schwarz gab auf: 27...♔f7 28.♖f3#.

Weitere Angriffsmotive

Sergei Mowsesian
Ognjen Cvitan
Deutschland Bundesliga 1997/98 (5)

□
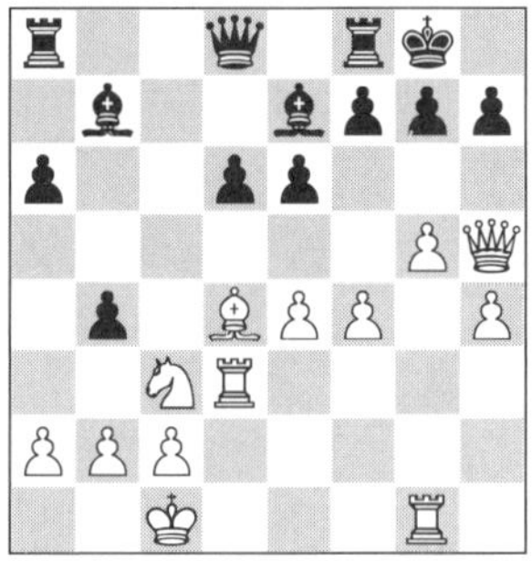
57

17.♘d5!
Ein nettes Springeropfer, das dazu dient, den schwarzen Bauern von e6 wegzulocken, um eine mögliche Verteidigung mittels ...e6-e5 auszuschliessen.
Das Läuferopfer 17.♗xg7 ist hier nicht richtig. Schwarz bleibt auf den Beinen nach 17...♔xg7, denn 18.♘d5? exd5 19.f5 scheitert an 19...♖g8! 20.f6+ ♗xf6 21.gxf6+ ♔h8 und der weiße Angriff kommt zu Ende. 18.f5 wäre der letzte Versuch und auf den ersten Blick scheint ein Gewinn naheliegend nach 18...exf5 19.exf5 bxc3 20.♕h6+ ♔h8 21.g6 fxg6 22.fxg6. Aber hier steht dem Nachziehenden eine verborgene Rettung zur Verfügung: 22...♗g5+!! 23.hxg5 ♕e7 und der Angriff wird abgewehrt. 24.♖h3 bringt nichts

ein wegen 24...♗e4 25.♕xh7+ ♕xh7 26.♖xh7+ ♔g8.

17...exd5 18.♖dg3!!

Das ist der eigentliche Punkt des weißen Aufbaus. Er möchte mit Gewalt die g-Linie öffnen und deshalb wird der Turm bereits in Stellung gebracht.

18...♕c7

Es lässt sich nichts Sinnvolles gegen das kommende Opfer ersinnen. 18...♖e8, um ...♗e7-f8 vorzubereiten, wird beantwortet mit einer weiteren Angriffsaktion, und zwar 19.g6 (Weiß hat die Wahl. Auch 19.♗xg7 gewinnt) 19...fxg6 20.♖xg6! hxg6 21.♕xg6 und Schwarz geht zugrunde an der Anfälligkeit von g7. Nach 21...♗f8 22.♗xg7 ist Schluss.

19.♕h6!

So hatte Weiß es im Sinn. Hier wird auch klar, wie wichtig es ist, dass der Ausweg ...e6-e5 nicht mehr vorhanden ist.

19...♕xc2+

Er versucht einen Fluchtweg für seinen König zu schaffen. Nach 19...f6 bekommt Weiß recht, die g-Linie wird geöffnet mit tödlichen Folgen: 20.gxf6 ♗xf6 21.♖xg7+ ♗xg7 22.♖xg7+ mit Gewinn.

20.♔xc2 ♖fc8+ 21.♔d2 gxh6 22.gxh6+ ♗g5

Auch die Mehrfigur muss Schwarz hergeben, um Matt zu entrinnen: 22...♔f8 23.♖g8#.

23.♖xg5+ ♔f8 24.exd5

Für 24.♗f6 ♔e8 25.♖g7 war auch etwas zu sagen.

24...♔e7 25.♖f5

Ermöglicht ♖g7.

25...♖c4

25...♖f8 26.♖g7, gefolgt von ♖xh7, ist ebenfalls entscheidend.

26.♔d3 ♖ac8 27.♖g7 1-0

Gennadi Kusmin
Attila Groszpeter
Kusadasi 1990 (5)

□

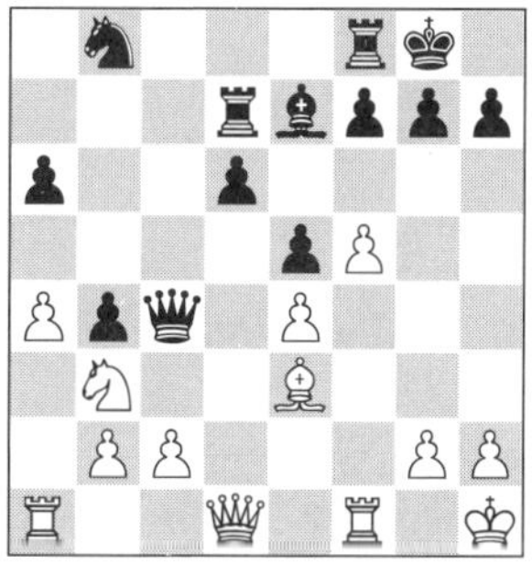

58

Wenn wir diese Stellung sorgfältig studieren, könnten wir finden...

18.f6!!

Dies ist eine brillante Fortsetzung. Der Typus dieses Opfers ist natürlich wohlbekannt, aber erst viel später wird es deutlich, wie stark es wirklich ist.

18...♗xf6?!

Man kann Schwarz nicht kritisieren dafür, dass er das Qualitätsopfer zulässt... wenn er geahnt hätte, was über seinem Kopfe schwebte, hätte er das hässliche 18...gxf6 gewählt: 19.♗h6 (19.♘d2 ist auch gut für Weiß) 19...♕xe4 20.♖f3! (20.♗xf8 führt auch zum weißen Vorteil, aber der Textzug ist stärker) 20...♔h8

21.♗xf8 ♗xf8 22.♖xf6 und mit der Qualität (für einen Bauern) und der offenen schwarzen Königsstellung sind die weißen Chancen vorzuziehen. Zum Beispiel verliert 22...d5? 23.♕h5 ♔g8 24.♖af1, da f7 fällt.

19.♖xf6 gxf6

Auf den ersten Blick sieht das Opfer zu voreilig aus. Es ist kaum zu sehen, wie Weiß seine restlichen Figuren zum Angriff bewegen will.

20.♕g4+

Dieser Zwischenzug ist wichtig – bald wird dessen Punkt deutlich. 20.♗h6 kann Schwarz mit dem starken 20...♕xe4 kontern.

20...♔h8 21.♕h4! ♕e6

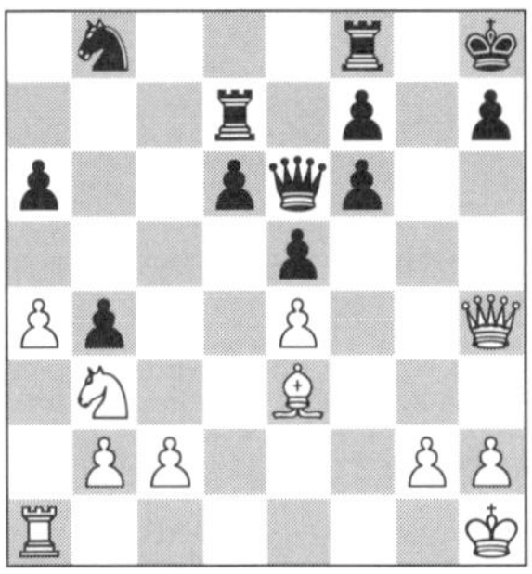

Der einzige Zug, um Matt abzuwehren. Kusmin muss die Zugsequenz bis hierher gerechnet und gesehen haben, dass er über eine formidable Fortsetzung verfügt.

22.♘d4!!

Bringt den Springer mit Tempo ins Spiel. Am Brett ist es sehr schwer zu erkennen, dass der Springer über dieses „verbotene Feld“ zum Angriff gelangt. Nicht 22.♖f1? wegen 22...♖g8! 23.♖xf6 ♕g4 und Schwarz tauscht ins Endspiel ab, in dem er über Materialvorteil verfügt.

22...♕e7

Nach 22...exd4 23.♗xd4 ist Schwarz gezwungen, die Dame für den Läufer zu geben, was nach 23...♖g8 24.♗xf6+ ♖g7 25.♕g5 ♕xf6 26.♕xf6 klar wird, wonach der Gewinn nicht mehr schwer ist. Die schwarzen Figuren stehen zu passiv.

23.♘f5

Der Springer erreicht ein ausgezeichnetes Feld.

23...♕e6 24.♖f1

Weiß bringt ruhig seine letzte Figur ins Spiel. Der Drohung ♖f1-f3-h3 ist schwer zu entgegnen!

24...d5

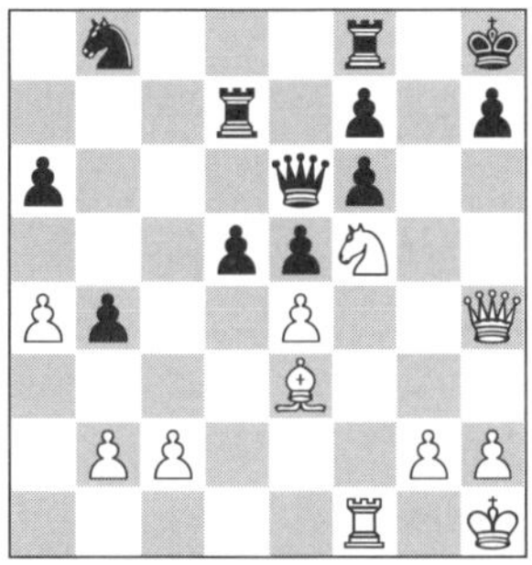

Schwarz sucht Gegenspiel auf der d-Linie, damit der weiße Turm die Grundreihe wegen deren Schwäche nicht verlassen kann. Aber Weiß sichtet sogleich die Negativseite des Zuges. Der entscheidende Schlag wird bald auf der Diagonale c5-f8 geführt!

25.♘g7!

Wieder die eindeutig stärkste Fortsetzung; Kusmin fährt fort, brillant zu spielen.

25...♕e7

25...♔xg7 wird beantwortet mit 26.♗h6+ ♔h8 27.♗xf8, wenn die Drohung 28.♕h6 nicht mit herkömmlichen Maßstäben abgefangen werden kann: 27...f5 28.exf5 ♕c6 und viele Wege entscheiden für Weiß. Am stärksten ist 29.♖f3.

26.♗c5!

Es ist erstaunlich, auf welche Art es Weiß gelingt, seinen Gegner zu überwältigen.

26...♕xc5 27.♘h5

Groszpeter hatte genug und resignierte. Nach 27...♖d6 28.♘xf6 ♖xf6 29.♕xf6+ ♔g8 30.♖f3 ist das Ende da: 30...♖c8 31.♕xf7+ ♔h8 32.♕f6+ ♔g8 33.♖g3#.

E. Lidon
J. Romero

Spanien tt 1990

■

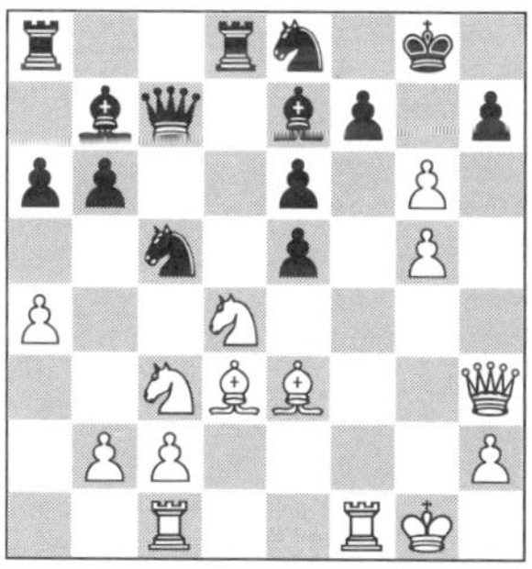

59

In der Partie nahm Schwarz g6 mit dem h-Bauern:

20...hxg6

Auch nach 20...fxg6 brechen für Schwarz schwere Zeiten an nach 21.♘xe6! (bei 21.♖f7 kann sich Schwarz mit 21...♘g7! halten) 21...♘xe6 (21...♕d7 22.♖f7! ♔xf7 23.♗c4 ♘xe6 24.♕xh7+ ♘8g7 25.♖f1+ ♔e8 26.♕xg6#) 22.♕xe6+ ♔h8 und nun 23.♖f7 mit Rückgewinn der Figur, da 23...♖d7? nicht geht wegen 24.♖xh7+ ♔xh7 25.♕xg6+ ♔h8 26.♕h7#.

21.♖xf7!

Ein vorzügliches Opfer, der den schwarzen König seiner schützenden Fürsprecher beraubt.

21...♔xf7 22.♕h7+

Der menschliche Zug. 22.♗xg6+! führt zum schnelleren Matt: 22...♔xg6 23.♕h6+ ♔f7 24.g6+ ♔g8 25.♕h7+ ♔f8 26.♕h8#.

22...♘g7

Auch nach 22...♔f8 kann Weiß das Spiel gewinnen: 23.♕h8+ ♔f7 24.♗xg6+!, was zu einer der oben erwähnten Linien führt.

23.♗xg6+

Und Schwarz resignierte wegen 23...♔f8 24.♕h8#.

Sergei Mowsesian
Vlastimil Babula

Lazne Bohdanec 1996 (2)

□

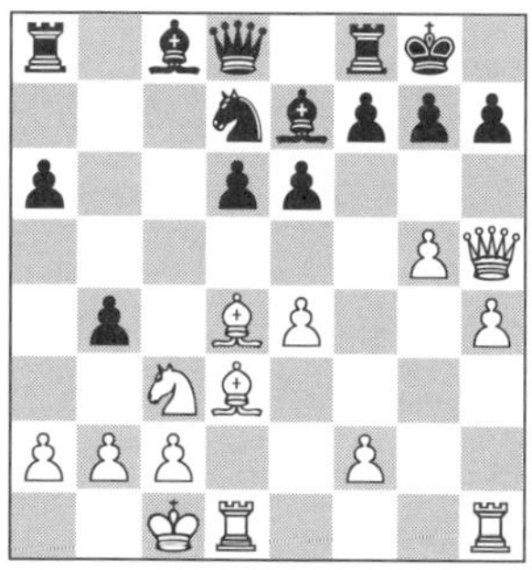

60

14.♗xg7!

Dieses Motiv sahen wir bereits in der Begegnung Madl-Summermatter, Genf 1988, mit 13...♖e8 statt 13...b4. Der Bauer wird eliminiert, damit Schwarz nicht mehr e4-e5 durch ...g7-g6 kontern kann. 14.♘d5!? ist auch gut, aber Schwarz bleibt über Wasser mit 14...♘e5. Nicht 14...exd5? wegen 15.♗xg7! ♕e8 16.♗f6! 1-0 wie in Szalanczy-Gawrikow, Debrecen 1988.

14...♘c5

Andere Züge verlieren schnell:

A) 14...♘e5 15.♗xe5 dxe5 16.♘d5 ♔h8 17.♖hg1 mit analogen Varianten wie in der Partie;

B) 14...♔xg7 15.♕h6+ ♔g8 16.e5 f5 17.gxf6 und Weiß gewinnt;

C) 14...bxc3 15.e5 cxb2+ 16.♔b1 f5 17.gxf6 führt direkt zum Matt.

15.♕h6!

Sehr stark, ♗g7-f6 wird vorbereitet.

15...♖e8

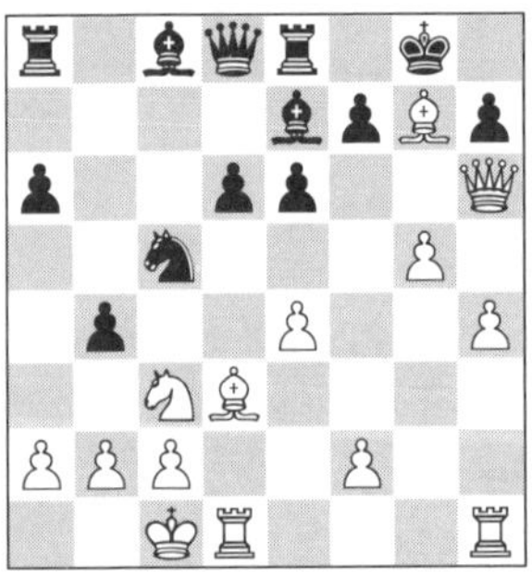

16.♘e2!

Der Springer will nach h5, um dem Angriff neue Impulse zu verleihen.

16...e5 17.♘g3 ♗g4

Nur so kann der weiße Springer von den Feldern f5 und h5 abgehalten werden.

18.♗c4 ♘e6

Bei 18...♗xd1 ist 19.g6 sofort entscheidend.

19.♗xe6 fxe6

Nach 19...♗xe6 kann der Springer mit tödlichen Konsequenzen die schwarze Stellung entern: 20.♘h5 ♗g4 21.♘f6+ ♗xf6 22.♗xf6 und gewinnt.

20.g6!

Schwarz gab auf. Es wird klar, dass er 20...hxg6 21.♕xg6 nicht verhindern kann.

§ 5.4 – In geschlossenen Stellungen

Die Französische Verteidigung

B. Hopley
Nigel Holloway
Oxford ch-BCF U18 1967 (1)

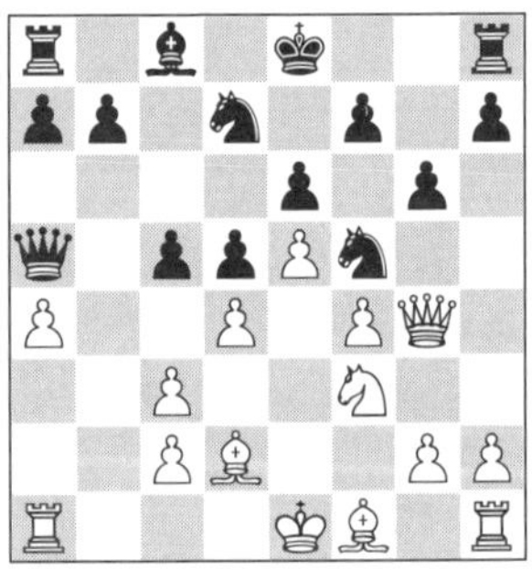

61

11...♘e3!

Eine unerwartete Möglichkeit offenbart sich!

12.c4

Hilft nicht, aber 12.♗xe3 ♕xc3+ verliert sofort.

12...♕xd2+!

Auch so verliert Weiß eine Figur.

13.♔xd2 ♘xg4

Weiß gab auf.

Peter Swidler
Alexei Schirow

Leon Schnellschach 2004 (2)

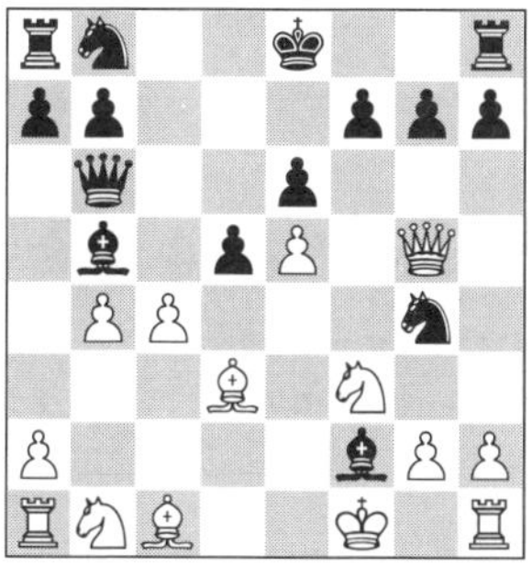

62

Schwarz wartete mit einem reizenden Zug auf:

13...♗g3!

Und desillusioniert gab Swidler auf. 14.♕d2 dxc4 15.hxg3 cxd3 kann Weiß vergessen. Bestimmt passierte es nicht oft, dass er eine Partie in 13 Zügen verlor!

13...♗e1! gewann auch: 14.c5 (14.♔xe1 ♕f2+ 15.♔d1 ♗a4+ 16.♗c2 ♗xc2#) 14...♗xd3+ 15.♔xe1 ♕xb4+ und Schwarz gewinnt.

Giorgio Coppini
Bela Vigh

Budapest 1995 (3)

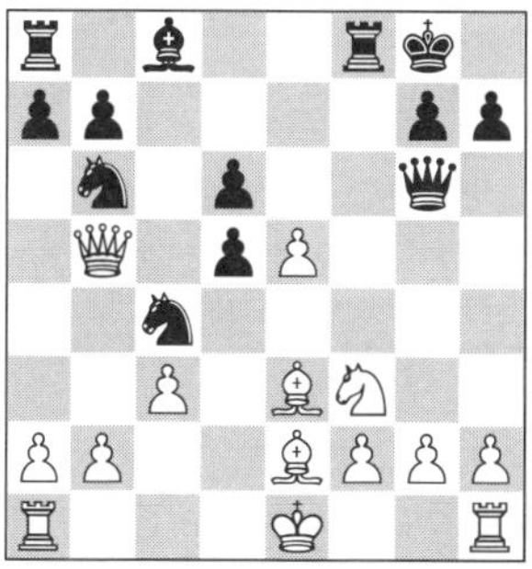

63

Weiß hat nicht realisiert, dass seine Dame Ärger bekommt.

Schwarz kreiste sie ein mit

16...♗d7!

Es gibt kein Entrinnen.

17.♕b4

Nach 17.♕b3 ♗a4 18.♕b4 a5 wird sie auch in die Tasche gesteckt.

17...a5 18.♕xb6

Weiß hätte aufgeben können.

18.♕b3 ♗a4 ist nur eine Zugumstellung.

18...♘xb6 19.♗xb6 dxe5 20.♘xe5 ♕xb6 21.♘xd7 ♕xf2+ 22.♔d1 ♖fe8

Und Schwarz gewann.

Helgi Dam Ziska
Teimour Radjabow

Istanbul ol 2012 (3)

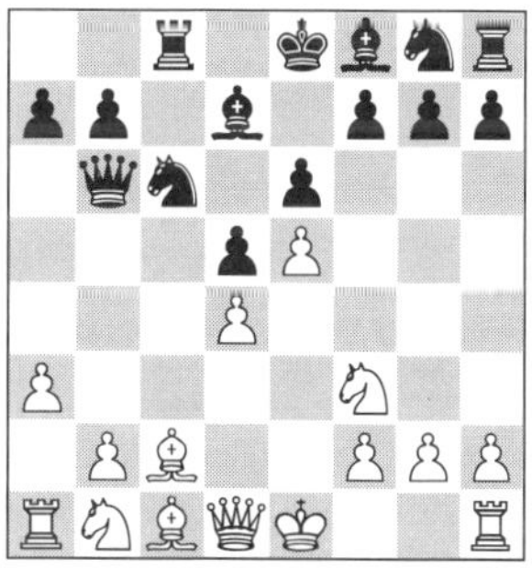

64

Schwarz nutzte die ungelenke Stellung einiger weißer Figuren mit:

9...♘xd4?!

Mit diesem thematischen Figurenopfer schwächt Schwarz systematisch das weiße Bauernzentrum, zudem will der den weißen König bedrängen. Dennoch bleibt das Opfer fragwürdig.

10.♘xd4

10.♕xd4? ♖xc2 ist exzellent für Schwarz.

10...♗c5 11.♘b3?

Danach ist das Opfer sicherlich vollauf angemessen. Weiß musste mit 11.♘f3! ♗xf2+ 12.♔e2 verteidigen mit Aussichten auf Vorteil.
So funktioniert etwa das drastische 12...g5 nicht wegen 13.♗a4!.
Auch bei 12...♗b5+ 13.♗d3 hat Schwarz keine vernünftige Fortsetzung.
Unter diesen Umständen scheint 12...♘e7!? noch am besten zu sein, um den Springer möglichst schnell ins Geschehen zu führen. Wie auch immer, nach 13.♘c3 verdient Weiß den Vorzug.

11...♗xf2+ 12.♔e2 ♘h6! 13.♘c3 ♘g4 14.a4

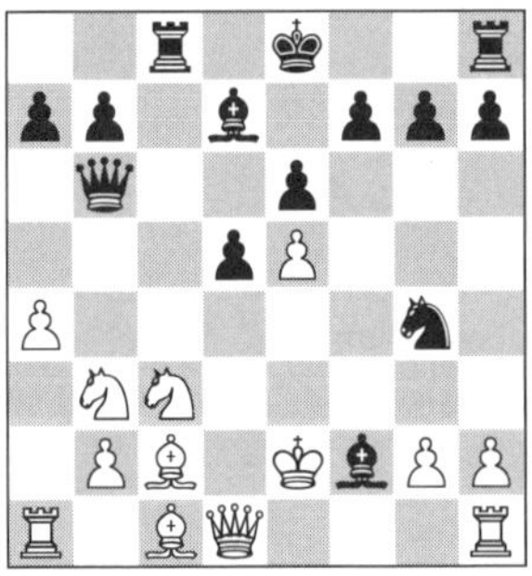

14...♗g3

Wir kennen diesen Zug von Swidler-Schirow aus Aufgabe 62.
14...♕c7!? war wahrscheinlich besser: 15.♔f1 (15.h3 wird mit 15...♕xe5+ 16.♔f1 ♘e3+ 17.♗xe3 ♗xe3 erwidert) 15...♘e3+ 16.♗xe3 ♗xe3 nebst 17...♕xe5 mit tollem Spiel für Schwarz.

15.♕d4 ♕xd4 16.♘xd4 ♗xe5

Damit gewinnt Schwarz den dritten Bauern für die Figur und kontrolliert das Zentrum.

17.♘f3 ♗d6 18.♗b3 0-0 19.h3 ♘f6 20.♗e3 a6 21.♖ac1

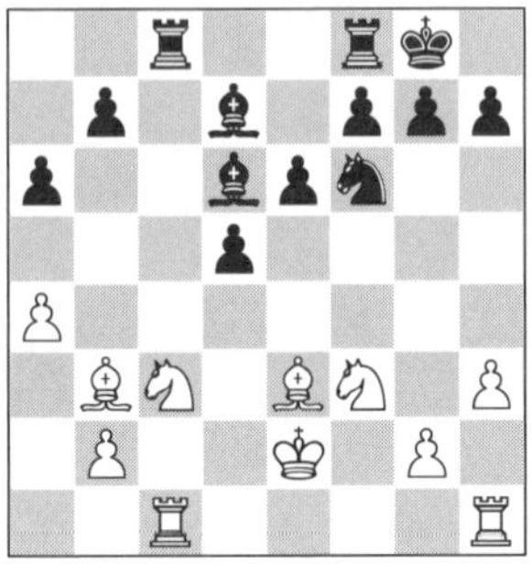

21...b5!

Zerstört die Kooperation unter den weißen Figuren.

22.axb5 axb5 23.♗g5 ♘h5 24.♔d2 ♘g3 25.♖he1?

Das verschlechtert die Lage.
25.♖hd1 b4 26.♘e2 ♘e4+ sieht auch Schwarz im Vorteil.

25...b4 26.♘e2 ♘e4+ 27.♔d1 ♘c5 28.♗c2 e5

Schwarz hat ein mächtiges Bauernzentrum, während die weißen Figuren nach Luft ringen.

29.♗d2?

Weiß bricht ein und Schwarz beendet die Partie effizient.
29.b3 f5 endet auch im Fiasko für Weiß.

29...♘a4 30.♖b1 ♖xc2! 31.b3

31.♔xc2 ♗f5+ 32.♔b3 (32.♔c1 ♖c8+) 32...♘c5+ 33.♔xb4 ♖b8+ mit Gewinn.

31...♖cc8 0-1

Falls 32.bxa4 ♗xa4+ 33.♖b3 ♗xb3#.

Die Königsindische Verteidigung

Alejandro Hoffman
Fabian Fiorito
Buenos Aires 1998 (4)

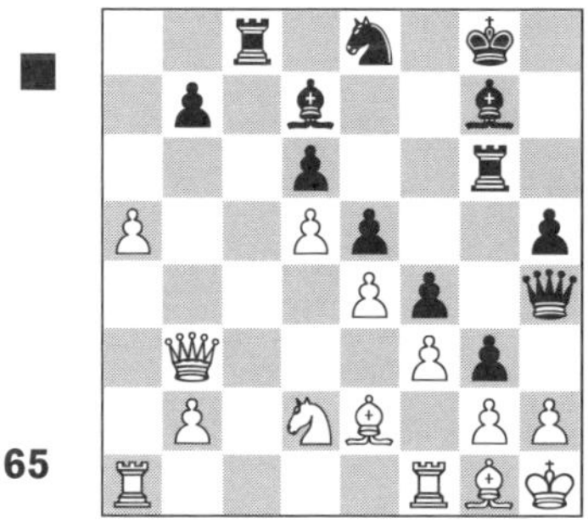

65

24...♗h3! 0-1
Schwarz gewinnt in allen Abspielen: 25.gxh3 g2#; 25.hxg3 ♗xg2+ 26.♔xg2 ♖xg3+ 27.♔f2 ♖g6#; 25.♕xb7 ♗xg2+ 26.♔xg2 gxh2+ 27.♔h1 hxg1♕#.

Burkhard Malich
Dragoljub Janosevic
Budapest 1965 (15)

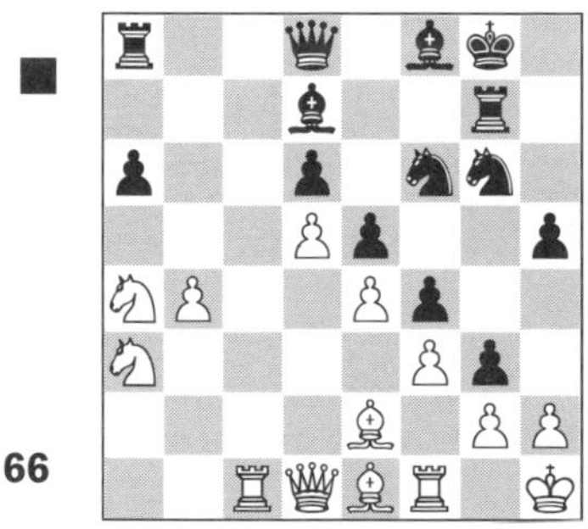

66

Schwarz entschied sich für ein schönes Figurenopfer:
26...♘xe4!! 0-1
Ein gut bekanntes Motiv, das im richtigen Moment gespielt werden muss. Nach 27.fxe4 ♕h4 28.h3 ♗xh3 bricht Schwarz durch.

Margareta Muresan
Zorica Nikolin
Jajce (W) 1984

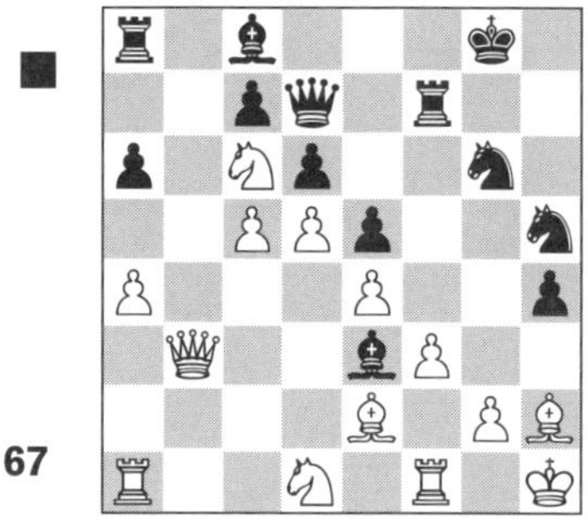

67

Schwarz warf die Gegnerin zu Boden mit
28...♘g3+! 29.♗xg3 hxg3 30.♕xe3 ♖h7+ 31.♔g1 ♖h1+!
Ein bekanntes Muster. Weiß resignierte, denn nach 32.♔xh1 ♕h7+ 33.♔g1 ♕h2 ergibt sich Damianos Mattbild.

Ludek Pachman
David Bronstein
Moskau-Prag 1946 (2)

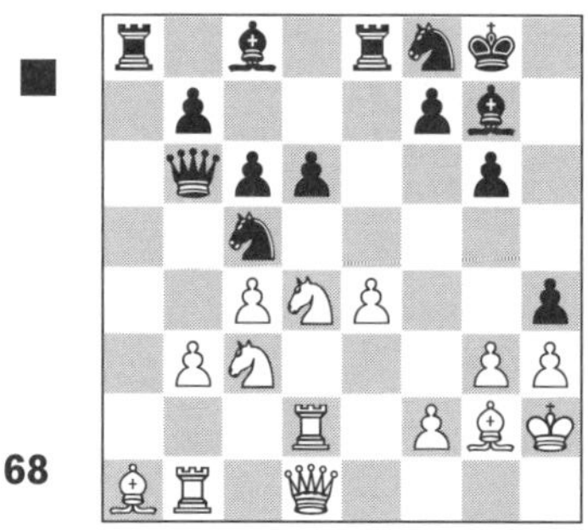

68

Wie so oft konnte Bronstein in dieser Stellung nicht an sich halten: er opferte die Qualität, um die schwarzen Felder im weißen Lager zu schwächen.

20...♖xa1! 21.♖xa1 ♗xd4 22.♖xd4 ♘xb3 23.♖xd6

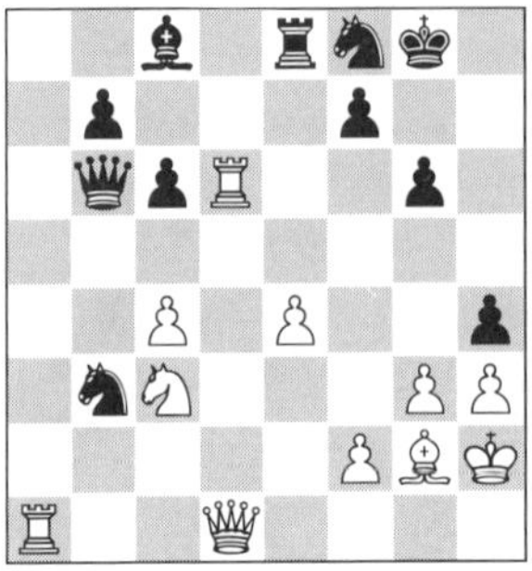

23...♕xf2!

Schwarz freut sich sehr über diesen Bauern. Der scharfsinnige Bronstein hat erkannt, dass der Springer b3 tabu ist. Falsch wäre es gewesen, die Qualität auf a1 zurückzugewinnen: 23...♘xa1 24.♘d5! gefolgt von 25.♘f6+ und 26.♘xe8.

24.♖a2

Bei 24.♕xb3 gewinnt fast alles für Schwarz. Am strengsten ist 24... hxg3+! (auch Materialrückgewinn mit 24...♕xg3+ war okay) 25.♔h1 und nun lautet der finale Schlag 25...♗xh3 26.♖g1 ♗xg2+ 27.♖xg2 ♕f1+ 28.♖g1 ♕h3#.

24...♕xg3+ 25.♔h1 ♕xc3 26.♖a3

Dadurch gewinnt Weiß den Springer zurück, doch zwischenzeitlich verliert er einen ganzen Satz Bauern. Bei 26.♖d3 würde Schwarz die Figur auf komische Art sichern mit 26...♕c1!.

26...♗xh3 27.♖xb3 ♗xg2+ 28.♔xg2 ♕xc4 29.♖d4 ♕e6 30.♖xb7 ♖a8

Bei drei Bauern für die Qualität ist die Partie vor allem durch die ungeschützte weiße Königsstellung gelaufen. Weiß ging mit seinem nächsten Zug schnell in die Knie:

31.♕e2?

Auch bei 31.♕f3 ♖a2+ 32.♔f1 h3 würde Bronstein das Schiff sicher in den Hafen bringen.

31...h3+

Nicht ganz akkurat, aber Weiß hatte genug gesehen und gab auf. 31...♕e5! 32.♖db4 ♕g3+ 33.♔h1 ♖a3! hätte die Partie mit Stil beendet.

§ 5.5 „Unfälle" in der Eröffnung

Johan Henriksson
Allan Rasmussen

Stockholm 2012 (8)

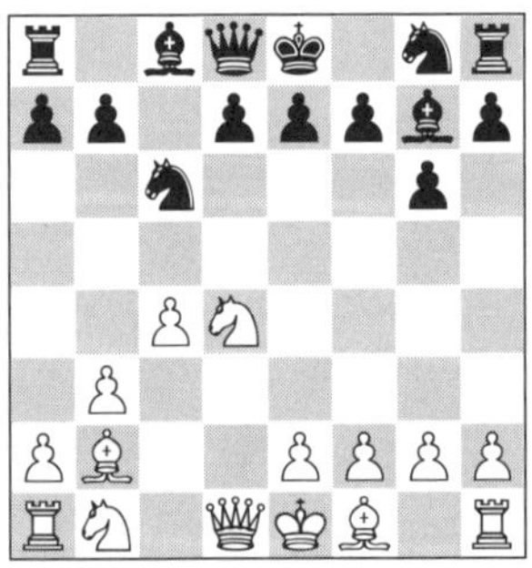

69

Schwarz gewann Material mit dem verblüffenden Zug

6...♘xd4!

Weiß gab auf. Nach 7.♗xd4 hat Schwarz das starke 7...♕a5+! 8.♘c3 ♕xc3+ 9.♗xc3 ♗xc3+ 10.♕d2

♗xd2+ 11.♔xd2, wonach er eine Mehrfigur einstreicht.

Milan Matulovic
Joseph Feller
Siegen ol 1970 (4)

1.e4 e5 2.♘f3 ♘c6 3.♗b5 a6 4.♗a4 ♘f6 5.0-0 b5 6.♗b3 ♗c5 7.c3 ♘xe4 8.♕e2 d5 9.d3 ♘f6 10.d4 ♗e7 11.dxe5 ♘e4 12.♖d1 ♗e6 13.c4! bxc4?
Führt zu Materialverlust.
Der einzige Zug war 13...♗c5, wenngleich Weiß beste Gewinnchancen erhält nach 14.♗e3!. Etwas weniger überzeugend ist 14.cxd5 wegen 14...♘xf2 und Schwarz lebt noch einigermaßen. 15.♕c2! ist die stärkste Fortsetzung.

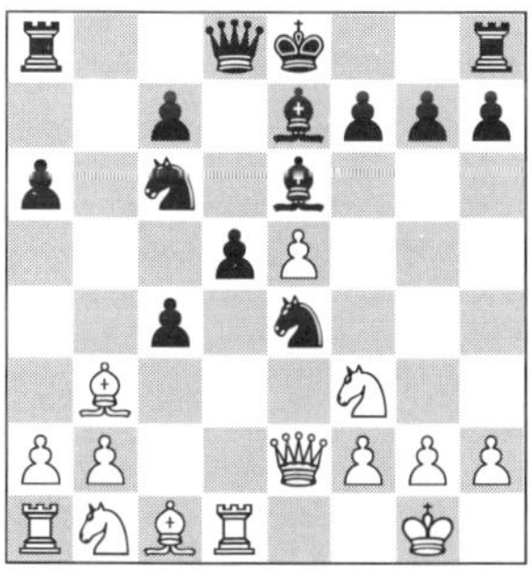
70

14.♗a4!
Und Schwarz gab auf.
Nach 14...♗d7 (bei 14...♕d7 hat Weiß 15.♘d4) setzt Weiß mit 15.♖xd5 fort, und die Doppeldrohung 16.♕xe4 sowie 16.♗xc6 beendet das Geschäft.

Tigran Petrosjan
Hans Ree
Wijk aan Zee 1971 (12)

□
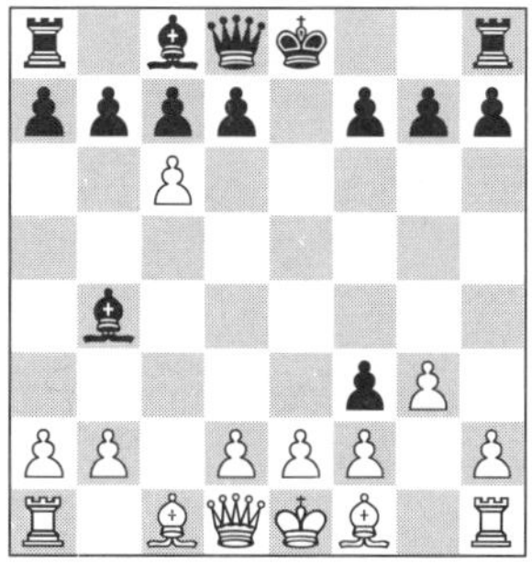
71

8.♕b3!
Nach diesem subtilen Zug gab Schwarz bereits auf. Er verliert eine Figur. Nach 8...♕e7 9.a3 fxe2 10.♗xe2 ♗c5 11.cxb7 ♗xb7 12.♕xb7 läuft alles gegen Schwarz.

Renato Naranja
Lajos Portisch
Siegen ol 1970 (9)

■
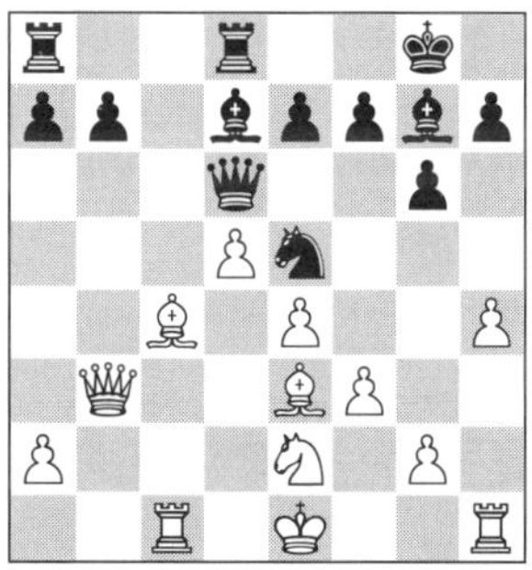
72

15...b5! 16.♗d3
16.♗xb5 ♗xb5 17.♕xb5 ♖ab8 18.♕a5 ♘d3+ verliert. Doch nun hat Schwarz einen Hammerschlag:
16...♕b4+! 0-1

In der Tat, Schwarz gewinnt eine ganze Figur nach 17.♕xb4 (17.♔f1 funktioniert auch nicht nach 17...♕xb3 18.axb3 ♘xd3) 17...♘xd3+ 18.♔d2 ♘xb4.

8.6 Aufgaben aus Kapitel 6

§ 6.3 Visualisierung

Brian Dinter
Ante Jurkovic
Topusko 2009 (4)

□

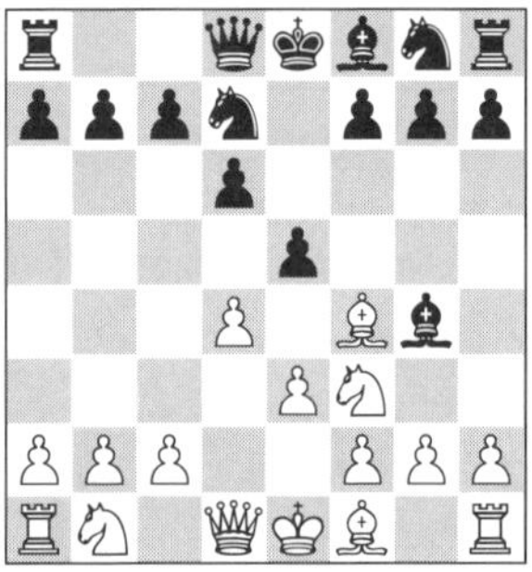

73

A) 5.♗g3 e4! 6.h3 ♗h5;
B) 5.♗g5 ♗xf3! 6.♗xd8 ♗xd1 und Schwarz gewinnt eine Figur.

Conrad Gagnon
Joaquin Bustillo
Internet 2004 (5)

■

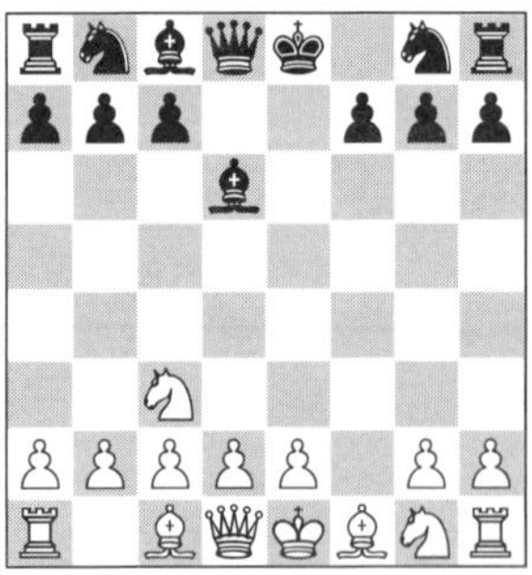

74

Schwarz gewann elementar mit 4...♕h4 5.g3 ♕xg3 (oder 5...♗xg3+ 6.hxg3 ♕xg3#) 6.hxg3 ♗xg3#.

Matt in einem ♕+♗

□

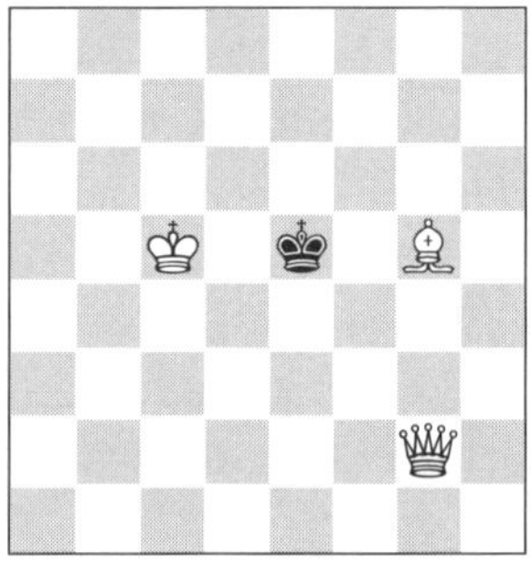

75

1.♕d5#.

Matt in einem ♕+♘

□

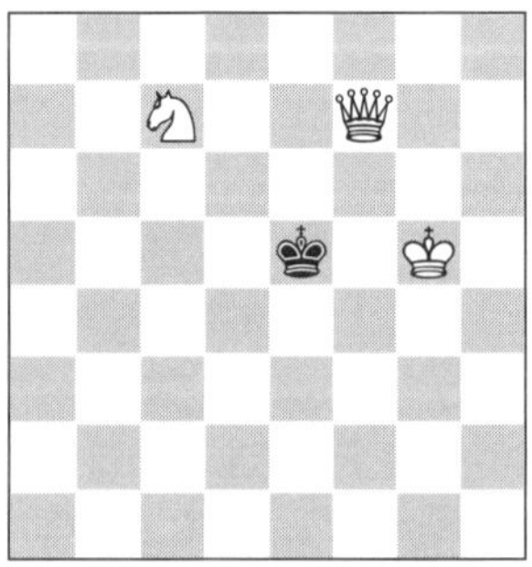

76

Weiß am Zug setzte Matt mit 1.♕d5# oder 1.♕f4#.

□

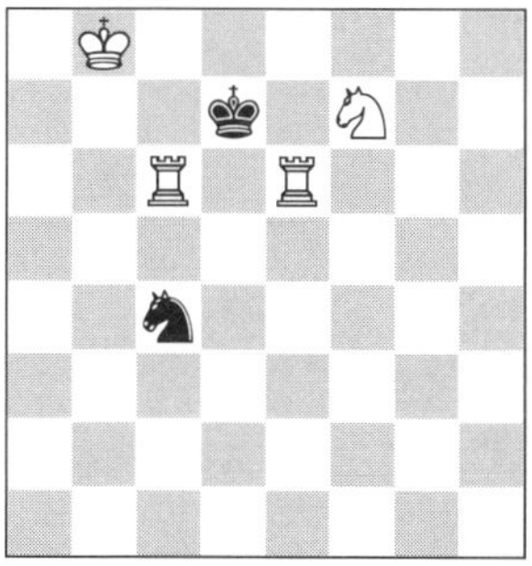

77

1.♘e5+ ♘xe5 (1...♔d8 2.♖c8#) 2.♖cd6#.

□

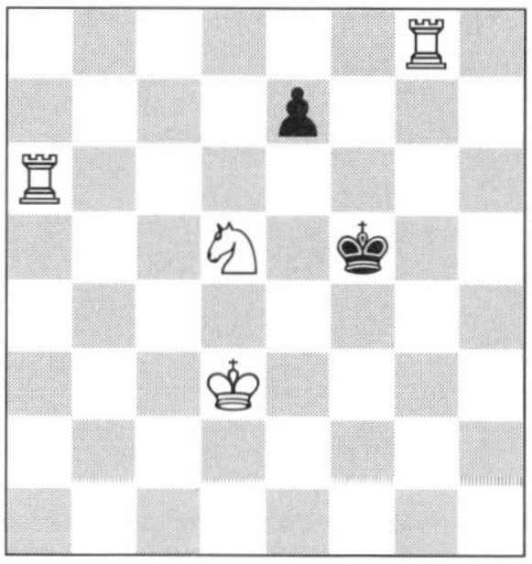

78

1.♖h6 e6 (1...♔e5 2.♖g5#; 1...e5 2.♖f6#) 2.♖h5#.

Navigieren

■

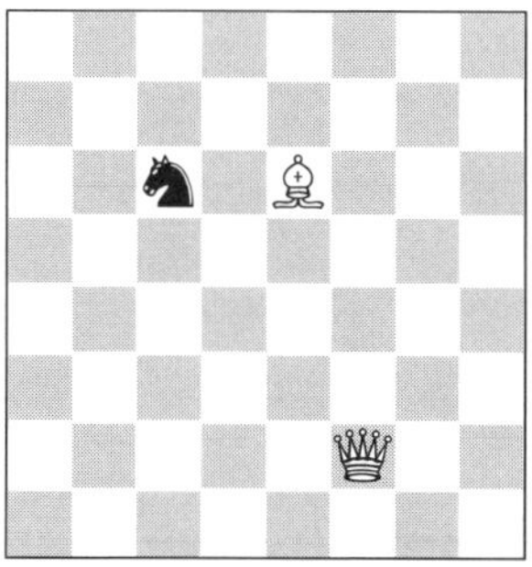

79

A) 1...♘e5, 2...♘d3, 3...♘xf2;
B) 1...♘d8, 2...♘xe6.

□

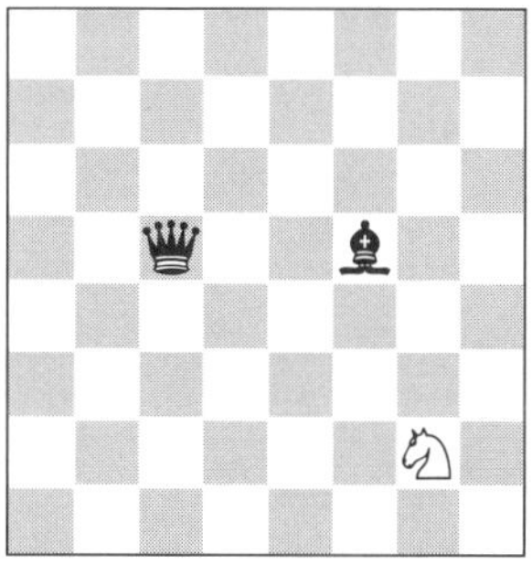

80

A) 1.♘h4/e1, 2.♘f3, 3.♘d2, 4.♘b3, 5.♘xc5
B) 1.♘h4, 2.♘xf5.

„Pacman" – alles wegfressen

□

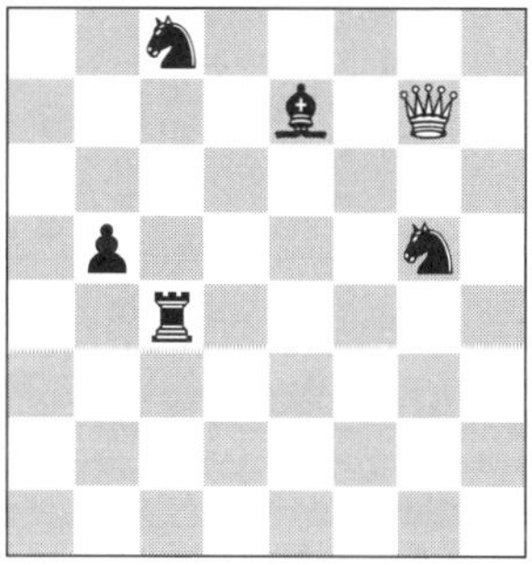

81

1.♕b2, 2.♕xb5 (oder 1.♕e5, 2.♕xb5) 3.♕xc4, 4.♕xc8, 5.♕d7, 6.♕xe7, 7.♕xg5.

■

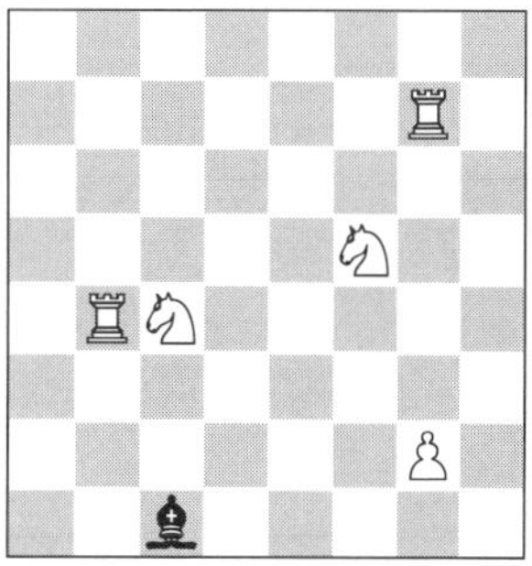

82

1...♗f4, 2...♗h2, 3...♗g1, 4...♗c5, 5...♗xb4.

Abschlüsse von Endspielstudien

Richard Réti

Bohemia 1923

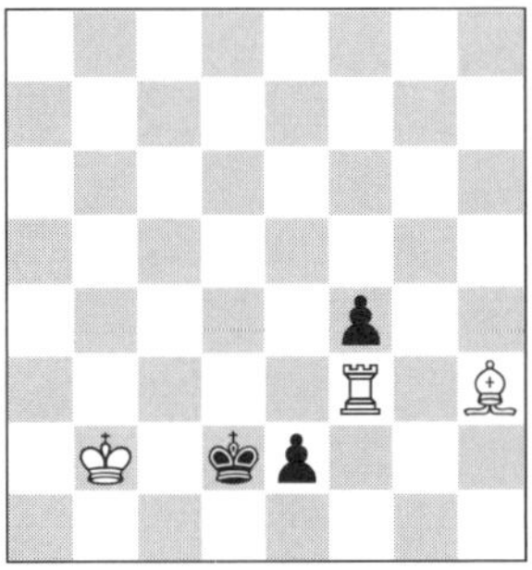

83

Dies ist das Ende einer Endspielstudie von Réti. Weiß hat Turm und Figur mehr, aber er muss die beiden schwarzen Bauern stoppen.

1.♗f1! e1♕

Im technischen Endspiel, das nach 1...exf1♕, entsteht, muss Weiß erst noch einen Weg finden, den lästigen f-Bauern zu stoppen: 2.♖xf1 ♔e3. Dies gelingt nach 3.♔c2 f3 4.♖e1+ (4.♔d1? ist remis: 4...f2 5.♖h1 ♔f3 6.♖f1 ♔e3) 4...♔f2 5.♔d2 und der schwarze König wird auf die andere Seite des Bauern getrieben, wonach Weiß leicht gewinnt. Ein thematisches Beispiel: 5...♔g2 6.♖e8 f2 (6...♔f2 7.♖f8 ♔g2 8.♔e3) 7.♖g8+ ♔h2 8.♖f8 ♔g2 9.♔e2.

Auch die Unterverwandlung 1...e1♘ hilft nicht, nach 2.♖xf4 sollte der Extra-Turm ausreichen.

2.♖d3#

Harold Lommer

Basler Nationalzeitung 1935

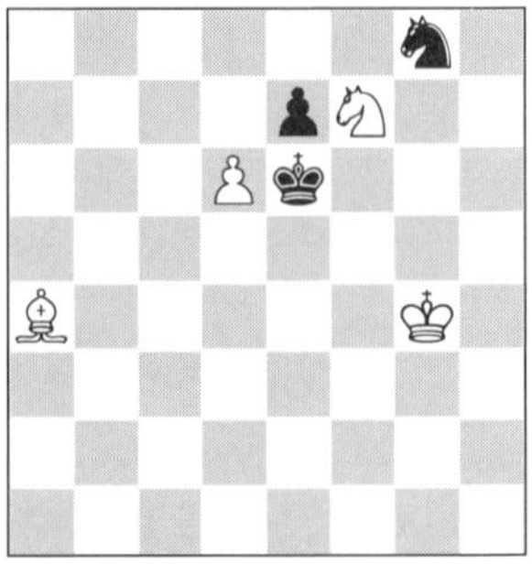

84

Schwarz droht, den letzten Bauern zu tauschen, wonach die Stellung remis wäre. Deshalb setzt Weiß alles auf den Freibauern:

1.d7! ♘f6+

Schwarz muss diesen vernichten, sonst holt sich Weiß einfach eine Dame.

2.♔g5 ♘xd7

Aber nun wird Schwarz desillusioniert durch:

3.♗b3#

Henri Rinck

Rigaer Tageblatt 1907

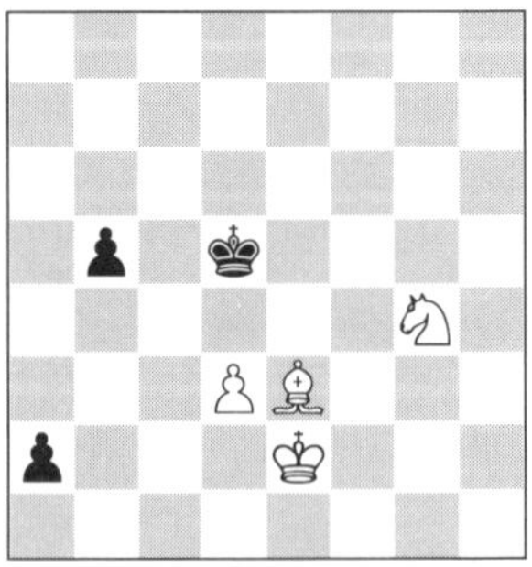

85

Weiß hat Läufer und Springer mehr, doch der Bauer a2 kann von der Umwandlung nicht gestoppt werden. Somit bleiben dem Weißen nur noch forcierte Züge.

1.♘f6+ ♔e5

Der König muss das Feld d4 im Auge behalten, ansonsten kann Weiß mit ♗d4 beide Bauern stoppen und eine technische Gewinnstellung erreichen. Weiß bleibt wieder keine Wahl:

2.♘d7+ ♔d5 3.♘b6+

Der Springer hat einen Kreis vollführt und endet nun auf b6.

3...♔e5

Schwarz deckt stur das Feld d4. Der Fortschritt, den Weiß erzielt haben will, ist schwerlich auszumachen.

4.♗h6!

Damit droht Weiß auf die lange Diagonale zu gelangen.

4...♔f6

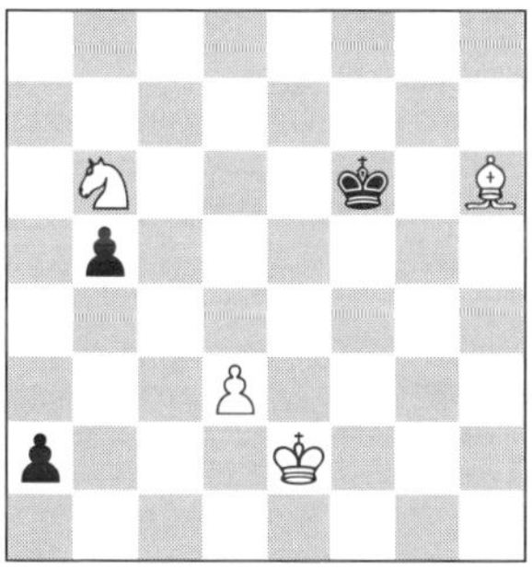

Wieder erzwungen. Jetzt enden dagegen die forcierten Weißzüge. Es wird Zeit für eine kreative Idee. Schwarz steht bereit zu ...a2-a1♕. Wir müssen unsere Vorstellungskraft anstrengen und eine kombinatorische Idee suchen.

5.♗d2! a1♕

Ansonsten gelangt der Läufer auf die lange Diagonale.

6.♗c3+!

Jetzt erkennen wir die Vorzüge der Springerstellung auf b6!

6...♕xc3 7.♘d5+

Mit Gewinn.

Michail und Wassili Platow

Schachmati 1925

□

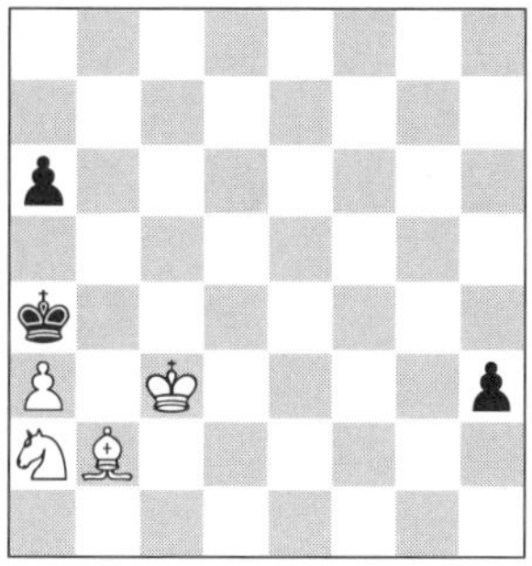

86

Weiß ist mit dem Problem konfrontiert, dass der h-Bauer zu marschieren droht. Er muss seine Figuren aktivieren. Am besten geschieht dies mittels

1.♔c2!

Später werden wir verstehen, warum der König auf exakt dieses Feld ausweichen muss.

1...h2

Schwarz hat keine Wahl, da ansonsten 2.♗e5 den Bauern stoppt und gewinnt.

2.♗e5!

Greift den Bauern an, so dass die Antwort wieder erzwungen ist.

2...h1♕

2...♔xa3 wird mit 3.♘c3! beantwortet.

3.♘c3+ ♔xa3

Ein weiteres pittoreskes Matt erscheint nach 3...♔a5 4.♗c7#.

4.♗d6#

Jetzt wird es offensichtlich, warum Weiß mit 1.♔c2 beginnen musste. 1.♔c4 funktioniert nicht: 1...h2 2.♗e5 h1♕ 3.♘c3+ ♔xa3 und es gibt kein Matt.

Im Problemschach

Eduard Adamski

Snamja Junosti 1984

□

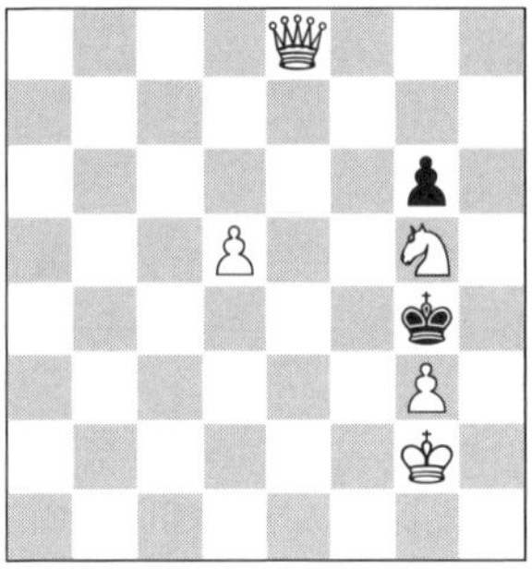

87

1.♘f7 ♔f5

1...♔h5 2.♕e2#; 1...g5 2.♘h6#.

2.♕e6#

Leonid Kubbel

Nowoe Wremja 1908

□

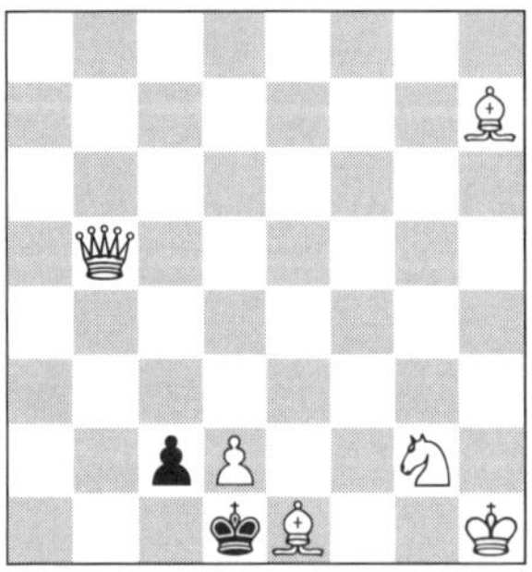

88

1.♕c4 c1♕+

1...c1♘ 2.♗c2#.

1...♔d1 2.♕xc2#

1...c1♖+ 2.♕g4#.

2.♕g4#

Leonid Kubbel

Rezec 1939

□

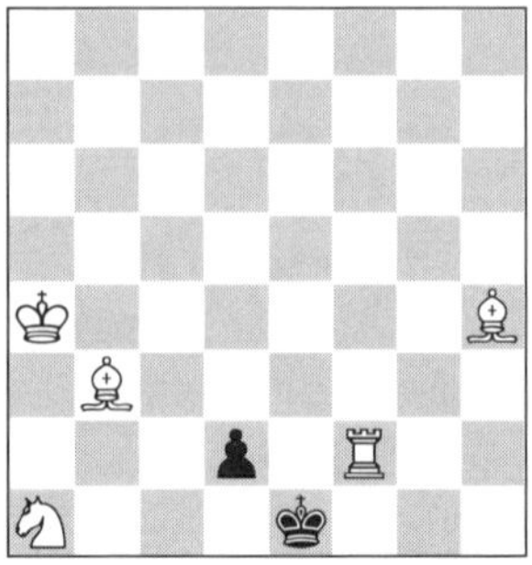

89

1.♗c4 d1♕+

1...d1♖ 2.♘c2# (2.♖c2#; 2.♖b2#; 2.♖a2#; 2.♖g2#; 2.♖h2#).

1...♔d1 2.♖f1#.

1...d1♗+ 2.♖c2#.

2.♖c2#

Leonid Kubbel

Isbrannie Sadatschi 1941

□

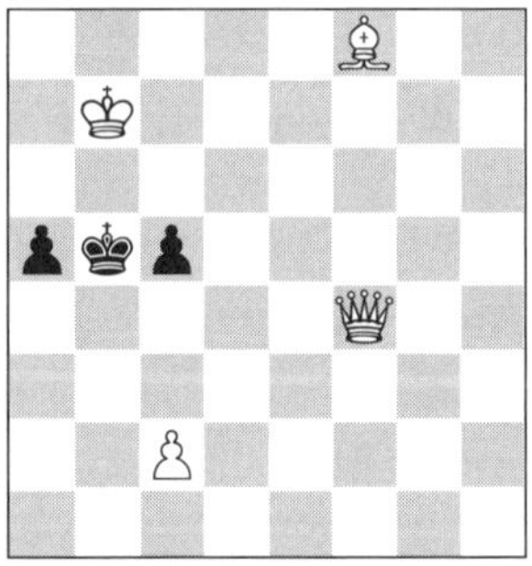

90

1.♕e3 a4

1...♔a4 2.♕b3#.

1...c4 2.♕e8#.

2.♕xc5#

Leonid Kubbel

Isbrannie Sadatschi 1941

□

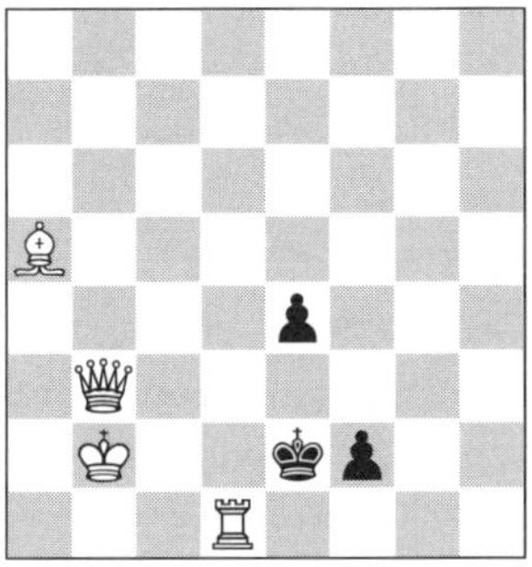

91

1.♕g3 ♔xd1

1...f1♕ 2.♖d2#.

1...f1♗ 2.♖e1# (2.♖d2#).

1...f1♘ 2.♖e1#.

1...f1♖ 2.♖d2#.

2.♕g4#

Leonid Kubbel

Isbrannie Sadatschi 1940

□

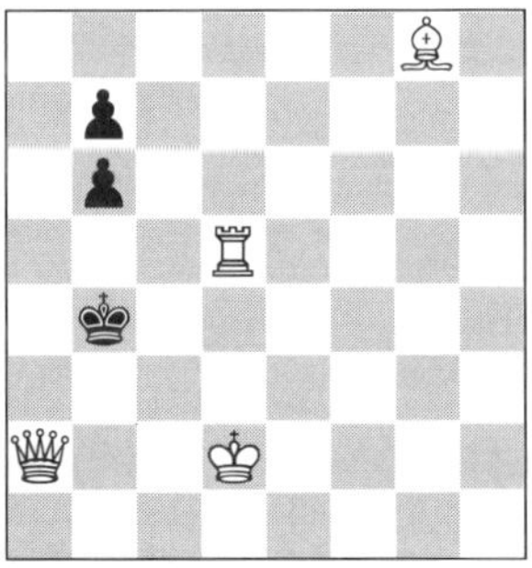

92

1.♕a7! ♔b3

1...♔c4 2.♕a4#;

1...b5 2.♖d4#.

2.♖b5#

§ 6.4 Systematisierung

David Gurgenidse

Probleemblad #160 2004

□

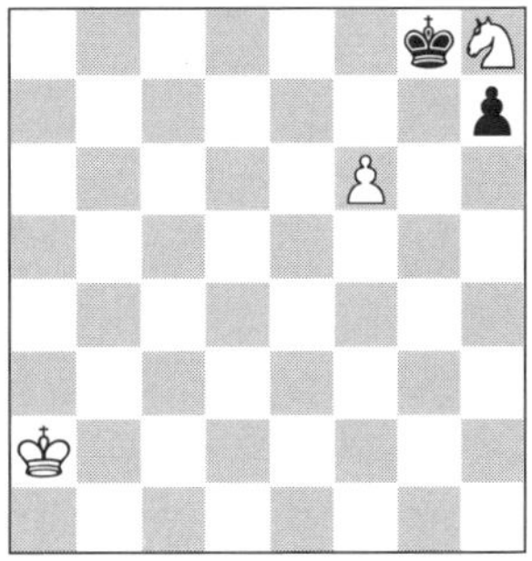

93

1.f7+ ♔f8

Es ist schlau, den König vor den Bauern zu stellen. Nach 1...♔g7 2.♔b3 eilt der weiße König herbei: 2...h5 3.♔c4 h4 4.♔d5 h3 5.♔e6 h2 (5...♔f8 6.♔f6 h2 7.♘g6#) 6.♘g6! h1♕ (6...♔xg6 führt zum selben Ende) 7.f8♕+ ♔xg6 8.♕g8+ ♔h5 9.♕h7+ mit einem Röntgenschach.

2.♔b3 h5 3.♔c4 h4 4.♔d5

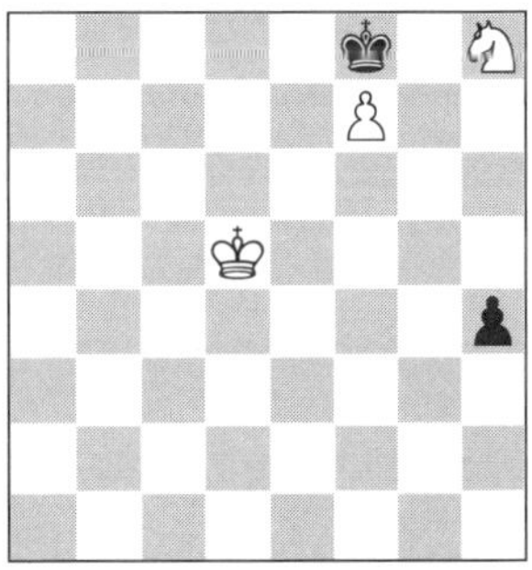

4...♔e7

Um den weißen König abzuhalten, aber nun erreicht dieser rechtzeitig den schwarzen Bauern. Bei 4... h3 5.♔e6 h2 6.♔f6 wird Schwarz mattgesetzt.

5.♔e4 h3 6.♔f3 h2 7.♔g2

Mit Gewinn.

Jarl Ulrichsen

The Problemist #886 2004

□

94

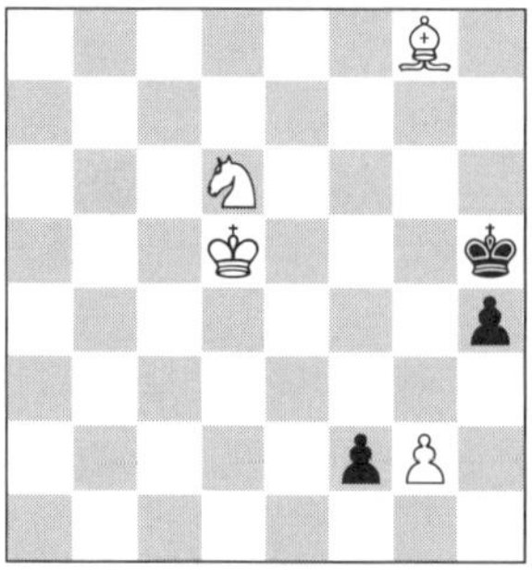

Wie soll man bloß den schwarzen f-Bauern stoppen?

1.♗f7+ ♔g4

Das bereitet dem Weißen die meisten Probleme. Nach 1...♔h6 rettet der Springer das Spiel mit 2.♘f5+ ♔h7 3.♘e3.

Bei 1...♔g5 geht sogleich der wichtigste Bauer verloren. Doch immer noch muss Weiß achtsam die Blockade aufrechterhalten und den letzten schwarzen Bauern kontrollieren, was ihm gelingt nach 2.♘e4+ ♔f4 3.♘xf2 ♔g3 4.♘h3 ♔xg2 5.♗e6. Weiß kann sich dann auf seine neue Aufgabe konzentrieren, mit Läufer und Springer mattzusetzen.

2.♘c4!

Jetzt würde die Promotion zur Dame wegen der Springergabel auf e3 verlieren.

2...♔f4

Der kritische Zug.

2...f1♘ scheint gute Remischancen zu behalten. Aber Weiß ist in der Lage, seinen g-Bauern zu halten durch 3.♗e6+ ♔g3 4.♗h3, wonach er einen technischen Gewinn hat. Irgendwann wird Schwarz seinen Springer für den g-Bauern opfern müssen, worauf Weiß wieder die Mattsetzung mit Läufer und Springer zelebrieren muss.

2...f1♕ 3.♘e3+.

3.♘d2 ♔e3

Diese Fortsetzung bereitet die meisten Kopfschmerzen. Bei 3...♔g3 4.♔d4 ♔xg2 5.♗c4 stoppt Weiß den f-Bauern. Danach muss er aber auch noch den h-Bauern unter Kontrolle halten. Dies gelingt gerade noch so durch 5...h3 6.♗f1+ ♔g3 7.♔e3 h2 8.♘e4+ ♔h4 9.♘xf2 mit Gewinn.

4.♘f1+ ♔e2

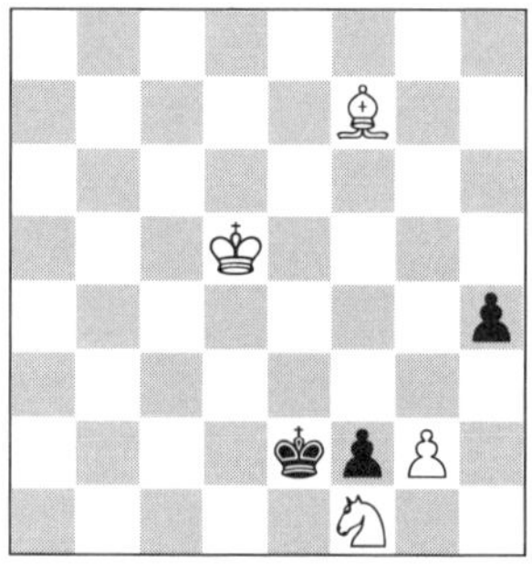

5.♘g3+!

Ein brillantes Springeropfer. Jetzt würde 5.♘h2? zum Remis führen nach 5...f1♕ 6.♗h5+ ♔f2 7.♘xf1 ♔xf1 8.♗f3 ♔f2 9.♔e4 ♔g3, weil ...h4-h3 nicht verhindert werden kann.

5...hxg3

Erzwungen. Weiß gewinnt leicht nach 5...♔e1 6.♔e4 f1♕ 7.♘xf1 ♔xf1 8.♔f3 ♔g1 9.♗e6.

6.♔e4 f1♕ 7.♗c4+ ♔f2 8.♗xf1 ♔xf1 9.♔f3

Weiß kassiert den Bauern g3 mit gewonnenem Bauernendspiel.

David Gurgenidse

2. Preis Gruzija Jubiläumsturnier1982

□

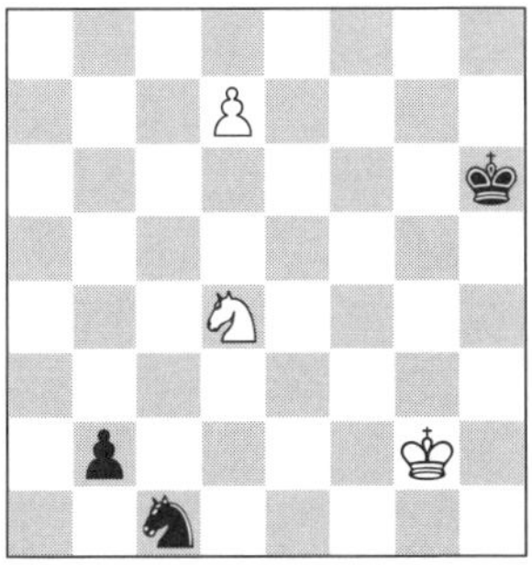

95

1.♘f5+!

Mit diesem Springerschach stellt Weiß die Gewissensfrage: wohin mit dem König?

Umwandlung in die Dame verspricht nach 1.d8♕ b1♕ 2.♕h8+ ♔g6 3.♕g8+ ♔h6 nicht viel.

1...♔g6

Die aufmerksamste Verteidigung. Bei 1...♔h7 2.d8♕ b1♕ 3.♕e7+ ♔g6 4.♕g7+ ♔xf5 5.♕h7+ verliert er forciert die Dame.

2.d8♕ b1♕ 3.♕g8+ ♔f6

Nimmt er den Springer, gerät er in ein Schachgebot mit Röntgenblick: 3...♔xf5 4.♕h7+.

Natürlich müssen wir auch berechnen, was passiert, wenn der König freiwillig in die Ecke ausweicht. Es folgt: 3...♔h5 4.♕h7+ ♔g5 (bei 4...♔g4 gewinnt 5.♘e3+ die Dame) 5.♕h6+ ♔xf5 (5...♔g4 6.♘e3#) 6.♕h7+ und das Röntgenschach gewinnt wieder.

4.♕g7+

Die Jagd ist eröffnet!

4...♔e6 5.♕e7+ ♔d5 6.♕d6+

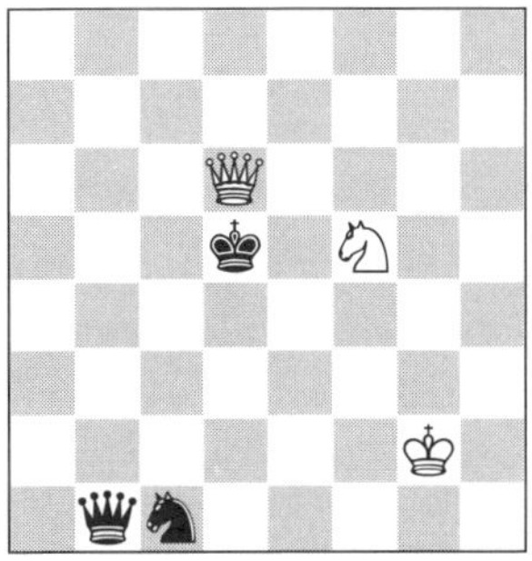

6...♔c4

Wieder die zäheste Verteidigung. Nach 6...♔e4 wandert der Springer einmal „um den Block herum“: 7.♘g3+ ♔e3 8.♘f1+ ♔e4 (8...♔e2 9.♕d2#) 9.♘d2+.

7.♘e3+ ♔c3

Auch nach 7...♔b3 wird Schwarz angezählt: 8.♕b6+ ♔a2 9.♕a5+ ♔b2.

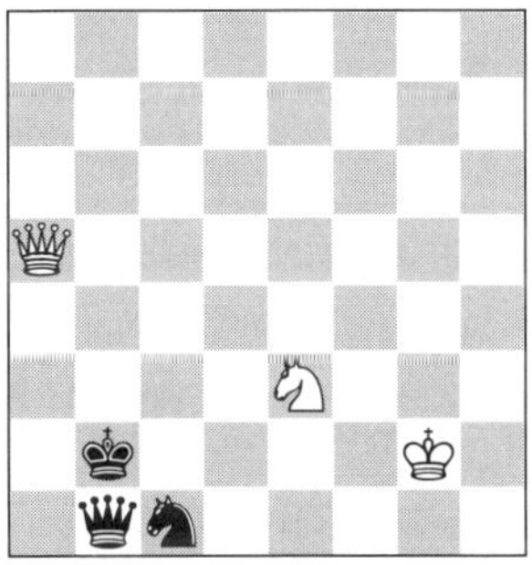

Analysediagramm

Das ist ein höchst schwieriger Augenblick.

In unseren Trainingssitzungen erwies es sich als äußerst schwierig für unsere Schüler, den richtigen Zug zu finden. Sie neigten dazu, mit der Dame zu ziehen.

10.♘c4+! (10.♕b4+? ♘b3; 10.♕e5+ ♔a2 11.♕a5+ ♔b2 verliert nur Zeit) 10...♔b3 (10...♔c2 11.♘a3+) 11.♘d2+ und Weiß gewinnt die Dame.

8.♕c5+ ♔b3
Danach muss Weiß noch ein ungewöhnliches Mattmuster erkennen. Weicht der König auf die andere Seite aus, muss Schwarz zum Gewinn ebenfalls noch exakt rechnen: 8...♔d2

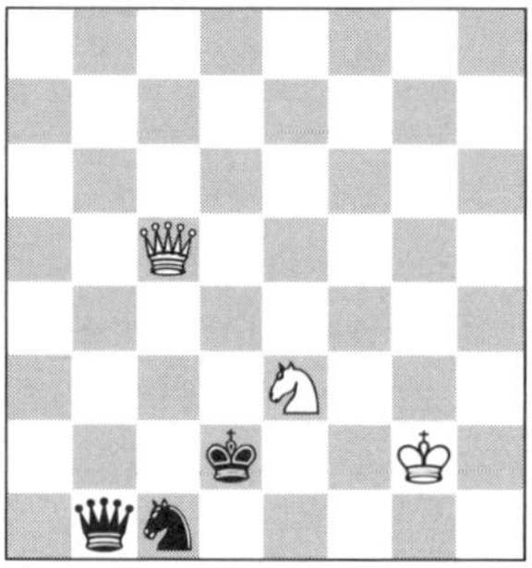

Analysediagramm

9.♘c4+! (wieder dieses fabelhafte Springerschach) 9...♔d1 (9...♔e2 10.♕e3+ ♔d1 11.♕d2#; 9...♔c3 10.♘a3+; 9...♔d3 10.♕f5+) 10.♕g1+ (10.♕h5+ ist ebenfalls gut, wie einer meiner Schüler zeigte. Nach 10...♔c2 gewann er die Dame mit 11.♕h7+) 10...♔c2 (10...♔e2 11.♕f1#) 11.♘a3+.
9.♕b5+ ♔a2 10.♕a4+ ♔b2 11.♘d1#
Und dieses Matt verdient ein Diagramm:

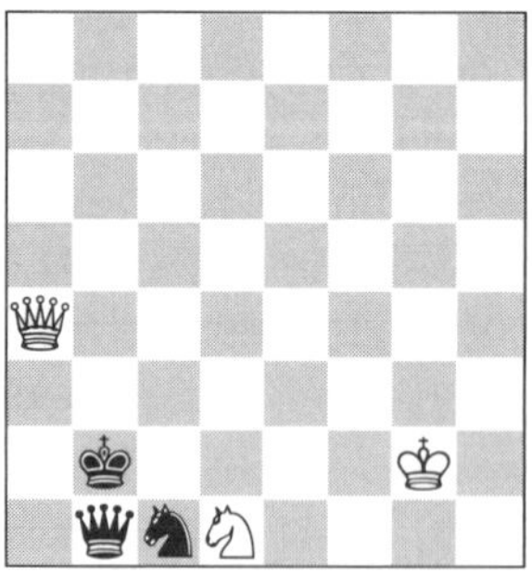

Juri Baslow
Sadatschi & Etiudi 2004

□

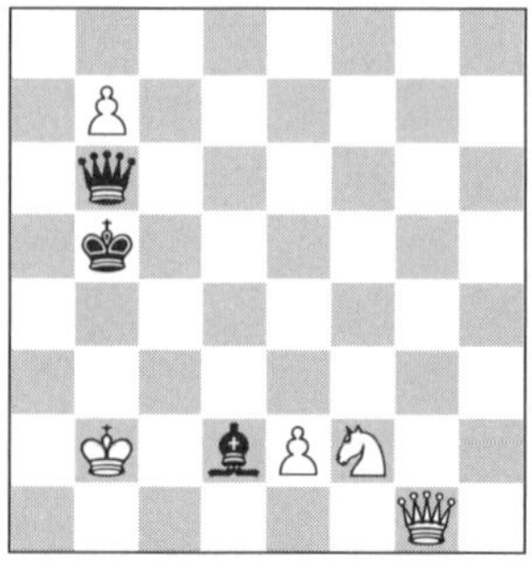

96

Eine hochexplosive Stellung. Weiß hat zwei Bauern mehr, doch Schwarz droht seinen b-Bauern zu gewinnen. Zudem verfügt Schwarz über ein Abzugsschach mit seinem König, das ziemlich unangenehm für Weiß sein könnte.
1.♘e4!!
Ein wunderbarer Springerzug, der die starke schwarze Dame zwingt, ihre Absichten kundzutun.
Bei 1.♔c2? gibt es nur eine Verteidigung für Schwarz, die gar nicht leicht zu finden ist: 1...♗f4! (um den ♗b7 zu überwachen; nicht 1...♗e3?? wegen 2.♕b1+ ♔c6 3.♕xb6+ und der Bauern wandelt sich um) 2.♕b1+ (Weiß sollte den Gewinnversuch 2.♕g2?? tunlichst unterlassen, da er auf geniale Weise mattgesetzt wird: 2...♕c5+ 3.♔b2 (3.♔d3 ♕c4#; 3.♔d1 ♕c1#; 3.♔b3 ♕c4+ 4.♔b2 ♗e5+ 5.♔b1 ♕b3+ 6.♔c1 ♗f4+ 7.e3 ♗xe3#) 3...♕c1+ 4.♔b3 ♕c4+ 5.♔b2 ♗e5+ 6.♔b1 ♕b3+ 7.♔c1 ♗f4+ 8.e3 ♗xe3#) 2...♔a6 3.♕xb6+ ♔xb6 mit einem Remis.
1...♗e3!

Eine unglaubliche Ressource, die auf einem Pattmotiv basiert. Nach 1...♕xg1 2.b8♕+ ♔c6 3.♘xd2 ist der Rest einfach. Weiß behält Figur und Bauer mehr.

2.♕xe3

Gewiss nicht 2.b8♕? wegen 2...♗xg1 und Weiß kann nicht gewinnen.

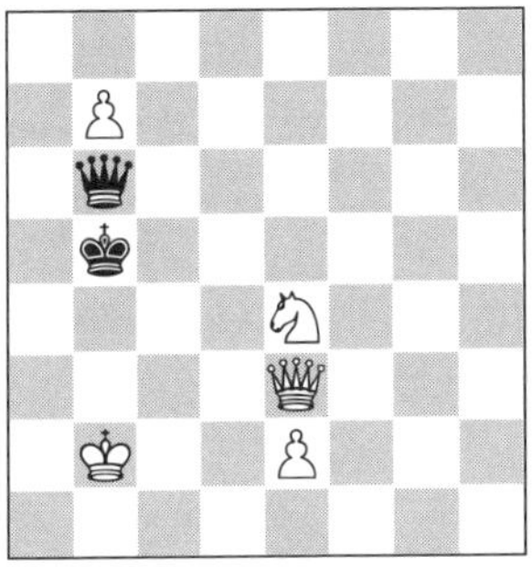

2...♔a4+!

Der Knackpunkt.

2...♕xe3 wird nun mit 3.b8♕+ und einfachem Gewinn beantwortet: 3...♔c4 4.♕c7+ ♔d4 5.♘c3 oder ♘g3.

3.♔c2

Nicht 3.♕xb6? – Patt!

3...♕xe3

Schwarz muss nehmen, alles andere ist chancenlos.

4.♘c3+ ♔a3

Der letzte Versuch, zu entkommen. Falls 4...♔b4, so 5.♘d5+. Und nichts bringt 4...♔a5 wegen 5.b8♕.

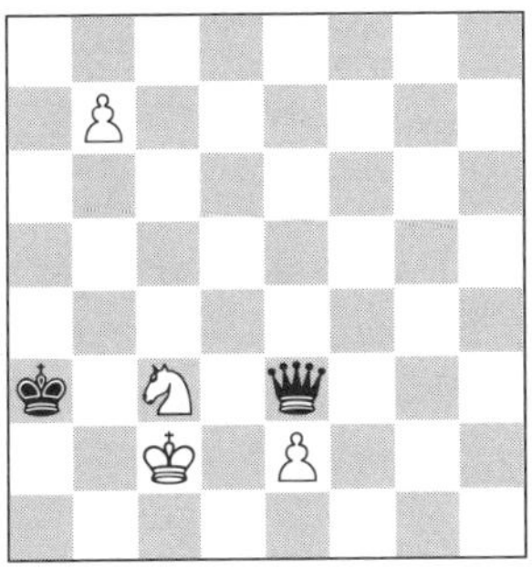

5.b8♗!

Die einzige Gewinnfortsetzung! Zunächst droht Matt durch 6.♗d6+. Dagegen könnte Schwarz nach 5.b8♕? (oder 5.b8♖) das Patt erzwingen mit 5...♕d2+ 6.♔xd2.

5...♕c5

Dadurch wird das Feld d6 gedeckt, doch das hilft auch nicht mehr. Unglücklicherweise für Schwarz kann sein König nicht über b4 entkommen wegen der Gabel: 5...♔b4 6.♘d5+.

6.♗d6 ♕xd6 7.♘b5+

Das Ende eines fantastischen Spektakels, bei dem sich Spiel und Gegenspiel stets die Hand reichten.

Marek Halski

Magyar Sakkélet 1902

□

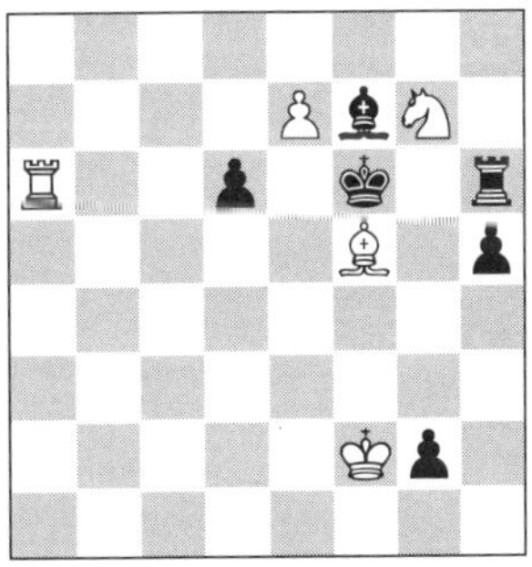

97

Auf den ersten Blick eine ziemlich chaotische Stellung. Deshalb müssen wir uns zunächst einen Überblick verschaffen. Weiß hat eine Figur mehr, aber sein Springer hängt und muss zugleich die Deckung des ♗f5 aufrechterhalten.

1.e8♘+!

Umwandlung in einen Springer! Dadurch sichert sich Weiß die

Initiative. Umwandlung in eine Dame (1.e8♕) würde den Schwarzen seiner Sorgen entheben durch das schlaue 1...g1♕+! 2.♔xg1 ♗xe8 3.♘xe8+ ♔xf5 und wie wir bald sehen werden gibt es hier keinen Gewinn für Weiß: 4.♘xd6+ ♔g4 5.♔g2 ♖e6 mit Remis.

1...♗xe8

Nach 1...♔e5 hätte Weiß zwei Mehrfiguren und könnte sie sichern mit einem Zug wie 2.♗c2.

2.♘xe8+ ♔xf5 3.♘xd6+ ♔g4

Der einzige Zug.

Bei 3...♔f4 gewinnt Weiß wieder mal durch eine Gabel: 4.♖a4+ ♔g5 5.♘f7+.

Rückzug auf die 6. Reihe ist keine Option: 3...♔g6 4.♘f7+.

4.♖a4+ ♔h3

Nun droht der König, über die Ecke zu entkommen. Wieder scheitert 4...♔g5 an 5.♘f7+.

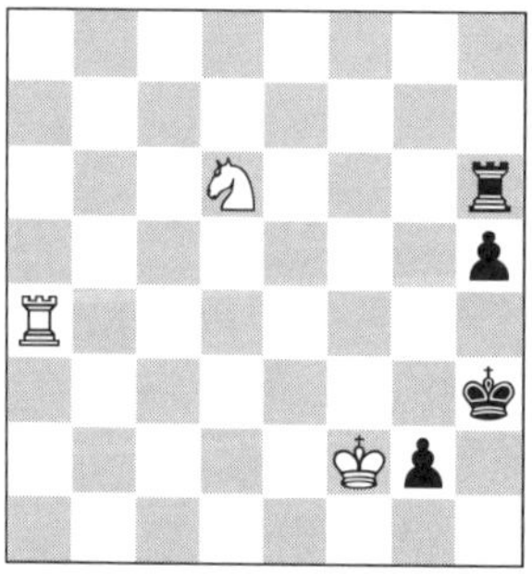

5.♘f5!

Ein ruhiger Zug, der Matt auf h4 droht.

5...g1♕+

Der letzte Versuch, das Matt zu parieren.

6.♔xg1 ♖g6+ 7.♔h1 ♖g4

Aber nun wird Schwarz auf andere Art mattgesetzt:

8.♖a3+ ♖g3 9.♖xg3#

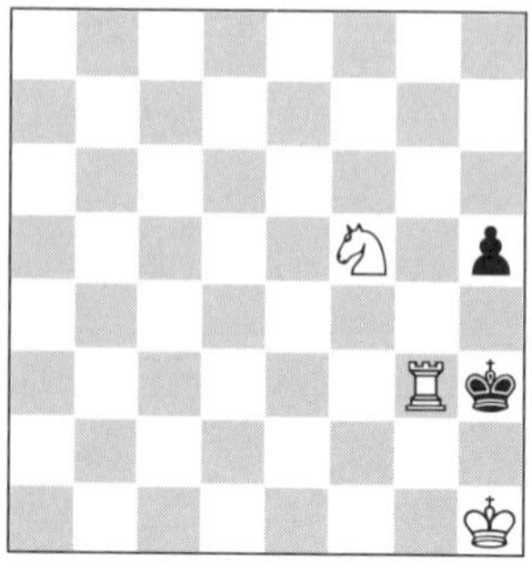

Alexander Golubew

Springaren 2002

□

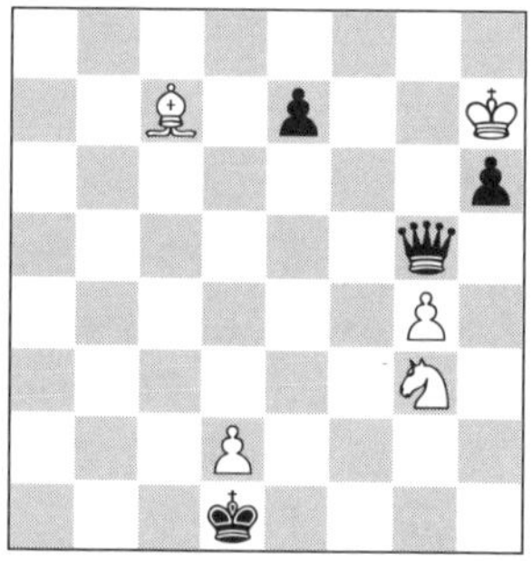

98

Der Kampf von ♗+♘ gegen ♕ ist immer interessant. Auf dem relative leeren Brett denkt man zunächst nicht, dass Weiß es gelingen kann, seine Figuren optimal kooperieren zu lassen. Jedenfalls muss Weiß mit forcierten Zügen arbeiten, da er ansonsten in große Verlustgefahr geraten würde.

1.♘e4!

Greift die Dame an und zieht zugleich Nutzen aus Motiven mit Springergabeln. Bemerkenswert: die Dame hat gerade mal ein Feld, auf dem sie nicht sogleich verloren geht.

1...♕h4

Ansonsten: 1...♕xg4 2.♘f2+; 1...♕d5 oder 1...♕b5 2.♘c3+.

Jetzt muss Weiß Züge finden, die was drohen.

2.♗g3

Greift die Dame an, die wiederum herzlich wenige Felder hat.

2...♕xg4

Schwarz erkennt, dass er die Dame hergeben muss, doch es gibt immer noch Möglichkeiten, sich zu retten. Falls 2...♕h1 oder 2...♕h3, so 3.♘f2+.

3.♘f2+ ♔e2! 4.♘xg4 ♔f3

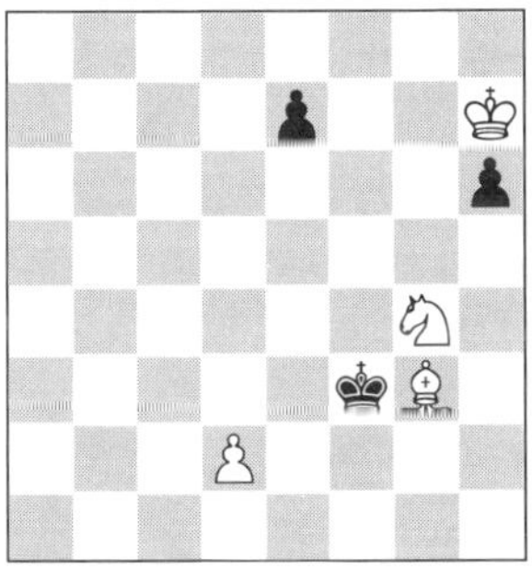

Greift beide Figuren an. Diesen Trick musste Weiß in Betracht ziehen. Welche Figur soll er retten? Und wie erreicht man nach allen doch noch eine Gewinnstellung?

5.♗e5!

Der einfachste Weg, einen technischen Gewinn zu sichern.

5...♔xg4 6.♔xh6 ♔f5 7.d4

Der Läufer ist auf dem idealen Feld e5 unberührbar, wo er den schwarzen Bauern vom Marschieren abhält.

Matt in vielen / Analysebaum

Miguoel Admiraal
Thom Beeren
Rijswijk jr 2006 (7)

□

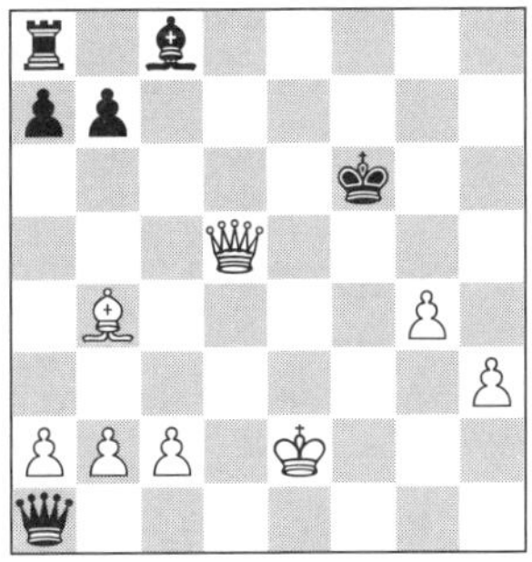

99

Mithilfe einer Engine ist es leicht, den kürzesten Gewinnweg zu finden. Aber für uns Menschen ist es wichtig, einen Weg zu formulieren, um die (besten) Züge zu finden.

39.♕d8+!

Auf jeden Fall ist es vernünftig, so viele Schachs wie möglich zu geben, damit der Gegner erst gar keine Zeit findet, was mit seinem Figuren zu unternehmen. Auf welche Dinge sollten wir achtgeben, wenn Dame und Läufer – in Verbindung mit den Bauern und unserem eigenen König – freies Spiel gegen den gegnerischen König haben?

• Prinzipiell wird die weiße Dame versuchen, sich dem König auf der anderen Felderfarbe des Läufers zu nähern.

• Die Zusammenarbeit von Dame und Läufer hängt auch davon ab, welche Felder der Läufer aus der Ferne bestreicht, und die dann von der Dame bei der Jagd auf den schwarzen König benutzt werden können.

• So oder so muss der Läufer „näher“ herangebracht werden, um das Mattnetz zu schließen.

• Die Dame wird bevorzugt versuchen, den gegnerischen König möglichst weit von dessen Grundreihe weg und in Richtung des eigenen Lagers zu treiben, wo Weiß am meisten Felder kontrolliert. Deshalb der erste Zug.

Die Partie begann mit **39.g5+**, was nicht die logischste Fortsetzung ist. Es war sehr geschickt, dass der Bauer auf g4 einige weiße Felder kontrollierte. **39...♔g6** Nichtsdestotrotz gewinnt dies auch noch für Weiß: **40.♕g8+ ♔h5** Führt zu einem schnellen Matt. Etwas zäher war 40...♔f5 – wobei auch das zum matt führt nach 41.♕f7+ ♔e4 (41...♔xg5 42.h4+ ♔xh4 (42...♔g4 43.♕f3+ ♔xh4 44.♗e7#

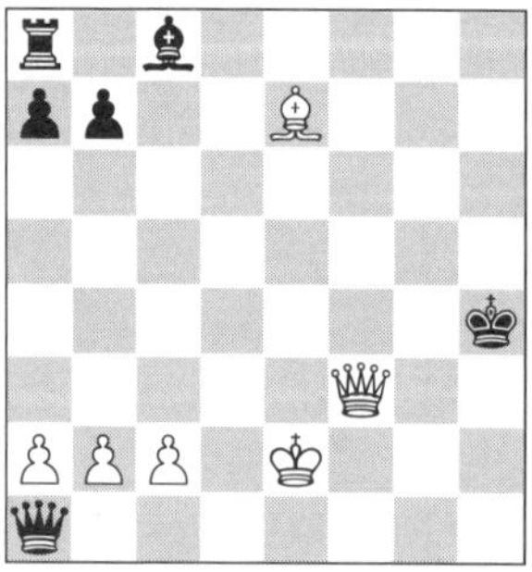

Analysediagramm

... ein instruktives Mattmuster) 43.♗e7+ (Dame und Läufer müssen stets zusammenarbeiten) 43...♔g3 (43...♔g4 44.♕f3#) 44.♕f3+ ♔h2 45.♗d6+ ♔g1 46.♕f2+ ♔h1 47.♕h2#) 42.♕e7+ ♔f5 (42...♔d5 43.c4+ ♔d4 44.♕e3+ ♔xc4 45.♕c5#) und nun entscheidet der stille Zug 43.♗d6!.

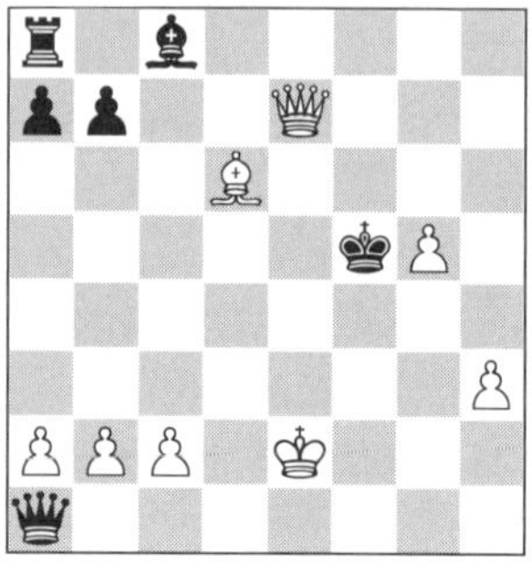

Analysediagramm

Es gibt kein Mittel gegen 44.♕f6+ ♔e4 45.♕e5#.

In der Partie folgte **41.♕f7+ ♔h4 42.♗e1+ ♔xg5 43.♗d2+ ♔h4 44.♕f4+ ♔xh3 45.♔f2 ♕g1+ 46.♔xg1 ♗d7 47.♕h6+ ♔g3 48.♕d6+** und Schwarz gab auf. Noch rascher gewinnt 41.♕h7+ ♔xg5 42.♗e7+ ♔f4 43.♗d6+ ♔g5 44.♕g7+ ♔h5 (44...♔f5 45.♕f7+ ♔e4 46.♕f3+ ♔d4 47.♕d3#) 45.♗f4 und das Matt auf g5 kann nicht pariert werden.

39...♔f7

Dies wirkt logisch. Wir wollen alle Alternativen betrachten:

A) 39...♔e6 40.♕e7+ ♔d5 41.c4+! (mit diesem Bauernopfer wird der König weiter nach vorne gelockt) 41...♔d4 (41...♔xc4 42.♕c5# und 41...♔c6 42.♕d6# sind beide direkt matt) 42.♕c5+ ♔e4 43.♕e3#, und hier sehen wir, wie wichtig sich der Bauer auf g4 (der weiße Felder kontrolliert) erweist;

B) 39...♔g6 40.♕e8+ ♔g5

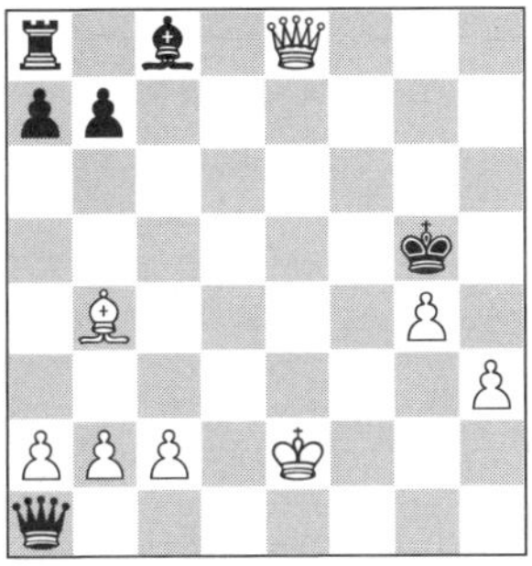

Analysediagramm

41.♗e7+! (die beste Art, den Läufer zu nutzen. Es hindert den König am Zurückweichen und treibt ihn weiter nach vorne. 41.♗d2+ ist auch gut, dauert indes etwas länger) 41...♔f4 42.♗d6+ ♔g5 43.♗f4+! (das ist der Zug, der gefunden werden muss) 43...♔f6 (43...♔xf4 44.♕e3#) 44.♗e5+ ♔g5 45.♕h5#.

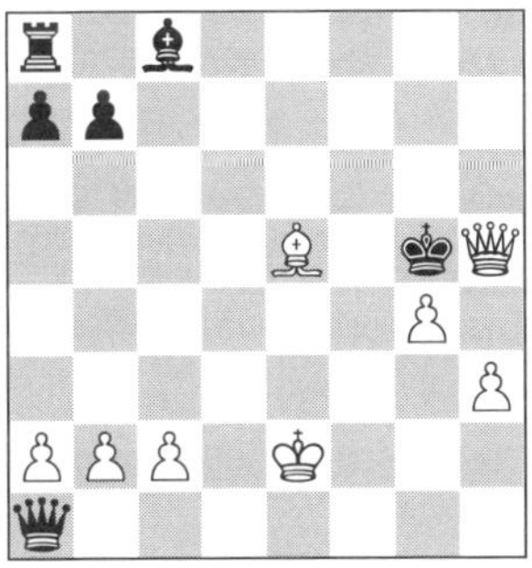

Analysediagramm

Ein hübsches Mattbild mit Dame und Läufer;

C) 39...♔g7 40.♕f8+ (wieder klebt die Dame am „Boden" des Brettes) 40...♔g6 (40...♔h7 41.♕f7+ ♔h6 42.♗d2#) 41.♕e8+!. Schließlich kümmert sich die Dame um die weißen Felder.

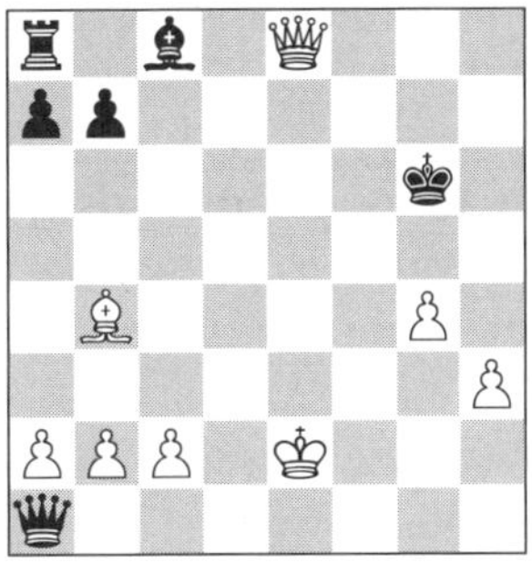

Analysediagramm

41...♔g5 (41...♔f6 42.♗c3+ ♔g5 43.♕h5+ ♔f4 44.♕e5#) 42.♗e7+ (diese Methode, den Läufer miteinzubeziehen, haben wir bereits kennengelernt) 42...♔f4 43.♗d6+ ♔g5 44.♗f4+! ♔f6 (44...♔xf4 45.♕e3#) 45.♗e5+ ♔g5 46.♕h5#.

40.♕f8+ ♔g6

40...♔e6 41.♕f5#. Ein typisches und schönes Matt, wie wir es vorher ähnlich gesehen haben:

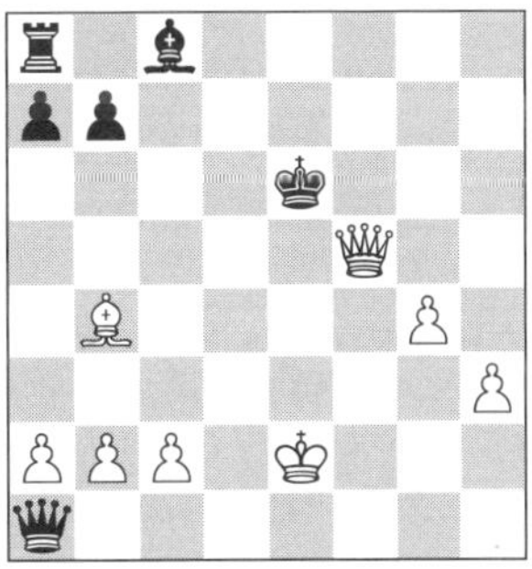

Analysediagramm

41.♕e8+!

Wieder die weißen Felder!

41...♔g5

Schwarz wird schneller matt nach 41...♔f6 42.♗c3+ ♔g5 43.♕h5+ ♔f4 44.♕e5# oder 41...♔h6 42.♗f8+ ♔g5 43.♕e7+ ♔f4 (43...♔g6 44.♕g7#) 44.♕e3#.

42.♗e7+

Und wieder dieses Motiv.

42...♔f4

42...♔h6 43.g5+ (nun, da die weiße Dame die weißen Felder überwacht, kann der Bauer ein paar schwarze Felder „beschlagnahmen") 43...♔g7 44.♗f6+ ♔h7 45.♕f7#.

43.♗d6+ ♔g5 44.♗f4+!

Weiß sagt „Lebewohl" zu seinem Läufer. Falls nun 44...♔xf4, so 45.♕e3#.

44...♔f6 45.♗e5+ ♔g5 46.♕h5#

Magnus Carlsen
Wesselin Topalow

Stavanger 2015 (1)

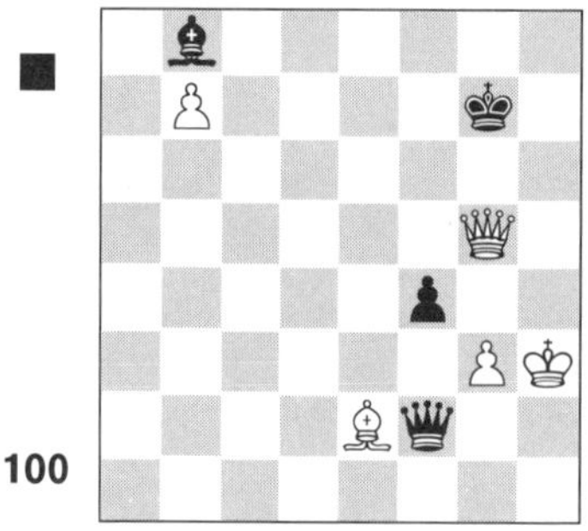

100

Nach dem Damenschach auf g5 antwortet Schwarz mit

60...♔f7

Hier war der 60. Zug erreicht und Carlsen nahm an, dass er 15 Extraminuten auf der Uhr bekommen würde, wie es das alte Zeitlimit vorsah. Aber die Regeln wurden verändert, wie der Schiedsrichter vor dem Start der ersten Runde bekanntgegeben hatte. Wie auch immer, Carlsen war zu Beginn der Runde nicht zugegen, und da ihm die Änderung in den Regeln nicht bewusst war, überschritt er nun die Bedenkzeit in einer total gewonnenen Stellung. Zum heillosen Schrecken des Weltmeisters kamen zwei Schiedsrichter an sein Brett, um ihn darauf aufmerksam zu machen, dass er die Partie durch Zeitüberschreitung verloren habe. Unglaublich, aber wahr.

Dieser Unfall verlieh Topalow Flügel, und er gewann das Turnier. Carlsen dagegen erwischte eines der schlechtesten Turniere seiner Karriere.

Die Stellung ist forciert gewonnen, da die weiße Dame ausgezeichnet mit ihrem Läufer zusammenarbeitet, während der schwarze König keinen Schutz findet. In der Hauptvariante wird der schwarze König herausgetrieben, bis er in einem gewissen Moment auf der Diagonale a7-g1 steht. Dann gewinnt Weiß die schwarze Dame mithilfe eines Röntgenschachs auf dieser Diagonalen. Die folgende komplexe Analyse zeigt, wie sich diese Überlegung in Varianten niederschlägt.

Eine Gewinnvariante, in der Dame und Läufer sich optimal ergänzen, sieht folgendermaßen aus: **61.♗c4+ ♔e8** 61...♔f8 wird sofort matt nach 62.♕f6+ ♔e8 63.♗b5#. **62.♗b5+ ♔f7 63.♕f5+** und nun:

A) Flucht ins Zentrum hilft nicht. Weiß gewinnt analog zu anderen Varianten, etwa: **63...♔e7 64.♕d7+ ♔f6 65.♕d8+**

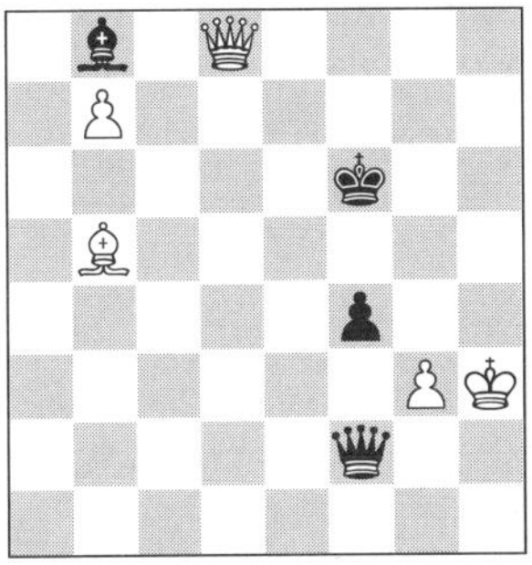

Analysediagramm

Dieses schlaue Schachgebot ist stets der Weg, Fortschritte zu erzielen. Der König kann nicht über das Feld e5 flüchten, da dann der Läufer b8 mit Schach fallen würde.

A1) **65...♔g7 66.♕e7+ ♔h6 67.♕f6+ ♔h7 68.♗d3+**, nebst Matt;

A2) Wandert der König zur anderen Seite, wird der Gewinn etwa so erzielt: **65...♔e6 66.♗c4+ ♔f5 67.g4+** Eine wichtige Ressource! **67...♔g6 68.♕e8+ ♔f6 69.♕e6+**

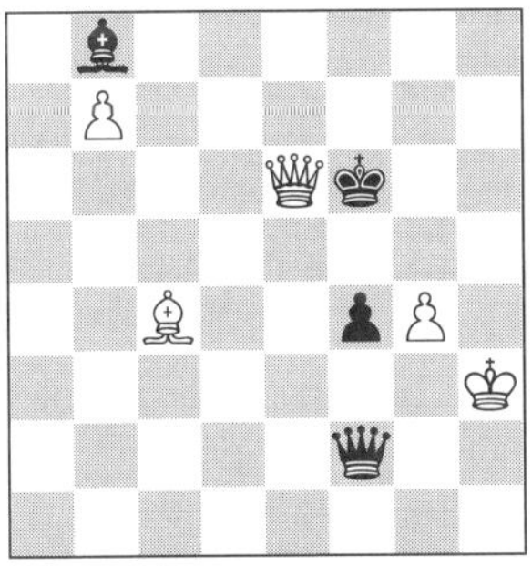

Analysediagramm

Jetzt wird es forciert matt: **69...♔g5 70.♕f5+ ♔h6 71.g5+ ♔g7 72.♕f7+ ♔h8 73.♕g8#**;

A3) **65...♔g6 66.♗d3+ ♔f7 67.♗c4+ ♔g6 68.♕g8+ ♔f6 69.♕f8+ ♔g5 70.♕g7+ ♔f5 71.g4+ ♔e4 72.♕g6+ ♔f3 73.♕c6+** Der Gewinn sieht ähnlich wie in allen anderen Varianten aus.

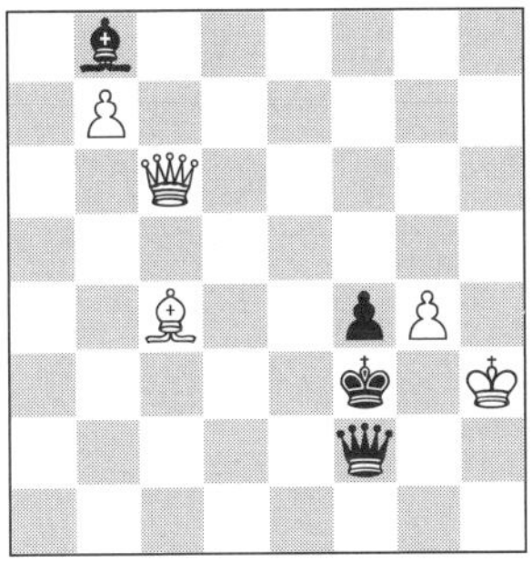

Analysediagramm

73...♔e3 74.♕c5+ ♔f3 75.♕d5+ ♔e3 76.♕d3#;

B) **63...♔g7 64.♕d7+ ♔f6 65.♕d8+!** Und wieder so ein fieses Schachgebot (sehen Sie das Analysediagramm in Abspiel A!). Mit der Dame auf den schwarzen Feldern sowie dem Läufer auf den weißen Feldern nimmt Weiß seinem Gegner enorm viele Felder weg. **65...♔g7 66.♕e7+ ♔h6 67.♕f6+ ♔h7 68.♗d3+ ♔g8 69.♗c4+ ♔h7 70.♕f5+ ♔h6 71.♕f8+ ♔g5 72.♕g7+ ♔f5 73.g4+**

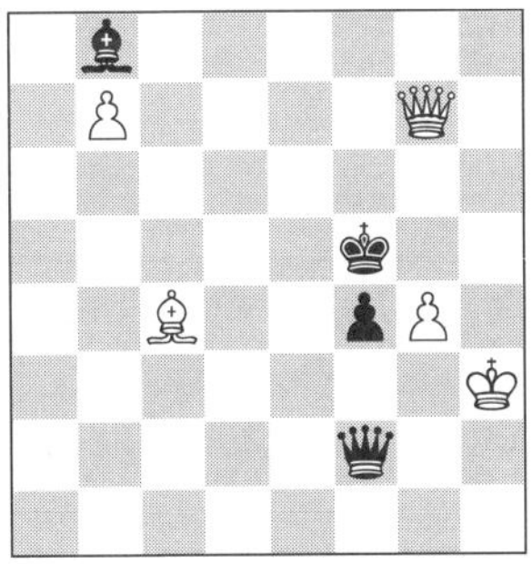

Analysediagramm

Nun nimmt der Monarch den Flug nach vorne, aber das wird ihm nicht helfen: **73...♔e4 74.♕g6+!**

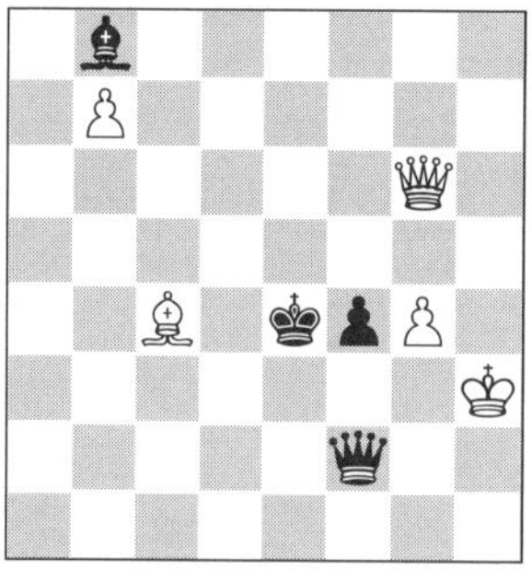

Analysediagramm

Für einen Menschen ist das schwer wahrzunehmen. Wichtig ist, dass der König nicht über d4 flüchten kann (denn ansonsten würde der Läufer c4 hängen). **74...♔f3** 74...♔e5 75.♕e6+ ♔d4 76.♕b6+; und wieder rennt 74...♔d4 ins entscheidende Röntgenschach 75.♕b6+. **75.♕c6+ ♔e3 76.♕c5+ ♔f3** Der einzige Weg, die Dame nicht zu verlieren, doch nun folgt ein höchst originelles Epaulettenmatt! **77.♕d5+ ♔e3 78.♕d3#** – sehen Sie auch A3!

Borge Andersen
Inge Johannsson
1964 (unbekannter Ort)

□

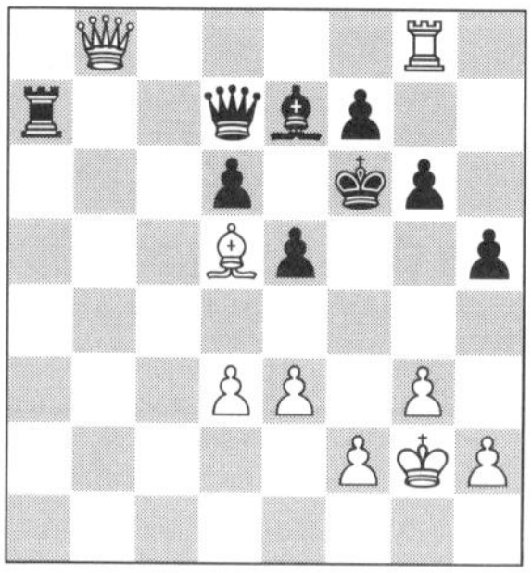

101

1.♖xg6+!!

Mit diesem Zug gab der Weißspieler zu erkennen, dass er davon ausging, den Schwarzen auf den weißen Feldern schlagen zu können.

Bitte spielen Sie die folgenden Züge im Kopf nach, und denken Sie am Ende der Zugsequenz nach, welche Varianten Sie zu berechnen haben! 1.♖xg6+ ♔xg6 2.♕g8+ ♔h6 3.♕h8+ ♔g6 4.♗f3 ♕d8

NÄCHSTE VERZWEIGUNG – Wie macht Weiß weiter?

1...♔xg6

Forciert, andere Züge verlieren schnell. Zum Beispiel: 1...♔f5 2.♗e4#; 1...fxg6 2.♕h8+ ♔f5 3.e4+ ♔g4 (3...♔g5 4.h4+ ♔g4 5.f3#) 4.f3+ ♔g5 5.h4#.

2.♕g8+ ♔h6

Wieder die beste Verteidigung. Bei den beiden Alternativen wird Schwarz schneller mattgesetzt: 2...♔f6 3.♕xf7+ ♔g5 4.♕g7+ ♔f5 5.e4#; oder 2...♔f5 3.e4+ ♔f6 4.♕xf7+ ♔g5 5.♕g7#.

3.♕h8+ ♔g6

Oder 3...♔g5 4.♕g7+ ♔f5 5.e4#.

4.♗f3

Der Weiße hat das Mattmuster mit Dame und Läufer im Kopf, das wir zuvor bereits diskutiert haben Noch exakter war 4.♗e4+ mit der möglichen Fortsetzung 4...f5 (4...♔g5 5.♕g7#) 5.♗f3. Angesichts der Drohung 6.♗xh5+ ♔g5 und 7.h4 Matt kann Schwarz nun nur noch die Dame geben mit 5...♕b7 6.♕xh5+ ♔f6 7.♗xb7 ♖xb7 8.♕f3 ♖b4 9.e4, wonach die technische Umsetzung einfach ist.

4...♕d8

Nach 4...♕f5 5.♗e4 wird noch etwas Technik benötigt, aber zweifellos gewinnt Weiß hier.

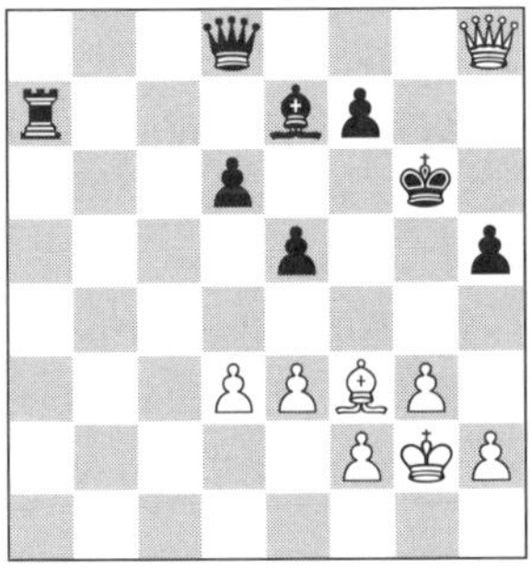

Jetzt ist es forciert matt. Wie geht es weiter?

5.♗xh5+ ♔f5

Weiß muss immer noch einen Hauch von Genialität zeigen nach 5...♔g5 6.f4+ exf4 7.exf4+ ♔f5. Jetzt führt die uns bereits vertraute Magnetkombination zu einem schnellen Gewinn: 8.♗g4+! ♔g6 (8...♔xg4 9.♕h3#) 9.f5+ ♔g5 10.♕h4# und wieder mal – perfekte Kooperation!

6.♕h6!

Mit diesem ruhigen Zug fängt Weiß den schwarzen König.

6...♗f6

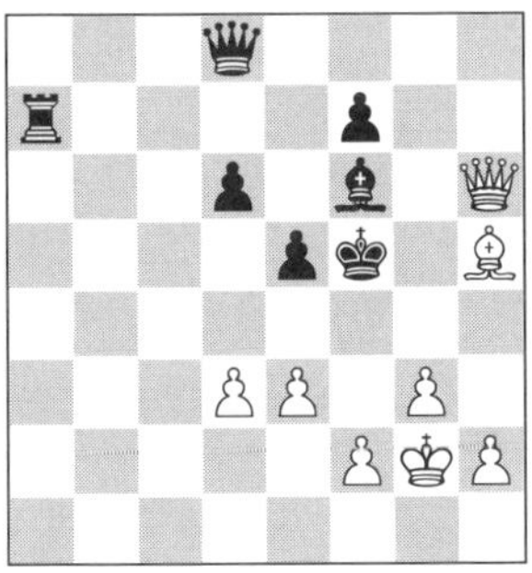

7.♗g4+!!

Hier ist das Magnetmotiv wieder.

7...♔xg4 8.e4!

Und noch ein ruhiger Zug – diesmal, um den Rückzug nach f5 zu nehmen.

8...♖a2 9.h3#

Alexander Kotow
Michail Judowitsch

Moskau Meisterschaft der UdSSR 1939 (9)

□

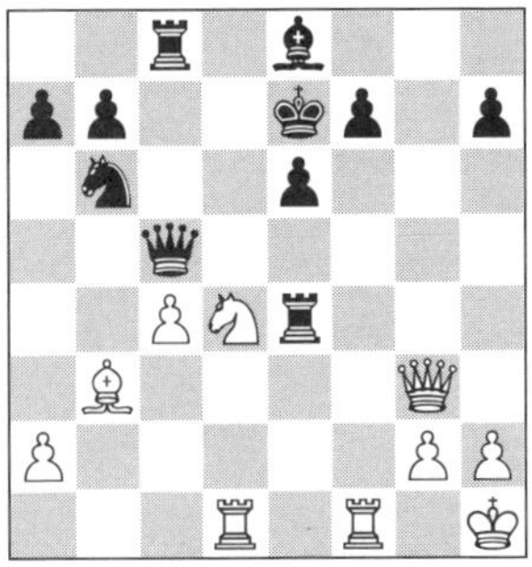

102

Verständlich, dass Weiß den im Zentrum steckenden schwarzen König attackieren will. Für den Moment findet dieser ausreichend Schutz hinter zwei Bauern (e6 und f7), zudem verhindern die ♕c5 und der ♖e4 einen schnellen Zusammenbruch.

In dieser Stellung findet Kotow – der Mann, der uns ein System hinterlassen hat, um unseren Weg durch komplexe Varianten zu bahnen – einen Weg, um den schwarzen König mit einem Opfer zu „entkleiden". Auch moderne Engines haben Probleme, den ersten Zug zu finden:

25.♖f5!!

Ein großartiges Turmopfer, welches die fünfte Reihe unzugänglich für die schwarze Dame machen soll.

25...exf5

Der prinzipielle Zug; der musste freilich akkurat berechnet werden. 25...♕d6 ist keine Lösung wegen 26.♖xf7+! ♗xf7 27.♘f5+ exf5 28.♕xd6+ ♔e8 29.♗a4+! ♘xa4 30.♕d7+ und Weiß gewinnt.

Man könnte meinen, dass 25...♕xd4 spielbar wäre, doch nach 26.♖xd4 ♖xd4 27.♕g5+ ♔d7 28.♖f1 hat Weiß wenig Ärger mit den unkoordinierten schwarzen Truppen zu erwarten.

26.♘xf5+ ♔f6

26...♕xf5?? 27.♕d6#.

26...♔e6 führt zum gleichen.

27.♖d6+ ♔xf5

Objektiv muss Schwarz 27...♕xd6 spielen, aber es ist leicht zu erkennen, dass er zu viel Material verliert nach 28.♘xd6.

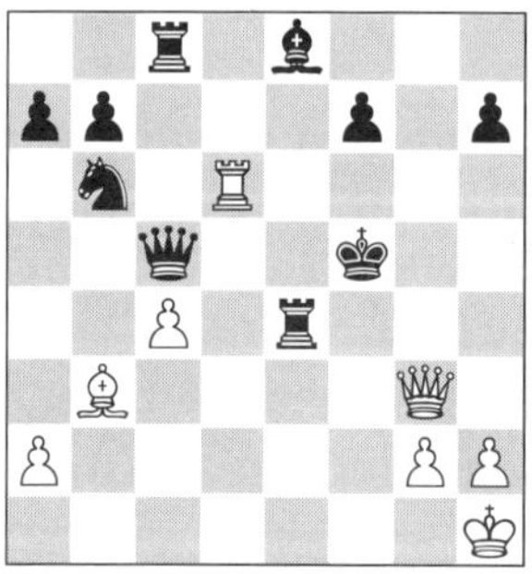

NÄCHSTE EBENE: Wie soll Weiß weitermachen?

Sobald der erste Zug gefunden ist, wird alles ganz natürlich weiterfließen. Aber wieder müssen wir den Weg finden, auf dem die weißen Figuren am besten zusammenarbeiten. Dieses Ziel wird erreicht mit

28.♕f3+!

Nicht 28.♕h3+? wegen 28...♔e5 29.♖d1 ♕e3 und Schwarz entkommt.

28.♗c2? endet ebenfalls im Desaster nach 28...♕xd6! 29.♕xd6 ♖cxc4, wo Schwarz viele Figuren für die Dame besitzt.

28...♖f4

Die beste Verteidigung.

Falls 28...♔e5, so 29.♕f6#; und 28...♔g5 verliert schnell nach 29.♕f6+ ♔h5 (29...♔g4 30.♗d1+ ♖e2 31.♗xe2#) 30.♗d1+ ♖g4 31.♕h6#.

29.♕h5+ ♔e4 30.♗c2+ ♔e3 31.♖d3+ ♔f2

Bisher alles klar und verlockend. Offensichtlich gewinnt Weiß nach 31...♔e4 mit einem Abzugsschach. Am besten ist 32.♖d2+ ♔e3 33.♕e2#.

Auch jetzt wird Schwarz matt, auf e3 oder e1:

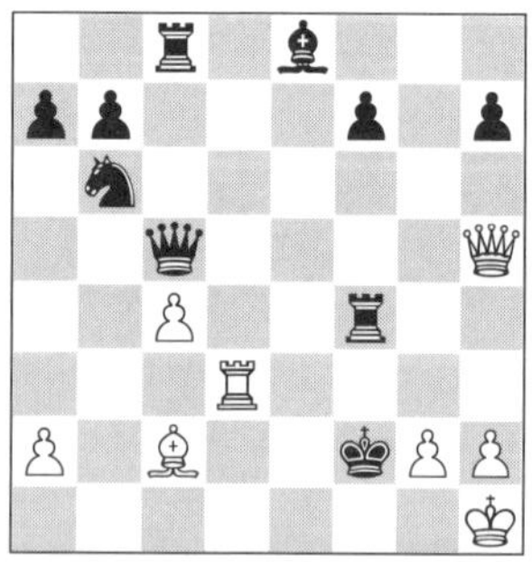

32.♖d2+ ♔e3 33.♕e2#

Borislav Ivkov
Levente Lengyel
Beverwijk 1964 (5)

□
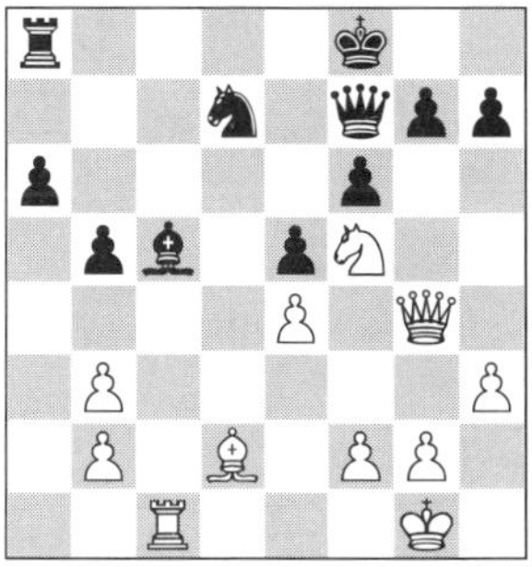
103

Weiß berechnete im Kopf die folgende forcierte Variante:
32.♖xc5! ♘xc5 33.♗b4 ♕c7
Hier verliert 33...♖c8 nach 34.♘d6.
34.♗xc5+ ♕xc5 35.♕xg7+ ♔e8 36.♕g8+ ♕f8
Nun muss er ein deutliches Bild dieser Stellung visualisieren, damit er von hier ausgehend einen Analysebaum erschaffen kann.
FRAGE: Visualisierung auf einer neuen Ebene. Was ist die beste Fortsetzung für Weiß?
37.♘g7+!
Der Schlüssel zum Erfolg liegt in diesem Zug, der zunächst mal nicht selbstverständlich aussieht. Weniger überzeugend ist 37.♕e6+ ♔d8 38.♕d5+ (beachtlich ist, dass 38.♕b6+ ♔c8 39.♕c6+ ♔b8 nichts Besonderes erreicht. Hier wird 40.♘d6 durch 40...♖a7 41.♕b6+ ♔a8 beantwortet. Auch wenn Weiß hier nichts zu fürchten hat, es gibt auch keinen konkreten Weg, Fortschritte zu erzielen) 38...♔c7. Der König ist relativ sicher; Schwarz hat alle wichtigen Felder überdeckt. Auch hier gibt es keinen direkten Fortschritt für Weiß.
37...♔d7
37...♔e7 38.♕e6+ ♔d8 39.♕d5+ ♔c7 (39...♔e7 40.♘f5+ ♔e8 41.♕xa8+) 40.♘e6+.
38.♕d5+ ♔e7
Der einzige Zug, aber bald wird alles aus sein. Der Springer ist ausgezeichnet platziert, 38...♔c7 scheitert an 39.♘e6+.
Zurück konnte der König auch nicht: 38...♔c8 39.♕xa8+.
39.♕b7+
Führt forciert zum Matt. In der Partie folgte 39.♘f5+, worauf Schwarz resignierte, denn 39...♔e8 40.♕xa8+ verliert den Turm.
39...♔d8 40.♕xa8+ ♔e7 41.♕b7+ ♔d8 42.♕b8+ ♔e7 43.♕c7#

Grigori Rawinski
Wassili Panow
Moskau 1943

□
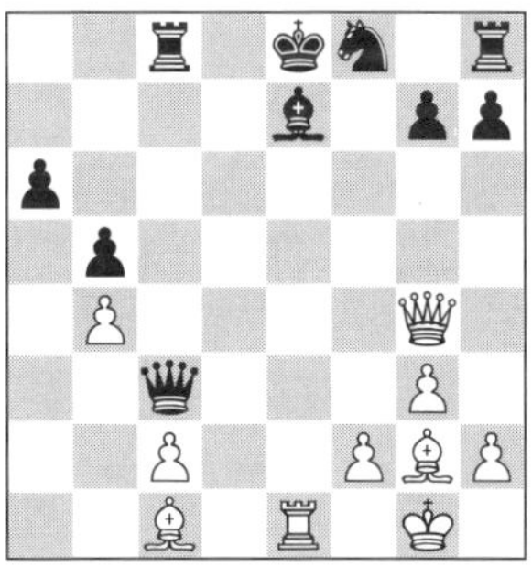
104

Die weißen Figuren sind ausgezeichnet platziert, deshalb liegt hier eine Entscheidung in der Luft. Rawinski entschließt sich, die letzten Überbleibsel der schwarzen Königsdeckung zu entfernen mit

26.♖xe7+! ♔xe7

Und feuert dann mit dem Läufer auf den König:

27.♗g5+ ♔d6

Zurück zum Ausgangsfeld ist nicht gut. Weiß gewinnt mit 27...♔e8 28.♕e2+! (Damenzug von hinten!) 28...♔f7 29.♗d5+ ♔g6 30.♕e4+ (der ♗g5 kann nun geopfert werden) 30...♔xg5 31.♕f4+ ♔h5 32.♗f7+ g6 33.♕h4#.

Es gibt kein Entkommen mit 27...♔f7 wegen 28.♗d5+ mit einem schnellen Matt nach 28...♔e8 29.♕e2+!.

Nun muss er im Voraus versuchen, ein möglichst klares Bild von der Stellung nach 27...♔d6 in seinem Kopf zu bekommen, um ab hier einen Analysebaum zu beginnen.

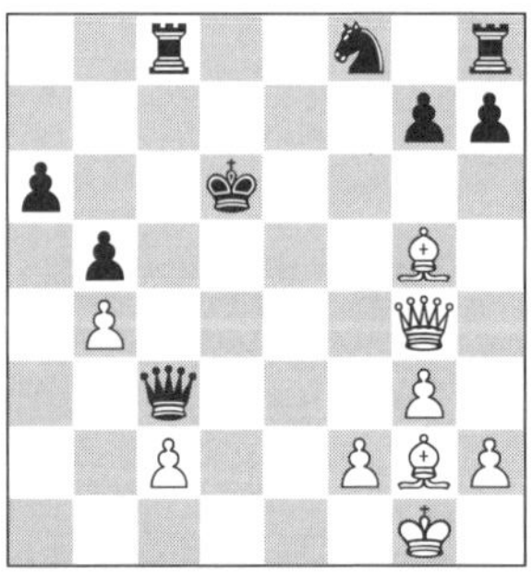

FRAGE: Visualisierung auf einer anderen Ebene. Was ist die strengste Fortsetzung für Weiß in dieser Position?

28.♕d1+!

Und wieder ist das Damenschach von hinten am besten. Aber auch 28.♕f4+ ist kein Fehler. Weiß gewinnt Material nach 28...♕e5 29.♗e7+! ♔e6 30.♗h3+ ♔d5 31.♕f3+ ♕e4 32.♕f7+! ♔d4 (32...♔c6 33.♗g2) 33.♕xg7+ ♔c4 34.♗f1+ ♔d5 und zuletzt endet die schwarze Dame in einer Fesselung: 35.♗g2.

28...♔c7

28...♔e6 29.♕d5# ist ein Mattmuster, das wir alle nur zu gut kennen.

29.♗f4+ ♔b6 30.♕d6+ ♔a7

30...♖c6 rennt sogleich ins Matt: 31.♕b8#.

31.♕e7+ ♖c7

Und Schwarz gab etwas später auf. Nach 31...♖c7 kann Weiß natürlich den Turm schnappen wie in der Partie, aber effizienter ist der Mattangriff mit 32.♗e3+ ♔b8 (32...♕xe3 33.♕xc7#) 33.♕d8+ ♖c8 34.♕b6#. Schließlich rennt 31...♔b6 ins Matt: 32.♕b7#.

§ 6.5 Berechnung/ Vorausdenken

Isaac Sanders
Jacob Aagaard
England tt 2014/15 (10)

□

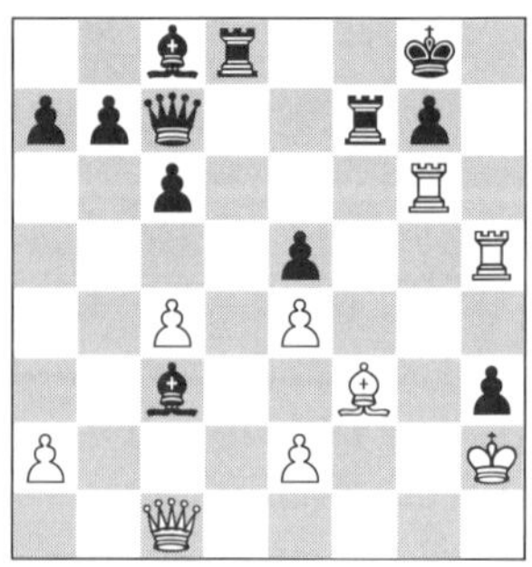

105

32.♕h6

Droht plötzlich Matt in einem. Wenn Weiß den Läufer zurücknimmt, wird er zu wenig Kompensation für seinen Minusbauern haben. Nach 32.♕xc3 ♕d7! ist Schwarz klar besser.

32...♔f8 33.♕g5

Natürlich. Wieder droht Matt in einem.

33...♔g8

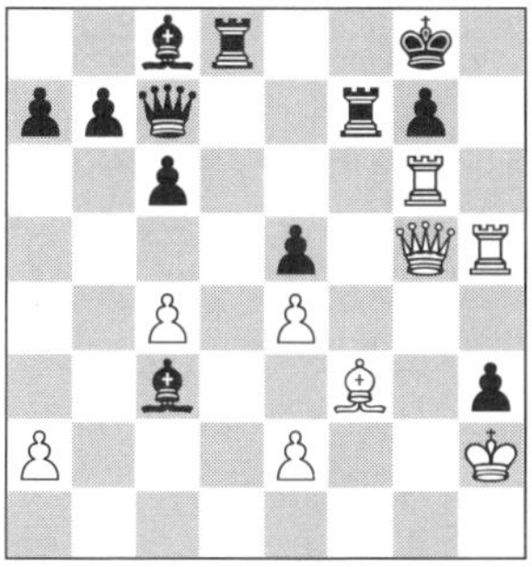

Wenn der König versucht, auf die andere Seite zu entkommen, muss Weiß seine letzte Figur zur Attacke führen. Dies gelingt ihm durch **33...♔e8 34.♖h8+ ♖f8** Nach 34...♔d7 35.♗g4+ ist es schnell vorbei. **35.♗h5!** Der Schlüsselzug zum Gewinn. Weiß gibt den ♖h8 preis. **35...♔d7** Immer noch findet der schwarze Monarch keinen Unterschlupf. Nach 35...♖xh8 36.♖xg7+ ♔f8 (36...♖xh5 37.♕xh5+ ♔f8 38.♕h8#) 37.♕f6+ ist es aus. **36.♖xg7+** Der Rechner sagt „Matt in 8" nach 36.c5, aber das ist kein menschlicher Zug. **36...♔d6 37.♖h6+ ♔c5 38.♕e3+!** Um das Feld f2 vor einem Gegenangriff mit ...♖f2+ zu überdecken. Weiß lässt besser die Finger von der Dame, da dies die Dinge unnötig kompliziert machen würde: 38.♖xc7?! ♖f2+ 39.♔g1 ♖g2+ 40.♕xg2 hxg2 und es ist mehr als fraglich, ob Weiß noch gewinnen kann. **38...♗d4 39.♕a3+ ♔xc4 40.♕c1+** Nun, da die Grundreihe gedeckt ist, hat Weiß nichts mehr zu befürchten. **40...♔b5 41.♖xc7** Jetzt kann Weiß die Dame nehmen. Der schwarze Gegenangriff ist lediglich ein Sturm im Wasserglas: **41...♖f2+ 42.♔h1** und Schwarz hat nichts.

34.♕h4!

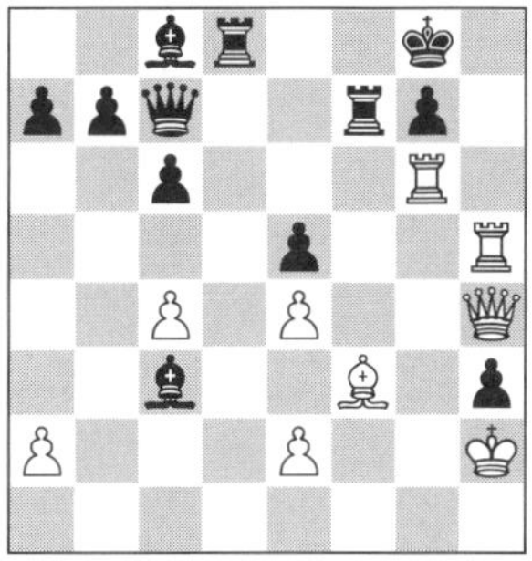

Dies ist das Standardmanöver, welches wir bereits gesehen haben: die Dame wird hinter den eigenen Turm gestellt und bereitet 35.♖h8# vor. Gleichzeitig wirft sie ein Auge auf e7, und verhindert so die Flucht des Königs über dieses Feld. Nicht gut wäre 34.♖gh6? wegen 34...♖xf3! (Schwarz schafft das Fluchtfeld f7 und vernichtet eine wichtige Angriffsfigur) 35.♖h8+ ♔f7 und die Attacke schlingert: 36.♕xd8 ♖f2+ 37.♔h1 ♕xd8 und Schwarz gewinnt.

34...♖xf3

Auch hier kontert Schwarz mit dem Qualitätsopfer, aber hier erweist es sich als ineffektiv. Der Unterschied wird sogleich klar.

35.♖h8+ ♔f7 36.♖xg7+!

Demoliert die letzten Überbleibsel des Königsschutzes.

36...♔xg7

36...♔e6 37.♖h6+ ♖f6 38.♕xf6#.

37.♖h7+ ♔g6

Relativ besser war 37...♔g8, aber dann würde 38.♖xc7 jeglichen Widerstand beenden.

38.♕h6#

Michail Ulibin
Jorge Cabrera Trujillo

Cappelle-la-Grande 2008 (2)

□

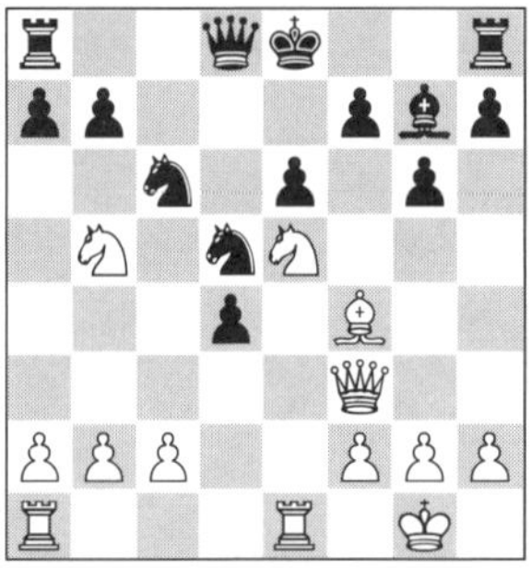

106

15.♘xf7!

Weniger klar ist 15.♕xd5 ♕xd5 16.♘c7+ ♔f8 17.♘xd5 exd5.

15...♔xf7 16.♘d6+ ♔g8

16...♔e7 17.♘xb7 (nach 17.♕xd5 ♗e5 18.♖xe5 ♕xd6 hat Weiß auch Vorteil, aber dieser ist weniger deutlich) 17...♕d7 18.♘c5, wonach Weiß auf e6 oder d5 nimmt.

17.♖xe6 ♘xf4

17...♘ce7 wird widerlegt von 18.♖xe7 ♘xe7 19.♕b3+ mit baldigem Matt, während bei 17...♘de7 18.♗g5 h6 19.♗xe7 ♘xe7 20.♕f7+ ♔h7 21.♖xe7 dem Weißen den Sieg bringt.

18.♕b3!

Nicht 18.♕xf4? wegen 18...♕c7, und Weiß kommt vorerst nicht weiter. Schlechter wäre gar 18.♖e8+? wegen 18...♕xe8 19.♘xe8 ♖xe8 20.♕xf4 ♗e5 und mit einem Turm plus zwei Figuren für die Dame kann Schwarz auf Gewinn spielen.

18...h5

Nicht 18...♘a5 wegen 19.♖e8#. Am zähesten ist 18...♔f8, wobei Weiß nach 19.♕xb7 ♘e5 20.♖xe5 ♕xd6 21.♕xa8+ ♔f7 22.♕xa7+ ♔f6 23.♖ae1 entscheidenden Materialvorteil besitzt.

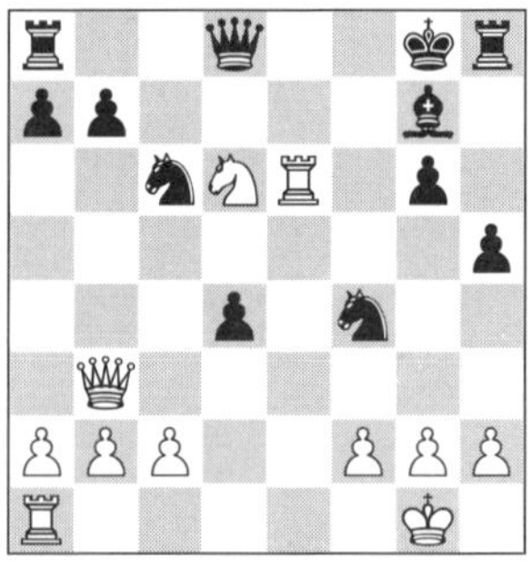

19.♖xg6+! ♔h7 20.♖xg7+! ♔xg7 21.♕f7+ ♔h6 22.♘f5+

Und Schwarz resignierte in Anbetracht von 22...♔g5 23.h4+ ♔g4 24.f3#.

Spielerverzeichnis

Zahlen verweisen auf die Seitenzahl

A

Aagaard 306, 402
Adams 347
Adamski 386
Adianto 167
Admiraal 295, 393
Adolphi 82
Adorjan 260
Afanasjew 258, 368
Afek 96
Akbarinia 323
Alivirta 149
Aljechin . . 237, 334, 356
Amura 187
Anand . . 106, 252, 329, 364
Andersen 296, 398
Anderssen 241, 359
Arencibia 335
Areschtschenko . . . 323
Arkell 225
Armas 335
Aronjan 64, 117, 121
Asarow 89

B

Babula 264, 375
Bagheri 123
Balaschow 89
Bartha 244
Baslow 390
Bechtiger 32
Beeke 336
Beerdsen 346
Beeren 295, 393
Beljawski 175
Berend 121
Berman 244
Bezemer 119
Bindi 340
Birnboim 87
Biyiasas 89
Blechzin 55
Bok 191
Bosboom 195
Botwinnik 66, 70
Brondum 175
Bronstein. 272, 274, 379
Bruned 123
Bruzon Batista 325
Bustillo 287, 382

C

Cabrera Trujillo . . 306, 404
Canal 73
Carlsen . . . 65, 134, 295, 329, 396
Caruana 190
Cebalo 275
Celle 241, 357
Clausen 245, 362
Coppini 270, 377
Corrales Jimenez . . .115
Cvitan . . . 259, 263, 372
Czerwonski 352

D

Dely 173
Dgebuadse 352
Dijkhuis 342
Dimow 349
Dinter 287, 382
Dlugy 122
Dominguez Perez . 132
Dsagnidse 22
Dür 181

E

Eggleston 118
Elsness 47
Emms 152, 254, 367
Erler 247, 363
Ernst 154, 213
Erturan 186
Evengroen 346

F

Feller 277, 381
Fernandez Juan 171
Figura 115
Fine 239
Fiorito 273, 379
Fischer . . 150, 239, 241, 338, 357
Flaata 254, 367
Fritzsche 165

G

Gabrielian 183
Gagnon 287, 382
Gallagher 124
Gashimov 207, 352
Gawrilow 337
Gelfand 65, 207
Geller 258, 368
Georgiew 92
Gerlagh 94, 128

Giesinger 340
Giri 190
Glass 173
Globus 238
Godena 237, 355
Goloschapow 145
Golubew 392
Gomez Esteban . . 236, 353
Gonzalez Rodriguez 20
Graf 92
Grandelius. 125
Greco 242
Grooten 44, 56, 76, 122, 172, 200, 214, 225, 302, 336
Gross 238
Groszpeter. . . . 263, 373
Gunawan 167
Gurgenidse . . . 387, 389

H

Haast .147, 215, 337, 343
Halski 391
Handle 245, 362
Harich 145
Harstad 118
Hausrath 346
Hebden 68
Hector 170
Hein 115
Henriksson . . . 276, 380
Hertneck 302
Hillarp Persson . . . 200
Hodgson . . 68, 163, 309
Hoffman 273, 379
Hollemaert Diaz . . 331
Holloway 268, 376
Hopley 268, 376
Hortensius 129
Howell 246, 362

I

Iliwizki 281, 298
Ivkov 297, 401

J

Janosevic 273, 379
Janssen. 172
Jobawa 186
Johannsson . . . 296, 398
Judowitsch . . . 297, 399
Jurkovic 287, 382

K

Kaganski 174
Kalinaga. 21
Kaminer 14
Kamsky 271
Karjakin 64
Karpow 88, 350
Kasimdschanow.57, 110
Kasparow. 26, 62, 74, 181, 187, 204, 252, 271, 316, 349, 365
Kastelijn 43
Keres 63, 66
Kiriakow 188
Kleijn 119
Kloza 169
Knaak. 93
Knödler 340
Koblenz 348
Koch. 120
Kogan. 96
Kopetzky 73
Korhonen 162
Koronghy. 32
Korotylew 185
Kotan 344
Kotow. 297, 399
Kotronias 251
Kowalenko 206
Kowalew 341
Kramnik 57, 137
Kubbel 386, 387
Kuipers 102
Kusmin 263, 373
Kusminich 16

L

Larsen 70
Laznicka 347
Lecomte. 128
Lengyel 297, 401
Lidon 264, 375
Littlewood. 335
Ljubojevic 255
Lommer. 384
Lutsko 341

M

Maciejewski 93
Madl. 259
Maletin 348
Malich 273, 379
Malisow. 87
Mariotti. 334
Matos 15
Matulovic 277, 381
May. 165
Mayet 241, 359
Mestel 246, 362
Michaltschischin. . 206
Michell 246, 362
Miladinovic 215
Mista 169
Mitkow 90
Moradiabadi 132
Morell Gonzalez . . .171
Mowsesian . . 263, 264, 372, 375
Mrva. 344
Muminowa 22

Muresan 274, 379
Myagmarsuren.... 150

N

Nagel 147
Naiditsch.......... 89
Najdorf........... 256
Najer............. 234
Nakamura.... 100, 134
Naranja 277, 381
Negi 232
Nijboer........... 122
Nikolin 274, 379
Norwood......... 166

O

Oney.............. 21
Orlow............ 351
Osinga 130
Ostovic 24

P

Pachman..... 274, 379
Pähtz 340
Panno........... 331
Panow 297, 401
Pantschenko...... 334
Pappenheim...... 352
Paragua 258, 368
Paunovic 163
Pavlidou.......... 331
Pelletier.......... 126
Peng......... 331, 340
Perez Mitjans...... 20
Perun............ 174
Petrosjan. 266, 277, 381
Petrowskaja........ 87
Philippe...... 120, 183
Pina Vega.........115
Planinc.......... 256
Platow 385
Pliester............ 76
Polgar......90, 91, 137, 183, 248
Polugajewski...... 218
Ponomarjow......133, 205, 252, 366
Popovic 259, 372
Portisch.......277, 381
Postny 47

R

Radjabow.....106, 252, 270, 364, 377
Radulow........... 64
Raicevic.......... 182
Rasmussen ... 276, 380
Rawinski..... 281, 297, 298, 401
Ree 248, 277, 381
Reinderman 32
Reshevsky......... 41
Réti..............384
Ribli.............260
Richter........... 338
Rinck............384
Robson........... 345
Rodshtein 343
Rodzynski........ 334
Rogic 237, 355
Rogulj............ 24
Roiz 102
Romero 264, 375
Rosanow 237, 356
Rossi.............114
Roth 335
Rotshtein..........116

S

Sadzikowski 205
Salmensuu........ 170
Salow 88, 182
Sanders 306, 402
Saposchnikow 340
Schirow.. 91, 242, 265, 268, 350, 360, 377
Schuch........... 337
Schuschpanowa.... 87
Schuurman........121
Schwartz 342
Seirawan 316
Shabalov 265
Short.............204
Slingerland 32
Slugin.............177
Smeets 208
Smirin 62
Snikkers 129
So 258, 368
Söderborg 64
Sofrevski 258, 370
Sokolow.......... 125
Spasski........... 338
Spoelman ... 154, 185, 191
Sriram 232
Stadler 247, 363
Steinitz 241, 358
Strijbos........... 336
Suba 309
Sulskis 234
Summermatter.... 259
Summerscale 152
Suni 149
Swidler...121, 133, 268, 377
Swjaginzew........177
Szabo 41, 63
Szymanski........ 188

T

Taimanow 16
Tal................211

Thoma 130
Thorsteinsson 236, 353
Tiitta. 55
Timman. 218, 242, 341, 343, 360
Timoschtschenko. . 214
Tiwjakow. 343
Topalow . . 251, 295, 396
Tregubow. 116
Tschatalbaschew . . 349
Tschigorin. . . . 241, 358
Tschistjakow. 266
Tukmakow 166

U

Ulibin. 306, 404
Ulrichsen 388

V

Vachier-Lagrave . . . 126
Valeanu 162
Vallejo Pons . . 74, 252, 366
Van Asseldonk 43
Van der Wiel. . .26, 211, 236, 341, 353
Van Gelder 40
Van Kampen. 38
Van Ketel. 338
Van Mil 336
Van Wely 38, 100, 252, 365
Van Woelderen. 14
Vasquez 15
Velimirovic . . 255, 258, 370
Vigh 270, 377
Vocaturo 213
Von Meijenfeldt . . . 347
Voormans 44
Vuilleumier. 124

W

Walker 118
Wasjukow 275
Wei Yi 325
Wells 49
Wengenroth 351
Wen Yang 345
Werbeck. 337
Werle 49, 110, 208
Werner. 236, 353
Winter 246, 362
Wladimirow 122
Wolokitin 117
Wood 348
Worobiow 183

Z

Zhigalko 348
Ziska. 270, 377
Zita 272
Zwirs 346, 347

Quellenverzeichnis

Jacob Aagaard, *Attacking Manual 1*, Quality Chess 2010
Julian Hodgson, *Attack with Julian Hodgson 1 and 2*, Hodgson Enterprises 1996
Alexander Koblenz, *Lehrbuch der Schachtaktik (Band 2)*, Sportverlag 1977
Alexander Kotov, *Think like a Grandmaster*, Batsford 1995
Silbermann/Unzicker, *Geschiedenis van het Schaakspel*, Spectrum 1977

Einige der Analysen wurden in anderer Form auf der holländischen Seite Schaaksite.nl. veröffentlicht.
Analysen basieren zum Teil auf Anmerkungen diverser Großmeister in der ChessBase Megabase.

Über den Autor

Der Internationale Meister Herman Grooten (geboren 1958) hat fast 40 Jahre Erfahrung als professioneller Schachtrainer. Aus vielen seiner Schüler wurden starke Schachspieler. Die bekanntesten darunter sind die Großmeister Loek van Wely, Robin Swinkels, Wouter Spoelman, Jan Werle, Twan Burg und Benjamin Bok.

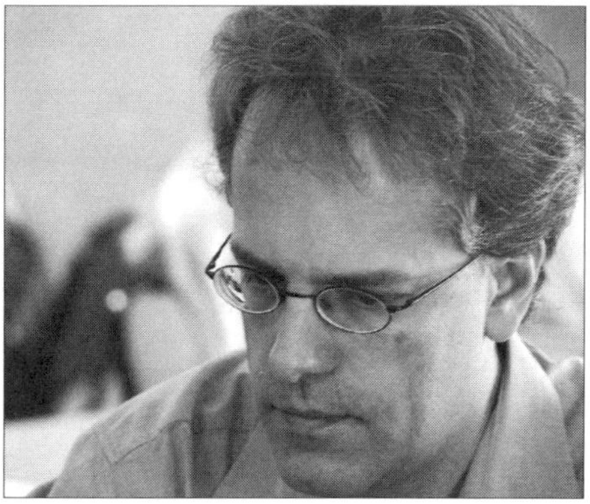

Auf journalistischem Gebiet arbeitet er zur Zeit fast täglich für die populäre Schachseite Schaaksite.nl, außerdem produziert er Videolektionen (in holländischer Sprache) bei Chessbase.com (http://videos.chessbase.com/). Als Autor verfasste er mehrere Bücher. Das englische Original der 2010 erschienene Ausgabe *Schachstrategie für Vereinsspieler* wurde von Chesscafe.com zum 'Book of the Year 2009' gekürt. 2017 wurde von New In Chess eine verbesserte und erweiterte Auflage der englischen Edition herausgegeben. 2016 erschien die Fortsetzung *Attacking Chess for Club Players*, welche ebenfalls sehr positiv aufgenommen wurde. 2017 wurde dieses Buch übersetzt ins deutsche.